O Novo CPC e sua Repercussão no Processo do Trabalho –
Encontros e Desencontros

Sérgio Cabral dos Reis
Coordenador

O Novo CPC e sua Repercussão no Processo do Trabalho – Encontros e Desencontros

LTr 80

EDITORA LTDA.
© Todos os direitos reservados

Rua Jaguaribe, 571
CEP 01224-003
São Paulo, SP – Brasil
Fone (11) 2167-1101
www.ltr.com.br
Agosto, 2016

Produção Gráfica e Editoração Eletrônica: LINOTEC
Projeto de Capa: FABIO GIGLIO
Impressão: VOX

Versão impressa: LTr 5593.2 — ISBN: 978-85-361-8940-6
Versão digital: LTr 8999.9 — ISBN: 978-85-361-8951-2

Dados Internacionais de Catalogação na Publicação (CIP)
(Câmara Brasileira do Livro, SP, Brasil)

O Novo CPC e sua repercussão no processo do trabalho : encontros e desencontros / Sérgio Cabral dos Reis, coordenador. – São Paulo : LTr, 2016.

Vários autores

1. Direito processual do trabalho - Brasil 2. Processo civil 3. Processo civil - Brasil 4. Processo civil - Leis e legislação - Brasil I. Reis, Sérgio Cabral dos.

16-06032   CDU-347.9:331(81)(094.4)

Índice para catálogo sistemático:
1. Brasil : Código de processo civil e processo do trabalho : Direito   347.9:331(81)(094.4)

DEDICATÓRIA

Este livro é dedicado a todos aqueles que, direta ou indiretamente, contribuíram para que o Tribunal Regional do Trabalho da Paraíba chegasse ao atual momento de sua história, em que recebe notório reconhecimento da sociedade como uma instituição estatal que presta um serviço de excelência. Nesse sentido, é dedicado a todos que, mesmo efemeramente, tenham atuado no âmbito da 13ª Região, a exemplo de juízes e desembargadores, servidores (efetivos, terceirizados e estagiários), advogados (públicos e privados), representantes do Ministério Público, peritos, assistentes técnicos e jurisdicionados.

Agradecimentos

A realização de uma obra deste porte não seria possível sem a participação de algumas pessoas e instituições. Inicialmente, agradece-se à LTr Editora, por ter acolhido de pronto este projeto, o que só confirma a sua notória vocação para o desenvolvimento acadêmico e das instituições jurídicas do Brasil. Agradece-se, também, ao Tribunal Regional do Trabalho da Paraíba (13ª Região), na pessoa de seu atual Presidente, Desembargador Ubiratan Moreira Delgado, que personifica as diretrizes administrativas dessa instituição, dentre as quais se destacam os atos dirigidos ao constante aperfeiçoamento de seus membros, juízes e servidores. De igual modo, agradece-se à Escola Judicial do Tribunal Regional do Trabalho da Paraíba (EJUD-13), nas pessoas de seus diretor e vice-diretor, respectivamente, Desembargador Wolney de Macedo Cordeiro e juiz Paulo Henrique Tavares da Silva, que, além de produzirem excelentes textos para este livro, também idealizaram e foram constantes incentivadores durante a execução deste projeto. Finalmente, um agradecimento especial a todos os demais coautores, que, na escassa medida de seus tempos, dispuseram-se a colaborar com excelentes trabalhos para a concretização deste livro. De coração, muito obrigado a todos vocês!

Sumário

Apresentação 11

Prefácio 15

As primeiras impressões sobre o sistema de cumprimento da sentença que prevê obrigação de pagar no Novo CPC e alguns possíveis reflexos na execução trabalhista 17
Antonio Notariano Jr., Gilberto Gomes Bruschi e Gilberto Carlos Maistro Junior

Proibição das decisões por emboscada na Justiça do Trabalho 33
Eduardo Augusto Madruga de Figueiredo Filho e Rinaldo Mouzalas

Direitos fundamentais processuais e a fundamentação sentencial exaustiva no processo do trabalho 43
Flávia Moreira Guimarães Pessoa

Incidente de assunção de competência e o processo do trabalho 49
Leonardo Carneiro da Cunha e Fredie Didier Jr.

O Novo Código de Processo Civil e a audiência de conciliação trabalhista 59
Gilberto Stürmer

O princípio do contraditório sob os ventos da mudança: aproximações críticas (inclusive à luz da IN TST n. 39/2016) 65
Guilherme Guimarães Feliciano

Novos horizontes da execução trabalhista: alterações do CSJT e do CPC tendentes a agilizar a execução trabalhista 77
Homero Batista Mateus da Silva

O histórico da lei de mediação brasileira: do Projeto de Lei n. 94 à Lei 13.140/2015 87
Humberto Dalla Bernardina de Pinho

Normas fundamentais enunciadas pelo novo Código de Processo Civil e o processo do trabalho 97
Júlio César Bebber

O conflito entre o novo CPC e o processo do trabalho 103
Jorge Luiz Souto Maior

Notas sobre os precedentes no novo Código de Processo Civil e sua aplicação ao subsistema processual do trabalho: integridade, coerência, vinculatividade e modulação das decisões judiciais 129
Luciano Athayde Chaves e Túlio de Medeiros Jales

O CPC/2015 E O PROCESSO DO TRABALHO NA PERSPECTIVA DO MODELO CONSTITUCIONAL DE PROCESSO BRASILEIRO 143
Marcelo Lima Guerra

ALGUNS ASPECTOS DO NOVO CPC E SUA INCIDÊNCIA SOBRE O PROCESSO DO TRABALHO 159
Marcos Neves Fava

A TUTELA PROVISÓRIA DE URGÊNCIA NO NOVO CPC E O PROCESSO DO TRABALHO 167
Ana Francisca Rodrigues, Marcelo Terra Reis e Mariângela Guerreiro Milhoranza

O GERENCIAMENTO DE LITÍGIOS A PARTIR DO NOVO CPC E A OTIMIZAÇÃO DA FASE DE CONHECIMENTO NO PROCESSO TRABALHISTA 173
Paulo Henrique Tavares da Silva e Juliana Coelho Tavares da Silva

PRESSUPOSTOS PROCESSUAIS E CONDIÇÕES DA AÇÃO NO NOVO CPC: UMA APLICAÇÃO AO PROCESSO DO TRABALHO 183
Rennan Faria Krüger Thamay

INTERCÂMBIOS ENTRE O PROCESSO DO TRABALHO E O PROCESSO COMUM: EXIGÊNCIAS À TOMADA DE DECISÕES JUDICIAIS FUNDADAS EM PRINCÍPIOS 191
Ricardo Lourenço Filho

ASPECTOS POLÊMICOS DA ESTABILIZAÇÃO DA TUTELA ANTECIPADA: EM QUE SITUAÇÕES FÁTICO-JURÍDICAS ESTE INSTITUTO REVELA-SE CABÍVEL? 209
Sérgio Cabral dos Reis

PRECISAMOS DA COOPERAÇÃO PROCESSUAL E SEU VIÉS IDEOLÓGICO? OS PERIGOS DA POSITIVAÇÃO DA COOPERAÇÃO PROCESSUAL NO CPC DE 2015 219
Sérgio Luiz de Almeida Ribeiro

DESCONSIDERAÇÃO DA PERSONALIDADE JURÍDICA DA EMPRESA 229
Sergio Pinto Martins

PRIMEIRAS REFLEXÕES SOBRE A ADVOCACIA PÚBLICA NA JUSTIÇA DO TRABALHO PÓS NOVO CPC 237
Suiá Fernandes de Azevedo Souza

JURISDIÇÃO E JUDICAÇÃO TRABALHISTA: UM ESTUDO À LUZ DO NOVO CPC 249
Vitor Salino de Moura Eça

O NOVO CÓDIGO DE PROCESSO CIVIL E OS REFLEXOS NA EXECUÇÃO TRABALHISTA: UMA INTRODUÇÃO À TÉCNICA DE SUPLETIVIDADE EM MATÉRIA EXECUTÓRIA LABORAL 257
Wolney de Macedo Cordeiro

Apresentação

O surgimento de um novo código de processo civil não significa, certamente, apenas uma atualização procedimental quanto à anterior legislação. Não se trata, portanto, somente de atualizar institutos e padronizar prazos processuais. Antes, e pelo contrário, um diploma normativo deste porte deve representar uma mudança cultural e ideológica no que se refere ao vínculo estabelecido entre a jurisdição e a sociedade. Em outros termos, trabalhar com o CPC/2015 significa algo além de uma adaptação ao novo regramento dos institutos ou de um mero conhecimento de categorias novas, pois também representa uma mudança de mentalidade ou uma nova postura diante do processo, do jurisdicionado e da própria sociedade. Nesse sentido, não se pode olhar para o novo CPC procurando o "velho".

Percebe-se, por exemplo, que o CPC/2015 tem um compromisso com a obtenção razoável da solução integral do mérito, incluída a atividade satisfativa (art. 4º). Diversos dispositivos evidenciam que, na busca da tempestiva tutela jurisdicional, o sistema rompeu com qualquer ideia de formalismo excessivo, no sentido de que as formas processuais valem pelo valor que visam a proteger (formalismo-valorativo). O importante, pois, é a essência das categorias jurídicas, e é nessa perspectiva que o "perfil democrático" apresenta-se como um dos pilares do novo Código de Processo Civil.

Por esse modelo, pode-se dizer que a aplicação do CPC/2015 na Justiça do Trabalho não representa qualquer retrocesso. Pelo contrário, pode-se até mesmo dizer que, em algumas situações, servirá para corrigir algumas arbitrariedades procedimentais, a exemplo da disciplina da desconsideração da personalidade jurídica (arts. 133-137) e do novo critério de reconhecimento da fraude à execução quanto ao terceiro de boa-fé (art. 792, § 4º). Ainda que a finalidade seja nobre, "tutelar o crédito alimentar trabalhista", não se pode perder de vista que, no Estado Democrático de Direito, os fins não justificam os meios. Quem exerce poder, no regime democrático, não o exerce livremente, sujeitando-se apenas a sua vontade. Em outras palavras, por mais bem intencionado que o juiz do trabalho esteja, é certo que a sua atividade encontra limitações na ordem jurídica, a começar pelo próprio respeito ao Direito. Assim, no confronto "vontade do juiz" x "vontade da sociedade", esta deve prevalecer na exata medida do respeito aos limites semânticos dos textos elaborados pelo legislador democrático.

Muitas vezes se justifica a inaplicabilidade do CPC na Justiça do Trabalho sob o argumento de que a "celeridade" é um valor inerente ao processo do trabalho. Esse argumento, repetido há gerações, não se sustenta, pois a celeridade é um valor que também deve ser observado nos outros ramos do Poder Judiciário, os quais também lidam com verbas alimentares (alimentos do Direito de Família, causas previdenciárias etc.) e outros direitos que reclamam tutela jurisdicional igualmente urgente (questões de saúde pública, relações de consumo envolvendo idoso, dano ambiental irreversível etc.). É preciso, portanto, um pouco de humildade na condução do processo trabalhista, que também deve respeito ao princípio democrático e aos direitos fundamentais.

Na realidade, como a busca de uma tutela jurisdicional tempestiva é um fim inerente a qualquer processo, já passou da hora de acabar com o preconceito recíproco que existe entre o processo civil e o processo do trabalho, como se fossem ramos do Direito completamente diferentes e incompatíveis. Observe-se que o olhar e a sensibilidade diferenciados que justificam a especialização da Justiça do Trabalho devem existir no campo do direito material, pois, sob o prisma processual, revela-se fundamental a observância das disposições inerentes à cláusula do devido processo legal. Fugir dessa perspectiva, sinceramente, significa adotar uma postura paternalista e inquisitória, que, não obstante bem intencionada, flerta com o autoritarismo judicial, postura absolutamente incompatível com o garantismo assegurado pelo Estado Democrático de Direito.

É lógico que a legislação, por si, não tem a capacidade de mudar a cultura. Esse fato pode até acontecer, mas não é comum, pois os valores sociais vão mudando paulatinamente. Todavia, é certo que, pelo que se observa em suas normas fundamentais, o CPC/2015 pretende ser um marco objetivo de transição cultural (mudança de mentalidade), e esse conjunto normativo, indubitavelmente, pode ser aplicado na Justiça do Trabalho, quando se interpreta o art. 15 na perspectiva das teorias do "diálogos das fontes" e das "lacunas axiológicas".

O CPC/2015 rompe com o princípio do inquisitivo, para assumir, democraticamente, um modelo colaborativo, que vislumbra o processo não como algo apenas inerente ao Estado-juiz, mas também das partes, inclusive transformando-o, simbólica e pragmaticamente, em uma comunidade de diálogo (art. 6º). Para tanto, precisa-se redimensionar o contraditório, agora também entendido como a capacidade de ser ouvido antes da decisão, como possibilidade de influenciá-la previamente, o que significa superar a clássica concepção do mero binômio "informação-reação". Essa posição clássica, que significa apenas o "direito de ser ouvido", posição restrita às partes interessadas, retrata uma visão individualista do processo. Atualmente, porém, devem ser incorporadas outras funções e efeitos ao contraditório, especialmente na sua configuração como direito de influência e dever colaborativo.

Devem ser afastadas, portanto, noções meramente patrimonialistas e individualistas, para se incluírem, em sua concepção, ideias de democracia deliberativa e objetivos políticos por intermédio do processo. O exercício do poder, na democracia, não pode ser arbitrário, e sua legitimação decorre do procedimento participativo, o que demonstra que a vontade do jurisdicionado e da sociedade é algo absolutamente essencial à jurisdição que se pretende adjetivar de "democrática". A ideia básica, nesse contexto, reside no fato de que a sociedade pode exercer influência nos atos decisórios estatais por intermédio da argumentação discursiva, e o contraditório, na perspectiva das partes, é o princípio processual que materializa esse procedimento dialógico, abrindo o palco jurisdicional para o debate pluralista e participativo.

A vertente democrática do princípio do contraditório como postulado de influência permite a abertura da concepção do exercício do direito de manifestação no processo a outros sujeitos que não as partes, a exemplo do *amicus curiae*. A ideia em si é relativamente simples: se determinada decisão irá atingir toda a coletividade, nada melhor que sejam admitidas, em contraditório, as pessoas, físicas ou jurídicas, que carreguem adequada representatividade para contribuir e trazer elementos informativos para a prolação de uma melhor decisão. Dessa forma, obter-se-á uma decisão mais bem "informada" e, consequentemente, que gozará de maior legitimidade democrática. Esse modelo, certamente, não apresenta qualquer incompatibilidade com o processo trabalhista.

Estranhamente, todavia, o art. 2º da IN n. 39/2016 do TST prevê a incompatibilidade das convenções processuais com as disposições do processo do trabalho. A cláusula geral de atipicidade de convenções processuais (art. 190) potencializa o ambiente processual democrático, pois reconhece a autonomia do autorregramento processual pelas partes, inclusive por força do declínio do legicentrismo como superação do paradigma da modernidade. No que concerne à seara trabalhista, observa-se que o trabalhador, sobretudo quando devidamente assistido por advogado, não pode ser tratado como um "ser absolutamente incapaz", que nunca sabe de nada e não tem condições de conduzir a sua própria vida. A assistência sindical e/ou advocatícia supre consideravelmente a posição processual de vulnerabilidade, devendo as exceções serem tratadas como tais diante do caso concreto, pois, doutrinariamente, sustenta-se a validade *prima facie* das convenções processuais.

Trata-se de algo incompreensível, assim, essa posição do TST, inclusive pelo fato de que a realização de "acordos processuais" não constitui qualquer novidade na prática judicial trabalhista. Não é o raro observar a situação do reclamante que, pouco tempo antes da publicação da sentença processual de extinção do processo ("arquivamento), chega atrasado à audiência, mas o advogado da empresa concorda com a sua realização normal. O contrário, aliás, também se verifica em algumas regiões, afastando-se os efeitos da revelia. Em outra ilustrativa situação, observa-se que as partes, conjuntamente, convencionam acerca do número de testemunhas ou da quantidade ou da qualidade do número de peritos. Como se percebe, não há qualquer fundamento para se afastar a possibilidade de realização de convenções processuais na Justiça do Trabalho, a não ser, por óbvio, nas situações em que o reclamante esteja no exercício do *jus postulandi*, fato que, se considerado o Brasil em sua totalidade, é uma raridade nos dias de hoje.

O que se observa, neste momento, é o apego cultural ao paternalismo judiciário, repita-se, incompatível com a democracia, pois despreza a vontade do jurisdicionado. No regime democrático, quem sabe o que é melhor para o cidadão? O "super-juiz"? É preciso repensar essas indagações... Observe-se que o fator cultural é tão forte, que demonstra o motivo pelo qual não houve maiores evoluções doutrinárias acerca do instituto das convenções processuais, já existente no CPC/1973 (art. 273, §§ 3º e 4º). Como esta legislação tinha um compromisso com o princípio do inquisitivo, não havia ambiente para se defender uma maior participação das partes na condução do procedimento. O processo, portanto, era assunto quase exclusivamente do Estado, posição essa, todavia, que, ressalvados os direitos absolutamente indisponíveis, não pode mais prevalecer. Afinal, são as partes que serão atingidas pela eventual coisa julgada e que sabem definir, com o auxílio de seus advogados, o que é melhor para elas diante do processo. Nessa perspectiva, por evidente, não se pode presumir que os advogados trabalhistas são despreparados, ou atuam de má fé em relação aos direitos do trabalhador. É um absurdo esse tipo de pensamento, tratando-se, em realidade, de uma verdadeira afronta a toda essa parcela valorosa da advocacia. Sendo assim, eventuais deslizes ou inaptidões técnicas devem ser controladas no caso, evitando-se visões preconceituosas e reducionistas.

Mas, é preciso avançar um pouco mais. Além de representar uma garantia de manifestação no processo, o contraditório substancial impõe deveres. Se participar é garantido, a atuação deve ser ética, consentânea com os objetivos da jurisdição. As partes, pois, devem contribuir eticamente para a resolução do conflito. Mas, o contraditório também impõe deveres ao juiz: a) dever de atenção e consideração aos argumentos das partes; b) obrigação de instalar verdadeiro debate judicial sobre as questões fático-jurídicas discutidas. Esses deveres devem ser observados pelo juiz do trabalho, pois há um simbolismo democrático que deve ser considerado no sentido de que as partes não podem ser surpreendidas com uma decisão em relação a fundamento que não tiveram oportunidade de debater anteriormente com o juiz, ou seja, a manifestação das partes deve ser anterior à decisão, e o juiz tem o dever de levá-la em consideração, para refutar ou acolher os argumentos. É na ditadura o ambiente em que se prende ou se executa primeiro, para, depois, garantir-se o contraditório. Este, em regimes ditatoriais, quando existente, é sempre posterior à decisão, nunca antes, pois o que vale mesmo é a vontade dos representantes do regime. Na democracia, em sentido diametralmente contrário, primeiro se debate com as partes, para, só após, enfrentando os argumentos de debate e reconhecendo que a fonte de legitimação decisória passa pela manifestação popular, proferir a decisão.

Essa disciplina não é exclusiva do Brasil. Alguns ordenamentos jurídicos europeus, como os da França (art. 16), Alemanha (§ 139), Itália (art. 183), Áustria (§ 182a) e Portugal (art. 207), também impõem aos juízes o dever quanto ao estabelecimento de debate judicial, inclusive em relação às matérias que devam conhecer de ofício. Logo, o conteúdo da decisão é irrelevante, pois o que importa é o simbolismo de a decisão estatal ser posterior ao debate social. Essa constatação demonstra, por exemplo, que o argumento de que a exigência ou a previsão legal de determinadas matérias, como as de ordem pública, não tem o condão de afastar a regra, pois, ao invés de prestigiar um ambiente de prévio debate democrático, estimula uma postura inquisitória e de razão exclusivamente estatal. Enfim, a regra é o debate prévio, evitando-se a prolação de decisões-surpresa, e as exceções a essa regra devem ser perfeitamente justificadas no contexto do sistema jurídico-processual e devem ser tratadas como tais. É o caso das exceções previstas no art. 10 do CPC/2015.

Bem, para uma apresentação, já se falou bastante. O intuito era apenas uma reflexão breve sobre a vontade das partes no contexto do processo, nada além disso. É relevante destacar, entretanto, que, se a IN n. 39/2016 do TST revelou-se oportuna para atribuir certa sensação de segurança jurídica no início da vigência do CPC/2015 (imaginem-se algumas Vara do Trabalho contando prazos em dias úteis, e outras não...), a mesma Instrução Normativa deve ser objeto de reflexões críticas acerca de determinadas questões, como as que, resumidamente, foram tratadas acima.

Os artigos deste livro tratam desse e outros temas relevantes do CPC/2015. Naturalmente que, como ocorre em ambientes democráticos, não são todos os autores que concordam com a ideias resumidas acima, mas um fato é certo: todos têm a preocupação com a efetividade do processo do trabalho.

Nesse sentido, alguns artigos tratam das normas fundamentais do novo Código de Processo Civil. O artigo de Eduardo Augusto Madruga de Figueiredo Filho e Rinaldo Mouzalas versa sobre o modelo cooperativo de processo e sua aplicação no processo trabalho, enfatizando os deveres de cooperação no contraditório dinâmico e vedação de decisões-surpresa no processo. Guilherme Guimarães Feliciano, por sua vez, aborda essas questões e procura enfatizar a correlação entre o contraditório, em sua vertente da capacidade de "influência prévia", e a democracia. Todos esses temas, diga-se de passagem, também são discutidos por Júlio Cesar Bebber em seu artigo.

É interessante observar que nem todos são entusiasmados com o novo Código de Processo Civil, e, nessa perspectiva, destaca-se Jorge Luiz Souto Maior, que, em seu artigo, relata a existência de conflito entre o CPC/2015 e o processo do trabalho, inclusive clamando pela autonomia teórica deste, sob o argumento de que, naquele diploma normativo, existem regras contraditórias e autoritárias que, por controlarem juízes e desembargadores, atacam a independência judicial. Como se trata de tema sensível para todos os que atuam na Justiça do Trabalho, Ricardo Lourenço Filho defende em seu texto que, para construir uma adequada relação entre o processo civil e o processo do trabalho, é necessária a construção interpretativa de decisões baseadas em princípios. A preocupação de Sérgio Luiz de Almeida Ribeiro já é outra: afirmar o garantismo processual por intermédio da crítica à ideologia cooperativa, afastando a possibilidade de ativismos judiciais antidemocráticos.

Outros artigos tratam de temas correlacionados ao chamado "modelo multiportas de solução de conflitos", previsto no art. 3º do CPC/2015. Nessa perspectiva, o artigo de Gilberto Stürmer estabelece reflexões acerca da aplicabilidade da audiência de conciliação e de mediação prevista no art. 334 do CPC/2015 à sistemática processual trabalhista. O artigo de Humberto Dalla Bernardina de Pinho, por sua vez, enfatiza a mediação, inclusive no contexto das Resoluções ns. 125/2010 do CNJ e 118/2014 do CNPM, relatando um modelo de comportamento que pode servir de inspiração para os juízes trabalhistas em suas audiências.

Alguns artigos tratam de decisão judicial e de sistema de precedentes. Nesse sentido, o artigo de Flávia Moreira Guimarães Pessoa, com considerações a partir da autonomia do Direito Processual do Trabalho, aborda a questão da compatibilidade do art. 489 do CPC/2015 com o processo do trabalho, especificamente à luz da hermenêutica concretizadora dos direitos fundamentais processuais. Fredie Didier Jr. e Leonardo Carneiro da Cunha referem-se ao incidente de assunção de competência – IAC, previsto no art. 947 do CPC/2015, e sua aplicação no processo do trabalho. O artigo de Luciano Athayde Chaves e Túlio de Medeiro Jales enfatiza integridade, coerência, vinculatividade e modulação das decisões judiciais fundadas em precedentes jurisprudenciais.

Alguns artigos versam sobre temas de teoria geral, a exemplo do trabalho de Marcelo Lima Guerra, que discorre sobre as consequências epistemológicas da aplicação do novo CPC ao processo do trabalho na perspectiva do modelo constitucional de processo. O artigo de Rennan Faria Krüger Thamay foca na temática das condições da ação no CPC/2015. O artigo de Vitor Salino de Moura Eça, por sua vez, indaga se o novo CPC realmente deve ser concebido como um instrumento democrático de aplicação do Direito.

Existem os artigos que tratam de questões procedimentais. O texto de Paulo Henrique Tavares da Silva e Juliana Coelho Tavares da Silva discute o gerenciamento processual de litígios, inclusive defendendo a dessacralização da audiência trabalhista, para enfatizar a importância da análise prévia do processo pelo juiz em gabinete. O artigo de Sergio Pinto Martins enfrenta o tema da desconsideração da personalidade jurídica da empresa. Por sua vez, o artigo de Suiá Fernandes de Azevedo Souza aborda a advocacia pública no CPC/2015 e a atuação da Fazenda Pública na Justiça do Trabalho.

Outros artigos tratam da tutela jurisdicional de urgência, exemplo do texto de Ana Francisca Rodrigues, Marcelo Terra Reis e Mariângela Guerreiro Milhoranza, o qual traz um panorama geral da temática. O artigo deste que vos escreve é mais específico, pois trata da estabilização da tutela antecipada satisfativa, assunto absolutamente novo e que demonstra que, definitivamente, a coisa julgada material não é mais pressuposto para a tutela de direitos.

Finalmente, há os artigos que tratam das inovações do CPC/2015 no que concerne à execução. No particular, observa-se que o artigo de Antonio Notariano Jr., Gilberto Gomes Bruschi e Gilberto Carlos Maistro Junior trata das alterações relativas ao cumprimento de sentença condenatória de obrigação de pagar (cálculos aritméticos, execução provisória, defesas do executado etc.) e seus reflexos trabalhistas, inclusive quanto à multa de 10% e a perspectiva de alteração da CLT (PL n. 606/2011, do Senado da República). O artigo de Homero Batista Mateus da Silva, também preocupado com a efetividade da execução trabalhista, aborda outros temas igualmente relevantes, a exemplo da ordem de preferência e depósito de bens penhoráveis, preço vil, inscrição da dívida trabalhista em protesto extrajudicial e serviço de proteção ao crédito. Marcos Neves Fava também enfrenta temas de grande interesse, a exemplo da questão da fundamentação exauriente, da execução menos gravosa ao executado, do cumprimento provisório de sentença e da coerção para pagamento. Já Wolney de Macedo Cordeiro finaliza o livro com chave de ouro, expondo seus pontos de vista sobre diversos temas do universo executivo (ampliação dos limites da execução provisória, instrumentos de preservação do interesse de terceiros de boa fé, medidas coercitivas, impenhorabilidades, dentre outros).

É inegável que todos os coautores deste livro, assim, esperam colaborar com o aperfeiçoamento da prestação da tutela jurisdicional trabalhista, sem prejuízo de prestarem justa homenagem ao Tribunal Regional do Trabalho da 13ª Região.

João Pessoa – PB, 05 de junho de 2016.
Sérgio Cabral dos Reis[1]

---

(1) Doutorando em Direito pela UFSC. Máster em *Teoria Crítica en Derechos Humanos y Globalización* pela Universidad Pablo de Olavide (Sevilla, Espanha). Mestre em Direito Processual e Cidadania pela UNIPAR. Professor de Direito Processual Civil e Direito Processual do Trabalho da UEPB. Professor de Direito Processual Civil do Unipê. Vice-diretor e professor da Escola Superior da Magistratura Trabalhista da Paraíba (ESMAT XIII). Professor convidado de cursos de pós-graduação lato sensu em algumas instituições (ESA-PB, UNIPÊ, FACISA, ESMATRA VI, AMATRA IX, FESP e IESP). Membro da ABDPro (Associação Brasileira de Direito Processual). Ex-juiz do trabalho no Paraná e em Sergipe. Juiz do Trabalho na Paraíba. (E-mail: sergio.juiz@gmail.com).

Prefácio

A construção de uma obra coletiva é a expressão contemporânea da produção do pensamento jurídico. A partir da reunião de múltiplas visões sobre o mesmo fenômeno jurídico, torna-se viável reconhecer uma parcela plural, analítica e abrangente do conhecimento. Bem mais relevante, do ponto de vista de difusão de ideias, a obra coletiva propicia a perenização dos conceitos e a consolidação das opiniões.

Nada mais oportuno do que analisar a influência do novo Código de Processo Civil a partir de uma coletânea de artigos, produzidos por autores das mais diversas origens. Amalgamar essa profusão de ideias permitirá o conhecimento de todos os aspectos relacionados com a absorção dos institutos processuais inseridos no nosso ordenamento jurídico por meio da Lei n. 13.105, de 16 de março de 2015.

Trata-se de ação construtiva de uma disciplina jurídica que tem sofrido um processo intenso de desintegração nos últimos anos. Diante de uma inegável letargia normativa, verifica-se uma verdadeira esclerose do texto legal vigente. Após décadas sem sofrer maiores modificações legislativas, o arcabouço normativo processual trabalhista não se encontra mais capacitado para enfrentar grandes desafios os conflitos laborais. Muito embora essa assertiva não tenha aceitação unânime no plano doutrinário, incontornável é a ideia de que a norma processual trabalhista não se encontra mais capacitada para exercer o papel para qual foi originalmente formatada.

Atribuir-se à vetusta Consolidação a árdua tarefa de regular exaustivamente os procedimentos de composição dos conflitos individuais do trabalho não é uma proposição factível. A adaptação, a contextualização e a adequação das normas de processo cível para a realidade do conflito trabalhista é a uma forma capaz de dinamizar e, acima de tudo, racionalizar a prestação jurisdicional. Não se pode atribuir exclusivamente à atuação inquisitorial do juiz do trabalho a tarefa de construir um processo laboral justo. A construção dogmática de uma estrutura jurídica harmônica e homogênea, bem como dotada de consideração e respeito ao devido processo legal, é elemento fundamental na consolidação do direito processual do trabalho contemporâneo.

A presente obra coletiva cumpre essa finalidade. Mediante estudo abrangente e diversificado dos principais institutos do direito processual civil, os autores integrantes desse projeto acadêmico ímpar legaram uma contribuição plural, diversificada e arrojada. Mediante respeito e harmonização de fundamentos conflitantes, o resultado final do livro é uma contribuição acadêmica fundamental para a compreensão do diálogo entre o processo civil e o laboral.

Finalmente, relevante destacar que a construção do presente projeto acadêmico teve como pano de fundo a homenagem aos trinta anos de fundação do Tribunal Regional do Trabalho da 13ª Região. As três décadas de existência do pequeno Tribunal Laboral da Paraíba demonstram uma trajetória relevante e repleta de dificuldades e de conquistas. Comemora-se, assim, a maturidade de um órgão jurisdicional laboral e o surgimento de um vínculo indissociável entre o processo civil e o do trabalho.

João Pessoa – PB, outono de 2016
Wolney de Macedo Cordeiro[2]

---

(2) Desembargador do Trabalho. Diretor da Escola Judicial do Tribunal Regional do Trabalho da 13ª Região (Exercício 2015-2017)

As primeiras impressões sobre o sistema de cumprimento da sentença que prevê obrigação de pagar no Novo CPC e alguns possíveis reflexos na execução trabalhista

Antonio Notariano Jr. (*)
Gilberto Gomes Bruschi (**)
Gilberto Carlos Maistro Junior (***)

INTRODUÇÃO

O CPC/2015 traz, no art. 523, § 1º, regra que reflete o tão conhecido art. 475-J do CPC/73.

Sabe-se da posição consolidada no Tribunal Superior do Trabalho, contrária à aplicação do referido dispositivo e à incidência da multa nele prevista ao executado que descumpre a ordem de pagamento no prazo legal. Contudo, não se ignora a posição do mesmo Tribunal no sentido de que seria, *de lege ferenda*, de todo recomendável a incidência da dita sanção, a tornar mais célere e eficiente a atividade satisfativa.

No presente estudo, buscaremos, de início, pontuar as primeiras impressões colhidas sobre o sistema de cumprimento da sentença que prevê obrigação de pagar no Novo CPC e as suas principais inovações, na busca de traçar uma visão global do tema, com breves pontuações sobre os impactos na execução trabalhista[1].

Na sequência, adentraremos à análise dos sentidos da aplicação subsidiária e supletiva do CPC/2015, suas regras e limites, para, então, buscar solução a algumas questões pertinentes a possíveis reflexos na execução trabalhista. Nesse diapasão, abordar-se-á a questão da possibilidade de superação da exigência de citação por mandado (CLT, art. 880) para fim de se ter o início da execução por intimação do executado na pessoa do advogado, por publicação no Diário Oficial (CPC/2015, art. 513, § 2º, I) bem como a ainda polêmica possibilidade de aplicação da multa da fase de cumprimento de sentença (CPC/73, art. 475-J; CPC/15, art. 523, § 1º), também na execução trabalhista, ao executado que deixa de cumprir a ordem de pagamento no prazo legal. Trará o art. 15 do CPC/2015 conteúdo suficiente à reabertura desse debate?

São questões ainda candentes e que prometem estar fomentadas com a entrada em vigor do NCPC.

1. BREVES CONSIDERAÇÕES SOBRE A FASE DE CUMPRIMENTO DE SENTENÇA QUE FIXA OBRIGAÇÃO DE PAGAR NO PROCESSO CIVIL E AS PRINCIPAIS NOVIDADES TRAZIDAS PELO CPC/2015

De início, cabe pontuar acerca das principais alterações trazidas pelo CPC/2015 à fase de cumprimento de sentença, diante de obrigação de pagar quantia, conforme segue.

(*) Doutor e mestre em Direito Processual Civil pela PUC/SP. Professor de Direito Processual Civil da Universidade São Judas. Membro do corpo docente da Escola Superior da Advocacia (ESA) da OAB/SP, dos cursos pós-graduação lato sensu em Direito Processual Civil e em Direito Processual Civil com ênfase em Processo Empresarial da Faculdade de Direito Damásio de Jesus (FDDJ) e da Escola Paulista de Direito (EPD). Professor convidado de diversos cursos de pós-graduação. Autor de vários artigos doutrinários em revistas e livros especializados. Membro do Instituto Brasileiro de Direito Processual (IBDP) e do Centro de Estudos Avançados de Processo (CEAPRO). Advogado e Consultor Jurídico.

(**) Doutor e mestre em Direito Processual Civil pela PUC/SP. Professor na graduação e pós-graduação da Faculdade de Direito Damásio de Jesus (FDDJ). Coordenador dos cursos pós-graduação lato sensu em Direito Processual Civil e em Direito Processual Civil com ênfase em Processo Empresarial da Faculdade de Direito Damásio de Jesus (FDDJ). Membro do Instituto Brasileiro de Direito Processual (IBDP) e do Centro de Estudos Avançados de Processo (CEAPRO). Advogado.

(***) Mestre em Direito pela UNIMES/Santos-SP. Professor Titular da Faculdade de Direito de Sorocaba (FADI) e contratado da Faculdade de Direito de São Bernardo do Campo (SP). Coordenador Pedagógico do Curso de Especialização em Direito Processual Civil do Programa de Pós-Graduação da Faculdade de Direito de Sorocaba (FADI) e do Curso de Especialização em Direito Imobiliário do Programa de Pós-Graduação da Faculdade de Direito de São Bernardo do Campo. Professor convidado nos Programas de Pós-Graduação lato sensu de diversas instituições. Membro do Centro de Estudos Avançados de Processo (CEAPRO). Advogado.

(1) Registradas em notas de rodapé.

1.1. O ponto de partida – A Lei n. 11.232/2005 e o CPC/1973

A Lei n. 11.232/2005, que instituiu na sistemática processual o cumprimento da sentença que prevê obrigação pecuniária, imprimiu verdadeira ruptura do sistema, na medida em que acabou com a autonomia procedimental das execuções de sentença que contenham condenação pecuniária ou que nela possam ser convertidas, tornando-as, pois, mera fase executiva inserida no procedimento.

Tal sincretismo, na tela executiva, teve início com as obrigações de fazer e não fazer, nos termos da Lei n. 8.952/94 (CPC/73, art. 461); depois, estendeu-se às obrigações de entrega de coisa, nos termos da Lei n. 10.444/2002 (CPC/73, art. 461-A).

A regra do Cumprimento da Sentença, instituída em 2005, pela Lei n. 11.232 trouxe inovações importantes, mas deixou algumas lacunas que levaram anos para serem dissipadas pelo Superior Tribunal de Justiça, como por exemplo: o termo inicial para o pagamento espontâneo; a necessidade ou não de garantia do juízo para o oferecimento da impugnação ao cumprimento da sentença, bem como sua natureza jurídica; e cabimento de honorários advocatícios na execução da sentença.

1.2. As inovações do CPC/2015 em relação ao cumprimento da sentença

Com a entrada em vigor da Lei 13.105 de 2015, em março de 2016, todos os defeitos citados acima serão solucionados, sendo que a nova codificação processual acaba por reafirmar o sincretismo processual adotado pela legislação pretérita.

O presente ensaio não tem por finalidade criar novas premissas ou criticar posições, mas, apenas e tão somente, discorrer, em linhas gerais, sobre aspectos muito relevantes da temática: (1.2.1) adequação da localização da regra do cálculo aritmético; (1.2.2) intimação do devedor para o cumprimento da sentença no novo Código de Processo Civil; (1.2.3) alterações significativas em relação: à execução provisória e à impugnação ao cumprimento da sentença; (1.2.4) a incidência de honorários para a fase de cumprimento da sentença que condena a obrigação pecuniária.

1.1.1. Adequação da localização da regra do cálculo aritmético[2]

A nova legislação soluciona equívoco que vinha ocorrendo desde a reforma de 1994, ou seja, o cálculo aritmético elaborado pelo credor como forma de apuração do valor devido em virtude da antiga liquidação por cálculo do contador encontrava-se no capítulo destinado ao procedimento liquidatório a despeito de não ser uma de suas modalidades.

Mesmo na reforma imposta pela Lei n. 11.232/2005 o art. 475-B (CPC/1973) prevê que caso dependa de meros cálculos aritméticos o credor requererá a execução nos termos do art. 475-J, que se divide em duas partes: (a) a primeira diz respeito ao prazo de quinze dias para pagamento espontâneo da decisão líquida e certa, que somente será exigível após ter escoado o prazo de 15 dias para pagamento espontâneo e; (b) a segunda determina que o exequente deverá requerer a execução da sentença ou acórdão juntando a memória de cálculo já com a multa incluída.

O CPC/2015 retira a regra do cálculo aritmético da liquidação da sentença [que passa a ter no capítulo apenas a liquidação pelo procedimento comum (atual artigos) e a liquidação por arbitramento] e coloca no capítulo que trata do *cumprimento definitivo da sentença que reconheça a exigibilidade de obrigação de pagar quantia certa*, mais especificamente no art. 524, *caput*, que prevê: "o requerimento previsto no art. 523 será instruído com demonstrativo discriminado e atualizado do crédito (...)".[3]

1.1.2. Intimação do devedor para o cumprimento da sentença no novo Código de Processo Civil[4]

Os arts. 523 e 524 estabelecem qual é o termo inicial e como será feita a contagem do prazo para o pagamento espontâneo, sob pena da multa de 10%.

Bem ou mal, o legislador criou uma regra para o *dies a quo* da contagem do prazo para pagamento, que continua sendo de 15 (quinze) dias, embora agora contados apenas em dias úteis, consoante estabelece o art. 219 do CPC/2015.

No que tange à forma de intimação para o cumprimento espontâneo, o legislador foi exaustivo, esmiuçando todas as situações, no art. 513.[5]

No § 1º estabelece que tanto na execução provisória quanto na definitiva o cumprimento da sentença far-se-á apenas a requerimento do exequente.

Os §§ 2º e 3º disciplinam, didaticamente, as formas de intimação do devedor para o cumprimento da sentença,

---

(2) Nos domínios do processo do trabalho, a referida regra é inaplicável, em razão de previsão específica da CLT, no art.879, quanto ao procedimento pertinente à liquidação de sentença.
(3) Prevê, ainda, o art. 509, § 2º: "Quando a apuração do valor depender apenas de cálculo aritmético, o credor poderá promover, desde logo, o cumprimento da sentença".
(4) Sobre a questão no processo do trabalho, vide item 3, *infra*.
(5) Art. 513. O cumprimento da sentença será feito segundo as regras deste Título, observando-se, no que couber e conforme a natureza da obrigação, o disposto no Livro II da Parte Especial deste Código. § 1º O cumprimento da sentença que reconhece o dever de pagar quantia, provisório ou

eliminando toda discussão que possa ocorrer acerca da forma e do destinatário da intimação.

Por certo, a preocupação do legislador se deveu ao conhecido dissenso doutrinário e jurisprudencial acerca da correta interpretação do art. 475-J do sistema pretérito, que gerou enorme insegurança até sua estabilização pela jurisprudência.[6]

Com isso, fica estabelecida que a forma ordinária de comunicação do devedor é a intimação, via Diário da Justiça, na pessoa do seu advogado constituído nos autos do processo.

Restaram, também, estabelecidas formas extraordinárias de intimação, na hipótese de o devedor estar representado pela Defensoria Pública ou não tiver procurador constituído nos autos do processo, a sua intimação para o cumprimento da sentença se dará por meio de carta com aviso de recebimento, sendo certo que o prazo começará a correr da juntada do aviso de recebimento (A.R.) aos autos do processo (CPC, art. 231, II).

Disciplinou-se a possibilidade de utilização do meio eletrônico, o devedor, desde que se tratem de empresas públicas e privadas, excetuadas as microempresas e empresas de pequeno porte, também poderá ser intimado por meio eletrônico, valendo registrar que tais empresas terão o prazo de 30 (trinta) dias, contados da data da inscrição do seu ato constitutivo, para efetuar o cadastro junto aos sistemas de processo em autos eletrônicos perante o juízo onde tenham sede ou filial (CPC, art. 1.051).

É de se esclarecer que a intimação por meio eletrônico é exceção à regra, ou seja, somente ocorrerá caso o devedor não tenha advogado constituídos nos autos do processo.

Na hipótese de o devedor ter sido citado por edital na fase de conhecimento (CPC, art. 256) e ter sido considerado revel, sua intimação para da fase executiva se dará por meio de edital, iniciando-se o prazo para o cumprimento voluntário da obrigação no primeiro dia útil subsequente ao fim da dilação assinada pelo juiz (CPC, art. 231, IV).

Embora seja louvável a preocupação do legislador, parece-nos se tratar de providência desnecessária e contrária ao princípio da economia processual, uma vez que se está diante de um processo sincrético, e, com isso, os efeitos processuais – desnecessidade de intimação dos atos processuais – já se fizeram presentes com a revelia ocorrida, projetando, pois, seus efeitos para fase executiva do procedimento.

Tal preocupação, apenas se justifica, naquelas situações em que o credor opte por iniciar a fase de cumprimento da sentença perante o juízo do novo domicílio do devedor, naquele em que se localizarem seus bens ou naquele em que deva ser executada a obrigação de fazer ou não fazer (CPC, art. 516, parágrafo único). Por óbvio que se o credor optar pelo juízo do novo domicílio do devedor, a intimação pela via editalícia apenas terá lugar na hipótese de restar frustrada a tentativa de intimação por carta com aviso de recebimento.

Nas situações previstas nos incisos II e III do § 2º, caso o devedor tenha mudado de endereço, físico ou eletrônico, sem a devida atualização perante o juízo, as intimações realizadas nos endereços constantes dos autos serão consideradas válidas.

O legislador também se ocupou de disciplinar a forma de intimação do devedor na hipótese de cumprimento da sentença tardio, caso o credor requeira o início da fase executiva do procedimento após um ano do trânsito em julgado da sentença, o devedor será intimado pessoalmente, e não pela imprensa, por publicação em nome de seu advogado, para cumprir a obrigação contida na sentença. Tal medida se justifica em razão do longo prazo decorrido, que poderá gerar prejuízos ou percalços desnecessários (v.g. advogado que perdeu contato com o seu cliente).

Há, ainda, outra previsão bastante relevante e interessante, disposta no art. 526, que faculta ao devedor antecipar-se à intimação prevista no art. 523 e exercitar o direito de cumprimento voluntário da sentença, sem, contudo, eximir-se da parcial multa de 10%, caso o pagamento seja considerado insuficiente – semelhante ao que ocorre com o § 4º do art. 475-J do CPC/1973[7].

O referido dispositivo legal trata da possibilidade de o devedor cumprir a decisão judicial antes de ser instado judicialmente a tanto. Antes das reformulações inseridas

---

definitivo, far-se-á a requerimento do exequente. § 2º O devedor será intimado para cumprir a sentença: I – pelo Diário da Justiça, na pessoa de seu advogado constituído nos autos; II – por carta com aviso de recebimento, quando representado pela Defensoria Pública ou quando não tiver procurador constituído nos autos, ressalvada a hipótese do inciso IV; III – por meio eletrônico, quando, no caso do § 1º do art. 246, não tiver procurador constituído nos autos; IV – por edital, quando, citado na forma do art. 256, tiver sido revel na fase de conhecimento. § 3º Na hipótese do § 2º, incisos II e III, considera-se realizada a intimação quando o devedor houver mudado de endereço sem prévia comunicação ao juízo, observado o disposto no parágrafo único do art. 274. § 4º Se o requerimento a que alude o § 1º for formulado após 1 (um) ano do trânsito em julgado da sentença, a intimação será feita na pessoa do devedor, por meio de carta com aviso de recebimento encaminhada ao endereço constante dos autos, observado o disposto no parágrafo único do art. 274 e no § 3º deste artigo. § 5º O cumprimento da sentença não poderá ser promovido em face do fiador, do coobrigado ou do corresponsável que não tiver participado da fase de conhecimento.

(6) Cf. STJ, REsp. 940.274/MS, Corte Especial, rel. Min. Humberto Gomes de Barros, rel. p/ acórdão Min. João Otávio de Noronha, maioria de votos, j. 7.04.2010, DJe 31.05.2010.

(7) Quanto à polêmica questão da aplicação da multa do art.475-J – com o CPC/2015, art. 523, §1º – na execução trabalhista, vide item 4, *infra*.

pelas Leis ns. 11.232/2005 e 11.382/2006, existia disposição semelhante no art. 570 do CPC/1973.⁽⁸⁾

No cumprimento da sentença "às avessas", o devedor, mediante a apresentação de memória atualizada e discriminada do débito, seguindo os estritos termos do art. 524, II a VI, efetuará o depósito da quantia assinalada; o credor será intimado, pelo Diário da Justiça e na pessoa de seu advogado, para aceitar ou impugnar o valor, sendo certo que a impugnação deverá ser motivada; caso o credor fique silente ou concorde com o valor, o juiz declarará satisfeita a obrigação e extinguirá o processo, porém, se o juiz entender pela insuficiência do depósito, o devedor terá que pagar a multa de 10% (dez por cento), mais honorários advocatícios, no mesmo percentual, sobre a diferença, prosseguindo-se na fase executiva, com a prática de atos tendentes à satisfação total da obrigação.

1.2.3. Alterações significativas em relação à execução provisória e à impugnação ao cumprimento da sentença

A caução para a execução ou cumprimento provisório da sentença continua a existir, nos termos do art. 520, IV, nas hipóteses de o "levantamento de depósito em dinheiro e a prática de atos que importem transferência de posse ou alienação de propriedade ou de outro direito real, ou dos quais possa resultar grave dano ao executado", porém as hipóteses de dispensa da caução são alteradas, passando a ser menos complexo dispensá-la, como prevê, expressamente, o art. 521⁽⁹⁾:

I – o crédito for de natureza alimentar, independentemente de sua origem; II – o credor demonstrar situação de necessidade; III – pender o agravo fundado nos incisos II e III do art. 1.042; IV – a sentença a ser provisoriamente cumprida estiver em consonância com súmula da jurisprudência do Supremo Tribunal Federal ou do Superior Tribunal de Justiça ou em conformidade com acórdão proferido no julgamento de casos repetitivos".⁽¹⁰⁾

Outra regra importante está prevista no art. 520, § 2º, que estabelece expressamente a incidência de todas as sanções existentes no Cumprimento Definitivo da Sentença também para a Execução Provisória, ou seja, a multa de 10% e os honorários advocatícios também de 10% – diferentemente do posicionamento do Superior Tribunal de Justiça que, ao analisar o art. 475-J do CPC/1973 em seus diversos precedentes, entende que para haver a incidência da multa é necessário o trânsito em julgado da decisão, ou seja, que a execução seja definitiva.⁽¹¹⁾

Já, para o oferecimento da impugnação ao cumprimento da sentença, prazo de 15 (quinze) dias (em dobro para litisconsortes com patronos diferentes⁽¹²⁾, desde que de escritórios de advocacia distintos – § 3º do art. 525 – remete ao art. 229 – demonstra, claramente, a opção do legislador pela natureza jurídica de defesa) começará – ato contínuo – após o término do prazo para pagamento, previsto no art. 523, consoante dispõe o art. 525, independentemente de garantia do juízo.

1.2.4. A incidência de honorários para a fase de cumprimento da sentença que condena a obrigação pecuniária⁽¹³⁾

Com relação aos honorários sucumbenciais, não haverá mais discussão acerca de seu cabimento ou não para a fase de cumprimento da sentença, nem mesmo sobre qual deva ser seu patamar máximo e mínimo, tendo em vista o que dispõe o § 1º do art. 523: "Não ocorrendo pagamento voluntário no prazo do *caput*, o débito será

---

(8) Art. 570. O devedor pode requerer ao juiz que mande citar o credor a receber em juízo o que lhe cabe conforme o título executivo judicial; neste caso, o devedor assume, no processo, posição idêntica à do exequente – revogado pela Lei n. 11.232/2005.

(9) Não vislumbramos incompatibilidade entre a referida regra e os princípios e regras que regem o Processo do Trabalho. Vale anotar, porém, que o inciso I do art.521 aponta o crédito de natureza alimentar (qualquer que seja) como hipótese de dispensa da dita caução do art. 520, IV. Desse modo, sendo inegável a natureza alimentar das verbas que, no mais das vezes, são perseguidas na execução trabalhista, a dispensa da exigência do caucionamento passa a ser regra nos domínios do Processo do Trabalho. O grande problema prático é a aparente tendência de manutenção do entendimento do TST, antes voltado ao art. 475-O do CPC/73, de inaplicabilidade ao Processo do Trabalho, em razão da inexistência de lacuna face ao texto da CLT, art. 899, que limita a execução provisória até a penhora e somente permite o levantamento de valores (mesmo referentes ao depósito recursal), após o trânsito em julgado. Novamente, posicionamentos pautados na ausência de omissão no texto da CLT, em conclusão restrita à noção de lacuna normativa, ignorando que as novidades procedimentais e os permissivos da fase de cumprimento de sentença demonstram a superação das regras da execução trabalhista descrita na CLT, tornando-se insuficientes e até injustas, a ensejar claras lacunas, quer axiológicas, quer ontológicas, ou, ainda, teleológicas, fugindo a execução, em concreto, dos seus fins sociais e econômicos.

(10) Sendo, no entanto, exigida, mesmo nas hipóteses dos incisos do art. 521 se da dispensa puder resultar manifesto risco de dano grave de difícil ou incerta reparação.

(11) Aqui, a questão remete, antes, à análise da aplicação do art. 523, § 1º, à execução trabalhista que, uma vez superada, no sentido afirmativo, induz à conclusão da aplicação também do disposto no art. 520, § 2º, do CPC/2015 à execução provisória trabalhista.

(12) Inaplicável a dobra do prazo para litisconsortes com advogados distintos no Processo do Trabalho. Nesse sentido, vide OJ n. 310-SDI-1, do TST.

(13) À luz do entendimento ainda majoritário na jurisprudência trabalhista, não se cogita a condenação da parte vencida em honorários sucumbenciais, a afastar a incidência do referido nesse tópico dos domínios da execução trabalhista. Vide Súmula do TST, verbetes n. 219 e 329. Há de se destacar, contudo, que tramita Projeto de Lei (PLC n. 33/2013) que propõe a alteração da CLT, art.791 para afastar o *jus postulandi* e prever honorários advocatícios sucumbenciais.

acrescido de multa de dez por cento e, também, de honorários de advogado de dez por cento".

O próprio Superior Tribunal de Justiça instituiu a Súmula n. 517, estabelecendo que são devidos honorários advocatícios para a fase de cumprimento da sentença, havendo ou não impugnação, depois de vencido o prazo para o pagamento voluntário.

2. APLICAÇÃO DO CPC/2015 À EXECUÇÃO TRABALHISTA: CONSIDERAÇÕES INICIAIS

Dos diversos temas possíveis, escolhemos, para demonstrar alguns reflexos do CPC/2015 na execução trabalhista, partir de uma análise geral para melhor enfrentar duas questões: (1) a necessidade de citação por mandado, prevista no art.880 da CLT, resta mantida com o CPC/2015?; e (2) com o CPC/2015, abre-se espaço para a renovação da defesa da aplicação, na execução trabalhista, da multa prevista para a fase de cumprimento de sentença condenatória em obrigação de pagar quantia (aplicação do art. 523, § 1º, do CPC/2015, que reflete o conhecido art. 475-J do CPC/73)?

Muitas são as demais questões que desafiam o operador do Direito atuante na seara juslaboral frente ao NCPC, inclusive no que toca à execução, porém, buscaremos focar a atenção nas duas apontadas, a permitir um relativo aprofundamento da análise – ademais, trata-se das mais candentes quanto ao tema em estudo.

2.1. É possível aplicar dispositivos do CPC/2015 no Processo do Trabalho?

A questão da aplicação subsidiária do direito processual comum ao Processo do Trabalho é há muito conhecida pelos operadores do Direito que atuam na seara juslaboral. A Consolidação das Leis do Trabalho – CLT carrega o conhecido art. 769, que autoriza a aplicação *subsidiária* do direito processual civil ao Processo do Trabalho. Fixa o dispositivo, contudo, que a dita aplicação é restrita aos casos omissos (logo, diante de lacunas) e que depende, também, da constatação de compatibilidade da regra importada do processo comum com relação aos princípios e regras que regem o Direito Processual do Trabalho.

No que toca à regência legal do procedimento da execução trabalhista, também há inegáveis possibilidades de constatação de lacunas, a atrair a regra de integração referida. Todavia, a CLT vai além, nesse ponto, ao prever, no art.889, regra específica de integração pertinente ao sistema legal de execução trabalhista, pela qual, em caso de lacuna, há de se aplicar o disposto na Lei dos Executivos Fiscais-LEF (6830/1980), podendo o aplicador, somente diante da persistência da ausência de previsão normativa suficiente, valer-se do que dispõe o CPC em matéria de execução (LEF, art. 1º, *parte final*).

O CPC/2015, por sua vez, trata da questão no já bastante polêmico art. 15, que traz: "*Na ausência de normas que regulem processos eleitorais, trabalhistas ou administrativos, as disposições deste Código lhes serão aplicadas supletiva e subsidiariamente*".

Assim, inegável que há a aplicação dos dispositivos da Lei n. 13.105/2015 (o Novo CPC) nos domínios do Processo do Trabalho de modo que, superada a questão da possibilidade de aplicação do CPC/2015 ao Processo do Trabalho, há de se analisar as regras pertinentes a ela e a sua extensão.

2.2. Quais as regras e os limites para a aplicação do CPC/2015 no Processo do Trabalho?

Nesse ponto, cabe destacar novidade trazida pelo CPC/2015: além da já conhecida e utilizada aplicação subsidiária para superação das lacunas e integração do sistema processual trabalhista, a partir da entrada em vigor do Novo Código, restará permitida a aplicação *supletiva* do que dispõe ao Processo do Trabalho. Trata-se da regra trazida no art. 15 do mesmo CPC.

Desse modo, indispensável, aqui, a adoção de posição quanto ao sentido de aplicação *supletiva* bem como pontuar algumas das suas implicações práticas, em comparação com a noção de aplicação *subsidiária* e a que ela remete.

A questão não é singela, sendo certo que, na doutrina, já se encontram posições absolutamente antagônicas no que toca à definição do que significam as referidas aplicações supletiva e subsidiária.

Segundo afirmou o sub-relator da proposta legislativa pela qual se deu a inclusão da palavra *supletiva* no dispositivo em análise, do então projeto de Novo CPC, Deputado Efraim Filho, "*aplicação subsidiária visa ao preenchimento de lacuna; aplicação supletiva, à complementação normativa*".[14]

Portanto, de modo objetivo, podemos afirmar que a aplicação subsidiária tem lugar quando há uma lacuna absoluta [não há disposição sobre matéria no texto da CLT] enquanto a aplicação supletiva restará reservada aos casos nos quais há a necessidade de uma complementação normativa ao que foi regulado de modo parcial, insuficiente, incompleto [omissão relativa[15]].

---

(14) Nesse sentido, vide o Relatório Parcial do Deputado Efraim Filho, apresentado à Comissão Especial, em sede

(15) Como refere Edilton Meireles (O Novo CPC e sua aplicação supletiva e subsidiária no Processo do Trabalho. *In:* BRANDÃO, Cláudio; MALLET, Estêvão. **Processo do Trabalho**: Coleção Repercussões do Novo CPC. Coord.Geral Fredie Didier Jr. Salvador: Jus Podivm, 2015. p. 94 e 98. v.4).

Não nos é dado ignorar, contudo, posição no sentido absolutamente inverso, apontando para a aplicação subsidiária como aquela destinada a reforçar o que já existe enquanto a supletiva destinar-se-ia a complementar "um espaço totalmente vazio"[16]. Ou seja, a aplicação subsidiária teria o condão de preencher lacuna absoluta enquanto a supletiva estaria reservada a complementação normativa. Porém, filiamo-nos à primeira corrente, guiados, inclusive, pelos precedentes do Tribunal Superior do Trabalho – TST na interpretação da tão debatida possibilidade de aplicação *subsidiária* do art.475-J do CPC/73 no bojo do procedimento da execução trabalhista.

Ora, sabe-se que o TST, há tempos, fixou entendimento amplamente majoritário no sentido da impossibilidade de aplicação da multa prevista no art. 475-J do CPC/73 na execução trabalhista. O fundamento principal da construção que sustenta essa posição aponta para a inexistência de omissão na CLT que autorize a aplicação *subsidiária* da norma processual civil.

Assim, a noção de aplicação *subsidiária*, já há muito conhecida pelos operadores do Direito que atuam na seara juslaboral em razão do que traz o aqui referido art. 769 da CLT, tem sido historicamente interpretada pelo TST no sentido de aplicação possível diante de vazio normativo (lacuna normativa).

Logo, por coerência com o sentido sempre atribuído à noção de aplicação *subsidiária*, somado ao propósito do próprio legislador expressa no documento histórico-legislativo acima referido, sem prejuízo do respeito à posição em contrário, nesse ensaio, as referências à aplicação supletiva e subsidiária remeterão ao sentido aqui abraçado.

Ultrapassada essa questão, exibe-se importante analisar se a entrada em vigor do CPC/2015 e o texto do seu art. 15 tornaram superada a regra de integração prevista na CLT, art. 769.

Encontramos na doutrina diversos defensores da corrente de que, tratando, ambos os dispositivos, da mesma matéria, e considerado o disposto no art. 2º, § 1º, da Lei de Introdução às Normas do Direito Brasileiro, no sentido de que a lei posterior revoga a anterior quando expressamente o declare, quando seja com ela incompatível ou – e, aqui, o que nos interessa – quando regule inteiramente a matéria de que tratava a anterior, o art. 769 da CLT restaria revogado pelo art. 15 do Novo CPC (já que ambos tratam da mesma matéria, qual seja, integração da CLT, na parte processual, em caso de lacuna)[17].

Com o devido respeito, não podemos concordar com a referida posição pois o art. 15 do CPC/2015 carrega comando, a um tempo, mais restrito e mais abrangente que a regra da CLT, art. 769: mais restrito pois trata apenas da aplicação do CPC nos domínios do Processo do Trabalho [enquanto o mencionado artigo da Consolidação das Leis do Trabalho remete à aplicação do "direito processual comum", que extrapola a realidade do texto do CPC de modo a alcançar toda a legislação processual extravagante]; mais amplo pois inclui a possibilidade de aplicação, agora sim, do CPC(de 2015) e suas disposições, de modo *supletivo* [e não apenas subsidiário], ao Processo do Trabalho. Portanto, não há perfeita identidade de matérias, permitindo o convívio harmônico entre ambos os dispositivos legais destacados.

No mais, há de ser destacado que, quer a aplicação subsidiária, quer a supletiva, são mecanismos de integração do sistema processual trabalhista, quando marcado por omissões [totais ou parciais], para fim de a ele emprestar maior efetividade como instrumento de solução célere dos conflitos.

Pois bem. O referido caráter [de instrumento de integração] outorga natureza claramente acessória às disposições emprestadas ao Processo do Trabalho, quer pelo direito processual comum como um todo, quer, especificamente, pelo CPC/2015, haja vista que não inovam mas apenas complementam espaços deixados pelas omissões constatadas (absoluta ou parcialmente vazios), a desafiar o intérprete a definir se está diante de hipótese de *silêncio eloquente* do legislador ou de espaço que deve, rigorosamente, ser tomado a partir do uso dos referidos instrumentos de integração.

A definição em questão depende, segundo entendemos, da análise do sistema processual trabalhista, para verificação da compatibilidade do instrumento de solução buscado no direito processual comum ou, especificamente, no CPC, com os princípios e regras que regem o Direito Processual do Trabalho. Qualquer entendimento em contrário afronta as mais básicas regras de interpretação, caminhando, inclusive, contra os ventos que nos levam ao diálogo das fontes (e não à superação dessas que conduziria, por sua vez, ao isolamento dos diplomas normativos). As normas interagem na medida em que respeitados os critérios de especialidade e, principalmente, as bases de cada sistema próprio.

Ademais, sabe-se que a base de qualquer construção jurídica, inclusive no âmbito processual, aponta para o

---

(16) Nesse sentido: CESÁRIO, João Humberto. O Processo do Trabalho e o Novo Código de Processo Civil: critérios para uma leitura dialogada dos artigos 769 da CLT e 15 do CPC/2015. **Revista do Tribunal Superior do Trabalho**. Brasília: Lex Magister, jul./set. 2015. n. 3. p. 70-94. v. 81. Também nesse sentido, Paulo Cezar Pinheiro Carneiro, citado por Salvador Franco de Lima Laurino (O artigo 15 do Novo Código de Processo Civil e os limites da autonomia do Processo do Trabalho. *In*: BRANDÃO, Cláudio; MALLET, Estêvão. **Processo do Trabalho**: Coleção Repercussões do Novo CPC. Coord.Geral Fredie Didier Jr. Salvador: Jus Podivm, 2015. p. 124 e 125. v.4)

(17) Para Edilton Meireles, o art. 769 da CLT estará revogado em face do que traz o CPC/2015, art. 15, a partir da vigência desse (ob. cit., p. 99).

respeito aos princípios, vigas de sustentação daquela. Sendo o Processo do Trabalho informado por princípios próprios, obviamente, esses não podem ser ignorados frente ao propósito da aplicação de disposições do CPC/2015 com o singelo fundamento de que são permitidas em razão de inexistir disposição específica em contrário na CLT, exatamente sobre o mesmo instituto ou regra.

Com isso, sustentamos que o CPC/2015 deve ser aplicado supletiva e subsidiariamente ao Processo do Trabalho, assim como o direito processual comum continua lhe sendo aplicável subsidiariamente, desde que os institutos e regras que se pretenda importar sejam compatíveis com os princípios e regras que regem o Direito Processual do Trabalho, sob pena de afronta às bases do sistema, o que não se pode admitir. As regras devem, portanto, ser harmonizadas, interpretadas de modo dialógico, no objetivo da colmatação adequada das lacunas do Processo do Trabalho.

Contudo, é interessante ressaltar que, especificamente quanto à execução trabalhista, mesmo dentre os defensores da revogação do art. 769 pelo advento e início de vigência do art.15 do Novo CPC, encontra-se a defesa de que a regra de integração do art. 889 resta incólume. E tal se dá pois, no caso, o dispositivo em questão excepciona a regra geral da própria CLT (do art. 769) ao apontar que, para a execução, como já destacado, a supressão das lacunas há de se dar, primeiramente, com o socorro da LEF para, apenas depois, se mantida a necessidade de integração, por força do art. 1º da própria Lei dos Executivos Fiscais, permitir a aplicação, também subsidiária, do CPC.

Portanto, o art. 889 da CLT está marcado pelo critério da especialidade, não cedendo à regra geral do CPC/2015, art. 15. Todavia, isso também não impede o reconhecimento de inovações na execução trabalhista a partir do início da vigência do Novo CPC pois, *supletivamente*, este também poderá ser aplicado ao Processo do Trabalho, mesmo na fase de execução [aplicação supletiva por força direta do CPC/2015 + aplicação subsidiária do CPC/2015, caso não supria suficientemente a omissão da CLT pela aplicação da LEF].

2.3. Qual a natureza jurídica da execução trabalhista?

Outra questão de suma importância, nesse estágio do presente estudo, remonta à definição da natureza jurídica da execução trabalhista.

Sabe-se da polêmica ainda existente na doutrina em torno da autonomia da execução trabalhista: existe, de fato, uma execução autônoma ou o procedimento fixado na CLT faz dela uma mera fase [executiva], assemelhada, portanto, à fase de cumprimento de sentença do Processo Civil?

A análise da evolução das posições doutrinárias acerca da questão demonstra o prestígio crescente da segunda corrente, para a qual a execução trabalhista fundada em título judicial nada mais é senão uma fase do procedimento, sem qualquer autonomia.

Alguns são os fundamentos nos quais se sustenta essa posição, dentre os quais o fato de que a execução trabalhista fundada em título judicial pode ser iniciada *de ofício* pelo juiz (CLT, art. 878), a relativizar o princípio da inércia, dispensando a distribuição de petição inicial ou ato que lhe faça as vezes, a demonstrar a marcante manifestação do princípio do impulso oficial[18] e, com ele, o afastamento da autonomia referida e da conclusão acerca da existência de um *processo de execução* trabalhista: trata-se de fase [executiva] do procedimento. Ademais, note-se que o procedimento descrito nos arts.880 e seguintes da CLT é claro e demonstra que não há qualquer necessidade de instauração de processo autônomo de execução (com distribuição de petição inicial etc.), salvo quando fundada em título extrajudicial, contexto que foge do objeto desse estudo[19].

Some-se a isso que, mesmo que assim não fosse, nos domínios do Processo Civil, em especial com o CPC/2015, o início da *fase* de cumprimento de sentença depende de prévio requerimento e, mesmo assim, não se desnatura a sua condição de [repita-se] *fase* do procedimento.

Parece-nos, de fato, que razão assiste à primeira corrente, consistindo, a execução lastreada em título judicial nos domínios do Processo do Trabalho, verdadeira *fase* do procedimento, tendente à completude da prestação

---

(18) Alguns defendem a natureza *semiautônoma* da execução trabalhista, em razão de que, em certas situações, a execução depende, para ter início, de provocação da parte como, por exemplo, quando há necessidade de prévia liquidação por artigos. Dentre esses, podemos citar José Cairo Junior (**Curso de Direito Processual do Trabalho**. 8ª ed. Salvador. Jus Podivm, 2015. p. 874), a quem deve ser atribuído o crédito pelo exemplo. Antes, Cairo Junior também conclui: "Ora, com a aplicação dos princípios da informalidade e do *ius postulandi*, o próprio juiz, de ofício, pode iniciar a execução. Conclui-se pela ausência de autonomia da execução no processo laboral".

(19) Francisco Ferreira Jorge Neto e Jouberto de Quadros Pessoa Cavalcante afirmam que não se justifica a defesa da autonomia do processo de execução trabalhista em relação ao de conhecimento. (**Direito Processual do Trabalho**. 7ª ed. São Paulo: Atlas, 2015. p. 1.036). Com a mesma conclusão, vale destacar a posição de Carlos Henrique Bezerra Leite, que, em sua obra, reconhece a própria mudança de posição acerca da questão posta: "Já chegamos a defender a existência de um 'processo autônomo' de execução trabalhista ..." (**Manual de Processo do Trabalho**. 2ª ed. São Paulo: Atlas, 2015. p. 332). Adiante, Bezerra Leite afirma sua posição atual, no sentido de que a execução trabalhista consiste em fase do processo de conhecimento. (ob.cit., p. 333).

jurisdicional, que alcança a atividade satisfativa, na forma, aliás, do reconhecido pelo legislador pátrio no texto do CPC/2015, art. 4º[20], tudo de modo mais célere, ágil e efetivo[21].

De outro lado, há quem ainda defenda que a execução trabalhista preserva sua autonomia, não podendo ser reduzida a mera fase do processo de conhecimento, inclusive sob a justificativa de que o texto da CLT, art. 880 é claro ao exigir a *citação*[22], por mandado, como ato de comunicação adequado ao executado para que cumpra a obrigação contida no título ou promova o necessário a viabilizar a oposição dos embargos previstos no art. 884 da mesma Consolidação. Logo, haveria a composição de nova relação jurídica processual, agora executiva, presente, pois, a autonomia típica de um verdadeiro *processo* de execução fundada em título judicial. Afirma-se, ainda, que há a referida autonomia em razão da existência de execução fundada em título extrajudicial trabalhista, com identidade de procedimentos – o que, vale ressaltar, também não parece suficiente para a dita conclusão.

3. CITAÇÃO OU INTIMAÇÃO NA PESSOA DO ADVOGADO?

Firmadas as considerações necessárias, no sentido das regras de regência e dos respectivos limites para a aplicação dos dispositivos do CPC/2015, pertinentes à fase de cumprimento de sentença, ao Processo do Trabalho, a próxima questão que passa a exigir enfrentamento consiste na seguinte: considerada a possibilidade de aplicação supletiva e subsidiária do Novo CPC e a posição aqui sustentada de se tratar, a execução trabalhista fundada em título judicial, de verdadeira fase do procedimento – logo, integrante desse –, há necessidade de expedição de mandado de citação ao executado, na forma prevista na CLT, art. 880? Ou é compatível com o sistema processual trabalhista a determinação do prosseguimento do feito, na fase executiva, com a simples *intimação* do devedor, na pessoa do seu advogado, pelo Diário Oficial, para pagamento – nos moldes do CPC/2015, art. 513, § 2º, I?

Não se pode ignorar que, a segunda solução, no sentido da aplicação subsidiária do CPC/2015 conduz à celeridade, à simplificação dos procedimentos e, consequentemente, à efetividade do processo – que abarca a obtenção da completa prestação jurisdicional, incluída a concretização da atividade satisfativa (CPC/2015, art. 4º), em tempo razoável e com "*os meios que garantam a celeridade de sua tramitação*" fixados como garantias fundamentais da ordem constitucional brasileira, abraçada pelo texto do Novo CPC (CF, art. 5º, LXXVIII c.c. CPC/2015, art. 6º).

Nesse ponto, encontra-se na doutrina e na jurisprudência diversos defensores da aplicação, no Processo do Trabalho, das ferramentas trazidas no CPC/73, a partir das reformas na execução de sentença inauguradas pela Lei n. 11.232/2005, e complementadas pelas que a ela seguiram. Dentre esses, destaca-se a posição de Carlos Henrique Bezerra Leite, citando Luciano Athayde Chaves, no sentido de que a incompletude do sistema processual trabalhista impõe a adoção, no que couber, "*da heterointegração dos sistema dos sistemas processuais civil e trabalhista, não apenas diante da lacuna normativa*" como, também, da manifesta perda de eficácia da norma processual trabalhista diante da maior modernidade e eficácia de institutos processuais semelhantes adotados em outras esferas da ciência processual, com o diálogo das fontes (CLT e CPC), "*de modo a promover a máxima efetividade do direito/princípio fundamental do acesso à justiça, que, por seu caráter instrumental, também é destinado a realizar os demais direitos dos cidadãos e cidadãs no campo das relações trabalhistas*"[23].

No tocante especificamente à questão da forma de comunicação do devedor para fim de pagamento, na execução trabalhista, seguindo caminho próximo do desiderato sustentado por Bezerra Leite, encontramos na posição de Marcos Neves Fava argumentos bastante interessantes. Após reconhecer que a jurisprudência trabalhista caminha para a consolidação do entendimento da inaplicabilidade de relevantes institutos da fase de cumprimento de sentença disciplinada no CPC/73 – quadro que, segundo expressa entender, não deve ser revertido com a entrada em vigor do CPC/2015 –, Fava defende que, ao menos no que tange à comunicação do devedor para fim de pagamento há de ser aplicada a regra do Novo Código, fundamentando sua posição na experiência da Segunda Região e nas características da *era da informação*, de modo que, segundo sustenta, "*beira ao ridículo a expedição de um mandado de papel, para cumprimento por oficial de justiça, na pessoa do devedor*", procedimento que, na Capital de São Paulo, "*se o devedor não se esconder*", destaca, demanda, em média, 45 dias, frente a apenas *48 horas*, contadas da determinação judicial, necessárias para o aperfeiçoamento do ato se praticado por intimação no Diário Oficial

---

(20) Art. 4º. As partes têm o direito de obter em prazo razoável a solução integral do mérito, *incluída a atividade satisfativa*. (destaque nosso)
(21) Nesse sentido, também, Carlos Henrique Bezerra Leire, ob.cit., p. 332.
(22) Nesse sentido: Cléber Lúcio de Almeida. **Curso de Direito Processual do Trabalho**. 3ª ed. Belo Horizonte: Del Rey, 2009. p. 806. Também: Leonardo Dias Borges. O cumprimento da sentença no Novo CPC e algumas repercussões no Processo do Trabalho. In: LEITE, Carlos Henrique Bezerra (org.). **Novo CPC – repercussões no Processo do Trabalho**. São Paulo: Saraiva, 2015. p. 256.
(23) Ob.cit., p. 333.

Eletrônico[24]. Trata-se de posição respeitável e afinada às garantias constitucionais.

O grande óbice, todavia, encontra-se inserido no texto legal, tanto da CLT quanto do próprio CPC/2015. Ora, os arts. 889 e 769 da CLT não dispensam o respeito à integridade do sistema processual trabalhista. Assim, exigem, para fim de aplicação subsidiária de dispositivos de outros textos normativos, a compatibilidade desses com os princípios e regras que regem o Processo do Trabalho.

A CLT, art. 880, *caput* e §§ 1º e 2º, é clara no sentido de que o devedor deve ser *citado por mandado*[25], de modo que não há omissão normativa que autorize a aplicação dos dispositivos do CPC/73 (nem mesmo do CPC/2015). Desta feita, o desenvolvimento da execução trabalhista, iniciada a requerimento ou de ofício – e aqui, outra diferença, pois o Novo CPC exige a provocação da parte interessada [requerimento] para o início da fase de cumprimento, permitida, inclusive, que tal se dê às avessas –, necessariamente exige a expedição de mandado de citação do devedor, inadmitida a singela intimação na pessoa do advogado, afastadas as disposições do CPC/2015, art. 513, §§ por ausência de lacuna ou de insuficiência quanto à previsão procedimental a observar.

Resta indagar se não há ao menos lacuna *axiológica* ou *ontológica* que permita a aplicação do CPC/2015, art. 513, § 2º, I, de modo a afastar o dispendioso ato de citação postal previsto na CLT, art. 880.

Nesse ponto, sabe-se que, considerado por inteiro, o procedimento traçado no CPC/73, para a fase de cumprimento de sentença de obrigação de pagar, há anos existente entre nós, consiste em instrumento de maior efetividade para fim de operacionalização da atividade satisfativa. Tanto é assim que tramita, no Congresso Nacional, o Projeto de Lei do Senado – PLS n. 606/2011, que altera e acrescenta dispositivos na CLT, para "criar" e disciplinar a *fase de cumprimento de sentença trabalhista*, dentre outras providências, de modo a repetir e aperfeiçoar diversos dispositivos introduzidos na ordem jurídica processual nas alterações sofridas pelo CPC, em especial nas ondas reformistas verificadas a partir de 2005. Sobre o PLS, trataremos adiante, valendo adiantar, contudo, que afasta a necessidade de citação para dar início ao prazo do devedor para pagamento a partir da publicação da decisão que encerra a fase de liquidação de sentença (cf. alteração para introduzir art. 879-A, § 3º, na CLT).

Todavia, não se pode negar a existência de norma expressa, consistente no art. 880 da CLT, que prevê a necessidade de citação por mandado do devedor, para pagamento no prazo de 48 horas, ou garantia da execução.

Sendo assim, a questão remete à possibilidade de superação de norma expressa sob a justificativa de se tratar de previsão envelhecida e superada por outros institutos mais efetivos, previstos em outros diplomas legais vigentes no cenário jurídico brasileiro. Se há disposição legal sobre a matéria mas essa não mais atende à realidade social, divorciando-se dela, afirma-se haver lacuna *ontológica*. Já se a regra prevista na lei resta superada pelo sistema jurídico, conduzindo, se aplicada, a solução injusta ou insatisfatória, ou, ainda, axiologicamente inadequada, sustenta-se existir lacuna *axiológica*[26].

Para Norberto Bobbio, há lacuna quando se está diante da falta de uma solução *satisfatória* – conceito que extrapola a ausência de previsão normativa a alcançar a falta de uma norma *justa*. Afirma, ainda, que a verificação da completude ou incompletude deve extrapolar o exame da coisa em si mesma, de modo a alcançar a comparação desta com alguma outra[27].

Mas, caberia aos Tribunais o enfrentamento – e, antes, a identificação – de lacunas que extrapolem o campo do simplesmente normativo? Karl Larenz afirma que sim, reconhecendo que toda lei contém lacunas e que, há tempos, já se reconheceu a competência dos tribunais para acolmatá-las[28].

De outro lado, a referida atividade jurisdicional não consistiria em invasão [ou risco de] à atribuição legislativa, em afronta à tripartição harmônica de poderes estampada na CF, art. 2º?

A questão é relevante pois, de fato, ao reconhecer que há lacuna *axiológica*, passa o juiz, necessariamente, por campo absolutamente marcado pelo subjetivismo. Ora, o que é "justo" e "satisfatório"? Aqui, há inegável espaço para o conflito de pensamentos, a tornar o procedimento sujeito não à aplicação genérica destinada a todo e qualquer jurisdicionado, na forma previamente definida em

---

(24) FAVA, Marcos Neves. Esparsas inferências da aplicação supletiva das disposições sobre cumprimento da sentença e execução no Novo CPC ao Processo do Trabalho. *In*: BRANDÃO, Cláudio; MALLET, Estêvão (coord.). DIDIER JUNIOR, Fredie (coord.ger.). **Processo do Trabalho**. Coleção Repercussões do Novo CPC. Salvador: Jus Podivm, 2015. p. 494/5. v.4).

(25) Vale destacar a posição de Jairo Halpern, para quem, no procedimento da execução trabalhista, *"a citação deve ser a explícita em norma não revogada, qual seja a da CLT, o que se atesta por interpretação lógica e racional, discordando-se ao fim e ao cabo a modalidade citatória do art. 475-J do CPC"*, obviamente referindo-se ao texto de 1973, ainda em vigor (Execução Trabalhista e a aplicabilidade das normas do Código de Processo Civil. *In*: THOME, Candy Florencio; SCHWARZ, Rodrigo Garcia. **Direito Processual do Trabalho**: curso de revisão e atualização. Rio de Janeiro: Campus Elsevier, 2011. p. 360).

(26) Vide: DINIZ, Maria Helena. **Compêndio de introdução à ciência do Direito**. 14ª ed. São Paulo: Saraiva, 2001. p. 437).

(27) *Teoria do ordenamento jurídico*. Brasília: UnB, 1990. p. 140.

(28) *Metodologia da ciência do Direito*. 3. ed. Lisboa: Fundação Calouste Gulbenkian, 1997. p. 519-520.

lei, mas, sim, ao que entende cada juiz. Compromete-se a segurança jurídica mas, muito pior e mais grave, ofende-se o princípio do devido processo legal, conquista histórica da humanidade e, para muitos, expressão processual do próprio primado do respeito à dignidade da pessoa humana elevada a garantia fundamental pelo texto constitucional, relegando à própria sorte cada parte que deverá se submeter a uma espécie de "regime surpresa" de execução trabalhista, pela variedade de interpretações.

Desse modo, o problema maior, aqui, ultrapassa a questão da aplicação do CPC na formação da base de previsão procedimental da execução trabalhista, a recair na transformação dessa em uma fase processual *desprovida de verdadeira previsão* procedimental, afinal, tudo ocorrerá de acordo com o que cada juiz entende adequado, justo, satisfatório, *sem qualquer previsibilidade para o jurisdicionado*.

Vale ressaltar que as vozes que se levantam a favor da construção dialógica do procedimento (diálogo das fontes com a aplicação da CLT integrada pelos dispositivos do CPC na busca da construção de um procedimento executivo eficaz e célere) posicionam-se em benefício do credor, o que reduz alguns riscos sociais. Porém, não se pode ignorar que a falta de previsibilidade pode conduzir ao resultado absolutamente contrário.

São problemas naturais que, talvez, a disciplina pertinente aos precedentes e à sua força vinculante, que ganha notável força com o CPC/2015, possa mitigar. Utilizar ou não o CPC, subsidiaria ou supletivamente, acaba por consistir em questão de menor importância prática frente aos riscos que a falta de previsibilidade narrada apresenta à sociedade como um todo.

Voltando à questão da aplicação da supressão da necessidade de citação por mandado, do executado, substituída pela intimação na pessoa do patrono, por publicação no Diário de Justiça, fruto da aplicação do disposto para a fase de cumprimento de sentença, reforçada com a disciplina carregada no CPC/2015, interessante, ainda, a posição de Davi Furtado Meirelles expressa em sede de julgamento de Agravo de Petição, no sentido de reconhecer a existência de lacuna na CLT quanto à possibilidade de *citação* do executado *na pessoa de seu advogado*.

Afirma o douto jurista mineiro a existência da referida lacuna, a atrair a aplicação do CPC, art. 475-J, § 1º (no mesmo sentido, portanto, do CPC/2015, art. 513, § 2º, I), *"que consagra maior efetividade à execução, especialmente quando se torna forçada e, particularmente, quando se verifica dificuldade em localizar o representante do executado, que também é beneficiado pela celeridade, evitando, muitas vezes, desnecessária condenação por atentado à dignidade da Justiça"*. Explica Meirelles que a execução *"é fase processual que visa materializar o comando jurisdicional exarado na fase de conhecimento, de forma que a citação, no caso, pode desvestir-se de maiores formalidades, mormente quando o processo esteja sendo patrocinado por profissional devidamente habilitado"*.[29]

Colocadas as razões de ambas as correntes, cabe a pergunta: qual é a tendência, com o advento do CPC/2015? Será afastada a necessidade de citação por mandado, exigida no texto do art. 880 da CLT?

Apesar de todos os riscos salientados, inclusive de afronta ao devido processo legal e, consequentemente, de desestabilização do sistema processual constitucional de tutela à dignidade da pessoa humana, com a garantia de um julgamento a partir de regras previsíveis por públicas e editadas após o devido processo legislativo, por iguais, parece-nos razoável a conclusão da corrente que defende a aplicação do disposto no CPC (art. 513, § 2º, I, considerado o Novo Código), com a comunicação para pagamento podendo ser considerada suficiente pela intimação do executado, na pessoa do advogado, pelo Diário de Justiça, para tanto, afastada a necessidade do ato de citação por mandado, custoso, demorado, dotado de formalidades desnecessárias, que possibilitam a conduta de ocultamento proposital por parte do devedor [para "fugir" do oficial e, consequentemente, da citação], dentre outras consequências indesejadas e injustificáveis, verificadas, não raro, na prática. Ademais, nesse caso, os riscos salientados desaparecem, afinal, apenas há a alteração do tipo de meio de comunicação à parte, da citação para a intimação, aliás, muito mais adequada ao início da execução trabalhista, frente à sua realidade de mera fase do procedimento.

Parece, ainda, ser esse o entendimento majoritário e, ainda assim, crescente, entre aqueles que se dedicam ao estudo do tema. Nesse sentido, vale destacar o Enunciado n. 66 da 1ª Jornada de Direito Material e Processual na Justiça do Trabalho, resultante de trabalho conjunto da Escola Nacional de Formação e Aperfeiçoamento dos Magistrados do Trabalho – ENAMAT, do TST e da Associação Nacional dos Magistrados do Trabalho – ANAMATRA, em novembro de 2007, cujo texto traz:

> *Diante do atual estágio de desenvolvimento do processo comum e da necessidade de se conferir aplicabilidade à garantia constitucional da duração razoável do processo, os artigos 769 e 889 da CLT comportam interpretação conforme a Constituição Federal, **permitindo a aplicação de normas processuais mais adequadas à efetivação do direito**. Aplicação dos princípios da instrumentalidade, efetividade e não retrocesso social.*

No mesmo sentido, o Enunciado n. 12 da Jornada Nacional sobre Execução na Justiça do Trabalho, realizada em Cuiabá, em 2010, que traz:

---

(29) TRT/SP, 14ª Turma, Agravo de Petição, Processo n. 01817005320085020031, Acórdão n. 20130698096, rel.Des.Davi Furtado Meirelles, rev. Des.Francisco Ferreira Jorge Neto, d.j. 28.06.2013, d.p. 5.7.2013.

I – Tornada líquida a decisão, desnecessária a citação do executado, bastando à intimação para pagamento por meio de seu procurador. II – Não havendo procurador, far-se-á a intimação ao devedor prioritariamente por via postal, com retorno do comprovante de entrega ou aviso de recebimento, e depois de transcorrido o prazo sem cumprimento da decisão, deverá ser expedida ordem de bloqueio de crédito pelo sistema Bacen Jud.

Entretanto, deve ser destacado que esse não reflete, atualmente, o entendimento majoritário encontrado na jurisprudência do TST, de modo que nos filiamos à corrente doutrinária dominante e crescente, que, porém, ainda é vencida pela maioria das decisões da Mais Alta Corte Trabalhista brasileira.

Aliás, recente julgado do TST, sob a relatoria do Ministro João Oreste Dalazen, bem retrata a posição da Corte sobre a questão da aplicação subsidiária dos dispositivos pertinentes à fase de cumprimento de sentença de obrigação de pagar quantia do Processo Civil nos domínios do Processo do Trabalho – embora reconheça que seria *recomendável* a dita aplicação. Após apresentar os motivos da incompatibilidade ensejadora do afastamento da aplicação dos ditos dispositivos do CPC na execução de sentença condenatória na obrigação de pagar quantia, o Ministro Dalazen alude ao que considera "insistência" dos Tribunais Regionais na aplicação das referidas regras, a repercutir efeitos prejudiciais aos jurisdicionados por resultar em fator contrário à concretização do propósito de celeridade processual – certamente, entendemos, pelo fato de que tais decisões acabam reformadas pelo TST. Antes, afirma que o modelo abraçado pela CLT e que deve ser aplicado é o da *citação* do executado [por remeter à CLT, logo, por mandado], e não o da intimação prevista no CPC. Traz a ementa:

RECURSO DE REVISTA. MULTA DO ART. 475-J DO CPC. PROCESSO DO TRABALHO. INCOMPATIBILIDADE 1. Conquanto recomendável, *de lege ferenda*, a aplicação da multa do art. 475-J do CPC no Processo do Trabalho encontra óbice intransponível em normas específicas por que se rege a execução trabalhista. 2. Se, de um lado, o art. 475-J do CPC determina ao devedor o depósito obrigatório do valor devido, o art. 882 da CLT abre para o executado a faculdade de garantia do juízo com outro tipo de bem. Manifesto que, se a CLT assegura ao executado o direito à nomeação de bens à penhora, isso logicamente exclui a ordem para imediato pagamento da dívida, sob pena de incidência da multa de 10%. 3. A aplicação à risca do procedimento do art. 475-J do CPC igualmente conflita com a CLT no tocante à exigência de citação, visto que, pela atual sistemática do Processo Civil, não há mais citação do executado em execução de sentença condenatória para pagamento de dívida, tampouco citação para pagar ou nomear bens à penhora, como se dava outrora. No entanto, esse ainda é o modelo ou o rito abraçado pela CLT para a execução trabalhista (art. 880 da CLT). 4. Outro contraste manifesto entre o procedimento do art. 475-J do CPC e o da CLT repousa nos embargos do devedor: garantido o juízo pela penhora, o art. 884 da CLT assegura ao executado o prazo de cinco dias para opor embargos à execução, ao passo que o § 1º do art. 475-J do CPC faculta ao executado apenas impugnar o título judicial, querendo, no prazo de quinze dias. Ao substituir os embargos à execução, verdadeira ação conexa de cognição, pela impugnação, mero incidente processual desprovido de efeito suspensivo, o CPC introduziu uma inovação sumamente relevante e que ainda mais evidencia o descompasso de procedimentos em cotejo com o Processo do Trabalho. 5. Na prática, a insistência em aplicar-se no âmbito da execução trabalhista o art. 475-J do CPC, não obstante inspirada nos melhores propósitos, apenas retarda a satisfação do crédito exequendo. A desarmonia doutrinária e jurisprudencial multiplica recursos, amplia a sensação de insegurança jurídica e trava a celeridade processual almejada. 6. Agravo de instrumento da Reclamada conhecido e provido. Recurso de revista da Reclamada de que se conhece e a que se dá provimento para excluir da condenação a multa do art. 475-J do CPC. (Processo: RR – 149-52.2010.5.08.0016 Data de Julgamento: 11.11.2015, Relator Ministro: João Oreste Dalazen, 4ª Turma, Data de Publicação: DEJT 20.11.2015).

Observe-se, no mesmo sentido, o Enunciado n. 22 da Súmula do TRT da 1ª Região (RJ): "*Execução trabalhista. Penhora. Citação pessoal do executado. Artigo 880 da CLT. Princípio constitucional do devido processo legal*. É indispensável *a citação pessoal do executado, inclusive na hipótese de desconsideração da personalidade jurídica, antes que se determine a penhora de seus bens*"[(30)].

De todo modo, vale ressaltar que é absolutamente incompatível com o Processo do Trabalho o disposto no art. 231, I e II, do CPC/2015: a contagem dos prazos, nos domínios do Processo do Trabalho, não se dá da juntada aos autos do comprovante de concretização do ato de comunicação (*mandado de citação, penhora e avaliação*, por exemplo), mas da data em que se concretiza o ato, independentemente do momento da juntada do comprovante aos autos ou de qualquer certificação nesse sentido.

4. APLICA-SE A MULTA DO ART. 475-J DO CPC/73 NA EXECUÇÃO TRABALHISTA? COM O CPC/2015 E A REGRA DA APLICAÇÃO SUPLETIVA, RESTARÁ VIABILIZADA ESSA APLICAÇÃO (ENTÃO, DO ART. 523, § 1º)?

A questão da aplicação subsidiária do art. 475-J do CPC/73 já foi tratada nesse estudo, em especial no item

---

(30) Na doutrina de José Cairo Junior, encontramos posicionamento claro e direto ao afirmar, a partir do que dispõe a CLT no art. 880, que: "*A existência desse preceito legal, juntamente como outros dispositivos celetistas, justifica a não aplicação supletiva do CPC nesse particular*", defendendo a manutenção da necessidade de citação pessoal do executado, por mandado (ob. cit., p. 940).

anterior, no que tange à manutenção ou não da citação do executado, pessoal e por mandado, na forma ditada pela CLT, art. 880, frente à simplificação procedimental havida no referido dispositivo do texto processual civil.

Como já visto incidentalmente ao exame de outros temas, há duas correntes, sendo certo que a jurisprudência caminha no sentido da mais tradicional, com a manutenção integral do sistema que abarca o art. 880 da CLT, marcado pela citação para pagamento, pessoal e por mandado, a se dar no prazo de 48 horas, sem previsão direta de multa pelo descumprimento da referida determinação.

Nesse sentido, aliás, a jurisprudência praticamente consolidada no âmbito do TST, pelas razões já mencionadas e expressas, também, na ementa de decisão sob a relatoria do Ministro João Oreste Dalazen, bastante didática e elucidativa, já transcrita no corpo desse estudo (v. item 3, retro).

Vale destacar, ainda, que, no âmbito dos Tribunais Regionais do Trabalho, em razão da uniformização de jurisprudência basicamente imposta pela Lei n. 13.015/2014, nota-se a consolidação gradual dos entendimentos nesse mesmo sentido restritivo, ou seja, contrário à aplicação da referida multa. Nesse sentido, os Enunciados ns. 1 e 31 da Súmula do TRT da 2ª Região (SP)[31], o Enunciado n. 20 da Súmula do TRT da 13ª Região (PB)[32] e o Enunciado n. 10 da Súmula do TRT da 23ª Região (MT)[33].

Destaque-se, também, o cancelamento de Enunciados de Súmula Regional em sentido contrário ao entendimento do TST, como havido, v.g., no âmbito do TRT da 3ª Região (MG), em julho de 2015, com relação ao Enunciado n. 30. Até porque o mesmo Tribunal Regional já havia editado a sua Tese Jurídica Prevalecente n. 1 com o seguinte entendimento: "*MULTA DO ART. 475-J DO CPC. EXECUÇÃO TRABALHISTA. Em face do disposto nos arts. 769 e 880 da CLT, a multa prevista no art. 475-J do CPC não se aplica à execução trabalhista*".

É certo que a multa do art. 475-J do CPC colabora na busca de atribuir efetividade e celeridade à execução trabalhista. Afinal, ao aprazar o **pagamento** sob pena de majoração do débito, pelo incremento da multa, por certo o executado receberá "incentivo" para que cumpra a obrigação que lhe toca.

Por isso, o entendimento fixado na 1ª Jornada de Direito Material e Processual na Justiça do Trabalho, Enunciado n. 71: "*A aplicação subsidiária do art. 475-J do CPC atende às garantias constitucionais da razoável duração do processo, efetividade e celeridade, tendo, portanto, pleno cabimento na execução trabalhista*".

Ademais, a ausência de autonomia da execução em face do processo de conhecimento, consistindo em mera fase, bem como a existência de lacuna ontológica (ou de efetividade, como prefere Mauro Schiavi[34]), dentre outros fundamentos, conduzem à dita conclusão.

Todavia, mais uma vez nos encontramos diante da questão da inexistência de omissão no texto da CLT, de modo a não permitir a aplicação subsidiária do CPC. E mais: os arts. 880 e seguintes da CLT dão conta de que ao executado não é imposto o pagamento imediato, já que pode ofertar bens à penhora (ou até depositar a quantia) para fim de opor embargos à execução (e não *impugnação*, na forma do CPC/2015, art. 525), *ex vi* do disposto no art. 884 da mesma Consolidação.

Afirma-se que, se há tal possibilidade, a imposição da multa pelo não pagamento no prazo legal exibe-se incompatível com o sistema processual trabalhista pertinente ao procedimento da execução de quantia certa lastreada em título judicial.

Nesse sentido, aliás, o exposto pelo Ministro Dalazen, do TST, na ementa já transcrita (v. item 3, retro), bem como o salientado pelo Des. José Murilo de Morais, do TRT da 3ª Região, por ocasião do julgamento do incidente de uniformização de jurisprudência, Acórdão n. 10367-2014-167-03-00-5-IUJ[35].

Na ocasião, destacou José Murilo de Morais que o CPC, art. 475-J, determina o acréscimo da multa ao valor da condenação se o devedor não efetuar o pagamento no prazo de 15 (quinze) dias, seguindo-se os procedimentos que podem resultar na penhora. Já no sistema da CLT, a partir do que traz no art. 880, resta *facultado* ao executado pagar ou garantir a execução, sob pena de penhora, de modo a evidenciar a incompatibilidade entre os sistemas e impedir a aplicação subsidiária do dispositivo do CPC/73.

Elucidou, ainda, que a previsão de multa é compatível com os princípios que regem o Direito Processual do Tra-

---

(31) "1 – Execução trabalhista definitiva. Cumprimento da decisão. (RA n. 06/2002 – DJE 28.6.2002). O cumprimento da decisão se dará com o pagamento do valor incontroverso em 48 horas, restando assim pendente apenas o controvertido saldo remanescente, que deverá ser garantido com a penhora". "31 – Multa do art. 475-J do CPC. Inaplicabilidade ao processo do trabalho. (Res. TP n. 02/2015 – DOEletrônico 26.5.2015). A multa prevista no art. 475-J do CPC não é aplicável ao Processo do Trabalho.

(32) "É inaplicável ao Processo do Trabalho a multa prevista no Código de Processo Civil, art. 475-J".

(33) "MULTA DO ART. 475-J DO CPC. NÃO APLICAÇÃO AO PROCESSO DO TRABALHO. O comando inserto no artigo 475-J do CPC, é inaplicável ao processo do trabalho, ante a existência de regramento próprio nos artigos 880 e 883 da CLT, acerca dos efeitos da não-quitação espontânea pelo devedor trabalhista".

(34) **Manual de Direito Processual do Trabalho.** 4. ed. São Paulo: LTr, 2011. p. 983.

(35) Disponível em: <https://www.trt3.jus.br/download/iuj/acordao_10367_73_2014_5_03_0167.pdf>. Acesso em: 13.11.2015.

balho mas que não existe lacuna, frente ao disposto pela CLT nos arts. 880, 882 e 883. Ponderou, ainda, o disposto no art. 889, que remete à LEF, antes. Por sua vez, a Lei dos Executivos Fiscais traz, nos arts. 8º e 9º, a previsão de *citação* para pagamento em cinco dias ou para garantia da execução, em regime também incompatível com o CPC/73, art. 475-J e a multa nele prevista.

No mesmo sentido, a posição de Manoel Antonio Teixeira Filho, para quem a leitura dos arts. 876 a 893 da CLT evidencia a inexistência de qualquer omissão no texto legal processual trabalhista, quer no tocante aos temas afetos à liquidação de sentença, quer na consequente execução, concluindo que nenhum intérprete ou operador do Direito está legalmente autorizado a colocar à margem esses dispositivos da legislação processual trabalhista, para substitui-los pelo que traz o CPC após a Lei n. 11.232/2005, adjetivando a dita conduta de *arbitrária*[36].

Com isso, o TST afasta a construção em torno do reconhecimento da existência de lacunas ontológicas, axiológicas ou até teleológicas que permitam a aplicação do art. 475-J, em especial quanto à multa de 10% (dez por cento), na execução trabalhista – embora reconheça que seria *recomendável*, reitere-se, *de lege ferenda* – a remeter esse estudo, adiante, a mais alguns pontos do PLS n. 606/2011.

Analisada essa relevante questão à luz do CPC/73, e considerando que o CPC/2015, no art. 523, § 1º, não inova o suficiente para justificar uma mudança de posição, muitos **já se posicionaram no sentido de que a entrada em vigor do Novo Código em nada alterará a situação já consolidada pelo TST, de não aplicação da multa pertinente à fase de cumprimento de sentença na execução trabalhista**[37].

Porém, há de se destacar que houve uma mudança considerável, sim, com o CPC/2015 que pode vir a viabilizar a aplicação do art. 523, § 1º na execução trabalhista trazendo, com isso, a multa de 10% (dez por cento) da fase de cumprimento de sentença que impõe obrigação de pagar. Trata-se do já comentado art. 15 e a sua principal inovação: a possibilidade de aplicação não apenas subsidiária mas, também, *supletiva* dos seus dispositivos ao Processo do Trabalho.

E, com isso, voltamos à questão do que significa aplicação *supletiva*. Se considerada a corrente que defende tratar-se de aplicação em caso de vazio normativo, diferente da aplicação *subsidiária*, que aponta para a noção de complemento, de fato, o início da vigência do CPC/2015 tende a nada alterar nesse quadro hoje consolidado no âmbito do TST.

Porém, se considerado comando do art. 15 no sentido pretendido pelo legislador – expressamente encontrado no relatório parcial do Deputado Efraim Filho, responsável pela inclusão da ideia de aplicação supletiva –, no sentido de que esta remete ao propósito de complementar a norma trabalhista para dar mais efetividade a essa, parece-nos de todo possível haver uma mudança importante de posicionamento.

Ora, como visto, nas próprias decisões do TST encontra-se menção à impossibilidade de aplicação por falta de omissão do texto celetizado, mas, ao mesmo tempo, o destaque no sentido de que seria recomendável a imposição da multa, para fim da obtenção de melhores resultados na execução trabalhista.

Sendo assim, o permissivo que faltava ao TST surgirá com o art. 15 do CPC/2015! A aplicação supletiva, no sentido de possibilitar ao aplicador do Direito valer-se dos dispositivos do CPC, naquilo que não contrariem o texto da CLT e os princípios que sustentam o Direito Processual do Trabalho, para a ele acrescer, outorgando-lhe maior eficácia e celeridade, supera o óbice da existência da norma (arts. 880 a 883). Essa será mantida e aplicada, porém, *complementada* pelo instrumento de incentivo ao adimplemento, no prazo legal, fixado no CPC para a fase de cumprimento de sentença[38].

O entendimento de Edilton Meireles reforça o aqui defendido ao sustentar que a regra da CLT, art. 880, é incompleta por não disciplinar a incidência de qualquer sanção para a hipótese de não cumprimento da ordem de pagamento, concluindo: *"Ainda que não omissa a CLT quanto a conduta 'em face do título executivo judicial', ela é incompleta quanto 'as consequências de sua resistência jurídica'.* Acrescenta, ainda, que a consequência do desrespeito à ordem de pagamento, nos termos da CLT, é a penhora de bens, que não cuida de imputar ao devedor qualquer sanção jurídica, a consistir, na verdade, em um "alerta" de que a omissão acarretará no prosseguimento da execução

---

(36) As novas leis alterantes do processo civil e sua repercussão no Processo do Trabalho. *In*: **Revista LTr**, n. 3. São Paulo: LTr. v. 70. p. 274.

(37) Dentre os quais destacamos Marcos Neves Fava, *verbis*: "Dificilmente, dada a jurisprudência que se estabeleceu no Tribunal Superior do Trabalho, por ocasião da alteração legislativa anterior, que consagrou o modelo em análise pelo artigo 475-J do CPC73, a sistemática do código novo inspirará alterações no modelo da CLT. É que, ao fundamento de que a CLT dispõe de mecanismo específico, inexistindo omissão, aquele Tribunal fechou questão e afastou qualquer interferência do procedimento comum" (Esparsas inferências da aplicação supletiva das disposições sobre cumprimento da sentença ... cit., p. 494).

(38) Nesse sentido, vale destacar a posição de José Antonio Ribeiro de Oliveira Silva: "[...] talvez a jurisprudência trabalhista, principalmente de sua mais alta Corte, passe a admitir a aplicação **supletiva** de normas que satisfazem plenamente aos cânones aqui invocados, como a do art. 523 e § 1º do Novo Código de Processo Civil, correspondente à do atual art. 475-J, cuja aplicação em primeira instância tem conduzido a resultados extraordinários, na Justiça do Trabalho" (**Impactos do Novo CPC no Processo do Trabalho**. Escola Judicial da Justiça do Trabalho da 15ª Região: Campinas, Estudos Jurídicos, 2015. p. 42). No mesmo sentido, Leonardo Dias Borges, ob. cit., p. 257.

– e, pelas regras de responsabilidade patrimonial que marcam o nosso sistema, na consequente constrição de bens. Ao final, Meireles afirma:[39]

> Contudo, o CPC, mais completo, impõe uma multa cominatória. Daí podemos afirmar que a CLT, neste ponto, seria incompleta, pois ela não disciplina sobre a aplicação de qualquer sanção ao devedor para a hipótese de descumprimento da ordem de pagamento em execução. Logo, diante dessa incompletude, caberá a incidência da regra supletiva do novo CPC.

Não se pode olvidar, outrossim, a dificuldade que se encontra na compatibilização dos prazos (48 horas para pagamento, na CLT; 15 dias, no CPC). Como não afastar a norma celetizada e complementá-la com a multa de 10% (dez por cento) prevista no art. 523, § 1º? Torna-se necessário esforço para, com a aplicação supletiva do CPC/2015 e a imposição da multa ao devedor em caso de não pagamento no prazo legal, não criar um quadro de potencialização da penalidade, com redução do tempo de que dispõe o devedor para fim de pagamento. Tal ocorreria, por exemplo, se aplicada a multa para a hipótese de não pagamento no prazo de 48 horas do art. 880 da CLT, o que seria inadmissível!

Ora, o intérprete não pode trazer uma penalidade do sistema do CPC ao Processo do Trabalho com redução de prazos, de modo que há necessidade de compatibilização da oportunidade de pagamento em 15 dias, sob pena de incidência da multa, com o prazo de 48 horas para pagamento, contados da citação, na forma da CLT, o que, embora não consista em tarefa simples, é perfeitamente possível. Por exemplo, nada impediria a intimação do devedor na pessoa do advogado para pagamento no prazo de 15 dias, sob pena de incidência da multa e expedição do mandado de citação para pagamento, já com o acréscimo da multa, na forma e observado o procedimento do art. 880 da CLT.

Assim, restariam preservados ambos os sistemas, com a complementação da CLT no que se refere à penalidade pelo descumprimento da ordem de pagamento.

Certamente, haverá quem critique o proposto acima sob o fundamento no despropósito da repetição do ato de comunicação ao executado e na consequente perda no que toca à celeridade processual. Contudo, parece-nos ser a melhor forma de não colidir com a conclusão já firmada pelo TST, no sentido da falta de lacunas e demais incompatibilidades, potencializando o procedimento da execução com o referido instrumento (a multa do art. 523, § 1º, do CPC/2015), sem ferir a construção do texto da CLT.

Ademais, a morosidade da execução trabalhista, verificada atualmente, comprova que, na prática, muito pouco representarão os 15 (quinze) dias a mais – talvez perto de 20 (vinte), consideradas as 48 horas para concretização da intimação pelo Diário de Justiça e a expedição da citação, após o decurso do prazo –, que antecederão à expedição do mandado de citação, penhora e avaliação.

Obstáculo que ainda poderá ser oposto à dita aplicação supletiva do CPC/2015, no que toca ao art. 523, § 1º e à multa pelo descumprimento da ordem de pagamento no prazo legal, guarda pertinência à falta de obrigação do executado de proceder ao pagamento do valor devido no prazo de 48 horas, já que, no mesmo prazo, a ele é possível garantir a execução e opor embargos à execução (CLT, arts. 880 e 884).

Contudo, nesse ponto, entendemos que o referido fundamento cede ao fato de que, opostos os embargos e constatado que o executado, de fato, não deve a quantia executada, a consequência natural será o cancelamento da multa fixada. Com isso, o executado não terá nenhum prejuízo concreto.

De outro lado, se não obtiver êxito nos seus embargos, nada mais coerente do que a manutenção da multa, até porque restará evidenciado que o executado não tinha razões para postergar o pagamento. Parece-nos que a mesma sorte deve ter o executado caso os embargos alcancem apenas parte da execução e não haja pagamento, no prazo legal, da parte incontroversa (CPC/2015, art. 523, § 2º).

Vale lembrar que há grande polêmica sobre a aplicação da nova regra de contagem dos prazos em dias úteis (CPC/2015, art. 219) no Processo do Trabalho. A posição majoritária tem sido no sentido de que a regra não será aplicada em razão da inexistência de omissão, a vista do que dispõe a CLT no art. 775. A questão é pertinente a esse estudo pois a multa incidirá após decorrido o *prazo para pagamento*.

5. O PROJETO DE LEI DO SENADO N. 606/2011 E A QUESTÃO DA MULTA NA FASE DE CUMPRIMENTO DE SENTENÇA

Já fizemos referência ao Projeto de Lei do Senado – PLS n. 606/2011, que altera e acrescenta dispositivos na CLT, para "criar" e disciplinar a *fase de cumprimento de sentença trabalhista*, dentre outras providências.

De início, o PLS introduz o art. 876-A na CLT, com o seguinte texto: "*Aplicam-se ao cumprimento de sentença e à execução de título extrajudicial as regras contidas no presente Capítulo e, naquilo em que não forem incompatíveis, subsidiariamente, as regras do Código de Processo Civil*".

Mantém a possibilidade do juiz dar início *de ofício* à execução, no art. 878 do texto da CLT.

---

[39] Ob. cit., p. 106 e 107.

Contudo, o que mais interessa nesse estudo é o fato de que o sucesso na carreira do referido PLS sepultará todo o candente debate que marca a questão da aplicação do art. 475-J do CPC/73 e, agora, do art. 523, § 1º, do CPC/2015, no Processo do Trabalho, mais precisamente na execução trabalhista lastreada em sentença condenatória na obrigação de pagar quantia certa contra devedor solvente.

Ocorre que o PLS, de início, traz a previsão de aplicação da multa de 10% (dez por cento) ao executado que apresentar impugnação ao valor indicado no cálculo do credor, na fase de liquidação de sentença, sem fazê-la acompanhar do comprovante de pagamento da parte incontroversa (valor não impugnado) – multa, evidentemente, incidente sobre o dito valor não alcançado pela contrariedade manifestada pelo executado (art. 879, § 3º, da CLT, conforme proposto no PLS).

Adiante, ainda quanto às obrigações de pagar, o Projeto introduz na CLT o art. 879-A, com a seguinte redação, no *caput*: "*As obrigações de pagar devem ser satisfeitas no prazo de 8 (oito) dias, com os acréscimos de correção monetária e de juros de mora, estes desde o ajuizamento da ação, sob pena de multa de 10% (dez por cento)*". (negrito nosso). A referida multa não será cumulável com a prevista para a fase de liquidação, acima referida (novo art. 879, § 3º, cf. PLS). Portanto, restará resolvida a polêmica questão – e *em sentido contrário à jurisprudência atualmente consolidada pelo TST*.

O projeto resolverá outra questão importante: o meio de realização do ato de comunicação ao executado acerca da sua obrigação de pagar, sob pena de incidência da multa e prosseguimento da fase cumprimento, com atos executivos. Tal se dá pois o mesmo PLS traz para a CLT o art. 879-A, §2º, com o seguinte teor: "*O prazo de 8 (oito) dias de que trata o 'caput' é contado da publicação da decisão que homologou a conta de liquidação*". (itálico nosso)

Portanto, tramita, no Congresso Nacional, texto de PLS que mira a alteração dos dispositivos da CLT pertinentes à execução trabalhista, de modo a fulminar o debate acerca da natureza da execução e consolidar fase de cumprimento de sentença, afastando todos os óbices para o seu reconhecimento, minimizando a necessidade de socorro do CPC/15 por redução considerável das possíveis lacunas – embora reforçada a possibilidade de aplicação do Novo Código, subsidiariamente, como aqui já salientado, em razão do novo art. 876-A proposto, a afastar a atual regra de busca integrativa imediata na LEF, fruto do art. 889 que, à luz do art. 2º do PLS, será revogado.

6. CONSIDERAÇÕES FINAIS

Problematizadas as questões propostas e apresentadas as possíveis soluções, resta-nos aguardar que as alterações acima descritas sejam eficazes e realmente surtam o efeito desejado, ou seja, que os processos passem a ficar mais céleres e efetivos, devendo, contudo, ressaltar que os operadores do Direito também necessitam se imbuir do mesmo espírito do Novo Código de Processo Civil.

Quanto à aplicação do art. 523, § 1º, nos domínios do Processo do Trabalho, parece-nos que o art. 15 do CPC/2015 e a aplicação supletiva das suas disposições permite a reabertura do exame da questão, já que a inexistência de omissão na CLT cede à possibilidade de aplicação do CPC não apenas para cobrir vazios normativos mas para complementar o já carregado na lei processual trabalhista, a ela emprestando maior celeridade, na busca de um processo mais eficaz e efetivo, inclusive na fase de execução. Cede, com isso, o impeditivo maior vislumbrado pelo TST, já que, no mais, parece-nos transponíveis todos os demais fundamentos contrários à aplicação da referida multa do art. 523, § 1º, do CPC/2015.

Cabe aguardar a entrada em vigor do Novo Código e a formação da nova jurisprudência quanto à matéria – ou, talvez, o êxito na tramitação do PLS 606/2011, a resolver de vez essa polêmica.

7. REFERÊNCIAS BIBLIOGRÁFICAS

ALMEIDA, Cleber Lúcio. *Curso de Direito Processual do Trabalho*. Belo Horizonte: Del Rey, 2009.

BOBBIO, Norberto. *Teoria do ordenamento jurídico*. Brasília: UnB, 1990.

BORGES, Leonardo Dias. O cumprimento da sentença no Novo CPC e algumas repercussões no Processo do Trabalho. *In*: LEITE, Carlos Henrique Bezerra (org.). *Novo CPC – repercussões no Processo do Trabalho*. São Paulo: Saraiva, 2015.

CAIRO JUNIOR, José. *Curso de Direito Processual do Trabalho*. 8. ed. Salvador. Jus Podivm, 2015.

CAVALCANTE, Jouberto de Quadros Pessoa; JORGE NETO, Francisco Ferreira. *Direito Processual do Trabalho*. 7. ed. São Paulo: Atlas, 2015.

CESÁRIO, João Humberto. O Processo do Trabalho e o Novo Código de Processo Civil: critérios para uma leitura dialogada dos artigos 769 da CLT e 15 do CPC/2015. *Revista do Tribunal Superior do Trabalho*. Brasília: Lex Magister, jul./set. 2015. n. 3. p. 70-94. v. 81.

DINIZ, Maria Helena. *Compêndio de introdução à ciência do Direito*. 14. ed. São Paulo: Saraiva, 2001.

FAVA, Marcos Neves. Esparsas inferências da aplicação supletiva das disposições sobre cumprimento da sentença e execução no Novo CPC ao Processo do Trabalho. *In*: BRANDÃO, Cláudio; MALLET, Estêvão (coord.). DIDIER JUNIOR, Fredie (coord.geral). *Processo do Trabalho*. Coleção Repercussões do Novo CPC. Salvador: Jus Podivm, 2015. p. 491-508. v.4.

HALPERN, Jairo. Execução Trabalhista e a aplicabilidade das normas do Código de Processo Civil. *In*: THOME, Candy Florencio; SCHWARZ, Rodrigo Garcia. *Direito Processual do Trabalho*: curso de revisão e atualização. Rio de Janeiro: Campus Elsevier, 2011. p. 355-362.

LARENZ, Karl. *Metodologia da ciência do Direito*. 3. ed. Lisboa: Fundação Calouste Gulbenkian, 1997.

LAURINO, Salvador Franco de Lima. O artigo 15 do Novo Código de Processo Civil e os limites da autonomia do Processo do Trabalho. *In*: BRANDÃO, Cláudio; MALLET, Estêvão. *Processo do Trabalho*: Coleção Repercussões do Novo CPC. Coord.Geral Fredie Didier Jr. Salvador: Jus Podivm, 2015. p. 111-130. v. 4.

LEITE, Carlos Henrique Bezerra. *Manual de Processo do Trabalho*. 2. ed. São Paulo: Atlas, 2015.

MEIRELES, Edilton. O Novo CPC e sua aplicação supletiva e subsidiária no Processo do Trabalho. *In*: BRANDÃO, Cláudio; MALLET, Estêvão. *Processo do Trabalho*: Coleção Repercussões do Novo CPC. Coord.Geral Fredie Didier Jr. Salvador: Jus Podivm, 2015. p. 85-110. v. 4.

SCHIAVI, Mauro. *Manual de Direito Processual do Trabalho*. 4. ed. São Paulo: LTr, 2011.

SILVA, José Antonio Ribeiro de Oliveira. *Impactos do Novo CPC no Processo do Trabalho*. Escola Judicial da Justiça do Trabalho da 15ª Região: Campinas, Estudos Jurídicos, 2015. p. 37-76.

TEIXEIRA FILHO, Manoel Antonio. As novas leis alterantes do processo civil e sua repercussão no Processo do Trabalho. *In*: Revista LTr, n. 3. São Paulo: LTr. v.70. p. 274.

Proibição das decisões por emboscada na Justiça do Trabalho

Eduardo Augusto Madruga de Figueiredo Filho (*)
Rinaldo Mouzalas (**)

1. INTRODUÇÃO

O art. 769 da CLT dispõe que, "nos casos omissos, o direito processual comum será fonte subsidiária do direito processual do trabalho, exceto naquilo que for incompatível com as normas deste título". Já o art. 15 do Código de Processual Civil dispõe que, "na ausência de normas que regulem processos eleitorais, *trabalhistas* ou administrativos, as disposições deste Código lhes serão aplicadas supletiva e subsidiariamente".

Da exegese dos encimados textos legislativos, é preciso extrair que o juiz trabalhista não pode simplesmente deixar de lado a CLT, e açodadamente, imbuído do ânimo de inovação, querer aplicar todas os novos dispositivos trazidos pelo Código sem critérios, ou, simplesmente, cada **órgão** da Justiça do Trabalho aplicar, "ao seu modo", o novo Código, a ensejar uma completa insegurança jurídica.

A adequada postura interpretativa deve ser a de, primeiramente, operar-se a aplicação supletiva das disposições do Código de Processo Civil, situação que pressupõe um estado de omissão legislativa. Daí resulta, que, somente quando detectada a lacuna legislativa, as disposições do Código devem ser aplicadas supletivamente.

Mas é preciso vislumbrar também a aplicação subsidiária na esfera trabalhista, como um vetor de atuação que não se restrinja aos casos de omissão legislativa. Nessa ordem de ideias, correta e aconselhável a visão que permite que as disposições trabalhistas possam ser lidas e interpretadas recebendo a influência e a luminosidade do plexo de princípios fundamentais do processo civil que foram encouraçados no primeiro capítulo do Código de Processo Civil.

É imprescindível enfatizar a importância do diálogo que deve ser travado entre a Constituição, o direito processual civil e o processo do trabalho, para que o processo trabalhista seja um ponto de encontro dos direitos fundamentais.

A reunião dos pilares principiológicos do processo civil, no início do nosso diploma legislativo, alinha-se com a tendência das recentes reformas processuais, *exempli gratia*, o recente Código de Processo Civil português de 2013, e vai ao encontro do princípio da operatividade e da necessidade de compreender o processo a partir de um afinado diálogo entre o Direito Processual, os direitos fundamentais e o Direito Constitucional.

Resulta intuitivo que grande parcela dessas normas fundamentais já eram previstas no âmago da Constituição da República de 1988 e constituem o modelo constitucional de processo, que era aplicável tanto ao processo civil, quanto ao processo trabalhista, por meio do fenômeno da constitucionalização do direito. Por isso, deve-se clarificar que qualquer interpretação relativa ao direito processual civil ou trabalhista não pode desprezar a axiologia delineada na Constituição.

Além desse direito processual constitucional medular, que se lança sobre todo processo civil brasileiro e também sobre o processo trabalhista, o CPC/2015, que foi o primeiro editado após a Constituição de 1988, destaca um capítulo próprio para evidenciar as normas fundamentais do processo logo no corpo inicial do seu texto (art. 2º a 12).

E essas disposições ora tonificam prescrições já expressas na constituição com intuito simbólico e enfático assaz relevante (inafastabilidade da jurisdição, razoável duração do processo etc.), ora estreiam novos textos normativos que encampam novas normas fundamentais que densificam o devido processo, são exemplos: o princípio do estímulo à resolução consensual dos conflitos (*multi-doorsytem*), o princípio da primazia das decisões de mérito, a proibição das decisões surpresa (por emboscada).

(*) *Mestre em Direito Processual Civil pela Universidade de Coimbra. Especialista em Direito Processual Civil pelo Centro Universitário de João Pessoa. Professor do Instituto de Ensino Superior da Paraíba. Advogado. Consultor Jurídico. E-mail: eduardomadrugaadv@hotmail.com.*
(**) *Mestre em Processo e Cidadania pela Universidade Católica de Pernambuco. Especialista em Processo Civil pela Universidade Potiguar. Graduado em Ciências Jurídicas e Sociais pela Universidade Federal da Paraíba. Membro da Associação Norte e Nordeste dos Professores de Processo, da Associação Brasileira de Direito Processual e do Instituto Brasileiro de Direito Processual. Professor da Universidade Federal da Paraíba. Advogado. Consultor Jurídico. E-mail: rinaldo@mouzalasadvogados.adv.br.*

Acresça-se a isso a real mudança de paradigma promovida pelo novo Código de Processo Civil, ao inaugurar um novo modelo processual, humanizador e garantístico, a ser concretizado pela doutrina e pelos operadores do direito.

Nessa linha, o novel Código afasta-se de um "tratamento puramente privatístico"[1], que se pauta no protagonismo das partes e na figura estática do juiz (juiz convidado de pedra), bem como do processo social que se embasa nos reclames do Estado Social e no amesquinhamento do papel das partes, em prol de um juiz excessivamente interventivo. Superam-se, então, os modelos tradicionais de processo os quais se mostram incapazes de dar respostas humanísticas e éticas aos novos anseios da população.

Percebe-se que o principal antídoto contra o "vírus do autoritarismo"[2] é o princípio da cooperação intersubjetiva, que surge como uma enzima que irá aperfeiçoar a aplicação do princípio dispositivo e do inquisitório, expurgando os contornos excessivos ou as concepções pálidas de tais princípios. A máxima da cooperação tem, assim, o condão de criar uma atmosfera dialogal e cooperante em esferas que antes eram de monopólio apenas das partes ou do juiz.

Portanto, é preciso defender um terceiro modelo processual tradutor das necessidades de um Estado Democrático de Direito, que deve ser concretizado e solidificado com o desenvolvimento do princípio da cooperação. É imprescindível coletar nos direitos fundamentais, na garantia do processo justo, na igualdade, na boa-fé processual, no contraditório dinâmico e nos deveres da cooperação, o material genético que formará o DNA do modelo processual cooperativo.

A melhor doutrina — a que nos filiamos — aponta para a pertinência desse novo modelo, cujo arrimo qualificativo ideal é o cooperativo ou "comparticipativo"[3] e encampa a cooperação como uma de suas linhas mestras na tarefa de obter com brevidade e eficácia a justa composição do litígio.

No mesmo sentido, Mariana França Gouveia concebe o modelo cooperativo como uma terceira via que se distancia dos modelos clássicos e que tem como espinha dorsal a cooperação, que tenta impor uma mudança de postura a ser adotada pelos sujeitos processuais no curso de todo o processo[4].

Fredie Didier trilha esse caminho, ao defender que, no modelo cooperativo, a condução do processo deixa de ser determinada por atuações exclusivas, seja da parte ou do juiz, para se buscar uma condução cooperativa do processo, sem protagonismos[5], onde não há barreiras ou obstáculos para a comunicação entre os sujeitos processuais.

O novo Código apresenta como "marco estrutural"[6], como pedra de toque da estruturação do processo, o princípio da cooperação intersubjetiva, que almeja a figura de um juiz colaborante, que personifica os anseios democráticos e participativos de um Estado Democrático de Direito.

O modelo comparticipativo encontra seu substrato nodal no princípio processual da cooperação intersubjetiva. Tal princípio destina-se a transformar o processo civil em uma comunidade de trabalho" (*arbeitsgemeinschaft*, *comunione del lavoro*) e a responsabilizar as partes e o tribunal pelos seus resultados[7].

É, pois, nesta lógica dialogal que esse novo modelo se espraia, como oportunamente observa Eduardo Grasso, quando afirma que "o juiz, no desenvolvimento do diálogo, move-se para o nível das partes: a tradicional construção triangular é substituída por uma perspectiva de posições paralelas"[8]. A comunidade de trabalho deve, pois, ser compreendida como um feixe de relações colaborativas que se desenvolvem em um plano paralelo, com plena predominância do diálogo.

A correta divisão das funções entre as partes e o tribunal é, indubitavelmente, aquela que impõe que, ao longo de todo o iter processual, seja mantido um diálogo entre todos os sujeitos processuais, devendo o processo ser

---

(1) THEODORO JUNIOR, Humberto. "Juiz e Partes dentro de um processo fundado no princípio da cooperação", *Revista dialética de Direito Processual*, n. 103, set. 2011. p. 62.
(2) Expressão dada por Luís Correia de Mendonça, para atacar os modelos inquisitivos e cooperativos de processo (MENDONÇA, Luís Correia de. "O vírus autoritário". *Julgar*, n. 1, Lisboa: Associação Sindical dos Juízes Portugueses, 2007).
(3) Expressão criada por Dierle Nunes (NUNES, Dierle José Coelho. "Comparticipação e policentrismo: horizontes para a democratização processual civil", *Pucminas*, 2008. Disponível em: <http://www.biblioteca.pucminas.br/teses/Direito_NunesDJ_1.pdf>. Acesso em: 19 de fev. de 2013. p. 160-163).
(4) GOUVEIA, Mariana França. "Os poderes do juiz cível na ação declarativa". *Julgar*, n. 1, Lisboa, Associação sindical dos juízes portugueses, 2007. p. 46-49.
(5) DIDIER JR., Fredie. *Fundamentos do Princípio da Cooperação no Direito Processual Português*. Lisboa: Wolters Kluwer, 2010. p. 47.
(6) SOUZA, Artur César de. "O princípio da cooperação no projeto do novo código de processo civil", *Revista de Processo*, n. 225, São Paulo, RT, nov. 2013. p. 65.
(7) SOUSA, Miguel Teixeira de. *Estudos sobre o novo Processo Civil*. 2. ed. Lisboa: Lex, 1997. p. 62.
(8) GRASSO, Eduardo. "La collaborazion en el processo civile". *Rivista di Diritto Processuale*, vol. 21, Padova, Cedam, 1966. p. 609.

entendido, essencialmente, nas palavras de Costa e Silva, como uma "comunidade de comunicação"[9], que permita uma discussão a respeito de todos os aspectos fáticos e de direito relevantes para o deslinde da causa.

A atividade dos três sujeitos processuais, portanto, deve se entrecruzar mutuamente por meio do diálogo, resultando em uma *"unicaforza operosa (unusactus)"*[10], força essa que tem uma direção certa: a descoberta da verdade processualmente possível.

E, nessa perspectiva, de consagração de um modelo cooperativo de processo com o CPC/2015 e de aplicação subsidiária desse novo modelo e das normas fundamentais do processo na órbita trabalhista é que estudaremos, enfim, o diálogo entre o princípio da cooperação e o contraditório dinâmico, especificamente, na sua vertente proibição de decisões por emboscada, de decisões surpresas, ou de sentença de *"terza via".*

2. COOPERAÇÃO INTERSUBJETIVA

A colocação da ideia de cooperação na categoria de princípios (fundamentos) processuais encontra vozes contrárias na Alemanha. Filiamo-nos, no entanto, à corrente[11] que identifica a máxima da cooperação como um princípio que tem origem germânica e corresponde, nas lições de Greger, a "ideias fundamentais que determinam globalmente o termo e o caráter de um processo judicial e definem o conjunto de orientações e comportamentos das partes"[12].

Em Portugal, o princípio da cooperação foi consagrado expressamente no art. 266º/1 do CPC com a reforma de 95/96, sendo tal redação repetida no CPC/2014 português no art. 7º/1 do CPC.

Teixeira de Sousa[13] é quem vai desenvolver as linhas mestras do princípio da cooperação no ordenamento português. O citado autor não confere eficácia normativa direta ao princípio da cooperação capaz de agregar situações não previstas em regras ou subprincípios. Na sua linha, a cooperação só pode ser aplicada por intermédio de regras que a concretizem.

O supracitado autor defende ainda que a sistemática de funcionamento da cooperação se estrutura pela expressa previsão de regras que estabeleçam um plexo de deveres impostos ao juiz: de esclarecimento, de prevenção, de auxílio e de diálogo[14]. Assim, tais deveres são consagrados em artigos específicos do sistema jurídico português e não extraídos da cláusula geral da cooperação presente no art. 7º do seu Novo CPC. Essa visão evidencia os limites do princípio, a deixá-los relativamente claros, o que leva o juiz a pautar a sua atuação apenas em consonância com as concretizações normativas legais.

Essa restrição ocasiona um grande empobrecimento na aplicabilidade da cooperação, pois, de acordo com Paula Costa e Silva, "ao exigir-se uma norma de concretização, amputa-se este princípio do seu espaço naturalde actuação: o de impor uma intervenção justificada diretamente por uma justa composição do litígio"[15].

A defender uma posição que amplia a aplicação da cooperação, Fredie Didier, acertadamente, afirma que "a eficácia normativa do princípio da cooperação independe da existência de regras jurídicas expressas"[16]. Na linha de Humberto Ávila[17], Fredie Didier confere ao princípio da cooperação eficácia normativa direta capaz de impor e tornar devidas condutas necessárias à obtenção de um processo leal e cooperativo, mediante substancial cooperação entre as partes e o juiz.

O estado ideal de coisas que o princípio da cooperação almeja é a transformação do ambiente processual numa comunidade de trabalho[18]. A sua bússola deve ser a transformação do processo em uma comunidade de diálogo, para, dentre outros objetivos, mitigar as desigualdades processuais, valorizar a primeira instância, primar pelas decisões de mérito e alcançar a justa e leal composição do litígio, em tempo razoável, sem contudo, despotencializar liberdades e garantias processuais.

Apesar de o princípio da cooperação já ter reconhecimento jurisprudencial e implícito pela doutrina brasileira, por meio da constitucionalização do processo, o novo

---

(9) SILVA, Paula Costa e. *Acto e Processo – o dogma da irrelevância da vontade na interpretação e nos vícios do acto postulativo.* Coimbra: Coimbra, 2003. p. 589.
(10) GRASSO, Eduardo. "La collaborazion em el processo civile". *Rivista di Diritto Processuale,* vol. 21, Padova, Cedam, 1966. p. 609.
(11) Cf. GOUVEIA, Luciano Grassi de. "Cognição processual civil: atividade dialética e cooperação intersubjetiva na busca da verdade real", *Revista Dialética do Processo Civil,* n. 6, 2006, p. 47; MITIDIERO, Daniel. *"Colaboração no processo civil como prêt-à-porter? Um convite ao diálogo para Lenio Streck", Revista de Processo,* n. 194, São Paulo, RT, abr. 2011. p. 55.
(12) GREGER, Reinhard. "Cooperação como princípio processual", *Revista do Processo,* n. 206, São Paulo, abr. 2012. p. 212.
(13) SOUSA, Miguel Teixeira de. *Estudos sobre o novo Processo Civil.* 2. ed. Lisboa: Lex, 1997. p. 65.
(14) SOUSA, Miguel Teixeira de. *Estudos sobre o novo Processo Civil.* 2. ed. Lisboa: Lex, 1997. p. 66.
(15) SILVA, Paula Costa e. *Acto e Processo – o dogma da irrelevância da vontade na interpretação e nos vícios do acto postulativo.* Coimbra: Coimbra, 2003. p. 591-592.
(16) DIDIER JR., Fredie. *Curso de Direito Processual Civil.* 16. ed. Salvador: JusPODVIM, 2014, vol. 1, p. 91.
(17) ÁVILA, Humberto Bergmann. *Teoria dos princípios: de definição à aplicação dos princípios jurídicos.* 5. ed. rev. e ampl. São Paulo: Malheiros, 2006.
(18) DIDIER JR., Fredie. *Fundamentos do Princípio da Cooperação no Direito Processual Português.* Lisboa: Wolters Kluwer, 2010. p. 51.

código de processo civil brasileiro dá grande salto qualitativo ao prevê-lo expressamente no rol dos princípios estruturantes do processo[19].

O art. 6º do código resta dotado de eficácia normativa direta suficiente para dar suporte a todo leque de situações que devem ser acobertadas pelos reclames da participação, da lealdade e do ideal cooperativo de processo, a dar maior abrangência e conteúdo à cooperação.

Acontece que os princípios, segundo Humberto Ávila[20], possuem ainda uma eficácia indireta, quando atuam por meio da intermediação de outras normas. Nessa faceta da eficácia da cooperação, as regras exercem um papel fundamental, pois possuem uma função definitória em relação à cooperação, na medida em que definem e delimitam os comportamentos e as condutas a serem adotados na concretização das finalidades estabelecidas pelo princípio.

O CPC/15, nessa seara, poderia ter dado passos mais largos, pois não sistematizou, de forma operativa e didática, o plexo de regras que definem a cooperação, especificamente no que concerne aos deveres de esclarecimento, prevenção, auxílio e consulta, já que tratou o tema de forma esparsa[21]. De qualquer maneira, com a positivação da cooperação, deverá haver alteração do modo de atuar do juiz perante o litígio, a imunizá-lo do autoritarismo. É o que preleciona Mariana França Gouveia[22]:

> Quanto mais se defender a postura colaborante do magistrado, mais autoritarismo lhe retiraremos. Uma magistratura obrigada pela colaboração é a concretização de uma justiça próxima ao cidadão, de uma justiça ao seu serviço. Uma justiça de igualdade entre todos os homens, independentemente de sua posição concreta.

Nesse contexto, a cooperação impõe ao juiz um feixe de deveres, visando à democratização do processo, a lhe impor limites e a pautar sua conduta pela diligência e responsabilidade quanto à função de prestar tutela jurisdicional.

Em apertada síntese, os deveres oriundos da cooperação terão o escopo de: (I) possibilitar uma reconstrução dos fatos, a mais próxima possível da realidade, elemento imprescindível para justiça da decisão; (II) privilegiar as decisões de mérito sobre as de forma; (III) permitir o diálogo em espaços que eram de monopólio ou das partes ou do juiz, inclusive quanto às questões de direito, a afastar as decisões surpresas; (IV) permitir uma atuação judicial proativa no sentido de alcançar uma igualdade material; (V) atuar preventivamente, a sugerir às partes atuações que almejem a justa composição do litígio; (VI) viabilizar uma decisão judicial baseada no convencimento do juiz, a afastar o quanto possível as decisões baseadas no artificialismo do ônus da prova como regra de julgamento.

Dentre o feixe de deveres que o princípio da cooperação impõe, o presente estudo se limitará ao dever de consulta ou diálogo no seu ponto de intersecção com o contraditório.

3. INTERAÇÃO ENTRE O DEVER DE CONSULTA E O CONTRADITÓRIO DINÂMICO

Para a melhor compreensão do dever de consulta, é necessário estabelecer um diálogo com o contraditório e perceber que a evolução percorrida pelo contraditório se imbrica com a concretização do dever de diálogo.

A trajetória traçada pelo contraditório é bem atípica e marcada por evoluções e involuções. O cenário social da Idade Média conformou uma acepção dialogal do contraditório, que estruturou um processo de cariz econômico voltado à descoberta de uma verdade provável, com altas doses de diálogo na solução do caso concreto[23].

Com a Idade Moderna, a compreensão do contraditório passou a sofrer grande involução. Passou a ser concebido sob uma óptica estritamente mecânica, de contraposições de teses (dizer-contradizer), como mera garantia formal de bilateralidade da audiência[24], inserido num processo assimétrico em que o juiz buscava a solução do litígio, solitariamente, a enfraquecer a concepção comparticipativa do contraditório[25].

Essa vertente logo se mostrou precária, pois o contraditório estático, de cunho lógico formal, não era suficiente, para ser a trave-mestra do moderno processo civil, que

---

(19) Art. 6º. Todos os sujeitos do processo devem cooperar entre si para que se obtenha, em tempo razoável, decisão de mérito justa e efetiva.
(20) ÁVILA, Humberto Bergmann. *Teoria dos princípios: de definição à aplicação dos princípios jurídicos*. 5. ed. rev. e ampl. São Paulo: Malheiros, 2006. p. 97.
(21) No mesmo sentido: RAATZ, Igor. "Colaboração no processo civil e o projeto do novo Código de Processo Civil", *Revista de Processo*, n. 192, São Paulo: RT, fev. 2011. p. 32.
(22) GOUVEIA, Mariana França. "Os poderes do juiz cível na ação declarativa". *Julgar*, n. 1, Lisboa: Associação sindical dos juízes portugueses, 2007. p. 56.
(23) MITIDIERO, Daniel. *Colaboração no processo civil: pressupostos sociais, lógicos e éticos*. São Paulo: RT, 2009. p. 79-82.
(24) THEODORO JUNIOR, Humberto; NUNES, Dierle Coelho. "Uma dimensão que urge reconhecer ao contraditório brasileiro: sua aplicação como garantia de influência, de não surpresa e de aproveitamento da atividade processual", *Revista de Processo*, n.168, São Paulo, RT, fev. 2009. p. 109-110.
(25) MITIDIERO, Daniel. *Colaboração no processo civil: pressupostos sociais, lógicos e éticos*. São Paulo: RT, 2009. p. 84-90.

prima pela participação, previsibilidade e pela possibilidade de influência efetiva de todos os sujeitos processuais.

A consolidação de um Estado Democrático de Direito consubstancia, pois, o terreno ideal para a ampliação da noção de contraditoriedade e para refutar a ideia de atos repentinos e inesperados por parte de um órgão público que aplica o direito.

Nessa conjuntura, surge a cooperação na sua faceta "dever de diálogo", para atualizar e dinamizar o conceito do contraditório, a ressuscitar a essência da concepção medieval, de modo a injetar a previsibilidade, a participação e a influência como elementos essenciais desse novo rosto.

É por meio da interação entre a cooperação e o contraditório que surge a ideia de proibição de decisões surpresas.

A imposição de decisões trilaterais reflete uma nova face do tradicional contraditório, a transformar a estrutura vertical do processo em uma "estrutura horizontalizada", mutação esta que resulta de uma adaptação da ideia do contraditório em um verdadeiro afloramento da cooperação entre as partes e o juiz[26].

O dever de diálogo deve ser visto, então, como uma verdadeira "atualização do princípio do contraditório[27]". Há, assim, um real resgate da concepção, que passa a garantir às partes a influência efetiva no juízo e redimensiona uma acepção mais ampla do contraditório.

O contraditório passa a ser devidamente relido, a representar uma faceta evoluída e fortificada da dimensão medieval.O juiz passa a ser a inserido como sujeito do contraditório, de modo a se criar uma verdadeira mesa redonda de diálogo, onde ele, juntamente com as partes, toma assento.

Assim, o contraditório é alçado à condição de pilar de uma concepção democrática de processo[28], a tornar tão trilateral quanto possível o debate das questões de fato e de direito no curso do processo.

A interação entre os sujeitos processuais, por meio do diálogo sobre todos os atos e fatos componentes do processo, tem o condão de ampliar o quadro de análise, reduzir consideravelmente o risco de opiniões preconcebidas e beneficiar a construção de um juízo ponderado, transparente e aberto.

Nesse plexo de inovações, o contraditório passa a ser a plataforma de sustentação de um modelo cooperativo de processo.Passa a ter estatura constitucional, sendo fundamental para a concretização do processo justo e equitativo.

É por meio desse horizonte de simbiose entre o contraditório e a cooperação que analisará, a seguir, o princípio da vedação às decisões por emboscada.

4. DA VEDAÇÃO ÀS DECISÕES POR EMBOSCADA

O direito comparado apresenta enunciados pretensiosos à proclamação do princípio da proibição de decisões surpresa, sendo uma tendência dos novos ares do Processo Civil o redimensionamento do contraditório e a consagração do dever de diálogo.

No Código de Processo Civil Francês, por exemplo, o dever de consulta está expresso no art. 16º, que impõe ao juiz, em todas as circunstâncias, a ativação prévia do contraditório, sobretudo quanto à adoção de questão de direito não contida na petição inicial, dentre elas as de ordem pública[29].

O sistema jurídico alemão é paradigmático nessa seara, pois consagra o contraditório forte na alínea 2º do § 139 da ZPO:

> Caso exista um ponto de vista que não tenha sido reconhecido pela parte ou que tenha sido considerado como irrelevante, pode o tribunal fundar sua convicção sobre os mesmos desde que advirta às partes e lhe outorgue a possibilidade de se expressarem a respeito, salvo se tratar de questão secundária. (tradução livre)

Tal dispositivo é considerado corolário do julgamento justo no ordenamento germânico e assevera que a corte deve chamar a atenção das partes para qualquer fator que avalia de forma diferente, a proteger as mesmas contra as decisões desconcertantes ("*bewilderingdecisions*") ou decisões por emboscada ("*ambushdecision*")[30].

---

(26) GRAZIOLI, Chiara. *La terza via e Il giudice programmato: spuntisistemicit*. 2008. Disponível em: <www.judicium.it>. Acesso em: 10 de mai. de 2013. p. 13.

(27 BUENO, Cassio Scarpinella. *Amicuscuriae no processo civil brasileiro: um terceiro enigmático*. São Paulo: Saraiva, 2006. p. 55.

(28) RAATZ, Igor. "Colaboração no processo civil e o projeto do novo Código de Processo Civil", *Revista de* Processo, n. 192, São Paulo, RT, fev. 2011. p. 193.

(29) Art. 16º do Código de Processo Civil francês: "O juiz deve, em todas as circunstâncias, fazer e observar ele mesmo o princípio do contraditório. Ele não pode considerar, na sua decisão, as questões, as explicações e os documentos invocados ou produzidos pelas partes a menos *que estes tenham sido objeto de contraditório*. Ele não pode fundamentar sua decisão em questões de direito que suscitou de ofício, sem que tenha, previamente, intimado as partes a apresentar suas observações" (In: DIDIER JR., Fredie. *Fundamentos do Princípio da Cooperação no Direito Processual Português*. Lisboa: WoltersKluwer, 2010, p. 17).

(30) HAAS, Ulrich. "The Relationship between the judge and the parties under German law". *Reforms of Civil Procedure in Germany and Norway*. Edit by: Volker Lipp and HalvardHaukelandFredruksen, Mohr Siebeck, 2011. p. 95.

O sistema alemão estende às matérias que podem ser conhecidas de ofício a proibição de surpresa. De acordo com a alínea 3 do § 139 da ZPO, o tribunal deve consultar as partes sempre que forem realizados atos de ofício, seja em relação a questões de direito ou de fato, a garantir sempre que a manifestação das partes exerça influência sobre a decisão jurisdicional. Mesmo quando o ponto de vista a ser enveredado pelo juiz é completamente contrário ao das partes, o contraditório deve ser ativado[31].

Em Portugal, o dever de consulta está consagrado no art. 3º, n. 3º, do novo CPC português de 2013. Ele dispõe que o tribunal deve consultar as partes sempre que pretenda conhecer de matéria de fato ou de direito sobre a qual aquelas não tenham tido a possibilidade de se pronunciarem, salvo manifesta desnecessidade.

Em Itália, tal princípio foi incluído com a recente reforma de 2009, que consagrou, nos arts. 101 e 183 do "Códice di Procedura Civile", a proibição da "sentenzaditerza via", "deicisionisolitarie" ou "solipsisticamente adoptada"[32], a qual veda tomada de decisões surpresas pelo juiz.

Há muito se defende essa nova faceta do contraditório no direito brasileiro, por intermédio de uma leitura constitucional da dita garantia. Mas, é o novo código de processo civil de 2015 que vem expressamente entrever o contraditório dinâmico, a contemplar uma "imbricação entre o dever de consulta e o direito de participação ou colaboração das partes"[33].

No corpo do CPC/15, temos dois artigos vetores do dever de diálogo. Primeiro o art. 9º assevera que não se proferirá sentença ou decisão contra uma das partes, *sem que esta seja previamente ouvida (inaudita altera parte)*, salvo se tratar de tutela antecipada de urgência ou das hipóteses de tutela de evidência previstas no código[34], situações em que a dispensa da oitiva prévia da parte contrária é equilibrada com a imposição do contraditório postergado ou diferido.

Nessas exceções, não há violação ao contraditório, pois há uma ponderação legislativa entre o contraditório e a efetividade, prevalecendo este no primeiro momento, enquanto aquele é postergado. Há, então, a postecipação do contraditório, que poderá ser exercido em momento seguinte ao da concessão liminar, possibilitando, inclusive, que a decisão provisória emitida seja modificada[35].

Já o art. 10 preconiza que, "em qualquer grau de jurisdição, o órgão jurisdicional *não pode decidir com base em fundamento a respeito do qual não se tenha oportunizado manifestação das partes*, ainda que se trate de matéria apreciável de ofício".

A fórmula da redação dada pelo legislador ao art. 10 do CPC/15 fomenta a ativação do contraditório prévio a impedir (ou pelo menos inibir) que o juiz decida, com base em algum fundamento, que não tenha havido participação das partes.

Sabemos que o dever de diálogo há de englobar, no seu raio de incidência, tanto as questões de fato quanto as questões de direito. No entanto, realizaremos aqui mais um corte delimitativo para focar o presente ensaio na análise da proibição das decisões por emboscada nas questões relativas ao direito, quando o juiz, solitariamente, sem ativação do contraditório, agrega na sua decisão uma questão de direito que não foi ventilada por nenhuma das partes.

Aí, ganha relevância a análise da máxima do *iura novit curia*, que determina que, contanto que se respeite o *objet du litige*, de acordo com a moldura endoprocessual delineada pelas partes[36], o juiz pode levar em consideração questões de direito que lhe pareçam apropriadas, apesar de não suscitadas, e julgar a causa, não estando o julgador confinado à alegação de direito feita pelas partes[37].

Antigamente, havia uma divisão estanque de tarefas entre o juiz e as partes. Estas se preocupavam, exclusivamente, em provar os fatos afirmados, ao passo que aquele se restringia a fazer a subsunção do material fático ao texto normativo considerado por ele o juridicamente mais aderente ao caso.

Tal realidade não se justifica num terreno em que se afirma a cooperação. Montesano assevera que os novos

---

(31) RAGONE, Álvaro J. Pérez; PRADILLO, Juan Carlos Ortiz. *Código Procesal Civil Alemán (ZPO)*. Traducción com um estúdio introductorio al proceso civil alemán contemporâneo. Incluye artículos de Hanns Prütting y Sandra De Falco, 2006. Disponível em: <www.kas.de.>. Acesso em: 23 mar. 2013. p. 52.

(32) CONSTATINO, Roberta. *Principio Del contraddittorio e decisionidella "terza via"*. Contabillita-pubblica.it. Disponível em: <http://www.contabilita-pubblica.it/Archivio11/Dottrina/Costantino.pdf>. Acesso em: 9 jun. 2013, 2012. p. 1.

(33) RAATZ, Igor. "Colaboração no processo civil e o projeto do novo Código de Processo Civil", *Revista de Processo*, n. 192, São Paulo, RT, fev. 2011. p. 32.

(34) Art. 9º. Não se proferirá decisão contra uma das partes sem que esta seja previamente ouvida. Parágrafo único. O disposto no caput não se aplica: I – à tutela antecipada de urgência; II – às hipóteses de tutela antecipada da evidência previstas no art. 306, incisos II e III; III – à decisão prevista no art. 716.

(35) DIDIER JR., Fredie. *Curso de Direito Processual Civil*. 17. ed. Salvador: JusPODVIM, 2015, vol. 1, p. 83.

(36) A indagação de direito sofre constrangimentos endoprocessuais que atinam com a configuração factológica que as partes pretendam conferir ao processo. (Ac. 1860/07.0TVLSB.S1, Rel.: Santos Bernardino, julgado em 11.03.2010. Disponível em: <www.dgsi.pt>. Acesso em: 5 abr. 13).

(37) Ac. 2005/03 do STJ, Rel.: Gabriel Catarino, julgado em 27.09.2011. Disponível em: <www.dgsi.pt>. Acesso em: 5 mai. 2013.

ares do contraditório não eliminam ou atenuam o *iura novit curia*, pois o juiz continua a ter o poder-dever de identificar a disposição jurídica aplicável em questão, a não estar vinculado às propostas de enquadramento jurídico apresentadas entre as partes[38].

No entanto, o *iura novit curia* recebe uma nova conformação prática, pois o contraditório afeta o modo e o tempo adequados do exercício desse poder-dever[39]. A concretização do princípio da cooperação acarreta um redimensionamento da máxima *iura novit curia*, a fazer com que o juiz consulte previamente as partes e colha suas manifestações a respeito do assunto, antes de aplicar a norma jurídica ao caso concreto[40]. Nesse ponto, a trilateralidade da decisão é fundamental, para torná-la legítima.

Outro ponto que precisa ser clarificado é que a garantia do contraditório dinâmico não constitui um entrave à aceleração processual. O diálogo exige apenas a comunicação para que as partes se manifestem. Sem o exercício do contraditório dinâmico, em ocasião que não houve a colocação prévia, clara e transparente dos pontos controversos é, pelo contrário, fonte geradora uma infinidade de recursos a violar, claramente, a razoável duração do processo.

Além disso, o aspecto preventivo do dever de diálogo viabiliza às partes o poder de influenciar o trajeto decisório a ser trilhado pelo julgador, a gerar um efeito saudável ao processo que seria a propensão da parte em não recorrer, em razão da sua *participação efetiva na formação da decisão,* que foi submetida a um *alto grau de debate e de correção.*

Nessa quadra, ganha ênfase a valorização da função jurisdicional exercida em primeiro grau, pois quando as questões a serem inseridas pelo juiz são postas todas em contraditório antes da decisão, viabiliza-se a antecipação do embate de argumentos que, provavelmente, seria realizado por meio de recursos.

Há de enfatizar que a proibição de decisão surpresa não se confunde com o prejulgamento da causa, trata-se, nas precisas linhas de Didier Jr, de um "exercício democrático e cooperativo do poder jurisdicional, até mesmo porque o juiz pode estar em dúvida sobre o tema"[41].

Um exemplo didático da necessidade de ativar o contraditório sobre questões de direito não ventiladas pelas partes se demonstra na decisão de mérito que, de ofício, decreta prescrição, em pretensão cuja exigibilidade era tempestiva em razão de fator interrupção não conhecido do juízo de segunda instância. O presente caso demonstra que a intimação das partes para se pronunciarem a respeito de uma terceira via elegida pelo juiz poderia evitar todo um *iter* processual desnecessário, bem como iria trazer o diálogo e a comparticipação como elementos atenuadores da irresignação das partes e da propensão a interpor recursos.

Outro campo fértil de aplicação da vedação à decisão surpresa é quando o juiz atenta para uma inconstitucionalidade *in concreto* da lei que não foi percebida por nenhuma das partes, caso em que deverá intimá-las para participarem, no exercício do seu contraditório dinâmico, do *iter* decisório.

A jurisprudência portuguesa, por exemplo, é vasta na proibição de decisões surpresas, a vedar sentenças de *terza via*.

Nesse sentido, em acórdão do Tribunal da Relação de Lisboa[42], a parte A intentou ação de danos contra dois advogados que foram contratados para lhe patrocinar em ação de atropelamento, que, por deficiência técnica ou de descuido, a defesa foi grosseiramente negligente, a violar deveres de honestidade e diligência, a defraudar por completo as expectativas que lhe haviam criado, de modo a causar prejuízos.

Na contestação, os advogados rebateram as afirmações, a alegar a sua ilegitimidade e a nulidade dos atos praticados. Fizeram, ainda, um pedido reconvencional, incluir danos materiais, morais e a condenação da parte autora por litigância de má fé. O juiz, ao apreciar o caso, proferiu decisão a inadmitir o pedido reconvencional, ao julgar improcedente a exceção e considerou a petição inicial inepta por falta de causa de pedir.

Inconformado com a decisão, a parte A interpôs recurso para o tribunal, que decidiu, a nosso ver corretamente, que a decisão da primeira instância violou dois deveres da cooperação simultaneamente. Primeiramente, a proibição de decisão surpresa, pois o juiz elegeu uma solução que se desvincula totalmente do sufragado pelas partes, sem dar a ciência prévia e a oportunidade das partes se pronunciarem sobre a *terza via* eleita pelo tribunal.

Também violou o dever de prevenção, pois a parte autora alegou todos os fatos estruturantes da causa de pedir, subjacente ao pedido deduzido, de tal forma que a atuação correta do julgador, seria, antes de decretar a inépcia da petição inicial, convidar as partes a aperfeiçoar os seus articulados a privilegiar a cooperação e a econo-

---

(38) O princípio do *iura nove curia* está consagrado no art. 5º, n.3, do CPC/15 português, o qual estabelece que o juiz não está sujeito às alegações das partes no tocante à indagação, interpretação e aplicação das regras de direito.
(39) MONTESANO, Luigi. "La garanzia costituzionale Del contraddittorio e i giudizicivilidi "terza via", *Rivistadi Diritto Processuale*, n. 55, 2000. p. 929.
(40) CUNHA, Leonardo Carneiro da. "O processo civil no Estado Constitucional e os fundamentos do projeto do Novo Código de Processo Civil Brasileiro", *Revista de Processo*, n. 209, São Paulo, RT, Jul. 2012, p. 360.
(41) DIDIER JR., Fredie. *Curso de Direito Processual Civil.* 17. ed. Salvador: JusPODVIM, 2015, vol. 1, p. 82.
(42) Ac. 7892/19, rel.: Ana Resende, julgado em 02.07.13. Disponível em: <www.dgsi.pt>. Acesso em: 14 ago. 13.

mia processual. Diante de tais violações à cooperação, nas vertentes prevenção e diálogo, o tribunal decidiu que a decisão de primeira instância foi nula, a determinar que o processo fosse retomado, pois, existe factualismo controvertido, sem prejuízo do convite à parte a aperfeiçoar o seu articulado, de forma a privilegiar a prevalência da decisão de mérito sobre as decisões meramente formais.

Outro caso, onde o juiz tomou uma decisão solitariamente, ocorreu em recente julgado, em que o Tribunal da Relação de Guimarães[43] anulou decisão do juiz *a quo*, que destituiu administrador de insolvência por ter publicado uma venda judicial sem dar dela conhecimento ao processo, no entanto, sem lhe ouvir, a violar, assim, a proibição da indefesa. Entendeu o Tribunal, corretamente, que é inquestionável que esta omissão influi na decisão, pois, o juiz *a quo* não deu a oportunidade de o apelante se defender, nem tampouco, comunicou-lhe que seria destituído, a violar claramente a proibição de decisão surpresa.

Ainda nesse sentido, o Supremo Tribunal de Justiça português, em recente julgado, decidiu que a condenação por litigância de má fé, apesar de não estar subordinada à formulação de pedido, não pode ser decretada, *sem prévia audição da parte a ser sancionada*. Isso porque viola o contraditório na vertente proibição de decisão-surpresa, a se causar nulidade, que influi na decisão da causa e infringe a igualdade, o acesso ao direito, o contraditório e a proibição da indefesa[44].

Portanto, a injeção de amplo debate no processo de construção da decisão gera um pronunciamento judicial mais legítimo e mais propenso a dirimir a crise de direito existente no caso. O solipsismo e a unilateralidade podem gerar, no caso concreto, más compreensões, decisões pré-concebidas, que não são sadias para o processo e que podem afrontar o direito de defesa das partes e a própria duração razoável do processo.

5. APLICAÇÃO DA VEDAÇÃO À DECISÃO SURPRESA NA JUSTIÇA TRABALHISTA

A lume do que já foi dito sobre a importância de concretizar-se um modelo cooperativo de processo, cumpre evidenciar que tanto o novo Código de Processo Civil como o fenômeno da constitucionalização do direito impõem que o processo trabalhista seja estruturado em uma plataforma de boa-fé e cooperação, com vistas à formação de uma comunidade de trabalho rumo à efetiva resolução (inclusive com eventual atividade satisfativa) da crise de direito em tempo razoável.

Daí resulta que o novo CPC projeta para o processo trabalhista a necessidade de concretização de um modelo cooperativo de processo, ao impor que ao longo de todo curso processual seja respeitada a vedação às decisões surpresas. Dentro dessa lógica, qualquer requalificação normativa substancial a ser promovida pelo magistrado trabalhista deve vir antecedida da ativação do contraditório, para que a parte possa se manifestar a respeito, ainda que se trate das matérias de ordem pública.

O novo Código de Processo Civil determina que mesmo as decisões que devam ser tomadas de ofício, como a decretação da prescrição ou o reconhecimento da ausência de um pressuposto processual, devem ser previamente postos ao contraditório antes da decisão, sob pena de possibilitar a invalidação do pronunciamento judicial.

A corroborar com a linha de raciocínio supramencionada, a Instrução Normativa n. 39 do TST, ao analisar a aplicabilidade do novo CPC à justiça do trabalho, acertadamente, destaca em seu art. 4º que "aplicam-se ao processo do trabalho as normas do CPC que regulam o princípio do contraditório, em especial os arts. 9º e 10, no que vedam a decisão surpresa".

E completa no parágrafo primeiro do art. 4º dispondo que: "entende-se por decisão surpresa a que, no julgamento final do mérito da causa, em qualquer grau de jurisdição, aplicar fundamento jurídico ou embasar-se em fato não submetido à audiência prévia de uma ou de ambas as partes".

Porém, a instrução normativa vai mais além, ao tentar fixar limites para configuração da decisão surpresa, ao defender que: "não se considera decisão surpresa a que, à luz do ordenamento jurídico nacional e dos princípios que informam o Direito Processual do Trabalho, as partes tinham obrigação de prever, concernente às condições da ação, aos pressupostos de admissibilidade de recurso e aos pressupostos processuais, salvo disposição legal expressa em contrário".

Parece-nos que a intenção do legislador foi submeter ao crivo do contraditório dinâmico toda e qualquer nova via eleita pelo magistrado independentemente da previsibilidade do argumento, afinal o texto normativo, tal como ocorre no ordenamento português, não prevê uma cláusula geral que permita a dispensa do contraditório ("salvo manifesta desnecessidade").

Portanto, pelo menos, *a priori*, afigura-se açodado estabelecer limitações à ativação do contraditório, afinal, a intimação das partes para que as partes se pronunciem, no prazo de cinco dias, sobre a terceira via eleita pelo magistrado, não atenta contra os princípios que informam o Direito Processual do Trabalho, nem muito menos tem o condão de violar a duração razoável duração do processo.

Para os autores deste artigo, revela-se essencial que o magistrado assuma uma feição colaborante (a evitar pre-

---

(43) Ac.4223/08, de rel. de Fernando Fernandes Freitas, julgado em 19.02.2013. Disponível em: <www.dgsi.pt>. Acesso em: 5 abr. 13.
(44) Ac.2326/11.09TBLLE.E1.S1, Rel: Des Fonseca Ramos, julgado em 11.09.2012. Disponível em: <www.dgsi.pt>. Acesso em: 05 abr. 2013. No mesmo sentido Ac. 39/12 do TRG, rel.: de Rosa Tching, julgado em 02.07.2013, disponível em: www.dgsi.pt. Acesso em: 1 ago. 2013.

tensões recursais das partes), atuando de forma a aprimorar a prestação jurisdicional de primeiro grau, garantido o quanto possível a trilateralidade da decisão

A imposição de uma limitação por meio de um ato administrativo, que confere uma ampla margem de atuação ao magistrado para decidir se a decisão deve ou não se submeter ao contraditório amplo, pode desestimular a atuação preventiva do magistrado. Afinal, o que seria uma decisão que as partes teriam obrigação de prever?

No entanto, os autores demonstram preocupações com a possibilidade de instrumentalização do princípio da vedação às decisões surpresas como um artifício da parte para procrastinar o feito ou para requerer a nulidade do processo em fase processual avançada.

Caberá, então, à jurisprudência, tal como ocorreu em Portugal, a função de impor limitações a atuação das partes seja baseada na boa fé objetiva, seja baseada no princípio da autorresponsabilidade das partes.

A título de exemplo, se a parte autora postula uma indenização oriunda de um acidente de trabalho e a parte ré invoca em sua defesa uma excludente de responsabilidade, a decisão judicial, que julga pela culpa concorrente entre empregador e empregado, atribuindo indenização à proporção da culpa do empregador, mesmo se não tiver sido ventilada pelas partes, faz parte da linha decisional daquele enquadramento jurídico, e portanto, tal decisão não deve ser considerada como uma sentença de *terza via (decisão surpresa)*.

É preciso, pois, fazer um juízo objetivo para perceber se o juiz desviou de forma considerável o percurso de qualificação da causa. Nessa linha, deve-se auferir, se pelas questões que vinham sendo debatidas ao longo do processo, as partes poderiam equacionar as soluções jurídicas. Por isso, haverá violação ao princípio da vedação às decisões surpresas se a requalificação da controvérsia, substancialmente, inovar na discussão até então travada no processo, ao trazer um enquadramento jurídico que não vinha sendo ventilado pelas partes.

6. CONSIDERAÇÕES FINAIS

O modelo processual cooperativo é o que mais se coaduna aos países que estão sob a égide de um Estado Democrático de Direito, a exemplo de Brasil, que precisam dar saltos qualitativos na concretização deste modelo.

O presente texto procurou, por meio da análise dos deveres oriundos da cooperação, especificamente a vedação às decisões por emboscada, contribuir com o estudo do CPC/15, a fixar parâmetros interpretativos para os textos legais estabelecidos no seu âmago, com vistas a concretizar, no Brasil, um modelo processual mais democrático tanto na esfera cível como na trabalhista.

É certo, portanto, que o código plantou um feixe de raízes para a concretização de um processo leal, com a inserção da cooperação no art. 6º e seus respectivos deveres estabelecidos de forma esparsa no corpo do texto. Mas, é preciso que a doutrina e a jurisprudência interpretem esse texto a desenvolver uma plataforma cooperativa no ambiente processual e a usar, quando necessário, a força integrativa da cooperação como forma de suprir as ausências do texto legal.

Por isso, atende mais aos reclames de um Estado Democrático de direito, uma decisão compartipada, em que se maximiza o diálogo e se tenta minimizar a irresignação das partes. É pela concretização do princípio da vedação às decisões por emboscada que se espera que o novo sistema processual, a ser inaugurado pelo CPC/15, estabeleça fortes raízes para solidificação de um modelo processual mais leal, célere, cooperativo e democrático.

A formação desse modelo exige a introdução de uma nova cultura judiciária, um verdadeiro giro de mentalidade. Imprescindível, pois, reconhecer que a sua concretização é um processo longo e dificultoso, pois estamos diante de uma releitura de conceitos vitais que, durante anos, enraizaram-se na mentalidade de todos os sujeitos processuais. Por isso, o sucesso desse novo paradigma está condicionado ao envolvimento e ao comprometimento de todos os operadores do direito, para que essa nova lógica do processo adentre na cultura jurídica hodierna.

A essência do novo processo civil é a compreensão desta nova realidade cooperativa, que deve transformar paulatinamente a cultura judiciária do nosso país. Faz-se necessário afastar certos padrões tradicionais e dogmas processuais ultrapassados, para impor uma nova mentalidade de uma cultura jurídica mais adequada aos vetores estruturantes da processualística hodierna, para que só assim o novo modelo possa sair do papel e apresentar suas potencialidades práticas.

De nada adianta consagrarmos o princípio da cooperação e seus deveres em regras processuais, se a mudança não promover uma verdadeira virada Kantiana na prática judicial e na consciência dos operadores do direito, que ainda se encontram arraigadas em concepções formalistas e presas a ideais liberais.

Por fim, conclui-se que todas essas modificações devem irradiar, de forma substancial, na esfera trabalhista, de tal forma que essas normas fundamentais devem iluminar o processo laboral, ao projetar uma nova lógica de pensar o processo. Todavia, somente o "tempo, conhecimento e experiência"[45], que dirão os reais ganhos e perdas desses novos paradigmas fixados pelo novo código e sua influência positiva nos demais ramos do direito.

---

(45) MAXLAND, Henry Jonh. "Recent developments in the relationship between judge and parties in Norwegian Courts". In: *Reforms of Civil Procedure in Germany and Norway*. Edit by Volker Lipp and Halvard Haukeland Fredruksen, Mohr Siebeck, 2011. p. 85.

Direitos fundamentais processuais e a fundamentação sentencial exaustiva no processo do trabalho

Flávia Moreira Guimarães Pessoa (*)

1. INTRODUÇÃO

O presente artigo se propõe a analisar a compatibilidade da sistemática do art. 489 do novo CPC com o processo do trabalho, à luz da hermenêutica concretizadora dos direitos fundamentais processuais, observadas as peculiaridades do processo laboral.

Para atingir o objetivo proposto, esse trabalho se divide em três partes. A primeira analisa a fundamentação teórica que permite a autonomia do Direito Processual do Trabalho. A segunda verifica a dicção do art. 489 do Novo Código de Processo Civil, e a terceira analisa a compatibilidade desse novo sistema de requisitos da sentença com o processo do trabalho, à luz da hermenêutica concretizadora dos direitos fundamentais. Por fim, são expostos os pontos conclusivos do texto.

2. PROCESSO DO TRABALHO: AUTONOMIA E PRINCÍPIOS PECULIARES

O Direito Processual do Trabalho é um conjunto de princípios e regras que visam a dar efetividade à legislação trabalhista e social, assegurar o acesso do trabalhador à Justiça, consolidando assim a concretização dos direitos fundamentais previstos na nossa Constituição Federal.

Há grande discussão doutrinária quanto à autonomia do Direito Processual do Trabalho em relação ao Direito Processual Civil, prevalecendo a doutrina dualista que entende pela sua autonomia, tendo em vista a peculiaridade de seus princípios.

E quais seriam esses princípios?

Além dos princípios constitucionais processuais comuns, tais como devido processo legal, contraditório, ampla defesa, duração razoável do processo, acesso à justiça, motivação, publicidade e igualdade, no direito processual do trabalho também são aplicáveis os princípios processuais comuns, como duplo grau de jurisdição, preclusão, lealdade e boa fé processuais.

No entanto, alguns princípios são peculiares ao processo do trabalho. Diversos autores apontam tais princípios de forma mais ou menos minuciosa, mas, em linha gerais, podemos apresentar os seguintes princípios peculiares: principio da proteção temperada ao trabalhador, *jus postulandi* Jus Postulandi pessoal da parte, jurisdição normativa, conciliabilidade e oralidade.

De acordo com o princípio da proteção temperada ao trabalhador, o processo do trabalho traz regras próprias que facilitam o acesso à justiça do empregado, tendo em vista a hipossuficiência deste último em relação ao empregador.

Como exemplo dessa proteção normativa, podemos citar a regra que leva ao arquivamento da reclamação pela ausência do empregado à audiência (art. 840 CLT) a cobrança de custas ao final, a inexistência de sucumbência parcial em custas, sendo estas atribuíveis ao empregador mesmo que decaia em parte mínima do pedido (art. 789 CLT)

Essa proteção legal vem ao encontro da necessidade de o Direito Processual do Trabalho ser o instrumental viável a satisfação do crédito do obreiro, créditos estes de natureza alimentar, cabendo ao Estado facilitar o acesso à justiça por parte dos trabalhadores.

O princípio do *jus postulandi* pessoal da parte, ainda vigente na Justiça do Trabalho vem insculpido no art. 791 da CLT[1] e permite, na instância ordinária, que a parte possa litigar pessoalmente, sem necessidade de advogado. Tal princípio sempre levou ao entendimento majoritário

---

(*) Juíza do Trabalho (TRT 20ª Região), Professora da Graduação e Mestrado em Direito da UFS e UNIT, Especialista em Direito Processual pela UFSC, Mestre em Direito, Estado e Cidadania pela UGF, Doutora em Direito Público pela UFBA, líder do grupo de pesquisa "Hermenêutica Constitucional Concretizadora dos Direitos Fundamentais e Reflexos nas Relações Sociais" do CNPQ.

(1) Art. 791. Os empregados e os empregadores poderão reclamar pessoalmente perante a justiça do Trabalho e acompanhar as suas reclamações até o final.

que consagra a incompatibilidade de normas processuais civis comuns, tais como a concessão de honorários advocatícios nas reclamações trabalhistas (Súmula n. 219 TST[2]) e inexistência de prazo em dobro para litisconsortes com procuradores distintos (OJ n. 310 SDI 1[3]).

O princípio da jurisdição normativa é aquele assegurado no art. 114, § 2º, da Constituição Federal, segundo o qual é facultado às partes, de comum acordo, ajuizarem dissídio coletivo de natureza econômica, podendo a Justiça do Trabalho decidir o conflito, respeitadas as disposições mínimas legais de proteção ao trabalho, bem como as convencionadas anteriormente. Vale dizer, a Justiça do Trabalho, em sede de Dissídios Coletivos, profere sentenças normativas que vão se aplicar como fonte do direito às categorias envolvidas no Dissídio. Nenhum outro ramo do direito possui tal particular característica, o que torna a Justiça do Trabalho peculiar nesse ponto.

A conciliabilidade, a par de também ser considerado princípio do direito processual comum, permanece como princípio próprio do direito do trabalho por razões históricas. Foi a justiça do trabalho a precursora da conciliação nesse país, a partir até mesmo da antiga denominação de suas atuais varas do trabalho, antes denominadas Juntas de Conciliação e Julgamento. A CLT determina a obrigatoriedade da tentativa de conciliação em dois momentos: antes da apresentação da defesa (art. 846) e após as razões finais (art. 850). Note-se que o procedimento em audiência inicia e termina com a tentativa de conciliação, já deixando clara a importância do princípio para o Direito Processual do Trabalho.

O princípio da oralidade também é encontrado no direito processual civil comum, mas é destacado no direito processual do trabalho, ao lado da maior simplicidade, celeridade e majoração dos poderes do juiz nesse ramo do direito. Com efeito, o direito processual do trabalho é aquele em que mais se destacam a concentração dos atos processuais em audiência; maior interatividade entre juiz e partes; irrecorribilidade das decisões interlocutórias e poderes mais inquisitivos concedidos ao juiz, na busca do crédito alimentar do trabalhador.

Percebe-se, portanto, de forma clara, que o Direito Processual do Trabalho é autônomo em relação ao Direito Processual Comum, dispondo de princípios e até mesmo de um ramo específico do poder judiciário para aplicá-lo, a Justiça do Trabalho.

No entanto, o Direito Processual Comum é aplicado subsidiariamente ao processo do trabalho, nos termos do art. 769, CLT e do art. 889, CLT, preleciona que no caso de omissão deve ser aplicada a Lei de Execução Fiscal e posteriormente o CPC.

Por sua vez, o art. 15 do CPC dispõe que na ausência de normas que regulem processos eleitorais, trabalhistas ou administrativos, as disposições deste Código lhes serão aplicadas supletiva e subsidiariamente.

Alguma discussão doutrinária parece surgir quanto à palavra "supletiva" inserida no art. 15 do NCPC, no entanto, a celeuma parece cair por terra com o início do dispositivo, que frisa a hipótese de "ausência de normas".

Independentemente de tal discussão sobre supletividade ou subsidiariedade, note-se que o ponto principal que permite a aplicabilidade da CLT é a compatibilidade com o processo do trabalho. Com efeito, o art. 769 da CLT estabelece que, nos casos omissos, o direito processual comum será fonte subsidiária do direito processual do trabalho, exceto naquilo em que for incompatível com as normas deste Título.

E essa compatibilidade deve ser observada caso a caso, a partir dos princípios peculiares do processo do trabalho. Assim, cada inovação do NCPC somente será aplicada ao processo do trabalho, se ficar demonstrada sua inteira compatibilidade com o processo do trabalho. Não é assim, automática, devendo ser cuidadosamente analisada caso a caso, conforme se verá nos tópicos seguintes.

---

(2) Súmula n. 219 do TST – HONORÁRIOS ADVOCATÍCIOS. CABIMENTO (alterada a redação do item I e acrescidos os itens IV a VI na sessão do Tribunal Pleno realizada em 15.03.2016) – Res. n. 204/2016, DEJT divulgado em 17, 18 e 21.03.2016 I – Na Justiça do Trabalho, a condenação ao pagamento de honorários advocatícios não decorre pura e simplesmente da sucumbência, devendo a parte, concomitantemente: a) estar assistida por sindicato da categoria profissional; b) comprovar a percepção de salário inferior ao dobro do salário mínimo ou encontrar-se em situação econômica que não lhe permita demandar sem prejuízo do próprio sustento ou da respectiva família (art.14,§1º, da Lei n. 5.584/1970). (ex-OJ n. 305da SBDI--I). II – É cabível a condenação ao pagamento de honorários advocatícios em ação rescisória no processo trabalhista.III – São devidos os honorários advocatícios nas causas em que o ente sindical figure como substituto processual e nas lides que não derivem da relação de emprego.IV – Na ação rescisória e nas lides que não derivem de relação de emprego, a responsabilidade pelo pagamento dos honorários advocatícios da sucumbência submete-se à disciplina do Código de Processo Civil (arts. 85, 86, 87 e 90). V – Em caso de assistência judiciária sindical, revogado o art. 11 da Lei n. 1060/50 (CPC de 2015, art. 1072, inc. III), os honorários advocatícios assistenciais são devidos entre o mínimo de dez e o máximo de vinte por cento sobre o valor da condenação, do proveito econômico obtido ou, não sendo possível mensurá-lo, sobre o valor atualizado da causa (CPC de 2015, art. 85, § 2º). VI – Nas causas em que a Fazenda Pública for parte, aplicar-se-ão os percentuais específicos de honorários advocatícios contemplados no Código de Processo Civil.
(3) OJ-SDI1-310 – LITISCONSORTES. PROCURADORES DISTINTOS. PRAZO EM DOBRO. ART. 191 DO CPC. INAPLICÁVEL AO PROCESSO DO TRABALHO. DJ 11.08.03. A regra contida no art. 191 do CPC é inaplicável ao processo do trabalho, em decorrência da sua incompatibilidade com o princípio da celeridade inerente ao processo trabalhista.

3. A PREVISÃO DA FUNDAMENTAÇÃO SENTENCIAL EXAUSTIVA: DA INADEQUAÇÃO À PREVISÃO CONSTITUCIONAL DE MOTIVAÇÃO DAS DECISÕES JUDICIAIS

O novo código de processo civil, Lei n. 13.105/2015, foi fruto de um trabalho que se estendeu por cinco anos, tendo iniciado no Senado Federal, em setembro de 2009, com a nomeação pelo então Senador José Sarney de uma comissão de juristas para elaborar seu anteprojeto. um anteprojeto do código.

O projeto de lei tramitou e foi aprovado no Senado Federal, tendo sido remetido à Câmara dos Deputados e teve seu texto final aprovado dezembro de 2014, com posterior sanção Presidencial em março de 2015.

O novo código trouxe diversas inovações que vinham sendo discutidas pela doutrina. Dentre essas inovações, mister se destacar o disposto em seu art. 489:

> Art. 489. São elementos essenciais da sentença:
>
> I – o relatório, que conterá os nomes das partes, a identificação do caso, com a suma do pedido e da contestação, e o registro das principais ocorrências havidas no andamento do processo;
>
> II – os fundamentos, em que o juiz analisará as questões de fato e de direito;
>
> III – o dispositivo, em que o juiz resolverá as questões principais que as partes lhe submeterem.
>
> § 1º Não se considera fundamentada qualquer decisão judicial, seja ela interlocutória, sentença ou acórdão, que:
>
> I – se limitar à indicação, à reprodução ou à paráfrase de ato normativo, sem explicar sua relação com a causa ou a questão decidida;
>
> II – empregar conceitos jurídicos indeterminados, sem explicar o motivo concreto de sua incidência no caso;
>
> III – invocar motivos que se prestariam a justificar qualquer outra decisão;
>
> IV – não enfrentar todos os argumentos deduzidos no processo capazes de, em tese, infirmar a conclusão adotada pelo julgador;
>
> V – se limitar a invocar precedente ou enunciado de súmula, sem identificar seus fundamentos determinantes nem demonstrar que o caso sob julgamento se ajusta àqueles fundamentos;
>
> VI – deixar de seguir enunciado de súmula, jurisprudência ou precedente invocado pela parte, sem demonstrar a existência de distinção no caso em julgamento ou a superação do entendimento.
>
> § 2º No caso de colisão entre normas, o juiz deve justificar o objeto e os critérios gerais da ponderação efetuada, enunciando as razões que autorizam a interferência na norma afastada e as premissas fáticas que fundamentam a conclusão.
>
> § 3º A decisão judicial deve ser interpretada a partir da conjugação de todos os seus elementos e em conformidade com o princípio da boa fé.

Tal dispositivo legal repete em seus incisos iniciais a tradicional indicação dos elementos essenciais da sentença. No entanto, em seu § 1º do art. 489, o NCPC inova ao criar os critérios "regulamentadores" do que se considera ou não uma sentença fundamentada. Dentre os incisos, o que chama mais atenção, porque de dificultosa aplicação prática, é o IV, como se verá adiante.

A justificativa da inserção do dispositivo seria a necessidade de estabelecimento de critérios racionais, para que a deliberação judicial não se resuma ao arbítrio, ao subjetivismo e ao decisionismo[4].

No entanto, o ponto de partida para um debate "acerca da racionalidade de qualquer forma de interpretação e aplicação do direito é a percepção de que não é possível buscar uma racionalidade que exclua, por completo, qualquer subjetividade na interpretação e na aplicação do direito", de modo que demandar isso "de qualquer teoria é exigir algo impossível" (SILVA, 2011, p. 146-147).

Importa destacar, neste tópico, a existência de direitos fundamentais processuais, tema bem desenvolvido por Julio Guilherme Muller (2004), que aponta como direitos fundamentais principais aqueles expressos no art. 5º, caput, e seus incisos XXXV, LIII, LIV, LV, LVI e LX, ou seja, os princípios da igualdade, do devido processo legal, contraditório, ampla defesa, publicidade dos atos processuais, inadmissibilidade de provas obtidas por meios ilícitos, inafastabilidade da jurisdição e juiz natural (MULLER, 2004, p. 66). Ao lado dos direitos fundamentais processuais principais, Muller (2004, p. 67) também aponta os direitos fundamentais materiais adstritos, como a exigência de motivação das decisões, consagrada no art. 93, inciso IX, da Constituição Federal.

Desta forma, o art. 489 estaria "regulamentando" o que se entenderia por fundamentação apta a atender ao disposto no art. 93, inciso IX da Constituição. No entanto, a exigência constitucional é que as sentenças sejam fundamentadas de forma suficiente e não exauriente e o Supremo Tribunal Federal, por diversas vezes, já se manifestou sobre a desnecessidade de fundamentação exaustiva:

---

(4) Alexy (2011, p. 164-165) sustenta que o modelo decisionista, por meio do qual o juiz segue, "única e exclusivamente, suas concepções subjetivas", deve ser contraposto e superado pelo modelo fundamentado, o qual "distingue entre o processo psíquico que conduz à definição do enunciado de preferência e sua fundamentação", de modo tal que se deve concluir que "um sopesamento é racional quando o enunciado de preferência, ao qual ele conduz, pode ser fundamentado de forma racional".

Questão de ordem. Agravo de Instrumento. Conversão em recurso extraordinário (CPC, art. 544, §§ 3º e 4º). 2. Alegação de ofensa aos incisos XXXV e LX do art. 5º e ao inciso IX do art. 93 da Constituição Federal. Inocorrência. 3. O art. 93, IX, da Constituição Federal exige que o acórdão ou decisão sejam fundamentados, ainda que sucintamente, sem determinar, contudo, o exame pormenorizado de cada uma das alegações ou provas, nem que sejam corretos os fundamentos da decisão. 4. Questão de ordem acolhida para reconhecer a repercussão geral, reafirmar a jurisprudência do Tribunal, negar provimento ao recurso e autorizar a adoção dos procedimentos relacionados à repercussão geral. (AI-QO-RG 791292, Relator(a): Min. Gilmar Mendes, julgado em 23.06.2010, publicado em 13.08.2010)

Tal posicionamento do Supremo Tribunal Federal vem repetido em inúmeros julgados dos diversos Tribunais do país por um simples motivo: existe impossibilidade fática de adoção do regime de fundamentação exaustiva.

Por tal motivo, o inciso IV do § 1º do art. 489 do NCP ao considerar não fundamentada a sentença que não enfrenta todos os argumentos deduzidos no processo capazes de, em tese, infirmar a conclusão adotada pelo julgador, tem sido visto como de impossível aplicação prática.

Explica-se: A quantidade de processos em tramitação, o número reduzido de juízes, a diversidade de matérias aduzidas e principalmente as manobras procrastinatórias das partes levam ao reconhecimento de que a decisão judicial deve apresentar fundamentação nos termos do inciso IX do art. 93 da Constituição, mas essa fundamentação, para tornar viável o trabalho dos juízes, deve ser sucinta, sendo bastante complexa, em termos de política judiciária, a adoção da fundamentação exaustiva.

4. A (IN)COMPATIBILIDADE DA APLICAÇÃO SUBSIDIÁRIA DA FUNDAMENTAÇÃO SENTENCIAL EXAUSTIVA AO PROCESSO DO TRABALHO

Conforme visto na primeira parte deste artigo, para que se admita a aplicação subsidiária do CPC ao processo do trabalho, há que se ter em mente o preenchimento de dois requisitos: omissão e compatibilidade.

Sobre os requisitos da sentença, a CLT é bastante clara ao dispor, em seu art. 832: "Da decisão deverão constar o nome das partes, o resumo do pedido e da defesa, a apreciação das provas, os fundamentos da decisão e a respectiva conclusão".

Dessa forma, a disposição da CLT, compatível com os princípios que norteiam o processo do trabalho, indica que a fundamentação da sentença trabalhista deve ser suficiente, mas não precisa ser exauriente.

Assim, inaplicável ao processo do trabalho o disposto no § 1º do art. 489 do NCPC. E isso ocorre por diversos motivos relativos às características peculiares do processo do trabalho. A esse respeito, Ney Maranhão e Platon Azevedo Neto (2015) apontam de forma minuciosa as peculiaridades do processo do trabalho, entre elas a extensa cumulação objetiva de pedidos, a cumulação subjetiva bastante comum no dia a dia das reclamações trabalhistas, os acordos parciais em audiência, concentração, oralidade dos atos processuais, audiência una e quebra de formalidades, decorrentes inclusive do jus postulandi pessoal da parte, ainda vigente naquela nesta Justiça Especializada.

Dessa forma, dentre os princípios peculiares do processo do trabalho diretamente ofendidos estão justamente o do *jus postulandi* pessoal das partes, oralidade e celeridade. Com feito, a sentença trabalhista vem prevista na CLT como proferida em mesa de audiência, logo após o encerramento da instrução, as razões finais das partes, igualmente orais e a última proposta de conciliação. Aliás, a própria petição inicial da reclamação trabalhista pode ser oral ou escrita, sendo tomada a termo quando oral, pela Secretaria da Vara ou setor responsável, por atermação. De onde se extrai a restrição a aplicação da inépcia da petição inicial, tanto em razão do *jus postulandi* pessoal da parte quanto em conseqüência da própria oralidade e informalidade do processo do trabalho.

Dessa forma, a fundamentação trabalhista deve ser suficiente, mas não é aplicável o disposto no já citado inciso IV do § 1º do art. 489 do NCPC. Vale dizer, a fundamentação trabalhista deve obedecer ao disposto no art. 93, inciso IX, da Constituição Federal, sob pena de nulidade, não se subordinando às especificidades do inciso IV do § 1º do art. 489 do NCPC.

Tal, entretanto, não é o entendimento adotado pela Instrução Normativa n. 39 do TST: Art. 3º Sem prejuízo de outros, aplicam-se ao Processo do Trabalho, em face de omissão e compatibilidade, os preceitos do Código de Processo Civil que regulam os seguintes temas: IX – art. 489 (fundamentação da sentença). Veja-se, no entanto, que a Instrução é lacônica, não trazendo detalhes específicos sobre a exaustividade da fundamentação, o que faz crer que a matéria precisa ser amadurecida.

Na linha da tese ora defendida, vários Tribunais Regionais do Trabalho, por meio de suas escolas judiciais, adotaram o entendimento da inaplicabilidade da fundamentação exaustiva.

Assim, o Tribunal Regional do Trabalho da 18ª Região, em pioneiro encontro científico promovido pela sua Escola Judicial para discussão, denominado "I Jornada sobre o Código de Processo Civil de 2015", editou vários enunciados sobre o consenso chegado naquele colóquio relativo a alguns pontos do novo CPC.

Entre os enunciados inseridos como resultado do encontro, valem ser destacados, porque pertinentes ao tema ora sob análise, os Enunciados 12 e 13.

O primeiro analisa o § 1º do art. 489 do NCPC em si, sem questionar sobre sua aplicabilidade ao processo do trabalho:

> Disciplina da fundamentação. CPC art. 489, § 1º e CF, art. 93, IX. Dever Constitucional. Fundamentação suficiente: Clara, precisa e específica.
>
> A premissa maior do Código de Processo Civil repousa em observar a Constituição, de modo que uma lei infraconstitucional não tem o poder de alterar o significado das normas constitucionais, por uma questão de hierarquia. O dever de fundamentar é constitucional (art. 93, IX) e o STF já decidiu que não há necessidade de rebater, de forma pormenorizada, todas as alegações e provas. A fundamentação, que pode ser concisa, será suficiente quando for clara – acerca da análise do direito, específica – quanto ao caso proposto, e precisa – quando indicar com exatidão a adequação dos fatos ao direito.

O texto do Enunciado nada mais faz do que repetir remansosa e pacífica jurisprudência do Supremo Tribunal Federal, que entende que a Constituição Federal, em seu art. 93, inciso IX, determina a fundamentação das decisões, podendo essa ser sucinta, conforme já se deixou claro na segunda parte deste artigo.

O Enunciado n. 13, por seu turno, cuida da aplicabilidade do dispositivo ao processo do trabalho:

> Ejud 18 – Enunciado 18 – Ainda que se repute por inconstitucional, revela-se manifestamente inaplicável ao processo do trabalho o dispositivo do novo CPC que exige fundamentação sentencial exauriente, com o enfrentamento de toso os argumentos deduzidos no processo pelas partes.
>
> O inciso IV, do § 1º, do art. 489, do Novo CPC, ao exigir fundamentação sentencial exauriente, é inaplicável ao processo trabalhista, seja pela inexistência de omissão normativa, diante do caput do art. 832, da CLT, seja pela flagrante incompatibilidade com os princípios da simplicidade e da celeridade, norteadores do processo laboral, sendo-lhe bastante, portanto, a clássica fundamentação sentencial suficiente.

Várias outras Escolas Judiciais de diversos Tribunais Regionais do Trabalho seguiram a mesma trilha, durante o final de 2015 e início de 2016, conforme se vê nos Enunciados seguintes da EJUD 10:

> EJUD 10-Enunciado 14 – Necessidade de fundamentação das decisões.
>
> Aplica-se ao processo do trabalho o disposto nos incisos II e III do § 1º do art. 489, do NCPC (desfundamentação da decisão mediante o uso inexplicado de conceitos jurídicos indeterminados e de motivação absolutamente genérica) por representarem hipóteses de ausência total de fundamentação.
>
> EJUD 10-Enunciado 15 – Requisitos extravagantes de fundamentação. Ofensa ao princípio da proporcionalidade. Incompatibilidade com a simplicidade do Processo do Trabalho.
>
> Fica ao processo do trabalho o disposto nos incisos I, IV, V e VI do § 1º do art. 489 do NCPC, por afronta ao princípio da proporcionalidade (exigência desnecessária e inadequada), pela incompatibilidade com a simplicidade do processo do trabalho (CLT, art. 769) e, no caso do inciso VI, ainda por afrontar o princípio da independência do juiz.

Também a EJUD 20 adotou enunciado nos seguintes termos:

> Enunciado n. 5. Art. 489, § 1º, IV do NCPC. Inaplicabilidade no Processo do Trabalho. Contrariedade aos princípios da simplicidade e celeridade processual. Fundamentação detalhada
>
> Tendo em vista que a Constituição Federal de 1988 (art. 93 IX) não exige fundamentação que rebata todos os argumentos deduzidos no processo, o disposto no inciso IV do § 1º, art. 489 do NCPC não se aplica ao processo do trabalho, por atentar contra o princípio da simplicidade o princípio constitucional da celeridade processual e por existir regra própria da CLT (art. 832). Portanto, não é nula a decisão que esteja fundamentada de maneira suficiente e fornecida a prestação jurisdicional nos limites da lide proposta.

Com efeito, o Processo do Trabalho é instrumento para a efetivação do direito do trabalho, que nada mais é do que a resposta do Estado ao embate de forças entre capital e trabalho. Nessa sistemática, historicamente, foi adotada a perspectiva de que os dissídios trabalhistas deveriam ser simplificados e céleres, tendo em vista a natureza alimentar dos créditos envolvidos.

Para que o processo do trabalho continue cumprindo sua missão, é mister que seja mantido o seu assim chamado "núcleo duro", ou seja, o conteúdo mínimo que permite sua identificação e autonomia perante o processo civil e que o consagra como instrumento efetivador dos direitos fundamentais sociais previstos na Constituição.

Por tais motivos, entende-se por incompatível com o processo do trabalho a fundamentação exauriente prevista no inciso IV § 1º do art. 489 do CPC

5. CONSIDERAÇÕES FINAIS

Após todos os pontos abordados no presente artigo, verifica-se que o inciso IV do § 1º do art. 489 do NCPC prevê uma nova modalidade de fundamentação, dita exaustiva, sob pena de nulidade da sentença. Tal disciplina legislativa, no entanto, entra em rota de colisão com os princípios peculiares do processo do trabalho, o que faz com que sua aplicação seja incompatível com o processo do trabalho.

6. REFERÊNCIAS BIBLIOGRÁFICAS

ALEXY, Robert. *Teoria dos direitos fundamentais*. Tradução de Virgílio Afonso da Silva. 2. ed. São Paulo: Malheiros, 2011.

DIDIER JR, Fredie. *Curso de Direito Processual Civl*. 17. ed. Salvador: Juspodim, 2015.

LEITE, Carlos Henrique Bezerra. *Curso de Direito Processual do Trabalho*. 6.ed. São Paulo: LTr, 2008.

MARANHÃO, Ney. AZEVEDO NETO, Platon Teixeira. *Novo CPC e Fundamentação sentencial exaustiva: Breves Pinceladas Criticas*. Revista LTr, vol. 79, n. 05, maio 2015.

MULLER, Julio Guilherme. *Direitos fundamentais processuais*. Dissertação de Mestrado apresentada à Universidade Federal do Paraná. Curitiba: 2004.

PESSOA, Flávia Moreira Pessoa (Org.). *Constituição e Processo*. Aracaju: Evocati, 2014.

RELATÓRIO FINAL. *Primeira Jornada sobre o Novo Código de Processo Civil promovida pela Escola Judicial do Tribunal Regional do Trabalho da 18ª Região*. Disponível em: <http://www.trt18.jus.br/portal/arquivos/2015/07/relatorio-final.pdf>. Acesso em: 16 jul. 2015.

SILVA, Virgílio Afonso da. *A Constitucionalização do Direito*: os direitos fundamentais nas relações entre particulares. São Paulo: Malheiros, 2011.

TRT 10. Enunciados da Escola Judicial da 10ª Região sobre a aplicabilidade do Novo CPC. Disponível em: <www.trt10.jus.br>. Acesso em: 01 mar. 2016.

TRT 20. Enunciados da Escola Judicial da 20ª Região sobre a aplicabilidade do Novo CPC. Disponível em: <www.trt20.jus.br>. Acesso em: 01 mar. 2016.

Incidente de assunção de competência e o processo do trabalho

Leonardo Carneiro da Cunha (*)
Fredie Didier Jr. (**)

1. NOTA INTRODUTÓRIA

Uma das principais novidades do CPC-2015 foi o incrível aperfeiçoamento feito no incidente de assunção de competência, antes timidamente previsto no § 1º do art. 555 do CPC-1973.

Esse incidente é plenamente aplicável ao processo do trabalho, tanto no âmbito dos tribunais regionais do trabalho, quanto no âmbito do Tribunal Superior do Trabalho[1].

Pode-se afirmar, inclusive, que o antigo *incidente de uniformização de jurisprudência* (arts. 476 e segs. do CPC-1973) desdobrou-se, no CPC-2015, no incidente de resolução de demandas repetitivas e no incidente de assunção de competência.

A observação é importante, pois o § 3º do art. 896 da CLT, com a redação dada pela Lei n. 13.015/2014, determina a aplicação do incidente de uniformização de jurisprudência, tal como regulado pelo CPC-1973, ao processo do trabalho. Sucede que esse incidente deixou de existir, em razão da superveniência do CPC-2015. Em seu lugar, vieram os dois novos incidentes referidos acima.

Esse ensaio cuida de um desses novos incidentes: o incidente de assunção de competência. O objetivo é demonstrar o seu perfil dogmático e a sua importância.

2. BREVE HISTÓRICO LEGISLATIVO

Não é de hoje a iniciativa legislativa de municiar os tribunais de instrumentos destinados a prevenir e a eliminar a divergência jurisprudencial. Com mais ou menos intensidade, há muito tempo a legislação vem oferecendo expedientes destinados a tal finalidade.

No processo civil brasileiro, houve, ao longo da história, diplomas legais que conferiram instrumentos destinados a *prevenir* a divergência jurisprudencial.

O Decreto n. 16.273, de 20 de dezembro de 1923, que organizou a Justiça do Distrito Federal, previu o instituto do *prejulgado*, dispondo, em seu art. 103, que, quando se antevisse pela votação que a câmara julgadora iria proferir resultado diverso do entendimento já manifestado por outra, fosse convocada uma reunião das duas câmaras para uniformizar o entendimento. A Lei n. 319, de 25 de novembro de 1936, previu, em seu art. 2º, o pronunciamento prévio da Corte Plena sobre a matéria a respeito da qual pudesse ocorrer divergência entre câmaras ou turmas. O art. 861 do Código de Processo Civil de 1939 determinava: *"A requerimento de qualquer de seus juízes, a Câmara, ou turma julgadora, poderá promover o pronunciamento prévio das Câmaras reunidas sobre a interpretação de qualquer norma jurídica, se reconhecer que sobre ela ocorre, ou poderá ocorrer, divergência de interpretação entre Câmaras ou turmas".*

Mas também foram pensados instrumentos de *correção* da desarmonia jurisprudencial.

O referido Decreto n. 16.273, de 1923, em seu art. 108, III, *c*, previa o cabimento de recurso de revista contra decisão que divergisse de entendimento manifestado por outra câmara julgadora. A citada Lei n. 319, de 1936, estabelecia, em seu art. 1º, que das decisões finais das cortes ou de qualquer de suas câmaras ou turmas cabia

---

(*) Pós-doutorado pela Universidade de Lisboa. Doutor em Direito pela PUC-SP. Mestre em Direito pela UFPE. Membro do Instituto Iberoamericano de Direito Processual, do Instituto Brasileiro de Direito Processual e da Associação Norte e Nordeste de Professores de Processo. Professor Adjunto da Faculdade de Direito do Recife (UFPE), nos cursos de Graduação, Mestrado e Doutorado. Advogado.

(**) Pós-doutorado pela Universidade de Lisboa. Doutor em Direito pela PUC-SP. Mestre em Direito pela UFBA. Livre-docente pela USP. Membro da Associação Internacional de Direito Processual, do Instituto Iberoamericano de Direito Processual, do Instituto Brasileiro de Direito Processual e da Associação Norte e Nordeste de Professores de Processo. Professor associado da Universidade Federal da Bahia, nos cursos de Graduação, Mestrado e Doutorado. Advogado.

(1) A propósito, o Fórum Permanente de Processualistas Civis deliberou a respeito do assunto. Enunciado n. 335: "O incidente de assunção de competência aplica-se ao processo do trabalho"; Enunciado n. 167: "Os tribunais regionais do trabalho estão vinculados aos enunciados de suas próprias súmulas e aos seus precedentes em incidente de assunção de competência ou de resolução de demandas repetitivas". Enunciado n. 171: "Os juízes e tribunais regionais do trabalho estão vinculados aos precedentes do TST em incidente de assunção de competência em matéria infraconstitucional relativa ao direito e ao processo do trabalho, bem como às suas súmulas".

revista para a Corte Plena quando contrariasse ou divergisse de outra decisão, também final, da mesma corte ou de algumas de suas câmaras ou turmas. E, finalmente, o Código de Processo Civil de 1939 regulava, em seus arts. 853 a 860, o recurso de revista cabível *"nos casos em que divergirem, em suas decisões finais, duas ou mais câmaras, turmas ou grupos de câmaras, entre si, quanto ao modo de interpretar o direito em tese. Nos mesmos casos, será o recurso extensivo à decisão final de qualquer das câmaras, turmas ou grupo de câmaras, que contrariar outro julgado, também final, das câmaras cíveis reunidas"*.

O Código de Processo Civil de 1973 previu, em seus arts. 476 a 479, a *uniformização de jurisprudência*, que consistia num incidente, instaurado no curso de um recurso, remessa necessária ou ação de competência originária em qualquer tribunal. O incidente de uniformização de jurisprudência pressupunha causa pendente em tribunal, a ser julgada por "turma, câmara ou grupo de câmaras", aí se acrescentando, em razão da organização de alguns tribunais, as seções. Descabia, portanto, o incidente se o órgão julgador fosse o plenário ou o órgão especial[2]. Não era um recurso; era um incidente, somente podendo ser instaurado antes de encerrado o julgamento. Não é por outro motivo, aliás, que o art. 476 do CPC-1973 enunciava que competia a qualquer juiz solicitar o "pronunciamento prévio" do tribunal quando ocorresse a hipótese ali prevista. Não cabia o incidente de uniformização de jurisprudência se a decisão *já* tivesse sido *proferida*. Cabia o incidente se houvesse divergência, de modo que o incidente somente podia ser repressivo.

O procedimento do incidente de uniformização de jurisprudência era burocrático e moroso. A câmara ou turma deveria suscitá-lo, lavrando um acórdão. Suscitado o incidente, o caso era encaminhado ao plenário ou órgão especial, que iria definir o entendimento a ser adotado, lavrando-se um segundo acórdão. Definido o entendimento, o julgamento era retomado pela turma ou câmara originária que iria, então, seguindo o entendimento estabelecido pelo plenário ou corte especial, julgar o caso concreto.

Com o advento da Lei n. 10.352, de 26 de dezembro de 2001, o art. 555 do CPC de 1973 passou a ter um § 1º com o seguinte teor: *"Ocorrendo relevante questão de direito, que faça conveniente prevenir ou compor divergência entre câmaras ou turmas do tribunal, poderá o relator propor seja o recurso julgado pelo órgão colegiado que o regimento indicar, reconhecendo o interesse público na assunção de competência, esse órgão colegiado julgará o recurso"*.

O dispositivo estendeu à apelação e ao agravo, nos tribunais de Justiça e Tribunais Regionais Federais, regra existente no Regimento Interno do STF (art. 22, par. ún, b)[3] e no Regimento Interno do Superior Tribunal de Justiça (art. 14, II)[4].

O § 1º do art. 555 do CPC de 1973 passou a prever, a bem da verdade, mais um incidente de uniformização de jurisprudência. A regra ampliou as hipóteses de uniformização de jurisprudência no âmbito interno dos tribunais, evitando a adoção do procedimento previsto nos arts. 476 a 479 do CPC de 1973, que era meramente repressivo e implicava uma bipartição da competência funcional para julgamento da causa.

A previsão contida no § 1º do art. 555 do CPC de 1973 remetia para órgão de maior composição, dentro do mesmo tribunal, o julgamento de recurso atribuído, originalmente, a turma ou câmara, a fim de uniformizar a jurisprudência. Afetar o julgamento a outro órgão, com fulcro no referido dispositivo, diferia da adoção do procedimento de uniformização de jurisprudência calcado nos arts. 476 a 479 daquele Código. Este último fazia com que o plenário ou órgão especial definisse o entendimento do tribunal, devendo o julgamento ser retomado pela turma ou câmara para desenleio do mérito da questão, enquanto a previsão contida no § 1º do art. 555 permitia o julgamento por outro órgão, retirando da turma ou câmara a atribuição de conferir desfecho ao caso.

O incidente de assunção de competência, previsto no art. 947 do CPC, é uma reformulação do incidente previsto no § 1º do art. 555 do CPC-1973. Além de ser aplicável quando ocorrer relevante questão de direito a respeito da qual seja conveniente a prevenção ou a composição de divergência entre câmaras ou turmas do tribunal (CPC, art. 947, § 4º), é admissível quando o julgamento do recurso, da remessa necessária ou de processo de competência originária envolver relevante questão de direito, com grande repercussão social, sem repetição em múltiplos processos.

---

(2) MOREIRA, José Carlos Barbosa. *Comentários ao Código de Processo Civil*. 15. ed. Rio de Janeiro: Forense, 2009, v. 5, n. 7, p. 9.

(3) Art. 22 do Regimento Interno do Supremo Tribunal Federal: "O Relator submeterá o feito ao julgamento do Plenário, quando houver relevante arguição de inconstitucionalidade ainda não decidida. Parágrafo único. Poderá o Relator proceder na forma deste artigo: a) quando houver matérias em que divirjam as Turmas entre si ou alguma delas em relação ao Plenário. b) quando em razão da relevância da questão jurídica ou da necessidade de prevenir divergência entre as Turmas, convier pronunciamento do Plenário".

(4) Art. 14 do Regimento Interno do Superior Tribunal de Justiça: "Art. 14. As Turmas remeterão os feitos de sua competência à Seção de que são integrantes: I – quando algum dos Ministros propuser revisão da jurisprudência assentada em Súmula pela Seção; II – quando convier pronunciamento da Seção, em razão da relevância da questão, e para prevenir divergência entre as Turmas da mesma Seção; III – nos incidentes de uniformização de jurisprudência (art. 118). Parágrafo único. A remessa do feito à Seção far-se-á independentemente de acórdão, salvo no caso do item III (art. 118, § 1º)".

3. INSTRUMENTO DESTINADO A CONCRETIZAR A TUTELA DA SEGURANÇA JURÍDICA

O art. 926 do CPC estabelece que devem os tribunais uniformizar sua jurisprudência e mantê-la estável, íntegra e coerente. Em virtude de vários dispositivos contidos no CPC, a atividade jurisdicional deve orientar-se pela necessidade de adoção de mecanismos de uniformização de jurisprudência, com vistas ao atendimento das exigências de isonomia e de segurança jurídica.

Não se tolera mais a possibilidade de os órgãos jurisdicionais, diante de situações concretas similares, conferirem resultados díspares. A divergência jurisprudencial atenta contra o princípio da isonomia. É preciso que casos iguais tenham idêntica solução jurídica. Nesse sentido, firmado entendimento jurisprudencial sobre determinado tema, os casos que envolvam tal assunto devem seguir esse mesmo entendimento.

A obediência aos precedentes e a uniformização da jurisprudência prestam-se a concretizar, ainda, a segurança jurídica, garantindo previsibilidade e evitando a existência de decisões divergentes para situações semelhantes, sendo certo que decisões divergentes não atingem a finalidade de aplacar os conflitos de que se originaram as demandas. Casos iguais devem ter, necessariamente, decisões iguais, sob pena de se instaurar um estado de incerteza.

O respeito aos precedentes assegura a segurança jurídica, conferindo credibilidade ao Poder Judiciário e permitindo que os jurisdicionados pautem suas condutas levando em conta as orientações jurisprudenciais já firmadas. Em outras palavras, o respeito aos precedentes estratifica a *confiança legítima*: os jurisdicionados passam a confiar nas decisões proferidas pelo Judiciário, acreditando que os casos similares terão o mesmo tratamento e as soluções serão idênticas para situações iguais.

Se é certo que os tribunais devem tutelar a segurança jurídica, uniformizando sua jurisprudência, o art. 947 do CPC, ao prever o incidente de assunção de competência, põe à sua disposição mecanismo destinado a prevenir e a corrigir divergência jurisprudencial, contribuindo para que os tribunais cumpram o dever de uniformização jurisprudencial.

4. COMPETÊNCIA E CABIMENTO

O incidente de assunção de competência pode ser instaurado em *qualquer tribunal*, inclusive nos *tribunais superiores*. Enquanto não julgada a causa ou o recurso, é possível haver a instauração do incidente de assunção de competência, cujo julgamento produz um precedente obrigatório a ser seguido pelo tribunal e pelos juízes a ele vinculados.

O incidente de assunção de competência é admissível em *qualquer causa* que tramite no tribunal. Não é sem razão, aliás, que o art. 947 do CPC estabelece ser ele admissível *"quando o julgamento de recurso, da remessa necessária ou de processo de competência originária"* envolver relevante *questão de direito*, com grande repercussão social, sem repetição em múltiplos processos.

5. OBJETIVOS

Já se pode perceber que o grande objetivo do incidente de assunção de competência é assegurar a segurança jurídica. Para isso, há três fins específicos que reforçam esse seu grande objetivo.

Em primeiro lugar, o incidente de assunção de competência tem por finalidade *provocar o julgamento de caso relevante por órgão colegiado de maior composição*. Há um deslocamento de competência no âmbito interno do tribunal. O caso, que deveria ser julgado por uma câmara ou turma, é afetado a outro órgão de maior composição, a ser indicado pelo regimento do tribunal, que passa a assumir a competência para julgar o caso. É exatamente isso que consta do § 2º do art. 947 do CPC: *"O órgão colegiado julgará o recurso, a remessa necessária ou o processo de competência originária se reconhecer interesse público na assunção de competência"*. Ao julgá-lo, o órgão define o entendimento da corte.

Também constitui finalidade específica do incidente de assunção de competência *prevenir ou compor divergência interna no tribunal*. É por isso que o § 4º do art. 947 do CPC assim dispõe: *"Aplica-se o disposto neste artigo quando ocorrer relevante questão de direito a respeito da qual seja conveniente a prevenção ou a composição de divergência entre câmaras ou turmas do tribunal"*. Se já há uma divergência interna na jurisprudência do tribunal, deve ser instaurado o incidente de assunção de competência. Nesse ponto, tal incidente funciona como instrumento a ser utilizado pelo tribunal para o cumprimento do dever de uniformizar sua jurisprudência, dever esse que lhe é imposto pelo art. 926 do CPC. De igual modo, e com a mesma finalidade de cumprir com o dever de uniformizar seu entendimento, o tribunal deve instaurar o incidente de assunção de competência quando se revelar possível o dissenso entre suas câmaras ou turmas. Assim, e com a finalidade de prevenir a divergência, o tribunal deve instaurar o incidente de assunção de competência.

Ainda constitui objetivo do incidente de assunção de competência a *formação de precedente obrigatório*, que vincula o próprio tribunal, seus órgãos e os juízes a ele subordinados. Afetado o caso a órgão de maior composição indicado pelo regimento interno, a decisão por ele tomada *"vinculará todos os juízes e órgãos fracionários, exceto se houver revisão da tese"* (CPC, art. 947, § 3º).

6. MICROSSISTEMA DE FORMAÇÃO CONCENTRADA DE PRECEDENTES OBRIGATÓRIOS

Os tribunais têm o dever de uniformizar sua jurisprudência e mantê-la estável, íntegra e coerente (CPC, art. 926). Por essas razões, juízes e tribunais devem observar *"os acórdãos em incidente de assunção de competência ou de resolução de demandas repetitivas e em julgamento de recursos extraordinário e especial repetitivos"* (CPC, art. 927, III).

Já se viu, no item anterior, que o incidente de assunção de competência tem na formação de precedente obrigatório um de seus objetivos. Esse também é um dos objetivos do incidente de resolução de demandas repetitivas e do julgamento dos recursos repetitivos. Formado o precedente obrigatório, tanto no incidente de assunção de competência como no julgamento de casos repetitivos, os juízos e tribunais devem observá-lo, proferindo julgamento de improcedência liminar (CPC, art. 332, II e III), dispensando a remessa necessária (CPC, art. 496, § 4º, II e III) e conferindo-se ao relator o poder de decidir monocraticamente (CPC, art. 932, IV, *b* e *c*, V, *b* e *c*; art. 955, parágrafo único, II). Cabe reclamação para garantir a observância de precedente proferido em julgamento de casos repetitivos ou em incidente de assunção de competência (CPC, art. 988, IV), sendo considerada omissa a decisão que deixar de se manifestar sobre tese firmada em julgamento de casos repetitivos ou em incidente de assunção de competência (CPC, art. 1.022, parágrafo único, I).

Há uma unidade e coerência sistêmicas entre o incidente de assunção de competência e o julgamento de casos repetitivos, cumprindo lembrar que o termo "julgamento de casos repetitivos" abrange a decisão proferida em incidente de resolução de demandas repetitivas e em recursos repetitivos (CPC, art. 928).

Em outras palavras, existe um *microssistema de formação concentrada de precedentes obrigatórios,* formado pelo incidente de assunção de competência e pelo julgamento de casos repetitivos. Suas respectivas normas intercomunicam-se e formam um microssistema, garantindo, assim, unidade e coerência. Para que se formem precedentes obrigatórios, devem ser aplicadas as normas que compõem esse microssistema, tal como se passa a demonstrar nos subitens a seguir destacados.

> O incidente de assunção de competência *não* pertence ao microssistema de gestão e julgamento de casos repetitivos (CPC, art. 928). A informação é relevante. O julgamento de casos repetitivos é gênero de incidentes que possuem natureza híbrida: servem para gerir e julgar casos repetitivos e, também, para formar precedentes obrigatórios. Por isso, esses incidentes pertencem a *dois* microssistemas: o de gestão e julgamento de casos repetitivos e o de formação concentrada de precedentes obrigatórios; o incidente de assunção de competência pertence apenas ao último desses microssistemas. Por isso, apenas as normas que dizem respeito à função de formação e aplicação de precedentes obrigatórios devem aplicar-se ao incidente de assunção de competência; as normas relativas à gestão e julgamento de casos repetitivos (como a paralisação de processos a espera da decisão paradigma) não se lhe aplicam.

6.1. Aplicação do núcleo desse microssistema

O microssistema de formação concentrada de precedentes obrigatórios contém normas que determinam a ampliação da cognição, com qualificação do debate para a formação do precedente, com a exigência de fundamentação reforçada e de ampla publicidade. Essas normas compõem o núcleo desse microssistema.

Além das normas relativas à *formação* do precedente, o referido microssistema compõe-se também das normas concernentes à *aplicação* do precedente.

Todas essas normas aplicam-se aos instrumentos que integram esse microssistema, incidindo no incidente de assunção de competência.

6.2. Aplicação das normas relativas à formação do precedente

Para formação do precedente obrigatório, aplicam-se as normas que exigem a ampliação da *cognição* e da *publicidade*, com qualificação do debate e dever de fundamentação reforçada. Tais normas passam a ser examinadas a seguir.

6.2.1. Participação de amici curiae

Os instrumentos destinados à formação de precedente devem contar com ampla participação de interessados, inclusive pessoas, órgãos e entidades com interesse na controvérsia. Todos devem participar, com a finalidade de ampliar a qualidade do debate, permitindo que a questão de direito seja mais bem compreendida, com a apresentação de diversos pontos de vista e variegados argumentos a serem objeto de reflexão pelos julgadores.

É por isso que o art. 983 do CPC – inserido no capítulo relativo ao incidente de resolução de demandas repetitivas – determina que o relator ouvirá as partes e os demais interessados, os chamados *amici curiae*. Cada *amicus curiae* deve contribuir com sua experiência, seus estudos, documentos, materiais, dados, informações, enfim, com material que amplie a qualidade do debate e permita um melhor aprofundamento do assunto pelo tribunal.

Essa mesma previsão é repetida no art. 1.038, I, do CPC, segundo o qual o relator do recurso selecionado para julgamento, no âmbito dos recursos repetitivos, poderá solicitar ou admitir manifestação de pessoas, órgãos ou entidades com interesse na controvérsia, considerando a relevância da matéria e consoante dispuser o regimento interno.

A exemplo do que ocorre no julgamento de casos repetitivos, o relator, no incidente de assunção de competência, deve solicitar ou admitir a manifestação de *amici curiae*[5]. É preciso aplicar a regra do microssistema (de formação concentrada de precedentes obrigatórios) ao incidente de assunção de competência.

6.2.2. Audiências públicas

Além da participação de *amici curiae*, o relator poderá designar audiências públicas para colher depoimentos de pessoas com experiência e conhecimento na matéria a ser discutida no incidente de assunção de competência. Como já afirmado, o incidente de assunção de competência tem, como um de seus objetivos, a formação de um precedente. Para a formação de precedente, é preciso ampliar a cognição e ter um debate de qualidade.

A designação de audiências públicas está prevista nos arts. 983, § 1º, e 1.038, II. Tais dispositivos referem-se, respectivamente, ao processamento do incidente de resolução de demandas repetitivas e dos recursos repetitivos. Embora não mencionem expressamente o incidente de assunção de competência, devem a este ser aplicados, por formarem todos eles o microssistema de formação concentrada de precedentes obrigatórios.

6.2.3. Reforço do dever de motivar

Os instrumentos que se destinam à formação de precedentes – integrantes que são de seu específico microssistema – são estruturados, como visto, para viabilizar ampla cognição, com um debate qualificado. A ampliação da cognição e do debate desagua numa decisão com motivação reforçada, a servir de paradigma, de orientação, de precedente, enfim, de regra a ser seguida nos casos sucessivos.

É por isso que os arts. 984, § 2º, e 1.038, § 3º, ambos do CPC, estabelecem que o conteúdo do acórdão deve abranger a análise de todos os fundamentos da tese jurídica discutida, sejam favoráveis ou contrários (art. 489, § 1º, IV). É preciso que haja fundamentação reforçada, com a criação de um precedente de qualidade.

> O tribunal, ao julgar o incidente de formação concentrada de precedentes obrigatórios, deve apresentar, no acórdão, de forma separada e destacada, uma espécie de índice ou sumário com todos os argumentos enfrentados pelo tribunal, separados de acordo com a relação que tenham com a tese discutida: favoráveis e contrários a ela. Assim, o acórdão de incidentes desse tipo deve ser escrito de um modo a que se destaquem as suas três partes fundamentais: a) a lista dos argumentos examinados; b) a tese firmada; c) o julgamento do caso.

Os referidos dispositivos não mencionam o incidente de assunção de competência, não havendo, no capítulo a ele destinado, texto normativo que reproduza a exigência de motivação reforçada. Sem embargo disso, tal imposição aplica-se igualmente ao incidente de assunção de competência, pois se trata de norma inserida no âmbito do microssistema de formação concentrada de precedentes obrigatórios, do qual ele faz parte.

6.2.4. Intervenção do Ministério Público

Não custa repetir que a construção do precedente deve pautar-se na ampliação do debate e na motivação qualificada. Para qualificar o debate na formação do precedente, é obrigatória a intervenção do Ministério Público (CPC, arts. 976, § 2º, e 1.038, III).

Embora o incidente de assunção de competência também seja um procedimento de formação concentrada de precedente obrigatório, o legislador silenciou sobre a necessidade de participação do Ministério Público. Esse silêncio deve ser suprido por uma interpretação *microssistemática*: a participação do Ministério Público é obrigatória no incidente de assunção de competência, pois essa é a (correta) opção do microssistema de formação concentrada de precedentes obrigatórios brasileiro.

O Ministério Público tradicionalmente é o terceiro *ouvido*, obrigatoriamente, quando se pretende ampliar e qualificar a discussão. A função de *fiscal da ordem jurídica* é, basicamente, para isso. Não faria sentido excluir essa participação no incidente de assunção de competência, quando ela é exigida em outros procedimentos aptos à produção de precedentes igualmente obrigatórios.

Além disso, no incidente de assunção de competência, há, sempre, como pressuposto, a discussão de relevante questão de direito, *com grande repercussão social* (CPC, art. 947). A existência de interesse social é causa de intervenção do Ministério Público (CPC, art. 178, I). Ou seja: é ínsita ao incidente de assunção de competência a relevância social que justifica a participação obrigatória do Ministério Público.

Por uma ou por outra razão, é obrigatória a intimação do Ministério Público no incidente de assunção de competência.

---

(5) Nesse sentido, Enunciado n. 201 do Fórum Permanente de Processualistas Civis: "Aplicam-se ao incidente de assunção de competência as regras previstas nos arts. 983 e 984".

6.2.5. Publicidade

Os instrumentos processuais destinados à formação concentrada de precedentes obrigatórios devem, como visto, ser conduzidos de modo a viabilizar a mais ampla discussão, com decisão que contenha motivação reforçada.

Para que se viabilize essa ampla discussão, é preciso que se confira ampla publicidade à instauração e ao julgamento do mecanismo destinado à formação do precedente. Isso ocorre no incidente de resolução de demandas repetitivas (CPC, art. 979, §§ 1º, 2º e 3º), cujas regras devem aplicar-se igualmente aos recursos repetitivos e ao incidente de assunção de competência.

Quer isso dizer que a instauração e o julgamento do incidente de assunção de competência devem ser sucedidos da mais ampla divulgação e publicidade.

6.2.6. Regras sobre superação

O incidente de assunção de competência, da mesma forma que o incidente de resolução de demandas repetitivas e os recursos repetitivos, destinam-se a formar precedente obrigatório.

Firmado o precedente, este deve ser seguido pelos juízos sucessivos que estejam vinculados ao respectivo tribunal. Se, posteriormente, houver necessidade de alterar o entendimento firmado no precedente ou de superar o precedente, aquele mesmo tribunal poderá, adotando o mesmo procedimento, rever a tese jurídica firmada no incidente. A revisão do entendimento adotado pelo tribunal pode fazer-se do mesmo modo, ou seja, pelo incidente de assunção de competência, de ofício ou a requerimento da parte, do Ministério Público ou da Defensoria Pública. Aplica-se, no particular, o texto do art. 986 do CPC, com as devidas adaptações.

A alteração da tese jurídica adotada no incidente de assunção de competência, que deve observar a necessidade de fundamentação adequada e específica, considerando os princípios da segurança jurídica, da proteção da confiança e da isonomia, poderá ser precedida de audiências públicas e da participação de pessoas, órgãos ou entidades que ofereçam condições de contribuir para a rediscussão da tese, podendo haver modulação dos efeitos da alteração no interesse social e no da segurança jurídica.

Enfim, ao incidente de assunção de competência aplicam-se os §§ 2º, 3º e 4º do art. 927 do CPC.

6.3. Incidência das normas relativas à aplicação do precedente

Julgado o caso pelo incidente de assunção de competência, além de ser decidido o recurso, a remessa necessária ou o processo originário, será fixado o precedente. Estabelecido o entendimento do tribunal, o precedente firmado haverá ser aplicado, rendendo ensejo às consequências dessa sua aplicação e atraindo a adoção de algumas regras, a seguir destacadas.

Se algum juízo vinculado ao tribunal não observar a tese adotada pela decisão proferida no incidente, caberá reclamação para garantir sua observância (CPC, art. 988, IV).

Após firmada a tese jurídica pelo tribunal no julgamento do incidente, se for proposta alguma demanda cujo fundamento a contrarie, o juiz julgará liminarmente improcedente o pedido independentemente da citação do réu, desde que não haja necessidade de produção de provas a respeito dos fatos alegados pelo autor (CPC, art. 332, III).

A tutela provisória satisfativa, no Código de Processo Civil, pode ser antecedente ou incidental e ter por fundamento a urgência ou a evidência. A tutela de evidência será concedida, independentemente da demonstração de perigo da demora da prestação da tutela jurisdicional, quando, entre outras hipóteses, as alegações de fato puderem ser comprovadas apenas documentalmente e houver tese firmada em julgamento de casos repetitivos ou em súmula vinculante (prestigia-se aqui a importância e a força dos precedentes judiciais). Em tal hipótese (CPC, art. 311, II), a tutela antecipada pode ser concedida liminarmente, ou seja, *inaudita altera parte* (CPC, art. 311, parágrafo único).

Embora o dispositivo não se refira a precedente firmado em incidente de assunção de competência, não há razão para interpretá-lo restritivamente e permitir a tutela de evidência apenas para precedentes firmados em julgamento de casos repetitivos. Não custa reafirmar o que já se disse: há um microssistema de formação concentrada de precedentes obrigatórios, de maneira que é cabível a tutela de evidência quando a pretensão do autor estiver respaldada em precedente firmado no julgamento de incidente de assunção de competência. O juiz pode conceder a tutela de evidência, que poderá, inclusive, ser deferida liminarmente.

Concedida a tutela de evidência e vindo ela a ser confirmada na sentença, ou quando sua concessão se der na própria sentença, a apelação não terá efeito suspensivo, permitindo-se o seu cumprimento provisório (CPC, art. 1.012, § 1º, V).

A sentença que se apoie na tese jurídica firmada pelo tribunal no julgamento do incidente não estará sujeita à remessa necessária, ainda que proferida contra a Fazenda Pública (CPC, 496, § 4º, III).

Na execução provisória, a caução será dispensada quando a sentença houver sido proferida com base em precedente firmado em julgamento de casos repetitivos (CPC, art. 521, IV). Considerando o *microssistema de formação concentrada de precedentes obrigatórios*, também deve ser dispensada a caução na execução provisória quando a sentença fundar-se em precedente firmado no incidente de assunção de competência.

Nos tribunais, os julgamentos serão proferidos isoladamente pelo relator, a quem se permite negar seguimento ao recurso quando fundado em argumento contrário à tese firmada no referido incidente (CPC, art. 932, IV, *c*). Poderá, por outro lado, o relator dar provimento imediato ao recurso quando este fundar-se exatamente na tese jurídica firmada no incidente de assunção de competência (CPC, art. 932, V, *c*).

Enfim, firmada a tese jurídica no incidente de assunção de competência, os juízos deverão aplicá-la a todos os casos que nela se fundarem.

7. PRESSUPOSTOS DO INCIDENTE DE ASSUNÇÃO DE COMPETÊNCIA

O incidente de assunção de competência está previsto no art. 947 do CPC, que está assim redigido: *"É admissível a assunção de competência quando o julgamento de recurso, de remessa necessária ou de processo de competência originária envolver relevante questão de direito, com grande repercussão social, sem repetição em múltiplos processos"*.

Tal dispositivo contém a previsão dos pressupostos para a instauração do incidente de assunção de competência. Destaca-se, como primeiro pressuposto, a existência de *relevante questão de direito*. O julgamento do recurso, da remessa necessária ou do processo de competência originária envolve relevante questão de direito que mereça ter sua cognição ampliada, com contraditório mais qualificado e fundamentação reforçada, a fim de firmar um precedente sobre o tema, prevenindo ou eliminando divergência jurisprudencial.

A questão de direito envolvida no caso, além de relevante, pode ser de direito material ou de direito processual. Não há restrição de matéria. Qualquer questão de direito que seja relevante, independentemente do tema, pode ensejar a instauração do incidente de assunção de competência, transferindo o julgamento para um órgão de maior composição que, ao julgar o caso, irá firmar precedente obrigatório.

Não basta, porém, que a questão seja relevante. É preciso, ainda, que haja *grande repercussão social*. O termo é indeterminado, concretizando-se a partir dos elementos do caso, mas é possível utilizar como parâmetro ou diretriz o disposto no art. 1.035, § 1º, do CPC, que trata da repercussão geral, devendo-se considerar a existência de questões relevantes do ponto de vista econômico, político, social ou jurídico que ultrapassem os interesses subjetivos do processo.

Ao lado disso, há também um pressuposto *negativo*. Não cabe o incidente de assunção de competência se houver repetição da discussão em múltiplos processos. A existência de múltiplos processos convoca a instauração de instrumentos destinados ao julgamento de causas repetitivas, que compreendem o incidente de resolução de demandas repetitivas ou os recursos repetitivos[6]. Havendo múltiplos processos repetitivos, não cabe o incidente de assunção de competência. Este é cabível para questões relevantes, de grande repercussão social, em processo específico ou em processos que tramitem em pouca quantidade.

Alguns exemplos de questões relevantes, que podem não estar sendo discutidas em casos repetitivos e, por isso mesmo, podem ser objeto de incidente de assunção de competência: a) discussão sobre se há ou não direito de alguém a ser reconhecido como pertencente a um "terceiro gênero" (nem feminino nem masculino) e, por isso, saber qual será o seu regime jurídico na relação de trabalho (que banheiro usará, por exemplo); b) saber se um sindicato pode ou não celebrar uma convenção processual coletiva; c) saber se é possível reconvenção no processo do trabalho; d) discussão sobre a interpretação extensiva de determinado rol legal taxativo etc.

Para que se instaure o incidente de resolução de demandas repetitivas, é preciso que haja (a) efetiva repetição de processos que contenham controvérsia sobre a mesma questão unicamente de direito; e, (b) risco de ofensa à isonomia e à segurança jurídica. É dizer: se houver múltiplos processos, não cabe a assunção de competência, mas incidente de resolução de demandas repetitivas.

Há situações que podem estar entre as duas hipóteses, acarretando eventuais dúvidas sobre o cabimento do incidente de assunção de competência. Imagine-se, por exemplo, que haja cinco ou dez processos sobre o mesmo tema. Todos foram julgados no mesmo sentido. Rigorosamente, há aí casos repetitivos, mas não há a existência de "múltiplos processos". Por terem sido todos julgados no mesmo sentido, também não há risco de ofensa à isonomia, nem à segurança jurídica, mas a questão pode ser relevante, de grande repercussão social. Nesse caso, não caberá o incidente de resolução de demandas repetitivas (por não haver risco à isonomia, nem à segurança jurídica), mas é possível que se instaure a assunção de competência, por ser conveniente prevenir qualquer possível divergência futura (CPC, art. 947, § 4º).

8. LEGITIMIDADE PARA PROVOCAR A INSTAURAÇÃO DO INCIDENTE DE ASSUNÇÃO DE COMPETÊNCIA

O relator, antes ou durante o julgamento do recurso, da remessa necessária ou do processo de competência originária, pode propor, de ofício, a assunção de competência.

---

(6) Nesse sentido, o Enunciado n. 334 do Fórum Permanente de Processualistas Civis: "Por força da expressão 'sem repetição em múltiplos processos', não cabe o incidente de assunção de competência quando couber julgamento de casos repetitivos".

Enquanto examina o caso, e antes mesmo de pedir inclusão em pauta para julgamento, o relator pode verificar a presença dos pressupostos para a assunção de competência e decidir que ela deve ser instaurada, requerendo a inclusão do processo na pauta do órgão de maior composição, indicado pelo regimento interno, a fim de que assuma a competência para julgamento do caso. O relator deve participar do julgamento. Este órgão de maior composição irá, preliminarmente, por ocasião do próprio julgamento, avaliar a proposta do relator e concordar ou não com a presença dos pressupostos previstos no art. 947 do CPC para, então, assumir ou não a competência para julgamento do caso.

Em vez de assim proceder, o relator poderá, ao examinar o recurso, a remessa necessária ou o processo de competência originária, pedir sua inclusão em pauta no órgão fracionário competente para o julgamento e, lá durante o julgamento, desde que antes de sua conclusão, o colegiado decidir pela transferência da competência para o órgão de maior composição, indicado pelo regimento interno para formação de precedente obrigatório. Assim decidido pelo colegiado, será instaurado o incidente de assunção de competência, sendo o caso incluído na pauta do órgão de maior composição, que poderá assumir ou não a competência para o julgamento do caso, ao reconhecer ou não o preenchimento dos pressupostos previstos no art. 947 do CPC.

Além do relator ou do colegiado, a assunção de competência pode ser instaurada por provocação de qualquer uma das partes da causa pendente no tribunal. Também podem requerer a instauração da assunção de competência o Ministério Público ou a Defensoria Pública. A legitimidade do Ministério Público ou da Defensoria Pública está relacionada ao pressuposto da "grande repercussão social". A análise do cabimento da assunção de competência imiscui-se com a própria análise da legitimidade do Ministério Público ou da Defensoria Pública. Se não houver "grande repercussão social", além de não caber a assunção de competência, não haverá legitimidade para requerer sua instauração.

No tocante especificamente à Defensoria Pública, sua legitimidade relaciona-se com sua função típica, definida constitucionalmente, havendo necessidade de o caso envolver interesses de necessitados ou versar sobre tema que a eles esteja relacionado. É preciso, em resumo, que haja a chamada *legitimidade adequada* ou *representação adequada*.

O relator ou o órgão colegiado deve propor a assunção de competência ao presidente do órgão indicado pelo regimento interno, pedindo-lhe a inclusão em pauta para julgamento. É por petição que a parte, o Ministério Público ou a Defensoria Pública deve requerer a assunção de competência. A petição será dirigida ao relator do recurso, da remessa necessária ou do processo de competência originária, que deverá examinar se estão presentes os pressupostos previstos no art. 947 do CPC e, então, pedir ou não a inclusão do caso na pauta de julgamento do órgão indicado pelo regimento interno do tribunal.

9. COMPETÊNCIA

O incidente de assunção de competência provoca a transferência da competência. O recurso, a remessa necessária ou o processo de competência originária, que seria julgado por um órgão fracionário, passará, em razão da assunção de competência, a ser julgado por um órgão de maior composição, indicado pelo regimento interno. Tal órgão pode ser o plenário, a corte especial, uma seção, um grupo de câmaras, enfim, um órgão, de maior composição, indicado pelo regimento interno do tribunal.

Cabe ao tribunal, segundo disposto no art. 96, I, *a*, da Constituição Federal, elaborar seu regimento interno, dispondo sobre a competência e o funcionamento dos respectivos órgãos jurisdicionais e administrativos. É por isso que o órgão que deve passar a julgar o caso, em virtude da assunção de competência, deve estar previsto no regimento interno.

O tribunal, ao indicar o órgão que irá assumir a competência do caso para efeito de firmar precedente obrigatório, deve observar o disposto no art. 978 do CPC, ou seja, deve indicar o mesmo órgão responsável pela uniformização de jurisprudência do tribunal[7].

O relator deve manter-se o mesmo. Afetado o julgamento ao órgão indicado pelo regimento, não se altera o relator. Ainda que ele não componha o órgão indicado pelo regimento, deve participar do julgamento, mantendo a função de relator. E, se houver outro caso a ser afetado ao órgão indicado pelo regimento, o relator mantém-se prevento, aplicando-se, no particular, o disposto no § 3º do art. 1.037 do CPC.

10. ORDEM CRONOLÓGICA PARA JULGAMENTO E APLICAÇÃO AO INCIDENTE DE ASSUNÇÃO DE COMPETÊNCIA

Nos termos do art. 12 do CPC, os tribunais devem observar a ordem cronológica de conclusão para proferir acórdãos. Tal regra, que concretiza os princípios da igualdade, da impessoalidade e da duração razoável do processo, comporta exceções relacionadas no § 2º do próprio

---

(7) Nesse sentido, o Enunciado n. 202 do Fórum Permanente de Processualistas Civis, que está assim redigido: "O órgão a que se refere o § 1º do art. 947 deve atender aos mesmos requisitos previstos pelo art. 978".

art. 12, entre as quais merece destaque a do *"julgamento de recursos repetitivos ou de incidente de resolução de demandas repetitivas"* (inciso III).

O julgamento de incidente de resolução de demandas repetitivas contém em si uma assunção de competência, justamente porque o órgão indicado pelo tribunal para julgá-lo deveria, igualmente, julgar o recurso, a remessa necessária ou o processo de competência originária (CPC, art. 978, parágrafo único). Diante disso, surge a indagação: o incidente de assunção de competência subsome-se a essa hipótese, encartando-se na exceção prevista para o incidente de resolução de demandas repetitivas? Em outras palavras, o incidente de assunção de competência deve ser julgado na ordem cronológica ou fora da lista?

As exceções previstas no § 2º do art. 12 do CPC justificam-se como hipóteses que afastam a observância da isonomia e da impessoalidade. No caso do julgamento de casos repetitivos, é preciso que se confira agilidade e prioridade na resolução da questão e na fixação do precedente, pois todos os processos que contenham a mesma discussão ficam sobrestados enquanto não se define a tese a ser-lhes aplicada. Trata-se, enfim, de exceção que se ajusta ao microssistema de gestão e julgamento de casos repetitivos. Não é exceção que se amolde ao microssistema de formação concentrada de precedentes obrigatórios.

É por isso que o incidente de assunção de competência não está inserido na exceção prevista no § 2º do art. 12 do CPC, não deve ser ali considerado inserido. O julgamento da assunção de competência será feito pelo órgão indicado pelo regimento interno, incluindo-se na sua pauta, com observância da ordem cronológica de conclusão.

11. RECURSO

A decisão que julga o incidente de assunção de competência é um acórdão. Esse acórdão é recorrível.

Sempre será possível a oposição de embargos de declaração. Caso tenha sido proferido por Tribunal de Justiça ou Tribunal Regional Federal, caberá, ainda, recurso especial ou extraordinário; caso tenha sido proferido pelo Superior Tribunal de Justiça, caberá recurso extraordinário; se proferido pelo Supremo Tribunal Federal, caberão apenas embargos de declaração.

Caso tenha sido proferido por Tribunal Regional do Trabalho, caberão recurso ordinário ou recurso de revista, para o Tribunal Superior do Trabalho, a depender da causa que tenha sido julgada; caso o julgamento tenha sido proferido pelo Tribunal Superior do Trabalho, caberá recurso extraordinário, uma vez preenchida uma de suas hipóteses de cabimento.

O art. 987 do CPC, com exceção da parte que determina o efeito suspensivo automático aos recursos especiais e extraordinário, aplica-se ao julgamento de incidente de assunção de competência. Do julgamento da assunção de competência cabem recursos especial e extraordinário, presumindo-se a repercussão geral da questão constitucional eventualmente discutida. Julgado o recurso, a tese adotada pelo STF ou pelo STJ terá aplicação em todo território nacional a todos os processos individuais ou coletivos que versem sobre idêntica questão de direito. Em outras palavras, formado o precedente, este haverá de ser aplicado obrigatoriamente.

O recurso especial ou extraordinário, na assunção de competência, não tem efeito suspensivo automático, por ser regra peculiar ao microssistema de gestão e julgamento de casos repetitivos, não se aplicando ao julgamento do incidente de assunção de competência. As demais regras previstas no art. 987 do CPC ajustam-se ao microssistema de formação concentrada de precedentes obrigatórios. Estas, aí sim, incidem no caso de assunção de competência.

Por essa mesma razão, não se aplica ao incidente de assunção de competência o disposto no § 3º do art. 982 do CPC, não sendo possível haver a suspensão nacional de processos que tratem do mesmo tema, já que esta é uma regra direcionada à gestão e julgamento de casos repetitivos, não se aplicando à assunção de competência.

O Novo Código de Processo Civil e a audiência de conciliação trabalhista

Gilberto Stürmer (*)

1. INTRODUÇÃO

Foi com grande prazer que aceitei o convite do eminente jurista Professor Sérgio Cabral dos Reis, para participar de mais uma valorosa obra conjunta – este "O novo CPC e sua repercussão no processo do trabalho: encontros e desencontros", em homenagem aos 30 anos do Tribunal Regional do Trabalho da 13ª Região (Paraíba). Discutir questões de relevância no Processo do Trabalho e a sua relação com o Novo Código de Processo Civil – Lei n. 13.015, de 16 de março de 2015 – e que, com a *vacatio legis* entrará em vigor após um ano de sua publicação (art. 1.045), visando a incessante busca de um sistema processual constitucional comum, que tenha como objetivo final resolver conflitos e tornar efetivos os bens da vida aos que, com razão, os buscam por meio do Estado pela via do Poder Judiciário é, por si só, alvissareiro.

Fazê-lo, por outro lado, através de tão amável convite, regozija a todos os que, como eu, tiveram a alegria de integrar tão valoroso grupo. Ademais, os nomes dos pares que para o texto emprestam o seu talento, trazendo temas absolutamente relevantes e atuais em tempos de crise do direito e do processo, são uma garantia de leitura e de estudos de qualidade a todos os que o procurarem.

O ensaio inicialmente aborda a conciliação como conceito para, a partir de então, abordá-lo no âmbito trabalhista.

A abordagem se dá no âmbito constitucional, antes e depois da Emenda Constitucional n. 45, de 2004, e também no âmbito infraconstitucional, antes as regras sobre a matéria, contidas na Consolidação das Leis do Trabalho.

Feitas as referências ao sistema processual trabalhista no que toca a conciliação, examina-se o tema no Novo Código de Processo Civil, apresentando-se, por fim, comentários iniciais acerca da aplicação ou não das novas regras sobre a matéria ao processo do trabalho[1].

2. CONCILIAÇÃO COMO CONCEITO

Segundo o Novo Dicionário Aurélio[2], a ação ou efeito de conciliar diz respeito ao agir de maneira pacificadora. É o ato ou efeito de fazer com que alguém que esteja em desacordo com outra pessoa, entre em acordo.

No processo, a conciliação é um acordo entre as partes que estão num litígio, ou seja, o ato ou efeito de combinar e/ou harmonizar coisas e pessoas que se opõem ou se apresentam de maneira distinta e incompatível.

Conciliação é o ato ou efeito de conciliar-se; harmonização de litigantes ou pessoas desavindas.

Conciliar, por sua vez, é pôr em boa harmonia, aliar, unir, granjear, atrair, ficar em paz.

O Conselho Nacional de Justiça – CNJ, dispondo sobre a política judiciária nacional de tratamento adequado dos conflitos de interesses no âmbito do Poder Judiciário, publicou em 29 de novembro de 2010, a Resolução n. 125.

Referida Resolução considera a competência do CNJ no controle da atuação administrativa e financeira do Po-

---

(*) Advogado e Parecerista, sócio do Escritório Stürmer, Corrêa da Silva, Jaeger & Spindler dos Santos Advogados, com sede em Porto Alegre/RS. Conselheiro Seccional da OAB/RS. Membro do Instituto dos Advogados do Rio Grande do Sul (IARGS). Bacharel em Direito pela Pontifícia Universidade Católica do Rio Grande do Sul (1989), Mestre em Direito pela Pontifícia Universidade Católica do Rio Grande do Sul (2000), Doutor em Direito do Trabalho pela Universidade Federal de Santa Catarina (2005) e Pós-Doutor em Direito pela Universidade de Sevilla (Espanha) (2014). Titular da Cadeira n. 100 da Academia Brasileira de Direito do Trabalho. Coordenador do Curso de Pós-Graduação – Especialização em Direito do Trabalho e Direito Processual do Trabalho da Faculdade de Direito da Pontifícia Universidade Católica do Rio Grande do Sul. Professor Titular de Direito do Trabalho nos Cursos de Graduação e Pós-Graduação (Especialização, Mestrado e Doutorado) na mesma Faculdade. Tem como principais áreas de atuação, o Direito Individual do Trabalho, o Direito Coletivo do Trabalho e o Direito Processual do Trabalho, e como principais linhas de pesquisa, a Eficácia e Efetividade da Constituição e dos Direitos Fundamentais no Direito do Trabalho e a Jurisdição, Efetividade e Instrumentalidade do Processo do Trabalho.

(1) Ver Stürmer, Gilberto. A Conciliação como Meio de Efetivação da Justiça. In Conciliação – O paradigma da Conciliação como forma de solucionar conflitos (Coord. Rosemarie Diedrichs Pimpão e Luiz Eduardo Gunther – Org. Juliana Cristina Busnardo, Marco Antônio César Villatore e Willians Franklin Lira dos Santos). Curitiba: Instituto Memória, 1. ed., 2013. p. 167/175)

(2) Novo Dicionário Aurélio. Rio de Janeiro: Nova Fronteira, 2. ed., p. 446.

der Judiciário, no acesso à Justiça e no direito a este acesso, mediante de políticas públicas de tratamento adequado dos problemas jurídicos e dos conflitos de interesses que ocorrem em larga e crescente escala na sociedade.

A partir de tais considerações iniciais, o CNJ entente que a conciliação e a mediação são instrumentos efetivos de pacificação social, solução e prevenção de lítígios, e que sua apropriada disciplina tem reduzido a excessiva judicialização dos conflitos de interesses, a quantidade de recursos e a execução de sentenças.

O CNJ considera, ainda, que a organização dos serviçoes de conciliação, mediação e outros métodos consensuais de solução de conflitos deve servir de princípio e base para a criação de Juízos de resolução alternativa de conflitos.

A Resolução CNJ n. 125/2010 criou, portanto, políticas públicas de tratamento adequado dos conflitos de interesses, atribuindo aos Tribunais o dever de criação de núcleos permanentes de métodos consensuais de solução de conflitos, centros judiciários de solução de conflitos e cidadania, admissão de conciliadores e mediadores e o portal da conciliação.

A Emenda Constitucional n. 45, de 08 de dezembro de 2004, criou o Conselho Nacional de Justiça, acresecntando o inciso I-A ao art. 92 (órgãos do Poder Judiciário).

Desde a sua criação, uma das principais atribuições do CNJ é, como acima referido, a implementação da conciliação como meio de efetividade da Justiça.

De todo modo, a conciliação sempre foi ponto de partida na Justiça do Trabalho. Neste sentido, a lição de André Jobim de Azevedo[3]:

> É de salientar que a conciliação sempre compôs o cenário dos conflitos laborais, quer judiciais, quer extrajudiciais. A própria jurisdição, até a pouco tempo atrás, tinha a denominação de seus órgãos de 1ª instância as chamadas Juntas de Conciliação e Julgamento, a revelar não só a importância senão a obrigação de sua busca pelo julgador, se impondo a formulação dupla de proposta nesse sentido, sob pena de nulidade do ato jurisdicional.
>
> Aqui é de se realçar outro aspecto próprio da conciliação, que é o ânimo que as partes envolvidas na conciliação chegam a seu termo, no sentido de ser uma solução aceita e até construída por ambas, o que terraplena o futuro, não fechando portas a novas relações e atuações que as envolva.

É importante referir, contudo, que no âmbito do Poder Judiciário Trabalhista a conciliação sempre teve papel fundamental na solução e pacificação dos conflitos laborais, como se verifica nos tópicos a seguir.

3. CONCILIAÇÃO NA JUSTIÇA DO TRABALHO – PREVISÃO CONSTITUCIONAL

As Constituições imperial, de 25 de março de 1891 e primeira republicana, de 24 de fevereiro de 1891, não trataram de matéria social.

Na primeira, o Título sexto, capítulo único, tratava dos Juízes e Tribunais de Justiça.

Na segunda Constituição, o Poder Judiciário era abordado no capítulo quinto, seção terceira.

A Constituição de 16 de julho de 1934, primeira Constiutuição social brasileira, tratou do Poder Judiciário no Capítulo quarto, e a Carta de 10 de novembro de 1937, o fez a partir do seu art. 90.

Até aquele momento, ainda não havia Justiça do Trabalho instalada no Brasil, o que ocorreu apenas em 1941.

No âmbito constitucional a Justiça do Trabalho foi prevista nos artigos 122 e 123 da Constituição de 18 de setembro de 1946.

Já na ocasião, o art. 123 dispunha que compete à Justiça do Trabalho conciliar e julgar os dissídios individuais e coletivos entre empregados e empregadores, e as demais controvérsias da relação de trabalho regidas por legislação especial.

Naquele momento histórico, a representação classista (além do Juiz togado, a presença de representantes de empregadores e empregados) na Justiça do Trabalho, teve relevante papel na conciliação.

Esta representação esteve vigente até 1999, quando a Emenda Constitucional n. 24, de 09 de dezembro, a extinguiu.

A Constituição de 24 de janeiro de 1967, manteve a conciliação como fundamento do Poder Judiciário trabalhista, ao estabelecer a sua competência no art. 134.

A redação original da Constituição da República de 05 de outubro de 1988, dispunha:

> Art. 114. Compete à Justiça do Trabalho conciliar e julgar os dissídios individuais e coletivos entre trabalhadores e empregadores, abrangidos os entes de direito público externo e da administração pública direta e indireta dos Municípios, do Distrito Federal, dos Estados e da União e, na forma da lei, outras controvérsias decorrentes da relação de trabalho, bem como os litígios que tenham origem no cumprimento de suas próprias sentenças, inclusive coletivas.

---

(3) AZEVEDO, André Jobim. A importância da conciliação na solução dos conflitos. In Conciliação – O paradigma da Conciliação como forma de solucionar conflitos (Coord. Rosemarie Diedrichs Pimpão e Luiz Eduardo Gunther – Org. Juliana Cristina Busnardo, Marco Antônio César Villatore e Willians Franklin Lira dos Santos). Curitiba: Instituto Memória, 1. ed., 2013. p. 81/82)

A importância da conciliação, implementada quando da instalação da Justiça do Trabalho no Brasil em 1941 e, a partir de então, inserida na competência material de todas as Constituições, foi mantida quando da redemocratização do país, após o segundo período de ditadura do Século XX.

A Constituição de 1988, para além de um texto forjado no alvorecer democrático, teve o mérito de arrolar os direitos sociais trabalhistas individuais e coletivos (artigos 7º e 8º), no âmbito dos direitos e garantias fundamentais.

Por óbvio, o Poder Judiciário trabalhista, como principal meio de pacificação social nas relações de trabalho, seguindo a importância material dos direitos trabalhistas, consolidou a conciliação como primeira forma de resolver os conflitos. Tanto é assim que, como acima referido, a partir de 1999, já não havia mais necessidade da manutenção da representação classista. O Juiz do Trabalho e as partes com os seus advogados, continuariam, como de fato continuaram, a colocar a conciliação no patamar de importância que esta sempre teve para o Direito do Trabalho.

É também importante ressaltar que o art. 5º da Constituição de 1988, estabelecendo as igualdades e garantias constitucionais, nos âmbitos individual e coletivo, estabeleceu no seu inciso XXXV, que a lei não excluirá da apreciação do Poder Judiciário lesão ou ameaça a direito[4].

Segundo Uadi Lammêgo Bulos[5], o princípio do direito de ação trata-se de um pórtico constitucional do processo, cognominado *princípio do direito de ação*, também conhecido como *princípio da inafastabilidade do controle jurisdicional*.

Por meio deste princípio, todos têm acesso à justiça para pleitear tutela jurisdicional preventiva ou reparatória a lesão ou ameaça de lesão a um direito individual, coletivo, difuso e até individual homogêneo. Segundo o referido autor, constitui, portanto, um direito subjetivo, decorrente da assunção estatal de administração da justiça, conferido ao homem para invocar a prestação jurisdicional, relativamente ao conflito de interesses qualificado por uma pretensão irresistível.

Ao ingressar com a sua pretensão no Poder Judiciário, aquele que biusca a tutela preventiva ou reparatória, encontra o Estado Juiz que, chamando a outra parte ao contraditório, busca solucionar o conflito, antes de forma conciliatória e, somente antes o insucesso desta, a partir da instrução e do julgamento.

A Emenda Constitucional n. 45/2004, entre outras alterações constitucionais, ampliou a competência da Justiça do Trabalho.

O *caput* do art. 114 passou a ter a seguinte redação:

Art. 114. Compete à Justiça do Trabalho processar e julgar:
[...]

A ampliação da competência do Poder Judiciário Trabalhista determinou, do ponto de vista da técnica legislativa, que a novel redação utilizasse a expressão "processar e julgar".

É claro que a expressão "processar" está ligada ao acesso ao Poder Judiciário. É claro, também, que a mudança de redação não afastou a intenção primeira de conciliar. A criação do Conselho Nacional de Justiça e as suas atribuições é prova desta manutenção de intenção do constituinte derivado.

De qualquer forma, antes mesmo da vigência da atual Constituição e da nova redação do art. 114, a Consolidação das Leis do Trabalho, que já dispunha sobre a conciliação, manteve esta atribuição como ver-se-á a seguir.

4. CONCILIAÇÃO NA JUSTIÇA DO TRABALHO – PREVISÃO INFRACONSTITUCIONAL

A Consolidação das Leis do Trabalho, Decreto-Lei n. 5.452, de 01 de maio de 1943, dispõe, no seu Título VIII, sobre a Justiça do Trabalho.

O art. 652, ao tratar da competência das Varas do Trabalho (na redação original, ainda Juntas de Conciliação e Julgamento), a expressão que aborda os dissídios trabalhistas é "conciliar e julgar".

Como antes referido, o Poder Judiciário trabalhista desde sempre teve como atribuição primeira a objetivas a solução dos conflitos e a pacificação social, a conciliação.

Ao tratar dos dissídios individuais, a partir do art. 837, a CLT é expressa no seu art. 846:

Art. 846. Aberta a audiência, o juiz ou presidente proporá a conciliação.

§ 1º. Se houver acordo lavrar-se-á o termo, assinado pelo presidente e pelos litigantes, consignando-se o prazo e demais condições para seu cumprimento.

§ 2º. Entre as condições a que se refere o parágrafo anterior, poderá ser estabelecida a de ficar a parte que não cumprir o acordo obrigada a satisfazer integralmente o pedido ou pagar uma indenização convencionada, sem prejuízo do cumprimento do acordo.

A vigente redação do art. 846 e parágrafos da CLT, foi determinada pela Lei n. 9.022, de 05 de abril de 1995. Antes, nos termos do art. 847, a proposta era feita depois da apresentação da contestação.

---

(4) Surgido com a Constituição de 1946.
(5) Constituição Federal Anotada. São Paulo: Saraiva, 6. ed., p. 223.

Importante referir que o art. 449 do Código de Processo Civil de 1973 (Lei n. 5.869/73), já estabelecia que o termo de conciliação homologado tem valor de sentença. O Novo Código de Processo Civil, dispõe, no seu art. 334, § 11, que a autocomposição será reduzida a termo e homologada por sentença. Já o parágrafo único do art. 831 da CLT, menciona que o termo de acordo homologado é uma decisão irrecorrível. Tais dispositivos demonstram o valor da conciliação no processo em geral e no processo trabalhista.

Os artigos 847, 848 e 849 da CLT, regulam a instrução processual no caso de não haver acordo. É apresentada a defesa e são colhidas as provas.

Mesmo depois de ouvidas as partes e testemunhas, produzida a prova documental e pericial, o processo trabalhista privilegia a conciliação.

Assim dispõe o art. 850 da CLT:

> Art. 850. Terminada a instrução, poderão as partes aduzir razões finais, em prazo não excedente de 10 (dez) minutos para cada uma. Em seguida, o juiz ou presidente renovará a proposta de conciliação, e não se realizando esta, será proferida a decisão.

Segundo Sergio Pinto Martins[6] tanto a primeira tentativa de conciliação como a segunda são importantes. A primeira seria ainda mais importante do que a segunda, pois é quando a prova ainda não foi feita, os ânimos ainda não estão acirrados e é mais fácil que as próprias partes se conciliem.

No processo trabalhista, também os dissídios coletivos são passíveis de conciliação. A instauração da instância se dá perante o Tribunal (Regional ou Superior, conforme o caso).

Instaurada a instância e notificada a parte contrária, o presidente do Tribunal ou alguém por ele designado, designará audiência de conciliação (art. 860 da CLT).

O art. 863 da CLT, assim dispõe:

> Art. 862. Na audiência designada, comparecendo ambas as partes ou seus representantes, o presidente do Tribunal as convidará para se pronunciarem sobre as bases da conciliação. Caso não sejam aceitas as bases propostas, o presidente submeterá aos interessados a solução que lhe pareça capaz de resolver o dissídio.

No caso de haver acordo, o presidente o submeterá à homologação do Tribunal na primeira sessão subsequente (art. 863 da CLT).

Verifica-se que a conciliação tem e sempre teve papel relevante primordial no processo trabalhista, seja em dissídios individuais, seja em dissídios coletivos.

5. A CONCILIAÇÃO NO NOVO CÓDIGO DE PROCESSO CIVIL (LEI N. 13.105/2015) E SEUS POSSÍVEIS REFLEXOS NO PROCESSO DO TRABALHO – A AUDIÊNCIA DE CONCILIAÇÃO

Como visto, o Processo do Trabalho dispõe de disciplina própria a tratar do instituto da conciliação. Na medida em que a simplificação procedimental e a concentração dos atos processuais em audiência norteiam o processo trabalhista, a CLT é clara ao dispor que a qualquer momento poderá haver conciliação, mas que, pelo menos no início da audiência (art. 846) e no encerramento da instrução processual (art. 850), a sua tentativa por intermédio do Juiz, é obrigatória.

O Novo Código de Processo Civil trata da audiência de conciliação ou de mediação no art. 334. O *caput* dispõe que, preenchendo os requisitos essenciais a petição inicial e não sendo o caso de improcedência liminar do pedido, o juiz designará audiência de conciliação ou de mediação com antecedência mínima de 30 dias, devendo o réu ser citado com antecedência mínima de 20 dias.

Entende-se incompatível tal dispositivo com a singeleza procedimental do processo do trabalho. É que, como referido, a CLT regula a matéria prevendo audiência contínua para tentativa de conciliação e, ante o seu insucesso, apresentação da defesa e início da instrução processual (arts. 840 a 850). Desnecessária, portanto, a designação de audiência apenas para conciliar, já que, não havendo conciliação, desde logo a defesa é apresentada (no processo eletrônico – PJE, até antes) e a instrução processual aberta.

Os arts. 165 a 175 do Novo Código de Processo Civil, tratam dos conciliadores e mediadores judiciais.

Determina a nova lei, que os tribunais devem criar centros judiciários de solução dos conflitos, responsáveis pela realização de sessões de audiências de conciliação e mediação e pelo desenvolvimento de programas destinados a auxiliar, orientar e estimular a autocomposição (art. 165).

Os conciliadores e mediadores, bem como as câmaras privadas de conciliação e mediação serão inscritos em cadastro nacional e em cadastro de tribunal de justiça ou tribunal regional federal (art. 167). Veja-se que a lei não coloca os tribunais regionais do trabalho no referido cadastro, o que, em princípio, afasta a Justiça do Trabalho das novas regras de conciliação e mediação.

Entende-se, aliás, como razoável esta interpretação, em função do caráter sempre conciliatório que norteia o processo trabalhista e as regras específicas que dele tratam.

---

(6) *Comentários à CLT*. São Paulo: Atlas, 17. ed., 2013. p. 928.

Como o Juiz do Trabalho exerce o papel de conciliador e, ainda, porque as partes e os seus advogados no processo do trabalho, podem e até devem tentar conciliar a qualquer momento, também entende-se incompatível com a Justiça do Trabalho – pelo menos em um primeiro momento – as câmaras privadas de conciliação.

É importante ressaltar o comando do art. 334, § 4º, da nova lei, ao dispor, entre outras coisas, que a audiência de conciliação ou de mediação não será realizada quando as partes manifestarem, expressamente, desinteresse na composição, ou quando não se admitir a autocomposição. À toda evidência, mais uma regra incompatível com o processo do trabalho e que, a rigor, atrasa o processo.

Por que não deixar a mediação e a conciliação privadas à margem do processo judicial para aqueles que, à luz do procedimento arbitral já existente e quando compatível (Lei n. 9.307/96), optam por ele?

Entende-se que, havendo processo judicial, o conciliador ou mediador deve ser o Juiz que, reitera-se, no processo do trabalho já o é e deve continuar sendo, homenagendo-se as regras sobre a matéria já contidas na CLT.

Entende-se que, em relação à audiência de conciliação, a influência do Novo Código de Processo Civil no Processo do Trabalho será nenhuma, já que, como referido, desde sempre, o processo do trabalho é inicialmente conciliatório, sendo a audiência, o momento crucial onde as partes, seus advogados e o Juiz devem tentar buscar uma solução ao conflito de trabalho, que seja satisfatória para ambos os litigantes e para a sociedade.

6. CONSIDERAÇÕES FINAIS

Este singelo artigo, inserido no texto maior que trata das regras do Novo Código de Processo Civil e sua relação com o processo do trabalho, procurou demonstrar, a partir do conceito de conciliação, que a importância dada pelo Conselho Nacional de Justiça, seja a partir da sua criação, seja a partir da sua Resolução n. 125, é intrínseca à Justiça do Trabalho desde a sua criação em 1941.

A partir de então, todas as Constituições, ao tratarem da competência da Justiça do Trabalho, sempre priorizaram a conciliação.

A atual Constituição, que originariamente dispôs sobre a conciliação na Justiça do Trabalho, não abandonou este paradigma, mas ao contrário, o inseriu no amplo conceito de acesso à Justiça.

A CLT, por sua vez, que dispõe sobre conciliação como competência do Poder Judiciário trabalhista, e também sobre a obrigatoriedade da tentativa de conciliação nos dissídios individuaus e coletivos, foi recepcionada pela Constituição da República de 1988, inclusive após a ampliação da competência da Justiça do Trabalho com a Emenda Constitucional n. 45/2004.

Não há dúvida que na Justiça do Trabalho, a conciliação – especialmente em audiência – é a forma mais célere de efetivação da Justiça e pacificação social.

Por fim, examinando-se de forma incipiente e inicial as novas regras processuais, que entrarão em vigor em março de 2016, conclui-se que os institutos da conciliação e da mediação – que não são novos, mas que ganharam nova roupagem com o novo Código, são, pelo menos por enquanto, incompatíveis com o processo do trabalho que, fundado nas regras da CLT, dispõe de forma mais célere sobre a tentativa de conciliação a qualquer momento, dirigida que deve ser, no processo judicial estatal, pelo Juiz.

O princípio do contraditório sob os ventos da mudança: aproximações críticas (inclusive à luz da IN TST n. 39/2016)

Guilherme Guimarães Feliciano (*)

1. INTRODUÇÃO. O CONTRADITÓRIO E SUAS NUANCES

A *garantia do contraditório* — ou, como se queira, o *princípio do contraditório* — tem, como se sabe, índole constitucional, ubicando no art. 5º, inciso LV, da Constituição Federal. E é assim, ademais, nos mais significativos sistemas jurídicos ocidentais. Mas qual a real extensão desta garantia, no plano ideal? E qual a sua possibilidade de inflexão diante de outros valores?

Em particular, impressiona-nos o fato de que, no caso dos *títulos executivos* (notadamente os judiciais), o contraditório seja historicamente diferido para o momento dos embargos do devedor (v. arts. 736 a 739-A do Código Buzaid), enquanto em outros contextos se identifique, nos mais variegados nichos de doutrina, uma defesa quase fetichista de um contraditório prévio, pleno e intocável. OVÍDIO BAPTISTA identifica essa distorção com a própria origem burguesa dos códigos liberais[1], privilegiando a propriedade e os negócios. Tornadas excepcionais as medidas liminares de mérito sem prévio contraditório (tendência que se observou acerca do próprio art. 273 do CPC), todos os procedimentos tornam-se "ordinários" (= "ordinarização" do sistema processual) – cognição exauriente e plenitude de defesa passam a se corresponder[2] – e todo instrumento que fuja a esse padrão passa a ser visto como autoritário.

A própria urgência nas tutelas preventivas justifica e autoriza, do ponto de vista constitucional, hipóteses de *contraditório eventual e diferido*[3]. No contraditório diferido, conquanto as posições das partes não se alterem, o juiz está autorizado a desde logo julgar o mérito da causa ou da questão, sob a forma de uma decisão provisória, com inversão de fases: a parte afetada poderá exercer o contraditório, mas *após* a decisão tomada, podendo o juiz revê-la adiante (assim, *e.g.*, ao tempo da sentença final de mérito, tanto nas liminares cautelares como nas liminares antecipatórias dos efeitos da tutela de mérito). É o que se passa com as antecipações dos efeitos da tutela de mérito (art. 273 do CPC), conquanto alguns entendam que o seu deferimento *in limine litis* (*i. e.*, antes do contraditório) deveria ser excepcional. Engano: a rigor, **as antecipações de tutela são de cognição *prima facie* e têm natureza executiva**, trasladando para o direito brasileiro a *tutela interdital* **desenvolvida pelos romanos a partir do período formulário**. Mas, a fim de manter a coerência retórica do sistema (não a lógica, diz BAPTISTA[4]), tais decisões são formalmente vazadas em decisões interlocutórias, inter-

---

(*) *Professor Associado II do Departamento de Direito do Trabalho e da Seguridade Social da Faculdade de Direito da Universidade de São Paulo. Livre-Docente em Direito do Trabalho e Doutor em Direito Penal pela Universidade de São Paulo. Doutor em Ciências Jurídicas (Direito Processual Civil) pela Faculdade de Direito da Universidade de Lisboa. Vice-Presidente da Associação Nacional dos Magistrados da Justiça do Trabalho (2015-2017). Juiz Titular da 1ª Vara do Trabalho de Taubaté/SP.*

(1) Processo e Ideologia, p. 112.

2) Idem, p. 114. A ideia é retomada com grande ênfase adiante, à p. 128: "A imprudência cometida pelo legislador brasileiro ao inscrever em texto constitucional o pressuposto da 'plenitude da defesa' – exclusivo do processo criminal, na tradição do direito brasileiro –, eliminou as formas mais significativas do 'princípio do contraditório' reduzindo-o ao 'contraditório prévio', próprio da ordinariedade, ou seja, limitou o campo de nosso direito processual apenas ao procedimento da actio romana. [...] Aos menos atentos, porém, é bom recordar que essa redução não alcança os privilégios de que é fértil o sistema brasileiro, limitando-se a 'ordinarizar' exclusivamente o procedimento plebeu, regulado pelo Código, sem interferir na legião incontável de ações e procedimentos privilegiados que gravitam ao redor do sistema, através de leis extravagantes. Essa é uma marca ideológica impagável". Veja-se p. ex., no Brasil, o DL n. 911/1969, que permitiu aos proprietários fiduciários – em geral bancos e financeiras – a busca e apreensão do bem alienado fiduciariamente, que é *"processo autônomo e independente de qualquer procedimento posterior"* (art. 3º, § 8º, na numeração da Lei n. 10.931/2004), com possibilidade de medida liminar e um espectro contraditório que originalmente se restringia ao direito de alegar o *"pagamento do débito vencido ou o cumprimento das obrigações contratuais"* (art. 3º, § 2º, na redação original), o que reputávamos inconstitucional (G. G. Feliciano, *Tratado...*, passim). No entanto, os peremptórios termos do antigo § 2º do art. 3º foram eliminados pela Lei n. 10.931/2004 (já a destempo, diga-se: mais de quinze anos após a promulgação da CRFB/1988).

(3) Cf. Ovídio Baptista, *Processo e Ideologia*, pp.151-164. E o novo CPC o reconhece, excepcionalmente.

(4) Idem, p.153.

nalizadas em um processo maior que caminha para uma sentença final, mais ampla e definitiva ("ordinária").

No contraditório eventual, ao revés, não se invertem fases processuais, mas as posições das partes no processo: elimina-se o contraditório do interior de um certo procedimento, transferindo-o ora para uma ação incidental (vejam-se, *e.g.*, os embargos do devedor nas execuções de títulos extrajudiciais), ora para uma ação independente, de caráter geral ou especial (o que se dá, *e.g.*, nas ações possessórias, nas ações de desapropriação e outrora na busca e apreensão do DL n. 911/1969).

O próprio legislador federal ordinário poderia regular tais hipóteses com maior regularidade e generosidade, visando um sistema processual infraconstitucional mais compromissado com a celeridade e a efetividade. É, aliás, precisamente essa a sede onde os princípios constitucionais — na espécie o devido processo legal, na sua dimensão substantiva (modulando a dimensão adjetiva) — cumprem melhor o seu papel *normogenético*. O mesmo se esperaria, outrossim, nas chamadas "tutelas de evidência": fere a razoabilidade e o próprio princípio da cooperação processual que, sendo evidente o direito e a sua violação, goze ainda o devedor do direito de somente ser instado a honrá-lo após deduzir toda a sua defesa, com todos os *"recursos a ela inerentes"* (art. 5º, LV, da CRFB), a despeito do tempo que assim se consumirá. No processo laboral brasileiro, é o que hoje se vê em relação a empresas tomadoras de serviço que se recusam a quitar o débito rescisório líquido, por um suposto benefício de ordem (v. Súmula n. 331, IV, do TST), embora em audiência já admitam a demissão do empregado, a inadimplência rescisória e o estado pré-falimentar da empresa prestadora[5].

Não parece ser esse, entretanto, um caminho convicto para o legislador brasileiro. Vejamos.

2. O CONTRADITÓRIO NO NOVO CÓDIGO DE PROCESSO CIVIL (I): AVANÇO OU RETROCESSO?

Em 17 de dezembro de 2014, aprovou-se em definitivo, no Senado Federal, o **novo Código de Processo Civil** — Lei n. 13.105/2015 —, a partir do PLS n. 166/2010 (que, na Câmara dos Deputados, tramitara como PL n. 6.025/2010).

Entre alguns ganhos "ideológicos" do novo CPC, realce-se a assimilação da simplicidade e da informalidade processual, na linha do que sempre vigorara no âmbito do processo laboral, desde a década de quarenta do século passado (veja-se, por todos, a expressa redação do art. 840, § 1º, da CLT, e compare-se, p. ex., com a redação do art. 282 do Código Buzaid). Nessa linha, elimina-se grande número de incidentes processuais previstos no Código de 1973. De outra parte, sedimentam-se claras regras de valorização do resultado do processo, conferindo concreção aos princípios constitucionais da efetividade e da celeridade processual.

De outro turno, no que respeita às tutelas provisórias, o novo Código sistematiza-as como tutelas de urgência e de evidência, prevendo mecanismos de estabilização das medidas de antecipação liminar satisfativas, por um lado, e retirando-se a autonomia do processo cautelar, por outro. As medidas cautelares passam a ser concedidas, de modo antecedente ou incidental, no bojo do processo principal, i.e., daquele em que se discutem as pretensões ao bem da vida.

E, conquanto exatamente neste ponto — tutelas provisórias — veja-se, no novo texto legislativo, autorização para diferimento do contraditório, chama a atenção o fato de que, em vários outros contextos (que podem envolver similar grau de urgência ou evidência, ainda que não deduzidas nesses termos), a opção legal tenha sido pelo *resguardo dogmático e inflexível do contraditório*, para além do razoável, retrocedendo em relação ao padrão de instrumentalidade do próprio Código Buzaid (com o risco de transtornar ambientes processuais particularmente dinâmicos, como é o processo do trabalho, jungido à subsidiariedade do Código de Processo Civil, seja pelos termos do art. 769 da CLT, seja pelos termos do art. 15 do novel CPC).

Já era assim, ademais, no texto aprovado pela Câmara dos Deputados. O PL n. 6.025/2010 introduzia no sistema processual civil brasileiro a obrigatoriedade de se oportunizar a manifestação prévia da parte interessada *antes de qualquer decisão judicial que possa afetar o seu interesse* (vide os respectivos arts. 9º, 10, 301, 469, parágrafo único etc.[6]),

---

(5) Em casos como esse, no exercício da jurisdição, temos invocado a norma do art. 273, I, do CPC para determinar à empresa tomadora, em prazo curto e razoável, o depósito judicial do valor da rescisão, para imediata liberação ao trabalhador, sob pena de constrição patrimonial antecipada para esse fim (inclusive com bloqueio eletrônico de contas correntes bancárias). Cf., *e.g.*, o Processo n. 00561-2008-009-15-00-0, da 1ª Vara do Trabalho de Taubaté/SP, e tantos outros semelhantes, em que figurava como empregadora a empresa Estrela Azul Serviços de Vigilância, Segurança e Transporte de Valores Ltda. — então em fase de recuperação judicial (i.e., estado pré-falimentar) — e como tomadores de serviços diversas instituições bancárias estabelecidas na jurisdição. Em grau de recurso ou *mandamus*, o tribunal regional ora manteve tais decisões, ora as reformou, total ou parcialmente; e, quando as reformou, não raro o fez ao argumento singelo de que a execução provisória, no processo do trabalho, vai apenas até a penhora (art. 899 da CLT e Súmula n. 417, III, do TST)...

(6) Os preceitos citados reproduziam, por sua vez, a redação aprovada primeiramente no Senado Federal (PLS n. 166/2010, na primeira votação perante o Senado). No art. 10, *e.g.*, lê-se que "[o] *juiz não pode decidir, em grau algum de jurisdição, com base em fundamento a respeito do qual não se tenha dado às partes oportunidade de se manifestar, ainda que se trate de matéria sobre a qual tenha que decidir de ofício"*. Essa redação foi parcialmente atenuada no relatório-geral do Senador VALTER PEREIRA (PMDB), que propôs acrescentar, em parágrafo único, os seguintes dizeres: *"O disposto no caput não se aplica aos casos de tutela de urgência e nas hipóteses do art. 307"*. Não se resolve, porém, a questão das objeções processuais.

inclusive em casos de matéria de cognição incondicionada (= conhecimento *ex officio*). Onde o contraditório fora até então *diferido* (à luz do CPC de Buzaid), sem quaisquer transtornos (mesmo porque, em residuais hipóteses de nulidade, sempre houve a possibilidade de recurso à instância seguinte), passa a ser, agora, um contraditório *obrigatório, prévio e pleno*. Outra vez o fenômeno da "ordinarização" procedimental (*i.e.*, da "normalização" dos diversos ritos procedimentais pela régua do procedimento ordinário), agora no regime jurídico da solução das objeções processuais, tornando o processo civil *mais burocrático e menos efetivo*, ao menos nesta parte.

Faz todo sentido pensar em contraditório obrigatório, prévio e pleno antes da aniquilação objetiva de direitos materiais, mormente em sede de tutela de direitos humanos fundamentais. Mas torná-lo regra quase absoluta, ao ensejo de qualquer ato judicial decisório — ainda que sobre matéria processual —, parece conter desproporcionalidades. A simples positivação do princípio da cooperação (art. 5º do projeto) comandaria melhor a questão, sem necessidade de quaisquer outros preceitos, apreciando-se caso a caso a necessidade de um contraditório prévio eventual.

3. O CONTRADITÓRIO NO NOVO CÓDIGO DE PROCESSO CIVIL (II): APEGOS LIBERAIS

Em verdade, todas essas dificuldades de concepção residem na cultura judiciária dominante, que apenas se reflete na resistência do legislador ordinário. Isso porque haveria muitos caminhos hermenêuticos para "redescobrir" um processo civil liberto das amarras liberais; a questão maior será saber como — e se — ganharão força e ensejo.

Com efeito, a concepção do direito liberal-formal coloniza o pensamento jurídico a partir das universidades e das próprias escolas de magistratura. Forma-se o *juiz enunciador da lei*, que não precisa e nem quer buscar alternativas para o modelo tradicionalmente dado, e que não tem maiores compromissos com a renovação da ordem jurídica processual para a efetiva garantia da ordem jurídica material. *Apesar* da tutela processual interdital introduzida pela Lei n. 8.952/1994 no CPC, na nova redação do art. 273 do Código Buzaid, apta à concessão *"in limine litis"*, não eram poucos os juízes convictos em *jamais* a deferir antes de aparelhar o contraditório (o que significava, também ali, "ordinarizar" a tutela preventiva ou de evidência)[7], perfilhando pontos de vista restritivos que ecoaram até mesmo no STF[8]. Da mesma forma, *apesar* do poder geral de cautela conferido pelos arts. 798 e 799 do CPC de 1973, juízes tinham inapelável preferência pelas *ações cautelares nominadas* – porque a descrição legal dos pressupostos facilita o trabalho intelectivo, reduzindo-o à mera subsunção formal –, ao passo que diversos juristas sequer concebiam a possibilidade de o poder geral de cautela ser exercitado *ex officio* (o mesmo se dando com a tutela antecipada, mesmo em casos de incontrovérsia real ou ficta do pedido, e apesar do que dispôs o § 6º do art. 273 do CPC de 1973, sob a redação da Lei n. 10.444/2002).

O perfil do juiz enunciador da lei corresponde, afinal, àquele perfil que ROMANI identificou como o do "juiz dogmático": o seguidor do método do culto ortodoxo da lógica formal-abstrata ditada pelo legislador, que – na dicção do autor – *"em nada contribui para o Direito novo, próprio do pretor urbano da antiga Roma, mais próximo a cada tempo da verdadeira justiça, aquela coerente com os direitos naturais do povo, que é o mais legítimo credor da prestação jurisdicional"*[9]. Mesmo na análise constitucional, guia-se amiúde – disso consciente ou não – pela *hermenêutica originalista* da tradição norte-americana (a que metodologicamente corresponde, *grosso modo*, a "teoria da interpretação lógica ou mecanicista do direito" de BOBBIO[10]), que pressupõe (i) o absoluto respeito à letra do texto

---

(7) Para BERMUDES, "[o] *juiz, todavia, em nenhuma hipótese a concederá liminarmente, ou sem audiência do réu, que terá oportunidade de se manifestar sobre o pedido, na contestação, caso ele tenha sido formulado na inicial, ou no prazo de cinco dias (art. 185), se feito em petição avulsa*" (Sérgio Bermudes, *Inovações do CPC*, 2ª ed., Rio de Janeiro, Forense, 1995, p.13).

(8) O finado Min. MENEZES DIREITO, antes de ser nomeado para o STF, assim decidira no STJ: "*Ainda que possível, em* **casos excepcionais***, o deferimento liminar da tutela antecipada, não se dispensa o preenchimento dos requisitos legais, assim a "prova inequívoca", a "verossimilhança da alegação", o "fundado receio de dano irreparável", o "abuso de direito de defesa ou o manifesto propósito protelatório do réu", ademais da verificação da existência de "perigo de irreversibilidade do provimento antecipado", tudo em despacho fundamentado de modo claro e preciso. O despacho que defere liminarmente a antecipação de tutela com apoio, apenas, na demonstração do 'fumus boni iuris' e do 'periculum in mora' malfere a disciplina do art. 273 do CPC, à medida que deixa de lado os rigorosos requisitos impostos pelo legislador para a salutar inovação trazida pela Lei n. 8.952/94. Recurso especial não conhecido*" (STJ, REsp n. 131.853, 3ª T., rel. Min. CARLOS ALBERTO MENEZES DIREITO).

(9) ROMANI, Dagoberto. "*O juiz, entre a lei e o direito*", in Revista dos Tribunais, São Paulo, Revista dos Tribunais, jul./1998, n. 633, p. 236.

(10) BOBBIO, Norberto. *O positivismo jurídico: lições de Filosofia do Direito*, trad. Márcio Pugliesi, Edson Bini, Carlos E. Rodrigues, São Paulo, Ícone, 1995, p. 211-222 e 237. Com BOBBIO, bem se entende que essa perspectiva – comum ao conceitualismo e aos vários positivismos – reconhece na jurisprudência "*atividade puramente* declarativa ou reprodutiva *de um direito preexistente, isto é, no conhecimento puramente* passivo e contemplativo *de um objeto já dado*" (p. 211). De nossa parte, ajustar-nos-íamos ao que BOBBIO designa como "gnoseologia de tipo *realista*" (porque tributária do "realismo jurídico"): o ato de julgar "*consiste numa atividade que é também* criativa ou produtiva *de um novo direito, ou seja, no conhecimento* ativo *de um objeto que o próprio sujeito cognoscente contribui para produzir*" (pp. 211-212).

constitucional e à vontade histórica do constituinte; **(ii)** o exclusivo manejo, pelo intérprete/aplicador, de "princípios neutros" – dir-se-ia quase formais –, como o princípio da legalidade estrita e o princípio da isonomia formal, que não lhe impõem acessar elementos extrassistemáticos (como imporiam, *e.g.*, princípios ou fundamentos como "valor social do trabalho", "dignidade da pessoa humana" ou "democracia econômica e social"); **(iii)** a circunscrição tópica da atividade hermenêutica ao previsto como possível pelo constituinte histórico, sob pena de malferimento à soberania popular (que acometeu às assembleias constituintes – e não aos tribunais – a elaboração da Constituição); e **(iv)** a renúncia à ideia de discricionariedade hermenêutica (i.e., o juiz não tem "vontade" no ato de julgar, nem lhe é dado modificar ou "atualizar" os textos constitucionais)[11].

Tal perspectiva reverencia um mundo estereotipado que arrebatou o pensamento político até o Século XIX, mas depois foi superado. Deste ponto, convém sacar a crítica específica.

4. A "DUE PROCESS CLAUSE" ENTRE A JUSTIÇA E A DEMOCRACIA

Antes de seguir com a análise do princípio do contraditório — e de acenar com as soluções para o modelo de clausura que o novo CPC anuncia —, convirá uma reflexão de ordem jurídico-filosófica.

Como disséramos alhures, noutros escritos, todo ato de julgar consubstancia um *ato de vontade comunicativa* (e, mais, um *ato de criação*), em que o juiz externaliza inclusive as suas convicções e ideologias (ainda que essa ideologia seja o entendimento de que deve apenas "reproduzir" a vontade histórica do legislador). A dicção da chiovendiana "vontade concreta da lei" depende da *vontade subjetiva* do magistrado, o que explica e justifica as inflexões do *procedural due process*: muitas das quais já assimiladas ou em vias de assimilação pela jurisprudência dos tribunais superiores, em moldes que jamais se veriam há trinta ou cinquenta anos. E, diga-se, inflexões hermeneuticamente plasmadas sob as mesmas leis que regiam o processo àquela altura.

Daí porque aderíamos a ARTHUR KAUFMANN e recusávamos a hipótese do "juiz autômato da lei", destituído de vontade juridicamente relevante. Isso porque a hipótese é fenomenicamente *impossível*: há que reconhecer, com BOBBIO, que

> "a interpretação do direito feita pelo juiz não consiste jamais na simples aplicação da lei com base num procedimento puramente lógico. Mesmo que disto não se dê conta, para chegar à decisão ele deve sempre introduzir avaliações pessoais, fazer escolhas que estão vinculadas ao esquema legislativo que ele deve aplicar"[12].

E destacávamos, no mesmo encalço, que a *segurança jurídica* não se obtém com a automatização dos juízos, mas com o reconhecimento dogmático dos *limites* do sistema, a serem esclarecidos e estabilizados de modo racional e discursivo, sem prejuízo da mobilidade e da abertura sistêmicas. Daí ser dado ao magistrado expressar-se como ser sociopolítico, sem renunciar às suas convicções pessoais e aos elementos de cultura que configuraram sua visão de mundo. É um seu *direito*:

> "los miembros de la judicatura gozarán de las **libertades de expresión, creencias,** asociación y reunión, con la salvedad de que, en el ejercicio de esos derechos, los jueces se conducirán en todo momento de manera que preserve la dignidad de sus funciones y la imparcialidad e independencia de la judicatura" (princípio n. 08 dos *Princípios* Básicos relativos à *Independência da Judicatura* – ONU, 1985 [g.n.]).

E, em certo sentido, é também um seu *dever*. Isto porque **o seu "sentimento de direito" (*Rechtsgefühl*) deve provir de sua visão de mundo, para transparecer como tal, no plano discursivo, ao tempo e modo da decisão que prolata** (art. 93, IX, da CRFB). Eis, afinal, o que assegura ao Poder Judiciário o seu gradiente de *democracia*, notadamente nos países em que o ingresso na Magistratura não se dá por eleições gerais (como em geral nos países de *"common law"*, sob mandatos vitalícios ou temporários), mas por concursos públicos ou outros modos seletivo-meritórios de acesso (como em geral nos países de *"civil law"*, em que de regra se seguem carreiras profissionais).

A concepção do *"judicial law-making"* não é, de resto, antimajoritária ou antidemocrática, como geralmente se supõe e inclusive se sustenta em espaços acadêmicos[13]. As orações acima negritadas já revelam os elementos pelos quais a atividade jurisdicional logra democratizar-se e reinventar-se a todo tempo:

a) **a liberdade de convicção técnico-jurídica** (a Democracia pressupõe a pluralidade, e o que garante ao cidadão que o mais humilde juiz do mais distante rincão não estará tecnicamente vinculado à visão de mundo e direito que domina na mais alta corte judiciária do país é a sua liberdade de convicção técnico-jurídica: suas decisões não se

---
(11) Cf. SAGÜÉS, Néstor Pedro. *La interpretación judicial de la Constitución,* Buenos Aires, Depalma, 1998. p. 101.
(12) BOBBIO, Noberto. *O positivismo...,* p. 237.
(13) Cf., *e.g.*, John Hart Ely, *Democracry...,* 1980, *passim*; ou ainda, Ran Hirschl, *Towards Juristocracy, passim.*

sujeitam a um modelo autocrático e antidemocrático de reprodução mecânica de súmulas de jurisprudência, a não ser por expressa ressalva constitucional[14]);

b) a **publicidade das decisões** (a Democracia pressupõe a possibilidade de controle público da autoridade constituída, para cujo fim não há melhor instrumento que a irrestrita publicidade dos atos de império, vicejante em praticamente todos os sistemas judiciários, a não ser por expressa ressalva constitucional[15]);

c) a **fundamentação das decisões** (a Democracia pressupõe informação e contraditório, para o que é indispensável, nos sistemas judiciários em geral, que os interessados conheçam e compreendam as razões pelas quais a pretensão deduzida foi ou não acolhida).

Observe-se que todos os atributos acima reportados – liberdade de convicção técnico-jurídica (vinculada à própria ideia de independência judicial), publicidade processual e fundamentação judicial – são corolários do *procedural due process*. Não é demais afirmar, portanto, que a *due process clause* é, por assim dizer, uma das vigas-mestras de sustentação dos regimes democráticos contemporâneos.

Mas não é só. Contrapondo essa mesma objeção acerca do caráter antidemocrático e antimajoritário de um sistema judiciário com aptidões criativas (aliás, *"a mais grave de todas"*), CAPPELLETTI vai além e esclarece, a propósito, o seguinte:

d) a rigor, mesmo os poderes normativos exercidos pela Administração Pública e pelos parlamentos não gozam, em termos realmente autorais, de plena legitimidade democrática, já que geralmente a atividade normativa é capitaneada por "colégios de burocratas" e condicionada por uma série de alianças e subserviências políticas que não têm qualquer respaldo no voto popular (sequer indiretamente, já que são funções constitucionais indelegáveis). São os juízes, ao revés, os que em tese logram guardar dessas ingerências políticas e burocráticas a distância mais segura, já que pouco dependem de conjunturas políticas e arranjos administrativos (ao menos nos países com carreiras de magistratura) e podem se manter à margem de tais influências sem quaisquer prejuízos;

e) a absoluta hegemonia da vontade das maiorias será, as mais das vezes, um grave sintoma *antidemocrático* (vejam-se, p.ex., os episódios de totalitarismo[16] e de populismo caudilho do século XX). São os juízes, ao revés, os que têm a missão constitucional de resguardar os direitos e interesses das *minorias* – particularmente no que diga respeito às dimensões da jusfundamentalidade –, de modo a poder *"frustrar o ramo político quando este, por estar muito ligado ao sentimento majoritário, atropela certos direitos fundamentais dos indivíduos ou das minorias"*[17];

f) a própria *acessibilidade* dos juízes à população, institucional e sociologicamente, seja por imperativo constitucional (art. 5º, XXXV, da CRFB) ou pela maior capilaridade orgânica dos corpos judiciários, tende a tornar o Judiciário um poder mais democrático e dialógico, desde que obviamente haja permeabilidade pessoal e cultural a essas experiências[18].

Em realidade, o que distingue a atividade legislativa da atividade judicante não é a sua criatividade substancial, mas o *modo* como ela é engendrada[19]. Os parlamentos legislam a partir de *inputs* de diversas naturezas (políticos, sociais, econômicos), mas tendencialmente *difusos* e *abstratos* (na medida da sanidade do próprio sistema legislativo, i.e., da sua maior ou menor suscetibilidade à ação de corruptores, *lobbys* e grupos de interesses não classistas). Os juízes, ao contrário, desenvolvem o *judicial law-making* a partir de *focos concretos* (modelo de *cases and controversies*) e em *"regime de soberania vinculada"*

---

(14) Como se deu, no Brasil, com o advento da EC n. 45/2004 e a instituição das súmulas vinculantes no âmbito do STF (art. 103-A da CRFB).
(15) No Brasil, art. 5º, LX, da CRFB, conferindo legitimidade ao art. 155 do CPC.
(16) A respeito, veja-se, por todos, Hanna Arendt, *As Origens...*, *passim*.
(17) CAPPELLETTI, Mauro. *Processo...*, p. 22.
(18) CAPPELLETTI reproduz dizeres de S. M. HUFSTEDLER, no sentido de que, *"enquanto resulta quase impossível a muitos não potentados o acesso aos gabinetes dos parlamentares ou às salas deliberativas de muitos órgãos administrativos, 'a chave para abrir a porta de um Tribunal' consiste num simples ato de citação"* (*Processo...*, p. 22). Não se trata aqui, obviamente, do paradigma do "juiz que vai às ruas" (ultimamente muito festejado, mas ainda incongruente com realidades sociológicas de juízes encastelados nos fóruns ou entrincheirados em corporações). Trata-se, sim, de uma estrutura pensada para fazer vir o grito das ruas aos recintos dos tribunais, sobretudo mais recentemente, como resultado do movimento pelo acesso à Justiça (cf., por todos, Cappelletti, Garth, *Acesso à Justiça*, pp. 31 e ss., com as três "ondas" do enfoque do acesso à justiça).
(19) Cf. BACHOF, Otto. *"Der Richter als Gesetzgeber?"*, in *Tradition und Fortschritt im Recht: Festschrift zum 500jähringen Bestehen der Tübinger Juristenfakultät*, Tübingen, J.C.B. Mohr, 1977, pp. 177-192. Problema que, a propósito, o autor reconhece como *universal* (p. 178), paralelo àquele mesmo da eficácia declaratória ou constitutiva (*"deklaratorische oder konstitutive Wirkung"*) das decisões que reconhecem, em caráter *"principaliter"*, a inconstitucionalidade de normas infraconstitucionais (p. 187).

(CARNELUTTI), o que implica, segundo CAPPELLETTI, (i) uma perspectiva inercial (*nemo iudex sine actore*); (ii) uma perspectiva de limitação objetivo-subjetiva ao âmbito de controvérsia definido pelas próprias partes (*ne eat iudex ultra petita a partibus*); e (iii) uma perspectiva necessariamente dialética (*audiatur et altera pars*)[20].

Mais uma vez, aparecem os atributos clássicos do *procedural due process*, desdobrando uma importante constatação: **os conteúdos formais da *due process clause* constituem, a um tempo, a substância que dá *identidade* à atividade judicial "criativa"** (em relação p.ex. à legislação) **e também aquela que, dimensão política, *justifica-a* democraticamente**.

Para a Democracia, portanto, o devido processo legal cumpre concomitantemente — mas não exclusivamente, por óbvio — os papéis de *causa eficiente* (porque a sustenta endógena e exogenamente), de *causa formal* (porque justifica-a e nela se justifica) e de *causa final* (porque deve ser dela um objetivo).

A hipótese de um Poder Judiciário não criativo, com um corpo de magistrados que apenas repita os textos de lei e adapte a vontade histórica do legislador aos casos concretos, em modo de pura subsunção formal, não atende aos pressupostos políticos do Estado Democrático de Direito. Sob tais circunstâncias, torna-se irrelevante a maior ou menor acessibilidade à população (instrumental ou sociologicamente). A Magistratura torna-se incapaz de refletir a diversidade e a pluralidade do pensamento jurídico. E é menos apta a preservar as minorias contra os ímpetos das maiorias políticas, que ditam os textos de lei. É que tampouco a "lei" é um fenômeno empiricamente abstrato ou neutro, na exata medida em que "[o] *Estado, nos seus vários níveis, não é neutro. Ele sofre pressão de grupos extremamente fortes que atuam dentro das burocracias estatais, nas secretarias, nas assembleias* [...]"[21]. Daí porque, estresindo SCHWARTSMAN, "[u]*ma boa receita para produzir o pior dos mundos é aplicar com máximo zelo todas as leis vigentes*"[22].

Assim, reservar ao juiz o papel de mero enunciador da lei é, na verdade, retirá-lo do jogo de *"checks and balances"*, vergastando um dos mais importantes mecanismos da forma republicana de governo. E, mais que isso, é manietar o próprio *"procedural due process"*, por combalir a independência judicial. Afinal,

"a independência do juiz há de ser compatível com sua configuração humana como sujeito de capacidade plena, de preocupações pela justiça que vão além de seu exercício profissional, e como titular de todos os direitos que a lei não lhe restrinja ou suprima em atenção a razoáveis medidas de incompatibilidade. Falamos, pois, de **um juiz não facilmente domesticável, não mudo, nem mais diminuído em seus direitos do que o indispensável**"[23].

Ademais, é seguro que o postulado *in claris cessat interpretatio* já não se põe, em absoluto, no direito contemporâneo. Não há lei, por mais clara ou detalhada que seja, capaz de recusar ao intérprete/aplicador um mínimo exercício de criatividade e construção semântica. O que se deve discutir hoje, afinal, já não é a *legitimidade* da criação judiciária, mas — seguindo ainda CAPPELLETTI — o *grau*, o *modo*, os *limites* e a própria *aceitabilidade social* da criação do Direito pelas cortes judiciais[24]. O que significa discutir, no marco desta Tese, *como* e *quanto* o *substantive due process* pode, em "criando", *infletir* o *procedural due process*.

5. REPENSANDO O CONTRADITÓRIO EM PERSPECTIVA JUSFUNDAMENTAL

Nessa ordem de ideias, e especialmente no âmbito do processo do trabalho, parece claro que, sobre se aplicar a concepção hodierna de contraditório — pela qual "*cada parte processual é chamada a apresentar as respectivas razões de facto e de direito, a oferecer as suas provas ou a pronunciar-se sobre o valor e resultado de umas e outras*", em todas as fases do processo, sob estruturação dialética, pela qual todo movimento realizado por uma parte abre ao *"ex adverso"* a possibilidade de realizar um outro, de igual relevância, tendente a contrariar os efeitos do precedente[25] —, é preciso também pensar seus contextos de exceção.

O contraditório assegura, inequivocamente, o *direito de influenciar* e o ônus de debater; e, para mais, pressupõe

---

(20) CAPPELLETTI, Mauro. *Processo...*, p. 17.
(21) KOWARICK, Lúcio. "*Centro de cobiça*", in *O Estado de S. Paulo*, 29.01.2012. p. J-3.
(22) SCHWARTSMAN, Hélio. "*Tão perto, tão longe*", in *Folha de S. Paulo*, 27.01.2012, p. A-2. Adiante, por constatar que "*a aplicação mecânica de regras (ainda que razoáveis) pode engendrar verdadeiros absurdos*", o articulista pontua, sobre os paradoxos entre a lei formal e a realidade em seu entorno, que "[a] *solução* [...], *além de rever e aprimorar continuadamente os protocolos, é deixar que as pessoas usem o seu bom-senso. Na média, ele mais acerta do que erra.* [...] *Essa ao menos foi a aposta da natureza, ao dotar os humanos de cérebros capazes de comportamento flexível, isto é, de responder de forma diferente a diferentes situações*".
(23) VALIENTE, Francisco Tomás y. "*Independencia judicial y garantía de los derechos fundamentales*", in *Constitución: Escritos de introducción histórica*, Madrid, Marcial Pons, 1996. p. 163 (g.n.).
(24) CAPPELLETTI, Mauro. *Processo...*, p. 16. Pouco antes dizia que "[e]*ssas reflexões, que poderiam, talvez, parecer revolucionárias há mais de um século, hoje não apresentam nada de novo*".
(25) Abrantes Geraldes, *Temas...*, p. 75 (citando BALTAZAR COELHO). O novo CPC rende homenagem a esse conceito pleno.

o acesso à mais ampla *informação processual*[26]. O novo CPC claramente incorpora essas dimensões, por exemplo, no novo *incidente de desconsideração da personalidade jurídica* do art. 77 e ss. (o que passa a constituir um *procedimento cível especial*, incidental aos ritos de cumprimento da sentença, já não bastando a "mera" decisão judicial fundamentada). Veja-se, p.ex., a previsão pela qual, "[r]equerida a desconsideração da personalidade jurídica, o sócio ou o terceiro e a pessoa jurídica serão citados para, no prazo comum de quinze dias, se manifestar e requerer as provas cabíveis"; oportunizam-se, é claro, outras "providências" de caráter defensivo, como, v.g., o esvaziamento das contas bancárias pessoais e familiares, antecipando penhoras eletrônicas...

Ora, em especial no processo do trabalho, "avisar" previamente os sócios da provável desconsideração da personalidade jurídica da respectiva sociedade empresarial corresponderá, amiúde, ao comprometimento de todos os esforços executivos da parte ou do juiz. Então, cabe perguntar: a despeito da letra fria da lei, e tendo em conta as necessidades concretas do caso, *o que substancialmente não pode ser infletido, sob pena de agressão à garantia constitucional do contraditório?* Ou, noutras palavras, **o que compõe o *núcleo essencial irredutível* (= "*Wesenskern*") da garantia constitucional do contraditório?**

Pois bem. À luz das convenções internacionais e do marco civilizatório ditado pelas constituições contemporâneas mais influentes, pode-se aprioristicamente indicar quatro elementos mais íntimos, componentes do "*Wesenskern*" da garantia do contraditório:

a) a oportunidade formal de contraditório mínimo (independentemente do seu momento, desde que possa ser útil);

b) a possibilidade formal de informação mínima (o que abrange, portanto, o dever de motivação dos principais atos decisórios judiciais);

c) o caráter acusatório do devido processo penal;

d) o direito à defesa técnico-jurídica (exclusivamente no processo penal).

Respeitados, então, esses limites, e tendo em mira sobretudo o processo não penal (e particularmente o processo do trabalho), *quando e o que se pode infletir?*

De regra, admite-se que *a lei* possa infletir a garantia do contraditório. Trata-se, pois, de aspecto obviamente sujeito ao poder de conformação do legislador ordinário, observados os metalimites imanentes já apontados. Assim, *e.g.*, o art. 3º, 2, do CPC de Portugal (anteriormente à reforma de 2013), após dispor que "[o] *tribunal não pode resolver o conflito de interesses que a acção pressupõe sem que* [...] *a outra* [parte] *seja devidamente chamada para deduzir oposição*", registrava de plano a possibilidade de inflexão legal, segundo as ponderações materiais que o legislador oportunamente fizer, desde que em caráter excepcional:

"Só nos **casos excepcionais previstos na lei** se podem tomar providências contra determinada pessoa sem que esta seja previamente ouvida" (g.n.).

Na sequência (n. 3), concretizava uma das dimensões do princípio do contraditório, não sem novamente o excepcionar:

"O juiz deve observar e fazer cumprir, ao longo de todo o processo, o princípio do contraditório, não lhe sendo lícito, **salvo caso de manifesta desnecessidade**, decidir questões de direito ou de facto, mesmo que de conhecimento oficioso, sem que as partes tenham tido a possibilidade de sobre elas se pronunciarem" (g.n.).

Está claro, portanto, que a ordem jurídico-processual portuguesa admitia, como ainda admite, as figuras do *contraditório mitigado*, do *contraditório eventual* e do *contraditório diferido*, que são todas inflexões formais da garantia do contraditório. É também o que sempre se passou no Brasil (conquanto sem tanta clareza legislativa[27]) e, de regra, em todos os países cujos sistemas processuais admitem, em alguma hipótese, provimentos judiciais de urgência. "*De lege ferenda*", aliás, o que recentemente se debateu no parlamento brasileiro foi precisamente a *justa medida* da intervenção do juiz para garantir o contraditório nos processos judiciais: se haverá de fazê-lo indiscriminadamente, como regra, ou se o interesse do Estado-juiz em promover o contraditório limitar-se-ia às situações de "hipossuficiência técnica"[28].

---

(26) Ou, com GALANTINI: *"partecipazione"*, *"contrapposizione"* e *"comunicazione"*. Cf. Novella Galantini, *"Limiti e deroghe al contraddittorio nella formazione della prova"*, in *Il contraddittorio tra Costituzione e legge ordinaria: Atti del convegno (Ferrara, 13-15 ottobre 2000)*, Associazione tra gli studiosi del processo penale, Milano, Giuffrè, 2002. p. 81.

(27) Na verdade, o atual Código de Processo Civil brasileiro *desconhece* o vocábulo "contraditório", que não tem lugar ao longo de seus 1.220 artigos. Promulgado no início da década de setenta (1973), o Código Buzaid foi sobretudo pensado na perspectiva da segurança jurídica e do procedimento, sem maior pendor para enfatizar a perspectiva das garantias processuais fundamentais. Vale lembrar que, em 1973, o Brasil vivia o auge de sua ditadura militar, sob a presidência do General-de-Exército Emílio Garrastazu Médici.

(28) O art. 7º do projeto estatuía, na redação original (anteprojeto), que "[é] *assegurada às partes paridade de tratamento em relação ao exercício de direitos e faculdades processuais, aos meios de defesa, aos ônus, aos deveres e à aplicação de sanções processuais, **competindo ao juiz velar pelo efetivo contraditório em casos de hipossuficiência técnica***" (g.n.). Já no relatório-geral do Senador VALTER PEREIRA para o PLS n. 166/2010, a expressão "*em*

Mas descrevamos, ainda que brevemente, as três hipóteses-paradigmas de inflexão do contraditório. Como explicado alhures, o juiz está autorizado, no *contraditório diferido*, a julgar de plano o mérito da causa ou da questão, por meio de decisão provisória, com uma adequada inversão de fases: a parte afetada poderá exercer o contraditório, mas somente após a decisão tomada, podendo o juiz revê-la adiante. É o regime de contraditório reservado para as técnicas de *antecipação de tutela* (v.g., art. 273 do CPC). No *contraditório eventual*, de outra parte, não se invertem as fases processuais, mas as próprias posições das partes no processo: elimina-se o contraditório do interior de um certo procedimento, transferindo-o para uma ação incidental (como se dá com os embargos do devedor nas execuções de títulos extrajudiciais) ou para uma ação independente, de caráter geral ou especial (como se dá, p. ex., nas ações de desapropriação[29]).

Convém ainda reconhecer, ademais, a figura do *contraditório mitigado*. Em algumas hipóteses, tendo em conta a natureza dos interesses materiais envolvidos no litígio e/ou a urgência da decisão final, o legislador *limita* as matérias fáticas ou jurídicas passíveis de controvérsia processual. Engendram-se normalmente situações jurídicas muito delicadas, não raro suscitando dúvidas de constitucionalidade; mas, ainda assim, são em tese possíveis. No Brasil, p. ex., o DL n. 911/1969, ao regular aspectos materiais e processuais do contrato de alienação fiduciária em garantia no mercado financeiro e de capitais[30] (art. 66-B da Lei n. 4.728/1965) e da respectiva propriedade resolúvel (arts. 1.361 a 1.368-A do NCC), dispôs originalmente que *"na contestação* [da ação de busca e apreensão do bem alienado fiduciariamente] *só se poderá alegar o pagamento do débito vencido ou o cumprimento das obrigações contratuais"* (art. 3º, § 2º), e nada mais; não se poderia opor à pretensão de busca e apreensão, p.ex., a nulidade do contrato de alienação fiduciária. Mitigava-se, por força de lei, o contraditório possível[31]; e mitigava-se mal. Daí que, por razões várias (envolvendo inclusive o critério da devida proporcionalidade, mal resolvido pelo legislador de antanho), sustentamos a inconstitucionalidade dessa mitigação[32]. Hoje, melhor diríamos: havia inconstitucionalidade por malferimento dos *metalimites dialógicos* das inflexões formais do processo. Com efeito, o Decreto-lei de 1969 restringiu o direito de defesa para privilegiar o crédito das instituições bancárias e financeiras, então os credores fiduciários por excelência. Logo, na contraposição concreta dos interesses materiais subjacentes (i.e., no juízo concreto de proporcionalidade), a solução legislativa carecia do elemento da *proporcionalidade em sentido estrito*: no fim das contas, sacrificava-se uma garantia individual do consumidor — geralmente hipossuficiente econômico em face do banco fiduciário — em prol do direito creditício-patrimonial de uma pessoa jurídica. E de fato, trinta e cinco anos depois, tais limitações ao contraditório foram finalmente *revogadas*, por força da Lei n. 10.931/2004.

Haverá ensejos, ademais, em que duas ou mais técnicas de inflexão do contraditório serão combinadas. No processo laboral brasileiro, p. ex., reza a CLT que, uma vez garantida a execução trabalhista ou penhorados bens a tanto bastantes, o executado terá cinco dias para apresentar os seus embargos à execução, sendo certo que "[a] *matéria de defesa será restrita às alegações de cumprimento da decisão ou do acordo, quitação ou prescrição da dívida"* (art. 884, § 1º). Admitindo-se, na esteira do que se passa no processo civil, que esses embargos à execução têm natureza de *ação autônoma de impugnação*, exsurge que o contraditório em sede de execução trabalhista exerce-se, nessa condição, de modo *eventual* (i.e., por meio de uma ação incidental) e *mitigado* (i.e., atendo-se a certas matérias). Outra vez, porém, objeções de constitucionalidade têm sido esgrimidas; e, por conta delas, são feitos naturais esforços de interpretação conforme. TEIXEIRA FILHO[33] a propósito obtemperou — e com ele concordamos — que,

---

casos de hipossuficiência técnica" desapareceu, disso resultando que, ao menos literalmente, ao juiz competiria velar pela efetividade do contraditório *em qualquer circunstância*. Até meados de 2012, o projeto ainda tramitava na Câmara dos Deputados. Aprove-se, porém, com ou sem a expressão, é provável que esses movimentos suscitem ulteriores debates doutrinários acerca dos *limites da disponibilidade do contraditório* no âmbito do processo civil. Ganhar-se-á, de resto, em um ponto: o princípio do contraditório passará a ter positividade no Código de Processo Civil brasileiro.

(29) Veja-se o art. 20 do DL n. 3.365/1941: *"A contestação só poderá versar sobre vício do processo judicial ou impugnação do preço; qualquer outra questão deverá ser decidida por ação direta"* (g.n.).

(30) E, no que diz com o procedimento especial de busca e apreensão, também para a propriedade fiduciária constituída para garantir débitos fiscais ou previdenciários, nos termos do art. 8º-A, *in fine*, do DL n. 911/1969 (com a redação da Lei n. 10.931/2003).

(31) OVÍDIO BAPTISTA (*Processo e Ideologia*, pp.153 e ss.) compreendia ser esse um dos casos de *contraditório eventual* (e não meramente mitigado), de modo que os vícios do contrato de alienação fiduciária em garantia poderiam ser discutidos em ação autônoma (como se dá, p.ex., com as ações de desapropriação do DL n. 3365/1941). De se ver, porém, que (a) o § 2º do art. 3º do DL n. 911/1969, na redação original, *não previa "in expressis verbis"* a possibilidade de se discutirem outras questões contratuais *"por ação direta"* (i.e., autônoma); e (b) ainda que se admitisse essa possibilidade, como um consectário inapelável do próprio sistema processual (*ut* art. 5º, XXXV, da CRFB), haveria sério risco de que, ao tempo do contraditório ampliado (em "ação direta"), o bem dado em garantia fiduciária já houvesse sido apreendido e vendido. Logo, ante os efeitos muitas vezes irreversíveis da sentença no procedimento especial (à vista, p.ex., da alienação do bem para terceiros de boa-fé), melhor era mesmo reconhecer, na hipótese, a figura do contraditório *mitigado*, aquém do contraditório eventual.

(32) Cf. G. G. Feliciano, *Tratado...*, *passim*.

(33) Manoel Antonio Teixeira Filho, *Curso...*, v. III, pp. 2255-2256.

"[p]revalecesse o senso exclusivamente literal do preceito normativo trabalhista, *sub examen*, haveríamos de concluir que ao embargante seria lícito, apenas, alegar cumprimento do acordo ou da decisão, quitação ou prescrição da dívida, porquanto *restringir* significa limitar, circunscrever. A interpretação literal é, no entanto, a mais pobre das técnicas hermenêuticas, seja no particular ou no geral. Seria insensato supor, p.ex., que ao embargante fosse defeso alegar a inexigibilidade do título, a ilegitimidade de parte, a incompetência do juízo, o impedimento ou a suspeição do juiz, o excesso de execução e o mais, como se esses fatos não existissem no mundo jurídico. A riqueza e a amplitude da realidade prática não podem ser confinadas nos estreitos limites do art. 884, § 1º, da CLT, sob pena de perpetrar-se, com isso, odiosa ofensa a direitos [fundamentais] legítimos do devedor. Se, para alguns, a particularidade de o legislador trabalhista haver pretendido limitar as matérias a serem suscitadas pelo embargante àquelas mencionadas no texto deveu-se à sua preocupação de permitir que a execução tivesse curso célere, para nós o fato deve ser atribuído a uma visão simplista (ou estrábica) da realidade em que o processo se desenvolve. O **processo do trabalho pode ser simples sem ser simplório, assim como pode perseguir o ideal de celeridade sem sacrifício de certos direitos constitucionais essenciais à defesa dos interesses das partes.** [...] A praxe, mais sábia que o legislador, vem permitindo que o embargante alegue matéria não relacionada no art. 884, § 1º, da CLT, mas de alta relevância para o processo e para o próprio Judiciário" (g.n).

Revelam-se, outra vez, os metalimites dialógicos, desta feita pelo desatendimento do elemento da *necessidade*: para concordar praticamente a garantia do contraditório do réu e o direito do autor à efetividade executiva, com a fruição mais pronta possível de seus créditos alimentares (o que TEIXEIRA FILHO traduziu, no excerto, como "ideal de celeridade" do processo do trabalho), não é realmente *necessário* que as matérias de defesa se resumam àquelas do art. 884, § 1º, da CLT, já que até mesmo as defesas mais fadigosas na prática — aquelas que exigem prova de fatos (com a oitiva de testemunhas) — estão tacitamente admitidas pela lei (§ 2º[34]). Se até essas são cabíveis, fere a lógica do razoável que se suprimam do conteúdo dos embargos matérias eminentemente jurídicas ou aritméticas — ilegitimidade de parte, incompetência do juízo, excesso de execução, decadência, compensação tardia, inexigibilidade do título (matéria hoje obliquamente admitida no § 5º, por força da MP n. 2.180-35/2001[35]) etc. — que, a rigor, não exigem mais do que alguns parágrafos a mais de reflexão ao tempo da decisão judicial. Noutros termos, se é do devido processo substantivo que ninguém será privado de seu direito à vida, à liberdade ou à propriedade, ou dos demais direitos fundamentais que dimanam destes (como é o *contraditório*, sem o qual não é dado privar pessoa alguma de seus bens ou liberdade[36]), *sem a devida proporcionalidade*, então a restrição do art. 889, § 1º, da CLT restringe o *procedural due process* desproporcionalmente e, por consequência, não é possível interpretá-lo na sua estrita literalidade.

5. A INSTRUÇÃO NORMATIVA N. 39/2016, DO TRIBUNAL SUPERIOR DO TRABALHO: (DES)ACERTOS

A despeito dos argumentos até aqui alinhavados, o Tribunal Superior do Trabalho, em deliberação plenária, terminou por advogar a *assimilação quase plena* das regras dos arts. 9º e 10 do NCPC (Lei n. 13.105/2015). Poderia ser diferente. Com efeito, nos termos de suas *"consideranda"*, a resolução toma em conta — e bem identifica — que

[...] o Código de Processo Civil de 2015 não adota de forma absoluta a observância do princípio do contraditório prévio como vedação à decisão surpresa, como transparece, entre outras, das hipóteses de julgamento liminar de improcedência do pedido (art. 332, *caput* e § 1º, conjugado com a norma explícita do parágrafo único do art.487), de tutela provisória liminar de urgência ou da evidência (parágrafo único do art. 9º) e de indeferimento liminar da petição inicial (CPC, art. 330) [...];

e que

[...] o conteúdo da aludida garantia do contraditório há que se compatibilizar com os princípios da celeridade, da oralidade e da concentração de atos processuais no Processo do Trabalho, visto que este, por suas especificidades e pela natureza alimentar das pretensões nele deduzidas, foi concebido e estruturado para a outorga rápida e impostergável da tutela jurisdicional (CLT, art. 769) [...].

---

(34) *"Se na defesa* [i.e., nos embargos ou na sua contestação] *tiverem sido arroladas testemunhas, poderá o Juiz ou o Presidente do Tribunal, caso julgue necessários seus depoimentos,* **marcar audiência para a produção das provas***, a qual deverá realizar-se dentro de 5 (cinco) dias"* (g.n).
(35) *"Considera-se inexigível o título judicial fundado em lei ou ato normativo declarados inconstitucionais pelo Supremo Tribunal Federal ou em aplicação ou interpretação tidas por incompatíveis com a Constituição Federal"*. Ver a respeito o § 32, *infra*.
(36) Art. 5º, LIV e LV, da CRFB.

Mas, apesar disto, termina por conceber um modelo de aplicação "parcial" do art. 10/NCPC que, na prática, se admitido em sua literalidade, significará legar, para o processo do trabalho, um inescusável *prejuízo* em termos de concentração, de celeridade e de duração razoável.

É que, nos termos do art. 4º da IN n. 39/2015, o E. Pleno do Tribunal Superior do Trabalho "antecipou" o seu convencimento técnico-jurídico de que os arts. 9º e 10 do NCPC — e, por lógica, todos os seus congêneres — têm aplicação *quase integral* ao processo do trabalho, *exceto quanto às questões de estrito processo-procedimento*. Vejamos:

> Art. 4º. Aplicam-se ao Processo do Trabalho as normas do CPC que regulam o princípio do contraditório, em especial os arts. 9º e 10, no que vedam a decisão surpresa.
>
> § 1º Entende-se por "decisão surpresa" a que, no julgamento final do mérito da causa, em qualquer grau de jurisdição, aplicar fundamento jurídico ou embasar-se em fato não submetido à audiência prévia de uma ou de ambas as partes.
>
> § 2º Não se considera "decisão surpresa" a que, à luz do ordenamento jurídico nacional e dos princípios que informam o Direito Processual do Trabalho, as partes tinham obrigação de prever, concernente às condições da ação, aos pressupostos de admissibilidade de recurso e aos pressupostos processuais, salvo disposição legal expressa em contrário. (g.n.)

Logo, *todas as questões de mérito* ("de fundo") — sejam elas *questões de fato* ou *questões de direito* — passam a exigir prévio debate entre as partes, sem que o juiz do Trabalho possa decidir sobre elas, num sentido ou noutro, se não ouvir antecipadamente as partes. Do contrário, haveria "decisão-surpresa"; e, portanto, nulidade do julgado. A se consolidar este entendimento, serão incontáveis as conversões em diligência, a partir do dia 18.03.2016, para oitiva "técnica" de reclamante e/ou reclamado, bastando, para tanto, que os juízes percebam não ter sido objeto de debate, pelas partes processuais, um qualquer elemento de sua *"ratio decidendi"* global.

É curioso observar, no particular, que o Tribunal Superior do Trabalho terminou sendo mais *rigoroso* no quesito do contraditório, ante os ditames da novel Lei n. 13.105/2015, do que sinalizou ser *o próprio Superior Tribunal de Justiça*, por seu órgão oficial de formação de magistrados (notadamente no plano federal). Com efeito, por ocasião do *Seminário «O Poder Judiciário e o Novo Código de Processo Civil»* (entre 26 e 28.08.2015), a *Escola Nacional de Formação e Aperfeiçoamento de Magistrados (ENFAM)*, órgão criado pela EC n. 45/2004 e instituído pela Resolução STJ n. 3/2006, aprovou e publicou vários *enunciados* — votados, diga-se, por cerca de *quinhentos* magistrados presentes[37] (o que potencializa a sua legitimidade sociológica) —, muitos relativos à questão do contraditório e da interpretação/aplicação do art. 10 do NCPC (no processo comum!). Vejamos os principais, no que interessa a este estudo:

1. Entende-se por "fundamento" referido no art. 10 do CPC/2015 o substrato fático que orienta o pedido, e não o enquadramento jurídico atribuído pelas partes.

2. Não ofende a regra do contraditório do art. 10 do CPC/2015, o pronunciamento jurisdicional que invoca princípio, quando a regra jurídica aplicada já debatida no curso do processo é emanação daquele princípio.

3. É desnecessário ouvir as partes quando a manifestação não puder influenciar na solução da causa.

4. Na declaração de incompetência absoluta não se aplica o disposto no art. 10, parte final, do CPC/2015.

5. Não viola o art. 10 do CPC/2015 a decisão com base em elementos de fato documentados nos autos sob o contraditório.

6. Não constitui julgamento surpresa o lastreado em fundamentos jurídicos, ainda que diversos dos apresentados pelas partes, desde que embasados em provas submetidas ao contraditório.

Pois bem. Resulta claro, por diversos desses enunciados (como, p. ex., os de ns. 1, 2, 3 e 6), que não se exigirá inflexivelmente o exercício *prévio* do contraditório, *mesmo quanto às questões de mérito* (i.e., "de fundo"), desde que: (a) a decisão judicial reporte-se a normas-princípios de que derivam as normas-regras debatidas nos autos (e, supomos nós, também no caso oposto: decisão que se reporte a norma-regra que derive de norma-princípio debatida nos autos); ou desde que (b) trate-se de mera reconfiguração jurídica do que foi debatido no plano fático; ou, ainda, *"si et quando"* (c) a manifestação sobre a questão de fato ou de direito — ainda que "de fundo" — não possa razoavelmente influir na causa. Oxalá a jurisprudência dos tribunais regionais do trabalho e, adiante, a do próprio Tribunal Superior do Trabalho articule-se nesse sentido, muito mais adequado que o perfilhado na IN n. 39/2016, tanto do ponto de vista constitucional — inclusive por tudo o que se alinhavou acima —, como também do ponto de vista estritamente pragmático.

E nada obstará a que seja assim, inclusive porque, a rigor, uma "instrução normativa" não poderá vincular o convencimento técnico-jurídico dos magistrados trabalhistas, nem no primeiro grau, nem no segundo grau (TRTs) e tampouco no Tribunal Superior do Trabalho, sob pena de violação à garantia constitucional da inde-

---

(37) V. *http://www.enfam.jus.br/o-novo-cpc/* (acesso em 10.04.2016).

pendência judicial. Assim é que nem mesmo os ministros do TST, tendo — ou não — votado a favor do texto da IN n. 39/2015, estão a ele adstritos.

Diga-se mais. Para efeito de prévio balizamento teórico da Magistratura do Trabalho no que atine à aplicação do NCPC (objetivo que, afinal, inspirou a edição da IN n. 39/2016), o que o Tribunal Superior do Trabalho poderia/deveria ter providenciado, à maneira do Superior Tribunal de Justiça, seria um ciclo de debates institucionais, com amplitude, criticidade e dialeticidade, capitaneado pela Escola Nacional de Formação e Aperfeiçoamento de Magistrados do Trabalho (ENAMAT); e, a partir disso, divulgado enunciados de fundo doutrinário. Teria sido mais adequado, a nosso ver, do que a edição de uma instrução normativa, que obviamente nada poderá "normatizar", de modo válido, quanto a futuros entendimentos de juízes de 1º e 2º graus.

Agora, temos a instrução normativa. Mas, a propósito, *nec habemus legem*.

7. À GUISA DE CONCLUSÃO

Em um correto olhar constitucional, é certo que *o legislador* pode em tese *dimensionar o contraditório*, com maior ou menor liberdade. Pode diferi-lo, mitigá-lo e/ou condicioná-lo, conforme as características das pretensões materiais hipoteticamente tensionadas. Os *tribunais* — como indiretamente se ensaiou, p.ex., na recente IN TST n. 39/2016 —, jamais.

É de rigor concluir, ademais, que, não o fazendo adequadamente o legislador (como parece ter sido o caso, no NCPC), e disso derivando *prejuízo concreto* a outros direitos e interesses jusfundamentais envolvidos (o que somente se aferirá *"in casu"*), o *juiz* **poderá fazê-lo** (*i.e.*, **infleti-lo: mitigá-lo, diferi-lo, condicioná-lo**), *secundum legem*, *praeter legem* ou mesmo *contra legem*, **no exercício da jurisdição** (e não em prelibações administrativas); mas, para fazê-lo, **deverá sempre ter** à vista os interesses materiais em jogo, em juízos concretos de ponderação. Isto, aliás, *decorre textualmente da norma do art. 489, § 2º, do NCPC* ("No caso de "). Fora dessa hipótese, porém, o juiz não poderá adaptar o modelo legal-formal ditado pelo Parlamento; não, ao menos, nos sistemas de *civil law* (como o nosso).

Falamos aqui, atente o leitor, de *adequação constitucional* da lei processual civil (ou, se preferir o leitor, de *interpretação conforme a Constituição* em sede de controle difuso), o que serve para o processo do trabalho, mas também para o próprio processo civil. Não estamos tratando, ao menos por ora, da *subsidiariedade/complementariedade* do processo comum em relação ao processo do trabalho (arts. 769/CLT e 15/NCPC). Esta é uma outra discussão, a que não se propõe o presente estudo.

No campo da adequação constitucional, entretanto, é como pensamos. É como divisamos o chamado **poder--dever de adequação formal** do juiz constitucional. E é como haverá de ser, tanto mais quando se lida, na Justiça do Trabalho, com um processo que, para se servir subsidiariamente dos ditames do novo Código, terá de supor *compatíveis* as normas episodicamente incorporadas. E, no campo laboral, a compatibilidade associa-se, inexoravelmente, à dignidade própria das pretensões materiais vazadas em juízo, geralmente alimentares.

8. REFERÊNCIAS BIBLIOGRÁFICAS

ARENDT, Hanna. *As Origens do Totalitarismo*. Trad. Roberto Raposo. 6. ed. São Paulo: Companhia das Letras, 2006.

BACHOF, Otto. *"Der Richter als Gesetzgeber?"* In: *Tradition und Fortschritt im Recht: Festschrift zum 500jährigen Bestehen der Tübinger Juristenfakultät*. Tübingen: J.C.B. Mohr, 1977.

BATISTA, Ovídio. *Processo e Ideologia: o paradigma racionalista*. 2. ed. Rio de Janeiro: Forense, 2006.

BERMUDES, Sérgio. *Inovações do CPC*. 2. ed. Rio de Janeiro: Forense, 1995.

BOBBIO, Norberto. *O positivismo jurídico: lições de Filosofia do Direito*. Trad. Márcio Pugliesi, Edson Bini, Carlos E. Rodrigues. São Paulo: Ícone, 1995.

CAPPELLETTI, Mauro. *Processo, Ideologias e Sociedade*. Trad. Elício de Cresci Sobrinho. Porto Alegre: Sergio Antonio Fabris Editor, 2008. v. I.

ELY, John Hart. *Democracy and Distrust: A Theory of Judicial Review*. Cambridge: Harvard University Press, 1980.

FELICIANO, Guilherme Guimarães. *Tratado de Alienação Fiduciária em Garantia: Das bases romanas à Lei n. 9.514/97*. São Paulo: LTr, 1999.

FILHO, Manoel Antonio Teixeira. *Curso de Direito Processual do Trabalho*. São Paulo: LTr, 2009. v. III.

GALANTINI, Novella. *"Limiti e deroghe al contraddittorio nella formazione della prova"*. In: *Il contraddittorio tra Costituzione e legge ordinaria: Atti del convegno* (Ferrara, 13-15 ottobre 2000). Associazione tra gli studiosi del processo penale. Milano: Giuffrè, 2002.

GERALDES, António Santos Abrantes. *Temas da Reforma do Processo Civil*. 2. ed. Coimbra: Almedina, 1998. v. I.

HIRSCHL, Ran. *Towards Juristocracy: the origins and consequences of the new constitutionalism*. Cambridge: Harvard University Press, 2004.

KOWARICK, Lúcio. *"Centro de cobiça"*. In: *O Estado de S. Paulo*, 29.01.2012, p. J-3.

PEDRO SAGÜÉS, Néstor. *La interpretación judicial de la Constitución*. Buenos Aires: Depalma, 1998.

ROMANI, Dagoberto. *"O juiz, entre a lei e o direito"*. In: *Revista dos Tribunais*. São Paulo: Revista dos Tribunais, jul./1998. n. 633.

SCHWARTSMAN, Hélio. *"Tão perto, tão longe"*. In: *Folha de São Paulo*, 27.01.2012, p. A-2.

TOMÁS Y VALIENTE, Francisco. *"Independencia judicial y garantía de los derechos fundamentales"*. In: *Constitución: Escritos de introducción histórica*. Madrid: Marcial Pons, 1996.

Novos horizontes da execução trabalhista: alterações do CSJT e do CPC tendentes a agilizar a execução trabalhista

Homero Batista Mateus da Silva (*)

1. USO RACIONAL DOS MEIOS ELETRÔNICOS E A REVALORIZAÇÃO DA PROVA INDICIÁRIA

Empregamos a expressão "uso racional dos meios eletrônicos" para destacar o incrível manancial de informações disponíveis nos sistemas e computadores e que normalmente são mal utilizados pelo processo judicial.

A rotina de se expedir o mandado de citação, penhora e avaliação por meio dos oficiais de justiça, com base nos endereços constantes de contratos sociais velhos e desatualizados, muito faz lembrar os procedimentos do século XIX e em nada se assemelham ao dinamismo da vida cotidiana, em que contas são pagas pela internet e negócios jurídicos são celebrados por correio eletrônico. Não há nenhuma razão para o processo judicial se afastar dos recursos tecnológicos.

Convém lembrar que esse apego ao modelo antigo em nada se confunde com a adoção do Processo Judicial Eletrônico (PJe): muitas Comarcas já aderiram ao PJe, mas continuam a praticar os procedimentos do processo castiço, ou seja, gastam-se fortunas com a compra de máquinas e equipamentos para a adoção do processo eletrônico, mas ainda se confia no endereço constante do contrato social depositado na Junta Comercial, exigindo do oficial de justiça numerosas diligências até que ele localize o paradeiro do devedor.

Aproveitamos o ensejo para questionar o próprio uso do edital como forma de citação, tanto na fase de conhecimento quanto na fase de execução: será que o réu realmente desapareceu ou será que ele desapareceu apenas para o alcance do radar modesto do processo judicial?

Exceto se o réu se escondeu numa caverna — sem conexão com a internet —, a chance de ele estar em plena circulação, com outros endereços ou identificações, é muito elevada — e para isso, novamente, o uso racional dos meios eletrônicos deve ser potencializado pelos magistrados, partes e advogados, como forma de se agilizarem os contatos. Se o executado desapareceu com algum nível de conforto, como TV a cabo ou pagamento de mensalidade escolar, então ele deve constar de cadastros eletrônicos, sendo de pouca serventia o endereço auto-declarado no contrato social ou no estatuto de constituição da sociedade civil.

Acessar os meios eletrônicos tampouco quer dizer fazer o bloqueio dos ativos dos executados junto à autoridade monetária — conhecido como o convênio do BACEN. Após um período inicial de relativa euforia, o bloqueio formalizado através do sistema do Banco Central perdeu sua eficácia, pois os executados podem facilmente esvaziar suas contas correntes e investimentos tão logo tenham início os procedimentos executórios, não sendo, portanto, surpresa que a ordem de bloqueio encontre os ativos zerados.

Os meios eletrônicos neste ato rememorados são aqueles que permitem o rastreamento de bens e direitos dos devedores, bem assim de seus endereços atualizados. Explica-se.

Se é verdade que o executado pode apresentar endereço defasado para a Junta Comercial ou para o cartório extrajudicial quando da formalização da pessoa jurídica, esse procedimento malicioso já se torna mais difícil quando o assunto é a abertura de uma conta corrente ou de investimento em instituições financeiras. A rede bancária está treinada para não aceitar comprovantes de endereço falsos ou modestos, como uma velha conta de luz ou um antigo recibo de entrega de gás. Ao revés, são exigidos documentos bastante atualizados — às vezes, as contas ordinárias do próprio mês da negociação, sendo rejeitados todos os meses anteriores — complementando-se a documentação com visitas ao local de trabalho ou de atuação do cliente ou interessado.

Se o assunto for a concessão de empréstimo financeiro, então, o nível de exigência sobe ainda mais, acrescentando-se documentação das pessoas físicas responsáveis pelo empreendimento e maior número de visitas ao local, a fim de se certificar sobre a idoneidade dos endereços e dos dados colhidos.

(*) *Juiz titular da 88ª Vara do Trabalho de São Paulo e professor de direito do trabalho da Faculdade de Direito do Largo de São Francisco.*

Neste sentido, o acesso à ficha de abertura da conta bancária é medida muito mais contemporânea e racional do que o acesso à ficha de abertura da pessoa jurídica. Não deveria ser assim, evidentemente, pois todas as informações repassadas aos órgãos públicos e órgãos privados colaboradores das instituições públicas deveriam se pautar pela lisura e pela atualidade, mas sabemos que uma nota de realismo se impõe ao direito, para que este não se perca em suas utopias.

Em suma, os endereços dos órgãos públicos de assentamento do comércio e da indústria são vulneráveis; os endereços disponíveis na rede bancária são mais sólidos.

A ficha de abertura do relacionamento bancário pode ser acessada pelo Cadastro do Cliente do Sistema Financeiro, conhecido pela sigla CCS.

O acesso ao CCS, portanto, é medida salutar, que nem ao menos deveria provocar hesitação no magistrado ou ficar na dependência de solicitação da parte contrária.

Pode ser feito tanto na fase de conhecimento – reduzindo sensivelmente a quantidade de citações por edital – quanto na fase de execução – racionalizando o trabalho do oficial de justiça e indicando o endereço mais preciso do executado, em detrimento da série de endereços desatualizados que permeiam o processo judicial, desde aqueles contratos sociais de décadas passadas até os endereços superados que são descritos como novos em procurações e cartas de preposição.

O acesso ao CCS é feito no mesmo sítio eletrônico do Banco Central do Brasil, de modo simplificado, sendo suficiente que a autoridade judicial solicite as informações cadastrais, não envolvendo nem sequer a quebra de sigilo bancário do investigado.

Mas isso não é tudo.

O CCS apresenta, também, o conceito de pessoa vinculada ao executado.

A expressão "pessoas vinculadas" está longe de ser consensual e tem gerado muitas dúvidas sobre como o magistrado deve triar essa informação.

A pessoa vinculada pode ser um simples procurador da empresa, inclusive com vínculo de emprego, como um gerente, um tesoureiro ou um assistente de menor qualificação, a quem se passam poderes para retirar talões de cheques, cartões de plástico ou eventualmente movimentar os investimentos.

No entanto, a pessoa vinculada pode ser também uma forma de contemplar o sócio oculto com maior liberdade para a movimentação bancária. Por exemplo, a pessoa jurídica pode ter dois sócios de direito – que não movimentam a conta bancária – e uma pessoa vinculada que faz tudo pela empresa, desde a tomada do empréstimo até a outorga da quitação.

É razoável que se levantem questionamentos sobre essa forma de algumas empresas procederem, especialmente naqueles cenários em que os sócios de direito nem ao menos são conhecidos dos empregados, clientes e fornecedores, tudo resolvido pelos sócios de fato ou sócios ocultos.

Esses indícios podem repousar em alguns processos sob a forma de alegação, pelo credor, de sociedade de fato, mas o grau de dificuldade no manejo dessa prova sempre foi considerado elevado.

A prova processual mais comum disponível ao trabalhador – que é a prova testemunhal – é também uma das mais fracas para evidenciar procedimentos de sociedade de fato ou irregular, do uso de testas de ferro, laranjas ou outros mecanismos escusos. Neste sentido, o reforço documental vindo do Cadastro do Cliente do Sistema Financeiro é muito expressivo e pode representar a virada na formação do convencimento judicial do magistrado.

No caso particular do acionamento do CCS em fase de conhecimento, podem surgir também algumas dúvidas sobre os poderes para recebimento da citação. Entretanto, é bastante razoável que se insista na citação na pessoa do procurador – ou da "pessoa vinculada", como se diz na ficha – quando o paradeiro da empresa é desconhecido. Ora, não faz sentido que uma empresa seja considerada desaparecida, mas seus procuradores ou gerentes tenham endereço conhecido.

E há ainda mais uma peculiaridade do CCS que deveria ser explorada com mais sagacidade pelo processo do trabalho: a "pessoa vinculada" pode ser uma outra pessoa jurídica.

Ao início do relacionamento bancário, a pessoa natural ou jurídica aponta quais são as outras empresas com as quais ela possua algum tipo de vínculo jurídico ou econômico. Se, por um lado, o executado achar que, para algumas autoridades convém não revelar a existência de empresas coligadas, em outras circunstâncias a divulgação das empresas coligadas aumenta o cacife e o potencial de negociação. Ou seja, em algumas circunstâncias pertencer a um grupo econômico se torna um fardo – sobretudo quando a responsabilidade solidária entre os integrantes é reivindicada pelos credores – mas, em outras circunstâncias, o agrupamento é motivo de êxito, de prestígio e de concessão de melhores linhas de crédito, justamente porque maiores são as garantias de solvabilidade.

Ora, a informação de que outras pessoas jurídicas estão vinculadas à primeira pessoa jurídica mostra-se bastante relevante para o processo do trabalho. Pode-se argumentar que se tratava de uma sociedade de propósito específico, para a construção de um prédio comercial, ou que se tratava de algum tipo de consórcio transitório de empregadores, mas evidentemente que a informação sobre uma pessoa jurídica que se declara "vinculada" a outra pessoa jurídica deve ser recebida com redobrada atenção pelo processo do trabalho, para o qual é tão caro o conceito de grupo econômico por administração, controle ou direção conjunta – art. 2º, § 2º, da CLT.

Caso o acesso ao CCS não seja exitoso – não se localizando pessoas físicas ou jurídicas vinculadas nem se extraindo informação anteriormente desconhecida no processo –, podem-se igualmente procurar mecanismos para o desenvolvimento do processo de execução em outras ferramentas eletrônicas contemporâneas, sendo conveniente destacar o Sistema de Investigação de Movimentação Bancária – SIMBA.

Não se trata de um conceito novo. Seu desenvolvimento remonta à década de 2000 e já foi citado para recebimento de prêmios de inovação em prol do Judiciário. É utilizado largamente pela Procuradoria da República e por outros órgãos públicos, tendo sido formalmente inserido ao processo do trabalho pela Resolução n. 138/2014 do Conselho Superior da Justiça do Trabalho. A Resolução não obriga o magistrado a fazer uso do convênio – aliás, não obriga nem mesmo o Tribunal Regional do Trabalho a oferecer a adesão a todos os magistrados, podendo ficar restrito a um grupo de juízes afetos à execução ou aos núcleos de pesquisa – e é certo que muitas reservas são feitas quanto ao alcance da quebra do sigilo bancário do investigado.

De toda forma, o fato a ser realçado é que este tipo de sistema, capaz de resumir a movimentação bancária do investigado em poucas palavras, tende a apontar hábitos de consumo ou sinais exteriores de riqueza que não são perceptíveis por outros mecanismos.

Por exemplo, causará estranhamento que um investigado, desprovido de bens em nome próprio, faça pagamentos regulares por vagas em garagem em edifícios comerciais, vagas em garagem de veículos náuticos ou revisão de carros importados. Claro que alguém pode pagar o serviço de uma concessionária de veículos sem ser dono do veículo, mas o fato é demasiado incomum para passar despercebido numa investigação. Da mesma forma, a pessoa locatária da vaga em marina náutica tende a ser também ela a proprietária da embarcação náutica e não uma pessoa caridosa com os amigos.

Neste ponto, o SIMBA terá de ser cotejado com o sistema de presunções e de indícios muito discutidos nos processos judiciais. Se o magistrado não puder ou não quiser trabalhar com algum grau de presunção, então de nada servirá o sistema de investigação bancária ou qualquer outro sistema que objetive traçar hábitos de consumo do investigado: afinal, para se chegar a esse nível de sofisticação em processo de execução, já foram esgotados os meios convencionais e as diligências nos endereços conhecidos, donde a indispensabilidade de algum grau de presunção para se avançar no processo.

Em outras palavras, a revelação de que a pessoa paga despesas em concessionária de veículos, em garagens náuticas ou em outros serviços de valor agregado, sem que, todavia, seja ela proprietária de direito dos bens afetos a esses serviços deve ser seguida pela presunção de que ela seja proprietária de fato dos bens, passando-se a uma nova fase processual, com expedição de ofícios e investigação sobre quais seriam esses bens guarnecidos ou passíveis daqueles serviços.

Desnecessário frisar a resistência que esse pensamento apresentará no processo judicial em geral e no processo do trabalho em particular.

Eventual arresto de uma lancha ou iate, no exemplo da marina náutica, ou de um veículo importado, no exemplo dos gastos efetuados em concessionária de carros, seguramente provocará acusações de quebra do direito ao contraditório ou de inversão tumultuária ao processo. Contudo, a acusação deveria ser desde logo cotejada com a falta de cooperação do devedor e a absoluta escassez de informações e de bens para a solvência do débito. Cuidado redobrado deve o julgador apresentar para não incorrer na constante tentação de "relação de vassalagem com a defesa", na feliz expressão de Passos Cabral (2014).

Não deveria causar espanto, ademais, que o arresto neste caso seja fruto de um juízo de verossimilhança ou de uma construção de indícios. Na verdade, "mesmo na decisões finais, obtidas com cognição plena e exauriente, não se pode obter mais do que a verossimilhança", lembra-nos Flach (2010), de modo que a verossimilhança de um arresto pode não ser nem maior nem menor do que aquela de uma penhora.

Faz tempo que o processo do trabalho espera um estudo acalentado sobre a **prova indiciária**.

No âmbito criminal, o conceito é bem delineado pelo art. 239 do Código de Processo Penal: "Considera-se indício a circunstância conhecida e provada, que, tendo relação com o fato, autorize, por indução, concluir-se a existência de outra ou outras circunstâncias".

À época do CPC de 1939, havia previsão expressa para o uso favorável da prova indiciária em caso de vícios como o dolo e a fraude, o que, aliás, muito se adaptaria às necessidades prementes dos processos de execução desvirtuados por procedimentos escusos utilizados pelos devedores. Dispunha o art. 252: "O dolo, a fraude, a simulação e, em geral, os atos de má fé poderão ser provados por indícios e circunstâncias".

O patrimônio de uma pessoa jurídica não deveria ser utilizado para pagar despesas ordinárias de outra pessoa jurídica, nem o sócio proprietário deveria ter a revisão anual de seu veículo paga pelo caixa da empresa ou da empresa coligada. Um dos pilares da separação da pessoa física das pessoas jurídicas é justamente oferecer maior clareza sobre a distinção entre os assuntos familiares e pessoais do sócio dos assuntos corporativos. Desnecessário grande esforço para se observar a promiscuidade patrimonial entre sócios e corporações, o que guarda até mesmo um traço cultural na sociedade brasileira. Pode-se argumentar que o processo do trabalho não tem muitos instrumentos para combater a promiscuidade patrimonial, mas, por outro lado, fica difícil sustentar que o processo do trabalho não deveria alcançar o patrimônio do sócio se no cotidiano se verificou tanta naturalidade no fluxo do dinheiro de uma pessoa para outra.

A prática brasileira, que neste texto se chamou de promiscuidade patrimonial, prejudica fortemente os esforços dos órgãos de fiscalização e controle. Por exemplo, um profissional das ciências contábeis que orientar o cliente a transferir ativos de uma empresa para outra, sem nenhuma razão jurídica, ou a efetuar pagamentos particulares em nome da pessoa jurídica, pode sofrer sanções de suspensão e de multas, pois terá ferido o **princípio da entidade**. Por este nome, o Conselho Federal de Contabilidade salienta a importância da especificação dos patrimônios e procura combater a confusão patrimonial espalhada pelo mundo corporativo (Resolução n. 750/1993, atualizada em 2010).

Os conceitos de prova indiciária, de grupo econômico de fato e de direito e de presunções relativas nada têm de novo, mas sua revalorização, mormente no processo de execução, tende a vencer obstáculos severos para o bom uso dos meios eletrônicos, como se procurou demonstrar.

A este estudo se deve somar a análise das mudanças do Código de Processo Civil de 2015, especialmente nos dispositivos e postulados capazes de afetar o processo de execução trabalhista.

Vamos a eles.

2. PENHORA EM ORDEM FLEXÍVEL – 835, § 1º, DO CPC 2015

Sugere-se inicialmente uma reflexão sobre a ordem dos bens penhoráveis.

Na verdade, nunca foi muito cristalina a importância de se possuir uma ordem preferencial de bens penhoráveis, embora essa marca fosse constante tanto no âmbito do CPC/1973 (art. 655) quanto na Lei de Execuções Fiscais (art. 11 – Lei n. 6.830/1980) e também na CLT (art. 882, que faz remissão direta ao art. 655 do CPC). Logo, como a lei não contém palavras inúteis e estamos diante de um cenário em que três normas procedimentais apontam uma lista de prioridades, deve haver algum sentido nessa preocupação do legislador.

No cotidiano forense, todavia, esse sentido é normalmente associado com pedidos maliciosos de nulidade processual, ou seja, os executados que nunca colaboraram com o andamento processual e que se mantiveram em silêncio por longos períodos costumam reaparecer em prazo de embargos somente para alegar a nulidade do processo por haver sido priorizada a penhora sobre um bem em detrimento de outro em posição melhor nas listas elaboradas pelo legislador.

Esse argumento, embora possa ter êxito pela força da interpretação gramatical, não leva em consideração o grau de aceitação do bem, as circunstâncias com que foram penhorados, o estado de conservação do bem e, ainda, a conhecida lei da oferta e da procura.

Explica-se.

Na Lei de Execução Fiscal, as cabeças de gado aparecem em sétimo lugar numa lista que contém embarcações em quinta posição e pedras preciosas, em terceiro posto. Claro que as pedras preciosas devem ter alto valor agregado e que muitas embarcações seriam capazes de saldar dívidas imensas. No entanto, pensemos num processo de execução numa Comarca com forte atuação do agronegócio ou com expressiva população na zona rural. A vedação legal a que sejam penhorados os semoventes pelo singelo argumento de que o executado possui algum tipo de embarcação ou ofereceu uma joia à penhora é, no mínimo, ingênua.

Eram necessários vários meses de andamento processual para que se fizessem os esforços para a alienação judicial da joia ou da lancha, para, somente após, se voltarem as atenções para, digamos, o gado leiteiro de boa aceitação na região.

Isso sem contar a elevada controvérsia, por exemplo, de penhora de imóvel, que nem sempre consegue ser averbada nos cartórios extrajudiciais e nem sempre contam com a propriedade integral do devedor – basta lembrar das hipóteses recorrentes de respeito à meação e das alegações de bem de família.

O CPC de 2015 traz uma novidade relativamente pequena, contida numa única linha, mas que pode desatar várias execuções travadas e liberar os magistrados e os oficiais de justiça a perquirirem bens de menor "patamar" na gradação legal, mas de melhor aceitação no mercado.

"É prioritária a penhora em dinheiro, podendo o juiz, nas demais hipóteses, alterar a ordem prevista no caput de acordo com as circunstâncias do caso concreto", dispõe o art. 835, § 1º, do CPC.

Receio de incompatibilidade com o processo do trabalho não deve haver nenhum: a CLT nada dispõe sobre a penhorabilidade dos bens nem faz exigências a respeito. Ao revés, neste particular a CLT é bastante entusiasta da aplicação do CPC, pois promove uma espécie de exceção da exceção: a) o art. 769 da CLT faz menção à aplicação subsidiária do processo civil comum em caso de omissão da lei trabalhista; b) o art. 889 da CLT diz, no entanto, que em matéria de execução a subsidiariedade deve ser feita com a Lei de Execução Fiscal – Lei n. 6.830/1980; c) o art. 882 da CLT, entretanto, diz que, em se tratando da ordem de bens à penhora, a remissão deve ser feita ao art. 655 do CPC, diretamente, sem passar pela Lei n. 6.830/1980, a qual teria, também ela, uma lista de ordem de bens à penhora, no art. 11. Daí por que o art. 655 do CPC é a exceção da exceção, pois o natural era o uso do art. 11 da Lei n. 6.830/1980.

Uma curiosidade derradeira sobre o tema: o art. 655 do CPC formalmente desaparece em março de 2016 com a entrada em vigor do CPC de 2015.

Assim, desapareceria com ele o art. 882 da CLT, pelo argumento de que este fez menção a um dispositivo que viria a ser revogado?

A pergunta não é irrelevante e, de fato, já houve situações em que a interpretação prevalecente foi a revogação do dispositivo que referenciada outro dispositivo retirado do ordenamento, por inconstitucionalidade, não recepção ou revogação.

O legislador, em verdade, assume risco muito elevado quando se propõe a tratar de um assunto usando remissão textual a outra norma. Talvez agisse melhor se dissesse apenas qual o diploma jurídico que ele deseja utilizar como paradigma, isto é, poderia o art. 882 da CLT dispor simplesmente que a ordem dos bens à penhora seguiria aquela do "processo civil" ou do "direito processual comum", sem fazer referência expressa ao artigo de lei, como, aliás, foi feito na redação mais genérica do art. 769 da CLT.

Para sorte da CLT – e foi mesmo um golpe de sorte, porque o processo do trabalho é pleno de situações de anacronismo jurídico –, o art. 1.046, § 4º, do CPC de 2015, cuidou de resolver o problema antes de ele nascer: "As remissões a disposições do Código de Processo Civil revogado, existentes em outras leis, passam a referir-se às que lhes são correspondentes neste Código".

Assim, o art. 882 da CLT deve ser lido da seguinte forma, doravante: "O executado que não pagar a importância reclamada poderá garantir a execução mediante depósito da mesma, atualizada e acrescida das despesas processuais, ou nomeando bens à penhora, observada a ordem preferencial estabelecida no art. 835 do Código Processual Civil de 2015".

3. DEPÓSITO DE BENS MÓVEIS EM PODER DO EXEQUENTE – 840, § 1º, DO CPC 2015

A CLT é completamente omissa quanto à figura do depositário do bem penhorado ou de alguma forma constrito.

O art. 880 faz menção ao mandado de citação para o devedor pagar o valor devido e o art. 882 refere depósito, mas no sentido de quantia paga em dinheiro à disposição do Juízo. Não é desse depósito que cuidamos. O depósito é a figura do Código Civil (art. 627 para o depósito voluntário e art. 647 para o depósito necessário), pela qual a pessoa se compromete a zelar pelo bem e o devolver assim que solicitado – no caso, pela autoridade judicial.

O art. 629 do Código Civil preceitua que "o depositário é obrigado a ter na guarda e conservação da coisa depositada o cuidado e diligência que costuma com o que lhe pertence, bem como a restituí-la, com todos os frutos e acrescidos, quando o exija o depositante".

Uma interpretação mais apressada poderia imaginar que a penhora fosse um ato simples, em que fosse suficiente localizar e afetar um bem para a garantia da execução judicial. Labora em erro essa interpretação. A penhora é ato complexo – talvez dos mais complexos do processo judicial – formado por diversas etapas e elementos, aproximadamente na seguinte ordem: (a) citação, (b) escoamento do prazo para pagamento voluntário, (c) localização e descrição dos bens, (d) penhora, (e) avaliação, (f) compromisso do depositário e (g) ciência do devedor quanto à penhora e ao depósito realizado.

Somente após a integralidade desses atos é que o juízo será considerado garantido e o prazo para embargos à execução – também chamado embargos à penhora pela CLT – será disparado, conforme se observa do art. 884 da norma trabalhista.

Há numerosos processos em que se conseguiu a citação, mas não a penhora, ou a penhora mas não a citação – por exemplo, quando o devedor está "desaparecido", embora algum de seus bens sejam conhecidos por terem permanecido no endereço de origem ou graças aos bancos de dados públicos como os registros de imóveis e de veículos. Há casos, também, em que houve citação e penhora, mas não se conseguiu dar ciência ao devedor de que a constrição se aperfeiçoou.

E, embora em menor escala, também pode haver situações em que a penhora foi feita, mas não se conseguiu concretizar a avaliação: normalmente a avaliação é um ato natural e instantâneo, praticada pelo mesmo oficial de justiça, o qual, na Justiça do Trabalho desde a reforma de 1968, é um oficial de justiça avaliador, justamente para maior agilidade do ato. No entanto, situações específicas como a penhora de pedras preciosas, títulos e valores mobiliários ou bens de rara circulação, como turbinas aéreas ou obras de arte, podem descolar o ato da penhora do ato da avaliação.

De toda sorte, nos exemplos acima pontuados, a garantia do juízo não terá se aperfeiçoado e, para todos os efeitos, o processo não poderá passar para as outras etapas, como a alienação judicial ou mesmo os embargos à execução já mencionados.

Daí por que o ato do depósito, que parece tão simples quanto avisar o devedor de que ele deve zelar pelo bem que acaba de ser penhorado, adquire particular importância, ora enaltecida pelo CPC de 2015.

Se não, vejamos.

Dispõe o art. 840 do CPC de 2015:

> Art. 840. Serão preferencialmente depositados:
>
> I - as quantias em dinheiro, os papéis de crédito e as pedras e os metais preciosos, no Banco do Brasil, na Caixa Econômica Federal ou em banco do qual o Estado ou o Distrito Federal possua mais da metade do capital social integralizado, ou, na falta desses estabelecimentos, em qualquer instituição de crédito designada pelo juiz;
>
> II - os móveis, os semoventes, os imóveis urbanos e os direitos aquisitivos sobre imóveis urbanos, em poder do depositário judicial;
>
> III - os imóveis rurais, os direitos aquisitivos sobre imóveis rurais, as máquinas, os utensílios e os instrumentos necessários ou úteis à atividade agrícola, mediante caução idônea, em poder do executado.
>
> § 1º No caso do inciso II do *caput*, se não houver depositário judicial, os bens ficarão em poder do exequente.
>
> § 2º Os bens poderão ser depositados em poder do executado nos casos de difícil remoção ou quando anuir o exequente.
>
> § 3º As joias, as pedras e os objetos preciosos deverão ser depositados com registro do valor estimado de resgate.

A primeira parte do dispositivo não altera o estado das coisas: dinheiro deve ficar sob o depósito judicial de instituição financeira, que deve cuidar para que o dinheiro tenha rendimentos mínimos do sistema financeiro, sem que isso precise ser dito – Súmula n. 179 do STJ. Se, todavia, o executado for a própria instituição financeira depositária dos valores no âmbito do Tribunal Regional, então o dinheiro deve preferencialmente ir para outra instituição, a fim de que não se perca o conceito de penhora como bem afetado ou constrito – Súmula n. 417, II, do TST.

As novidades surgem no cotejo dos incisos II e III do art. 840, bem assim do parágrafo primeiro: observa-se uma estratégia do legislador de priorizar o depósito judicial público, onde houver, mas com a peculiaridade de se repassar para o exequente a guarda dos bens, caso o Judiciário local não tenha organizado o depósito.

Não é raro encontrar Comarca ou Tribunal desprovido do depósito judicial público.

Os espaços físicos são onerosos e sua administração, bastante complexa.

Em algumas experiências regionais, são feitos contratos com leiloeiros que já abrangem a guarda dos bens penhorados; em outros cenários, o Poder Judiciário local disponibiliza parte de sua estrutura para a guarnição de alguns bens de maior valor agregado ou aqueles bens mais sensíveis, sobre os quais pairavam rixas, por exemplo – caso de sequestro cautelar.

Mas as Comarcas trabalhistas são muitas e a realidade dos tribunais, diversificadas.

Assim sendo, é razoável supor que muitos outros locais não terão qualquer forma de depósito judicial público – próprio ou conveniado –, donde a elevada frequência de se deixar o próprio executado como depositário dos bens penhorados.

Alguns exequentes se sentem bastante prejudicados com esse procedimento, pois a penhora, na realidade, não surte o efeito desejado de afetação ou de separação de um bem. O devedor não sente a apreensão do bem e continua a desfrutá-lo como se nada houvesse acontecido.

De vez em quando surgem alguns inconvenientes, como a necessidade de pedir autorização judicial para o licenciamento anual do veículo ou as restrições à venda dos imóveis, dada a averbação feita em escritura pública. Todavia, basta lembrar a grande quantidade de bens móveis que não possuem qualquer tipo de registro público – eletrodomésticos, eletrônicos, ferramentas da profissão, produtos de informática, objetos de adorno e de conforto e assim por diante – que logo se constata a baixa eficácia da maioria das penhoras. Deixando-se de lado outras questões como a rápida obsolescência dos bens ou a dificuldade de comercialização de itens de uso pessoal, o fato é que as penhoras raramente atingem sua finalidade e o escoamento do tempo é suportado unicamente por uma das partes – o exequente –, haja vista que, para a outra parte, pouca diferença há entre a demora de um mês ou de um ano, contanto que o bem continue a ser usufruído.

Com a redação dada pelo art. 840, § 1º, há sinais de quebra desse paradigma: tirando-se as hipóteses de penhora de dinheiro (art. 840, I), de existência de depósito judicial na Comarca (art. 840, II) e, ainda, de insumos agrícolas (art. 840, III), o exequente pode requerer o direito de ficar ele próprio como depositário dos bens, em detrimento do executado.

Essa é realmente uma alteração profunda ao processo civil em geral e ao processo do trabalho em particular.

Priorizar o exequente como depositário, deixando-se o executado como depositário em segundo plano, pode inverter o peso do tempo, agilizar alguns procedimentos de execução e até mesmo desestimular o executado a indicar bens à penhora: se bem orientado, ele observará que o depósito em dinheiro apresenta eficácia muito maior, sem prejuízo das outras soluções viáveis como o acordo e o parcelamento da dívida – para quem admite a aplicação da proposta do art. 745-A do CPC de 1973, correspondente ao art. 916 do CPC de 2015.

O art. 840, § 2º, desde logo apresentou duas exceções ao direito do exequente ser depositário: situações de difícil remoção, como maquinário de grande porte ou obras de arte com necessidade de segurança patrimonial, e em qualquer caso de renúncia do exequente ao direito de ser depositário.

É razoável supor que o art. 840, § 1º, do CPC de 2015, irá lançar dúvidas sensíveis ao processo do trabalho, pois sua ênfase em atribuir ao exequente o papel de depositário poderá esbarrar na hipossuficiência do credor trabalhista, no plano técnico e econômico. Pode ser que o exequente tenha compreendido seu papel e gostaria de assumir a responsabilidade por um veículo importado, por um torno mecânico, por uma ferramenta de precisão ou por um lote de pedras preciosas, mas simplesmente não tenha onde guardá-los durante o curso do processo.

Esse tema não é de todo desprezível e irá lançar muita controvérsia processual: como a execução trabalhista não deve ser confundida com uma forma de vingança pessoal, o bem não pode ser removido apenas pelo prazer da remoção; há de se considerar a existência de garantias de que ele seja bem guarnecido e as condições dessa remoção. Basta imaginar que alguns bens, além do risco de furto, podem ensejar dificuldades e elevados custos de manutenção, conhecimento técnico específico e zelo maior para sua preservação. Removê-los por removê-los poderá ser uma atitude insensata, capaz de prejudicar o próprio exequente, se vier à tona informação sobre a obsolescência ou a depauperação do bem.

O processo do trabalho, de qualquer forma, está diante de uma oportunidade preciosa de mudança de paradigma e poderá fazer bom uso desse sistema, como forma de otimizar seu andamento e diminuir a pletora de remédios jurídicos protelatórios.

4. CONCEITO OBJETIVO DE PREÇO VIL – 891, PARÁGRAFO ÚNICO, DO CPC 2015

Há decênios se discute judicialmente o conceito de preço vil, dado em praça e leilão.

O adjetivo vil quer dizer que o preço dado foi tão baixo que chega a aviltar a condição do devedor e o próprio processo judicial. Aviltante tem de ser algo agressivo e hostil, não simplesmente um valor modesto ou uma frustração de expectativas do devedor quanto à boa aceitação dos bens penhorados. Na verdade, se o devedor quisesse um valor expressivo, dentro das condições de mercado, ou, ainda, algum ágio sobre o preço médio de mercado, deveria ter se apressado para fazer uma venda particular, e não esperado que houvesse a penhora e a alienação judicial, aspectos suficientes para a depreciação do bem, como se sabe.

A ironia desse tema do preço vil reside no fato de que quando nenhum outro argumento socorre ao devedor, é neste momento que costuma a haver a alegação de preço aviltante, mesmo quando se sabe que o bem era de difícil comercialização, estava em mau estado de conservação ou já havia sido inserido em pauta de leilão por várias vezes.

Para outros assuntos e formas de solução do conflito, o devedor não mostrou tanto empenho quanto na hora de manejar o remédio jurídico – normalmente, embargos à arrematação – acerca da alegação do preço aviltante.

E, afinal, qual seria o patamar do preço para se tornar aviltante?

Lance de 30% do valor da avaliação é aviltante ou terá sido apenas um lance baixo?

Pode um carro de luxo novo ser arrematado pelo valor de um carro popular de quinze anos?

Essas questões não podem ser respondidas apenas à luz da interpretação gramatical, pois os dispositivos legais geralmente fazem menção ao preço vil sem apresentar seu conteúdo jurídico. Induziu-se, então, a prática de cada magistrado estipular o que considera valor baixo e valor aviltante, sendo comum em diversas Comarcas que os arrematantes e as partes conheçam, por usos e costumes, os valores praticados pelo magistrado – 30% para móveis, 40% para imóveis e assim sucessivamente.

Uma solução objetiva para esse debate era bastante desejada e parece que o art. 891 do CPC de 2015 poderá representar esse parâmetro esperado:

> Art. 891. Não será aceito lance que ofereça preço vil.
>
> Parágrafo único. Considera-se vil o preço inferior ao mínimo estipulado pelo juiz e constante do edital, e, não tendo sido fixado preço mínimo, considera-se vil o preço inferior a cinquenta por cento do valor da avaliação.

De plano, o art. 891, parágrafo único, exorta o magistrado a se posicionar, previamente, no edital de praça e leilão, sobre ao patamares mínimos que serão aceitos para os lances. Essa objetividade tende a melhorar a qualidade dos leilões e poderá nortear até mesmo o exequente – para eventual adjudicação – e o executado – para eventual remição.

O dispositivo teve a sabedoria de não tabular o valor mínimo, porque os bens podem sofrer variações expressivas e dinâmicas, de acordo com seu grau de conservação, a realidade local, a época e, como já mencionado acima, a lei da oferta e da procura. Mesmo bens mais cobiçados, como imóveis, sofrem muitas oscilações de mercado e de época, além de vivenciarem peculiaridades que somente os frequentadores daquela região saberão explicar, como uma vista particularmente apreciada para um parque ou para o mar, a boa vizinhança, a segurança patrimonial ou a expansão do comércio ou das escolas da região. Logo, seria insensato que o legislador houvesse ele próprio tabulado os valores mínimos a serem aceitos por todos os magistrados brasileiros sobre todos os bens passíveis de penhora.

A fórmula encontrada foi exigir a fixação do valor mínimo em edital de praça e leilão e, a partir desse preceito, serão enfrentadas as consequências: nulidade em caso de desvirtuamento do edital com a admissão de lances inferiores, e não nulidade em caso de respeito ao valor mínimo, ainda que o executado não concorde ou se sinta, digamos, aviltado.

Há, porém, dois riscos a serem enfrentados em separado, um dos quais especialmente delicado para o processo do trabalho: o risco do silêncio do edital e o risco de o magistrado não concordar com a existência do preço vil.

O silêncio do edital gerará dúvidas, porque o art. 891 foi enfático ao solicitar que a publicação contenha ela própria o valor mínimo a ser aceito a título de lance na arrematação.

Para remediar essa lacuna, o legislador teve de fixar ele mesmo um parâmetro, que ficou em 50% do valor da avaliação, qualquer que seja a natureza do bem, conforme acima transcrito.

É verdade que 50% pode ser um patamar muito elevado para um computador obsoleto pela voracidade do tempo ou pode ser muito baixo para um apartamento de frente para o mar, na melhor localização da cidade litorânea, mas convenhamos que se fôssemos levantar a gênese de todas as penhoras jamais encontraríamos um patamar mínimo para a alienação judicial. Desse pecado o CPC de 2015 deve ser perdoado, reputando-se como bastante razoável o indicativo de 50% do valor da avaliação – em caso de omissão do edital, repita-se, que poderia e deveria ter calibrado esse percentual, para mais ou para menos, de acordo com a natureza e a conservação do bem.

O juízo da execução deve apenas ficar atento para a hipótese de, tendo o edital sido omisso, o arrematante oferecer 40% do valor da avaliação e o leiloeiro, num momento de desatenção, ter acatado a proposta: a persistirem os atos dessa alienação judicial, o risco de nulidade processual superveniente é elevado, pois o devedor, ainda que não tenha tido conduta cooperativa, poderá comparecer nos autos para dizer que havia ficado silente na expectativa de que ao menos 50% do valor da avaliação seria arrecadado e que meros 40% aviltam sua condição de parte.

Advirta-se que aceitação do preço vil é uma das causas de invalidação da arrematação que subsiste no novo CPC – art. 903, § 1º, I.

O outro risco processual parece mais agudo e mais complexo no processo do trabalho: pode o magistrado sustentar que o silêncio do edital não foi fruto de esquecimento nem autoriza o valor mínimo de 50%; antes, foi deliberado, sob o argumento de que a CLT não contempla a figura do preço vil.

Com efeito, o art. 888 da CLT, que traça linhas gerais sobre a praça e o leilão, nada dispõe sobre valor mínimo do lance nem sobre a possibilidade de o devedor alegar que a arrecadação ficou muito abaixo do esperado, aviltando-lhe a condição de parte. O art. 888, § 1º, se atém a afirmar que "os bens serão vendidos [correção: serão alienados] pelo maior lance", qualquer que seja esse "maior lance".

Com base na dicção do art. 888, § 1º, da CLT, encontra-se corrente doutrinária expressiva em prol da inexistência do preço vil ao processo do trabalho, reforçando-se o argumento pelo fato de que o preço vil tem uma conotação de forma menos gravosa da execução contra o devedor, ao passo que no processo do trabalho a forma menos gravosa deveria ser aquela que melhor atenda aos anseios do credor trabalhista.

A discussão é antiga e não será resolvida da noite para o dia. O problema é que, agora, o silêncio do edital trabalhista deixará em dúvida se ocorre porque o juiz pensou nos 50% do art. 891 do CPC ou se o juiz é partidário da tese de que qualquer valor é aceitável, sem preço vil trabalhista, a que chamaremos de tese do art. 888, § 1º, da CLT.

Se o juiz era partidário dessa segunda tese, aliás, ele poderia dizê-lo no edital, em que seria suficiente uma frase lembrando a não aplicação do art. 891 do CPC ou a afirmação de que todos os lances serão aceitos – ou, ainda, fixando em 5% ou 10% o valor do lance mínimo, escancarando sua posição jurídica a respeito.

O silêncio passa a ser pecaminoso neste campo. O magistrado que quiser fazer valer seu entendimento sobre a inexistência de preço vil no processo do trabalho assumirá elevado risco de nulidade processual, sendo suficiente que o executado leve adiante sua alegação de aplicação subsidiária do art. 891 do CPC – com chances reais de êxito – e obtenha nulidade de todo complexo da arrematação, em data tardia e com efeito retroativo.

A novidade salutar – definição do conceito de preço vil – pode ter vindo com um elevado custo de maior vigilância e atenção à elaboração dos editais. A propósito, seria suficiente que os sofisticados programas desenvolvidos para o processo eletrônico, ou para os processos análogos ainda em curso, mudasse a redação dos editais, forçando os magistrados a se posicionarem a respeito.

5. INSCRIÇÃO DA DÍVIDA TRABALHISTA EM PROTESTO EXTRAJUDICIAL E SERVIÇO DE PROTEÇÃO AO CRÉDITO – ART. 531 E ART. 782, § 3º, DO CPC 2015

Para encerrar este estudo meteórico sobre algumas novidades que a execução trabalhista recebe do CPC de 2015, cumpre refletir sobre o uso de mecanismos extrajudiciais para solucionar o processo judicial. Os dois mecanismos extrajudiciais mais conhecidos neste campo são o uso do protesto extrajudicial e o uso dos sistemas de proteção ao crédito e serviços congêneres, que elaboram listas desabonadoras de clientes inadimplentes em geral.

Terá esse sido um bom passo?

Numerosos estudos se espantam com a aceitação dos mecanismos extrajudiciais para resolver o processo judicial, por enxergarem aí uma inversão da boa ordem: o Poder Judiciário teria admitido seu fracasso total e a ineficiência do exercício do poder de polícia e dos meios expropriatórios para, então, pedir ajuda para órgãos particulares cuja principal capacidade é o constrangimento e a restrição ao crédito.

De fato, se formos pensar em termos dos escopos do Judiciário e no fato de que ele está acima de todos os órgãos privados de cobrança e de concessão de crédito, não faria nenhum sentido que se movimentasse todo o aparato judicial para, ao fim da jornada, se pedir ajuda para o órgão de patamar inferior, pois as ferramentas concebidas para o andar de cima não surtiram efeito.

A realidade, de fato, surpreende o direito constantemente. Não deixa de ser irônico que o crédito judicial somente seja pago depois de inserido o devedor, digamos, "no SPC" – uma das siglas mais famosas para os diversos tipos de serviço de proteção ao crédito.

Mas, por outro lado, fica muito difícil sustentar a pureza ideológica do Poder Judiciário como um ramo autônomo e independente da República, dotado de ferramentas eficazes de persecução penal e civil, quando, ao mesmo tempo, as taxas de solução definitiva dos conflitos são baixíssimas e o grau de satisfação do jurisdicionado, cada vez mais corroído – para não entrarmos na discussão sobre a duração razoável do processo e sobre a racionalidade de o trabalhador ter de esperar seis ou sete anos para receber os salários e benefícios atrasados.

Florestas inteiras teriam de ser derrubadas para traçarmos um panorama dos subterfúgios empregados para a frustração dos direitos trabalhistas, o desvirtuamento do processo de execução, os artifícios utilizados para a dissimulação da propriedade dos bens, os regimes de falências fraudulentas, o uso de laranjas, testas de ferro e pessoas interpostas, e, tanto pior, a percepção delicada de que a dívida trabalhista é socialmente tolerável – talvez com muito mais ênfase do que a tolerância às dívidas de locação, dívidas de crediário no comércio e dívida de créditos bancários.

Não há dívida melhor ou pior.

Todos os negócios jurídicos devem ser pautados pela boa fé recíproca e ninguém deve tomar um crédito que saiba não poderá pagar. A inadimplência em bancos ou em rede varejista é imediatamente socializada e as taxas aumentam à medida que este ou aquele credor deixa de honrar os compromissos. Não se conseguiu desenvolver no Brasil o sistema personalizado de cômputo dos juros, de acordo com algum tipo de pontuação pelo histórico de crédito e débitos da pessoa natural ou jurídica: de modo geral, todos suportam a inadimplência praticada perante o comércio, os serviços – incluindo-se o sistema financeiro – e a indústria.

Não se deve menosprezar nenhum dos gargalos do sistema de créditos e débitos nem se deve cogitar que determinadas instituições possam suportar melhor uma onda de inadimplência do que outras entidades. O raciocínio é aviltante. O que surpreende é que, dentre todas as dívidas circulantes no ordenamento brasileiro, talvez aquela de origem trabalhista esteja entre as que menos perplexidade causam.

Prova concreta dessa afirmação desconcertante é a baixa eficiência da certidão negativa de débitos trabalhistas, raramente solicitada em negócios particulares, e, mesmo quando isso é feito, várias nuances existem para relativizar as informações nela contidas. O simples fato de ter sido desenvolvida uma forma de certidão explicativa sobre o débito trabalhista já é o bastante para demonstrar o quão relativa é sua importância. A cobrança dessa certidão em processos de licitação representa muito pouco em relação ao que era esperado quando da promulgação da Lei n. 12.440/2011.

Magistrados de diversas regiões e ramos do Judiciário já praticam e praticavam o pedido de ajuda para os órgãos não judiciais, mediante ofício de papel ou requisições por correio eletrônico.

A novidade é a oficialização desses dois procedimentos – protesto extrajudicial e inserção do nome em lista de devedores – e a possibilidade de as medidas serem tomadas pelo advogado do exequente sem a anuência do magistrado.

Transcrevemos os dois dispositivos do CPC de 2015 para maior clareza:

> Art. 517. A decisão judicial transitada em julgado poderá ser levada a protesto, nos termos da lei, depois de transcorrido o prazo para pagamento voluntário previsto no art. 523.
>
> § 1º Para efetivar o protesto, incumbe ao exequente apresentar certidão de teor da decisão.
>
> § 2º A certidão de teor da decisão deverá ser fornecida no prazo de 3 (três) dias e indicará o nome e a qualificação do exequente e do executado, o número do processo, o valor da dívida e a data de decurso do prazo para pagamento voluntário.
>
> § 3º O executado que tiver proposto ação rescisória para impugnar a decisão exequenda pode requerer, a suas expensas e sob sua responsabilidade, a anotação da propositura da ação à margem do título protestado.
>
> § 3º A requerimento do executado, o protesto será cancelado por determinação do juiz, mediante ofício a ser expedido ao cartório, no prazo de 3 (três) dias, contado da data de protocolo do requerimento, desde que comprovada a satisfação integral da obrigação.
>
> Art. 782. Não dispondo a lei de modo diverso, o juiz determinará os atos executivos, e o oficial de justiça os cumprirá. (...)
>
> § 3º A requerimento da parte, o juiz pode determinar a inclusão do nome do executado em cadastros de inadimplentes.
>
> § 4º A inscrição será cancelada imediatamente se for efetuado o pagamento, se for garantida a execução ou se a execução for extinta por qualquer outro motivo.
>
> § 5º O disposto nos §§ 3º e 4º aplica-se à execução definitiva de título judicial.

Cabem algumas observações sobre o cotejo dos arts. 517 e 782 do CPC de 2015:

- o protesto pode ser feito pelo exequente sem despacho ou decisão judicial;
- para o protesto, é suficiente apresentar certidão do crédito, cuja expedição não apresenta condicionantes e, ainda, tem de ser concluída pelo órgão judicial em três dias (art. 517, § 2º);
- a inserção do devedor no serviço de proteção ao crédito, ao contrário, aparece prevista de maneira mais sutil, com requerimento da parte e deliberação do magistrado (art. 782, § 3º); a redação do dispositivo dá a entender que (a) não pode o magistrado agir de ofício e (b) pode inibir o requerimento, mediante decisão fundamentada em que constate algum inconveniente desta medida; em se tratando do magistrado, acima referido, que enxerga no serviço de proteção ao crédito a falência do Judiciário, embates devem surgir;
- esses serviços extrajudiciais são pagos; não se ignora que os órgãos privados auferirão lucro sobre referidas alterações procedimentais; a retirada do nome dos cadastros de inadimplentes tende a acarretar mais despesas para o executado;
- na hipótese de inserção equivocada do devedor no rol dos inadimplentes, as despesas deverão correr por conta do exequente;
- ambos os dispositivos pressupõem o trânsito em julgado da decisão;
- ambos os dispositivos fazem referência a decisão judicial (art. 517, caput, e art. 782, § 5º), não se viabilizando o protesto extrajudicial e a inserção no rol dos devedores em caso de título executivo extrajudicial; todavia, cumpre frisar que, para os fins do processo do trabalho, o acordo homologado em juízo tem natureza de decisão judicial, com efeitos de coisa julgada material, não pairando neste ramo processual o mesmo debate que ocorre no processo civil sobre a natureza da conciliação;
- o art. 42 do Código de Ética da OAB não permite que se leve a protesto a cobrança do honorário advocatício, tentando-se separar a dignidade da profissão do advogado de uma simples mercancia; a tendência é que surjam dúvidas a respeito, mormente naquelas hipóteses em que a verba honorária foi mesclada na sentença – honorários de sucumbência nas novas competências do processo do trabalho ou honorários da entidade sindical, dentro do modelo clássico de decisões trabalhistas.

6. REFERÊNCIAS BIBLIOGRÁFICAS

CABRAL, Antônio do Passo. Questões processuais no julgamento do Mensalão: valoração da prova indiciária e preclusão para o Juiz de matérias de ordem pública. *Revista do Ministério Público do Estado do Rio de Janeiro*. Rio de Janeiro, n. 53, p. 3-18, jul./set. 2014.

CARVALHO, J. C. O. *Por dentro das fraudes*: como são feitas, como denunciá-las, como evitá-las. São Paulo: LEX (Aduaneiras), 2007. 167p.

FLACH, Daisson. Estabilidade e controle das decisões fundadas em verossimilhança: elementos para uma oportuna reescrita. In: ARMELIN, Donaldo (coord.). *Tutelas de urgência e cautelares*: estudos em homenagem a Ovídio A. Baptista da Silva. São Paulo: Saraiva, 2010. p. 296-312.

MAMEDE, G.; MAMEDE, E. C. *Blindagem patrimonial e planejamento jurídico*. 4. ed. São Paulo: Editora Atlas, 2013. 160p.

MORO, Sérgio Fernando. Autonomia do crime de lavagem e prova indiciária. *Revista CEJ*. Brasília, a. 12, n. 41, p. 11-14, abr./jun. 2008.

PRADO, MARIANA MOTTA. The Brazilian Clean Company Act: using institutional multiplicity for effective punishment. Palestra da professora da Universidade de Toronto, proferida na Faculdade de Direito do Largo de São Francisco em 25 de agosto de 2015.

PRADO, V. M.; TRONCOSO, M. C. Grupos de Empresa na Jurisprudência do STJ. *Revista Brasileira de Direito Bancário e Mercado de Capitais*. São Paulo, n. 40, p. 97-120, abr.–jun., 2008.

REZAEE, Zabihollah. Causes, consequences, and deterrence of financial statement fraud. *Critical Perspectives on Accounting*. Vol. 16, n. 3, p. 277-298, 2005. Disponível em: <http://www.sciencedirect.com/science/article/pii/S1045235403000728>. Acesso em: 29 ago. 2015.

SANTOS, J. A. A.; BERTONCINI, M.; CUSTÓDIO FILHO, U. *Comentários à Lei n. 12.846/2013*. Lei anticorrupção. 2. ed. São Paulo: Revista dos Tribunais, 2015.

Meios eletrônicos

Conselho Federal de Contabilidade. Resolução CFC n. 750/93. Dispõe sobre os Princípios de Contabilidade (PC). Redação dada pela Resolução CFC n.. 1.282/10. Disponível em: <http://www.cfc.org.br/sisweb/sre/docs/RES_750.doc>. Acesso em: 29 ago. 2015.

International Financial Reporting Standards e International Accounting Standards Board. IAS <http://eifrs.ifrs.org/eifrs/bnstandards/en/2015/ias28.pdf>. Acesso em 29 ago. 2015.

O HISTÓRICO DA LEI DE MEDIAÇÃO BRASILEIRA: DO PROJETO DE LEI N. 94 À LEI 13.140/2015

HUMBERTO DALLA BERNARDINA DE PINHO (*)

1. CARACTERÍSTICAS DA MEDIAÇÃO[1]

A mediação[2] é um mecanismo de resolução de conflito em que as próprias partes constroem, em conjunto, um sistema de decisão, satisfazendo a todos os envolvidos e oxigenando as relações sociais.

Além disso, é uma forma heterotópica de solução de controvérsia, ou seja, em que há a participação de um terceiro intermediando ou facilitando o alcance do entendimento.[3]

Dessa forma, entende-se a mediação como o processo por meio do qual os litigantes buscam o auxílio de um terceiro imparcial que irá contribuir na busca pela resolução do conflito.[4] Esse terceiro não tem a missão de decidir (e nem a ele foi dada autorização para tanto). Ele apenas auxilia as partes na obtenção da solução consensual.

O *Uniform Mediation Act*[5] dispõe em seu item (1): "Mediation means a process in which a mediator facilitates communication and negotiation between parties to assist them in reaching a voluntary agreement regarding their dispute".

Apresentando uma visão mais pragmática, Goldberg[6] afirma que "mediation is negotiation carried out with the assistance of a third party".

Já para Maria de Nazareth Serpa,[7] mediação "é um processo informal, voluntário, onde um terceiro interventor, neutro, assiste aos disputantes na resolução de suas questões".

O papel do interventor é ajudar na comunicação por meio da neutralização de emoções, formação de opções e negociação de acordos.

Como agente fora do contexto conflituoso, funciona como um catalisador de disputas, ao conduzir as partes às suas soluções, sem propriamente interferir na substância destas.

Roberto Portugal Bacellar[8] define mediação como uma "técnica lato senso que se destina a aproximar pessoas interessadas na resolução de um conflito a induzi-las a encontrar, por meio de uma conversa, soluções criativas, com ganhos mútuos e que preservem o relacionamento entre elas".

Para Gladys Stella Álvarez[9] a mediação constitui um "procedimiento de resolución de disputas flexible y no vinculante, en el cual un tercero neutral – el mediador – facilita las negociaciones entre las partes para ayudarlas a llegar a un acuerdo".

(*) Professor Associado (UERJ). Professor Titular (Estácio). Visiting Professor (University of Connecticut School of Law). Promotor de Justiça no Estado do Rio de Janeiro.

(1) Esse artigo é o resultado da adaptação e atualização de dois textos já publicados: PINHO, Humberto Dalla Bernardina de. A mediação e o Código de Processo Civil projetado. *Revista de Processo*. ano 37. vol. 207. p. 213-238. São Paulo: Ed. RT, 2012. _____. Mediação: a redescoberta de um velho aliado na solução de conflitos. In: PRADO, Geraldo (org.). *Acesso à Justiça: efetividade do processo*. Rio de Janeiro: Lumen Juris, 2005. p. 105-124.

(2) A respeito da origem e evolução do instituto da mediação, cf.: CHASE, Oscar G. I metodi alternativi di soluzione dele controversie e la cultura del processo: il caso degli Stati Uniti D'America. In: VARANO, Vincenzo (org.). *L'altragiustizia: il metodi alternativi di soluzione dele controversie nel diritto comparato*. Milano: Giuffrè, 2007. p. 129-156.

(3) "Pode-se entender por mediação o instrumento de natureza autocompositiva marcado pela atuação, ativa ou passiva, de um terceiro neutro e imparcial, denominado mediador, que auxilia as partes na prevenção ou solução de litígios, conflitos ou controvérsias." GALVÃO FILHO, Mauricio Vasconcelos; WEBER, Ana Carolina. Disposições gerais sobre a mediação civil. In: PINHO, Humberto Dalla Bernardina de (org.). *Teoria geral da mediação à luz do projeto de lei e do direito comparado*. Rio de Janeiro: Lumen Juris, 2008. p. 19-20.

(4) PINHO, Humberto Dalla Bernardina de. Mediação – A redescoberta... cit.

(5) Aplicável nos EUA e disponível em: [www.adr.org]. Acesso em: 25.10.2008.

(6) GOLDBERG, Stephen B., SANDER, Frank E. A., ROGERS, Nancy H., COLE, Sarah R. *Dispute resolution – Negotiation, mediation, and other processes*. 4. ed. New York: Aspen Publishers, 2003. p. 111.

(7) SERPA, Maria de Nazareth. *Teoria e prática da mediação de conflitos*. Rio de Janeiro: Lumen Juris, 1999. p. 90.

(8) BACELLAR, Roberto Portugal. *Juizados especiais – A nova mediação paraprocessual*. São Paulo: Ed. RT, 2003. p. 174.

(9) ÁLVAREZ. Gladys Stella. *La mediación y el acceso a justicia*. Buenos Aires: Rubinzal-Culzoni, 2003. p. 135.

Helena Soleto Muñoz,[10] numa definição bastante amadurecida, afirma ser possível dizer que:

> "La mediación es un procedimiento a través del cual un tercero imparcial ayuda a las partes en conflicto a llegar a un acuerdo. La esencia de la mediación que refleja esta definición es la autonomía de la voluntad de las partes: son las partes las que llegan a un acuerdo, libremente, y auxiliadas por un tercero, que, consecuentemente, ha de ser imparcial. Por otra parte, esta perspectiva de la mediación se encuentra vinculada al conflicto que es objeto o puede ser objeto de un proceso".

Pelos conceitos que foram apresentados, podemos afirmar que a mediação se difere da negociação justamente pela presença do terceiro mediador, que terá como função primordial auxiliar as partes a resolver seu conflito.

Normalmente essas partes, após um fracassado processo de negociação, chegam à conclusão de que não são capazes, por elas próprias, de remover os obstáculos que impedem a celebração do acordo.[11] Buscam, num terceiro, uma forma de viabilizar a via consensual, que sabem existir, embora não sejam capazes de encontrá-la.[12]

A mediação tem se desenvolvido com êxito em diversos países, como Estados Unidos, Inglaterra, Itália e Espanha, especialmente após o advento da Diretiva 52/2008 emitida pelo Conselho da União Europeia, que fez com que seus Estados-membros se empenhassem na implementação do instituto.

O art. 3º da Diretiva 52, de 21.05.2008,[13] emitida pelo Conselho da União Europeia, define mediação como um processo estruturado no qual duas ou mais partes em litígio tentam, voluntariamente, alcançar por si mesmas um acordo sobre a resolução de seu litígio, com a ajuda de um mediador.

Observa-se, portanto, que são elementos da mediação, de acordo com a Diretiva: a estrutura do processo, a existência de duas ou mais partes, a voluntariedade do processo, o acordo das partes e, por fim, a ajuda do mediador.

No Brasil, a mediação foi objeto do II Pacto Republicano, assinado pelos três Poderes da Federação em 2009, em que, dentre os compromissos assumidos, constava o de "(...) *Fortalecer a mediação e a conciliação*, estimulando a resolução de conflitos por meios autocompositivos, voltados a maior pacificação social e menor judicialização (...)".

Com base nessa realidade, o Conselho Nacional de Justiça editou a Res. 125/2010, que versa sobre a Política Judiciária Nacional de tratamento adequado dos conflitos de interesses no âmbito do Poder Judiciário e dá outras providências, sendo que as diretrizes ali contidas vêm orientando a prática da mediação no País.

Interessante observar também que, na esteira do CNJ, o CNMP editou a Res. 118/2014,[14] que dispõe sobre a Política Nacional de incentivo à autocomposição no âmbito do Ministério Público.

Por sua vez, o Novo Código de Processo Civil recém-aprovado, em 16.03.2015, na forma da Lei n. 13.105/2015, também reconhece o instituto da mediação, trazendo, assim, um novo reforço à regulamentação do assunto, o que incentiva e acarreta segurança jurídica aos que aplicam ou se utilizam dessa técnica de solução de conflitos.

Não obstante, o marco legal da mediação no ordenamento brasileiro foi amplamente discutido pelas Casas

---

(10) MUÑOZ, Helena Soleto. La mediación: método de resolución alternativa de conflictos en el proceso civil español. *Revista Eletrônica de Direito Processual*. ano 3. vol. 3. jan.-jun. 2009. Disponível em: [www.redp.com.br].
(11) No mesmo sentido, Maria de Nazareth Serpa afirma que a mediação é um "processo onde e através do qual uma terceira pessoa age no sentido de encorajar e facilitar a resolução de uma disputa sem prescrever qual a solução. Um de seus aspectos-chave é que incorpora o uso de um terceiro que não tem nenhum interesse pessoal no mérito das questões. Sem essa intervenção neutra, as partes são incapazes de engajar uma discussão proveitosa. O terceiro interventor serve, em parte, de árbitro para assegurar que o processo prossiga efetivamente sem degenerar em barganhas posicionais ou advocacia associada". *Op. cit.*, p. 147.
(12) Afirma João Roberto da Silva que "a base do processo de mediação é a visão positiva do conflito. A ciência desta ensina o conflito como algo necessário para o aperfeiçoamento humano, seja pessoal, comercial, tecnológico, ou outro qualquer, pois, quando considera a concepção de realidade não traça um ser mediano e repleto de retidão. Para a mediação frente a análise de realidade não há ninguém normal ou anormal, somente se tem diferentes modelos de realidade" (*A mediação e o processo de mediação*. São Paulo: Paulistanajur, 2004. p. 15).
(13) Directive 2008/52/EC of the European Parliament and of the Council, of 21 May 2008, on certain aspects of mediation in civil and commercial matters. Disponível em: [www.justice.ie/en/JELR/Pages/EU_directives]. "Article 3. Definitions. For the purposes of this Directive the following definitions shall apply: (a) 'Mediation' means a structured process, however named or referred to, whereby two or more parties to a dispute attempt by themselves, on a voluntary basis, to reach an agreement on the settlement of their dispute with the assistance of a mediator. This process may be initiated by the parties or suggested or ordered by a court or prescribed by the law of a Member State. It includes mediation conducted by a judge who is not responsible for any judicial proceedings concerning the dispute in question. It excludes attempts made by the court or the judge seised to settle a dispute in the course of judicial proceedings concerning the dispute in question".
(14) Res. n. 118/2014 do CNMP. "Art. 1º Fica instituída a política nacional de incentivo à autocomposição no âmbito do Ministério Público, com o objetivo de assegurar a promoção da justiça e a máxima efetividade dos direitos e interesses que envolvem a atuação da Instituição. Parágrafo único. Ao Ministério Público brasileiro incumbe implementar e adotar mecanismos de autocomposição, como a negociação, a mediação, a conciliação, o processo restaurativo e as convenções processuais, bem assim prestar atendimento e orientação ao cidadão sobre tais mecanismos".

Legislativas e sua aprovação final no Senado ocorreu em 02.06.2015. Em 29 de junho foi publicada a Lei n. 13.140/2015.

Dessa forma, embora esse mecanismo de solução de conflitos já venha sendo amplamente utilizado tanto no âmbito judicial quanto no extrajudicial, a institucionalização legal da mediação deve ser priorizada e concretizada, garantindo que a disseminação ocorra de forma correta e que a sua prática ganhe legitimidade social, fazendo do Brasil mais uma referência mundial no estudo do tema.

2. EVOLUÇÃO HISTÓRICA NO BRASIL: DO PL 4827 À RES. 125 DO CNJ

No Brasil, a partir dos anos 90 do século passado, começou a haver um interesse pelo instituto da mediação, sobretudo por influência da legislação argentina editada em 1995.[15]

Por aqui, a primeira iniciativa legislativa ganhou forma com o PL n. 4.827/1998, oriundo de proposta da Deputada Zulaiê Cobra, tendo o texto inicial levado à Câmara uma regulamentação concisa, estabelecendo a definição de mediação e elencando algumas disposições a respeito.[16]

Na Câmara dos Deputados, já em 2002, o projeto foi aprovado pela Comissão de Constituição e Justiça e enviado ao Senado Federal, quando recebeu o número PLC 94/2002.

O Governo Federal, no entanto, como parte do Pacote Republicano, que se seguiu à EC n. 45, de 08.12.2004 (conhecida como Reforma do Judiciário), apresentou diversos Projetos de Lei modificando o Código de Processo Civil, o que levou a um novo relatório do PLC n. 94.

Foi aprovado o Substitutivo (Emenda 1-CCJ), ficando prejudicado o projeto inicial, tendo sido aquele enviado à Câmara dos Deputados no dia 11 de julho. Em 1º de agosto, o projeto foi encaminhado à CCJC, que o recebeu em 7 de agosto. Desde então, dele não se teve mais notícia.

O Projeto, em sua última versão, logo no art. 1º, propunha a regulamentação da mediação paraprocessual civil que poderia assumir as seguintes feições: (a) prévia; (b) incidental; (c) judicial; e (d) extrajudicial.

A mediação prévia poderia ser judicial ou extrajudicial (art. 29). No caso da mediação judicial, o seu requerimento interromperia a prescrição e deveria ser concluído no prazo máximo de 90 dias.

A mediação incidental (art. 34), por outro lado, seria obrigatória, como regra, no processo de conhecimento, salvo nos casos: (a) de ação de interdição; (b) quando for autora ou ré pessoa de direito público e a controvérsia versar sobre direitos indisponíveis; (c) na falência, na recuperação judicial e na insolvência civil; (d) no inventário e no arrolamento; (e) nas ações de imissão de posse, reivindicatória e de usucapião de bem imóvel; (f) na ação de retificação de registro público; (g) quando o autor optar pelo procedimento do juizado especial ou pela arbitragem; (h) na ação cautelar; (i) quando na mediação prévia não tiver ocorrido acordo nos 180 dias anteriores ao ajuizamento da ação.

A mediação deveria ser realizada no prazo máximo de 90 dias e, não sendo alcançado o acordo, dar-se-ia continuidade ao processo. Assim, a mera distribuição da petição inicial ao juízo interromperia a prescrição, induziria litispendência e produziria os demais efeitos previstos no art. 263 do CPC.

Ademais, caso houvesse pedido de liminar, a mediação só teria curso após o exame desta questão pelo magistrado, sendo certo que eventual interposição de recurso contra a decisão provisional não prejudicaria o processo de mediação.

Em 2010, o Conselho Nacional de Justiça editou a Res. n. 125, com base nas seguintes premissas:[17]

a) o direito de acesso à Justiça, previsto no art. 5º, XXXV, da CF além da vertente formal perante os órgãos judiciários, implica acesso à ordem jurídica justa;

b) nesse passo, cabe ao Judiciário estabelecer política pública de tratamento adequado dos problemas jurídicos e dos conflitos de interesses, que ocorrem em larga e crescente escala na sociedade, de forma a organizar, em âmbito nacional, não somente os serviços prestados nos processos judiciais, como também os que possam sê-lo mediante outros mecanismos de solução de conflitos, em especial dos consensuais, como a mediação e a conciliação;

c) a necessidade de se consolidar uma política pública permanente de incentivo e aperfeiçoamento dos mecanismos consensuais de solução de litígios;

d) a conciliação e a mediação são instrumentos efetivos de pacificação social, solução e prevenção de litígios, e que a sua apropriada disciplina em programas já implementados no país tem reduzido a excessiva judicialização dos conflitos de interesses, a quantidade de recursos e de execução de sentenças;

e) é imprescindível estimular, apoiar e difundir a sistematização e o aprimoramento das práticas já adotadas pelos tribunais;

---

(15) Ley 24.573, posteriormente substituída pela Ley 26.589/2010.
(16) Para um histórico completo da evolução legislativa brasileira, remetemos o leitor a: PINHO, Humberto Dalla Bernardina de (org.). *Teoria geral da mediação à luz do projeto de lei e do direito comparado*. Rio de Janeiro: Lumen Juris, 2008.
(17) Para um estudo mais completo sobre a Res. 125 e seus efeitos no desenvolvimento da mediação no Brasil confira-se: PELUSO, Antonio Cezar. RICHA, Morgana de Almeida (coord.). *Conciliação e mediação: estruturação da política judiciária nacional*. Rio de Janeiro: Forense, 2011.

f) a relevância e a necessidade de organizar e uniformizar os serviços de conciliação, mediação e outros métodos consensuais de solução de conflitos, para lhes evitar disparidades de orientação e práticas, bem como para assegurar a boa execução da política pública, respeitadas as especificidades de cada segmento da Justiça.

O art. 1º da Resolução institui a Política Judiciária Nacional de tratamento dos conflitos de interesses, com o objetivo de assegurar a todos o direito à solução dos conflitos por meios adequados, deixando claro que incumbe ao Poder Judiciário, além da solução adjudicada mediante sentença, oferecer outros mecanismos de soluções de controvérsias, em especial os chamados meios consensuais, como a mediação e a conciliação, bem assim prestar atendimento e orientação ao cidadão.[18]

Para cumprir tais metas, os Tribunais deverão criar os Núcleos Permanentes de Métodos Consensuais de Solução de Conflitos e instalar os Centros Judiciários de Solução de Conflitos e Cidadania.

A Resolução trata ainda da capacitação dos conciliadores e mediadores, do registro e acompanhamento estatístico de suas atividades e da gestão dos Centros.

3. O NOVO CÓDIGO DE PROCESSO CIVIL

Em 2009, foi convocada uma Comissão de Juristas, presidida pelo Min. Luiz Fux, com o objetivo de apresentar um novo Código de Processo Civil, sendo que, em tempo recorde, foi apresentado um Anteprojeto, convertido em Projeto de Lei (166/2010), submetido a discussões e exames por uma Comissão especialmente constituída por Senadores, no âmbito da Comissão de Constituição e Justiça do Senado Federal.

Já em dezembro de 2010 foi apresentado um Substitutivo pelo Senador Valter Pereira, que foi aprovado pelo Pleno do Senado com duas pequenas alterações. O texto foi então encaminhado à Câmara dos Deputados, em que foi identificado como Projeto de Lei n. 8.046/2010.[19]

No início de 2011 foram iniciadas as primeiras atividades de reflexão sobre o texto do novo Código de Processo Civil, ampliando-se, ainda mais, o debate com a sociedade civil e o meio jurídico, com a realização conjunta de atividades pela Comissão, pela Câmara dos Deputados e pelo Ministério da Justiça.

Por sua vez, em agosto, foi criada uma comissão especial para exame do texto, sob a presidência do Dep. Fabio Trad.

Não obstante, no ano de 2013, sob a presidência do Dep. Paulo Teixeira foi apresentado um Substitutivo no mês de julho e uma Emenda Aglutinativa Global em outubro. De dezembro de 2013 a março de 2014 foram apresentados e votados diversos destaques.[20] No dia 26 de março o Pleno da Câmara aprovou a versão final,[21] que foi remetida ao Senado para exame.

Retornando ao Senado, na etapa final, foi designada Comissão Especial para a elaboração de um parecer final, e ainda nomeada uma Comissão de Juristas para analisar o projeto, sendo que, em 27.11.2014, o relatório final da comissão foi apresentado e sua aprovação se deu em 04.12.2014.

No dia 17.12.2014 o novo Código de Processo Civil foi aprovado no Senado Federal e, após a revisão final, o texto seguiu para a Presidência da República em 24.02.2015, tendo sido sancionado em 16.03.2015 e publicado no dia 17.03.2015.

Na redação final do Código de Processo Civil/2015, podemos identificar a preocupação da Comissão com os institutos da conciliação e da mediação, especificamente nos arts. 165 a 175.

O Código prevê a atividade de mediação sendo feita dentro da estrutura do Poder Judiciário. Isso não exclui, contudo, a mediação prévia ou mesmo a possibilidade de utilização de outros meios de solução de conflitos (art. 175).

O novo Código de Processo Civil de 2015 estabelece sete princípios informativos da conciliação e da mediação, que são: independência, imparcialidade, autonomia da vontade, confidencialidade, oralidade, informalidade e decisão informada (art. 166).

Importante frisar, aqui, a relevância de a atividade ser conduzida por mediador profissional. Em outras palavras, a função de mediar não deve, como regra, ser acumulada por outros profissionais, como juízes, promotores e defensores públicos.

Neste ponto específico, como um juiz poderia não levar em consideração algo que ouviu numa das sessões de mediação? Como poderia não ser influenciado, ainda que inconscientemente, pelo que foi dito, mesmo que determinasse que aquelas expressões não constassem, formal e oficialmente, dos autos?

---

(18) Sobre o uso da mediação enquanto política pública: SPENGLER, Fabiana Marion; SPENGLER NETO, Theobaldo. *Mediação enquanto política pública: a teoria, a prática e o projeto de lei*. Santa Cruz do Sul, Edunisc, 2010. Disponível em: [www.unisc.br/portal/pt/editora/e-books/95/mediacao--enquanto-politica-publica-a-teoria-a-pratica-e-o-projeto-de-lei-.html].

(19) Todas as informações sobre as etapas do processamento do Novo Código de Processo Civil podem ser encontradas em nossa página em [www.facebook.com/humberto.dalla].

(20) Disponível em: [www.migalhas.com.br/Quentes/17,MI194900,11049-Camara+analisa+destaques+ao+projeto+do+novo+CPC].

(21) Disponível em: [www.conjur.com.br/2014-mar-26/codigo-processo-civil-aprovado-camara-deputados?utm_source=twitterfeed&utm_medium=twitter].

No art. 165, §§ 2º e 3º, do CPC/2015 se distingue as figuras do conciliador e do mediador por dois critérios objetivos: pela postura do terceiro e pelo tipo de conflito.

Assim, o conciliador pode sugerir soluções para o litígio, ao passo que o mediador auxilia as pessoas em conflito a identificarem, por si mesmas, alternativas de benefício mútuo. A conciliação é a ferramenta mais adequada para os conflitos em que não há vínculo anterior entre as partes, ao passo que a mediação é indicada nas hipóteses em que se deseja preservar ou restaurar vínculos.

Importante ressaltar que a versão original do PLS 166/2010 exigia que o mediador fosse inscrito nos quadros da OAB. Com o Relatório e o Substitutivo apresentados em 24.11.2010, prestigiou-se o entendimento de que qualquer profissional pode exercer as funções de mediador.

O Código de Processo Civil de 2015 também não exige a inscrição na OAB, mas apenas a capacitação mínima em entidade credenciada, sendo que, na hipótese de o mediador judicial cadastrado ser advogado, ficará impedido de exercer a advocacia nos juízos em que desempenhem suas funções (art. 167, §§ 1º e 5º).

Todos os dados relevantes da atuação dos mediadores deverão ser registrados, como informações sobre a performance do profissional, indicando, por exemplo, o número de causas em que participou, o sucesso ou o insucesso da atividade e a matéria sobre a qual versou o conflito. Esses dados serão publicados periodicamente e sistematizados para fins de estatística (art. 167, §§ 3º e 4º).

Aqui vale uma observação.

É digno de elogio esse dispositivo por criar uma forma de controle externo do trabalho do mediador, bem como dar mais transparência a seu ofício.

Por outro lado, é preciso que não permitamos certos exageros. Não se pode chegar ao extremo de ranquear os mediadores, baseando-se apenas em premissas numéricas. Um mediador que faz cinco acordos numa semana pode não ser tão eficiente assim. Aquele que faz apenas uma, pode alcançar níveis mais profundos de comprometimento e de conscientização entre as partes envolvidas.

Da mesma forma, um mediador que tem um *ranking* de participação em 10 mediações, tendo alcançado o acordo em todas, pode não ser tão eficiente assim. É possível que tenha enfrentado casos em que as partes já tivessem uma predisposição ao acordo ou mesmo que o "nó a ser desatado não estivesse tão apertado".

É preocupante a ideia do apego às estatísticas e a busca frenética de resultados rápidos. Esses conceitos são absolutamente incompatíveis com a mediação.

A Comissão, utilizando alguns dispositivos que já se encontravam no Projeto de Lei de Mediação, também se preocupou com os aspectos éticos de mediadores e conciliadores. Nesse sentido, fez previsão das hipóteses de exclusão dos nomes do cadastro do Tribunal, cabendo instauração de procedimento administrativo para investigar a conduta (art. 173).

Quanto à remuneração, o art. 169 do CPC/2015 dispõe que será editada uma tabela de honorários pelo tribunal, conforme parâmetros estabelecidos pelo Conselho Nacional de Justiça (CNJ).

Como visto, a preocupação do novo Código de Processo Civil é com a mediação judicial. O Código não veda a mediação prévia ou a extrajudicial, apenas opta por não regulá-la, deixando claro que os interessados podem fazer uso dessa modalidade recorrendo aos profissionais liberais disponíveis no mercado.

4. OS PROJETOS DE LEI DO MINISTÉRIO DA JUSTIÇA E DO SENADO FEDERAL

Com o advento do Projeto do Código de Processo Civil, em 2011, o Senador Ricardo Ferraço apresentou ao Senado o Projeto de Lei n. 517/2011, propondo a regulamentação da mediação judicial e extrajudicial, de modo a criar um sistema afinado tanto com o futuro Código de Processo Civil, bem como com a Res. n. 125 do CNJ.

Em 2013, foram apensadas ao PLS n. 517 mais duas iniciativas legislativas: o PLS n. 405/2013, fruto do trabalho realizado por Comissão instituída pelo Senado, e presidida pelo Min. Luis Felipe Salomão, do STJ, e o PLS n. 434/2013, fruto de Comissão instituída pelo CNJ e pelo Ministério da Justiça, presidida pelos Ministros Nancy Andrighi e Marco Buzzi, ambos do STJ, e pelo Secretário da Reforma do Judiciário do Ministério da Justiça, Flavio Croce Caetano.

Abordaremos, em primeiro lugar, o texto do PLS n. 517.

Já com a Res. n. 125 do CNJ em vigor, diante das perspectivas de regramento da mediação judicial pelo novo Código de Processo Civil, e ante a necessidade de tratar de questões concernentes à integração entre a adjudicação e as formas autocompositivas, em agosto de 2011, tivemos a oportunidade de apresentar sugestões ao Senador Ricardo Ferraço, então envolvido com os trabalhos da terceira edição do Pacto Republicano.

Formamos grupo de trabalho ao lado da professora Gabriela Asmar e nos dedicamos à tarefa de redigir um novo Anteprojeto de Lei de Mediação Civil. Após exame da Consultoria do Senado, foi apresentado o Projeto de Lei do Senado que tomou o número 517,[22] e que já segue o procedimento legislativo no Senado Federal.

---

(22) O texto pode ser consultado no sítio do Senado Federal, em [www.senado.gov.br].

O Projeto trabalha com conceitos mais atuais e adaptados à realidade brasileira. Assim, por exemplo, no art. 2º dispõe que "mediação é um processo decisório conduzido por terceiro imparcial, com o objetivo de auxiliar as partes a identificar ou desenvolver soluções consensuais".

Quanto às modalidades, o art. 5º admite a mediação prévia e a judicial, sendo que em ambos os casos pode, cronologicamente, ser prévia, incidental ou ainda posterior à relação processual.

É comum encontrarmos referências à mediação prévia e incidental, mas raramente vemos a normatização da mediação posterior, embora esteja se tornando cada vez mais comum (obviamente, há necessidade de se avaliar os eventuais impactos sobre a coisa julgada, o que não será analisado neste trabalho).

Outra inovação pode ser vista no critério utilizado para conceituar a mediação judicial e a extrajudicial. Optou-se por desvincular a classificação do local da realização do ato, adotando-se como parâmetro a iniciativa da escolha.

Assim, pelo art. 6º, "a mediação será judicial quando os mediadores forem designados pelo Poder Judiciário e extrajudicial quando as partes escolherem mediador ou instituição de mediação privada".

Não foram estabelecidas restrições objetivas ao cabimento da mediação. Basta que as partes desejem, de comum acordo, e que o pleito seja considerado razoável pelo magistrado (art. 7º).

A mediação não pode ser imposta jamais, bem como a recusa em participar do procedimento não deve acarretar qualquer sanção a nenhuma das partes (§ 2º), cabendo ao magistrado, caso o procedimento seja aceito por todos, decidir sobre eventual suspensão do processo (§ 4º) por prazo não superior a 90 dias (§ 5º), salvo convenção das partes e expressa autorização judicial.

Ainda segundo o texto do Projeto, o magistrado deve "recomendar a mediação judicial, preferencialmente, em conflitos nos quais haja necessidade de preservação ou recomposição de vínculo interpessoal ou social, ou quando as decisões das partes operem consequências relevantes sobre terceiros" (art. 8º).

Por outro lado, caso se verifique a inadequação da mediação para a resolução daquele conflito, pode o ato ser convolado em audiência de conciliação, se todos estiverem de acordo (art. 13).

Enfim, sem ingressar nas questões específicas do Projeto, importante ressaltar a intenção de uniformizar e compatibilizar os dispositivos do novo Código de Processo Civil e da Res. n. 125 do CNJ, regulando os pontos que ainda estavam sem tratamento legal.

No início de 2013 foi constituída comissão sob a Presidência do Min. Luis Felipe Salomão, integrante do STJ, com o objetivo de atualizar a Lei de arbitragem[23] e apresentar anteprojeto de Lei de mediação.[24]

Este Projeto tomou o número 405/2013 e trata apenas da mediação extrajudicial física e eletrônica (mediação *on line*).

No texto, a mediação é definida no art. 1º, parágrafo único, como "a atividade técnica exercida por terceiro imparcial e sem poder decisório que, escolhido ou aceito pelas partes interessadas, as escuta, e estimula, sem impor soluções, com o propósito de lhes permitir a prevenção ou solução de disputas de modo consensual".

O art. 2º estabelece que pode ser objeto de mediação toda matéria que admita composição. Contudo, os acordos que envolvam direitos indisponíveis deverão ser objeto de homologação judicial, e havendo interesse de incapazes, a oitiva do Ministério Público será necessária antes da homologação judicial.

O art. 15 determina que se considere instituída a mediação na data em que for firmado o termo inicial de mediação e o art. 5º dispõe que "as partes interessadas em submeter a solução de seus conflitos à mediação devem firmar um termo de mediação, por escrito, após o surgimento do conflito, mesmo que a mediação tenha sido prevista em cláusula contratual".

O termo final da mediação, firmado pelas partes, seus advogados e pelo mediador, constitui título executivo extrajudicial, independentemente da assinatura de testemunhas (arts. 22 e 23), e as partes poderão requerer a homologação judicial do termo final de mediação, a fim de constituir título executivo judicial.

Finalmente, o art. 21 autoriza a realização de mediação via internet ou por outra forma de comunicação não presencial.

Em maio de 2013, o Ministério da Justiça, por intermédio da Secretaria de Reforma do Judiciário, em parceria com o Conselho Nacional de Justiça, convocou uma comissão de especialistas para apresentar um anteprojeto de lei sobre mediação judicial, extrajudicial, pública e *on line*.[25]

Em seu art. 3º, o texto determina que pode ser objeto de mediação toda matéria que verse sobre direitos dispo-

---

(23) A comissão, ao final dos trabalhos apresentou dois textos. Um sobre arbitragem, que foi recebido como PLS 406/2013 e outro sobre mediação extrajudicial (PLS 405/2013).

(24) Disponível em: [www12.senado.gov.br/noticias/materias/2013/04/03/comissao-de-juristas-apresentara-proposta-de-modernizacao-da-lei-de--arbitragem-em-seis-meses]. Acesso em: 20.04.2013.

(25) Disponível em: [www2.camara.leg.br/camaranoticias/radio/materias/ultimas-noticias/441916-grupo-de-juristas-vai-propor-marco-legal-da--mediacao-e-conciliacao-no-brasil.html].

níveis ou de direitos indisponíveis que admitam transação. Caso os acordos versem sobre direitos indisponíveis, somente terão validade após a oitiva do Ministério Público e homologação judicial.

Por outro lado, não haverá mediação judicial nos casos de: (a) filiação, adoção, pátrio poder e nulidade de matrimônio; (b) interdição; (c) recuperação judicial e falência; e (d) medidas cautelares. Isto porque, por força do art. 26, "a petição inicial será distribuída simultaneamente ao juízo e ao mediador, interrompendo-se os prazos de prescrição e decadência".

Quanto à mediação extrajudicial, o art. 19 determina que as partes interessadas em submeter a solução de seus conflitos à mediação devem firmar um termo inicial de mediação, por escrito, após o surgimento do conflito, mesmo que a mediação tenha sido prevista em cláusula contratual, e, ainda, no art. 25, que o termo final de mediação tem natureza de título executivo extrajudicial e, quando homologado judicialmente, de título executivo judicial.

No que se refere à mediação pública, o art. 33 autoriza os órgãos da Administração Pública direta e indireta da União, dos Estados, do Distrito Federal e dos Municípios, bem como o Ministério Público e a Defensoria Pública a submeter os conflitos em que são partes à mediação pública.

Assim, poderá haver mediação pública nos conflitos envolvendo: (a) entes do Poder Público; (b) entes do Poder Público e o particular; (c) direitos difusos, coletivos ou individuais homogêneos.

Por fim, a mediação *on line*, na forma do art. 36, poderá ser utilizada como meio de solução de conflitos nos casos de comercializações de bens ou prestação de serviços via internet, com o objetivo de solucionar quaisquer conflitos de consumo no âmbito nacional.

Já em novembro de 2013, foram marcadas audiências públicas com o objetivo de discutir os três projetos e amadurecer as questões controvertidas que ainda cercam o tema.

O Relator da matéria do Senado, Sen. Vital do Rego, apresentou um Substitutivo ao PLS 517/2011, com o objetivo de congregar o que há de melhor nas três iniciativas. Foram, então, apresentadas duas emendas pelo Sen. Pedro Taques e três pelo Sen. Gim Agnello. A primeira emenda do Sen. Taques foi acolhida integralmente e a segunda, parcialmente. As três apresentadas pelo Sen. Agnello foram desacolhidas.[26]

Em 18.12.2013, a Comissão de Constituição e Justiça e Cidadania do Senado aprova, em decisão terminativa, o Substitutivo ao PLS 517/2011, que aproveita de forma harmônica, dispositivos e contribuições dos Projetos de Lei do Senado 405 e 434 de 2013, e ainda incorpora ajustes de redação e de técnica, sendo remetido à Câmara dos Deputados em 12.02.2014.

Na Câmara, o texto passa a tramitar como Substitutivo da Câmara dos Deputados (SCD) PL 7.169/2014, sendo que o relatório do Deputado Sérgio Zveiter foi aprovado pela Comissão de Constituição e Justiça e Cidadania daquela Casa em 07.04.2015, com nova remessa ao Senado.

No Senado, o Substitutivo da Câmara 9/2015 ao PLS 517/2011 (7.169/2014 naquela Casa) foi aprovado em 02.06.2015. Em 29 de junho foi, finalmente, publicada a Lei n. 13.140/2015.

5. A LEI N. 13.140/2015

Nesse tópico vamos examinar as principais inovações trazidas pela Lei n. 13.140/2015.

O parágrafo único do art. 1º define mediação:

> "Considera-se mediação a atividade técnica exercida por terceiro imparcial sem poder decisório, que, escolhido ou aceito pelas partes, as auxilia e estimula a identificar ou desenvolver soluções consensuais para a controvérsia".

O art. 2º estatui que a mediação deve ser orientada pelos seguintes princípios:

> "I – imparcialidade do mediador;
>
> II – isonomia entre as partes;
>
> III – oralidade;
>
> IV – informalidade;
>
> V – autonomia da vontade das partes;
>
> VI – busca do consenso;
>
> VII – confidencialidade;
>
> VIII – boa-fé".

Já o art. 3º traz importante regra acerca dos limites objetivos para o acordo. Assim, se o conflito versar sobre direitos disponíveis, poderá ser realizada mediação judicial ou extrajudicial. Se versar sobre direitos indisponíveis, será necessário avaliar se são eles transacionáveis ou não.

Os indisponíveis não transacionáveis, como o próprio nome já indica, não podem ser objeto de acordo. Já os indisponíveis transacionáveis podem ser mediados em juízo.

Se forem mediados fora do processo judicial, será necessária a sua homologação, com prévia manifestação do Ministério Público. Nesse caso, homologação é condição de eficácia do acordo. Assim, na forma do art. 515, III, do CPC/2015, haverá a formação do título executivo judicial.

---

(26) Disponível em: [http://www12.senado.gov.br/noticias/materias/2013/12/11/projeto-que-disciplina-a-mediacao-judicial-e-extrajudicial-e-aprovado-pela-ccj].

O art. 14 traz as regras gerais para o procedimento de mediação, destacando-se o respeito à confidencialidade.

Aliás a própria Lei, no art. 30, estabelece a confidencialidade como premissa básica para a mediação, só podendo ser afastada em situações excepcionais e expressamente descritas nos §§ 3º e 4º:

"§ 3º Não está abrigada pela regra de confidencialidade a informação relativa à ocorrência de crime de ação pública.

§ 4º A regra da confidencialidade não afasta o dever de as pessoas discriminadas no caput prestarem informações à administração tributária após o termo final da mediação".

Questão interessante pode ser encontrada no art. 16, que dispõe poderem as partes se submeter à mediação ainda que haja processo arbitral ou judicial em curso. Nesse sentido, o Novo Código de Processo Civil admite a suspensão do processo por convenção das partes, pelo prazo máximo de seis meses, na forma do art. 313, II e § 4º.

Já o art. 17 se encarrega de fixar o marco temporal da instituição da mediação: será a data para a qual for marcada a primeira reunião de mediação. E mais: enquanto transcorrer a mediação fica suspenso o prazo prescricional, a teor do parágrafo único desse mesmo dispositivo.

Observe-se que o art. 19 da Lei da Arbitragem (Lei n. 9.307/1996) determina que: "Considera-se instituída a arbitragem quando aceita a nomeação pelo árbitro, se for único, ou por todos, se forem vários". E seu parágrafo único (instituído pela Lei n. 13.129/2015) dispõe que a instituição da arbitragem interrompe a prescrição, retroagindo à data do requerimento de sua instauração, ainda que extinta a arbitragem por ausência de jurisdição.

O art. 19 da Lei de Mediação assegura a realização das reuniões com apenas uma das partes (o que o direito norte-americano chama de caucus) e que é objeto de crítica por parte da Escola de Harvard.[27]

O art. 24, tratando apenas da mediação judicial, estabelece que os tribunais criarão centros judiciários de solução consensual de conflitos, responsáveis pela realização de sessões e audiências de conciliação e mediação, pré-processuais e processuais.

As partes devem estar assistidas por advogado ou defensor público, salvo as hipóteses dos juizados especiais (art. 26).

O procedimento deve ser concluído em até 60 dias (art. 28) e se não houver necessidade de citar o réu (art. 29) não serão devidas custas judiciais finais.

O art. 32, repetindo o que já consta do art. 174 do CPC/2015, admite a mediação envolvendo a Administração Pública.

Finalmente, o art. 46 admite, além da mediação presencial, também a figura da mediação on line ou eletrônica, mesmo que uma das partes esteja domiciliada no exterior (art. 47).

6. REFERÊNCIAS BIBLIOGRÁFICAS

ALCALÁ-ZAMORA Y CASTILLO, Niceto. Proceso, autocomposición y autodefensa: contribución al estudio de los fines del proceso. 3. ed. México: Unam, 1991.

ALMEIDA, Diogo Assumpção Rezende de. O princípio da adequação e os métodos de solução de conflitos. Revista de Processo. vol. 195. São Paulo: RT, 2010.

ÁLVAREZ. Gladys Stella. La mediación y el acceso a justicia. Buenos Aires: Rubinzal-Culzoni, 2003.

ANDREWS, Neil. La "doppia elica" della giustizia civile: i legami tra metodi privati e pubblici di risoluzione delle controversie. Rivista Trimestrale di Diritto e Procedura Civil. fascicolo secondo. p. 529. Milano: Giuffrè, 2010.

BACELLAR, Roberto Portugal. Juizados especiais – A nova mediação paraprocessual. São Paulo: RT, 2003.

BESSO, Chiara. L'attuazione della direttiva europea n. 52 del 2008: uno sguardo comparativo. Rivista Trimestrale di Diritto e Procedura Civil. fascicolo terzo. p. 863. Milano: Giuffrè, 2012.

CADIET, Loic. I modi alternativi di regolamento dei conflitti in Francia tra tradizione e modernità. Rivista Trimestrale di Diritto e Procedura Civile. vol. 60. n. 4. p. 1181. Milano: Giuffrè, 2006.

CHASE, Oscar. I metodi alternativi di soluzione delle controversie e la cultura del processo: il caso degli Stati Uniti d'America. In: VARANO, Vicenzo. L'altra giustizia. I metodi alternativi di soluzione delle controversie nel diritto comparato. Milano: Giuffrè, 2007.

COMOGLIO, Luigi Paolo. Mezzi alternativi di tutela e garanzie costituzionali. Revista de Processo. vol. 99. p. 249-293. São Paulo: RT, 1976.

GALVÃO FILHO, Mauricio Vasconcelos; WEBER, Ana Carolina. Disposições gerais sobre a mediação civil. In: PINHO, Humberto Dalla Bernardina de (org.). Teoria geral da mediação à luz do projeto de lei e do direito comparado. Rio de Janeiro: Lumen Juris, 2008.

GOLDBERG, Stephen B., SANDER, Frank E. A., ROGERS, Nancy H., COLE, Sarah R. Dispute resolution – Negotiation, mediation, and other processes. 4. ed. New York: Aspen Publishers, 2003.

MOORE, W. Christopher. O processo de mediação. Trad. Magda França. Porto Alegre: Artmed, 1988.

MORAIS, José Luis; SPENGLER, Fabiana Marion. Mediação e arbitragem: alternativas à jurisdição! 2. ed. Porto Alegre: Livraria do Advogado, 2008.

MUÑOZ, Helena Soleto. La mediación: método de resolución alternativa de conflictos en el proceso civil español. Revista Eletrônica de Direito Processual. ano 3. vol. 3. jan.-jun. 2009. Disponível em: [www.redp.com.br].

---

(27) PINHO, Humberto Dalla Bernardina de. A mediação e o Código... cit., p. 229.

NOLAN-HALEY, Jacqueline. Is Europe headed down the primrose path with mandatory mediation? *North Carolina Journal of International Law and Commercial Regulation.* vol. 37. p. 1-31. Carolina do Norte, fev. 2012.

PAUMGARTTEN, Michele Pedrosa. PINHO, Humberto Dalla Bernardina de. A experiência italo-brasileira no uso da mediação em resposta à crise do monopólio estatal de solução de conflitos e a garantia do acesso à justiça. *Revista Eletrônica de Direito Processual.* vol. 8. p. 443-471. Disponível em: [www.redp.com.br]. 2011.

PELUSO, Antonio Cezar; RICHA, Morgana de Almeida (coord.). *Conciliação e mediação: estruturação da política judiciária nacional.* Rio de Janeiro: Forense, 2011.

PINHO, Humberto Dalla Bernardina de. *Direito processual civil contemporâneo.* 5. ed. São Paulo: Saraiva, 2013. vol. 1.

_____. A mediação e o Código de Processo Civil projetado. *Revista de Processo.* ano 37. vol. 207. p. 213-238. São Paulo: RT, 2012.

_____. Mediação – A redescoberta de um velho aliado na solução de conflitos. In: PRADO, Geraldo (org.). *Acesso à Justiça: efetividade do processo.* Rio de Janeiro: Lumen Juris, 2005.

_____. (org.). *Teoria geral da mediação à luz do projeto de lei e do direito comparado.* Rio de Janeiro: Lumen Juris, 2008.

_____; DUZERT, Yann. Mediação no Brasil: uma forma de negociar baseada na abordagem de ganhos mútuos. In: ARROW J. Kenneth et al. (org.). *Barreiras para resolução de conflitos.* São Paulo: Saraiva, 2001.

_____. PAUMGARTTEN, Michele Pedrosa. Mediación obligatoria: una versión moderna del autoritarismo procesal. *Revista Eletrônica de Direito Processual.* vol. 10. p. 210-225. Disponível em: [www.redp.com.br]. 2012.

SERPA, Maria de Nazareth. *Teoria e prática da mediação de conflitos.* Rio de Janeiro: Lumen Juris, 1999.

SILVA, João Roberto da. *A mediação e o processo de mediação.* São Paulo: Paulistanajur, 2004.

SPENGLER, Fabiana Marion. *Mediação enquanto política pública: a teoria, a prática e o projeto de lei.* Santa Cruz do Sul: Edunisc, 2010. Disponível em: [www.unisc.br/edinisc]. Acesso em: 13.09.2011.

Normas fundamentais enunciadas pelo novo código de processo civil e o processo do trabalho

Júlio César Bebber (*)

"O exemplo é a mais poderosa retórica" (Thomas Brooks).

1. CONSIDERAÇÕES INICIAIS

O NCPC audaciosamente inaugura seu texto enunciando as *normas fundamentais*. Vale dizer, normas (técnicas e éticas) que inspiraram todas as suas demais normas (em outras palavras: são normas que ditam valores, ocupam o centro, são pilares básicos ou a estrutura) e que, além disso, devem orientar os intérpretes e aplicadores destas. Por essa razão, dispõe no art. 1º que *o processo civil será ordenado, disciplinado e interpretado conforme os valores e as normas fundamentais estabelecidos na Constituição da República Federativa do Brasil, observando-se as disposições deste Código*.[1]

O capítulo do NCPC que enuncia as normas fundamentais do processo civil é, inegavelmente, muito importante. Apesar de a maioria dessas normas decorrerem de valores albergados na Constituição Federal, muitos juristas cuja educação jurídica foi voltada para raciocínios concretos (positivismo jurídico) não as enxergam. Assim, aquilo que não se diz com todas as letras muitas vezes tem sua existência negada. Por isso a importância de enunciar as normas fundamentais como motor que permitirá a mudança de pensamento e de atitude de advogados, de procuradores e, principalmente, de juízes, rumo a uma justiça de maior qualidade.

Ocupar-me-ei nesse ensaio, então, de breves comentários sobre *algumas normas fundamentais* enunciadas pelo do NCPC (atento ao fato de que não há normas absolutas)[2] e que são aplicáveis ao processo do trabalho, a fim de suscitar o debate. Esclareço que parto da premissa de que o art. 15 do NCPC nada mudou em relação ao cenário então existente com o CPC-1973, uma vez que o art. 769 da CLT, sem perder a função de cláusula de contenção, já autoriza, desde que haja compatibilidade com as normas e princípios de direito processual do trabalho, a aplicação subsidiária e supletiva de normas do direito processual civil.[3]

2. EFETIVIDADE PROCESSUAL

O *princípio da efetividade do processo* integra o *princípio do direito de acesso à justiça* que, por sua vez, decorre do *princípio da inafastabilidade da jurisdição* e está expressamente previsto no art. 3º do NCPC.[4]

(*) Doutor em Direito do Trabalho (USP). Juiz do Tribunal Regional do Trabalho da 24ª Região.

(1) Assim foi justificada essa regra, na exposição de motivos: "A necessidade de que fique evidente a harmonia da lei ordinária em relação à Constituição Federal da República fez com que se incluíssem no Código, expressamente, princípios constitucionais, na sua versão processual."

(2) "Não há, no sistema constitucional brasileiro, direitos ou garantias que se revistam de caráter absoluto [...]. O estatuto constitucional das liberdades públicas, ao delinear o regime jurídico a que estas estão sujeitas – e considerado o substrato ético que as informa – permite que sobre elas incidam limitações de ordem jurídica, destinadas, de um lado, a proteger a integridade do interesse social e, de outro, a assegurar a coexistência harmoniosa das liberdades, pois nenhum direito ou garantia pode ser exercido em detrimento da ordem pública ou com desrespeito aos direitos e garantias de terceiros" (STF-RMS 23.452/RJ).

(3) Nesse sentido, também, a orientação da Instrução Normativa TST n. 39/2016 (art. 1º Aplica-se o Código de Processo Civil, subsidiária e supletivamente, ao Processo do Trabalho, em caso de omissão e desde que haja compatibilidade com as normas e princípios do Direito Processual do Trabalho, na forma dos arts. 769 e 889 da CLT e do art. 15 da Lei n. 13.105, de 17.03.2015).

(4) NCPC, 3º. Não se excluirá da apreciação jurisdicional ameaça ou lesão a direito.
CF, 5º, XXXV – a lei não excluirá da apreciação do Poder Judiciário lesão ou ameaça a direito.
Segundo Barbosa Moreira, a efetividade do processo deve ter por base o seguinte: "a) o processo deve dispor de instrumentos de tutela adequados, na medida do possível, a todos os direitos (e outras posições jurídicas de vantagem) contemplados no ordenamento, quer resultem de expressa previsão normativa, quer se possam inferir do sistema; b) esses instrumentos devem ser praticamente utilizáveis, ao menos em princípio, sejam quais forem os supostos titulares dos direitos (e das outras posições jurídicas de vantagem) de cuja preservação ou reintegração se cogita, inclusive quando

A efetividade enuncia o afastamento do processo do plano meramente conceitual e técnico. Em outras palavras: o processo deve fazer prevalecer no mundo dos fatos (atuação prática) os valores (escopos) sociais, políticos e jurídicos por ele tutelados.[5]

Cumpre aos juízes, então, promover e colaborar ativamente para a realização da efetividade da tutela jurisdicional. Esse dever não é apenas moral. Trata-se de um dever jurídico-constitucional, uma vez que os juízes e tribunais têm, como já se pronunciou o Tribunal Constitucional da Espanha, a "obrigação de proteção eficaz do direito fundamental".[6]

O NCPC, sem excluir outras (que devem ser encontradas pelos operadores do direito), exemplifica algumas medidas garantidoras de efetividade do processo. As principais são:

a) o *princípio da primazia do mérito* – que enuncia que a técnica dotada de capacidade obstativa da tutela de mérito deve ser examinada sem exagero, uma vez que a tutela jurisdicional tem de estar voltada à ocorrência de resultados exteriores (resultados mais substantivos que procedimentais);

A técnica não passa de instrumento prático, elaborada e construída para permitir que se produzam certos efeitos na vida das pessoas. Por isso, deixar de prover sobre o mérito por razões puramente técnicas é operar no vazio, com injustificável desperdício de atividade jurisdicional.

Garantido o contraditório e não havendo prejuízo ao direito de defesa, cumpre ao juiz, então, desconsiderar as regras puramente técnicas e evitar as decisões epidérmicas (meramente processuais ou de cassação) para dar primazia ao mérito (analisar a substância), praticando, desse modo, jurisdição útil.

Obedecem essa ideologia, entre outras, as regras que obrigam o juiz a oportunizar o saneamento do processo (NCPC, 76, § 2º; 139, IX; 317; 932, parágrafo único),[7] aquelas que vetam as decisões epidérmicas ou de mera cassação (NCPC, 488; 938, § 1º, 3º e 4º),[8] além das que o obrigam a ignorar o vício existente (NCPC, 282, § 2º).[9]

---

indeterminado ou indeterminável o círculo dos eventuais sujeitos; c) impende assegurar condições propícias à exata e completa reconstituição dos fatos relevantes, a fim de que o convencimento do julgador corresponda, tanto quanto puder, à realidade; d) em toda a extensão da possibilidade prática, o resultado do processo há de ser tal que assegure à parte vitoriosa o gozo pleno da específica utilidade a que faz jus segundo o ordenamento; e) cumpre que se possa atingir semelhante resultado com o mínimo dispêndio de tempo e energias" (BARBOSA MOREIRA, José Carlos. *Efetividade do processo e técnica processual*. São Paulo, Revista dos Tribunais, v. 19, n. 74, abr./jun. 1994, p. 168; BARBOSA MOREIRA, José Carlos. *Efetividade do processo e técnica processual*. In. *Temas de Direito Processual Civil – Sexta Série*. São Paulo: Saraiva, 1997. p. 17-8).

(5) Não basta a emissão de "uma sentença bem estruturada e portadora de afirmações inteiramente favoráveis ao sujeito, quando o que ela dispõe não se projetar utilmente na vida deste, eliminando a insatisfação que o levou a litigar" (DINAMARCO, Cândido Rangel. Instituições de Direito Processual Civil. São Paulo, Malheiros, 2001, v. I, p. 108).

(6) BERNAL, Francisco Chamorro. *La Tutela Judicial Efectiva – Derechos y garantias procesales derivados del artículo 24.1 de la Constitución*. Barcelona: Bosch, 1994. p. 329.

(7) NCPC, 76. Verificada a incapacidade processual ou a irregularidade da representação da parte, o juiz suspenderá o processo e designará prazo razoável para que seja sanado o vício.

§ 1º Descumprida a determinação, caso o processo esteja na instância originária:

I – o processo será extinto, se a providência couber ao autor;

II – o réu será considerado revel, se a providência lhe couber;

III – o terceiro será considerado revel ou excluído do processo, dependendo do polo em que se encontre.

§ 2º Descumprida a determinação em fase recursal perante tribunal de justiça, tribunal regional federal ou tribunal superior, o relator:

I – não conhecerá do recurso, se a providência couber ao recorrente;

II – determinará o desentranhamento das contrarrazões, se a providência couber ao recorrido.

NCPC, 139. O juiz dirigirá o processo conforme as disposições deste Código, incumbindo-lhe:

IX – determinar o suprimento de pressupostos processuais e o saneamento de outros vícios processuais;

NCPC, 317. Antes de proferir decisão sem resolução de mérito, o juiz deverá conceder à parte oportunidade para, se possível, corrigir o vício.

NCPC, 932, Parágrafo único. Antes de considerar inadmissível o recurso, o relator concederá o prazo de 5 (cinco) dias ao recorrente para que seja sanado vício ou complementada a documentação exigível.

Tais regras deitam por terra a jurisprudência vigente até agora no TST (S-TST-383, I. É inadmissível, em instância recursal, o oferecimento tardio de procuração, nos termos do art. 37 do CPC, ainda que mediante protesto por posterior juntada, já que a interposição de recurso não pode ser reputada ato urgente; II – Inadmissível na fase recursal a regularização da representação processual, na forma do art. 13 do CPC, cuja aplicação se restringe ao Juízo de 1º grau), no STJ (S-STJ-115. Na instância especial é inexistente recurso interposto por advogado sem procuração nos autos) e no STF "É firme o entendimento desta Corte de que não é aplicável ao recurso extraordinário a norma inscrita no art. 13 do CPC" – STF-AI-780441-AgR).

(8) NCPC, 488. Desde que possível, o juiz resolverá o mérito sempre que a decisão for favorável à parte a quem aproveitaria eventual pronunciamento nos termos do art. 485.

NCPC, 938. (...)

§ 1º Constatada a ocorrência de vício sanável, inclusive aquele que possa ser conhecido de ofício, o relator determinará a realização ou a renovação do ato processual, no próprio tribunal ou em primeiro grau de jurisdição, intimadas as partes.

b) *a atipicidade geral de meios executivos* – que concede ao juiz o *poder geral de efetivação das ordens judiciais*. Cabe ao juiz, então, determinar as medidas (indutivas, coercitivas, mandamentais ou sub-rogatórias) que julgar necessárias e considerar adequadas para efetivação da ordem judicial, tenha ela sido determinada em sentença ou em decisão interlocutória, independentemente da modalidade da obrigação (NCPC, 139; 297);[10]

c) a *expropriação antecipada de bens como regra* (NCPC, 852).[11] Apesar de o instituto estar previsto na execução, ostenta natureza cautelar. Seu escopo é o de preservar o valor atual do bem apreendido, uma vez que a expropriação no momento procedimental específico acarretaria perdas decorrentes da depreciação ou da deterioração.

Não se ignora o risco de reversão da decisão que gerou o título que autorizou a expropriação antecipada. Esse fato, entretanto, não é óbice à expropriação. O produto com ela obtido terá como destino conta à disposição do juízo (por isso a natureza cautelar do instituto), permitindo-se, desse modo, restituir à parte a situação *a quo*. Nessa perspectiva, a restituição da parte à situação anterior não é garantia de devolução do bem, mas do valor do bem.

3. TEMPESTIVIDADE PROCESSUAL

O *princípio da tempestividade do processo* integra o *princípio do direito de acesso à justiça* que, por sua vez, decorre do *princípio da inafastabilidade da jurisdição* e está expressamente previsto no art. 4º do NCPC.[12]

Por ser dialético o processo não admite uma resolução instantânea. É indispensável certa duração no tempo. Essa duração, por ser essencial, é absolutamente legítima.[13] Ultrapassado o tempo necessário, entretanto, a duração do processo deixa de ser legítima.[14] Cabe ao magistrado, por isso, adotar medidas para que a tutela do direito (atividades declarativa e satisfativa) seja prestada dentro de um tempo apto ao gozo desse direito.[15]

---

§ 3º Reconhecida a necessidade de produção de prova, o relator converterá o julgamento em diligência, que se realizará no tribunal ou em primeiro grau de jurisdição, decidindo-se o recurso após a conclusão da instrução.

§ 4º Quando não determinadas pelo relator, as providências indicadas nos §§ 1º e 3º poderão ser determinadas pelo órgão competente para julgamento do recurso.

"(...) o processo é meio e não fim em si mesmo, meio válido e apropriado de exercício de jurisdição, que tem por escopo a tutela de situações jurídicas de vantagem agasalhadas pelo ordenamento. Quando o juiz extingue o processo sem resolução do mérito, frustra a realização da finalidade da jurisdição, pois não provê à tutela do direito material das partes. Por isso, o sistema processual deve favorecer os juízos de mérito e não exacerbar requisitos e condições prévios que dificultem o acesso à tutela de direito material" (GRECO, Leonardo. *Os Juizados Especiais como tutela diferenciada*. Revista Eletrônica de Direito Processual. v. III. <http://www.arcos.org.br/periodicos/revista-eletronica-de-direito-processual/volume-iii/os-juizados--especiais-como-tutela-diferenciada>).

(9) NCPC, 282, § 2º. Quando puder decidir o mérito a favor da parte a quem aproveite a decretação da nulidade, o juiz não a pronunciará nem mandará repetir o ato ou suprir-lhe a falta.

Destaca-se, nessa mesma ideologia, a seguinte assertiva de Mrinoni-Arenhart-Mitidiero: "As exigências de capacidade de estar em juízo e capacidade postulatória destinam-se a proteger a parte, tendo por objetivo evitar que contra ele seja proferida sentença de mérito sem que possa atuar no processo de modo adequado". Se o mérito lhe será favorável não há porque não proferir a sentença de procedência, sob pena de fazer com a norma destinada a protegê-lo o prejudique (MARINONI, Luiz Guilherme. ARENHART, Sérgio Cruz. MITIDIERO, Daniel. *O novo processo civil*. São Paulo: RT, 2015, p. 164).

(10) NCPC, 139, IV – determinar todas as medidas indutivas, coercitivas, mandamentais ou sub-rogatórias necessárias para assegurar o cumprimento de ordem judicial, inclusive nas ações que tenham por objeto prestação pecuniária;

NCPC, 297. O juiz poderá determinar as medidas que considerar adequadas para efetivação da tutela provisória.

Entre os meios executivos coercitivos admissíveis o NCPC arrolou expressamente o protesto extrajudicial (NCPC, 517; Lei n. 9.492/1997) e a inscrição do nome do executado em cadastro de devedores (NCPC, 782, § 3º).

(11) NCPC, 852. O juiz determinará a alienação antecipada dos bens penhorados quando:

I – se tratar de veículos automotores, de pedras e metais preciosos e de outros bens móveis sujeitos à depreciação ou à deterioração;

II – houver manifesta vantagem.

(12) NCPC, 4º. As partes têm o direito de obter em prazo razoável a solução integral do mérito, incluída a atividade satisfativa.

CF, 5º, XXXV – a lei não excluirá da apreciação do Poder Judiciário lesão ou ameaça a direito.

CF, 5º, LXXVIII – a todos, no âmbito judicial e administrativo, são assegurados a razoável duração do processo e os meios que garantam a celeridade de sua tramitação.

(13) Nas obrigações de pagar essa duração é compensada com atualização monetária e incidência de juros de mora.

(14) Duração razoável "nada tem a ver com duração limitada a um prazo certo ou determinado. Se essa confusão fosse aceita, não se trataria de duração razoável, mas de duração legal, ou do simples dever de o juiz respeitar o prazo fixado pelo legislador para a duração do processo. O direito à duração razoável faz surgir ao juiz o dever de, respeitando os direitos de participação adequada do autor e do réu, dar a máxima celeridade ao processo. E dar a máxima celeridade ao processo implica em não praticar atos dilatórios injustificados, sejam eles omissivos ou expressos" (MARINONI, Luiz Guilherme. *Teoria Geral do Processo*. São Paulo: RT, 2006, p. 223, nota de rodapé n. 155).

(Para aferir o excesso de prazo a Corte Europeia de Direitos Humanos elegeu quatro critérios que são analisados em conjunto. São eles: complexidade da causa; comportamento das partes; comportamento do juiz na condução do processo; relevância do direito para a vida do litigante prejudicado com a demora.

(15) O excesso de prazo, quando exclusivamente imputável ao aparelho judiciário "traduz situação anômala que compromete a efetividade do processo, pois, (...) frustra um direito básico que assiste a qualquer pessoa: o direito à resolução do litígio, sem dilações indevidas (CF, art. 5º, LXXVIII)" (STF-HC-87.164).

O NCPC, sem excluir outras (que devem ser encontradas pelos operadores do direito), exemplifica algumas medidas garantidoras da tempestividade do processo. As principais são:

a) *as tutelas provisórias* (NCPC, 294 a 311).[16] As tutelas provisórias antecedentes, evidentemente, dependem de pedido da parte (NCPC, 2º e 141). As tutelas provisórias incidentes, entretanto, devem ser concedidas de ofício, uma vez que têm por escopo a garantia constitucional da tempestividade processual;

A publicização do processo e a sua aproximação da Constituição transforma o Estado no primeiro e maior interessado na resolução do processo com duração razoável.

b) *a decisão interlocutória de mérito* (NCPC, 356).[17] Inspirado em instituto similar (sentença parcial) adotado na Alemanha, Itália e França positivou-se (ratificou-se) a possibilidade de emissão de decisões interlocutórias fundadas em cognição exauriente;

Nos processos em que haja cumulação (subjetiva e/ou objetiva) deverá o magistrado proferir a decisão da parte (do capítulo independente e autônomo) que estiver apta ao julgamento (sujeitando-se essa decisão a recurso e execução imediatos) e prosseguir com as demais.

Enquanto no processo civil o recurso admissível da decisão interlocutória de mérito será o agravo de instrumento (NCPC, 356, § 5º), no processo do trabalho será o recurso ordinário, uma vez que este é o recurso cabível das decisões interlocutórias (Súmula TST n. 214).[18]

c) *a imposição de multa de 10% diante do não cumprimento voluntário da sentença* (NCPC, 523, § 1º) e a possibilidade de *execução completa de título provisório* (NCPC, 520 a 522).

O entendimento firmado na vigência do CPC-1973 de que no processo do trabalho não eram aplicáveis o art. 475-J (multa pelo não cumprimento voluntário da sentença) e o art. 475-O (execução de título provisório), embora majoritário, nunca alcançou, na jurisprudência do TST, expressiva maioria, sendo objeto de permanente discussão. Isso, aliás, foi mencionado nos considerandos da Instrução Normativa TST n. 39/2016 (*"considerando que está sub judice no Tribunal Superior do Trabalho a possibilidade de imposição de multa pecuniária ao executado e de liberação de depósito em favor do exequente, na pendência de recurso, o que obsta, de momento, qualquer manifestação da Corte sobre a incidência no Processo do Trabalho das normas dos arts. 520 a 522 e § 1º do art. 523 do CPC de 2015"*), que deixou aberta a possibilidade de aplicação dos arts. 523, § 1º, e 520 a 522 do NCPC.

4. CONTRADITÓRIO EFETIVO

O *princípio da contraditório* decorre do *princípio político* e está expressamente previsto nos arts. 7º e 9º do NCPC.[19] Garante às partes os direitos de: a) *informação*

Há "lesão ao direito à tempestividade caso o juiz entregue a prestação jurisdicional em tempo injustificável diante das circunstâncias do processo e da estrutura do órgão jurisdicional" (MARINONI, Luiz Guilherme. *Técnica Processual e Tutela dos Direitos*. São Paulo: RT, 2004, p. 184), sendo "perfeitamente indenizáveis os danos material e moral originados da excessiva duração do processo, desde que o diagnóstico da morosidade tenha como causa primordial o anormal funcionamento da administração da justiça" (TUCCI, José Rogério Cruz e. *Tempo e Processo*. São Paulo: Revista dos Tribunais, 1997, p. 141-2).

(16) Instrução Normativa TST n. 39/2016, 3º. Sem prejuízo de outros, aplicam-se ao Processo do Trabalho, em face de omissão e compatibilidade, os preceitos do Código de Processo Civil que regulam os seguintes temas:

VI – arts. 294 a 311 (tutela provisória);

(17) NCPC, 356. O juiz decidirá parcialmente o mérito quando um ou mais dos pedidos formulados ou parcela deles:

I – mostrar-se incontroverso;

II – estiver em condições de imediato julgamento, nos termos do art. 355.

§ 2º A parte poderá liquidar ou executar, desde logo, a obrigação reconhecida na decisão que julgar parcialmente o mérito, independentemente de caução, ainda que haja recurso contra essa interposto.

§ 3º Na hipótese do § 2º, se houver trânsito em julgado da decisão, a execução será definitiva.

§ 4º A liquidação e o cumprimento da decisão que julgar parcialmente o mérito poderão ser processados em autos suplementares, a requerimento da parte ou a critério do juiz.

§ 5º A decisão proferida com base neste artigo é impugnável por agravo de instrumento.

(18) Instrução Normativa TST n. 39/2016, 5º. Aplicam-se ao Processo do Trabalho as normas do art. 356, §§ 1º a 4º, do CPC que regem o julgamento antecipado parcial do mérito, cabendo recurso ordinário de imediato da sentença.

(19) NCPC, 7º. É assegurada às partes paridade de tratamento (...), competindo ao juiz zelar pelo efetivo contraditório.

NCPC, 9º. Não se proferirá decisão contra uma das partes sem que ela seja previamente ouvida.

Parágrafo único. O disposto no *caput* não se aplica:

I – à tutela provisória de urgência;

II – às hipóteses de tutela da evidência previstas no art. 311, incisos II e III;

III – à decisão prevista no art. 701.

– direito de informação dos atos processuais; b) *reação* – direito de reagir; e c) *influência* – direito de participar da formação da convicção do juiz.[20] Sob esse aspecto, o contraditório dinamiza a dialética processual e faz valer o princípio político,[21] como mencionado na exposição de motivos do texto final da Câmara dos Deputados: "O Estado Constitucional é um Estado com qualidades, sendo um Estado democrático de direito. (...) A participação, inerente à ideia democrática, reclama que o poder seja exercido com a colaboração de todos que se apresentem como interessados no processo de decisão".

O principal ponto de exaltação do contraditório efetivo foi retratado no art. 10 do NCPC, ao vetar (como regra) as chamadas *decisões surpresas*,[22] seguindo o exemplo dos direitos alemão, italiano, francês e português.[23] Se o processo deve refletir o Estado Constitucional, tem de ser equitativo e leal. As partes, por isso, têm o poder de expor as suas razões (de fato e de direito), de "exprimir os pontos de vista jurídicos que o tribunal quer apoiar a sua decisão", evitando-se, "assim, as decisões de surpresa".[24]

Segundo entendimento já manifestado pelo TST na Instrução Normativa n. 39/2016, *decisão surpresa* é a que no julgamento do *mérito da causa*, em qualquer grau de jurisdição, *aplicar fundamento jurídico* ou *embasar-se em fato* não submetido à audiência prévia de uma ou de ambas as partes. Diante disso, deixa de surpreender a decisão que de ofício examina os pressupostos de admissibilidade do provimento do mérito da causa e do mérito recursal.[25]

5. COOPERAÇÃO

O *princípio da cooperação*[26] decorre de um princípio de convivência social denominado *princípio da igualdade*

CF, 5º, LV – aos litigantes, em processo judicial ou administrativo, e aos acusados em geral são assegurados o contraditório e ampla defesa, com os meios e recursos a ela inerentes;

(20) O "princípio do *contraditório*, em sua feição moderna, inclui exigência de um *diálogo* do juiz com as partes nessa situação", sendo que é no trinômio *dirigir-provar-dialogar* que "reside a fórmula sintética do *ativismo judicial* inerente ao perfil moderno do juiz responsável" (DINAMARCO, Cândido Rangel. *Instituições de Direito Processual Civil*. São Paulo: Malheiros, 2001, v. III, p. 183).

(21) Um processo em contraditório importa em fazer conhecer toda prova ou observação apresentada ao juiz, bem como "d'influencer sa décision, et de la discuter" (Corte Européia de Direitos Humanos – Processo n. 19075/91).

(22) NCPC, 10. O juiz não pode decidir, em grau algum de jurisdição, com base em fundamento a respeito do qual não se tenha dado às partes oportunidade de se manifestar, ainda que se trate de matéria sobre a qual deva decidir de ofício.

(23) ZPO-Alemanha, § 139 (Materielle Prozessleitung):

1) Das Gericht hat das Sach – und Streitverhältnis, soweit erforderlich, mit den Parteien nach der tatsächlichen und rechtlichen Seite zu erörtern und Fragen zu stellen. Es hat dahin zu wirken, dass die Parteien sich rechtzeitig und vollständig über alle erheblichen Tatsachen erklären, insbesondere ungenügende Angaben zu den geltend gemachten Tatsachen ergänzen, die Beweismittel bezeichnen und die sachdienlichen Anträge stellen.

CPC-Itália, 183 (Prima udienza di trattazione)

3. Il giudice richiede alle parti, sulla base dei fatti allegati, i chiarimenti necessari e indica le questioni rilevabili d'ufficio delle quali ritiene opportuna la trattazione.

CPC-França, 16.

Il ne peut fonder sa décision sur les moyens de droit qu'il a relevés d'office sans avoir au préalable invité les parties à présenter leurs observations.

CPC-Portugal, 3º (Necessidade do pedido e da contradição)

3 — O juiz deve observar e fazer cumprir, ao longo de todo o processo, o princípio do contraditório, não lhe sendo lícito, salvo caso de manifesta desnecessidade, decidir questões de direito ou de facto, mesmo que de conhecimento oficioso, sem que as partes tenham tido a possibilidade de sobre elas se pronunciarem.

O escopo do art. 10 do NCPC foi expressamente descrito na exposição de motivos do texto final da Câmara dos Deputados: "o projeto do novo Código de Processo Civil consagra, em combinação com o princípio do contraditório, a obrigatória discussão prévia da solução do litígio, conferindo às partes oportunidade de influenciar as decisões judiciais, evitando, assim, a prolação de 'decisões-surpresa'. Às partes deve-se conferir oportunidade de, em igualdade de condições, participar do convencimento do juiz".

(24) JAUERNIG, Othmar. *Direito processual civil*. 25. ed. Coimbra: Coimbra, 2002. p. 143.

José Lebre de Freitas, igualmente, destaca que o contraditório é "corolário duma concepção mais geral da contraditoriedade, como garantia de participação efetiva das partes no desenvolvimento de todo o litígio, em termos de, em plena igualdade, poderem influenciar todos os elementos (factos, provas, questões de direito" (FREITAS, José Lebre. *Código do Processo Civil anotado*. 3ª ed. Coimbra: Coimbra, 2004, v. 1, p. 7).

(25) Instrução Normativa TST n. 39/2016, 4º. Aplicam-se ao Processo do Trabalho as normas do CPC que regulam o princípio do contraditório, em especial os ars. 9º e 10, no que vedam a decisão surpresa.

§ 1º Entende-se por "decisão surpresa" a que, no julgamento final do mérito da causa, em qualquer grau de jurisdição, aplicar fundamento jurídico ou embasar-se em fato não submetido à audiência prévia de uma ou de ambas as partes.

§ 2º Não se considera "decisão surpresa" a que, à luz do ordenamento jurídico nacional e dos princípios que informam o Direito Processual do Trabalho, as partes tinham obrigação de prever, concernente às condições da ação, aos pressupostos de admissibilidade de recurso e aos pressupostos processuais, salvo disposição legal expressa em contrário.

(26) A origem do princípio da cooperação é atribuída ao direito alemão (GOUVEIA, Lucio Grassi de. *O dever de cooperação dos juízes e tribunais com as partes – uma análise sob a ótica do direito* comparado. Recife, Revista da ESMAPE, v. 5, n. 11, p. 248). Kooperationsprinzip (Alemanha); Príncipe de coopération (França); Principio de cooperación (Espanha); Principio di cooperazione (Itália); Cooperation Principle (EUA).

dos cidadãos diante dos ônus da vida em sociedade e está expressamente previsto nos arts. 6º do NCPC,[27] reproduzindo o que, com outra redação, se encontra no art. 645 da CLT.[28]

A cooperação impõe aos sujeitos do processo e a terceiros o dever de agir (operar) em conjunto para que a tutela jurisdicional seja prestada efetiva e tempestivamente.[29] Sugere:

a) *às partes* um comportamento leal (jogo aberto, sem trapaça) e de boa fé (agir com sinceridade, sem maldade – NCPC, 5º), bem como o compromisso com a verdade, o cumprimento voluntário das decisões (ou ordens) judiciais, a colaboração para a descoberta da verdade, o comparecimento em juízo sempre que o for determinado, a submissão a exame e inspeção judicial *etc.*;

b) *aos terceiros* o cumprimento voluntário de ordens judiciais, a abstenção de embaraços à efetivação de decisões judiciais, a colaboração para a descoberta da verdade, o comparecimento em juízo sempre que o for determinado *etc.*;

c) *ao magistrado* um comportamento: (i) *conciliador* – que permita e instigue a participação das partes na busca da solução adequada ao litígio; (ii) *justo* – que garanta uma igualdade substancial entre os litigantes; (iii) *instrumental* – que observe a técnica unicamente dentro do necessário à garantia de defesa dos direitos das partes; (iv) *instrutório* – que determine a produção da prova, se necessário, com prévia distribuição de seu ônus; (v) *colaborativo* – que remova ou reduza os obstáculos à prestação da tutela jurisdicional; que auxilie as partes na localização de endereços; que auxilie o exequente na localização de bens; (vi) *dialético* – que mantenha permanente diálogo com as partes e esclarecer, advertir e alertá-las sobre as situações, ônus e deveres no processo, bem como para esclarecer-se sobre os fatos e aplicar o direito;[30] *etc.*

---

(27) NCPC, 6º. Todos os sujeitos do processo devem cooperar entre si para que se obtenha, em tempo razoável, decisão de mérito justa e efetiva.

(28) CLT, 645. O serviço da Justiça do Trabalho é relevante e obrigatório, ninguém dele podendo eximir-se, salvo motivo justificado.

(29) Apesar de a cooperação ser característica da essência humana, o pensamento individualista a reprimiu (sendo manifestada por alguns unicamente nos momentos de grandes tragédias). Daí a razão de se tratá-la como dever processual, exigindo-se, pois, mudança de concepção psicológica. Vale reproduzir, então, as considerações lançadas na exposição de motivos que, ao introduzir o princípio da cooperação no CPC de Portugal, diz: "nesta sede se impõe a renovação de algumas mentalidades, o afastamento de alguns preconceitos, de algumas inusitadas e esotéricas manifestações de um já desajustado individualismo, para dar lugar a um espírito humilde e construtivo, sem desvirtuar, no entanto, o papel que cada agente judiciário tem no processo, idóneo a produzir o resultado que a todos interessa – cooperar com boa-fé numa sã administração da Justiça. Na verdade, sem a formação desta nova cultura judiciária, facilmente se poderá por em causa um dos aspectos mais significativos desta revisão, que se traduz numa visão participada do processo e não numa visão individualista, numa visão cooperante e não numa visão autoritária".

(30) "La justicia se sirve de la dialéctica, porque el principio de contradicción es el que permite, por confrontación de los opuestos, llegar a la verdad. El fluir eterno, decía Hegel, obedece a la dialéctica; se pone, se opone y se compone en un ciclo que presupone un comienzo y que sólo alcanza al fin. El todo y sus partes – dice el filósofo – se integran recíprocamente en el inmenso torbellino; fuera de él todo pierde impulso y vida. Nada es estable. Permanente es sólo el torbellino. Pero el debate por sí mismo no tiene sentido. El proceso, si, tiene una estructura dialéctica, es porque a la merced de ella se procura la obtención de un fin. Toda idea de proceso es esencialmente teleológica, encuanto apunta hacia un fin. Procuremos, pues, complementar la idea meramente formal del debate forense y de su principio contradictorio, con la idea de finalidad. Una vez dada la respuesta que nos dice lo que es el proceso, debe enfrentarse la pregunta que consiste en saber cuál es su fin: para qué sirve". E o "proceso sirve para resolver un conflicto de intereses" (COUTURE, Eduardo J. *Introducción al Estudio del Proceso Civil*. 2. ed. Buenos Aires: Depalma, 1988. p. 54-5).

O CONFLITO ENTRE O NOVO CPC E O PROCESSO DO TRABALHO

Jorge Luiz Souto Maior (*)

Sempre que há alterações no processo civil indaga-se sobre os efeitos dessas mudanças no processo do trabalho. Os títulos dos textos escritos a respeito, por consequência, geralmente são "impactos (ou reflexos) das alterações do CPC no processo do trabalho".

Proponho desta feita, no entanto, o título acima por considerar que o que se apresenta, de fato, entre o novo CPC e o processo do trabalho é um conflito incontornável, que vai exigir da Justiça do Trabalho uma firme postura de resistir à aplicação das regras do novo Código, sob pena de sofrer abalos muito graves que poriam em questão a sua própria sobrevivência enquanto instituição especializada no âmbito do Judiciário.

Mais do que nunca, portanto, é preciso situar de forma mais consistente o processo do trabalho na aludida enciclopédia jurídica, vez que os estudos na área têm se mostrado bastante deficientes, conferindo ao conhecimento do processo do trabalho uma indevida dependência do processo civil.

1. O PROCESSO DO TRABALHO

As regras de proteção aos trabalhadores surgiram como forma de tentar salvaguardar o capitalismo em um momento em que se reconheceram os efeitos nefastos da regulação de índole liberal do conflito capital x trabalho. As regras trabalhistas, em sentido amplo, abalaram a compreensão jurídica, atingindo, inclusive, a própria concepção de Estado, que deixa de ser Estado Liberal para se tornar Estado Social.

Nesse contexto, o próprio Direito Civil se transformou, falando-se, à época, em "novo Direito Civil". A resistência à nova ideia ainda assim foi grande e os interesses econômicos se fizeram presentes para tentar preservar a liberdade ilimitada dos negócios, mantendo inabalável o Direito Civil.

De todo modo, sendo impossível negar a emergência dos direitos sociais, a nova racionalidade foi integrada aos "novos direitos", o Direito do Trabalho e o Direito Previdenciário, que seriam, para muitos, uma espécie de *tercius genius* do direito, ao lado dos direitos público e privado.

Esse conflito metodológico no Direito, fazendo coabitar uma racionalidade social em paralelo com uma racionalidade social, gerou, e ainda tem gerado, vários problemas de afirmação e de efetividade para os direitos sociais.

Nesta linha dos complicadores à aplicação concreta dos direitos sociais está precisamente a integração dos estudos do processo do trabalho à linha dos estudos do processo civil. Ora, o processo é instrumento de efetivação do direito material e se o direito material ao qual o processo civil está voltado é o direito civil, com uma lógica pretensamente liberal, é óbvio que o processo civil reflete esse sentimento. Estudar o processo do trabalho a partir dessa raiz é desconsiderar a própria razão de afastar o direito do trabalho do direito civil, negando vida concreta aos direitos trabalhistas.

Se o modelo capitalista concedeu a possibilidade do advento do direito do trabalho, é mais que evidente que a instrumentalização desse direito não pode ser feita pela lógica liberal que invade o processo civil.

Há, portanto, um enorme equívoco histórico e de metodologia em buscar compreender o processo do trabalho a partir do processo civil. Mesmo partindo da questionável divisão do Direito por ramos que não se comunicam a partir de dois grandes grupos, o público e o privado, e, pior ainda, integrando o Direito do Trabalho ao campo do direito privado (o que é um total absurdo, mas enfim), o que se teria por consequência é o alinhamento do processo ao ramo do direito material que lhe é correspondente de forma específica. Assim, mesmo com tais pressupostos extremante reduzidos do alcance da atual fase do Direito o processo do trabalho seria derivado do direito do trabalho e não do processo civil.

Claro que os estudos do processo evoluíram para a construção de um ramo específico do Direito, o Direito Processual, mas se isso representou em uma época um passo importante para construção de uma teoria voltada à melhor compreensão da atuação processual, desvinculada do direito material, essa preocupação deixou de ser importante quando foram percebidos os riscos da consideração do processo como ciência autônoma, compreen-

---

(*) *Juiz do Trabalho, titular da 3ª Vara do Trabalho de Jundiaí/SP. Professor livre-docente da Faculdade de Direito da USP.*

dido como um fim em si mesmo, retomando-se, então, o caráter instrumental do processo.

É importante não se perder a visão plena da relevância do processo como instrumento de efetivação do direito material. Neste sentido, o processo do trabalho só pode ser concebido como uma via de acesso à consagração das promessas do Estado Social e, mais propriamente, do direito material do trabalho.

Claro que existem conquistas processuais importantes, para proteção dos cidadãos do autoritarismo de Estado, estando entre elas, o contraditório, a ampla defesa, o juiz natural etc. Mas não se pode perder de vista que o conflito subjacente no processo do trabalho não se estabelece entre o cidadão e o Estado e sim entre o capital e o trabalho que é assimétrico, em detrimento do trabalhador, cumprindo ao Estado, precisamente, interferir nessa relação para impedir que o poder econômico subjugue a condição humana dos trabalhadores.

A desigualdade da relação material, ademais, permite que o empregador tenha aquilo que, na teoria processual, se denomina "autotutela". Ou seja, o empregador tem o poder de tutelar, por ato unilateral, o seu interesse, impondo ao empregado determinados resultados fático-jurídicos. Se o empregado não comparece ao trabalho, o empregador desconta seu salário; se atrasa, mesma coisa. Se o empregado age de modo que não atenda à expectativa do empregador este, mesmo que o direito, em tese, não lhe permita fazê-lo, multa, adverte e até dispensa o empregado...

O empregador, portanto, não precisa da tutela do Estado para a satisfação de seu interesse.

O mesmo, no entanto, não ocorre com o empregado, que diante da supressão de seus direitos, por ato do empregador, precisa, geralmente, se socorrer da via processual.

Se os direitos trabalhistas são essencialmente direitos dos trabalhadores e se o processo serve à efetivação desses direitos, resta evidenciado que o processo do trabalho é muito mais facilmente visualizado como um instrumento a serviço da classe trabalhadora. Trata-se de um instrumento pelo qual os trabalhadores tentam fazer valer os direitos que entendem tenham sido suprimidos pelo empregador.

E se o processo do trabalho tem essa finalidade real, é evidente que os institutos processuais trabalhistas não podem se constituir em empecilho ao propósito do processo. Como facilitadores do acesso à ordem jurídica justa, e não como obstáculos, os institutos processuais trabalhistas (petição inicial; distribuição do ônus da prova; recursos; execução – hoje, cumprimento da sentença), devem ser analisados e aplicados de modo a garantir a eficácia do Direito do Trabalho.

Para cumprimento dessa instrumentalidade não se pode ter resistência em aplicar no processo do trabalho os princípios do Direito do Trabalho, que partindo do reconhecimento da desigualdade material entre as partes, conferem ao trabalhador uma racionalidade protetiva. Ora, se o Direito do Trabalho é protetivo para conferir eficácia aos direitos e se os direitos trabalhistas, quando resistidos pelo empregador, só se tornam efetivos pela via processual, é mais que evidente que esta via, a do processo, deve se guiar pelos mesmos princípios extraídos da racionalidade protetiva, pois do contrário seria o mesmo que negar aos direitos trabalhistas a possibilidade de realização concreta.

Por exemplo, se por incidência do princípio da irrenunciabilidade, o trabalhador não pode renunciar aos seus direitos, vez que um permissivo neste sentido representaria a ineficácia plena dos direitos trabalhistas, dado o estado de dependência e de submissão econômica do empregado frente ao poder do empregador, caso se assumisse que no processo, porque ligado à lógica principiológica do processo civil, o empregado, transformado em reclamante, pode renunciar aos seus direitos, seria o mesmo que dizer que, de fato, o princípio da irrenunciabilidade do Direito do Trabalho não é mais que uma solerte mentira.

O certo é que o processo do trabalho deve se guiar pelos mesmos princípios que norteiam o Direito do Trabalho, cabendo ao juiz, como responsável pela direção do processo, imbuir-se dessa racionalidade, até porque não terá como separar, mental e praticamente, as atuações no campo material e processual.

O processo do trabalho será tão eficiente, como instrumento de efetivação do direito do trabalho, quanto for diligente o juiz no exercício de sua função de aplicador e construtor de um direito voltado à correção das injustiças e à promoção da justiça social, sendo que a tanto está obrigado por determinação legal (*vide*, a propósito, os arts. 8º, 9º e 765, da CLT).

Nesse contexto, o processo do trabalho não se volta apenas à solução do conflito no caso concreto, aplicando a norma ao fato. Impingi-lhe a obrigação de implementar uma política judiciária destinada à correção da realidade, de modo a impedir que novas agressões jurídicas, com mesmo potencial ofensivo, se realizem, valendo lembrar que o Direito do Trabalho não é um direito individual (ainda que a doutrina, de forma inadvertida lhe tenha cunhado esse título), constituindo, isto sim, um arcabouço de regulação do modo de produção capitalista. O descumprimento reiterado dos direitos trabalhistas desestabiliza toda a sociedade em detrimento da própria economia.

Assim, impõe-se ao processo do trabalho não apenas conferir ao trabalhador o que é seu por direito, na perspectiva individual, mas também gerar desestímulo às práticas ilícitas (reincidentes) que promovam desajuste na concorrência, geram vantagem econômica indevida ao agressor, agridam a dignidade humana do trabalhador e tenham o potencial de provocar o rebaixamento da relevância social da classe trabalhadora. Neste sentido, aliás, são expressos os arts. 832, § 1º e 652, d, da CLT.

A existência de princípios próprios do direito processual do trabalho é sustentada por Wagner Giglio[1] com base na teoria da instrumentalidade do processo: "Ora, o Direito Material do Trabalho tem natureza profundamente diversa da dos demais ramos do direito, porque imbuído de idealismo, não se limita a regular a realidade da vida em sociedade, mas busca transformá-la, visando uma distribuição da renda nacional mais equânime e a melhoria da qualidade de vida dos trabalhadores e de seus dependentes; por que os conflitos coletivos do trabalho interessam a uma grande parcela da sociedade, e têm aspectos e repercussões sociais, econômicos e políticos não alcançados, nem de longe, pelos litígios de outra natureza; porque pressupõe a desigualdade das partes e, na tentativa de equipará-las, outorga superioridade jurídica ao trabalhador, para compensar sua inferioridade econômica e social diante do empregador; e porque diz respeito, é aplicado e vivido pela maioria da população. O Direito Civil aproveita aos proprietários de bens; o Direito Comercial, aos comerciantes; o Penal se aplica aos criminosos. Mas se nem todos possuem bens, são comerciantes ou criminosos, praticamente todos trabalham, e a maioria flagrante trabalha sob vínculo de subordinação."

Cristóvão Piragibe Tostes Malta[2] assevera que "O direito processual do trabalho é autônomo, pois tem campo, fundamentos e princípios que não se confundem, ao menos em parte, com os princípios etc., pertinentes ao processo comum. O princípio segundo o qual o empregado goza de mais privilégios no processo que o empregador, como se verifica, por exemplo, pela circunstância de fazer jus ao benefício da gratuidade processual sempre que perceber até duas vezes o salário mínimo (não tendo outras fontes de renda substanciais), de estar o empregador sujeito a depósito para efeito de recurso e o empregado não, de poder este receber diferenças de salários oriundas de sentenças, acordo ou convenções coletivas mediante iniciativa de seu sindicato de classe, que pode ajuizar a reclamação até mesmo sem consultar previamente a propósito o associado, são peculiaridades do processo trabalhista. Outros princípios, já consagrados pelo processo civil, apresentam características próprias no processo trabalhista. Este parte, inclusive, de uma premissa estranha ao processo civil, ou seja, de que devem ser introduzidas facilidades e simplificações no processo para atender-se à condição de economicamente fraco do empregado, de sua inferioridade prática diante do empregador"[3].

Trueba Urbina[4] nega qualquer relação do processo do trabalho com o processo civil, demonstrando, precisamente, como o processo é influenciado pela lógica do direito material, atribuindo a origem da desigualdade desses processos, principalmente, ao fato de que o processo do trabalho, ao contrário do processo civil, foi sensível à necessidade de transportar para o processo a desigualdade existente na relação de direito material[5].

E adverte Trueba Urbina[6]:

...al correr del tiempo hemos llegado a la convicción de que el proceso es más bien un instrumento de lucha de los trajadores en defensa de sus derechos, pues generalmente son los trabajadores los que in-

---

(1) GIGLIO, Wagner Drdla. *Direito processual do trabalho*. São Paulo: LTr, 1993. pp. 105-106.
(2) MALTA, Christóvão Piragibe Tostes. *Prática do processo do trabalho*. São Paulo: LTr, 1993. p. 36.
(3) MALTA, Christóvão Piragibe Tostes. *Prática do processo do trabalho*. São Paulo: LTr, 1993. p. 40.
(4) "El ideario de los Códigos Civiles sobre libertad de contratación y autonomía de la voluntad, se trasplanta a los Códigos de Procedimientos, en que quedaron establecidos, como principios fundamentales de derecho público la jurisdicción, la acción, la prueba, el procedimiento, la sentencia, que se conjugan en dos ideales tradicionales: la *igualdad de las partes en el proceso y la imparcialidad del juzgador*; pero tan falsos son estos principios como el que los inspiró, de igualdad de los hombres ante la propria ley, y la verdad de las cosas es que el derecho procesal fue dominado por el individualismo y el liberalismo, en prejuicio de los débiles. Todo lo cual constituyen los elementos de la *teoría general del processo*." (URBINA, Trueba. *Nuevo Derecho procesal del trabajo*. México: Porruá, 1975. p. 328).
(5) "Desde mediados del siglo pasado se empezó a operar en el proceso civil una verdadera crisis que estremeció sus principios esenciales. Esta crisis fue originada precisamente porque las mismas desigualdades que existían en la vida, también aparecían y en forma más cruel en el proceso. (Precisamente le crisis más aguda del derecho procesal individualista la originó la condición del obrero frente al patrón, cuya desgualdad ecónima en sus relaciones es evidente; en el proceso tampoco podía haber igualdad entre trabajador y el industrial, Otra de las crisis del derecho procesal individualista se contempla cuando litiga la mujer frente al marido, el menor frente al padre que lo abandona, el individuo frente al Estado, y consiguientemente aparecen preceptos procesales de excepción con objeto de compensar y reparar esas desigualdades, porque tuvo que reconocerse que una desigualdad sólo se compensa con otra, de modo que los sujetos débiles en el proceso tenían necesariamente que ser tutelados por leyes que los compensaram frente a los fuertes. Y lo mismo que ocurrió en el derecho civil, también sucedió en el derecho procesal: la libertad de contratación y la autonomía de la voluntad se quebraron y el principio teórico de igualdad de las partes en el proceso se fue substituyendo por nuevas normas de excepción en favor de los débiles para acercarse más al ideal de igualdad en la vida y en el proceso. Entonces las dificultades o pleitos que surgián entre los trabajadores y sus patrones se dirimían ante los tribunales judiciales, con sujeicón a los principios del proceso civil. La justicia civil era proteccionista del patrón. Y la revolución en el derecho y en la vida eram inminentes." (URBINA, Trueba. *Nuevo Derecho procesal del trabajo*. México: Porruá, 1975. p. 328).
(6) URBINA, Trueba. *Nuevo Derecho procesal del trabajo*. México: Porruá, 1975. p. 329.

tentan las acciones procesales por violaciones al contrato o relación de trabajo y a las leyes y en pocas ocasiones ocurren los empresarios planteando conflictos.

2. O PROCEDIMENTO ORAL TRABALHISTA E O ART. 769, DA CLT

O art. 769 da CLT prevê que o processo comum será fonte subsidiária do processo do trabalho. Na prática, diante de inovações ocorridas no processo civil, recorre-se ao art. 769 da CLT, para atrair essas inovações ao processo do trabalho. Esquece-se, no entanto, que o procedimento trabalhista, inscrito na CLT, tem uma lógica e que primeiro esta deva ser entendida, para somente depois vislumbrar a aplicação subsidiária em questão, o que requer, também, uma contextualização histórica.

O procedimento adotado na CLT é o procedimento oral, cujas bases foram formadas a partir da necessidade de corrigir os defeitos do procedimento escrito que imperava na Idade Média. Na Idade Média o processo era sigiloso; complicado (a cada escrito correspondia um contra-escrito); formalista ("o que não está nos autos não está no mundo"); coisa das partes (só se desenvolvia por iniciativa das partes); e fragmentado (toda decisão era recorrível, e as provas eram colhidas por um juiz instrutor). Além disso, a atuação do juiz era limitada, imperando o sistema da prova legal (cada tipo de prova tinha um valor prévio determinado e o resultado da lide era baseado na quantificação das provas produzidas pelas partes).

O procedimento que se originou do princípio da oralidade, conhecido, por isso mesmo, por procedimento oral, fixou-se, por conseguinte, com as seguintes características: busca da simplicidade e da celeridade; prevalência da palavra sobre o escrito; provas produzidas perante o juiz julgador; juiz que instrui o processo é o juiz que julga; atos realizados em uma única audiência ou em poucas, umas próximas das outras; decisões interlocutórias irrecorríveis; impulso do processo por iniciativa do juiz; julgamento com base no sistema da persuasão racional.

O procedimento oral, portanto, não ocasionalmente, possui como características: a) a primazia da palavra; b) a imediatidade; c) identidade física do juiz; d) a concentração dos atos; f) a irrecorribilidade das decisões interlocutórias; g) a participação ativa do juiz.

A CLT foi publicada em 1943. Nessa época era vigente o Código de Processo Civil de 1939. Este Código, o de 39, foi formulado com base nos postulados da oralidade.

A oralidade, por influência da obra de Chiovenda, era a coqueluche do momento. Aliás, não eram poucos os apologistas da oralidade. Quem se der ao trabalho de ler os exemplares da Revista Forense dos anos de 1938 e 1939 terá a perfeita noção do que se está falando.

A CLT foi naturalmente impregnada por essas ideias. Há, por isso, um fundamento para as regras procedimentais trabalhistas. Não se trata, a CLT, portanto, de um amontoado de regras sem sentido, criadas por um legislador maluco. Verifiquem-se, a propósito, a Exposição de Motivos do Anteprojeto da Justiça do Trabalho, de 11 de novembro de 1936[7], e a Exposição de Motivos da Commissão Elaboradora do Projecto de Organização da Justiça do Trabalho, em 30 de março de 1938[8].

A CLT, expressamente, privilegiou os princípios basilares do procedimento oral: a) primazia da palavra (arts. 791 e 839 – apresentação de reclamação diretamente pelo interessado; art. 840 – reclamação verbal; arts. 843 e 845 – presença obrigatória das partes à audiência; art. 847 – apresentação de defesa oral, em audiência; art. 848 – interrogatório das partes; art. 850 – razões finais orais; art. 850, parágrafo único – sentença após o término da instrução); b) imediatidade (arts. 843, 845 e 848); c) identidade física do juiz (corolário da concentração dos atos determinada nos arts. 843 a 852); d) concentração dos atos (arts. 843 a 852); e) irrecorribilidade das interlocutórias (§ 1º do art. 893); f) maiores poderes instrutórios ao juiz (arts. 765, 766, 827 e 848); e g) possibilitar a solução conciliada em razão de uma maior interação entre o juiz e as partes (arts. 764, §§ 2º e 3º, 846 e 850).

Assim, muitas das lacunas apontadas do procedimento trabalhista não são propriamente lacunas, mas um reflexo natural do fato de ser este oral. Em outras palavras, por que o procedimento oral prescinde de certas formalidades, visto que os incidentes processuais devem ser resolvidos em audiência de forma imediata, seguidos dos necessários esclarecimentos das partes, presentes à audiência, o procedimento trabalhista não apresenta formas específicas para solução de certos incidentes processuais, que devem ser, por isso, como regra, resolvidos informalmente em audiência e por isto a lei processual trabalhista transparece incorrer em lacunas, o que, muitas vezes, de fato não se dá[9].

Destaque-se que o atendimento da oralidade em um grau mais elevado no procedimento trabalhista, com relação ao procedimento ordinário civil, foi sensivelmente favorecido pela especialização do órgão judicial à solução de conflitos oriundos de uma única relação de direito

---

(7) In Waldemar Ferreira, *A Justiça do Trabalho: pareceres proferidos na Comissão de Constituição da Camara dos Deputados*. Rio de Janeiro: 1937. p. 243.
(8) In Oliveira Vianna, *Problemas de Direito Corporativo*, Rio de Janeiro, José Olympio Editora, 1938. p. 287.
(9) Vide exemplo do indeferimento da inicial, da intervenção de terceiros, da oitiva de testemunha por carta precatória etc., que, via de regra, não devem ocorrer no procedimento trabalhista.

material, a relação de emprego, regida por regras trabalhistas específicas. Daí porque a não observância dessa peculiaridade leva a uma aplicação muitas vezes indevida, porque desnecessária, de regras procedimentais comuns.

Conforme observa Antônio Álvares da Silva: "O processo trabalhista de primeira instância, cujo procedimento é dos mais simples e eficientes que se conhece no direito comparado, foi deturpado pela recorribilidade, irracional e ilógica, com que a CLT foi adotada. Quebrou-se a objetividade do processo e, em nome de uma falsa segurança, que não resiste a qualquer raciocínio com base na realidade que vivemos, a controvérsia trabalhista foi submetida a intoleráveis protelações. Organizou-se a estrutura da jurisdição nos moldes da comum, sem se atentar para a natureza do crédito a que serve de instrumento. A forma tomou o lugar da essência e a realidade deu lugar à abstração"[10].

Lembre-se, ademais, que o CPC foi alterado em 1973, e, em termos de procedimento adotou um critério misto, escrito até o momento do saneamento e oral a partir da audiência, quando necessária. Nestes termos, a aplicação subsidiária de regras do procedimento ordinário do CPC à CLT mostra-se, naturalmente, equivocada e equívoco aumenta ainda mais quando vislumbramos o novo Código de Processo Civil de 2015, cuja lógica é totalmente distinta daquela que inspira o processo do trabalho, como veremos.

Na tentativa de melhor instrumentalizar a atividade do juiz neste sentido, já sustentei que:

> E como a regra do art. 769, da CLT, deve ser vista como uma regra de proteção da CLT frente às ameaças do CPC, não é possível utilizar a mesma regra para impedir a aplicação de normas do CPC que, na evolução legislativa, tornam-se mais efetivas do que aquelas previstas na CLT. Ou seja, mesmo que a CLT não seja omissa, não se pode recusar a incidência do CPC, quando este esteja mais avançado no aspecto específico.[11]

Mas, pensando melhor, após análise detida de cada um dos artigos, parágrafos e incisos do novo CPC, que se apresenta como um organismo doente, vez que tentou abraçar valores contraditórios para satisfação de interesses não completamente revelados, tornando-se um instrumento complexo, desprovido de efetividade e alimento de incidentes processuais de toda ordem, não vejo como a aplicação subsidiária do novo CPC possa ser benéfica aos objetivos do processo do trabalho, até porque essa aplicação teria que ser extremamente cindida, seletiva, dando margens a discussões que apenas inibem a efetividade do processo, de modo, inclusive, a abrir a porta para a incidência de institutos extremamente danosos ao processo do trabalho como o incidente de desconsideração da personalidade jurídica.

Aliás, o próprio art. 769 é expresso no sentido de que a aplicação de normas do processo civil está condicionada a uma dupla condição: omissão e compatibilidade com as normas da CLT.

Verdade que interpretação do art. 769 sofreu evolução bastante considerável quando se passou a admitir, diante das constantes alterações que o CPC vinha sofrendo por meio de legislação esparsa, no sentido de que seria possível aplicar ao processo do trabalho toda regra da legislação processual civil que servisse à melhoria da prestação jurisdicional trabalhista, mesmo que houvesse no processo do trabalho dispositivo regulando a matéria (teoria da "lacuna axiológica") e também no sentido de permitir a aplicação parcial da regra, de modo a "pinçar" dela tão somente o que servisse a esse objetivo, desprezando-se o restante.

Esse alcance atualmente dado ao art. 769 da CLT poderia nos conferir a falsa ilusão de que bastaria, então, ver no CPC as regras que atendem a esse objetivo, aplicá-las e desprezar o restante. No entanto, a questão é bem mais profunda, como se procurará demonstrar, pois o novo CPC esconde um espírito anti-democrático, que seria legitimado por esse exercício de conveniência.

Fato é que não se pode compactuar com o autoritarismo em nenhum aspecto e por nenhuma razão. Além disso, as eventuais lacunas advindas de uma postura de negação completa do CPC, que não seriam nem tantas nem tão relevantes, supondo-se que se saibam utilizar as regras e os princípios do processo do trabalho, seriam facilmente supridas com a incorporação das práticas processuais adotadas cotidianamente nas Varas como regras consuetudinárias e jurisprudenciais. Lembre-se que a jurisprudência no próprio novo CPC é extremamente valorizada e não seria próprio que se negasse a sua legitimidade para regular o próprio processo do trabalho, ainda mais estando de acordo com seus princípios próprios.

Não se pode deixar de considerar que a atração para o processo do trabalho da lógica de mercado enaltecida nos fundamentos do novo CPC implicaria, sem a menor dúvida, na destruição da própria razão de ser de um ramo do Direito com racionalidade social, voltada à valoração da condição humana do trabalhador, implicando na destruição institucional da Justiça do Trabalho.

---

(10) SILVA, Antônio Álvares da. "Modernização da Justiça do Trabalho no Brasil". In: *Noções atuais de direito do trabalho*: estudos em homenagem ao professor Elson Gottschalk. Coordenação de José Augusto Rodrigues Pinto. São Paulo: LTr, 1995. p. 61.

(11) SOUTO MAIOR, Jorge Luiz. *Relação entre o processo civil e o processo do trabalho*. In: O novo Código de Processo Civil e seus reflexos no processo do trabalho. Org. Elisson Miessa. Salvador: Editora JusPodivm, 2015. p. 164.

3. CONTEXTO DO ADVENTO DO NOVO CPC

Diz-se que o novo CPC surgiu para recuperar a imagem do Judiciário desgastada junto à opinião pública, em razão da morosidade.

Esse pressuposto, primeiro, não serve para a Justiça do Trabalho, cuja imagem perante à sociedade, ou mais propriamente perante os seus consumidores imediatos, os trabalhadores, não tem a sua imagem desgastada, muito pelo contrário, a não ser, de forma mais generalizada, no que se refere aos casos de julgamento dos dissídios de greve.

O propósito do legislador, portanto, não seria pertinente com a realidade da Justiça do Trabalho.

De todo modo, há de duvidar que tenha sido este, efetivamente, o propósito do legislador, sendo de se duvidar mais ainda que, pelas regras criadas, se conseguirá atingi-lo.

Do que não há dúvida é o advento do novo CPC, cujos debates se iniciaram em 2009, com instalação de comissão coordenada pelo atual Ministro do STF, Luiz Fux, se insere no contexto da Reforma do Judiciário, preconizada e financiada pelo Banco Mundial, a partir de 1994 (e concluída do ponto de vista constitucional em 2004).

Essa reforma do Judiciário, inserida no contexto do projeto neoliberal, tinha como propósito impedir que o Direito, os juristas e os juízes constituíssem empecilhos à imposição da lógica de mercado.

Essa afirmação não é extraída de mera interpretação individual da história. Está consignada, com todas as letras, no Documento Técnico n. 319, do Banco Mundial: "O Setor Judiciário na América Latina e no Caribe – Elementos para Reforma", elaborado por Maria Dakolias, denominada "especialista no Setor Judiciário da Divisão do Setor Privado e Público de Modernização" (tradução de Sandro Eduardo Sardá, publicado em junho de 1996).

Ainda que no prefácio do Documento, elaborado por SriRam Aiyer, Diretor do Departamento Técnico para América Latina e Região do Caribe, haja a advertência de que "As interpretações e conclusões expressadas neste documento são de inteira responsabilidade dos autores e não devem de nenhuma forma serem atribuídas ao Banco Mundial, as suas organizações afiliadas ou aos membros de seu quadro de Diretores Executivos ou aos países que eles representam. O Banco Mundial não garante a exatidão dos dados incluídos nesta publicação e não se responsabiliza de nenhuma forma pelas consequências de seu uso", é mais que evidente que a sua publicação representa uma forma de influenciar as políticas internas dos diversos países, sobretudo aqueles considerados "em desenvolvimento", até porque o próprio prefaciador se revela quando diz ao final: "Esperamos que o presente trabalho auxilie governos, pesquisadores, meio jurídico o *staff* do Banco Mundial no desenvolvimento de futuros programas de reforma do judiciário."[12]

Os objetivos da Reforma são claros, conforme revelam as seguintes passagens do Documento:

> Estas recentes mudanças têm causado um repensar do papel do estado. Observa-se uma maior confiança no mercado e no setor privado, com o estado atuando como um importante facilitador e regulador das atividades de desenvolvimento do setor privado. Todavia, as instituições públicas na região tem se apresentado pouco eficientes em responder a estas mudanças.

---

(12) Os objetivos da Reforma são claros, conforme revelam as seguintes passagens do Documento:
"Estas recentes mudanças tem causado um repensar do papel do estado. Observa-se uma maior confiança no mercado e no setor privado, com o estado atuando como um importante facilitador e regulador das atividades de desenvolvimento do setor privado. Todavia, as instituições públicas na região tem se apresentado pouco eficientes em responder a estas mudanças.
...em muitos países da região, existe uma necessidade de reformas para aprimorar a qualidade e eficiência da Justiça, fomentando um ambiente propício ao comércio, financiamentos e investimentos.
A reforma econômica requer um bom funcionamento do judiciário o qual deve interpretar e aplicar as leis e normas de forma previsível e eficiente. Com a emergência da abertura dos mercados aumenta a necessidade de um sistema jurídico.
Neste contexto, um judiciário ideal aplica e interpreta as leis de forma igualitária e eficiente o que significa que deve existir: a) previsibilidade nos resultados dos processos; b) acessibilidade as Cortes pela população em geral, independente de nível salarial; c) tempo razoável de julgamento; d) recursos processuais adequados.
Devido ao atual estado de crise do Judiciário na América Latina, os objetivos e benefícios da reforma podem ser amplamente agrupados em duas estruturas globais: fortalecer e reforçar a democracia e promover o desenvolvimento econômico."
Para concluir que:
"A economia de mercado demanda um sistema jurídico eficaz para governos e o setor privado, visando solver os conflitos e organizar as relações sociais. Ao passo que os mercados se tornam mais abertos e abrangentes, e as transações mais complexas as instituições jurídicas formais e imparciais são de fundamental importância. Sem estas instituições, o desenvolvimento no setor privado e a modernização do setor público não será completo. Similarmente, estas instituições contribuem com a eficiência econômica e promovem o crescimento econômico, que por sua vez diminui a pobreza. A reforma do judiciário deve especialmente ser considerada em conjunto quando contemplada qualquer reforma legal, uma vez que sem um judiciário funcional, as leis não podem ser garantidas de forma eficaz. Como resultado, uma reforma racional do Judiciário pode ter um tremendo impacto no processo de modernização do Estado dando uma importante contribuição ao desenvolvimento global."

...em muitos países da região, existe uma necessidade de reformas para aprimorar a qualidade e eficiência da Justiça, fomentando um ambiente propício ao comércio, financiamentos e investimentos.

A reforma econômica requer um bom funcionamento do judiciário o qual deve interpretar e aplicar as leis e normas de forma previsível e eficiente. Com a emergência da abertura dos mercados aumenta a necessidade de um sistema jurídico.

Neste contexto, um judiciário ideal aplica e interpreta as leis de forma igualitária e eficiente o que significa que deve existir: a) previsibilidade nos resultados dos processos; b) acessibilidade as Cortes pela população em geral, independente de nível salarial; c) tempo razoável de julgamento; d) recursos processuais adequados.

Devido ao atual estado de crise do Judiciário na América Latina, os objetivos e benefícios da reforma podem ser amplamente agrupados em duas estruturas globais: fortalecer e reforçar a democracia e promover o desenvolvimento econômico.

Para concluir que:

A economia de mercado demanda um sistema jurídico eficaz para governos e o setor privado, visando solver os conflitos e organizar as relações sociais. Ao passo que os mercados se tornam mais abertos e abrangentes, e as transações mais complexas as instituições jurídicas formais e imparciais são de fundamental importância. Sem estas instituições, o desenvolvimento no setor privado e a modernização do setor público não será completo. Similarmente, estas instituições contribuem com a eficiência econômica e promovem o crescimento econômico, que por sua vez diminui a pobreza. A reforma do judiciário deve especialmente ser considerada em conjunto quando contemplada qualquer reforma legal, uma vez que sem um judiciário funcional, as leis não podem ser garantidas de forma eficaz. Como resultado, uma reforma racional do Judiciário pode ter um tremendo impacto no processo de modernização do Estado dando uma importante contribuição ao desenvolvimento global.

O projeto de Reforma do Judiciário, apresentado pelo Banco Mundial, preconizava a necessidade de remodelação dos cursos jurídicos para que fossem voltados à formação de profissionais "treinados" para a aplicação de técnicas tendentes a favorecer a lógica de mercado.

A Justiça do Trabalho, de forma mais específica, deve se perceber nesse contexto, pois a gana neoliberal, para favorecimento da lógica de mercado, incide essencialmente sobre os direitos trabalhistas e, portanto, não foi à toa que a Reforma do Judiciário, iniciada em 1994, previa a extinção da Justiça do Trabalho, e isso somente não se concretizou por conta de uma resistência extremamente forte sobretudo dos profissionais ligados a essa atuação e a essa ramo do conhecimento.

Claro que a não extinção da Justiça do Trabalho e, ademais, bem ao contrário, o seu fortalecimento com a ampliação da sua competência, não agradou a vários setores difusores do projeto neoliberal, e isso pode ser verificado na manifestação expressa do jornal O Estado de S. Paulo, que publicou, no dia 22 de novembro, de 2004, editorial com a seguinte reclamação: "Entre as diversas inovações introduzidas pela reforma do Judiciário, a que causou maior surpresa ocorreu no âmbito da Justiça do Trabalho. Em vez de ser esvaziada como se esperava, por ter sido criada há décadas sob inspiração do fascismo italiano e estar hoje em descompasso com as necessidades da economia, a instituição, graças à ação do seu poderoso lobby no Senado, especialmente no decorrer da votação dos destaques, conseguiu sair bastante fortalecida".

De todo modo, a diminuição da relevância jurídica do juiz atinge a toda a magistratura e se a Justiça do Trabalho não foi extinta, como previsto inicialmente, praticamente todas as demais fases da Reforma do Judiciário preconizadas no Documento do Banco Mundial já se concretizaram: criação do CNJ; introdução da súmula vinculante; aparelhamento do STF, por via legislativa, do Recurso Extraordinário com repercussão geral, que permite alteração de jurisprudência sem reiteração de julgados; implementação do sistema informatizado – PJe; desenvolvimento das estratégias de gestão; e difusão da prática de conciliação.

O que resulta desse quadro é uma magistratura fragilizada, impulsionada pela produtividade, que é, inclusive, avaliada segundo a lógica concorrencial. De julgadores, que exercem poder jurisdicional, qual seja, de dizer o direito, que é, na essência, construir o direito, os magistrados, para contribuírem com o problema central da morosidade, foram transformados em gestores, devendo, portanto, pensar com a mente do administrador, agir com a racionalidade econômica de índole privada e tratar os servidores como mera força de trabalho. Os servidores, então, se veem sobrecarregados com tarefas que se multiplicam no sistema informatizado, sob a pressão da concorrência e das estratégias que são utilizadas para que mais trabalho seja extraído deles dentro da mesma jornada.

Todos, juízes e servidores, se veem diante de um sistema informatizado que permite controle total sobre a quantidade (e o conteúdo) das atividades por eles exercidas, em tempo real, fazendo com que, inclusive, hora e local não sejam obstáculos ao trabalho.

O CNJ, como órgão disciplinar, expõe todos ao cumprimento de metas, que foram estabelecidas nos padrões da racionalidade das empresas privadas, subtraindo, por consequência, o conteúdo intelectivo e construtivo da atuação jurisdicional. Metas que, ademais, por si sós, constituem fator de desumanização, provocando assédios e adoecimentos, além de mecanização da atividade. Não é demais lembrar que os planos estratégicos para o Judiciário tiveram, em muitos aspectos, a contribuição intelectiva de profissionais da Administração da Fundação Getúlio Vargas, que, inclusive, participaram de diversas atividades de "treinamento" (leia-se, "adestramento") de juízes.

De fato, os juízes estão sendo incentivados a "produzir" decisões, com presteza e eficiência, respeitando a lógica de mercado, estando eles próprios inseridos nessa lógica na medida em que eventual promoção pessoal está submetida à comparação das "produções" de cada juiz. Destaque-se que na comparação da produção, segundo critérios do CNJ, terão peso o desempenho (20 pontos), a produtividade (30 pontos) e a presteza (25 pontos), sendo que apenas perifericamente interessará o aperfeiçoamento técnico (10 pontos)[13].

Interessante notar que embora a Resolução n. 106/10, do CNJ, que regula a promoção de juízes, diga que "Na avaliação do merecimento não serão utilizados critérios que venham atentar contra a independência funcional e a liberdade de convencimento do magistrado, tais como índices de reforma de decisões" (art. 10), este mesmo documento deixa claro, logo na sequência, que "A disciplina judiciária do magistrado, aplicando a jurisprudência sumulada do Supremo Tribunal Federal e dos Tribunais Superiores, com registro de eventual ressalva de entendimento, constitui elemento a ser valorizado para efeito de merecimento, nos termos do princípio da responsabilidade institucional, insculpido no Código Ibero-Americano de Ética Judicial (2006)."

Os próprios Tribunais se veem em situação de concorrência uns com os outros e grande fator para se "conquistar" uma "premiação" são os números atingidos em termos de conciliação, advindo daí as reiteradas "semanas da conciliação". O incentivo à conciliação, como forma de recompensar juízes e tribunais, no entanto, desvirtua tanto o instituto da conciliação quanto a própria função do Judiciário, entendida como instituição responsável pelo resgate da autoridade da ordem jurídica, o que no caso do Direito do Trabalho assume, inclusive, uma dimensão trágica se pensarmos na natureza alimentar e na condição de direito fundamental dos direitos trabalhistas, assim como na dificuldade cultural histórica que possuímos em torno do reconhecimento da relevância social e econômica desses direitos como forma de superarmos, enfim, a era escravista.

Fato concreto é que essa estrutura organizacional, idealizada no Documento n. 319 do Banco Mundial, favorece a sedimentação no âmbito do Judiciário da racionalidade econômica, que constitui um grave risco para a construção e a efetividade dos direitos trabalhistas e dos direitos sociais, em geral. No contexto de um Judiciário trabalhista esfacelado, preocupado com a concorrência, sem desenvolver compreensões totalizantes que definam o seu papel institucional, abre-se a porta para que o Supremo Tribunal Federal, valendo-se, ainda, da força do CNJ, da súmula vinculante e da repercussão geral, sob o argumento formal de que as normas trabalhistas encontram-se na Constituição e que sua aplicação, portanto, envolve uma questão constitucional, passe a ditar as regras trabalhistas com um viés economicista.

Os efeitos dessa preocupação podem ser identificados no novo CPC, notadamente, no que se refere: ao incentivo à conciliação (arts. 2º, § 3º; 139, V; 165 a 175; 334; 932, I); na explicitação da lógica da eficiência (art. 8º); e na disciplina judiciária, direta ou indiretamente incentivada (art. 332, I; 489, VI; 927; 932; 947; 948; 950; 966; 976 a 987; 988 a 993; 1.011, I; 1.022).

O art. 8º, por exemplo, faz, explicitamente, menção à "eficiência" como critério a nortear o princípio da proteção da dignidade humana em seu cotejo com outros valores, o que, certamente, se faz para extrair do juiz uma visão humanista e utópica do direito. Aliás, a compreensão principiológica e histórica do direito, além do papel do juiz, como responsável pela efetividade plena dos Direitos Humanos, são solenemente afastados do novo CPC, ferindo, neste aspecto, os compromissos assumidos pelo Brasil frente às Declarações e tratados internacionais, desde que firmada a Carta das Nações Unidas, em 1945.

4. ANÁLISE DO NOVO CPC

4.1. Alguns elementos para o diagnóstico

Quando se pensa em um Código a primeira ideia que vem à mente é a de um conjunto sistêmico, onde os elementos se interligam coerentemente e estão voltados a um objetivo comum, sendo possível na abstração jurídica extrair desse corpo valores que o norteiam, aos quais se confere o nome de princípios.

No entanto, quando se examinam os 1.072 artigos do novo Código (que, em concreto, representam muito mais porque a maioria dos artigos é subdividida em parágrafos, incisos e letras) tem-se logo a percepção de que se trata de um organismo doente, que sofre do mal da megalomania, mas que acaba, de fato, flertando com a esquizofrenia.

Na ânsia regulatória, o Código desce a minúcias tão profundas que acaba destruindo aquela que poderia ser sua ideia básica de constituir um instrumento para a melhoria da prestação jurisdicional, até porque começa pro-

---

(13) Art. 11, da Resolução n. 106, de 06 de abril de 2010, da lavra do Ministro Gilmar Mendes.

metendo às partes o direito de obterem "em prazo razoável a solução integral do mérito" (art. 4º).

Ora, qual a utilidade, passadas décadas de aprofundamentos teóricos, do Código se ocupar em trazer a definição de: despacho, decisão interlocutória, sentença e acórdão?

A leitura dos artigos correspondentes é de uma inutilidade estupenda. Senão, vejamos:

> Art. 203. Os pronunciamentos do juiz consistirão em sentenças, decisões interlocutórias e despachos.
>
> § 1º Ressalvadas as disposições expressas dos procedimentos especiais, sentença é o pronunciamento por meio do qual o juiz, com fundamento nos arts. 485 e 487, põe fim à fase cognitiva do procedimento comum, bem como extingue a execução.
>
> § 2º Decisão interlocutória é todo pronunciamento judicial de natureza decisória que não se enquadre no § 1º.
>
> § 3º São despachos todos os demais pronunciamentos do juiz praticados no processo, de ofício ou a requerimento da parte.
>
> § 4º Os atos meramente ordinatórios, como a juntada e a vista obrigatória, independem de despacho, devendo ser praticados de ofício pelo servidor e revistos pelo juiz quando necessário.
>
> Art. 204. Acórdão é o julgamento colegiado proferido pelos tribunais.
>
> Art. 205. Os despachos, as decisões, as sentenças e os acórdãos serão redigidos, datados e assinados pelos juízes.
>
> § 1º Quando os pronunciamentos previstos no caput forem proferidos oralmente, o servidor os documentará, submetendo-os aos juízes para revisão e assinatura.
>
> § 2º A assinatura dos juízes, em todos os graus de jurisdição, pode ser feita eletronicamente, na forma da lei.
>
> § 3º Os despachos, as decisões interlocutórias, o dispositivo das sentenças e a ementa dos acórdãos serão publicados no Diário de Justiça Eletrônico.

Os exemplos de dispositivos inúteis no Código são tantos que seria preciso elaborar outro texto (bastante grande) apenas para descrevê-los. De todo modo, não posso me furtar de apresentar alguns exemplos, dos quais o art. 208 se destaca:

> Art. 208. Os termos de juntada, vista, conclusão e outros semelhantes constarão de notas datadas e rubricadas pelo escrivão ou pelo chefe de secretaria.

Não é possível deixar de perceber, também, a extrema preocupação do legislador em regular a questão pertinente aos honorários advocatícios e periciais, que, embora importante, é tratada quase que por uma lei que se coloca dentro do Código, quebrando qualquer coerência. Com efeito, são ao todo 71 (setenta e um) dispositivos sobre o tema, dispersos em artigos, incisos e parágrafos extremamente minudentes (arts. 82 a 97).

No afã de dizer tudo, claro, acabou dizendo coisas também completamente despropositadas do ponto de vista da própria administração dos serviços judiciários, como o tempo que deve separar uma audiência da outra, que seria, para as audiências de conciliação, de 20 minutos, conforme § 12, do art. 334, e de uma hora, para as audiências de instrução, nos termos do § 9º, do art. 357.

Aliás, do ponto de vista das atividades burocráticas o novo Código já nasceu velho, visto que traz inúmeros dispositivos que não terão qualquer aplicabilidade prática na media em que os processos já estão na fase virtual (ao menos na Justiça do Trabalho essa é a realidade da grande maioria das unidades judiciárias).

Ademais, mesmo em termos burocráticos o Código perde a chance de eliminar trabalhos inúteis, que só se justificam dentro de uma lógica de desconfiança recíproca entre os sujeitos do processo, como o previsto no art. 207:

> Art. 207. O escrivão ou o chefe de secretaria numerará e rubricará todas as folhas dos autos.
>
> Parágrafo único. À parte, ao procurador, ao membro do Ministério Público, ao defensor público e aos auxiliares da justiça é facultado rubricar as folhas correspondentes aos atos em que intervierem.

Vejam, no entanto, o que dizem os arts. 5º e 6º:

> Art. 5º Aquele que de qualquer forma participa do processo deve comportar-se de acordo com a boa-fé.
>
> Art. 6º Todos os sujeitos do processo devem cooperar entre si para que se obtenha, em tempo razoável, decisão de mérito justa e efetiva.

A contradição da lógica contida no art. 207 com a que se extrai dos arts. 5º e 6º é tão gritante que revela o sentimento de que o legislador não crê nem um pouco nos valores que ele próprio expressa.

Ou seja, segundo o Código, todos agem de boa-fé e em colaboração, mas para garantir é melhor numerar as folhas dos autos e ainda conferir o direito às partes de rubricá-las para que ninguém as suprimam.

A contradição é mesmo o princípio que parece fundar o novo Código, que se pretende célere, mas que é extremamente prolixo e complicado, obstando a celeridade; que pretende conferir maiores poderes ao juiz, mas que desconfia dos objetivos do juiz, não querendo, pois, concretamente, que o juiz exerça um poder instrutório e jurisdicional; que, notoriamente, tenta atribuir mais funções ao advogado, mas que, projetando os riscos que podem advir da enorme quantidade de incidentes que disponibiliza ao advogado, põe o juiz em ação para controlar o advogado...

Aliás, depois de tanto regular o Código vem e diz que as partes podem fixar o procedimento que melhor aprouver aos seus interesses particulares (art. 190) e que o juiz pode combinar com as partes prazos diversos dos estabelecidos no Código (art. 191). De todo modo, salta aos olhos a diferença entre o alcance que se confere à negociação das partes e aquela da qual participa o juiz. As partes podem tudo, desde controladas pelo juiz. Já o juiz e as partes só podem alterar prazos. Vai entender...

Na linha da contradição, verifique-se que o Código pretende regular tudo, mas acaba dizendo que se os atos forem praticados de outro modo e atingirem a finalidade serão considerados válidos (art. 188) e que o juiz, que deve se submeter à vontade das partes, pode "prevenir ou reprimir qualquer ato contrário à dignidade da justiça e indeferir postulações meramente protelatórias", "determinar todas as medidas indutivas, coercitivas, mandamentais ou sub-rogatórias necessárias para assegurar o cumprimento de ordem judicial, inclusive nas ações que tenham por objeto prestação pecuniária" e "dilatar os prazos processuais e alterar a ordem da produção dos meios prova adequando-os às necessidades do conflito de modo a conferir maior efetividade à tutela do direito" (art. 139, III, IV e VI).

Cumpre reparar que esses poderes conferidos ao juiz são limitados à produção e análise da prova, porque no que se refere ao ato de julgar propriamente dito o juiz, para o Código, é um autômato, que deve justificar e justificar, exaustivamente, sua decisão e que, além disso, deve seguir súmulas e jurisprudência, sob pena de nulidade da sentença (art. 489, analisado mais adiante).

Reforçando o diagnóstico da esquizofrenia, mesmo naquilo em que o novo Código aparenta progredir, quando, por exemplo, para garantir a dignidade da justiça permite ao juiz realizar as ações corretivas relativas à conduta processual das partes, trata logo de definir o alcance dessa "dignidade", fixando limites para a atuação do juiz (§§ 1º, 2º e 3º. do art. 77 e art. 81).

As fórmulas do CPC são tão contraditórias e, por consequência, tão estapafurdiamente complexas, que a cada leitura de um artigo, inciso ou parágrafo, o leitor vai se aprofundando em um verdadeiro emaranhado de normas apostas sobre um terreno movediço e dispostas na forma de um labirinto. Com isso vai se distanciando do conflito do direito material, que resta subtraído de sua mente. Ou seja, depois de vários anos do esforço teórico de tantos processualistas[14] para construir a noção do processo como instrumento, retorna-se à visão do processo como um fim em si mesmo, com o gravame de que sequer se sabe, verdadeiramente, qual o fim que este almeja.

4.2. "Normas fundamentais"?

Muitos dirão que estou exagerando, mas lhes garanto que o exagero na argumentação é proporcional ao tamanho do distúrbio do novo Código.

De plano, tratando exatamente das "normas fundamentais", o novo CPC parece dar um grande passo à frente ao dizer que "O processo civil será ordenado, disciplinado e interpretado conforme os valores e as normas fundamentais estabelecidos na Constituição da República Federativa do Brasil", reconhecendo, enfim, que a Constituição está acima da lei processual, algo que, concretamente, parte da ciência processual, exprimindo certa soberba, não conseguia admitir. No entanto, o legislador logo se trai ao preconizar que a Constituição será aplicada observando-se "as disposições deste Código" (art. 1º).

Repare-se que a perspectiva constitucional é plenamente afastada no capítulo que trata dos "poderes, dos deveres e da responsabilidade do juiz" (arts. 139 a 143), vinculando a atuação do juiz às disposições "deste Código".

Na sequência, uma nova expectativa frustrada. Diz o art. 2º que o processo se "desenvolve por impulso oficial", fazendo crer que o legislador confia na atuação do juiz, mas já vem com a ressalva de que existem "as exceções previstas em lei" para essa atuação. E cumpre reparar que o mesmo artigo não abandona a tradição privatista de que "O processo começa por iniciativa da parte".

Ainda tratando das "normas fundamentais do processo", o legislador faz questão de "dar uma força" à atuação extraprocessual, pondo em relevo a arbitragem (§ 1º do art. 3º), ao mesmo tempo em que, parecendo não confiar na eficácia das normas processuais criadas para conferirem a satisfação da pretensão jurídica com celeridade, estimula a conciliação, sem, ademais, estabelecer qualquer limite ou mesmo preceito valorativo sobre tal instituto, mesmo que tenha se dedicado nos seus 1.072 artigos, como já observado, a regular tudo, inclusive a forma da numeração das folhas dos autos, ou mesmo a trazer o conceito de acórdão, por exemplo.

No art. 7º diz que as partes têm o direito a uma "paridade de tratamento", mas como serão tratadas com paridade se não forem materialmente iguais? A regra parece tentar afrontar a prática jurisdicional de tratar os desiguais de forma desigual na medida em que se desigualam para que a igualdade processual se perfaça em concreto.

O art. 8º, "*data venia*, é um "*show* de horrores", pois parece não dizer nada quando trata das figuras abstratas dos "fins sociais" e "bem comum", mas logo confere ao princípio fundamental da República do Brasil, a proteção da dignidade humana, uma flexibilidade de índole neoliberal. O dispositivo processual em questão estabelece que a eficácia do princípio da dignidade humana deve observar a "proporcionalidade, a razoabilidade, a legalidade, a publicidade e a eficiência". Ou seja, para o legislador que desconfia do juiz caberá ao juiz, em cada caso, avaliar a pertinência da aplicação do princípio da proteção da dignidade humana, podendo, e até devendo, afastá-lo em homenagem, por exemplo, à lógica econômica da "eficiência".

---

(14) Vide, por exemplo, José Carlos Barbosa Moreira, Candido Rangel Dinamarco, Ada Pelegrini Grinover e Kasuo Watanabe, dentre outros.

E logo depois vem com a pérola, que até contraria o dispositivo anterior, no sentido de que "O juiz não pode decidir, em grau algum de jurisdição, com base em fundamento a respeito do qual não se tenha dado às partes oportunidade de se manifestar, ainda que se trate de matéria sobre a qual deva decidir de ofício" (art. 10).

Ora, mas se é uma atuação de ofício, prevista em lei, qual é o sentido de abrir oportunidade para as partes falarem sobre algo que já está previsto em lei? Claro que a medida apenas revela, mais uma vez, uma desconfiança sobre o juiz, que acaba evitando a própria atuação racional do processo.

Aliás, é com base em tal sentimento que até já se criou na jurisprudência a prática absurda de o juiz ter que dar oportunidade de fala à parte contrária quando sente que os embargos declaratórios modificativos interpostos por uma das partes pode ser acatado. Ora, se os embargos buscam corrigir a sentença e se todos os argumentos foram utilizados pelas partes antes do processo ir a julgamento e houve um erro de avaliação do juiz que deve ser corrigido, conforme advertido pela parte, não tem o menor sentido reabrir um contraditório a respeito. Mas, enfim, o legislador agora considera que essa irracionalidade deve ser a regra na atuação processual...

E vamos em frente, se é que é possível!

Na sequência vem o art. 11, que dá a impressão de dizer o óbvio, mas que se for conduzido pela irracionalidade que marca o novo CPC pode simplesmente travar o processo. Claro que todas as decisões do juiz devem ser fundamentadas, mas nem sempre a explicitação desse fundamento é atrativo para a melhor prestação jurisdicional. Imaginemos uma audiência na qual se faça ao juiz uma demanda totalmente desproposital, como, por exemplo, uma pergunta impertinente à testemunha. A decisão de indeferir a pergunta, muitas vezes sem maiores explicações, até para não causar constrangimentos pessoais, é a melhor forma de atuação, fazendo-se constar dos autos, é claro, o indeferimento. A necessidade de fundamentação apenas torna a audiência muito mais longa e mais conflituosa, sem qualquer utilidade para o contraditório, vez que não necessariamente a parte cuja pergunta foi indeferida se vê processualmente prejudicada, ainda mais se a pergunta for, de fato, impertinente. Então, o artigo fala demais e serve apenas para apontar uma espada sobre o juiz, que posta nas mãos de advogados habilidosos, servirá para causar incidentes processuais, valendo lembrar que a nulidade, mesmo para o novo Código, não se pronuncia automaticamente, estando atrelada ao efetivo prejuízo (§ 2º art. 282).

E demonstrando que a fantasia dominou mesmo a mente do legislador, dispôs-se no art. 12 que "os juízes e os tribunais deverão obedecer à ordem cronológica de conclusão para proferir sentença ou acórdão", como se essa fosse, inclusive, uma atuação em conformidade com o princípio da eficiência. Mas percebendo o absurdo da determinação, que desconsidera a realidade e mesmo as diferenças de dificuldades dos diversos processos, o próprio legislador, também para não deixar de evidenciar sua feição esquizofrênica, apresenta 9 (nove) exceções à regra, mas sem esclarecer a ordem das exceções, tornando, inclusive, inviável realizar a tal lista cronológica de processos para julgar sem que haja contestações de diversas naturezas. Assim, o juiz (e seus auxiliares) perderá muito mais tempo fazendo a lista e apreciando as impugnações do que propriamente julgando os processos.

Concluindo a leitura do Capítulo das "normas fundamentais" a pergunta que fica é: quais são, afinal, os valores considerados como fundamentais pelo Código? Resposta: nenhum. Dos artigos em questão não se extrai preceito fundamental algum. Por outro lado, muitos elementos para uma análise psiquiátrica estão presentes.

E por aí a coisa vai, e vem, e sobe, e desce, e desvia, na leitura dos demais artigos. Uma leitura que, afinal, só serve mesmo para reforçar a argumentação central da imprestabilidade normativa do novo Código, que, apesar de tudo, se mostra extremamente confiante para dar saltos espetaculares, normatizando o mundo jurídico a partir de si mesmo.

4.3. Mirando a Justiça do Trabalho

É assim que o art. 15 do Código prevê que suas disposições serão aplicadas nos processos "eleitorais, trabalhistas ou administrativos" de forma supletiva e subsidiária.

A falta de técnica, no entanto, trai o legislador e a pretensão cai no vazio na medida em que vincula esta pretensão expansionista à "ausência de normas" que regulem os respectivos processos.

Ocorre que no caso do processo do trabalho, por exemplo, existem mais de 265 artigos na CLT regulando o processo do trabalho, sem falar nas normas extraídas de diversas leis que completam, de forma específica, a obra celetista, além das 278 Súmulas e Orientações Jurisprudenciais do TST cuidando o tema. Ou seja, o que não falta é norma regulando o processo trabalhista e, portanto, pelo critério adotado pelo novo CPC não se poderá aplicá-lo nas lides trabalhistas.

Não se pode deixar de considerar, também, que como o novo Código ao fazer referência, ainda que indireta, à teoria pós-positivista, já que explicita à ponderação como critério de julgamento, o legislador tem plena consciência do sentido que o termo "norma" adquire no contexto técnico dessa teoria, que considera norma o gênero do qual são espécies as regras e os princípios. Ora, o processo do trabalho não apenas possui inúmeras regras a regulá-los, mas também princípios que são absolutamente incompatíveis com os princípios que regem o novo Código Civil.

Também por isso, portanto, seguindo a própria literalidade do art. 15, o novo Código não se aplica ao processo do trabalho.

Mas admitindo-se que essa interpretação literal não venha a ser acolhida, o que resta não é submeter-se ao inexorável, mas a necessidade de buscar outros argumentos para justificar a inaplicabilidade da totalidade dos dispositivos do novo CPC ao processo do trabalho, vez que a alternativa de uma aplicação parcial, pinçando exclusivamente os dispositivos que poderiam ser considerados eficientes para melhorar a prestação jurisdicional trabalhista (o que tecnicamente é possível e, ademais, já vem sendo feito) geraria o grave risco de atrair para o cotidiano das Varas do Trabalho uma profusão de incidentes, que constitui a marca do novo CPC, assim como o que está em sua base, que é o propósito de destruir a atuação jurisdicional do juiz.

Veja-se que as questões de megalomania e contradições, refletindo um estado de esquizofrenia, de fato acabam obscurecendo o propósito muito convicto e preciso do novo Código que é o do retirar dos juízes de primeiro grau (e, em certo sentido, também dos desembargadores) o poder jurisdicional, isto é, o poder de dizer e, portanto, construir o direito.

Aliás, os traços de esquizofrenia talvez estejam presentes como efeito exatamente da tentativa de não permitir que esse propósito se revele. Ora, como a Constituição consagra o Estado Democrático de Direito, do qual é essência a independência dos juízes, não se pode obrigar os juízes a abdicar de seu poder e não se pode punir juízes que defendam sua independência, sob pena de demonstração clara da lógica autoritária. Se o propósito é esse, mas não se pode explicitá-lo, surge, então, a estratégia de criar mecanismos de controle dos juízes que tenham a aparência de atender outros objetivos, como a "celeridade", a "segurança jurídica", a "previsibilidade", a "eficiência", só que esses mecanismos, não podendo excluir a vontade dos juízes, precisam ser ameaçadores e ao mesmo tempo, reconhecendo que apenas ameaça não basta, ainda mais porque velada, devem ser centralizadores, isto é, aptos para retirarem os próprios processos das mãos dos juízes, o que obriga a criação de procedimentos complexos, com muitos legitimados e repletos de recursos.

Diga-se de forma bastante clara que esse propósito de extrair o poder jurisdicional dos juízes toca de forma primordial a Justiça do Trabalho, já que é a Justiça do Trabalho a responsável pela regulação do conflito essencial da sociedade capitalista, que é o conflito entre o capital e o trabalho. Ora, se o novo Código está embasado na racionalidade que busca extrair o poder jurisdicional dos juízes para atingir a ilusória, ou retórica, segurança negocial, é evidente que esse conflito e, por consequência, a atuação da Justiça do Trabalho, foram considerados.

Assim ainda que se trate um Código de Processo Civil, elaborado por processualistas civis, com preocupações teóricas e práticas ligadas às lides que percorrem a Justiça comum, as atuações dos juízes do trabalho estiveram nas mentes desses "legisladores", sendo que isso, aliás, está confessado no próprio art. 15 acima citado.

Não se pode, pois, entrar na discussão da aplicação do novo CPC ao processo do trabalho sem ter em mente essas percepções de ordem estrutural.

4.4. Perigo à vista

O novo CPC, por certo, não se resume a regras contraditórias. Possui muitas regras com determinações claras, mas que representam graves riscos de danos irreparáveis à prestação jurisdicional trabalhista.

O art. 77, nos seus §§ 1º 2º e 3º, claramente tenta limitar a atuação corretiva do juiz frente à atuação das partes, criando, de certo modo, um direito para que estas contrariem os objetivos do processo.

O art. 78, que reproduz fórmula anterior é verdade, reforça a lógica autoritária em um processo que parece querer ser mais democrático. Ora, as partes devem ter o direito, inclusive, de criticar o juiz e de se expressar, sendo totalmente impróprio, na lógica democrática, abolir a fala. A fala, o escrito, não deve ser proibida. Atingindo a esfera jurídica alheia, pode gerar, por si, consequências jurídicas, mas isso não justifica que sejam banidas (riscadas dos autos).

O art. 98 prevê a concessão dos benefícios da assistência judiciária gratuita para as pessoas jurídicas, mas no processo do trabalho a pessoa jurídica é o empregador e como ostenta a condição de capitalista, tendo, inclusive, explorado o trabalho alheio para o desenvolvimento de uma atividade, não é pertinente que venha a juízo dizer não possui condições financeiras para suportar os custos do processo, pois se é isso sequer poderia ter ostentado a condição de empregador.

O art. 98, inclusive, chega a inserir no alcance dos benefícios em questão o não pagamento do depósito recursal, que é, como se sabe, no processo do trabalho, uma garantia da própria eficácia da execução, sendo certo que o mesmo argumento supra se repete para a hipótese.

Veja que o Código cria um procedimento, com concessão de prazo de 15 (quinze) dias, para impugnação e julgamento do pedido de assistência judiciária, fixando, ainda, que da decisão cabe agravo de instrumento (arts. 100 e 101).

Os arts. 103 a 107, 108 a 112, 113 a 118, tratando, respectivamente, dos procuradores, da sucessão das partes e dos procuradores, e do litisconsórcio, não têm incidência no processo do trabalho, sobretudo por conta de minúcias que pouca relevância possuem na sistemática processual trabalhista.

A intervenção de terceiros, regulada nos arts. 119 a 132, conforme prática corrente nas lides trabalhistas, não tem aplicação no processo do trabalho.

Destaquem-se, a propósito, os arts. 133 a 137. Ora, não está dito expressamente no texto (e por certo não estaria) que cria o "**incidente de desconsideração da personalidade jurídica**", mas é muito claro que o legislador (ou o corpo de processualistas que opinou na formulação do Código) fez essa regulação pensando, exatamente, nos juízes do trabalho, para tentar impedi-los de continuarem atuando de modo a buscar os bens dos sócios quando os bens da pessoa jurídica não são suficientes para satisfazer a execução, sendo que o fazem da maneira necessária para que a medida tenha eficácia, penhorando primeiro e discutindo depois.

O procedimento estabelecido, no entanto, apenas contribui para a morosidade processual, além de ser um desserviço à efetividade da prestação jurisdicional. O incidente só interessa, portanto, ao mau pagador, que no caso do processo do trabalho é uma empresa ou um empresário que explorou, de forma irresponsável, o trabalho alheio, ferindo, por consequência, normas de direitos fundamentais.

Não tem o menor sentido falar em garantias de direitos fundamentais processuais ao infrator da ordem jurídica quando essas garantias destroem a eficácia de direitos fundamentais materiais, até porque na desconsideração da personalidade seguida da penhora de bens não se nega o contraditório apenas este é postergado para que as medidas processuais, que visam a garantir o direito fundamental material, tenham eficácia.

Cabe acrescentar que para o Direito do Trabalho o empregador é a empresa (art. 2º da CLT), que está integrado, portanto, da figura do empresário, cuja responsabilidade não pode ser excluída justamente porque é sua a decisão de empreender por intermédio da exploração do trabalho alheio, sendo que o risco do negócio, nos termos do mesmo art. 2º, não pertence aos empregados e sim aos empregadores.

Depois, no art. 138, vem essa figura esdrúxula do *amicus curiae*, sem qualquer objetividade concreta, a não ser a de complicar as lides processuais.

Nos arts. 165 a 175 regula-se a atuação dos conciliadores e mediadores fazendo vistas grossas à Constituição no que se refere à garantia da cidadania no que tange ao concurso público, sendo que para parecer que não se está contrariando a Constituição acaba incorrendo em outra irregularidade ao prever a realização de "trabalho voluntário, observada a legislação pertinente" (§ 1º, art. 169), cujos termos[15] não se encaixam na hipótese específica, sendo que a exploração sem direitos do trabalho também é vedada pela Constituição.

No que se refere à citação, o Código mais uma vez quer avançar, mas não tem coragem de fazê-lo. Prevê a possibilidade de citação pelo correio, com entrega da carta registrada no endereço indicado, exigindo, no entanto, que a pessoa que recebe a carta, não sendo o próprio citando, seja um "funcionário responsável pelo recebimento de correspondências" (§§ 2º e 3º do art. 248).

4.5. O maior perigo: ataque à independência do juiz

Em seguida, o Código regula os poderes, os deveres e a responsabilidade do juiz, deixando claro, desde o título, a inclinação do legislador para muito mais fiscalizar o juiz do que confiar em sua atuação. Aliás, pode-se dizer mesmo que a linha mestra do novo CPC é o aprisionamento do juiz, de modo a retira-lhe o poder jurisdicional e transformá-lo em gestor e reprodutor da lógica empresarial econômica.

A fórmula inscrita no novo CPC de circunscrever o princípio da dignidade humana ao critério da eficiência (art. 8º), de extrair do juiz o julgamento por equidade, de vincular a prestação jurisdicional ao pedido, de procedimentalizar ao extremo a atuação do juiz, de transformar o juiz em gestor e de incentivar a atuação pautada pela reprodução de súmulas, além de não fazer qualquer menção ao papel do juiz frente aos princípios jurídicos e aos direitos humanos e fundamentais, representa um esvaziamento pleno da atuação jurisdicional.

O juiz, ademais, é um gestor que não inspira confiança nem mesmo para exercer a tarefa de administrar, pois o Código, como visto, chega a dizer como o juiz deve organizar a sua pauta de audiências, e do qual, além disso, se requer uma atitude repressiva com relação aos servidores art. 233, § 1º. Aliás, se nada funcionar já se tem no Código o veredicto: "culpado, o servidor".

Interessante que o próprio novo CPC chega a reconhecer a uma amplitude ao direito para além da lei, ao estipular que "O juiz não se exime de decidir sob a alegação de lacuna ou obscuridade do ordenamento jurídico" (art. 140), mas logo na sequência limita essa atuação ao julgamento com equidade, mas que estará autorizado somente "nos casos previstos em lei" (parágrafo único do mesmo artigo).

Claro que por via da interpretação se poderá dizer que a vinculação ao pedido está restrita às demandas de natureza privada, atingindo, pois, os efeitos de ordem pública, já que o art. 141 assim dispõe: "O juiz decidirá o mérito nos limites propostos pelas partes, sendo-lhe vedado conhecer de questões não suscitadas **a cujo respeito a lei exige iniciativa da parte**." – grifou-se. Ora, *a contrario*

---

(15) Lei n. 9.608/98.

sensu, se poderia dizer que como para os efeitos de ordem pública a lei não exige iniciativa da parte, não haveria impedimento para que o juiz atribuísse tais efeitos para além dos pedidos formulados. No entanto, duvido muito de que esse alcance seja dado a referida norma.

No geral, o que se verifica é mesmo um incentivo para que o juiz não se proponha a interagir com a realidade social buscando corrigi-la e sim que elimine o processo, visto na lógica do conflito individual, dentro da maior previsibilidade possível.

Lembrando que o juiz está submetido ao cumprimento de metas e posto em comparação com outros juízes quando aos números produzidos, o art. 322 constitui um forte elemento para impulsionar a atuação do juiz na lógica da disciplina judiciária, ainda que não se o fale expressamente.

Nos termos desse artigo, o juiz poderá julgar liminarmente improcedente o pedido, isto é, sem formalizar a lide, quando o pedido contrariar: "I – enunciado de súmula do Supremo Tribunal Federal ou do Superior Tribunal de Justiça; II – acórdão proferido pelo Supremo Tribunal Federal ou pelo Superior Tribunal de Justiça em julgamento de recursos repetitivos; III – entendimento firmado em incidente de resolução de demandas repetitivas ou de assunção de competência; IV – enunciado de súmula de tribunal de justiça sobre direito local."

Com isso, aliás, dá-se mais peso jurídico à jurisprudência do que à própria lei, pois não há, no mesmo Código, e por certo não poderia mesmo haver, um efeito específico para quem formule uma pretensão que afronte a literalidade de uma lei, inquinando-a de inconstitucional.

Para satisfação de um julgamento célere, que satisfaz à lógica dos números, confere-se ao juiz, inclusive a possibilidade de "julgar liminarmente improcedente o pedido se verificar, desde logo, a ocorrência de decadência ou de prescrição" (§ 1º do art. 322). Ou seja, permite-se ao juiz, que não pode julgar fora do pedido, segundo o Código, julgar fora do pedido do réu para julgar improcedente... Mas, afinal, para quê coerência se o objetivo de produzir números se satisfez não é mesmo?

E já que estamos no art. 322, qual a finalidade do disposto no § 2º deste artigo? "Não interposta a apelação, o réu será intimado do trânsito em julgado da sentença, nos termos do art. 241." Como diria Renato Russo, "melhor nem comentar, mas a menina tinha tinta no cabelo".

Os arts. 489 a 495 constituem a sela do juiz, aprisionando-o exatamente no ato essencial da prestação jurisdicional, que é o do proferimento da sentença. O juiz, que pode quase tudo na fase instrutória, quando vai julgar deve seguir um padrão um roteiro extremamente prolixo, que vai muito além do necessário para cumpri o papel básico da sentença que é o de definir quem tem razão. De fato, o que resulta nos artigos em questão é a inviabilização prática da elaboração da sentença, sendo que o propósito disso é incentivar que o juiz se volte, com todo vigor, à atividade de conciliação ou punir o juiz que se arvore em ser juiz, forçando, na lógica da sobrevivência, a se submeter às súmulas.

Senão vejamos:

Art. 489. São elementos essenciais da sentença:

I – o relatório, que conterá os nomes das partes, a identificação do caso, com a suma do pedido e da contestação, e o registro das principais ocorrências havidas no andamento do processo;

II – os fundamentos, em que o juiz analisará as questões de fato e de direito;

III – o dispositivo, em que o juiz resolverá as questões principais que as partes lhe submeterem.

§ 1º **Não se considera fundamentada** qualquer decisão judicial, seja ela interlocutória, sentença ou acórdão, que:

I – se limitar à indicação, à reprodução ou à paráfrase de ato normativo, sem explicar sua relação com a causa ou a questão decidida;

II – **empregar conceitos jurídicos indeterminados**, sem explicar o motivo concreto de sua incidência no caso;

III – invocar motivos que se prestariam a justificar qualquer outra decisão;

IV – não enfrentar **todos os argumentos** deduzidos no processo capazes de, em tese, infirmar a conclusão adotada pelo julgador;

V – **se limitar a invocar precedente ou enunciado de súmula**, sem identificar seus fundamentos determinantes nem demonstrar que o caso sob julgamento se ajusta àqueles fundamentos;

VI – **deixar de seguir enunciado de súmula, jurisprudência ou precedente invocado pela parte**, sem demonstrar a existência de distinção no caso em julgamento ou a superação do entendimento.

§ 2º No caso de colisão entre normas, o juiz deve justificar o objeto e os **critérios gerais da ponderação efetuada**, enunciando as razões que autorizam a interferência na norma afastada e as premissas fáticas que fundamentam a conclusão.

§ 3º A decisão judicial deve ser interpretada a partir da conjugação de todos os seus elementos e em conformidade com o princípio da boa-fé.

Art. 490. O juiz resolverá o mérito acolhendo ou rejeitando, no todo ou em parte, os pedidos formulados pelas partes.

Art. 491. Na ação relativa à obrigação de pagar quantia, ainda que formulado pedido genérico, a decisão definirá desde logo a extensão da obrigação, o índice de correção monetária, a taxa de juros, o termo inicial de ambos e a periodicidade da capitalização dos juros, se for o caso, salvo quando:

I – não for possível determinar, de modo definitivo, o montante devido;

II – a apuração do valor devido depender da produção de prova de realização demorada ou excessivamente dispendiosa, assim reconhecida na sentença.

§ 1º Nos casos previstos neste artigo, seguir-se-á a apuração do valor devido por liquidação.

§ 2º O disposto no *caput* também se aplica quando o acórdão alterar a sentença.

Art. 492. É vedado ao juiz proferir decisão de natureza diversa da pedida, bem como condenar a parte em quantidade superior ou em objeto diverso do que lhe foi demandado.

Parágrafo único. A decisão deve ser certa, ainda que resolva relação jurídica condicional.

Art. 493. Se, depois da propositura da ação, algum fato constitutivo, modificativo ou extintivo do direito influir no julgamento do mérito, caberá ao juiz tomá-lo em consideração, de ofício ou a requerimento da parte, no momento de proferir a decisão.

Parágrafo único. Se constatar de ofício o fato novo, o juiz ouvirá as partes sobre ele antes de decidir.

Art. 494. Publicada a sentença, o juiz só poderá alterá-la:

I – para corrigir-lhe, de ofício ou a requerimento da parte, inexatidões materiais ou erros de cálculo;

II – por meio de embargos de declaração.

E vale reforçar: o art. 489 é prática e logicamente inconcebível. Ora, se o juiz tiver mesmo que fazer todo esse exercício físico e mental para elaborar uma sentença, de 100 sentenças por mês passará a elaborar, no máximo, 10, desgastando-se, ainda, nos consequentes embargos, reclamações etc. No processo do trabalho o problema se potencializa porque quase todas as reclamações trabalhistas trazem uma acumulação bastante grande de pedidos, carregada, pois, de uma variedade enorme de questões jurídicas.

Com cerca de 3.500 processos novos a cada ano, pressionado pelos números ditados pelas metas e pela concorrência, elaborar sentenças com todos esses elementos seria um autêntico martírio, o que, de fato, torna a sentença um ato irrealizável.

Verifique-se que a impossibilidade da elaboração da sentença não se trata unicamente de um problema quantitativo, mas também de uma decorrência extraída da lógica.

Ora, o Código estipula que a sentença não será considerada fundamentada se "deixar de seguir enunciado de súmula, jurisprudência ou precedente invocado pela parte", mas atribui o mesmo efeito se a sentença "se limitar a invocar precedente ou enunciado de súmula, sem identificar seus fundamentos determinantes". Assim, o juiz, segundo o Código, mesmo não com o conteúdo de uma súmula está obrigado a segui-la, mas não poderá se limitar a indicá-la, devendo, isto sim, trazer os fundamentos da súmula, mas esses fundamentos não estão de acordo com o seu convencimento, vendo-se, então, obrigado a apresentar os seus fundamentos e divergir deles para justificar a incidência da súmula, com a qual não concorda. Ou seja, uma coisa de doido!

A gravidade jurídica dos termos do art. 489, no entanto, vai bem além disso, já que afronta a pedra fundamental do Estado Democrático de Direito e ordem jurídica internacional pautada pela prevalência dos Direitos Humanos, não tendo, portanto, eficácia concreta, como se esclarecerá mais adiante.

Mas vale insistir. O § 1º do art. 489 diz, textualmente, que "Não se considera fundamentada qualquer decisão judicial, seja ela interlocutória, sentença ou acórdão, que: (....) VI – deixar de seguir enunciado de súmula, jurisprudência ou precedente invocado pela parte, sem demonstrar a existência de distinção no caso em julgamento ou a superação do entendimento".

Ou seja, sentença que não segue enunciado de súmula, jurisprudência ou precedente invocado pela parte não é sentença. Mas então para que se quer um juiz afinal? Não seria melhor um computador, efetuando-se coleta de dados e expressando o resultado pré-programado?

Sim, se dirá, mas o juiz pode não seguir enunciado de súmula, jurisprudência ou precedente invocado pela parte, mas somente se "demonstrar a existência de distinção no caso em julgamento ou a superação do entendimento", o que quer dizer que sendo o caso idêntico e ainda estando em vigor o entendimento da súmula qualquer coisa que dizer será tido como não dito!

Lógico que a criatividade não se consegue evitar e o juiz fará, quando queira, uma interpretação da própria súmula e uma desvinculação ao caso, mas isso só exigirá esforço que dificulta exatamente o objetivo da celeridade processual, alimentando incidentes e forçando, na lógica do contexto de restrição da atuação do juiz, a profusão de novas súmulas.

É bem verdade, também, que esse mal já havia sido integrado ao processo do trabalho por intermédio de uma lei que, de forma bastante curiosa, é uma espécie de anagrama da lei do novo CPC. Nos termos da Lei n. 13.015 de 2014, caberá a interposição de embargos no TST, quando as decisões das Turmas forem "contrárias a súmula ou orientação jurisprudencial do Tribunal Superior do Trabalho ou súmula vinculante do Supremo Tribunal Federal".

Dispõe, também, que "O Ministro Relator denegará seguimento aos embargos: I – se a decisão recorrida estiver em consonância com súmula da jurisprudência do Tribunal Superior do Trabalho ou do Supremo Tribunal Federal, ou com iterativa, notória e atual jurisprudência do Tribunal Superior do Trabalho, cumprindo-lhe indicá-la".

No caso de recurso de revista, interposto das decisões dos Tribunais Regional, a lei em questão adiciona a seguinte hipótese de admissibilidade quando as decisões "contrariarem súmula de jurisprudência uniforme" do TST ou súmula vinculante do Supremo Tribunal Federal.

Obriga, ainda, que Tribunais Regionais do Trabalho procedem a uniformização de sua jurisprudência, cumprindo-lhe aplicar, o incidente de uniformização de jurisprudência previsto nos termos do Capítulo I do Título

IX do Livro I da Lei n. 5.869, de 11 de janeiro de 1973 (Código de Processo Civil).

A lei em questão chega ao ponto de abrir a possibilidade de recurso de revista nas ações sujeitas ao procedimento sumaríssimo, o que até então não havia, "por contrariedade a súmula de jurisprudência uniforme do Tribunal Superior do Trabalho ou a súmula vinculante do Supremo Tribunal Federal e por violação direta da Constituição Federal" e passa a permitir a interposição de agravo de instrumento para "destrancar recurso de revista que se insurge contra decisão que contraria a jurisprudência uniforme do Tribunal Superior do Trabalho, consubstanciada nas suas súmulas ou em orientação jurisprudencial, não haverá obrigatoriedade de se efetuar o depósito referido no § 7º deste artigo".

Adota o procedimento para julgamento de recursos repetitivos, que, instaurado, ensejará a suspensão, também nos regionais, de todos "os recursos interpostos em casos idênticos aos afetados como recursos repetitivos, até o pronunciamento definitivo do Tribunal Superior do Trabalho", sendo que "Publicado o acórdão do Tribunal Superior do Trabalho, os recursos de revista sobrestados na origem: I – terão seguimento denegado na hipótese de o acórdão recorrido coincidir com a orientação a respeito da matéria no Tribunal Superior do Trabalho; ou II – serão novamente examinados pelo Tribunal de origem na hipótese de o acórdão recorrido divergir da orientação do Tribunal Superior do Trabalho a respeito da matéria."

Por fim, no caso de revisão da decisão firmada em julgamento de recursos repetitivos, o que será possível "quando se alterar a situação econômica, social ou jurídica", dispõe a lei que deverá ser "respeitada a segurança jurídica das relações firmadas sob a égide da decisão anterior, podendo o Tribunal Superior do Trabalho modular os efeitos da decisão que a tenha alterado".

Essa Lei, no entanto, não é um salvo-conduto para o novo CPC, significando apenas que o legislador está mesmo disposto a suprimir o poder jurisdicional dos juízes e nisto o novo CPC é, ao menos por ora, inigualável.

No âmbito dos tribunais dispõe o novo CPC que "Os tribunais devem uniformizar sua jurisprudência e mantê-la estável, íntegra e coerente" (art. 926), cumprindo-lhes editar "enunciados de súmula correspondentes a sua jurisprudência dominante" (§ 1º).

Complementa o art. 927:

Os juízes e os tribunais observarão:

I – as decisões do Supremo Tribunal Federal em controle concentrado de constitucionalidade;

II – os enunciados de súmula vinculante;

III – os acórdãos em incidente de assunção de competência ou de resolução de demandas repetitivas e em julgamento de recursos extraordinário e especial repetitivos;

IV – os enunciados das súmulas do Supremo Tribunal Federal em matéria constitucional e do Superior Tribunal de Justiça em matéria infraconstitucional;

V – a orientação do plenário ou do órgão especial aos quais estiverem vinculados.

§ 1º Os juízes e os tribunais observarão o disposto no art. 10 e no art. 489, § 1º, quando decidirem com fundamento neste artigo.

§ 2º A alteração de tese jurídica adotada em enunciado de súmula ou em julgamento de casos repetitivos poderá ser precedida de audiências públicas e da participação de pessoas, órgãos ou entidades que possam contribuir para a rediscussão da tese.

§ 3º Na hipótese de alteração de jurisprudência dominante do Supremo Tribunal Federal e dos tribunais superiores ou daquela oriunda de julgamento de casos repetitivos, pode haver modulação dos efeitos da alteração no interesse social e no da segurança jurídica.

§ 4º A modificação de enunciado de súmula, de jurisprudência pacificada ou de tese adotada em julgamento de casos repetitivos observará a necessidade de fundamentação adequada e específica, considerando os princípios da segurança jurídica, da proteção da confiança e da isonomia.

§ 5º Os tribunais darão publicidade a seus precedentes, organizando-os por questão jurídica decidida e divulgando-os, preferencialmente, na rede mundial de computadores.

Percebe-se, pois, que o aprisionamento jurisdicional se pretende também com relação aos desembargadores.

Na ânsia de auferir um resultado processual qualquer, sem interferência do magistrado, o art. 932 chama a conciliação de "autocomposição", impondo ao relator do recurso a incumbência de homologá-la, como se não pudesse recusar o resultado atingido pelas partes, desprezando, pois, as implicações de ordem pública, que no processo do trabalho são muitas, como se sabe.

Nos termos do mesmo artigo, incumbirá também ao relator: "IV – negar provimento a recurso que for contrário a: a) súmula do Supremo Tribunal Federal, do Superior Tribunal de Justiça ou do próprio tribunal; b) acórdão proferido pelo Supremo Tribunal Federal ou pelo Superior Tribunal de Justiça em julgamento de recursos repetitivos; c) entendimento firmado em incidente de resolução de demandas repetitivas ou de assunção de competência".

E, ainda, "depois de facultada a apresentação de contrarrazões, dar provimento ao recurso se a decisão recorrida for contrária a: a) súmula do Supremo Tribunal Federal, do Superior Tribunal de Justiça ou do próprio tribunal; b) acórdão proferido pelo Supremo Tribunal Federal ou pelo Superior Tribunal de Justiça em julgamento de recursos repetitivos; c) entendimento firmado em incidente de resolução de demandas repetitivas ou de assunção de competência".

4.6. Controlando os juízes e desembargadores

O novo CPC, então, se dispõe a regular o "**incidente de assunção de competência**", que é um eufemismo para o implemento de um expediente típico da ditadura, a **avocação**. Aqui, no entanto, não se fala em segurança nacional ou manutenção da ordem, mas em "relevante questão de direito, com grande repercussão social, sem repetição em múltiplos processos" (art. 947), como justificativa para excluir a construção coletiva da ordem jurídica por atuação dos juízes de primeiro grau, atribuindo tal tarefa a um "órgão especial", cujo entendimento "vinculará" a todos os juízes (§ 3º, art. 947).

Os arts. 948 a 950 regulam o incidente e **arguição de inconstitucionalidade**, quebrando a tradição brasileira do controle difuso da constitucionalidade, pelo qual os diversos juízes participam do processo democrático de construção da ordem jurídica.

E depois de superados todos os obstáculos procedimentais, chegando-se ao trânsito em julgado da decisão de mérito, esta poderá ser **rescindida** quando "**violar manifestamente norma jurídica**", (inciso V, art. 966), o que pode levar à interpretação de que também as súmulas e jurisprudências dominantes estariam inseridas no conceito de norma jurídica, valendo lembrar que o dispositivo do CPC atual é bem menos amplo, já que se refere a "violar literal disposição de lei (art. 485, V, do CPC).

Explicitando ainda mais a preocupação central do novo CPC, que é a de vislumbrar a prestação jurisdicional como suporte para a racionalidade econômica, mesmo que a democracia e os direitos fundamentais, humanos e sociais sofram abalo, cria-se o "**incidente de resolução de demandas repetitivas**", como mecanismo de garantir "segurança jurídica" (art. 976, II).

É interessante perceber que existe aí de fato a preocupação em preservar o interesse do agressor da ordem jurídica. As alardeadas isonomia e segurança jurídica, proporcionadas pela adoção de um entendimento único para todos os casos, só interessam a quem se situa como réu em diversos processos, mas a esse o que se deve mesmo direcionar é a plena e total insegurança jurídica, pois está existe unicamente para quem cumpre regularmente a ordem jurídica.

Se a intenção fosse beneficiar as vítimas das agressões a direitos, o expediente, a exemplo do que prevê o Código de Defesa do Consumidor, só deveria gerar tais efeitos quando a decisão preservasse, com a maior potencialidade possível, o interesse do autor.

No fundo, trata-se, mais uma vez, de subtração do poder jurisdicional dos juízes de primeiro grau. Conforme dispõe o art. 985:

> Julgado o incidente, a tese jurídica será aplicada:
>
> I – a todos os processos individuais ou coletivos que versem sobre idêntica questão de direito e que tramitem na área de jurisdição do respectivo tribunal, inclusive àqueles que tramitem nos juizados especiais do respectivo Estado ou região;
>
> II – aos casos futuros que versem idêntica questão de direito e que venham a tramitar no território de competência do tribunal, salvo revisão na forma do art. 986.
>
> § 1º Não observada a tese adotada no incidente, caberá reclamação.

E a situação está longe de favorecer a celeridade por conta da complexidade do procedimento adotado, embora preveja o prazo de um ano para o julgamento (art. 980), porque "Do julgamento do mérito do incidente caberá recurso extraordinário ou especial, conforme o caso" (art. 987) e o recurso "tem efeito suspensivo, presumindo-se a repercussão geral de questão constitucional eventualmente discutida" (§ 1º).

Mas é claro que a questão uma vez chegada ao Supremo não se restringe ao seu próprio objeto. Aliás, vale destacar que nesses procedimentos não há nenhuma vinculação da prestação jurisdicional ao pedido das partes e aos balizamentos para julgamento. Os tribunais, e mais precisamente o Supremo e os Tribunais Superiores, podem tudo. Podem julgar além do pedido e podem apoiar suas decisões em quaisquer fundamentos e ainda imporem o resultado para qualquer cidadão, parte, ou não, de um processo, além, é claro, de limitarem a atuação dos demais juízes.

É nessa linha que o § 2º, do art. 987 arremata:

> Apreciado o mérito do recurso, a tese jurídica adotada pelo Supremo Tribunal Federal ou pelo Superior Tribunal de Justiça será aplicada no território nacional a todos os processos individuais ou coletivos que versem sobre idêntica questão de direito.

Por fim, para garantir que nenhum juiz se rebele contra as diretrizes impostas, ou seja, se arvore em ser juiz, confere-se às partes e ao Ministério Público a possibilidade de apresentarem uma **Reclamação**, pode ser proposta perante qualquer tribunal (art. 988, § 1º), para:

> I – preservar a competência do tribunal;
>
> II – garantir a autoridade das decisões do tribunal;
>
> III – garantir a observância de decisão do Supremo Tribunal Federal em controle concentrado de constitucionalidade;
>
> IV – garantir a observância de enunciado de súmula vinculante e de precedente proferido em julgamento de casos repetitivos ou em incidente de assunção de competência. (art. 988)

O procedimento específico, como todos os demais, estabelece prazos, intervenção do Ministério Público e suspensão do processo. Na Reclamação, além disso, "Qualquer interessado poderá impugnar o pedido do reclamante" (art. 990).

E, novamente, a figura do julgamento fora dos limites do pedido e sem qualquer balizamento legal aparece:

Art. 992. Julgando procedente a reclamação, o tribunal cassará a decisão exorbitante de seu julgado ou determinará medida adequada à solução da controvérsia.

Art. 993. O presidente do tribunal determinará o imediato cumprimento da decisão, lavrando-se o acórdão posteriormente.

Também no reforço da atuação jurisdicional em consonância com súmulas e jurisprudências dominantes, destaque o art. 1.011, que permite ao relator, em recurso de apelação, decidir monocraticamente quando for se pronunciar em conformidade com o inciso IV e V, do art. 932, acima citado.

Por fim, vale a referência ao art. 1022, que cuida dos embargos de declaração, os quais atingem, agora, qualquer decisão judicial, no sentido de que se considera omissa a decisão que: "I – deixe de se manifestar sobre tese firmada em julgamento de casos repetitivos ou em incidente de assunção de competência aplicável ao caso sob julgamento; II – incorra em qualquer das condutas descritas no art. 489, § 1º".

5. JURISPRUDÊNCIA DE CÚPULA E AFRONTA À CELERIDADE

Da análise desses dispositivos fica latente a desconfiança que o legislador tem da figura do juiz, mas é, certamente, mais que isso. Trata-se de uma forte incursão sobre a atuação do juiz, de modo a impedi-lo de se apresentar, socialmente, como um construtor do direito, o que acaba atingindo a todo o Judiciário. Repare-se que se o juiz, segundo preconizado no Código, deve seguir súmulas e jurisprudências dominantes de todos os órgãos superiores, a mesma atuação se impõe aos desembargadores com relação aos órgãos que lhe sejam superiores, até se atingir, em espiral ascendente, a esfera do Supremo Tribunal Federal.

Tudo foi orquestrado para garantir que se extraia do Judiciário apenas entendimentos que possam servir de suporte necessário à lógica de mercado, que reclama previsibilidade e segurança jurídica. Mas no Estado democrático de direito não se pode dizer abertamente que os juízes não têm independência e que não podem julgar em conformidade com suas convicções. Então é preciso estabelecer um feixe de incidentes de natureza recursal que conduzam às instâncias superiores – e de forma mais específica ao Supremo Tribunal Federal – praticamente todas as questões debatidas em primeiro grau.

Repare-se que todos os incidentes estudados acima ("incidente de assunção de competência"; "arguição de inconstitucionalidade"; "incidente de resolução de demandas repetitivas" e "Reclamação"), postos a serviço da limitação dos poderes do juiz, conduzem o processo ao Supremo Tribunal Federal, sem qualquer limitação dos sujeitos legitimados: partes e Ministério Público (arts. 947, § 1º; 977 e 988)[16] e até mesmo entidades alheias ao processo (art. 950, §§ 1º, 2º e 3º).

Pois bem, essa esquizofrenia de centralizar o poder sem querer se assumir autoritário gera esse problema de ter que manter na base mais 16.000 juízes, julgando cerca de 1600 processos por ano[17], que dá um resultado total de 25.600.000 (vinte e cinco milhões e seiscentos mil) processos jogados a cada ano e considerar que é possível a um órgão com 11 Ministros (STF), mesmo auxiliado pelo CNJ e os demais Tribunais Superiores (STJ e TST), manter sob controle direto todos os juízes mediante o julgamento de reclamações e recursos extraordinário e especial.

Não é à toa que o Ministro Gilmar Mendes veio a público para solicitar uma *vacatio legis* de 05 (cinco) anos para a entrada em vigor do novo Código[18].

---

(16) **Incidente de assunção de competência:** Art. 947. É admissível a assunção de competência quando o julgamento de recurso, de remessa necessária ou de processo de competência originária envolver relevante questão de direito, com grande repercussão social, sem repetição em múltiplos processos.
§ 1º Ocorrendo a hipótese de assunção de competência, o relator proporá, de ofício ou a requerimento da parte, do Ministério Público ou da Defensoria Pública, que seja o recurso, a remessa necessária ou o processo de competência originária julgado pelo órgão colegiado que o regimento indicar.
Incidente de resolução de demandas repetitivas: Art. 977. O pedido de instauração do incidente será dirigido ao presidente de tribunal: I – pelo juiz ou relator, por ofício; II – pelas partes, por petição;
III – pelo Ministério Público ou pela Defensoria Pública, por petição.
Reclamação: Art. 988. Caberá reclamação da parte interessada ou do Ministério Público.
Arguição de inconstitucionalidade: Art. 950. Remetida cópia do acórdão a todos os juízes, o presidente do tribunal designará a sessão de julgamento.
§ 1º As pessoas jurídicas de direito público responsáveis pela edição do ato questionado poderão manifestar-se no incidente de inconstitucionalidade se assim o requererem, observados os prazos e as condições previstos no regimento interno do tribunal.
§ 2º A parte legitimada à propositura das ações previstas no art. 103 da Constituição Federal poderá manifestar-se, por escrito, sobre a questão constitucional objeto de apreciação, no prazo previsto pelo regimento interno, sendo-lhe assegurado o direito de apresentar memoriais ou de requerer a juntada de documentos.
§ 3º Considerando a relevância da matéria e a representatividade dos postulantes, o relator poderá admitir, por despacho irrecorrível, a manifestação de outros órgãos ou entidades
(17) <http://politica.estadao.com.br/blogs/fausto-macedo/o-pais-dos-paradoxos-tem-os-juizes-mais-produtivos-do-mundo-mas-um-judiciario-dos-mais-morosos-e-assoberbados/>. Acesso em: 24 jun. 15.
(18) <http://www1.folha.uol.com.br/poder/2015/06/1646465-gilmar-mendes-quer-adiar-prazo-do-novo-codigo-de-processo-civil.shtml>. Acesso em : 24 jun. 15.

Lembre-se que do ponto de vista estrito do procedimento, as previsões do novo CPC, igualmente, não são nada animadoras, vez que cria várias possibilidades de incidentes, estabelecidas exatamente pelo princípio da desconfiança do juiz seja capaz de resolver as questões que lhe são apresentadas de forma adequada e com garantia do contraditório.

Destaquem-se, neste sentido, os procedimentos, com concessão de prazos e oportunidades de recursos, criados para: a) concessão da assistência judiciária gratuita (arts. 100 e 101); desconsideração da personalidade jurídica (arts. 133 a 137); argüição de falsidade (arts. 430 a 433); sem falar do bastante desnecessário incidente do *amicus curae* (art. 138).

Esses incidentes, combinados com uma regulação excessivamente minuciosa de cada passo do procedimento, demonstram o sentimento geral norteia o legislador: o pressuposto da existência de um conflito entre as partes e o juiz, tomando o legislador, claramente, o lado do interesse das partes, mas que não é, em geral, o da parte que tem razão, mas da parte que pretende postergar a solução final do processo e torná-lo sem efetividade, cumprindo lembrar neste aspecto as lições de José Carlos Barbosa Moreira, no sentido de que processo efetivo não é aquele que acaba rápido, mas o que consegue, com a maior brevidade possível, conferir a quem tem um direito material esse direito por inteiro, nem mais, nem menos.

O legislador chega a transformar o juiz em réu, impondo-lhe o pagamento de custas no procedimento se impedimento ou suspeição (§ 5º, art. 146) e fixando que "responderá, civil e regressivamente, por perdas e danos quando: I – no exercício de suas funções, proceder com dolo ou fraude; II – recusar, omitir ou retardar, sem justo motivo, providência que deva ordenar de ofício ou a requerimento da parte" (art. 143), sendo que não prevê nada equivalente com relação à atuação dos advogados.

Aliás, vai ao cúmulo de tornar o juiz uma peça descartável quando confere às partes o direito de estipularem as mudanças que quiserem no procedimento, ajustando, inclusive, ônus, poderes, faculdades e deveres processuais (art. 190). Embora confira ao juiz a possibilidade de, *ex officio*, controlar a validade da convenção formalizada entre as partes, a sua atuação estará restrita à verificação das nulidades, do encargo abusivo em contratos de adesão ou na hipótese de uma das partes se encontrar em "manifesta situação de vulnerabilidade" (parágrafo único, art. 190), nenhum referência fazendo às questões de ordem pública, recuperando a noção de processo como "coisa das partes".

Sem qualquer vinculação à noção de efetividade, o legislador se satisfaz com o incentivo à conciliação e com uma atuação do juiz pautada pela extinção do processo por meio do pronunciamento *ex officio* da prescrição, inclusive da prescrição intercorrente (arts. 921, § 5º, e 924, V).

De todo modo, como já anunciado, mesmo nesse propósito o novo Código não consegue avançar, pois para eliminar os poderes do juiz prevê o manejo de nada mais, nada menos, que nove tipos de recursos, que incidem em todas as fases do procedimento.

Art. 994. São cabíveis os seguintes recursos:

I – apelação;

II – agravo de instrumento;

III – agravo interno;

IV – embargos de declaração;

V – recurso ordinário;

VI – recurso especial;

VII – recurso extraordinário;

VIII – agravo em recurso especial ou extraordinário;

IX – embargos de divergência.

Ora, quisesse mesmo avançar na perspectiva da celeridade, com ampliação dos poderes do juiz, eliminaria o duplo grau de jurisdição em processos julgados procedentes. No mínimo, poderia ter eliminado a possibilidade de recurso em se tratando de questão fática.

6. O INCONSTITUCIONAL ATAQUE À INDEPENDÊNCIA DO JUIZ

A aplicação em concreto dos valores consignados nas Declarações de Direitos Humanos foi reconhecida como um desafio aos seres humanos e uma obrigação jurídica e política dos Estados Democráticos de Direito, conforme consignado nos próprios documentos relativos ao tema.

Destaque-se, a propósito, o célebre desabafo de Norberto Bobbio: "Deve-se recordar que o mais forte argumento adotado pelos reacionários de todos os países contra os direitos do homem, particularmente contra os direitos sociais, não é a sua falta de fundamento, mas a sua inexequibilidade. Quando se trata de enunciá-los, o acordo é obtido com relativa facilidade, independentemente do maior ou menor poder de convicção de seu fundamento absoluto; quando se trata de passar à ação, ainda que o fundamento seja inquestionável, começam as reservas e as oposições."[19] Assim, conclui: "O problema fundamental em relação aos direitos do homem, hoje, não é tanto o de *justificá-los*, mas o de *protegê-los*."

Lembre-se que por razões de poder e de interesses econômicos regionais, muitas vezes os valores expressos nas Declarações Internacionais não se integram aos ordenamentos internos, o que tem exigido uma autêntica luta na construção teórica do direito para admissão do valor

---

(19) BOBBIO, Norberto. A Era dos Direitos. 1. ed. 12. tir. Rio de Janeiro: Campus, 1992. p. 24.

normativo das Declarações, que se integrariam às realidades locais por atuação dos juízes.

Segundo Cançado Trindade, essa seria uma feição inevitável da atuação jurisdicional em razão da "abertura das Constituições contemporâneas – de que dão exemplo marcante as de alguns países latino-americanos e as de países tanto da Europa Oriental hodierna como da Europa Ocidental – à normativa internacional de proteção dos direitos humanos"[20] [21].

Conforme esclarece Cançado Trindade, "Tendo a si confiada a proteção primária dos direitos humanos, os tribunais internos têm, em contrapartida, que conhecer e interpretar as disposições pertinentes dos tratados dos direitos humanos."[22]

É neste sentido, ademais, que "assume importância crucial a autonomia do Judiciário, a sua independência de qualquer tipo de influência executiva"[23].

A independência dos juízes, portanto, é uma garantia do Estado de Direito. A independência do juiz, para dizer o direito, é estabelecida pela própria ordem jurídica como forma de garantir ao cidadão que o Estado de Direito será respeitado e usado como defesa contra todo o tipo de usurpação. Neste sentido, a independência do juiz é, igualmente, garantia do regime democrático.

Conforme explica Jean-Claude Javillier, "não há nenhuma sociedade democrática sem uma independência da magistratura: ela é a garantia de uma efetividade das normas protetoras dos direitos essenciais do homem"[24].

Fábio Konder Comparato ensina: "A independência funcional da magistratura, assim entendida, é uma garantia institucional do regime democrático. O conceito institucional foi elaborado pela doutrina publicista alemã à época da República de Weimar, para designar as fontes de organização dos Poderes Público, cuja função é assegurar o respeito aos direitos subjetivos fundamentais, declarados na Constituição"[25].

Vários dispositivos dos instrumentos internacionais conferem ao Judiciário o relevante papel de efetivar os Direitos Humanos, no que se incluem, por óbvio, e com maior razão, os "direitos sociais". Veja, a respeito, o art. 10, da Declaração Universal Dos Direitos do Homem, 1948 ("Todo o homem tem direito, em plena igualdade, a uma justa e pública audiência por parte de um tribunal independente e imparcial, para decidir de seus direitos e deveres ou do fundamento de qualquer acusação criminal contra ele"); o artigo XVIII, da Declaração Americana dos Direitos e Deveres do Homem, 1948 ("Toda pessoa pode recorrer aos tribunais para fazer respeitar os seus direitos. Deve poder contar, outrossim, com processo simples e breve, mediante o qual a justiça a proteja contra atos de autoridade que violem, em seu prejuízo, quaisquer dos direitos fundamentais consagrados constitucionalmente"); o art. 8º, do Pacto de São José da Costa Rica, 1969 ("1. Toda pessoa terá o direito de ser ouvida, com as devidas garantias e dentro de um prazo razoável, por um juiz ou Tribunal competente, **independente** e imparcial, estabelecido anteriormente por lei, na apuração de qualquer acusação penal formulada contra ela, ou na determinação de seus direitos e obrigações de caráter civil, trabalhista, fiscal ou de qualquer outra natureza").

Também é possível verificar a consignação da ideia da independência dos juízes na Constituição de vários países, além, naturalmente, dos Estados Unidos, que fora o propulsor da garantia, na famosa decisão do juiz Marshall, no caso Marbury *versus* Madison, no ano de 1803: Alemanha: "Os juízes são independentes e somente se submetem à lei" (art. 97); Áustria: "Os juízes são independentes no exercício de suas funções judiciárias" (art. 87); Dinamarca: "No exercício de suas funções os magistrados devem se conformar à lei." (art. 64); Espanha: "A justiça emana do povo e ela é administrada em nome do rei por juízes e magistrados que constituem o poder judiciário e são independentes, inamovíveis, responsáveis e submetidos exclusivamente ao império da lei." (art. 117). "Toda pessoa tem o direito de obter a proteção efetiva dos juízes e tribunais para exercer seus direitos e seus interesses legítimos, sem que em nenhum caso esta proteção possa lhe ser recusada" (art. 24); França: "O presidente da República é garante da independência da autoridade judiciária. Ele

---

(20) Prefácio à obra, Instrumentos Internacionais de Proteção dos Direitos Humanos. Procuradoria Geral do Estado de São Paulo, Centro de Estudos, Série documentos n. 14, agosto de 1997. p. 24.

(21) No mesmo sentido Carlos Henrique Bezerra Leite: "Não obstante, parece-me que a Constituição Federal de 1988, no seu Título II, positivou praticamente todos os direitos humanos, especialmente pela redação dos §§ 2º e 3º do art. 5º., razão pela qual não há motivo para a distinção, pelo menos do ponto de vista do direito interno, entre direitos fundamentais e direitos humanos. Aliás, o próprio art. 4º, inciso II, da Constituição Federal, estabelece que, nas relações internacionais, o Brasil adotará o princípio da 'prevalência dos direitos humanos'." (LEITE, Carlos Henrique Bezerra. *Direitos Humanos*. São Paulo: Lumen Juris, 2010. p. 33.

(22) Prefácio à obra, Instrumentos Internacionais de Proteção dos Direitos Humanos. Procuradoria Geral do Estado de São Paulo, Centro de Estudos, Série documentos n. 14, agosto de 1997. p. 24.

(23) Prefácio à obra, Instrumentos Internacionais de Proteção dos Direitos Humanos. Procuradoria Geral do Estado de São Paulo, Centro de Estudos, Série documentos n. 14, agosto de 1997. pp. 24-25.

(24) "Il n'est aucune société démocratique sans une indépendance de la magistrature: elle est la garantie d'une effectivité des normes protectrices des droits essentiels de l'homme." ("Recherche sur les Conflits du Travail"), thèse pour le doctorat en droit, à l'Université de Paris, p. 735.

(25) O Poder Judiciário no regime democrático. Revista Estudos Avançados, 18 (51), 2004. p. 152.

é assistido pelo Conselho superior da magistratura. Uma lei orgânica traz estatuto dos magistrados. Os magistrados de carreira são inamovíveis." (art. 64); Grécia: "A justiça é composta por tribunais constituídos de magistrados de carreira que possuem independência funcional e pessoal." (art. 87-1). "No exercício de suas funções, os magistrados são submetidos somente à Constituição e às leis; eles não são, em nenhum caso, obrigados a se submeter a disposições contrárias à Constituição." (art. 87-2); Irlanda: "Os juízes são independentes no exercício de suas funções judiciárias e submetidos somente à presente Constituição e à lei." (art. 35-2); Itália: "A justiça é exercida em nome do povo. Os juízes se submetem apenas à lei." (art. 101); Portugal: "Os juízes são inamovíveis. Eles não poderão ser multados, suspensos, postos em disponibilidade ou exonerados de suas funções fora dos casos previstos pela lei." (art. 218-1). "Os juízes não podem ser tidos por responsáveis de suas decisões, salvo exceções consignadas na lei." (art. 218-2)

Em nível supranacional também pode ser citada a Recomendação n. (94) 12, do Comitê dos Ministros do Conselho da Europa, de 13 de outubro de 1994, que trata da independência dos juízes[26].

A própria ONU, em 1994, aprovou a Recomendação número 41, que trata do assunto. Como explica Dalmo de Abreu Dallari, "Por esta resolução, a Comissão de Direitos Humanos decidiu recomendar a criação do cargo de relator especial sobre a independência do Poder Judiciário. Isso quer dizer que se considerava tão importante que houvesse o Judiciário independente, reconhecia-se que isso era indispensável para a garantia dos direitos, e por isso foi designado um Relator Especial permanente"[27].

Esclarece o mesmo autor:

A Comissão de Direitos Humanos da ONU, que funciona em Genebra, fez esta recomendação ao ECOSOC — o Conselho Econômico e Social — e o Conselho aprovou a proposta. E desde então existe este relator. Anualmente ele apresenta o seu relatório, mas permanentemente faz o acompanhamento da situação da independência da magistratura no mundo. E é interessante verificar — eu sintetizo aqui em três itens — os objetivos que foram atribuídos a este Relator Especial: 1) investigar denúncias sobre restrições à independência da magistratura e informar o Conselho Econômico e Social sobre suas conclusões;

2) Identificar e registrar atentados à independência dos magistrados, advogados e pessoal auxiliar da Justiça, identificar e registrar progressos realizados na proteção e fomento dessa independência; 3) fazer recomendações para aperfeiçoar a proteção do Judiciário e da garantia dos direitos pelo Judiciário.

Isso está implantado desde 1994 e, como uma sequência procurando reforçar esse trabalho e dar publicidade a ele, a Comissão Internacional de Juristas, uma ONG com sede em Genebra que assessora a ONU para Direitos Humanos, no ano de 1971, criou um Centro para a Independência de Juízes e Advogados. Aliás, nesse caso juízes não é a expressão mais adequada. Melhor seria magistrados, porque tanto na Itália quanto na França, a magistratura incluiu também o Ministério Público. Então é o Centro para a Independência da Magistratura e dos Advogados.

Um dado importante é que anualmente a Comissão Internacional de Juristas publica um relatório sobre a situação da independência de magistrados e advogados no mundo. O último publicado foi sobre o ano de 1999 e nele constam vários casos de ofensas, agressões, restrições a magistrados e advogados no Brasil.[28]

Segundo destaca Fábio Konder Comparato, "o sistema de direitos humanos está situado no ápice do ordenamento jurídico, e constitui a ponte de integração do direito interno ao direito internacional"[29].

Assim, quando se estabelece, no âmbito dos instrumentos internacionais de direitos humanos, que as autoridades internas estão obrigadas ao atendimento das normas e princípios neles contidos, incluem-se nesta obrigação também os juízes. Como adverte Fábio Konder Comparato, "Ao verificar que a aplicação de determinada regra legal ao caso submetido a julgamento acarreta clara violação de um princípio fundamental de direitos humanos, muito embora a regra não seja inconstitucional em tese, o juiz deve afastar a aplicação da lei na hipótese, tendo em vista a supremacia dos princípios sobre as regras." E, acrescenta: "quando estiver convencido de que um princípio constitucional incide sobre a matéria trazida ao seu julgamento, o juiz deve aplicá-lo, sem necessidade de pedido da parte."

A proteção dos direitos humanos, assim, transcende até mesmo ao poder do Estado. Por exemplo, o Estado

---

(26) Riccardo MONACO, Droit et justice, mélanges en l'honneur de Nicolas VALTICOS, sous la direction de René-Jean DUPUY, Editions A. Pedone, Paris, p. 27.
(27) *Independência da Magistratura e Direitos Humanos*. Disponível em: <http://www.dhnet.org.br/direitos/militantes/dalmodallari/dallari21.html>. Acesso em: 1º mar. 11.
(28) *Idem*.
(29) Revista do Tribunal Regional do Trabalho da 15ª Região, Campinas, São Paulo, n. 14, 2001. Disponível em: <http://trt15.gov.br/escola_da_magistratura/Rev14Art5.pdf>. Acesso em: 4 nov. 2008

brasileiro, como signatário da Declaração Interamericana de Direitos Humanos, o famoso Pacto de São José da Costa Rica, de 1969, deve responder à Comissão Interamericana de Direitos Humanos pelos seus atos e omissões que digam respeito às normas do referido tratado, podendo ser compelido pela Corte Interamericana de Direitos Humanos a inibir a violação dos direitos humanos e até a reparar as consequências da violação desses direitos mediante o pagamento de indenização justa à parte lesada (art. 63, Pacto São José da Costa Rica)[30].

Isto significa que se levada a juízo uma questão que diga respeito à violação de um direito humano, sequer o Judiciário brasileiro tem a última palavra, se sua decisão não foi eficiente para reparar o dano sofrido pela vítima. Ou em outros termos, em se tratando de direitos humanos, os juízes não podem manter uma postura indiferente e complacente com o agressor.

Exemplar neste sentido é o caso n. 12.201, encaminhado à Comissão Interamericana de Direitos Humanos, que reflete a situação de uma pessoa que teria sido discriminada por anúncio de emprego, publicado no Jornal Folha de São Paulo, de 02 de março de 1997, pelo qual se previa que a candidata ao emprego ofertado fosse "preferencialmente branca". A vítima apresentou queixa na Delegacia de Investigações sobre Crimes Raciais, mas o Ministério Público pediu arquivamento do processo, aduzindo que o ato não se constituiu crime de racismo, o que foi seguido pelo juiz, que determinou, enfim, o seu arquivamento.

A questão, no entanto, foi conduzida à Comissão Interamericana de Direitos Humanos, em 07 de outubro de 1997, tendo sido o caso aceito, com notificação do Estado brasileiro para apresentar sua defesa. Trata-se, portanto, da primeira situação em que o Estado brasileiro, nesta matéria, pode receber relatório final da Comissão, responsabilizando-o pela violação de dispositivos da Convenção Americana que cuidam de discriminação racial.

Este é um exemplo de inserção concreta de uma norma internacional no ordenamento interno para preservação dos direitos humanos. Mas, a nossa realidade está repleta de outros exemplos da pertinência da inserção das normas internacionais dos direitos humanos, o que, no entanto, não se realiza por absoluta falta de comprometimento dos aplicadores do direito do trabalho com o implemento de um crescimento econômico acompanhado de um necessário desenvolvimento social.

É neste sentido que se diz que a uma internacionalização das formas de produção corresponde, na mesma proporção, uma internacionalização mais intensa e precisa do Direito do Trabalho, com incentivo à sindicalização internacional e busca de uma normatização internacional de princípios éticos e sociais no trabalho, efetivando-se uma "mondialisation de la démocratie et de l'Etat de Droit"[31].

A ideia da supranacionalidade dos direitos humanos, mesmo dando ênfase à autodeterminação, é realçada pela Declaração e Programa de Ação, fruto da Conferência Mundial dos Direitos Humanos, realizada em Viena, em junho de 1993, quando, no item 15, resta estabelecido que "o respeito aos direitos humanos e liberdades fundamentais, sem distinções de qualquer espécie, é uma norma fundamental do direito internacional na área dos direitos humanos".

Aos direitos humanos integram-se, de forma indissolúvel e sem possibilidade de retrocesso, os direitos sociais. Nos termos dos instrumentos produzidos no final do século XX, não se concebe a integridade da condição humana sem a perspectiva da busca da justiça social. Conforme consta nos considerandos da Declaração de Viena, de 1993, não se deve olvidar a determinação, já contida na Carta das Nações Unidas, no sentido de "preservar as gerações futuras do flagelo da guerra, de estabelecer condições sob as quais a justiça e o respeito às obrigações emanadas de tratados e outras fontes do direito internacional possam ser mantidos, de promover o progresso social e o melhor padrão de vida dentro de um conceito mais amplo de liberdade, de praticar a tolerância e a boa vizinhança e de empregar mecanismos internacionais para promover avanços econômicos e sociais em benefício de todos os povos".

A mesma Declaração destaca que "todos os direitos humanos são universais, indivisíveis, interdependentes e inter-relacionados", estabelecendo que "a comunidade internacional deve tratar os direitos humanos de forma global, justa e equitativa, em pé de igualdade e com a mesma ênfase. Embora particularidades nacionais e regionais devam ser levadas em consideração, assim como diversos contextos históricos, culturais e religiosos, é dever dos Estados promover e proteger todos os direitos humanos e liberdades fundamentais, sejam quais forem seus sistemas políticos, econômicos e culturais." (item 5)

No item 6, da referida Declaração, resta claro que "Os esforços do sistema das Nações Unidas para garantir o respeito universal e a observância de todos direitos humanos e liberdades fundamentais de todas as pessoas contribuem para a estabilidade e bem-estar necessários à existência de relações pacíficas e amistosas entre as nações e para

---

(30) Para maiores esclarecimentos a respeito, *vide* PIOVESAN, Flávia. "Introdução ao Sistema Interamericano de Proteção dos Direitos Humanos: a Convenção Americana sobre Direitos Humanos", *in* Sistema Interamericano de Proteção dos Direitos Humanos: legislação e jurisprudência. São Paulo: Centro de Estudos da Procuradoria Geral do Estado de São Paulo, 2001. pp. 70-104.

(31) CHEVALLIER, Jacques, *apud* JEAMMAUD, Antoine, "La Mondialisation, épreuve pour le droit du travail", p. 2.

melhorar as condições de paz e segurança e o desenvolvimento social e econômico, em conformidade com a Carta das Nações Unidas".

Extremamente relevante, ainda, o item 10 da Declaração em questão, que põe como ponto central das preocupações humanas a preservação dos direitos fundamentais e não o desenvolvimento econômico, sem desprezar, por óbvio, a importância do desenvolvimento para a efetivação desses direitos, evidenciando que mesmo a deficiência em termos de desenvolvimento não é motivo suficiente para negar a eficácia dos direitos fundamentais:

> A Conferência Mundial sobre Direitos Humanos reafirma o direito ao desenvolvimento, previsto na Declaração sobre Direito ao Desenvolvimento, como um direito universal e inalienável e parte integral dos direitos humanos fundamentais.
>
> Como afirma a Declaração sobre o Direito ao Desenvolvimento, a pessoa humana é o sujeito central do desenvolvimento.
>
> Embora o desenvolvimento facilite a realização de todos os direitos humanos, **a falta de desenvolvimento não poderá ser invocada como justificativa para se limitar os direitos humanos internacionalmente reconhecidos.**
>
> Os Estados devem cooperar uns com os outros para garantir o desenvolvimento e eliminar obstáculos ao mesmo. A comunidade internacional deve promover uma cooperação internacional eficaz visando à realização do direito ao desenvolvimento e à eliminação de obstáculos ao desenvolvimento.
>
> O progresso duradouro necessário à realização do direito ao desenvolvimento exige políticas eficazes de desenvolvimento em nível nacional, bem como relações econômicas equitativas e um ambiente econômico favorável em nível internacional.

Há, como se vê, a atribuição de uma função relevante ao Direito e, consequentemente, ao juiz na construção desse instrumento, que não se confunde com a lei, estritamente considerada.

Neste contexto, os limites econômicos não podem ser o fio condutor das análises jurídica, até porque o desafio é, exatamente, o de superar esses limites quando agressivos à condição humana e obstáculos ao projeto da construção de uma sociedade justa. O direito, queira-se, ou não, se correlaciona com a realidade, e, nesta perspectiva, servirá tanto para conservá-la quanto para transformá-la. Tullio Ascarelli, que pinçara suas ideias sob a égide do Direito Social em formação, deixara claro desde então que "A ideia de que o direito não poderia transformar a economia era, pura e simplesmente, o reflexo de uma ideologia (reacionária), isto é, do desejo de que o direito não interviesse para a transformação vantajosa às classes deserdadas pelo sistema econômico existente. Era o reflexo da concepção que se apresentava como científica, mas que era, na realidade, política, segundo a qual existe uma economia natural, à qual corresponde a ideologia do direito natural."[32]

E, não se dedicou o autor citado à formulação da proposição em sentido da força transformadora do direito, dedicando-se a apresentar as modificações econômicas produzidas pelas mudanças legislativas, tendo, inclusive, participado ativamente de movimentos de reforma legislativa[33].

Esse reconhecimento é por demais importante para explicitar ao jurista, e também ao juiz, o tamanho de sua responsabilidade quando cria, por meio da interpretação, o direito. Neste sentido, Ascarelli exprimia, com toda razão, que "não há interpretação que não obrigue o intérprete a tomar posição diante desta ou daquela alternativa e, portanto, a expressar uma valoração pessoal"[34], a qual adviria no conjunto normativo, mas da vivência do jurista. Neste sentido, a interpretação não seria declarativa, mas criativa. Assim, "rejeitando as costumeiras metáforas da interpretação como cópia reprográfica ou como reflexo do direito já posto, ele adotou a metáfora da semente e da planta, segundo a qual o ordenamento jurídico cresce sobre si mesmo e desenvolve-se por meio do trabalho do intérprete, do qual a lei é o gérmen fecundador. Sem metáforas, a interpretação independentemente do que o jurista pense do próprio trabalho, jamais é apenas desenvolvimento lógico de premissas, ou seja, mera explicitação do implícito, mas é sempre, também, acréscimo, adaptação, integração, em suma, trabalho contínuo de reformulação, e, portanto, de renovação do *corpus iuris*. O jurista não é um lógico que apenas manipula algumas regras, mas um engenheiro que se serve de regras para construir novas casas, novas fábricas, novas máquinas."[35]

Em sentido ainda mais revelador, Márcio Túlio Viana explica que por detrás da fantasia de que o direito está, todo ele, inscrito nas leis, esconde-se o próprio juiz que tenta fazer crer à sociedade que nada mais faz do que aplicar a lei ao fato, não assumindo, pois, qualquer responsabilidade sobre o resultado a que chega.

---

(32) *Apud* BOBBIO, Norberto. *Da Estrutura à Função*: novos estudos de teoria do direito. Barueri/SP: Manole, 2007. p. 250.
(33) Cf. BOBBIO, ob. cit., "Da Estrutura...", p. 250.
(34) Cf. BOBBIO, ob. cit., "Da Estrutura...", p. 253.
(35) Cf. BOBBIO, ob. cit., "Da Estrutura...", pp. 252-253.

Em suas palavras: "como foi o legislador que fez a lei, o tribunal pode se eximir, aos olhos da sociedade, de qualquer responsabilidade – pois ela não conhece o seu segredo, não o percebe como coautor, não sabe que quem interpreta, recria. Como também não sabe, por isso mesmo, que o que ele fez foi uma escolha; que a sua aparente descoberta foi, na essência, uma invenção"[36].

Essa revelação, que demonstra, pois, a um só tempo, a responsabilidade do jurista e a própria função transformadora – ou reacionária – do direito, é por demais importante. Afinal, como dizia Ascarelli, "O chamado direito espontâneo, que se forma, ou se acredita formar-se, diretamente pelo livre jogo das forças em luta, é sempre o direito do mais forte."[37]

7. NENHUM OTIMISMO

Não se teria nenhum ponto positivo no novo Código?

Ora, como se trata de uma mente que flerta com a esquizofrenia, é evidente que também traz alguns dispositivos que, vistos isoladamente, podem conferir maiores poderes ao juiz e, por consequência, maior possibilidade de se alcançar celeridade e efetividade.

Destaquem-se neste sentido os seguintes artigos: 1º; 4º; 5º; 6º; 67 a 69; 79; 80; 81; 98, § 4º; 99, 4º; 139, III, IV, VI e VIII; 142; 156, § 1º; 191; 202; 292, § 3º; 293; 300; 311; 370; 372; 373, § 1º; 375; 378; 385; 406; 481; 487, III, b; 497 a 501; 517; 520; 521, I, II, III e IV; 534; 535, § 3º, VI; 536; 537; 674 a 681; 794; 794, § 1º; 795, § 2º; 829; 833, § 2º.

São, ao todo, portanto, 54 artigos de um total de 1.072, sendo que mesmo os artigos destacados não são, todos, integralmente considerados.

O esforço de trazer esses dispositivos para cotidiano das Varas do Trabalho não vale a pena, sobretudo por conta dos enormes riscos que essa abertura traz, até porque se pode duvidar que o alcance benéfico desses dispositivos seja de fato incorporado à prática do processo civil, sobretudo no que ponto central neles identificado que é o da atuação *ex officio* do juiz na instrução do processo, conforme previsto, de forma específica nos arts.: 81; 139, III, IV, VI e VIII, 142, 292, § 2º; 300; 370; 372; 385 e 481:

> Art. 81. De ofício ou a requerimento, o juiz condenará o litigante de má-fé a pagar multa, que deverá ser superior a um por cento e inferior a dez por cento do valor corrigido da causa, a indenizar a parte contrária pelos prejuízos que esta sofreu e a arcar com os honorários advocatícios e com todas as despesas que efetuou.
>
> Art. 139. O juiz dirigirá o processo conforme as disposições deste Código, incumbindo-lhe:

> III – prevenir ou reprimir qualquer ato contrário à dignidade da justiça e indeferir postulações meramente protelatórias;
>
> IV – determinar todas as medidas indutivas, coercitivas, mandamentais ou sub-rogatórias necessárias para assegurar o cumprimento de ordem judicial, inclusive nas ações que tenham por objeto prestação pecuniária;
>
> VI – dilatar os prazos processuais e alterar a ordem de produção dos meios de prova, adequando-os às necessidades do conflito de modo a conferir maior efetividade à tutela do direito;
>
> Art. 142. Convencendo-se, pelas circunstâncias, de que autor e réu se serviram do processo para praticar ato simulado ou conseguir fim vedado por lei, o juiz proferirá decisão que impeça os objetivos das partes, aplicando, de ofício, as penalidades da litigância de má-fé.
>
> Art. 292...
>
> § 3º O juiz corrigirá, de ofício e por arbitramento, o valor da causa quando verificar que não corresponde ao conteúdo patrimonial em discussão ou ao proveito econômico perseguido pelo autor, caso em que se procederá ao recolhimento das custas correspondentes.
>
> Art. 300. A tutela de urgência será concedida quando houver elementos que evidenciem a probabilidade do direito e o perigo de dano ou o risco ao resultado útil do processo.
>
> Art. 370. Caberá ao juiz, de ofício ou a requerimento da parte, determinar as provas necessárias ao julgamento do mérito.
>
> Parágrafo único. O juiz indeferirá, em decisão fundamentada, as diligências inúteis ou meramente protelatórias.
>
> Art. 372. O juiz poderá admitir a utilização de prova produzida em outro processo, atribuindo-lhe o valor que considerar adequado, observado o contraditório.
>
> Art. 385. Cabe à parte requerer o depoimento pessoal da outra parte, a fim de que esta seja interrogada na audiência de instrução e julgamento, sem prejuízo do poder do juiz de ordená-lo de ofício.
>
> Art. 481. O juiz, de ofício ou a requerimento da parte, pode, em qualquer fase do processo, inspecionar pessoas ou coisas, a fim de se esclarecer sobre fato que interesse à decisão da causa.

Os demais dispositivos mencionados, que teriam algum proveito positivo, não são assim tão relevantes, destacando-se o procedimento de cooperação nacional, fixado nos arts. 67 a 69:

DA COOPERAÇÃO NACIONAL

> Art. 67. Aos órgãos do Poder Judiciário, estadual ou federal, especializado ou comum, em todas as instâncias e graus de jurisdição, inclusive aos tribunais superiores, incumbe o dever de recíproca cooperação, por meio de seus magistrados e servidores.
>
> Art. 68. Os juízos poderão formular entre si pedido de cooperação para prática de qualquer ato processual.

---

(36) Prefácio à obra, Coleção O Mundo do Trabalho, volume 1: leituras críticas da jurisprudência do TST: em defesa do direito do trabalho. Organizadores: Grijalbo Fernandes Coutinho, Hugo Cavalcanti Melo Filho, Marcos Neves Fava e Jorge Luiz Souto Maior. São Paulo: LTr, 2009. p. 10.

(37) Cf. Bobbio, ob. cit., "Da Estrutura...", p. 248.

Art. 69. O pedido de cooperação jurisdicional deve ser prontamente atendido, prescinde de forma específica e pode ser executado como:

I – auxílio direto;

II – reunião ou apensamento de processos;

III – prestação de informações;

IV – atos concertados entre os juízes cooperantes.

§ 1º As cartas de ordem, precatória e arbitral seguirão o regime previsto neste Código.

§ 2º Os atos concertados entre os juízes cooperantes poderão consistir, além de outros, no estabelecimento de procedimento para:

I – a prática de citação, intimação ou notificação de ato;

II – a obtenção e apresentação de provas e a coleta de depoimentos;

III – a efetivação de tutela provisória;

IV – a efetivação de medidas e providências para recuperação e preservação de empresas;

V – a facilitação de habilitação de créditos na falência e na recuperação judicial;

VI – a centralização de processos repetitivos;

VII – a execução de decisão jurisdicional.

§ 3º O pedido de cooperação judiciária pode ser realizado entre órgãos jurisdicionais de diferentes ramos do Poder Judiciário.

Já os problemas são muito grandes, sobretudo por conta dos retrocessos verificados no que se refere à antecipação da tutela e do cumprimento da sentença, especificamente no aspecto das previsões dos arts. 475-J e 475-O.

Neste aspecto relacionem-se os artigos: 2º; 3º; 7º; 8º; 9º; 10; 12; 15; 77, §§ 1º e 2º; 78; 82 a 97; 98; 98, VIII; 98, § 6º; 100; 101; 133 a 137; 138; 139; 139, II; 139, I, V, VI e IX; 140, parágrafo único; 141; 143; 146, § 4º; 156, § 1º; 157, § 2º; 162 a 164 (162, I); 165 a 175 (168, § 1º, 169 e 174); 188; 189, I; 190; 192, parágrafo único; 203; 204; 205; 212; 213; 217; 218; 220, § 1º; 222; 226; 227; 228; 229; 230 a 232; 233; 234; 235; 236; 237; 238; 242; 245; 248, § 2º; 260 a 268; 269; 275; 276; 277; 280; 291; 301 a 310; 313, § 2º; 317; 319; 332; 332, § 1º; 333; 335 a 342; 347 a 350; 357; 358; 361; 362; 362, II; 362, § 2º.; 362, § 6º; 363; 379, I; 385; 393; 396 a 404; 430 a 433; 489; 489, IV e VI; 489, § 2º; 491; 492; 513, § 5º; 520, parágrafo único; 522; 771 a 823 (792, § 3º; 795; 795, §§ 3º e 4º); 829, § 2º; 830, § 2º; 833, IV, X, XI e XII; 847 a 853; 854 a 869 (854, § 1º); 876; 921, §§ 4º e 5º; 924, IV e V; 926; 927; 929; 947; 949; 976 a 987; 988 a 993; 994; 995, parágrafo único a 1.044; 1.046, § 4º; 1.062.

Seriam indiferentes ou naturalmente inaplicáveis no processo do trabalho os artigos: 11; 13; 14; 16; 17; 18; 19; 20; 21 a 25; 42 a 66; 70 a 76; 103 a 107; 108 a 112; 113 a 118; 119 a 132; 144 a 148; 149; 159 a 161; 176 a 181; 182 a 184; 185 a 187; 193 a 199; 200 a 201; 206 a 211; 214; 224 a 225; 234 a 235; 284 a 290; 313 a 315; 322 a 331; 333; 334; 335 a 342; 343; 344; 347; 351 a 353; 355; 356; 381 a 384; 396 a 404; 405 a 429; 434 a 439; 442 a 462; 464 a 480; 482 a 488; 495; 502 a 508; 509 a 512; 513 a 516; 518; 519; 523 a 527; 528 a 533; 539 a 549; 550 a 553; 554 a 559; 560 a 566; 569 a 598; 599 a 609; 610 a 673; 682 a 686; 687 a 692; 693 a 699; 700 a 702; 703 a 706; 707 a 711; 712 a 718; 719 a 770; 771; 870 a 875; 876 a 878; 879 a 903; 910 a 920; 921; 951 a 959; 960 a 965; 966 a 975.

8. CONCLUSÃO

Por todos esses elementos quero crer que seja mesmo importante à Justiça do Trabalho, para preservar seu protagonismo na busca da efetividade dos direitos sociais, afastar-se da esquizofrenia do novo CPC, para não entrar em crise existencial.

Aliás, o que se apresenta, concretamente, é uma grande oportunidade para que os estudos do processo do trabalho retornem à sua origem e se possa, então, recuperar e reforçar a teoria jurídica específica das lides trabalhistas, extraindo da Justiça do Trabalho certo complexo de inferioridade, bastante identificado em alguns juízes que se sentem mais juízes quando citam em suas sentenças artigos do Código de Processo Civil, mesmo que já possuam nos 265 artigos da CLT as possibilidades plenas para a devida prestação jurisdicional.

Claro que muitas das inovações recentes do Código de Processo Civil, como a antecipação da tutela e o cumprimento da sentença (arts. 475-J e 475-O), serviram bastante à evolução do processo do trabalho, mas também não foram poucas as influências negativas, como os incidentes de intervenção de terceiros. O maior problema foi a fragilização no que tange à consolidação de uma teoria processual própria e esse problema ainda mais se potencializa com o recurso ao novo Código de Processo Civil.

Parece-me, pois, que é chegada a hora decisiva do processo do trabalho reencontrar a sua autonomia teórica, sendo que em termos de procedimento resta lançado à jurisprudência trabalhista o desafio de incorporar as práticas procedimentais até aqui adotadas, que favoreçam a efetividade processual, aprimorando-as, sempre com o respeito necessário ao princípio do contraditório.

Renove-se, a propósito, o argumento de que "o processo do trabalho é uma via de passagem das promessas do direito material (e do Estado Social) para a realidade, instituído com base no reconhecimento da desigualdade material entre os sujeitos da relação jurídica trabalhista, atraindo o princípio da proteção e impulsionando uma atuação ativa do juiz na tutela do interesse da justiça social, pouco ou mesmo nenhuma relevância possuem as discussões travadas no âmbito do processo civil que se desvinculam desses objetivos e dessa racionalidade"[38], mas para se chegar a conclusão diversa da anteriormente enunciada. Assim, o que se preconiza, presentemente, é que o novo CPC, por estar irremediavelmente contagiado, seja afastado completamente das lides trabalhistas, impondo-se aos juízes valerem-se, na sua intensidade plena, da teoria do Direito Social, dos princípios do Direito do Trabalho, da noção de instrumentalidade do processo do trabalho e dos dispositivos legais do procedimento trabalhista fixados na CLT, notabilizando-se o art. 765.

Diante do notório conflito conceitual existente entre o novo CPC e o processo do trabalho, não há saída conciliatória possível e os juízes precisarão escolher um lado e este lado deve ser, necessariamente, o da preservação da própria razão de ser da Justiça do Trabalho, que é a de tornar efetivos os direitos dos trabalhadores.

Na atuação voltada à efetividade dos direitos trabalhistas, cumpre reconhecer, sem traumas, que o juiz possui poderes para criar, em situações concretas, o procedimento necessário para conferir efetividade ao direito material, partindo do pressuposto, sobretudo, da desigualdade das partes.

Diante da situação real de retirada do Código de Processo Civil do cenário de atuação do juiz, devem ser incorporadas, com base na regra do direito consuetudinário e do princípio do não retrocesso, as experiências processuais já adotadas comumente nas lides trabalhistas, baseadas, inclusive, em disposições do atual Código de Processo Civil, notadamente a tutela antecipada e os arts. 475-J e 475-O.

Garantindo, necessariamente, o contraditório, cumpre ao juiz zelar para que o processo não se constitua um obstáculo à concretização do direito material trabalhista, devendo, inclusive, agir com criatividade, inventividade e responsabilidade, sendo que tudo isso tem base legal específica (art. 765, da CLT):

> Art. 765 – Os Juízos e Tribunais do Trabalho terão ampla liberdade na direção do processo e velarão pelo andamento rápido das causas, podendo determinar qualquer diligência necessária ao esclarecimento delas.

De um ponto de vista ainda mais específico, no aspecto do procedimento, é urgente recuperar a compreensão de que a CLT traz uma regulação baseada no princípio da oralidade, que possui características que lhe são próprias, destacando-se o aumento dos poderes do juiz na condução do processo, que lhe permite atuar em conformidade com a situação que se apresente em concreto.

É impensável, dentro desse contexto, exigir do juiz do trabalho, norteado pelos princípios do Direito do Trabalho que estão fincados na raiz do Direito Social e impulsionado pelos ditames da ordem pública, ao qual, por isso mesmo, se atribuem amplos poderes instrutórios e de criação do direito, com apoio, inclusive, no princípio da extrapetição, que aplique no processo do trabalho as diretrizes do novo CPC que representam um grave retrocesso na própria concepção de Estado Democrático de Direito.

São Paulo, 1º de julho de 2015.

---

(38) SOUTO MAIOR, Jorge Luiz. *Relação entre o processo civil e o processo do trabalho*. In: O novo Código de Processo Civil e seus reflexos no processo do trabalho. Org. Elisson Miessa. Salvador: Editora JusPodivm, 2015. p. 164.

Notas sobre os precedentes no novo código de processo civil e sua aplicação ao subsistema processual do trabalho: integridade, coerência, vinculatividade e modulação das decisões judiciais

Luciano Athayde Chaves (*)
Túlio de Medeiros Jales (**)

> "Uma característica evidente do nosso século XX foi a proliferação de leis sem precedentes na História. Em resposta ao progressivo agravamento das condições sociais e econômicas, os modernos legisladores andaram transbordando códigos, leis, com o mesmo ritmo com o qual as fábricas, ultrapassando limites, produziram poluição".
>
> *Mauro Cappelletti*

INTRODUÇÃO

O problema da função interpretativa e criadora da atividade jurisdicional – e a própria natureza das decisões como fonte do Direito – ocupa uma lugar de destaque na agenda da Teoria do Direito[1], não somente sob o aspecto da teoria da decisão judicial como da própria hermenêutica jurídica, na medida em que desperta uma preocupação quanto à correção do método para interpretar, integrar e aplicar as normas jurídicas.

O debate que resultou na construção de um novo Código de Processo Civil não olvidou o enfrentamento dessa questão.

Com efeito, na versão aprovada pela Câmara dos Deputados, o tema dos precedentes judiciais chegou a ganhar título próprio dentro do então *Projeto de Novo Código de Processo Civil*. Nada obstante, na versão aprovada definitivamente pelo Congresso, e sancionada sob o tombo de Lei Federal n. 13.105/2015, houve alteração topográfica da maioria dos dispositivos que integravam aquele título próprio, além da supressão de outros que tratavam da temática, passando esta a figurar no âmbito do Livro III, denominado "Dos Processos nos Tribunais e dos meios de impugnação das decisões judiciais".

As mudanças perpetradas ao projeto do novo diploma processual comum ao longo de sua tramitação requerem um estudo específico a avaliar os erros, acertos, concessões e avanços nas matérias processuais, escopo a que não se propõe o presente texto.

Nossa proposta aqui parte da constatação de que o Novo Código de Processo Civil (NCPC) busca disciplinar o papel do direito judicial (precedentes, súmulas, jurisprudência) na interpretação e aplicação jurisdicional da ordem jurídica aos casos concretos, no que inova em contraste com o regime processual revogado. A compatibilidade entre este novo horizonte aplicativo do direito judicial e os procedimentos e princípios que regem o direito processual trabalhista é apresentada ao cabo da investigação.

O estudo deste novo perfil será feito em cinco partes, pensadas para dar à questão um tratamento didático, mas, ao mesmo tempo, ciente dos cuidados epistemológicos e filosóficos que a abordagem de questões relacionadas à teoria do direito reclama.

A primeira parte abordará as causas teóricas que nos conduzem a propor a categoria chamada de "direito judicial". Adotando-se uma abordagem pós-positivista do direito, redefinir-se-á o papel dos institutos componente do direito judicial dentro da Lei n. 13.105/2015. Explicadas as causas e a moldura teórica na qual o NCPC se insere, passaremos a analisar o desenho institucional que o diploma conferiu ao tema dos direito judicial.

(*) Juiz do Trabalho da 21ª Região. Titular da 2ª Vara do Trabalho de Natal/RN. Professor do Departamento de Direito Público da Universidade Federal do Rio Grande do Norte (UFRN). Doutorando em Direito Constitucional (UNIFOR). Mestre em Ciências Sociais (UFRN). Membro do Instituto Brasileiro de Direito Processual (IBDP). E-mail: lucianoathaydechaves@gmail.com

(**) Mestrando em Direito Constitucional pela Universidade Federal do Rio Grande do Norte. E-mail: tulio_jales@hotmail.com

(1) Sobre o tema, cf.: CAPPELLETTI, Mauro. *Processo, ideologia e sociedade*. Porto Alegre: Fabris, 2008.

Na segunda parte, avaliaremos, a partir do pensamento de Neil MacCormick e Ronald Dworkin, as intenções do Código ao expor categorias como "integridade", "coerência" e "estabilidade" no *caput* do art. 926 do NCPC. A inspiração *padronizante* que estas categorias parecem trazer, em clara promoção da segurança jurídica, será problematizada mediante exemplos concretos.

Na terceira parte, faremos um estudo específico do art. 927 do NCPC, relacionando seu conteúdo com o contido no seu art. 489, que trata do tema das fundamentações das decisões judiciais. A avaliação dos seus incisos e parágrafos será realizada pela discussão dos conceitos de *binding* precedentes e *persuasive* precedentes. O olhar cético lançado ao artigo será avalizado ao perquirir constitucionalmente a possibilidade de um Código de Processo Civil, de natureza infraconstitucional, estabelecer a obrigatoriedade de vinculação a precedentes.

Em sua última parte, o trabalho procurará identificar uma possível tensão entre as exigências que esta nova configuração do uso do direito judicial traz e os princípios regentes do Direito Processual do Trabalho, já considerando a antecipada posição do Tribunal Superior do Trabalho pela aplicação dos arts. 926 a 928 do NCPC na Justiça do Trabalho, de acordo com o contido na Instrução Normativa n. 39/2016 (art. 3º). Nada obstante, ainda há que se investigar se a substância dos arts. 926 e 927 do NCPC tem obstada sua incidência no subsistema processual do trabalho em razão da regra de subsidiariedade/supletividade imposta pela norma do art. 769 da Consolidação das Leis do Trabalho? Trata-se de perfis normativos de princípios distintos e até mesmo opostos? Tais perguntas tentarão ser aqui respondidas.

1. A MUDANÇA DO PERFIL DO DIREITO JUDICIAL COM O NCPC

Precedentes, súmulas, súmulas vinculantes, jurisprudência. Malgrado não se olvide a existência de curiais diferenças[2] entre os diversos institutos, aqui considerados como expressões do *direito judicial*, compreendemos ser possível englobá-los em um só epíteto, tanto a partir da base ontológico-jurídica comum, com a qual o Novo Código de Processo Civil passa a discipliná-los, quanto diante da idêntica fonte de onde emanam os textos que os conformarão.

Comecemos pela última das condições aglutinadoras exposta, qual seja, a identidade da gênese dos institutos de direito judicial. São assim chamados, pois têm sua fonte comum a prolação de um ato oriundo, em última análise, do Poder Judiciário, seja este ato monocrático ou colegiado. Desde logo estabelece-se a premissa de que os institutos de direito judicial são fonte do direito, isto é, os textos que expressam os produtos jurisdicionais possuem potencialidade para conformar o sentido das normas jurídicas[3].

Esta noção envolve uma postura metodológica de superação da compreensão de fontes do direito herdada do positivismo descritivo, escorada na suposição de que somente processos e produtos institucionalizados pelo legislador poderiam gerar direito. Ultrapassa-se, pois, a máxima kelseniana lembrada por Guastini (2007, p. 305.) de que o direito (legislativamente positivado) regula sua própria criação.

Sustentar que a atividade jurisdicional é fonte do direito requer um conceito de fonte que tome a sério o papel da argumentação e das razões que justificam as decisões emanadas do judiciário (BUSTAMANTE, 2013, p. 308). Parte-se do pressuposto de que o simples fato de uma decisão citar uma fonte institucionalizada como sua base não é capaz de tornar esta decisão fundamentada[4]. É necessário que ela vá além do texto institucional e explique, por meio de razões e argumentos, os sentidos atribuídos ao texto.

Estes elementos – razões e argumentos – serão, pois, também fontes jurídicas; trata-se da adoção do conceito de fontes argumentativas do direito concebido por Aulis Aarnio (1991, p. 109) para quem "*toda razão que – de acordo com as regras geralmente aceitas na comunidade jurídica – pode ser usada como base justificatória da interpretação jurídica*" constituirá uma fonte do direito.

A adoção de tal conceituação de fontes jurídicas possibilita que devolvamos o componente político à análise das decisões judiciais. Admitindo-se que argumentos de matizes políticos, econômicos, causais ou consequenciais balizem a complementação de sentidos dos textos jurídicos, afasta-se a visão de que a decisão é, nos dizeres de Manuel Hespanha (2012, p. 23) "*uma intervenção puramente técnica ou científica, distanciada dos conflitos sociais subjacentes*". Esse autor ainda esclarece que a estratégia para despolitizar os veredictos jurídicos, entronando-os em um racionalidade técnica, é uma postura defensiva propositalmente adotada pelos juristas para lhe dotar uma legitimidade neutral em meio ao "*coliseu do debate público político*" (HESPANHA, 2012, 22-23).

---

(2) Sobre as grandes diferenças entre os institutos citados: MACEDO, Lucas Buril. O regime jurídico dos precedentes judiciais no projeto do Novo Código de Processo Civil. *Revista de Processo*, vol. 237/2014, p. 369, nov. 2014, p. 1-23; STREK, Lenio Luiz. Súmulas, vaguezas e ambiguidades: necessitamos de uma teoria geral dos precedentes? *Direitos Fundamentais & Justiça*, v. 5, p. 162-185, 2008. Disponível em: <http://www.dfj.inf.br/Arquivos/PDF_Livre/5_Doutrina_7.pdf>.

(3) "Primeiramente, deve-se ressaltar que se perspectiva o precedente judicial como fonte de direito, isto é, toma-se a decisão como ato jurídico que tem por eficácia (anexa) lançar-se como texto do qual se construirá uma norma. Essa norma, na teoria dos precedentes, é comumente designada de *ratio decidendi*. Esse é o sentido próprio em que se invoca a palavra precedente, embora seja possível falar em precedente como norma, em um sentido impróprio e por metonímia, assim como se fala em "aplicação da lei", quando, na verdade, quer-se falar em "aplicação da norma da lei" (MACEDO, 2014, p. 2).

Neste ponto, o leitor poderia questionar: mas, as decisões judiciais, precedentes, súmulas e afins são processos institucionalmente previstos. Não precisariam, assim, de um conceito argumentativo de fonte do direito para serem compreendidos como fontes, pois não?

Sucede que não é esta a lente com a qual o Novo Código de Processo Civil enxergará o direito judicial. Daí a pertinência do segundo argumento de aglutinação que nos leva a reunir os citados instrumentos sob a denominação de *direito judicial*.

Com o advento do Código de Processo Civil de 2015, a própria legislação impulsiona a atividade decisória conferida ao magistrado a caminhar de um paradigma positivista[5] para uma instância pós-positiva, em termos de fundamentação (CRFB, art. 93, IX).

Neste novo momento, o fato das fontes jurídicas mobilizadas no exercício decisório passarem pelo crivo da *regra de reconhecimento* positivista de Hart[6] e serem classificadas como direito válido não é razão bastante para concluirmos pela validade (pois, como sanção constitucional, a prolação será nula) da decisão que as mobilizou. Para além da derrubada da tese dos fatos sociais, o momento pós-positivista também rechaça a autonomia do direito frente a sistemas externos, como a moral[7].

O debate sobre os precedentes deixa de fundar-se a partir de sua autoridade e passa a legitimar-se sobre as razões e justificativas que o embasam. Este movimento é decorrente de uma transição que toda racionalidade política e jurídica gradativamente atravessam, em que há uma perda "*da força explicativa da tradição e da autoridade como justificativas do poder político*" (MARTINS; ROESLER; JESUS, 2011, p. 208).

Esta transição afetará, também, a doutrina do *stare decsis*, pedra de toque do sistema da *common law*. O *stare decisis* – ou o termo completo em latim *stare decisis et quieta non movere* – expressa a ideia fundamental de respeito às decisões anteriores tomadas pelas cortes (SOUZA, 2013). Comentando sobre a evolução do conceito de *stare decisis*, Bustamante (2010, p. 4) indicará que as primeiras formulações sobre esta categoria colocavam em relevo o elemento da autoridade encerrado pelo precedente.

De agora em diante, no entanto, importantes serão as razões e argumentos que levaram as edições de súmulas[8], súmulas vinculantes e dos precedentes (direito judicial). Esta nova feição, como nos explica Bustamante (2014, p. 195), é caracterizada por entender "*que a vinculação ao precedente é na verdade uma vinculação aos fundamentos da decisão, aos princípios que a justificam e que devem ser repetidos com fundamento nas exigências de imparcialidade e universalizabilidade do direito*", abandonando-se aquilo que convencionou-se chamar de *paradigma ementista* (NOBRE JUNIOR, 2008, p. 55), no qual as súmulas e jurisprudências são tomados como regras gerais completamente desarticuladas das razões que as originaram (MARINONI, 2011, p. 482). É dizer, supera-se um modelo de aplicação em que o direito judicial valia simplesmente por advir de um órgão competente para elaborá-lo.

A intenção do NCPC é claramente emprestar a estas razões de decidir, principalmente aquelas oriundas das Cortes Superiores[9], uma poderosa vinculatividade, obrigando instâncias inferiores ao seguimento de suas justificações. O Código, pois, não considera apenas que os argumentos sustentados pelas Cortes para tomada de decisões possuem um efeito persuasivo, mas sim implicam em

---

(4) "Com efeito, não se pode justificar uma decisão senão por meio da construção de uma teoria que enuncie as razões em que esta se apoia" (Bustamante, 2013, p. 108-109).

(5) Adota-se aqui a caracterização de Casalmiglia, para quem o positivismo, em suas diversas variantes, define-se por duas teses principais. a) a teoria das fontes sociais do direito, pela qual determina-se o que é o direito (estabelecer seus limites), examinando o sistema normativo institucionalizado, isto é, posto pelo Estado; b) crer a autonomia do direito, pressupondo que não há uma conexão necessária entre direito, política e moral.

(6) A definição de uma norma como regra válida e, por consequência, como direito, dependerá do preenchimento das condições *formais* estabelecidas pela regra de reconhecimento, uma norma classificada como secundária dentro da divisão hartiana de regras primárias e regras secundárias. (HART, 1986, p. 120).

(7) Perfilha-se o entendimento de pós-positivismo exposto em Bustamante (2013, 309-310): "*Em linhas gerais, entendemos por pós-positivismo o tipo de teoria do direito que não se contenta com uma descrição do Direito positivo a partir da perspectiva do observador imparcial – ou, no dizer de Hart, a partir do ponto de vista externo. Uma teoria do direito adequada deve ser capaz de formular respostas para as indagações que são formuladas pelos próprios usuários da teoria, quando refletem acerca do conceito de direito a partir do ponto de vista interno. Quando consideram os problemas fundamentais da teoria do direito a partir do ponto de vista interno, os juristas não se contentam mais em descrever um fato social que se encontra no passado; pelo contrário, eles buscam encontrar uma justificação adequada para as pretensões de juridicidade que eles pretendem fundamentar em suas argumentações. É justamente neste momento que o positivismo, enquanto teoria geral do direito, se mostra inadequado, pois ele despreza a dimensão argumentativa ou reflexiva do direito e concebe o sistema jurídico como um conjunto previamente dado de normas jurídicas que podem ser inteiramente identificadas a partir da referência a suas fontes. Por pós-positivismo, portanto, entendemos todas as teorias que não se contentam com a tese das fontes sociais do direito, e que se preocupam fundamentalmente com o caráter argumentativo do Direito, vendo o conteúdo das normas jurídicas mais como o resultado de uma argumentação a partir dos materiais emanados dos órgãos dotados de competências para criar normas jurídicas gerais do que como uma simples decisão ou um simples fato social*".

(8) Especificamente sobre o reconhecimento dos enunciados sumulares como parâmetros imunizadores para dizer o direito mesmo antes da promulgação do NCPC em razão de sua notável contribuição à justificação pragmática ao sentido das normas nos casos concretos, cf.: ROESLER, C. R.; JESUS, R. A. R. Uma investigação sobre os sentidos e usos das súmulas dos tribunais superiores no Brasil. **Nomos** (Fortaleza), v. 32, p. 57-77, 2012.

(9) Confira-se o teor do art. 927 da Lei n. 13.105 de 16 de março de 2015 (NCPC).

obrigações jurídicas para outros órgãos do Judiciário[10]. As dúvidas e questionamentos emergidos deste contexto serão melhor traçados no Ponto 3 adiante desenvolvido.

Em outro pórtico, toda essa força vinculante das decisões dos Tribunais não é concedida gratuitamente, pois o Código expressamente obriga espera dos órgãos julgadores a manutenção de sua jurisprudência íntegra e coerente. O significado destas obrigações de coerência e integridade será adiante melhor perscrutado.

Em síntese, até aqui procuramos emoldurar a compreensão do direito judicial dentro do paradigma pós-positivista abraçado pelo Novo Código de Processo Civil. Defendeu-se que as razões e argumentos seguidos pelas decisões judiciais para conformarem o sentido das legislações serão, também eles, fontes do direito, uma vez que o precedente, a súmula ou a decisão dialogarão com os casos futuros e passados, não por sua autoridade, mas pelo seu conteúdo argumentativo, sua *ratio decidendi*. Pontuamos que, para além de um efeito persuasivo, o CPC concede um efeito vinculativo ao direito judicial produzido pelos Tribunais pátrios, situação a ser melhor investigada em capítulo específico deste trabalho.

Afirmamos as causas de um novo perfil do direito judicial, mas devemos, agora, deter-nos sobre as consequências que este novo momento traz para o fenômeno da aplicação e interpretação do direito. Estas consequências são possíveis de aferição diante de uma análise mais pormenorizada dos arts. 926, 927 e 489 do NCPC.

2. O QUE PRETENDE O NOVO CÓDIGO DE PROCESSO CIVIL AO BUSCAR UMA JURISPRUDÊNCIA ÍNTEGRA, COERENTE E ESTÁVEL? UMA ANÁLISE DO ART. 926 DO NCPC

O *caput* do art. 926[11] do NCPC impõe aos Tribunais o dever de manter suas jurisprudências não somente uniformizadas, mas, sobretudo, íntegras, coerentes e estáveis. Diversos autores da teoria do direito conceberam conceitos de coerência, integridade e estabilidade para predicar de diferentes maneiras as decisões judiciais e a própria ordem jurídica.

Avultam-se neste terreno, contudo, as contribuições de Neil MacCormick e Ronald Dworkin para a popularização e uso dos referidos termos dentro da discussão sobre a teoria da decisão no Brasil.

A escolha por trabalhar com o conceito a partir da ótica destes dois autores decorre, ainda, da constatação de que o texto definitivo do art. 926, ao incorporar os termos "coerência" e "integridade", beneficiou-se, no âmbito das instâncias do Parlamento, de sugestão formulada por Lênio Streck[12], sendo reconhecido que este desenvolve sua teoria da decisão baseada nas premissas Dworikianas sobre o exercício da jurisdição.

Sendo Dworkin a referência remota – e, portanto, primária – dessa inovação legislativa, sua teoria é a que será aqui trabalhada. MacCormick surge, por sua vez, como complemento ou debatedor direto da obra de Dworkin, seguindo-se aqui a linha dos teóricos que compreendem o conceito de integridade e coerência forjados pelo autor americano como o correspondente ao conceito de coerência exposto na obra do jusfilósofo escocês (BUSTAMANTE, 2013, 281).

Assim, malgrado o próprio Streck[13] pretenda dar funções diferentes aos vocábulos coerência e integridade dentro do NCPC, compreende-se que as duas categorias consubstanciam o mesmo dever, podendo-se afirmar, no máximo, que elas apresentam um mesmo oriente aplicativo visto por dimensões diferentes.

Neste sentido, necessário identificar a conceituação que tais autores dão a cada uma dessas categorias a fim de descobrir o conteúdo e a intenção do NCPC ao propô-las como norte da atividade judicante nos Tribunais.

---

(10) Note-se que, no caso das súmulas vinculas, previstas no art. 103-A da Constituição Federal, essa vinculatividade extrapola o terreno jurisdicional, na medida em que também projeta seus efeitos imperativos sobre a Administração Pública federal, estadual e municipal, direta e indireta, o que implica considerar como inequívoca a sua normatividade, reforçando-se, assim, os argumentos que consideram possível afirmar a existência de um direito judicial.

(11) Art. 926. "*Os tribunais devem uniformizar sua jurisprudência e mantê-la e estável, íntegra e coerente*".

(12) "A atenção que foi dispensada pelo atento relator na Câmara, deputado Paulo Teixeira e o apoio inestimável de Fredie Didier e Luiz Henrique Volpe, foram cruciais para o acatamento dessa minha sugestão de que o NCPC passasse a exigir "coerência e integridade" *da* e *na* jurisprudência. Isto é: em casos semelhantes, deve-se proporcionar a garantia da isonômica aplicação principiológica. Trata-se da necessária superação de um modelo estrito de regras, sem cair no pan-principiologismo que tanto critico. Simples assim e complexo." (STRECK, 2014).

(13) "Assim, haverá *coerência* se os mesmos preceitos e princípios que foram aplicados nas decisões o forem para os casos idênticos; mais do que isto, estará assegurada a integridade do direito a partir da *força normativa* da Constituição. A *coerência* assegura a igualdade, isto é, que os diversos casos terão a igual consideração por parte do Poder Judiciário. Isso somente pode ser alcançado por meio de um holismo interpretativo, constituído a partir de uma circularidade hermenêutica. Já a *integridade* é duplamente composta, conforme Dworkin: um princípio legislativo, que pede aos legisladores que tentem tornar o conjunto de leis moralmente coerente, e um princípio jurisdicional, *que demanda que a lei, tanto quanto possível, seja vista como coerente nesse sentido*. A integridade exige que os juízes construam seus argumentos de forma integrada ao conjunto do direito, constituindo uma garantia contra arbitrariedades interpretativas; coloca efetivos freios, através dessas *comunidades de princípios*, às atitudes solipsistas-voluntaristas. A integridade é antitética ao voluntarismo, do ativismo e da discricionariedade." (STRECK, 2014).

Para a compreensão da formulação de Dworkin sobre integridade e coerência, é importante explorar previamente seu conceito de *interpretação construtiva*. A interpretação construtiva[14] é, para além do conceito Dworkiano de interpretação, seu próprio ideal do interpretar. Esta categoria concebe a interpretação de determinada coisa como aquele sentido que coloca esse objeto "sob sua melhor luz". Em outras palavras, e interpretação construtiva primeiro contextualiza o objeto interpretado em uma determinada prática para em seguida atribuir-lhe o significado que lhe proporcione melhor o valor possível dentro daquela prática. Será justamente essa específica forma de atribuição de valor que não será livre, estando condicionada à tradição (COELHO, 2012), demandando a observação da integridade e da coerência do sistema:

> O senso de qualquer juiz acerca da finalidade ou função do Direito, do qual dependerá cada aspecto de sua abordagem da interpretação, incluirá ou implicará alguma concepção da integridade e coerência do Direito como instituição, e essa concepção irá tutelar e limitar sua teoria operacional de ajuste – isto é, suas convicções sobre em que medida uma interpretação deve ajustar-se ao Direito anterior, sobre qual delas, e de que maneira (o paralelo com a interpretação literária também é válido aqui). (DWORKIN, 2000, p. 241).

Integridade e coerência funcionariam, pois, como freios a possibilidade que a interpretação da norma jurídica resulte em significados múltiplos justificados. Por mais que os magistrados possuíssem conceituações próprias dos princípios e das práticas jurídicas, eles deveriam realizar um ajuste ao que a história institucional do direito cristalizada nas decisões anteriores concebem como conteúdo daquele princípio ou daquela prática (Dworkin, 2000, p. 241-242).

O próprio Dworkin claramente admite que esta conceituação é tanto uma crítica àqueles que entendem ser possível "descobrir" o direito – no sentido positivista de que a norma já estaria pronta e bastaria ser descoberta –, quanto uma objeção à doutrina realista que "inventa" o direito reduzindo a interpretação a escolhas políticas (Dworkin, 1999, p. 274).

Se Ronald Dworkin nos dá as bases e fundamentos filosóficos aos conceitos de coerência e integridade, MacCormick nos possibilitará enxergar nuances práticas da operacionalização destes conceitos.

O autor escocês enlaçará uma conceituação de igualdade calcada na universalização dos fundamentos das decisões com a noção de legitimidade e daí extrairá seu conceito de coerência. Em termos de igualdade, a universalização ou universabililização surge em sua elaboração como potencial que um argumento de uma decisão judicial deve ter de ser igualmente aplicado a todos (MARTINS; ROESLER; JESUS, 2011, p. 217).

É dizer, não há de existir, ante casos jurídicos que guardem paralelismo, uma razão de decidir a um que não seja aplicável a outro. A ideia de legitimidade será, por sua vez, fundada na intenção que as decisões devem ter de seguir os princípios homenageados pela comunidade política.

A coerência não será vista por MacCormick apenas como uma obrigação de manter-se fiel às decisões tomadas no passado. Uma visão desse jaez possibilitaria, por exemplo, que o ideal de coerência avalizasse uma aplicação manifestamente injusta da lei somente porque ela vem sendo, ainda que erroneamente, reiteradamente aplicada (MARTINS; ROESLER; JESUS, 2011, p. 217). Não é isso. Para MacCormick, a coerência, para além de interagir com as decisões anteriores, interage com os próprios princípios que conformam a vida em comunidade[15].

Ainda que não se olvide de que as razões expostas nas decisões precedentes imponham um "*constrangimento real e importante aos juízes*" (MACCORMICK, 2008, p. 265), já que as decisões jurídicas jamais são tomadas a partir "de uma folha em branco"[16], não é ela a única variável a se avaliar quando analisa-se a qualidade de uma decisão jurídica, devendo se por tal aspecto em concordância com outros, tais quais o caráter *consequecialista* e de justiça substancial das decisões.

---

(14) "Em linhas gerais, a interpretação construtiva é uma questão de impor um propósito a um objeto ou prática, a fim de torná-lo o melhor possível da forma ou gênero aos quais se imagina que pertençam. Daí não se segue, mesmo depois dessa breve exposição, que um intérprete possa fazer de uma prática ou de uma obra de arte qualquer coisa que desejaria que fossem; que um membro da comunidade hipotética fascinado pela igualdade, por exemplo, possa de boa-fé afirmar que, na verdade, a cortesia exige que as riquezas sejam compartilhadas. Pois a história ou a forma de uma prática ou objeto exerce uma coerção sobre as interpretações disponíveis destes últimos, ainda que, como veremos, a natureza dessa coerção deva ser examinada com cuidado. Do ponto de vista construtivo, a interpretação criativa é um caso de interação entre propósito e objeto. (DWORKIN, 2000, p. 64).

(15) "Em resumo, a coerência de um conjunto de normas é função de sua justificabilidade sob princípios e valores de ordem superior, desde que os princípios e valores de ordem superior ou suprema pareçam aceitáveis, quando tomados em conjunto, no delineamento de uma forma de vida satisfatória" (MACCORMICK, 2008, 253).

(16) "O contexto jurídico é um contexto em que a ideia de coerência tem uma importância peculiar e óbvia. Em uma discussão jurídica ninguém começa a partir de uma folha em branco e tenta alcançar uma conclusão razoável a priori. A solução oferecida precisa fundar-se ela mesma em alguma proposição que possa ser apresentada ao menos com alguma credibilidade como uma proposição jurídica, e essa proposição deve mostrar coerência de alguma forma em relação a outras proposições que possamos tirar das leis estabelecidas pelo Estado. Aqueles que produzem argumentos e decisões jurídicas não abordam os problemas da decisão e da justificação no vácuo, mas, em vez disso, o fazem no contexto de uma pletora de materiais que servem para guiar e justificar decisões, e para restringir o espectro dentro do qual as decisões dos agentes públicos podem ser feitas legitimamente" (MACCORMICK, 2008, p. 31).

No mesmo sentido trilha o pensamento de Dworkin quanto à integridade, na medida em que esta não implica afastamento do valor equidade, que deve presidir a razão prático-decisória. Nas suas palavras:

> O direito como integridade pede que os juízes admitam, na medida do possível, que o direito é estruturado por um conjunto coerente de princípios sobre a justiça, a equidade e o devido processo legal adjetivo, e pede-lhes que os apliquem nos casos novos que se lhes apresentem, de tal modo que a situação de cada pessoa seja justa e equitativa segundo as mesmas normas. Esse estilo de deliberação judicial respeita a ambição que a integridade assume, a ambição de ser uma comunidade de princípios (DWORKIN, 1999, p. 291).

Essa noção dúctil ou flexível de coerência, defendida pelas referências teóricas aqui tomadas, suscitou críticas de autores que pretendem dar ao sistema de aplicação de precedentes um grau de vinculatividade menos concessivo ou menos inclinado a excepcionalidades[17].

Pondo em concordância o sentido de integridade e coerência de Dworkin e MacCormick com o desenho institucional da cabeça do art. 926, entendemos que o Código enceta um verdadeiro "dever de coerência" (MACEDO, 2014, p. 5) que, se não obriga os Tribunais a seguirem sempre os argumentos e razões por ele firmados em decisões anteriores ordena, no mínimo, que os juízes se refiram e dialoguem com a história interpretativa que os Tribunais possuem sobre a matéria.

O dever de coerência pode ser compreendido, assim, como uma necessidade de que os Tribunais realizem uma autorreferência às suas decisões. Lucas Buril Macedo nos explica a ideia de autorreferência:

> "Autorreferência é um dever de fundamentação específico, pelo qual o magistrado precisa, necessariamente, referir-se ao que foi realizado anteriormente pelos seus pares para decidir adequadamente uma questão similar. Isto é, o Judiciário, ao julgar um caso que já foi por ele mesmo decidido, precisa referir-se à sua atuação, independentemente de sua decisão confluir ou se desviar da linha assumida anteriormente. Essa é uma característica essencial para o bom funcionamento do *stare decisis* e é capaz de garantir racionalidade e segurança" (MACEDO, 2014, p. 4).

Compreendemos, pois, que o dever de autorreferência é o principal legado processual que se pode extrair da intepretação da cabeça do art. 926 do no NCPC, enxergado este preceptivo à luz dos conceitos de integridade e coerência de Ronald Dworkin e Neil MacCormick.

A vinculação dos precedentes do novo Código comum deve ser enxergada, pois, nos contornos do dever de referência, não nos termos de um obrigatório seguimento dos conteúdos estabelecidos pelas instâncias superiores. É um nível de vinculação maior do que uma mera potencialidade de persuasão, mas por óbvio não chega a ser um ajoelhar-se entre às decisões pretéritas.

Pode-se concluir que, a partir do contido no dispositivo legal em comento, não se pode definir se o direito judicial será necessariamente vinculante em relação a decisão a ser tomada. Não consta nele um necessário dever de *deferência* às decisões anteriores, mas sim um dever de *referência* a tais decisões, ou melhor, às razões expostas nestas decisões.

O NCPC, contudo, apresentará em seus enunciados normativos seguintes situações em que não só uma referência, mas uma vinculatividade às razões decididas é reclamada. É o que passaremos a pormenorizar a seguir.

3. DA PERSUASÃO À VINCULAÇÃO: UMA ANÁLISE DO ART. 927 DO NCPC

Se o estudo do art. 926 do NCPC suscita um amplo e profundo debate sobre a teoria da decisão judicial, com fortes cores hermenêuticas, já que envolve a ideia de coerência e integridade, a investigação analítica do seu art. 927 envolve questões igualmente complexas sobre a Teoria dos Precedentes e sua aplicação no Direito brasileiro, perpassando, inclusive, temas constitucionais sensíveis, como a independência judicial e a segurança jurídica.

Por certo que um exame aprofundado e minimamente adequado de toda sua extensão demandaria um esforço investigativo que escapa aos propósitos e limites do presente texto. No entanto, é possível, ainda que dentro dessas balizas, traçar alguns elementos de reflexão dos enunciados normativos que integram a estrutura do dispositivo legal em comento[18].

---

(17) Em relação à posição defendida por MacCormick, veja-se a seguinte crítica: "*There is something fundamentally wrong about the role MacCormick gives to coherence in legal reasoning: it is much too modest. For a judicial decision to be justified on MacCormick's view, only some coherence with preexisting law need be shown. Moreover, an argument from coherence can be defeated by evaluative arguments from a range of social, political, and moral considerations that he loosely calls 'consequences'*". (LEVENBOOK, 1984, p. 358).

(18) "Art. 927. Os juízes e os tribunais observarão:

I – as decisões do Supremo Tribunal Federal em controle concentrado de constitucionalidade;

II – os enunciados de súmula vinculante;

III – os acórdãos em incidente de assunção de competência ou de resolução de demandas repetitivas e em julgamento de recursos extraordinário e especial repetitivos;

De logo, é importante assentar que, nada obstante o desejo de "previsibilidade" do sistema jurídico, como projeção do postulado da *segurança jurídica*, a Constituição Federal de 1988 estatui, como premissa da jurisdição, a independência do Poder Judiciário e, por conseguinte, de seus juízes.

Essa independência se projeta a partir do art. 2º da Constituição, que assegura a independência e a harmonia entre os poderes, o que implica considerar não somente a independência externa dos membros do Poder Judiciário (isto é, em relação aos demais poderes), mas também a independência interna entre esses mesmos membros, condição *sine qua non* para o exercício democrático da jurisdição[19].

Conquanto não tenha expressamente consignado a independência funcional (ou interna) dos membros da Magistratura, como o fez em relação aos membros do Ministério Público (cf. art. 127, § 1º, parte final), a Constituição a admite quando dispõe o dever de fundamentação como elemento de agregação da jurisdição à democracia e de controle da atividade do juiz (art. 93, IX, CF). Tal dever implica em dizer, na verdade, que não podem os juízes decidir por simples alteridade, por vontade alheia. A decisão, sendo expressão da atividade do órgão singular ou colegiado, deve fundamentar-se juridicamente, tendo aqui por base o conceito de argumentação e fundamentação jurídica que foi desenhado no capítulo primeiro deste estudo.

Daí a diferença que se estabelece entre *independência institucional* (interna e externa) e *autonomia decisional* (FACHIN NETO, 2009, p. 124), porquanto essa aparente autonomia esbarra no dever de fundamentação jurídica das decisões, que não podem se converter em atos arbitrários do Estado-Juiz. Assim, conquanto independente, a jurisdição deve obediência e encontra limites na atuação segundo os fundamentos jurídicos que deve adotar, inclusive tendo em conta o horizonte da integridade do Direito.

A Lei Complementar n. 35/79 – Lei Orgânica da Magistratura (LOMAN) –, em vigor até que sobrevenha o novo estatuto de que trata o art. 93 da Constituição Federal[20], dispõe ser dever do magistrado: "*cumprir e fazer cumprir, com independência, serenidade e exatidão, as disposições legais e os atos de ofício*" (art. 35, inciso I). Logo, a independência também aparece nessa instância normativa, agora de forma mais expressa. E aparece como dever! Sim, porque não é direito do Magistrado ser independente. É pressuposto de seu exercício. É seu dever.

Chamando de *independência da magistratura* aquilo que, como mostramos, Fachin Neto melhor classifica como *autonomia decisional*, Dalmo Dallari nos proporciona visualizar a tensão que se anuncia entre o espaço reservado aos magistrados para interpretação das normas e necessidade de vinculação a precedentes judiciais:

"Longe de ser um privilégio para os juízes, a independência da magistratura é necessária para o povo, que precisa de juízes imparciais para a harmonização pacífica e justa dos conflitos de direitos. A rigor, pode-se afirmar que os juízes têm a obrigação de defender sua independência, pois sem esta a atividade jurisdicional pode, facilmente, ser reduzido a uma farsa, uma fachada nobre para ocultar do povo a realidade das discriminações e das injustiças [...] De fato, obrigar juízes e tribunais a decidirem, acolhendo plena e automaticamente as decisões do Supremo Tribunal Federal, mesmo quando estiverem convencidos de que tais decisões foram erradas ou injustas, é negar a própria razão de ser do Poder Judiciário. Um juiz que não possa decidir de acordo com seu

---

IV – os enunciados das súmulas do Supremo Tribunal Federal em matéria constitucional e do Superior Tribunal de Justiça em matéria infraconstitucional;
V – a orientação do plenário ou do órgão especial aos quais estiverem vinculados.
§ 1º Os juízes e os tribunais observarão o disposto no art. 10 e no art. 489, § 1º, quando decidirem com fundamento neste artigo.
§ 2º A alteração de tese jurídica adotada em enunciado de súmula ou em julgamento de casos repetitivos poderá ser precedida de audiências públicas e da participação de pessoas, órgãos ou entidades que possam contribuir para a rediscussão da tese.
§ 3º Na hipótese de alteração de jurisprudência dominante do Supremo Tribunal Federal e dos tribunais superiores ou daquela oriunda de julgamento de casos repetitivos, pode haver modulação dos efeitos da alteração no interesse social e no da segurança jurídica.
§ 4º A modificação de enunciado de súmula, de jurisprudência pacificada ou de tese adotada em julgamento de casos repetitivos observará a necessidade de fundamentação adequada e específica, considerando os princípios da segurança jurídica, da proteção da confiança e da isonomia.
§ 5º Os tribunais darão publicidade a seus precedentes, organizando-os por questão jurídica decidida e divulgando-os, preferencialmente, na rede mundial de computadores."
(19) Sobre a independência interna do juiz, pontua Eugênio Fachin Neto: "fala-se, ao contrário, de independência interna, quando se focar a relação entre o magistrado singular e seus superiores hierárquicos, isto é da possibilidade do juiz decidir livremente, sem sujeição ao poder de controle dos juízes de grau superior (obviamente não se está aqui a referir ao ineliminável controle jurisdicional exercido através das vias recursais)" (FACHIN NETO, 2009, p. 126)
(20) Sobre o tema, cf.: ADI 1.985, Rel. Eros Grau, 3.3.2005; ADI 2.580, Rel. Carlos Velloso, 26.9.2002; AO 185, Rel. Ellen Gracie, 17.6.2002; ADI 841-QO, Rel. Carlos Velloso, 21.8.1994; dentre outros julgados do Supremo Tribunal Federal. Do acórdão proferido na ADI 1.985, colhe-se a seguinte passagem-síntese: "*Até o advento da lei complementar prevista no art. 93, caput, da Constituição de 1988, o Estatuto da Magistratura será disciplinado pelo texto da Lei Complementar n. 75/79, que foi recebida pela Constituição*".

livre convencimento já não age como juiz, não importando se a coação vem de fora ou se ela vem do próprio Judiciário" (DALLARI, 1996, p. 45 e 64).

Por certo que esse debate sobre a vinculação a precedentes integrou a agenda pública quando da tramitação, no Congresso Nacional, da denominada *reforma do Judiciário*, e que resultou na promulgação da Emenda Constitucional n. 45/2004. Desse debate democrático, resultaram dois mecanismos de vinculatividade das decisões do Supremo Tribunal Federal. O primeiro, previsto no § 2º do art. 102[21], estabelece o efeito vinculante das decisões definitivas de mérito proferidas pela Suprema Corte nas ações diretas de inconstitucionalidades e ações declaratórias de constitucionalidade, e não somente em relação aos órgãos do Poder Judiciário, mas também em relação a toda a Administração Pública.[22]

O segundo mecanismo está disciplinado no art. 103-A da Constituição e diz respeito à possibilidade de o STF adotar súmulas vinculantes, "*após reiteradas decisões sobre matéria constitucional*", cuja obrigatoriedade de observância também se projeta sobre toda a Administração Pública.

É de notar que a edição de súmula vinculante não é um mero consectário da atividade judicante do Supremo Tribunal. O § 1º do art. 103-A exige que a súmula deve tratar de tema que implique controvérsia entre órgãos do Judiciário ou entre estes e a Administração Pública que "*acarrete grave insegurança jurídica e relevante multiplicação de processos sobre questão idêntica*", o que impõe considerar que somente em casos pontuais a súmula com efeito vinculante pode ser adotada e, mesmo assim, passível de revisão ou cancelamento.[23]

Outro aspecto ser ressaltado diz respeito ao fato de que a presença de um precedente vinculante, em tese aplicável um caso concreto, não finda – necessariamente – no mesmo resultado prático para casos semelhantes. É que o caso concreto pode conter peculiaridades que não permitam a mesma solução, ou mesmo que necessite de solução diversa, o que a Teoria do Precedente denomina de *distinguishing*. Da mesma forma, a própria instância definidora do precedente pode, como vimos no caso brasileiro, em especial no STF, revê-lo ou modificá-lo, implicando, assim, ab-rogação ou *overruling*.[24]

Colocadas essas premissas quanto à atividade jurisdicional e a autonomia decisional do Magistrado, voltemos ao art. 927 do NCPC, agora já palmilhando um terreno constitucional que nos informa ser excepcional a prévia determinação do conteúdo das decisões, ainda que em pauta esteja a existência de um direito judicial a conformar a definição do conteúdo das normas jurídicas.

Nessa linha, é de se considerar que os incisos I e II do art. 927 estão em conformidade com a Constituição Federal, na medida em que indicam que os juízes e tribunais devem observar a) as decisões do Supremo Tribunal Federal em controle concentrado de constitucionalidade e b) os enunciados de súmula vinculante.

O problema nos parece surgir em relação ao contido nos demais incisos do art. 927. O inciso III impõe, como de observância obrigatória, "*os acórdãos em incidente de assunção de competência ou de resolução de demandas repetitivas e em julgamento de recursos extraordinário e especial repetitivos*". O inciso IV, por seu turno, diz quês seriam igualmente obrigatórios "*os enunciados das súmulas do Supremo Tribunal Federal em matéria constitucional e do Superior Tribunal de Justiça em matéria infraconstitucional*". Por fim, o inciso V atribui como de compulsória observância "*a orientação do plenário ou do órgão especial aos quais estiverem vinculado*s".

Sucede que todos esses pronunciamentos, sumulados ou não, apenas atuam, dentro da Teoria dos Precedentes, como referenciais persuavisos (*persuasives precedents*), não contendo, no regime constitucional em vigor, potencial de compulsória ou vinculante observância. O NCPC, todavia, ultrapassa os antípodas da função persuasiva e sugere uma vinculação formal aos precedentes, assim compreendido como a possibilidade de ser considerada juridicamente incorreta a decisão que não respeita ou não faz menção a um precedente vinculante (cf. ZANETI JR., 2015, p. 341).

---

(21) Art. 102, § 2º, CF: "As decisões definitivas de mérito, proferidas pelo Supremo Tribunal Federal, nas ações diretas de inconstitucionalidade e nas ações declaratórias de constitucionalidade produzirão eficácia contra todos e efeito vinculante, relativamente aos demais órgãos do Poder Judiciário e à administração pública direta e indireta, nas esferas federal, estadual e municipal".

(22) Na realidade, a Emenda n. 45/2004 ampliou o efeito vinculante dessas decisões, já introduzido na Constituição pela Emenda n. 3/93, que instituiu a ação declaratória de constitucionalidade.

(23) O procedimento de edição, revisão ou cancelamento da súmula está regulamentado, como determina a parte final do art. 103-A, pela Lei n. 11.417/2006. O art. 3º desta Lei estabelece quais os legitimados para a proposição de edição, revisão ou cancelamento da súmula, os quais, em linhas gerais, são os mesmos legitimados para o controle objetivo da constitucionalidade. O próprio STF, de ofício, também pode propor a edição da súmula ou revisão da súmula, eis que observado o *quórum* de 2/3 de seus membros. O tema ainda é subsidiariamente tratado na Resolução STF n. 1/2008, como autoriza o art. 10 da Lei n. 11.417/2006. O interessante desta regulamentação complementar é a previsão de prévio edital para manifestação de qualquer interessado antes da remessa da proposta à Comissão de Jurisprudência do Tribunal, aspecto que amplia consideravelmente o universo de participação democrática na construção das súmulas, aspecto que reputo inovador e que aproxima o procedimento a ideia de sociedade aberta de intérpretes da Constituição (Peter Häberle).

(24) Para maior aprofundamento na Teoria dos Precedentes, cf.: BUSTAMANTE, Thomas. *Teoria do precedente judicial*. São Paulo: Noeses, 2012.

Havendo concluído que os conceitos de integridade e coerência, lidos a partir de Dworkin e MacCormick, não implicam, *per se,* na necessidade de *deferência* às decisões de Tribunais Superiores, mas tão somente no dever de referência a estas decisões, podemos vincar que o artigo seguinte do novo diploma processual ultrapassa as intenções que os referidos jusfilósofos pretendiam com as criação das mencionadas categorias conceituais, já que integridade e coerência deverá significar uma necessária vinculação às decisões anteriores.

Ainda que as decisões do Supremo, em repercussão geral em recursos extraordinários, tenham vinculação sobre todos os recursos em matéria idêntica (§ 5º do art. 543-C, CPC, com a redação dada pela Lei n. 11.418/2006), isso não lhes confere efeito vinculante sobre casos novos, ainda que se constituam precedentes de grande força e respeitabilidade

Malgrado o desejável seja sempre que a coerência do sistema judiciário implique a não existência de pronunciamentos divergentes, esse fim – conquanto ideal[25] – não pode ser atingido pela verticalização dos precedentes de forma generalizada, mormente quando a Constituição Federal adotou, como regra, a autonomia decisória dos juízes e tribunais, atuando, apenas como exceção, com regras de vinculatividade, como já esposado.

Desse modo, entendemos que padece de vício formal e substancial os incisos III a V do art. 927. Formal, porque não pode lei infraconstitucional dispor sobre o regime da magistratura, inclusive quanto a deveres (art. 93, CF). Substancial porque viola o preceito da autonomia dos julgadores, transformando precedentes meramente persuasivos – e não por isso menos importantes – em vinculantes.

É interessante também notar que, diferentemente do que sucedeu com o debate em torno da súmula vinculante, antes da promulgação da Emenda n. 45/2004, houve pouco debate sobre essas inovações no NCPC. Por certo que isso não retira a legitimidade do Congresso Nacional em legislar, mas enfraquece o resultado, já que a ausência de participação de outros atores sociais poderia ter construído um texto mais convergente, sem os riscos de questionamentos após a promulgação e a vigência do NCPC.[26]

O § 1º do art. 927 dispõe que: "*Os juízes e os tribunais observarão o disposto no art. 10[27] e no art. 489, § 1º[28], quando decidirem com fundamento neste artigo*". A rigor, aquele dispositivo acaba por reiterar o que indicam estes últimos, que impõe ao julgador não somente não "inovar" em fundamentos (art. 10) não debatidos nos autos, como também não se limitar, quando da fundamentação, a apenas reproduzir precedentes, sumulados ou não, sem identificar a *ratio decidendi* que respalda o uso desse argumento de autoridade.

Sobre o mesmo tema cuida o § 4º, ao demandar do órgão produtor do precedente fundamentação adequada e específica, em especial levando em conta o princípio da proteção da confiança e da isonomia. Essas questões também são interessantes e mereceriam maior aprofundamento, mas esse esforço escaparia aos propósitos deste texto.

O § 2º do art. 927 afirmar que "a *alteração de tese jurídica adotada em enunciado de súmula ou em julgamento de casos repetitivos poderá ser precedida de audiências públicas e da participação de pessoas, órgãos ou entidades que possam contribuir para a rediscussão da tese*". Esse preceito se conecta com diversas outras passagens do NCPC que autorizam a realização de audiências públicas (cf., por todos, art. 923, § 1º), e leva o processo comum ao encontro de uma nova ambiência constitucional, que admite a pluralidade de horizontes hermenêuticos e de abertura dos textos normativos, na linha de um constitucionalismo dialógico e democrático. Nesse contexto, os cidadãos também devem ter o poder de exercer influência na construção das interpretações jurídicas, em particular aquelas que derivam dos preceitos constitucionais e de normas que, em grande medida, encerram conceitos jurídicos indeterminados e dúcteis.

Sobre o tema, uma referência bastante conhecida é a obra de Peter Härbele e sua tese de uma *sociedade aberta de intérpretes da Constituição,* assim sintetizada:

---

(25) Sobre a oportunidade de se respeitar precedentes, cf.: MARINONI, Luiz Guilherme. *Precedentes obrigatórios.* São Paulo: Revista dos Tribunais, 2011.

(26) No 15º Congresso Nacional de Direito do Trabalho e Processual do Trabalho, realizado em Paulínia, em junho de 2015, o jurista Nelson Nery Jr. Defendeu abertamente a inconstitucionalidade dessa parte do art. 927 do NCPC, sustentando que somente a Constituição Federal poderia dispor sobre decisões vinculantes.

(27) "O juiz não pode decidir, em grau algum de jurisdição, com base em fundamento a respeito do qual não se tenha dado às partes oportunidade de se manifestar, ainda que se trate de matéria sobre a qual deva decidir de ofício"

(28) Art. 489, § 1º: "Não se considera fundamentada qualquer decisão judicial, seja ela interlocutória, sentença ou acórdão, que: I – se limitar à indicação, à reprodução ou à paráfrase de ato normativo, sem explicar sua relação com a causa ou a questão decidida; II – empregar conceitos jurídicos indeterminados, sem explicar o motivo concreto de sua incidência no caso; III – invocar motivos que se prestariam a justificar qualquer outra decisão; IV – não enfrentar todos os argumentos deduzidos no processo capazes de, em tese, infirmar a conclusão adotada pelo julgador; V – se limitar a invocar precedente ou enunciado de súmula, sem identificar seus fundamentos determinantes nem demonstrar que o caso sob julgamento se ajusta àqueles fundamentos; VI – deixar de seguir enunciado de súmula, jurisprudência ou precedente invocado pela parte, sem demonstrar a existência de distinção no caso em julgamento ou a superação do entendimento".

"Propõe-se, pois, a seguinte tese: no processo de interpretação constitucional estão potencialmente vinculados todos os órgãos estatais, todas as potências públicas, todos os cidadãos e grupos, não sendo possível estabelecer-se um elemento cerrado ou fixado com *numerus clausus* de intérpretes da Constituição" (HÄBERLE, 2002, p. 13).

Esta abordagem exsurge como ainda mais curial à teoria processual diante de uma maior reverência do sistema jurídico aos argumentos das decisões. Importantes, pois, são as críticas trazidas por correntes processualistas sobre a necessidade de radicalizar a democracia na construção da decisão judicial. Permear o processo de participação das partes seria o contraponto à alocação de uma efetividade mais imediata das decisões jurisdicionais. O caminho jurídico defendido por tais correntes mobiliza o princípio da cooperação, entendendo ser a atuação deste essencial para legitimar as decisões[29]; enxerga-se, por mais redundante que possa parecer, o processo sobre uma ótica procedimental, não se preocupando somente com o conteúdo dos argumentos vertidos na decisão final gerada, mas sim sobre a forma como ela é forjada[30].

Tais apontamentos têm, em verdade, a potencialidade de resolver uma das grandes questões colocadas à onda de valorização do direito judicial: serão os princípios da segurança jurídica e da igualdade perante aplicação da lei engessadores do sentido do direito? É perguntar, o caráter dinâmico, mutável e democrático do fenômeno jurídico não ficaria prejudicado por uma reverência exacerbada a um direito (judicial) posto?

A saída procedimental encontrada por tais teorias demonstra que para que estas perguntas sejam respondidas negativamente será necessário permear este momento decisório de participação argumentativa das partes. O processo se transforma, pois, em arena de representantes de argumentos que dialogarão em um espaço e tempo limitados pelos procedimentos processuais. Daí a necessidade de que estes procedimentos garantam qualitativamente a democracia nas decisões[31].

Importante, ainda sobre o art. 927, é o comando contido no § 3º, ao dispor que "na hipótese de alteração de jurisprudência dominante do Supremo Tribunal Federal e dos tribunais superiores ou daquela oriunda de julgamento de casos repetitivos, pode haver modulação dos efeitos da alteração no interesse social e no da segurança jurídica". Cuida-se de tema que, a rigor, não é inovador, pois já previsto no art. 27[32] da Lei n. 9.868/1999, que cuida da ação direta de inconstitucionalidade, e suscita, por questões de segurança jurídica, a modulação prospectiva das decisões judiciais.

Sobre a importância da segurança nas relações jurídicas em geral, afirmou o Prof. Humberto Ávila, em obra de referência quanto ao tema:

"A segurança jurídica é norma-princípio fundada na Constituição Federal de 1988. O ordenamento constitucional atribui fundamentalidade à segurança jurídica, a cuja menção faz no seu preâmbulo. De um lado, o preâmbulo institui um Estado democrático destinado a assegurar, isto é, tornar seguros tanto os direitos sociais e individuais quanto os valores, dentre os quais o próprio valor segurança. De outro lado, o mesmo preâmbulo qualifica a liberdade, o bem-estar, o desenvolvimento, a igualdade, a justiça, e também a segurança, como valores supremos da sociedade" (ÁVILA, Humberto. **Segurança Jurídica**: entre permanência, mudança e realização no direito tributário. São Paulo: Malheiros, 2. ed., 2012, p. 39-40).

No repertório de jurisprudência do Supremo Tribunal Federal, não é difícil encontrar o uso da técnica da modulação, como uma fácil consulta ao sistema de decisões da referida Corte nos indica[33].

O NCPC propõe, e a nosso pensar com razão, uma universalização – para os demais tribunais superiores – da técnica da modulação, como instrumento concretizador do princípio da segurança jurídica, desde que adotada

---

(29) "Portanto, acreditamos que, para contrabalancear o aumento do poder do magistrado, é necessária a concessão de maior legitimidade democrática a tais decisões, que seria justamente através da utilização do princípio da cooperação, fomentando-se um diálogo mais acentuado dentre as partes e o magistrado. Enfim, um dos efeitos do princípio da cooperação é permitir uma maior atividade das partes na construção das decisões, em face justamente do fenômeno do aumento dos poderes do magistrado no processo moderno. Busca-se, desta forma, um modelo cooperativo, evitando uma ditadura do magistrado dentro do processo." (MACEDO, 2014, p. 130)

(30) "El primero de estos logros concierne a la legitimidade procedimental del Derecho. Sea cual fuere el contenido material de las soluciones que impone, el Derecho es ante todo um procedimiento de discusión pública razonable, un modo de solución de conflitos equitativo e contradictorio. (...) la primera garantia de legitimidade reside em el respecto a las condiciones de la discusión sin coácción" (OST, 1993, p. 190)

(31) "E, finalmente, como a construção da decisão torna-se trabalho cooperativo dos sujeitos processuais; e é da decisão que se destacará o precedente obrigatório, que, por sua vez, servirá de regra para os julgamentos posteriores; o processo transmuda-se em ambiente democrático de criação de normas, de participação direta. Isso não é importante só por legitimar o Judiciário ou a função judicante, mas, sobretudo, por tornar a criação das normas, e as normas em si, mais legitimadas, ante a sua produção técnica e, por outro lado, pelos constantes problemas que circundam a atividade legiferante no Brasil, levando-a à notória crise de legitimidade." (MACEDO, 2013, p. 139)

(32) "Ao declarar a inconstitucionalidade de lei ou ato normativo, e tendo em vista razões de segurança jurídica ou de excepcional interesse social, poderá o Supremo Tribunal Federal, por maioria de dois terços de seus membros, restringir os efeitos daquela declaração ou decidir que ela só tenha eficácia a partir de seu trânsito em julgado ou de outro momento que venha a ser fixado".

com extrema cautela e moderação, de modo a evitar que, por exemplo, o *overruling* implique alteração retroativa das relações jurídicas já estabilizadas e realizadas à luz dos entendimentos predominantes à época. Isso é muito importante se considerarmos que vivemos em um Estado de Direito, com forte mediação do jurídico sobre as relações sociais. Assim, qualquer movimento dos atores sociais leva em conta não somente as normas positivas, mas também as outras fontes do Direito, como a jurisprudência. Uma alteração retroativa, nomeadamente da jurisprudência dos tribunais superiores, pode trazer consequências deletérias ao sistema jurídico, desestabilizando relações sociais em curso ou as já encerradas, suscitando questionamentos que desembocariam em grave insegurança jurídica, além do recrudescimento da litigiosidade.

O § 5º, ao dispor sobre a necessidade de ampla publicidade dos precedentes, preferencialmente na rede mundial de computadores, assenta uma preocupação com o amplo conhecimento dos seus conteúdos, o que reforça a ideia de que os precedentes se constituem fontes do Direito e, como tais, necessitam de publicidade.

Essas são algumas considerações sobre o denso texto do art. 927 do NCPC, o qual, por sua importância e efeitos, merece mais atenção e maiores investigações científicas, até mesmo porque, como sustentamos aqui, parte de seu conteúdo parece estar em atrito com a Constituição Federal, por violar a independência judicial.

4. DA COMPATIBILIDADE ENTRE A NOVA CONFIGURAÇÃO DA APLICAÇÃO DE PRECEDENTES E A PRINCIPIOLOGIA DO PROCESSO TRABALHISTA

Após a promulgação do Novo Código de Processo Civil, diversos teóricos do Direito Processo do Trabalho demonstraram suas preocupações com as consequências que os novos preceitos contidos no renovado processo comum produziriam no exercício da jurisdição trabalhista.

A simplicidade, informalidade e celeridade ínsitas ao processo do trabalho poderiam restar prejudicadas, por exemplo, em face do dever de autorreferência mencionado nos tópicos pretéritos (FELICIANO; DIAS, 2015).

A saída argumentativa que esta corrente teórica crítica oferece para que as normas do novo diploma não sejam integralmente aplicáveis ao processo do trabalho é de que tais preceptivos seriam incompatíveis com os princípios regentes dos procedimentos laborais, não atendendo ao estatuído pelo art. 769 da CLT[34].

De se questionar, pois, se a forma como o presente trabalho compreendeu e interpretou os arts. 926 e 927, de fato, impossibilita a incidência de tais normativas no processo trabalhista.

Já assentados os aspectos pelos quais entendemos que parte do art. 927 do NCPC se encontra em atrito com a Constituição Federal, *os demais preceitos são aplicáveis ao processo do trabalho*, em razão da omissão normativa geral (art. 769, CLT).

Com efeito, a Justiça do Trabalho, nas últimas décadas, já tem fortemente se utilizado do direito judicial para catalogar seus *standards* interpretativos, não somente representados nas centenas de enunciados de sua súmula de jurisprudência, mas também pelas outras centenas de orientações jurisprudenciais. Enquanto persuasivas, essas referências hermenêuticas têm sido importantes para emprestar coerência ao sistema, sendo habitualmente seguidas, por conter horizontes hermenêuticos já trabalhados desde as instâncias iniciais da jurisdição, revelando, assim, cariz de integridade.

Isso não quer dizer que essa trajetória seja uniforme. O caráter persuasivo não somente convive com as distinções (técnica do *distinguishing*), como também sugere a possibilidade de uma tomada de posição em outra direção, quando alteradas as bases fenomenológicas do direito, os seus valores e fatos. Resguardada a independência judicial, a uniformização da jurisprudência (§ 1º, art. 926, NCPC) sequer é novidade no Processo do Trabalho. Desse tema se ocupou a recente Lei n. 13.015/2014, reiterando disposições já conhecidas e contidas na Consolidação das Leis do Trabalho.

O Tribunal Superior do Trabalho, procurando se antecipar a um debate diferido sobre a aplicação do NCPC na Justiça do Trabalho, com seus eventuais prejuízos à segurança jurídica[35], editou, dias antes da entrada em vigor do novo código, a Instrução Normativa n. 39/2016[36], a

---

(33) RE 880083 AgR, Relator(a): Min. CÁRMEN LÚCIA, Segunda Turma, julgado em 23.06.2015, PROCESSO ELETRÔNICO DJe-151 DIVULG. 31.07.2015 PUBLIC. 03.08.2015; ADI 4425 QO, Relator(a): Min. LUIZ FUX, Tribunal Pleno, julgado em 25.03.2015, PROCESSO ELETRÔNICO DJe-152 DIVULG. 03.08.2015 PUBLIC 04.08.2015; ADI 3580, Relator(a): Min. GILMAR MENDES, Tribunal Pleno, julgado em 20.05.2015, ACÓRDÃO ELETRÔNICO DJe-151 DIVULG. 31-07-2015 PUBLIC. 03.08.2015 EMENT. VOL-03992-01 PP-00024
(34) Nos casos omissos, o direito processual comum será fonte subsidiária do direito processual do trabalho, exceto naquilo em que for incompatível com as normas deste Título".
(35) Dos *considerando* da instrução normativa, destaca-se, nessa linha, "*a exigência de transmitir segurança jurídica aos jurisdicionados e órgãos da Justiça do Trabalho, bem assim o escopo de prevenir nulidades processuais em detrimento da desejável celeridade*".
(36) Não é objetivo deste trabalho analisar a própria instrução normativa, mas é necessário pontuar que é, no mínimo, discutível que esteja inserida, dentre as atribuições do Tribunal Superior do Trabalho, a edição de normas internas, com reflexo sobre toda a Justiça do Trabalho, sobre temas processuais (e não meramente procedimentais).

qual, no seu art. 3º, inciso XXIII, assume expressa posição de subsidiariedade do NCPC ao processo do trabalho, quanto ao disposto nos arts. 926 a 928. Mais do que isso, a referida norma chega a circunscrever o que se constitui precedente, para os efeitos dos arts. 332 (*julgamento de improcedência liminar do pedido*) e 927 do NCPC[37], nada mencionando sobre a força (não) vinculante de algumas das fontes de precedentes judiciais descritas neste último dispositivo, deixando, assim, em aberto as questões que procuramos explorar ao longo deste estudo.

CONCLUSÃO

Um famoso ditado alemão, de autoria desconhecida, afirma ser *a tradição não aquilo que herdamos do passado, mas sim o que do passado decidimos herdar*. O Novo Código de Processo Civil, ao modificar substancialmente a forma como a aplicação jurídica olha para o seu próprio produto – o direito aplicado em decisões, precedentes, súmulas – altera não só aquilo que a jurisdição *decidirá* por herdar de sua tradição aplicativa, mas também a forma como essa herança será absorvida.

O capítulo primeiro do trabalho nos demonstrou que súmulas, precedentes e jurisprudência, compondo o que intitulamos de direito judicial, irão operar de forma assaz diversa no ordenamento em relação às funções que realizavam sob a égide do CPC de 73 e suas modificações. É que este direito judicial já não mais valerá por sua autoridade nem servirá apenas para dar celeridade à jurisdição. Sua valoração será decorrente da força dos argumentos e razões que encerra, passando a funcionar com instância de difusão de igualdade e segurança à interpretação/aplicação do direito.

Pormenorizando os aspectos funcionais desta nova configuração do direito judicial, os capítulos seguintes do estudo cuidaram de analisar detidamente os arts. 926 e 927 do NCPC.

Em relação ao primeiro (art. 926), concluiu-se, ao lermos as categorias da coerência e integridade presentes na cabeça do artigo à luz das lições de Ronald Dworkin e Neil MacCormick, que não se pode extrair uma obrigatória vinculação das decisões de instâncias inferiores à instâncias superiores ou mesmo laterais do Judiciário. Embora a segurança jurídica e a igualdade constranjam argumentativamente o Poder Judiciário para que este aplique uniformemente as normas, a coerência e integridade, em termos práticos e segundo os teóricos que melhor a conceberam, devem ser identificadas como irradiadoras de um dever de *referência* e não necessariamente de *deferência* a decisões judiciais anteriores.

Este entendimento, acrescido de considerações sobre o conteúdo da autonomia decisória dos membros do Judiciário, foi em seguida contraposto ao teor do art. 927 do diploma processual, para sustentar a inconstitucionalidade dos incisos III, IV e V do referido artigo. É que a vinculação criada pelos referidos preceptivos seria tanto incoerente com os desenvolvimentos teóricos mais adequados sobre o conteúdo dos deveres de integridade d coerência quanto incompatíveis com a autonomia decisória que a Constituição de 1988 concede aos magistrados, só criando obrigação de seguir precedentes judiciais em casos excepcionais. O correto seria dotar os provimentos trazidos pelos referidos incisos apenas com força persuasiva, não chegando ao estágio da vinculação.

Por fim, demonstrou-se a compatibilidade da aplicação do NCPC ao processo trabalhista, pontuando-se apenas à reserva aos incisos que já identificados como inconstitucionais.

REFERÊNCIAS

AARNIO, Aulis. *Lo racional como lo razonable*: un tratado sobre la justificación jurídica. Trad. de Ernesto Garzón Valdés. Centro de Estudios Constitucionales. Madrid, 1991.

ÁVILA, Humberto. *Segurança Jurídica*: entre permanência, mudança e realização no direito tributário. São Paulo: Malheiros, 2. ed., 2012.

BUSTAMANTE, Thomas. *Teoria do precedente judicial*. São Paulo: Noeses, 2012.

_____. O direito e a incerteza de suas fontes: um problema em aberto para a dogmática jurídica contemporânea. *Revista da Faculdade de Direito da UFMG*. Número Especial: Jornadas Jurídicas Brasil-Canadá, pp. 299 – 325, 2013a.

_____. Sobre o caráter argumentativo do direito: uma defesa do pós-positivismo de MacCormick. Revista Brasileira de Estudos Políticos, jan-jun 2013, n. 106, p. 263-313.

CAPPELLETTI, Mauro. *Processo, ideologia e sociedade*. Porto Alegre: Fabris, 2008.

DALLARI, Dalmo. *O poder dos juízes*. São Paulo: Saraiva, 1996.

DIAS, Carlos Eduardo Oliveira; FELICIANO, Guilherme Guimarães. 'Juízes não são autômatos, também manifestam percepções subjetivas do justo'. *Revista Consultor Jurídico*. Disponível

---

(37) "Art. 15. O atendimento à exigência legal de fundamentação das decisões judiciais (CPC, art. 489, § 1º) no Processo do Trabalho observará o seguinte: I – por força dos arts. 332 e 927 do CPC, adaptados ao Processo do Trabalho, para efeito dos incisos V e VI do § 1º do art. 489 considera-se "precedente" apenas: a) acórdão proferido pelo Supremo Tribunal Federal ou pelo Tribunal Superior do Trabalho em julgamento de recursos repetitivos (CLT, art. 896-B; CPC, art. 1046, § 4º); b) entendimento firmado em incidente de resolução de demandas repetitivas ou de assunção de competência; c) decisão do Supremo Tribunal Federal em controle concentrado de constitucionalidade; d) tese jurídica prevalecente em Tribunal Regional do Trabalho e não conflitante com súmula ou orientação jurisprudencial do Tribunal Superior do Trabalho (CLT, art. 896, § 6º); e) decisão do plenário, do órgão especial ou de seção especializada competente para uniformizar a jurisprudência do tribunal a que o juiz estiver vinculado ou do Tribunal Superior do Trabalho".

em: <http://www.conjur.com.br/2015-ago-24/juizes-nao-sao-automatos-tambem-manifestam-percepcoes-subjetivas>. Acesso em: 30 ago. 2015.

DWORKIN, Ronald. O Império do Direito. Trad. Jefferson Luiz Camargo. São Paulo: Martins Fontes, 1999.

_____. De que maneira o direito se assemelha à literatura. In: DWORKIN, Ronald. *Uma questão de princípio*. Tradução Luís Carlos Borges. São Paulo: Martins Fontes, 2000.

FACHIN NETO, Eugênio. O poder judiciário e sua independência: uma abordagem de direito comparado. *Direitos fundamentais e justiça*, n. 8, jul./set. 2009. Disponível em: <http://www.dfj.inf.br/Arquivos/PDF_Livre/08_Artigo_7.pdf>. Acesso em: 5 set. 2015.

GUASTINI, Riccardo. On the theory of legal sources. A continental point of view. *Ratio Juris*, n. 20-2, p. 302-309. 2007.

HÄBERLE, Peter. *Hermenêutica constitucional*: a sociedade aberta de intérpretes da Constituição. Contribuição para a interpretação pluralista e 'procedimental' da Constituição. Porto Alegre: Fabris, 2002.

HART, Herbert L. A. *O conceito de Direito*. Trad. de A. Ribeiro Mendes. Lisboa: Fundação Calouste Gulbenkian, 1986.

HESPANHA, António Manuel. *A Cultura Jurídica Europeia*: síntese de um Milênio. Coimbra: Almedina, 2012.

LEVENBOOK, Barbara Baum. The role of coherence in legal reasoning. *Law and philosophy*. 1984, V. III, p. 358.

MACEDO, Lucas Buril; PEREIRA, Mateus Costa; PEIXOTO, Mateus Costa. Precedentes, cooperação e fundamentação: construção, imbricação e releitura. *Civil Procedure Review*, v.4, n.3: 122-152, sep-dec., 2013.

_____. *O regime jurídico dos precedentes judiciais no projeto do Novo Código de Processo Civil*. Revista de Processo, vol. 237/2014, p. 369, nov./2014, p. 1-23.

MARINONI, Luiz Guilherme. *Precedentes Obrigatórios*. 2. ed. São Paulo: Editora Revista dos Tribunais, 2011.

MARTINS, Argemiro Cardoso Moreira; ROESLER, Claudia Rosane; JESUS, Ricardo. A noção de coerência na teoria da argumentação jurídica de Neil MacCormick. *Novos Estudos Jurídicos* (Online), v. 16, p. 207-221, 2011.

NOBRE JÚNIOR, Edilson Pereira. *Súmula Vinculante- o desafio de sua implementação*. São Paulo: MP Ed., 2008.

OST, François. Júpiter, Hércules, Hermes: tres modelos de juez. *Doxa*, n. 14, 1993. Disponível em<http://bib.cervantesvirtual.com/FichaObra.html?Ref=15938>. Acesso: 20 jul. 2015, p. 190.).

ROESLER, Claudia Rosane; JESUS, R. A. R. *Uma investigação sobre o sentido e usos da súmulas nos Tribunais Superiores do Brasil*. Nomos (Fortaleza), v. 32, p. 57-77, 2012.

STREK, Lenio Luiz. *Súmulas, vaguezas e ambiguidades*: necessitamos de uma teoria geral dos precedentes? Direitos Fundamentais & Justiça, v. 5, p. 162-185, 2008. Disponível em: <http://www.dfj.inf.br/Arquivos/PDF_Livre/5_Doutrina_7.pdf>.

SOUZA, Marcelo Alves Dias. *The Brazilian Model of Precedents*: a New Hybrid between Civil and Common Law? Tese de Doutorado Apresentada para obtenção do título de Doutor em Filosofia pelo King's College London – KCL. 2013.

ZANETI JR., Hermes. *O valor vinculante dos precedentes*. Salvador: Juspodivm, 2015.

O CPC/2015 E O PROCESSO DO TRABALHO NA PERSPECTIVA DO MODELO CONSTITUCIONAL DE PROCESSO BRASILEIRO

Marcelo Lima Guerra (*)

1. INTRODUÇÃO

A aplicação das novas normas veiculadas pelo CPC/2015 tem sido objeto de intenso debate doutrinário. Recentemente, foi objeto de uma Instrução Normativa n. 39 do TST, a qual, por sua vez, já está no centro de controvérsias. No presente estudo, tem-se como objetivo apresentar aquela que deve ser a abordagem necessária para o enfrentamento das questões já suscitadas, e outras que ainda o serão, sobre o impacto que se deve reconhecer ao CPC/2015 no processo do trabalho. Em uma frase, defender-se-á que apenas quando se toma o modelo constitucional de processo brasileiro como horizonte de referência, é possível encontrar soluções corretas a tais problemas, na medida em que tais soluções devem, por respeito à força normativa própria da Constituição, serem constitucionalmente adequadas.

2. PROCESSOS JURISDICIONAIS COMO MÓDULOS SEQUENCIAIS DIALÉTICOS: A CONTRIBUIÇÃO DE FAZZALLARI

Para a realização dos fins buscados no presente texto, é imprescindível que se fixe, preliminarmente, a noção de "processo" aqui adotada. Com efeito, a noção de "modelo constitucional do processo" é uma noção complexa, que tem como elemento constituinte a noção de processo. Assim, impossível ter uma noção clara o bastante de modelo constitucional do processo, sem que se estabeleça, previamente, o que se deve entender por processo. Esta última noção, todavia, é extremamente controvertida, como se sabe. Aqui, todavia, não comporta uma discussão exaustiva sobre o assunto, que repasse as diversas teorias já formuladas. No entanto, será suficiente adotar a noção que se revela como a última das grandes contribuições teóricas sobre o assunto, a saber, a de Fazzallari, para quem os *processos judiciais* são um tipo especial de *procedimento*, ambas as noções compreendidas como *categorias específicas de fenômenos jurídicos*, irredutível às conhecidas noções de atos jurídicos, nem de relação jurídica.

Ora, a compreensão do processo como uma unidade caracterizada como *sequência de atos* é antiquíssima e é um dado que nunca foi negado, nem mesmo por aqueles que pretenderam caracterizar esta sequência como relação jurídica, instituição jurídica etc. Mais recentemente, ela teve uma elaboração teórica bem mais aprofundada, através de ELIO FAZZALLARI,[1] o qual vislumbrou a sequência de *atos*, como uma *manifestação externa* de outro fenômeno jurídico, a saber, uma *sequência de normas*: os atos do processo são sequenciados, porque são sequenciadas as normas que o disciplinam tais atos e em obediência às quais os mesmos atos são (ou devem ser) realizados.

Não se pode negar a existência de normas que se apresentam do modo descrito por FAZZALLARI,[2] ou seja, *compondo uma sequência de normas*. As próprias normas processuais são o mais evidente exemplo dessa categoria de fenômenos. Considere-se uma norma processual NP_n que disciplina a prática de certo ato processual AP_n e, ao mesmo tempo, tem como *pressuposto de incidência* a realização de outro ato processual AP_{n-1}, o qual é disciplinado em outra norma processual NP_{n-1}. Por outro lado, este ato processual AP_n é, por sua vez, *pressuposto de incidência de outra norma processual*, NP_{n+1}, a qual disciplina o ato processual AP_{n+1}. É neste sentido, portanto, que NP_{n-1}, NP_n e NP_{n+1} formam uma *sequência*, a qual se apresenta também como a sequência dos atos disciplinados por elas, AP_{n-1}, AP_n e AP_{n+1}.[3]

(*) *Professor da Faculdade de Direito da UFC. Doutor e Mestre em Direito (PUC-SP). Pós-Doutorado na Università degli Studi di Pavia (Itália). Juiz do Trabalho Titular do TRT-7ª Região.*

(1) FAZZALLARI, Elio. *Istituzioni di Diritto Processuale*. 4. ed. CEDAM: Padova, 1986, p. 73.

(2) FAZZALLARI, Elio. *Istituzioni di Diritto Processuale*, cit., p. 55-57.

(3) A outra manifestação da sequência de normas, pela qual ela se "exterioriza", pode-se dizer, é aquelas das *posições subjetivas*, poderes, faculdades e deveres, que decorrem das *normas sequenciadas*: "Il procedimento va, poi, riguardato come una serie di 'facoltà', 'poteri' e 'doveri': quante e quali sono le 'posizioni soggettive' che è dato trarre dalle norme in discorso" (FAZZALLARI, Elio. *Istituzioni di Diritto Processuale*, cit., p. 73).

Nessa ordem, é oportuno advertir que a disciplina jurídica das nulidades processuais fornece a confirmação irrefutável da utilidade da compreensão do processo como uma *sequência una* de normas e atos, à luz do direito positivo brasileiro. É justamente a caracterização do processo como uma unidade constituída como uma espécie peculiar de sequência de normas e atos o que melhor explica a interdependência de atos processuais, que resulta tão evidente no caso de nulidade de um deles, com o comprometimento de todos os atos posteriores. Lapidar, a esse respeito, a lição de uma das maiores autoridades no assunto, TERESA ALVIM WAMBIER[4]:

> O processo é um conjunto de atos concatenados e interdependentes. Portanto, se um ato for nulo, este vício tem como consequência a mácula de todo um segmento processual que lhe (ao ato nulo) seque, e que dele depende.
>
> A este princípio dá-se o nome de *princípio da causalidade*, ou *princípio da concatenação* e da *interdependência* dos atos processuais, que é aquele segundo o qual, como os atos processuais existem uns em função dos outros, dependem uns dos outros, a anulação ou a decretação de nulidade de um ato afeta *todo* o segmento processual posterior.
>
> (...) Isto porque a nulidade de um ato afeta o procedimento com um todo, impedindo-o de atingir seu escopo.
>
> Assim sendo, um dos aspectos da ineficácia do ato processual, ao lado da sua finalidade específica, ou melhor, ao lado da produção do efeito ou dos efeitos específicos a que se destina o ato, seria uma eficácia "secundária", por assim dizer, que consiste no *possibilitar o prosseguimento do processo*, ou seja, a prática de outros *atos processuais* subsequentes (pois o que caracteriza o *processo em andamento* é justamente a *prática de atos*).
>
> Assim, se a decretação da nulidade ou a anulação têm a consequência jurídica que consiste na privação de efeitos, tem-se que, no processo, os atos subsequentes àquele anulado não deixam de ser, sob certo aspecto, seus "efeitos".

Como se vê, a disciplina jurídica das nulidades processuais fornece elementos que não podem ser ignorados na exata compreensão da *unidade que o processo é* e do vínculo existente entre seus atos, à luz do ordenamento positivo brasileiro.[5] Porém, a mera sequência de normas, estabelecendo, consequentemente, uma sequência de atos a serem praticados, todos em direção e em preparação à realização de um ato final dessa sequência, é a categoria jurídica que FAZZALLARI[6] denomina "*procedimento*". Aquilo que ele denomina "*processo*", enquanto categoria da teoria geral do direito, e que teria, como exemplos, os processos judiciais (sem prejuízo de outros), não é uma sequência qualquer, mas uma dotada de uma característica específica e peculiar, a saber: a sua *estrutura dialética*, ou seja, a sua formatação segundo o *contraditório*.

Essa modalidade de sequência de normas, ou procedimento, se caracteriza pela circunstância de que aos destinatários do ato final da sequência são asseguradas possibilidades simétricas e equilibradas de participarem, nesta mesma sequência, influenciando o próprio conteúdo do ato final. São essas possibilidades – denominadas por FAZZALLARI[7] de *contraditório* – que conferem uma *estrutura dialética* ao procedimento e o procedimento estruturado assim dialeticamente (segundo o contraditório) é aquilo que o mestre peninsular identifica como *processo*.

Aqui, impõe-se reconhecer um ponto fundamental: os termos 'procedimento' e 'processo' são utilizados, na obra de FAZZALLARI, para designarem *conceitos teóricos*, destinados a servirem como ferramentas de análise do ordenamento jurídico e as normas que o compõem. Ocorre que os mesmos termos ocorrem nas próprias normas a serem analisados, porém para designar *conceitos normativos*, ou seja, ingredientes destas normas, que se referem, por sua vez, a outras normas. Assim, para melhor distinguir os conceitos teóricos propostos por FAZZALLARI, evitando confusões e falsos paradoxos, convém rebatizá-los com terminologia distinta: aquilo que FAZZALLARI designa com 'procedimento', será aqui designado com a expressão 'módulo sequencial'; enquanto que aquilo que ele designa com a expressão 'processo', será aqui designado com a expressão 'módulo sequencial dialético'. Assim, considere-se as seguintes afirmações:

'Processo X não é processo'.

'Procedimento Y é um procedimento, mas deve ser processo'.

Tais afirmações se revelam bastante confusas e enganadoras. Considere-se, agora, as mesmas afirmações, com

---

(4) WAMBIER, Teresa Arruda Alvim. *Nulidades do processo e da sentença*. 6ª edição, atualizada e ampliada de acordo com a Reforma Processual 2006/2007 – São Paulo: Editora Revista dos Tribunais, 2007, p. 171-172.

(5) Neste sentido é o posicionamento explícito de Castro Mendes: "Estas características estruturais do processo civil, pelo menos do processo civil português – sequência, determinada pela lei, de actos de significação coletiva – projecta-se numa figura que vamos desde já estudar em linhas gerais e que é a *nulidade de processo*. (...) Em processo civil, a invalidação dum certo acto traz como resultado a invalidação dos actos posteriores da seqüência, que tinham aquele como pressuposto" (CASTRO MENDES, João. *Direito Processual Civil*, vol. I, Lisboa: Associação Acadêmica, 1980, p. 42)

(6) FAZZALLARI, Elio. *Istituzioni di Diritto Processuale*. 4. ed. CEDAM : Padova, 1986. pp. 69.

(7) Cf. FAZZALLARI, ob. cit.

esclarecimentos acrescentados entre parênteses sobre os distintos significados que, nessas afirmações, recebem os termos 'processo' e 'procedimento':

'Processo X [fenômeno normativo] não é processo' [no sentido de "não instanciar o conceito de módulo sequencial dialético").

'Procedimento Y [fenômeno normativo] é um procedimento (no sentido de "instanciar o conceito de módulo sequencial dialético"), mas deve ser processo' [no sentido de "deve instanciar o conceito de módulo sequencial dialético").

Ora, é precisamente para evitar as confusões do primeiro par de afirmações e permitir formulá-las com a maior precisão que elas ganham, com os esclarecimentos fornecidos entre parênteses, no segundo par delas, que se revela extremamente útil a terminologia adotada acima.

Nessa ordem, convém lembrar que é concebível que existam diferentes sequências de atos, destinadas a produzir diferentes tipos de atos finais, todas elas com a característica geral de "serem estruturadas segundo o contraditório". Com efeito, tendo em vista que os resultados finais a serem preparados são distintos, distintas hão de ser, em nome de uma racionalidade puramente instrumental, as configurações dos respectivos módulos sequenciais dialéticos, destinados a preparar cada um desses diferentes tipos de resultado. Inevitável, portanto, que a categoria geral "módulo sequencial dialético", se diferencie em diferentes modalidades, em diferentes tipos de sequências de atos, ainda que todas sejam marcadas pelo contraditório, ou seja, pela sua estruturação dialética, nos termos em que assim definiu FAZZALLARI.

Essa diferenciação, vale advertir, embora se revele inevitável em razão da diversidade de resultados finais que as sequências de atos possam ser predispostas a preparar, como se mencionou, também é decorrente de outros fatores, sobretudo da necessidade de serem respeitados e realizados, na promoção de resultado final de certo tipo, outras necessidades, outros valores etc. Além disso, como se verá melhor, na medida em que o próprio contraditório, entendido como valor, pode ser promovido em diferentes graus e por diferentes maneiras específicas, também por esse viés se compreende que sejam concebidos diferentes tipos de processo, ou seja, diferentes tipos de sequências de atos, embora todas marcadas pelo respeito (em algum grau, de alguma maneira) ao contraditório.

3. O MODELO CONSTITUCIONAL DE PROCESSO COMO CONCEITO TEÓRICO E NECESSIDADE DE UMA MELHOR COMPREENSÃO DAS NORMAS CONSTITUCIONAIS QUE CONSAGRAM OS VALORES PROCESSUAIS

Na processualística nacional, recebeu favorável acolhida a proposta de ITALO ANDOLINA e GIUSEPPE VIGNERA[8], no sentido de que as normas constitucionais referentes ao exercício da função jurisdicional (aos processos jurisdicionais) constituem um conjunto de normas a um só tempo *uno* e *plástico*. Como ensinam os mestres sicilianos[9]:

As normas e os princípios processuais relativos ao exercício da função jurisdicional, quando considerados globalmente, permitem ao intérprete delinear um verdadeiro esquema geral de processo, capaz de constituir o objeto de uma descrição homogênea.

É este "esquema geral de processo", que resulta de uma compreensão integrada e global das normas constitucionais relativas ao processo, aquilo que ANDOLINA e VIGNERA denominaram "modelo constitucional de processo". Acrescentam eles que o modelo constitucional do processo, assim delineado, pode ser considerado como uma espécie de "moldura em branco"[10]:

Ele, de fato, contém *in nuce* os elementos constantes e ineliminavéis de cada um dos processos jurisdicionais (validamente) presentes no ordenamento jurídico, mas tem, ao mesmo tempo, aspectos "móveis", "espaços em branco", destinados a ser, respectivamente, diversificados e preenchidos pelo legislador infraconstitucional, tendo em vista a realização de determinados objetivos.

A noção de modelo constitucional de processo, como conceito teórico, é de grande importância e fecundidade, também na compreensão do ordenamento brasileiro. Como se viu, ele facilita a percepção das normas constitucionais referentes ao processo como constituindo um conjunto orgânico de critérios, a serem, necessariamente, observados em toda e qualquer modalidade de módulos processuais que o legislador tenha criado ou venha a criar.[11] Agora, um ponto crucial na compreensão do modelo

---

(8) ANDOLINA, Italo e VIGNERA, Giuseppe. *I Fondamenti Costituzionali della Giustizia Civile – Il Modello Costituzionale del Processo Civile Italiano*. 2. ed., Torino : Giappichelli, 1997.

(9) ANDOLINA, Italo e VIGNERA, Giuseppe. Ob. cit., p. 7.

(10) ANDOLINA, Italo e VIGNERA, Giuseppe. Ob. cit., p. 11.

(11) Tendo em vista que com o advento da CF/88 já havia inúmeras legislações processuais, entre elas o próprio CPC/73 e as normas processuais constantes da CLT, é também com base no modelo constitucional de processo que a recepção das normas integrantes destas legislações deve ser avaliada, bem como serem interpretadas os respectivos dispositivos legais, para deles se extrair normas que se revelem em máxima conformidade possível com as normas constitucionais em geral, no que se reconhece como "interpretação conforme a Constituição".

constitucional de processo vem a ser, precisamente, a sua "plasticidade" – a característica que ANDOLINA e VIGNERA, com uma terminologia não muito feliz, se referem como "espaços em branco" contidos nas normas constitucionais relativas ao processo, os quais podem ser preenchidos de forma "móvel" pelo legislador infraconstitucional. Com efeito, um dos pontos mais importantes e intrigantes do modelo constitucional do processo, a exigir uma detalhada explicação, vem a ser esse: como um conjunto de normas é, ao mesmo tempo, *uno* e *múltiplo*. Dito de outra forma, como explicar que o modelo constitucional de processo seja um conjunto unitário de critérios, à luz dos quais todos os processos ou módulos processuais criados pelo legislador infraconstitucional devem ser avaliados, e, ao mesmo tempo, módulos processuais muito distintos (e, dentro de um tipo específico de módulos processuais, existam alternativas muito distintas) possam ser *conforme* a este conjunto orgânico e uno de critérios?

A resposta a esta indagação está numa correta compreensão de uma importante categoria de normas constitucionais referentes ao processo, que integram o modelo constitucional de processo, a saber, as normas que consagram os valores processuais fundamentais. Com efeito, como se demonstrará, é a presença de tais normas entre as integrantes de tal modelo, aquilo que lhe confere uma significativa "plasticidade", no sentido de permitir que tal modelo tenha diferentes realizações (parciais), por meio da criação infraconstitucional de diferentes tipos de processos jurisdicionais. num único ordenamento jurídico, sem comprometer a unicidade do referido modelo. Ora, na medida em que um valor pode ser realizado em diferentes graus e de maneiras distintas, é possível conceber que um único conjunto de valores processuais possa ser realizado de diferentes maneiras, ou seja, pelos processos ou módulos processuais diferenciados. Isto quer dizer que podem ser concebidos, pelo legislador ou mesmo pelas partes, diferentes sequências de regras processuais, ou diferentes "módulos processuais", todos eles compatíveis com o mesmo modelo constitucional.

Dessa forma, a exata compreensão do modelo constitucional de processo depende de uma adequada compreensão das normas que consagram valores, em geral, sobretudo daquelas que consagram os valores processuais fundamentais, em particular. Tais normas, há muito constam nos textos constitucionais. Contudo, é recente reconhecer-lhes força normativa plena. Ademais, a sua natureza, especialmente o que significa e como se realiza a reconhecida aplicabilidade imediata de tais normas, sobretudo no que diz com os poderes efetivamente por elas atribuídos ao juiz, são questões ainda muito controvertidas.

Cumpre registrar que não está muito distante do tempo presente, a época em que tais normas não eram reconhecidas com plena força normativa. O advento da CF/1988 trouxe, no entanto, uma mudança significativa quanto a essa cultura de "anomia constitucional", que havia, no Brasil, predominado nas comunidades jurídicas, entre elas a doutrina processual. Com efeito, o § 1º do art. 5º é textual em afirmar a aplicabilidade imediata dos direitos fundamentais, em cujo rol estão incluídos, expressamente, os principais valores processuais constitucionalmente consagrados. Contudo, de nada adiantaria o simples texto constitucional se ele não fosse, como efetivamente o foi, observado numa prática reiterada – doutrinária e jurisprudencial – de levar a sério as normas constitucionais que consagram valores.

Contudo, ainda hoje, há uma grande controvérsia doutrinária sobre essas normas constitucionais que consagram valores. No entanto, parte significativa dessa controvérsia tem se revelado estéril, cingindo-se mais a *querelles de mots*, a disputas essencialistas sobre, por exemplo, "o que é um princípio?", como se com a expressão 'princípio' se designasse um tipo "natural" de coisas, cuja constituição ontológica fosse parcialmente sabida por uma comunidade, dividindo-se os seus membros quanto à determinação de outra parte dessa constituição. No presente texto, é fundamental que se apresente alguma compreensão dessas normas que consagram valores, pois desta compreensão depende, como se disse, uma correta compreensão deste conjunto de normas constitucionais referentes ao processo, que se tem como o *modelo constitucional de processo*.

Aqui não se poderá apresentar, todavia, mais do que uma versão simplificada da análise de tais normas. A perspectiva sob a qual se pode captar os aspectos mais relevantes dessas normas, mesmo numa análise ligeira, e contrastá-las com as demais normas que também integram o modelo constitucional de processo, vem a ser aquela das *condutas qualificadas como devidas* por ambas essas normas. Ademais, para evitar quaisquer controvérsias estéreis em torno a "palavras", adota-se uma terminologia deliberadamente artificial para designar os dois tipos de normas que integram o modelo constitucional do processo, ou seja, as enigmáticas normas que consagram valores e as demais. As primeiras, serão denominadas "V-normas", enquanto as segundas serão denominadas "C-normas".

4. CONTRASTE ENTRE C-NORMAS E V-NORMAS COMO ESTRATÉGIA DE CHEGAR À DEFINIÇÃO AQUI PROPOSTA PARA "NORMAS CONSTITUCIONAIS QUE CONSAGRAM VALORES (PROCESSUAIS)"

Todas as C-normas que integram o modelo constitucional de processo, ou seja, aquelas que não se caracterizam como V-normas (as normas consagradoras de valores), apesar de heterogêneas em função e matéria, são, todavia, dotadas de uma de uma característica estrutural comum, ou seja, de uma forma lógica constante e comum a todas essas normas jurídicas. Esta forma lógica comum a todas as C-normas do modelo constitucional do processo (que constituem, aliás, a maioria das normas jurídicas de um ordenamento) é tradicionalmente conhecida e explicada em termos de "atributos" da norma, a saber, os atributos da "generalidade", da "abstração" e da "hipoteticidade".

Uma caracterização mais precisa e clara dessa forma lógica comum a todas as C-normas (e à maioria das normas jurídicas, repita-se) pode ser dada nos seguintes termos. Todas elas são dotadas de uma estrutura condicional, ou seja, uma estrutura que é expressa, simbolicamente, em termos de uma sentença condicional aberta, em que há duas "partes" ligadas por um operador condicional (ou de implicação lógica), de modo que todas essas normas podem ser reenunciadas, ou melhor, todas as disposições legislativas que veiculam tais normas podem ser parafraseadas por sentenças dotadas da seguinte forma geral: "Se A, então C". Tanto 'A', como 'C', em tais sentenças condicionais, correspondem a sentenças abertas, ou seja, sentenças com uma "variável", o que justifica que se caracterize como sentença condicional aberta, aquela que capta a forma lógica comum de tais normas jurídicas.

Como se vê, nessa estrutura há, como em todo enunciado condicional, uma parte antecedente – o antecedente normativo (hipótese legal) – e uma parte consequente – o consequente normativo (consequência jurídica). A parte antecedente consiste na indicação de um *tipo de fato* ou um *tipo de estado de coisas*. A noção de um "tipo de estado de coisas" é possível ser claramente explicada, da seguinte maneira: trata-se de uma descrição incompleta (como que uma "moldura") de um estado de coisas, na qual são assinaladas alguns predicados (ou atributos) que alguns estados de coisas específicos podem "possuir" (ou instanciar) tais predicados (situação que é caracterizada como a "subsunção" de um fato ao tipo indicado nessa parte da norma), enquanto outros estados de coisas não instanciariam ou não possuiriam os mesmos predicados.

Vale advertir que todos esses estados de coisas contêm, como elemento necessário deles, um sujeito, sendo precisamente esse sujeito o elemento do estado de coisas específico que é *abstraído*, ou mantido como uma variável (uma lacuna assinalada), na descrição do estado de coisas contida no antecedente normativo, sendo também precisamente essa ausência, o que faz dessa descrição uma descrição esquemática, incompleta, isto é, a mera indicação de um *tipo* de estado de coisas e não a descrição de um estado de coisas específico. Portanto, a *saturação* dessa variável, contida em todo antecedente de tais normas, se dá, justamente, através da identificação de um sujeito, sendo sempre um estado de coisas *relativo a um sujeito em particular* aquele que pode ser tido como instanciando ou não o tipo indicado no referido antecedente. Precisamente por essa característica, a parte antecedente da norma é expressável, em termos linguísticos, por uma sentença declarativa aberta, dotada da seguinte forma feral "x é F", na qual 'x' é a variável correspondente a um sujeito específico e 'F' consiste no conjunto de predicados especificados (pelas respectivas expressões linguísticas) no antecedente normativo e dele constitutivos.

Por sua vez, a parte consequente da norma também consiste na indicação apenas de um *tipo de fato*, mais precisamente, um *tipo de conduta*. A noção de "tipo de conduta" se define nas mesmas linhas em que se definiu a noção de "tipo de fato" – até porque uma conduta é, tão somente, uma família especial de fatos, marcada pela intencionalidade de comportamentos humanos. Dessa forma, também a indicação do tipo de conduta que constitui a parte consequente de tais normas consiste numa descrição incompleta (como que uma "moldura") de uma conduta, da qual se abstrai a indicação do agente específico e são assinalados alguns predicados (ou atributos) que algumas condutas específicas – e toda conduta específica é conduta realizada por um agente determinado – podem "possuir" (ou instanciar) tais predicados, enquanto outros estados de coisas não instanciariam ou não possuiriam os mesmos predicados.[12]

Por outro lado, a parte consequente de tais normas, é também constituída por um *operador deôntico*, o qual qualifica as condutas indicadas indiretamente – vale dizer, por um tipo ou conjunto de predicados – como *comandada* ou como *autorizada, conforme o caso*.[13] Assim, a parte consequente – o consequente normativo – de tais normas jurídicas, são linguisticamente expressáveis por sentenças

---

(12) Como se vê, também a relação entre o tipo de conduta indicado na parte consequente da norma e uma determinada conduta específica, é legítimo caracterizar como uma relação de "subsunção" ou "instanciação". Na tradição jurídica, todavia, esse modo de compreender essa relação, puramente lógica, entre tipos ou "*types*" e exemplares individuais ou "*tokens*", não é usual e pode até causar estranheza se falar em conduta concreta que se "subsume ou não" num tipo de conduta indicado no antecedente da norma. Contudo, essa relação é fácil de visualizar, por exemplo, no que diz com uma norma que confere poder a algum agente a, em determinado tipo de circunstância, realizar determinada ação. Se o agente realiza uma ação que *não corresponde* ao tipo de conduta autorizada no consequente desta norma, há um "excesso" de poder. Esta "não adequação" é, do ponto de vista lógico, da mesma natureza da familiar "não subsunção" de um fato concreto, no tipo de fato indicado na parte antecedente de uma norma.

(13) A distinção entre a qualificação de uma conduta como *devida* e como *autorizada*, corresponde à distinção entre normas prescritivas e normas de competência. Para os fins do presente trabalho, não há nenhum inconveniente em considerar que ambas as modalidades de normas qualificam como

deônticas abertas, as quais podem ser de duas modalidades, cada uma delas dotadas das seguintes formas gerais:

> "x deve fazer C", em que 'x' é a variável a ser preenchida por um agente em particular, 'C' é o tipo de conduta indicado na norma e 'deve' é o operador deôntico prescritivo, que qualifica a conduta que se subsuma no tipo indicado como "comandada";

> "x está autorizado a fazer C", em que 'x' é a variável a ser preenchida por um agente em particular, 'C' é o tipo de conduta indicado na norma e 'está autorizado a' é o operador deôntico autorizante, que qualifica a conduta que se subsuma no tipo indicado como "autorizada", no sentido de *empoderar* o agente 'x' a realizá-la.

Deixando de lado, no presente contexto, as distinções sutis entre operadores deônticos, o ponto comum e marcante, em todas as C-normas, na perspectiva das condutas tidas como *devidas* (num ou noutro sentido) é o seguinte: com base em tais normas é possível qualificar diferentes condutas concretas como devidas, porém *todas elas enquadrando-se em um e apenas um tipo de condutas*.

É precisamente quanto a isso que as C-normas se diferenciam radicalmente das V-normas, ou seja, das normas que consagram valores. Isso, aliás, nada mais é do que reflexo de aspectos importantes daquilo que se deve entender como "promoção de determinado valor", especialmente num contexto em que há o compromisso, por parte do mesmo agente, ou grupo de agentes, com a promoção de mais de um valor. Esses aspectos são os seguintes:

Valores podem ser promovidos por um número indeterminado de tipos de conduta e serem obstaculizados por um número igualmente indeterminado de tipos de condutas.

Condutas de diferentes tipos podem promover um valor em diferentes graus de eficácia causal, em diferentes circunstâncias concretas.

Condutas de um mesmo tipo são capazes de promover um valor, ao mesmo tempo em que são também capazes de restringir outro valor, cuja promoção também é devida, ao mesmo agente ou grupo de agentes.

Em razão do aspecto indicado em (3), é inevitável o surgimento de situações extremas, em que apenas um de dois (ou mais) valores, com a promoção dos quais o mesmo agente ou grupo de agentes está comprometido, pode ser promovido numa certa situação concreta,

Em vista desses aspectos da promoção de valores, notadamente aquele indicado *sub* (1), tem-se que qualificar como devida a promoção de um valor é algo radicalmente distinto de qualificar como devida a realização de condutas de um determinado tipo. Com efeito, qualificar como devida a promoção de um valor *significa*, primordialmente (ou *prima facie*), qualificar como devida a realização de condutas de todos os diferentes tipos (de conduta), que sejam, em alguma medida, causalmente eficaz para promover o valor em questão. Com isso, resta manifesto que, já da perspectiva das condutas qualificadas como devidas, as V-normas se distinguem radicalmente das C-normas, uma vez que enquanto estas últimas qualificam como devidas condutas de um só tipo, as primeiras, as V-normas, qualificam como devidas condutas de um número indeterminado de tipos diferentes, todos eles, no entanto, marcados pela característica comum de serem tipos de condutas aptas a promoverem, em alguma medida, o valor consagrado na respectiva V-norma.

Ora, tendo em vista que, por definição, qualificar um determinado tipo de conduta como devida, se e na medida em que se verificar um determinado tipo de situação, e tendo em vista que condutas deste ou daquele tipo são capazes de promover determinado valor apenas quando se está diante de tipos determinados de situação, essa primeira definição de V-normas, como normas que qualificam como devidas condutas de um número indeterminado de tipos diferentes, todos eles, no entanto, marcados pela característica comum de serem tipos de condutas aptas a promoverem, em alguma medida, o valor consagrado na respectiva V-norma, pode ser formulada de forma mais rigorosa. Com efeito, uma V-norma, diante dessas considerações, melhor se define como um conjunto (aberto ou indeterminado) de C-normas, mais precisamente, C-normas que, no seu consequente, qualificam como devida a realização de determinado tipo de conduta e, no seu antecedente, especificam o tipo de situação em que aquele tipo de conduta é, de fato, causalmente eficaz para promover o valor em questão. Tem-se, assim, uma primeira definição mais rigorosa das V-normas, em termos de C-normas, que pode ser assim enunciada:

> V-norma$_{def1}$: qualificar como devida a promoção de um valor é o mesmo que aceitar todas as C-normas que qualificam como devidas a realização das condutas de cada um dos tipos que se revelem capazes de promover este valor, em cada uma das situações em que esta eficácia causal se faça presente.

"devidas" condutas de determinado tipo. O que importa é a qualificação deôntica, qualquer que seja a modalidade de operador deôntico, atuando sobre *um e apenas um determinado tipo de conduta*. Ademais, para uma análise das normas de competência, inclusive quanto à possibilidade conceitual (apesar da inconveniência prática) delas serem reduzidas a normas prescritivas, cf. SPAAK, Torben. *The Concept of Legal Competence – An Essay in Conceptual Analysis*, Robert Carroll (trad.), Aldershot: Dartmouth, 1994. Discurso análogo também se aplica, às assim chamadas *normas constitutivas*. Sobre elas, cf. CONTE, Amedeo G. Fenomeni di fenomeni. In *Filosofia del Linguaggio Normativo*, Vol. II, Torino: Giappichelli Ed., 1995, p. 324-327 e CONTE. Amedeo G. Deontica aristotelica. *Filosofia del Linguaggio Normativo*, cit., p. 425-501,

Essa definição, todavia, ainda é insuficiente, como se vai argumentar. Impõe-se reconhecer que, em face dos demais aspectos da promoção de valores indicados acima em (2) a (4), toda situação concreta de realização de um valor coloca (ou tende a colocar, quão maior for sua cognição sobre os fatos relevantes à promoção deste valor) o sujeito agente diante de dilemas, ou seja, diante da necessidade de escolhas, seja entre qual dos muitos tipos de condutas capazes de promover um valor ele irá realizar, naquela situação concreta, seja mesmo, em hipóteses mais extrema, entre qual entre dois ou mais valores ele irá promover: o valor que se pôs inicialmente como meta ou um outro, com a promoção do qual também esteja comprometido e, não sendo possível realizar os dois, naquela situação, venha a se demonstrar mais preponderante do que o primeiro.

Partindo dessas considerações, impõe-se reconhecer que assumir o compromisso normativo em promover um valor (isto é, aceitar uma V-norma), racionalmente e no contexto em que esse compromisso existe, para um só agente ou grupo de agentes, também com relação a outros valores, traduz-se não apenas em assumir o compromisso em realizar todos tipos de condutas capazes de promover esse valor (isto é, aceitar todas as C-normas que qualificam como devidas as condutas de todos esses tipos), mas também, e necessariamente, no seguinte:

Dar preferência a realizar o tipo de condutas que seja mais causalmente eficaz para promover o valor com cuja realização se compromete.

Dar preferência a realizar o tipo de condutas que, embora causalmente eficaz para promover o valor com cuja realização se compromete, traga o mínimo de restrições possíveis a outros valores, com cuja promoção se esteja também comprometido.

Em situações extremas, quando apenas um de dois (ou mais) possa ser promovidos numa certa situação concreta, promover aquele valor que se mostre mais relevante, naquele caso concreto.

Deste quadro, bem mais detalhado, evidenciando importantes aspectos da promoção de valores e do que significa, em termos pragmáticos, qualquer compromisso racional e normativo com a promoção de um grupo de valores, é que se impõe aprimorar a primeira definição de V-norma aqui adotada. Uma V-norma, ou seja, uma norma que consagra um valor, se traduz, é certo, em um conjunto aberto de C-normas, a saber, todas as C-normas concebíveis que qualificam como devidas as condutas de cada um dos diferentes tipos de conduta que, em determinadas circunstâncias, se revelarem capazes de promover o valor consagrado pelo V-norma em questão. Tais C-normas, contudo, hão de ser tidas como *derrotáveis*, ou seja, com aquela característica que alguns denominam como "validade *prima facie*".[14] Basicamente, no presente contexto, o caráter *prima facie* (ou derrotável) da validade das C-normas que compõem o conjunto delas em que se traduz uma V-norma, consiste em que o dever que com base em tais C-normas se pode impor, pode ser derrotado ou afastado por outro, quando se leva em consideração aspectos da situação concreta, suficientes para identificar algumas dessas circunstâncias:

Que há um tipo de conduta mais causalmente eficaz do que o tipo de conduta qualificado como devida

Que há um tipo de conduta que é menos prejudicial do que o tipo de conduta que é qualificado como devida

Que há um valor mais preponderante, na situação concreta, do que aquele a cuja realização serve o tipo de conduta qualificada como devida.

Como bem se pode ver, essas três circunstâncias acima são aquelas detectadas como resultado de uma análise da situação concreta, baseada nos critérios que constituem o chamado "*princípio da proporcionalidade*", mais precisamente, os critérios que constituem os conhecidos "subprincípios" em que o primeiro se desdobra, a saber: o princípio da adequação (correspondente ao exame das circunstâncias indicadas em (a)), o princípio da exigibilidade (correspondente ao exame das circunstâncias indicadas em (b)) e o princípio da proporcionalidade em sentido estrito (correspondente ao exame das circunstâncias indicadas em (c)).[15] Dessa forma, a validade *prima facie* das C-normas que constituem a expressão normativa de uma V-norma, pode ser caracterizada, sinteticamente, nos seguintes termos: cada uma dessas C-normas são válidas, desde que passem, todavia, nos "testes da proporcionalidade", aos quais todas devem se submeter. Chega-se, assim, à definição que aqui se oferece às V-normas, em termos de C-normas, que pode ser assim enunciada:

V-norma$_{def2}$: qualificar como devida a promoção de um valor (= uma V-norma) é o mesmo que aceitar todas as C-normas que qualificam como devidas a realização das condutas de cada um dos tipos que

---

(14) É já vasta a literatura sobre a "derrotabilidade" no direito, seja essa propriedade como atribuível a normas, deveres, razões ou o raciocínio baseado em normas. Para um excelente panorama, cf. FERRER BELTRÁN, Jordi e RATTI, Giovanni Battista (Eds.). *The Logic of Legal Requirements Essays on Defeasibility*. Oxford: Oxford University Press, 2012.

(15) Para uma análise detalhada desses princípios, cf. GUERRA, Marcelo Lima. *Direitos Fundamentais e a Proteção do Credor na Execução Civil*. São Paulo: RT, 2003. Mais recentemente, com ênfase na aplicação ao Direito do Trabalho, cf. GUIMARÃES, Ricardo Pereira de Freitas. *Princípio da Proporcionalidade no Direito do Trabalho — Teoria e Prática*. São Paulo: RT, 2015.

se revelem capazes de promover este valor, em cada uma das situações em que esta eficácia causal se faça presente, C-normas estas que serão válidas, num caso concreto, se e somente se forem bem sucedidas nos "testes da proporcionalidade".

5. FUNÇÕES DO MODELO CONSTITUCIONAL DE PROCESSO NA PERSPECTIVA DA PLENA EFICÁCIA RECONHECIDA ÀS V-NORMAS QUE O INTEGRAM

Assim esclarecida a noção de V-norma, é possível compreender, mais claramente, que reconhecer a plena eficácia normativa a elas (ou seja, a aplicabilidade imediata de tais V-normas) tem consequências radicais quanto aos poderes do juiz e mesmo quanto às relações entre o Poder Judiciário e o Poder Legislativo, dentro de um Estado Democrático de Direito (marcado, precisamente, pelo reconhecimento da plena eficácia das normas consagradoras de direitos fundamentais, entre as quais estão V-normas). O presente trabalho não permite que se examine as muitas e difíceis questões que o reconhecimento de plena força normativa às V-normas suscita – muitas delas sequer identificadas corretamente. Limitando o discurso apenas quanto às V-normas que integram o modelo constitucional do processo, dizer que cada uma dessas normas se traduz num conjunto aberto de C-normas, todas dotadas com validade *prima facie*, ou seja, existentes no ordenamento jurídico, porém com a incidência concreta dependendo de submissão e aprovação nos "testes da proporcionalidade", significa dizer, quanto aos poderes do juiz, o seguinte: que os juízes tem poderes para adotar todas as medidas necessárias (= autorizadas em C-normas) a realizar os valores consagrados nas V-normas que integram o modelo constitucional do processo, mesmo que não previstas expressamente em lei (em C-norma expressamente positivada), assim como para deixar de aplicar aquelas expressamente previstas em lei, desde que a adoção dessas medidas (e a rejeição daquelas previstas em lei) passem nos testes da proporcionalidade.

Dessa forma, a presença de V-normas, nos termos em que acima definidas, como integrantes do modelo constitucional de processo – as quais têm, como exemplos inquestionáveis, aquelas veiculadas pelos incisos XXXV (efetividade ou inafastabilidade da tutela jurisdicional), LV (contraditório e ampla defesa) e LXXVIII (duração razoável do processo), todos do art. 5º da CF/1988 – justifica atribuir ao modelo constitucional de processo as seguintes funções:

As normas que integram o modelo constitucional de processo, nomeadamente as V-normas, são determinantes na interpretação conforme à Constituição dos dispositivos legais que veiculam as normas processuais infraconstitucionais que disciplinam todos os processos jurisdicionais específicos, criados pelo legislador infraconstitucional.

As V-normas que integram o modelo constitucional de processo permitem que, em casos concretos, sejam afastadas certas C-normas processuais infraconstitucionais, que integram a disciplina de qualquer dos processos judicial específicos, para a aplicação de outra C-norma, extraída pelo juiz, de alguma dessas V-normas (com observância dos critérios que integram o princípio da proporcionalidade).

As V-normas que integram o modelo constitucional de processo permitem que, em casos concretos, sejam supridas lacunas nas disciplinas infraconstitucionais de qualquer processo judicial, através da utilização de C-norma a ser extraída, pelo juiz, das mencionadas V-normas (sempre com observância dos critérios que integram o princípio da proporcionalidade).

Dessa forma, também se impõe reconhecer, à luz desses esclarecimentos, que a aplicação reiterada do modelo constitucional de processo, mais precisamente das V-normas que o integram, tende a provocar dois efeitos importantes. Com efeito, a aplicação reiterada, coerente e "íntegra" do modelo constitucional de processo tende, naturalmente a provocar um nivelamento "pelo alto" dos processos jurisdicionais (ou seja, dos diferentes módulos sequenciais dialéticos concebidos pelo legislador infraconstitucional), no sentido de se buscar que as normas constitutivas de cada um desses módulos deem a máxima efetividade possível aos valores integrantes do modelo constitucional do processo. Ao mesmo tempo, mesmo no âmbito interno de uma modalidade específica de processo jurisdicional, a busca pela máxima realização concreta possível aos valores integrantes do modelo constitucional de processo proporcionará diferenciações significativas, no sentido de adequá-lo, o máximo possível, a situações concretas diferenciadas. Isso se dá em razão do caráter dinâmico e altamente dependente do contexto concreto de aplicação das V-normas que integram o modelo constitucional do processo, nos termos em que esclarecidos acima.

Cumpre advertir, todavia, que esses efeitos são intensamente dependentes de fatores que não dizem respeito ao modelo constitucional de processo, mas aos seus "usuários", sobretudo juízes e doutrina. É dizer, para que tais efeitos sejam, de fato alcançados, é indispensável que a comunidade de intérpretes dos textos legislativos infraconstitucionais – a legislação processual, no presente caso – compartilhe uma série de critérios, sobretudo quanto à racionalidade das interpretações conduzidas, e as competências específicas no uso desses critérios. Não basta mencionar ou declinar os nomes dos princípios processuais constitucionais para se estar "aplicando" o modelo constitucional do processo. É fundamental aprender a usar esses princípios, o que requer uma revolução paradigmática na produção doutrinária e jurisprudencial.

Os limites do presente trabalho não permitem, obviamente, uma exposição detalhada dessas competências. É possível, no entanto, ao menos assinalar duas marcas características desse novo paradigma de "aplicar princípios constitucionais (V-normas)". Em primeiro lugar, é indispensável um maior cuidado com a fundamentação explícita de qualquer afirmação no sentido de determinada solução (norma, medida, conduta) ser "conforme" ou "contrária" a determinado princípio constitucional ou V-norma integrante do modelo constitucional de processo. Impõe-se que a doutrina abandone, definitivamente, a tradição de "declarações vazias" de conformidade ou contrariedade a este ou aquele valor constitucional. Como se pode compreender, quando são levados na devida conta os aspectos cruciais da noção de "promoção de um valor", a "conformidade" ou "contrariedade" de algo com um desses valores não pode ser outra coisa senão uma complexa afirmação de cunho acentuadamente *empírico*, ou seja, uma afirmação complexa que, em algum ponto, inclui uma afirmação acerca da eficácia de certa ação (já realizada ou em vias de ser realizada) ser *causalmente eficaz* para promover um determinado *estado de coisas*, ao qual em parte se reduz a noção de valor.

Por outro lado, impõe-se que a doutrina incorpore, urgentemente, a complexidade da aplicação de V-normas, ou normas consagradoras de valores, como aquelas que integram o modelo constitucional de processo, consistente na possibilidade de um determinado meio que se revele, comprovadamente, capaz de promover um desses valores, também é capaz de, comprovadamente, restringir a (ou interferir na) promoção de outro valor também integrante do mesmo modelo. No tópico seguinte do texto, inclusive, dar-se-á alguns exemplos das deficiências apontadas, verificadas em algumas manifestações doutrinárias sobre a aplicabilidade de normas do CPC 2015 ao processo do trabalho.

6. A INSTRUÇÃO NORMATIVA N. 39 DO TST E SUA INADEQUAÇÃO EPISTÊMICA PARA AS SOLUÇÕES DOS MÚLTIPLOS PROBLEMAS RELACIONADOS À APLICAÇÃO DO CPC/2015 AO PROCESSO DO TRABALHO

A discussão doutrinária sobre a aplicabilidade do CPC/2015 ao processo do trabalho já se iniciou antes mesmo do início da vigência deste diploma. Contudo, como já se mencionou, o TST, pela Resolução n. 203 de 15.03.2016, editou a Instrução Normativa n. 39/2016, na qual indicou, em duas listas distintas, os dispositivos do CPC/2015 que se aplicariam ao processo do trabalho e aqueles não se aplicariam. Ademais, estas listas foram feitas com base nos critérios estabelecidos no art. 769 da CLT, na medida em que, na mesma Instrução Normativa, o TST também declarou, expressamente, que o mencionado art. 769 da CLT não fora revogado pelo art. 15 do CPC.

Tudo isso foi feito, todavia, de forma extremamente irracional. Como se constata, limitou-se o TST a proferir meras declarações sobre aplicabilidade ou não dos dispositivos elencados nas listas mencionadas, bem como sobre a não revogação do art. 769 da CLT pelo art. 15 do CPC/2015. Tais declarações, todavia, não foram acompanhadas, como deveriam, de qualquer justificação. Ocorre que não apenas a revogação do art. 769 pelo art. 15 é uma questão controvertida, em sede doutrinária, como é a aplicabilidade ao processo do trabalho da maioria dos dispositivos do CPC/2015, que foram meramente declarados como "aplicáveis" ou "inaplicáveis" ao processo do trabalho pelo TST.

Já por essa grave omissão, impõe-se reconhecer que a Instrução Normativa n. 39/2016 se revela triplamente arbitrária:

I. arbitrária porque expressa uma tomada de posição quanto ao ponto controvertido relativo à revogação ou não do art. 769 da CLT pelo art. 15 do CPC, sem justificar esse posicionamento;

II. arbitrária por basear nesta premissa não justificada, uma série de outros posicionamentos – sobre os dispositivos que e aplicam e sobre aqueles que não se aplicam ao processo do trabalho;

III. arbitrária porque os próprios posicionamentos sobre a aplicabilidade deste ou daquele dispositivo do CPC/2015 foram apenas declarados, sem que nenhuma justificação fosse apresentada para eles.

Com efeito, ainda que se considere como correto o entendimento no sentido de que o art. 769 da CLI não foi revogado pelo art. 15 do CPC/2015, tornar-se-ia justificado adotar, como critério geral a ser adotado na solução de questões relativas à compatibilidade ou não das disposições que integram o novo "processo comum", aqueles fixados na norma consolidada mencionada, a saber: lacuna das normas da CLT e compatibilidade da norma do processo comum ao subsistema constituído pelas normas da CLT referentes ao processo do trabalho. Contudo, pela própria natureza deste critério – sobretudo no que diz com a compatibilidade das normas do CPC/2015, aplicáveis em função de lacuna, com as normas consolidadas que regem o processo do trabalho – as próprias questões sobre aplicabilidade são necessariamente individuais. Dito de outro modo, não existe uma "questão geral" sobre aplicabilidade ou não do CPC, uma vez que, na primeira parte do art. 769, essa aplicabilidade é óbvia, mas tão somente questões individuais sobre a aplicabilidade ou não de normas específicas, uma vez que a compatibilidade exigida no mencionado dispositivo consolidado só pode ser aferida com relação a norma específica do processo comum. Dessa forma, uma solução minimamente racional de uma questão dessa natureza não pode consistir na mera indicação "aplica-se" ou "não se aplica": qualquer "solução" de tais questões, que se limite a uma mera declaração num ou noutro sentido, será, por definição, uma solução arbitrária, uma vez que desprovida de qualquer razão explícita.

Além disso, a Instrução Normativa n. 39 é também incoerente, em vários pontos, com relação aos próprios critérios que adota, ou seja, aqueles estabelecidos no art. 769. Com efeito, é manifesto que a aplicação dos dispositivos relativos ao *cumprimento de sentença* não pode ser justificada na invocação de *omissão* da CLT, posto que inexiste tal omissão. Esclareça-se: não se está a defender que tais regras não se aplicam, mas que a aplicabilidade delas é incoerente, quando baseadas na invocação genérica co critério da "omissão + compatibilidade". Portanto, a declaração de aplicabilidade destes dispositivos contida na mencionada Instrução, é não só carente de justificação específica, mas incoerente com a própria premissa geral que parece como critério norteador de todas as declarações contidas no ato do TST.

Ainda na linha da incoerência, está a admissão da possibilidade de execução extrajudicial fundada em cheque e nota promissória. Tal opinião da mencionada Instrução é incoerente em várias contagens. Em primeiro lugar, essa controvérsia não é específica da aplicação do CPC/2015. A atribuição de eficácia de título executivo extrajudiciais e cheques e notas promissórias já existiu no CPC/1973. Sobre o assunto, havia uma polêmica anterior ao advento do CPC/2015, polêmica esta que foi oportunizada (mas não justificada, em sentido estrito) pelo advento da L. 9.958/00, que expressamente atribuiu a eficácia de títulos executivos extrajudiciais os termos de ajuste de conduta firmados perante o Ministério Público do Trabalho e os termos de conciliação firmados perante as Comissões de Conciliação Prévia. Portanto, inteiramente descabido que, a título de disciplinar a aplicabilidade do CPC/2015 ao processo do trabalho, o TST tenha se manifestada, da forma abrupta e sem justificação como fez, fora de qualquer contexto, sobre essa questão. Mais incoerente ainda é o próprio mérito: admitir esses títulos de crédito, caracterizados pela sua abstração, mas não admitir a confissão de dívida assinada pelo devedor e duas testemunhas é de uma incoerência absurda!

No presente trabalho, não comporta uma análise pontual da Instrução Normativa n. 39/2016 do TST, até porque isto requereria o exame de cada um dos itens de suas duas "listas". Aliás, uma das críticas mais sérias que aqui se cuidou de dirigir a tal ato do TST foi, como se viu, a maneira arbitrária de se posicionar sobre um longo inventário de questões individuais, as quais desafiariam um enfrentamento individualizado e soluções igualmente individualizados e justificados, sem que nenhuma justificação específica tenha sido apresentada. Contudo, uma última crítica geral se impõe fazer: na perspectiva do modelo constitucional de processo, questões sobre aplicabilidade ou não de determinada norma, assim como de inconstitucionalidade ou não de determinada norma, é quase inevitável que recebam soluções moduladas de acordo com o contexto. Com efeito, uma compreensão adequada das V-normas exigem, do intérprete/aplicador, uma maior atenção às circunstâncias concretas, o que justifica que se considere, por exemplo, uma norma constitucional, para um grupo de situações, mas inconstitucional para outros.

O mesmo se há de reconhecer também quanto à aplicação de normas do CPC/2015. Não se pode excluir de antemão – ao contrário, é lícito antever a realização disso – a possibilidade de que um instituto jurídico criado pelo CPC/2015 tenha aplicabilidade apenas parcial ao processo do trabalho. É o caso, como se verá, do incidente de desconsideração da personalidade jurídica. Assim, em mais esse aspecto, pecou seriamente o TST com a edição da infeliz Instrução Normativa n. 39/2016.

Por todas essas razões, a Instrução Normativa 39/2016 consiste numa lamentável demonstração de que a mais alta corte da Justiça do Trabalho não leva, na devida conta, a centralidade do dever de racionalidade no exercício das competências, administrativas e jurisdicionais, do Poder Judiciário. A circunstância de este posicionamento constar numa instrução normativa, não autoriza o TST de limitar-se a proferir uma mera afirmação nua e crua sobre as questões que ele se propõe a resolver através da referida Instrução: a solução de tais questões somente poderia ser legitimamente oferecidas, seja em sede jurisdicional, doutrinária e mesmo "administrativa", como conclusão de um argumento, que evidenciasse a correção racional da solução defendida. Esta atitude, aliás, é um indicativo muito claro de quão longe ainda se está de se ter como existente a cultura de racionalidade exigida para o radical empoderamento do Judiciário pela Constituição, que decorre do reconhecimento de plena força normativa e aplicabilidade imediata, a normas constitucionais que consagram os valores fundamentais – as V-normas.

Dessa forma, é forçoso concluir que o TST perdeu uma oportunidade histórica de dar uma contribuição juridicamente efetiva e racional ao atual debate – que deverá se prolongar por muito tempo – sobre a aplicabilidade das normas do CPC/2015 ao processo do trabalho. Como ato propriamente normativo, nenhum valor jurídico pode ser dado à mencionada IN n. 39/2016 do TST, uma vez que, assim compreendida, ela é flagrantemente inconstitucional, na medida em que se configuraria como autêntica *legislação em matéria processual*. Já como ato de mera "orientação", a IN n. 39/2016 se revela como destituída de qualquer valor epistêmico, pois não faz nenhuma consideração específica, como deve fazer quem quer que se posicione sobre questões relativa à aplicabilidade desta ou daquela norma do CPC/2015 ao processo do trabalho, no sentido de justificar a opção pela aplicabilidade, ou pela não aplicabilidade.

7. A FÁCIL DEMONSTRAÇÃO DA REVOGAÇÃO DO ART. 769 DA CLT PELO ART. 15 DO CPC/2015 E A IRRELEVÂNCIA DESSA QUESTÃO NA PERSPECTIVA DO MODELO CONSTITUCIONAL DO PROCESSO

Como estratégia de demonstração do paradigma radicalmente novo que o modelo constitucional do processo oferece para a compreensão das legislações processuais infraconstitucionais, inclusive no que diz com relação de aplicabilidade de uma em relação a outra, cumpre abordar a questão da revogação ou não do art. 769 da CLT, pelo art. 15 do CPC/2015. De um ponto de vista estritamente lógica – e dentro de um modelo legicêntrico – a discussão sobre a aplicabilidade das normas contidas no CPC/2015 não pode deixar de se iniciar pela análise do art. 769 da CLT e do art. 15 do CPC/2015, a fim de determinar se a norma veiculada por este último dispositivo, revogou ou não a norma veiculada pelo primeiro. A relevância desta discussão estaria relacionada ao seguinte: enquanto o art. 769 autoriza essa aplicação (do "processo comum") para os casos em que estejam cumulativamente satisfeito os requisitos consistentes (a) na inexistência de norma na CLT e (b) compatibilidade desta norma do processo comum àquelas contidas na CLT (e aos "princípios específicos do processo do trabalho"), o art. 15 condiciona a aplicação das normas do CPC/2015 ao processo do trabalho apenas ao requisito da lacuna da CLT.

Contudo, quando se adota o paradigma oferecido pelo modelo constitucional de processo, essa questão perde significativamente sua relevância. Mesmo assim, ela será enfrentada, como estratégia argumentativa: mostrar que é razoavelmente óbvia a sua solução em sentido inverso àquele adotado, sem justificação, pelo TST (e por segmento não irrelevante da doutrina), servirá, indiretamente, para desviar o foco de atenção do intérprete para o que realmente merece atenção: a realização concreta, no âmbito do processo do trabalho, das V-normas que integram o modelo constitucional de processo brasileiro.

Inicialmente, advirta-se que, a arbitrariedade apontada como cometida pelo TST, também o é por alguns autores, o que deve ser tomado como dado de apoio na justificação de uma hipótese, a qual aqui não poderá ser plenamente defendida, de que a inexistência de uma cultura de racionalidade no judiciário brasileiro é, em grande medida, o fruto da falta de maior empenho da própria doutrina nacional, em defender com mais rigor lógico suas opiniões. Assim, por exemplo, há quem, como VÓLIA BOMFIM CASSAR, sobre tema tão controvertido como a revogação ou não do art. 769 pelo art. 15 do CPC/2015, limite-se a formular uma mera negativa, sem apresentar nenhuma justificação para o entendimento esposado. Com efeito, assim se manifesta a autora mencionada[16] sobre a questão:

> Ora, o art. 15 do NCPC não declara expressamente a revogação, não regula inteiramente a matéria e não é incompatível com o art. 769, ao contrário, mesclam-se e complementam-se.[17]

Por outro lado, há quem defenda a não revogação do art. 769 da CLT pelo art. 15 do CPC, com base em argumentos equivocados, por se basearem em premissas manifesta e obviamente erradas. É o caso, por exemplo, de Salvador Franco de Lima Laurindo, que chega a essa conclusão, partindo da premissa de que a norma veiculada pelo art. 15 do CPC é "lei geral", em relação à norma veiculada pelo art. 769 da CLT. Ora, esse é um erro tão elementar, que seu cometimento apenas se explica pela existência do preconceito mencionado. Com efeito, tanto o art. 769 da CLT como o art. 15 do CPC/2015 são *normas do mesmo plano e disciplinando a mesma matéria*. Aliás, a demonstração disso é, também, demonstração da própria revogação do art. 769 mencionado, pelo art. 15 do CPC/2015.

Com efeito, o dado mais relevante e que, curiosamente, é negligenciado pela doutrina, apesar de ser algo bastante óbvio, diz respeito à matéria disciplinada tanto pelo art. 769 da CLT, como pelo art. 15 do CPC/2015. Qual é a matéria, afinal, disciplinada pelas normas veiculadas por tais dispositivos legais? O art. 769 da CLT disciplina, obviamente, a matéria consistente *na legislação aplicável em hipóteses de lacuna no sistema constituído pelas normas processuais que disciplinam o processo do trabalho, no âmbito da CLT*. O art. 15 do CPC/2015, por sua vez, *disciplina a*

---

(16) CASSAR, Vólia Bomfim. O novo Código de Processo Civil e o processo do trabalho: uma visão panorâmica e superficial de alguns dos artigos aplicáveis e inaplicáveis. In MARTINS, Sergio Pinto. (Coord.) *O Novo CPC e o Processo do Trabalho – Estudos em Homenagem ao Ministro Walmir Oliveira da Costa*. São Paulo: Atlas. 2016, p. 23.

(17) Registre-se que também um autor de nomeada como Carlos Henrique Leite, negligencia um enfrentamento racional do assunto, limitando-se a afirmar que o art. 769 da CLT e o art. 15 do CPC/2015 devem ser interpretados sistematicamente, ignorando, por completo, que eles veiculam normas com identifica função, disciplinando a mesma matéria e incompatíveis entre si. Cf. LEITE, Carlos H. B. O incidente de desconsideração da personalidade jurídica no novo CPC e a sua (in)aplicabilidade no processo do trabalho, p. 386-407. In MARTINS, Sergio Pinto. (Coord) *O Novo CPC e o Processo do Trabalho – Estudos em Homenagem ao Ministro Walmir Oliveira da Costa*. São Paulo: Atlas. 2016. p. 396.

mesma matéria, ainda que discipline também, matéria análoga, ou seja, situada no mesmo plano, a saber, o critério de preenchimento de lacunas em outras legislações processuais extravagantes. Dito de outra forma, o texto legislativo do art. 15 expressa, na verdade, não uma norma mais abrangente do que o art. 769 da CLT, mas *várias normas análogas, em função, àquela veiculada por este dispositivo, além de uma norma que exaure a matéria disciplinada pelo mesmo art. 769 da CLT*. Para não restar dúvida, sobre isso, a fórmula verbal que constitui o art. 15 do CPC/2015 é idêntica, em seu sentido, ao seguinte conjunto de fórmulas linguísticas:

a) Na ausência de normas que regulem os processos eleitorais, as disposições deste Código lhes serão aplicadas supletiva e subsidiariamente.

b) Na ausência de normas que regulem os processos trabalhistas, as disposições deste Código lhes serão aplicadas supletiva e subsidiariamente.

c) Na ausência de normas que regulem os processos administrativos, as disposições deste Código lhes serão aplicadas supletiva e subsidiariamente.

Portanto, a fórmula verbal sintética escolhida para o art. 15 do CPC/2015 não impede que se considere que, neste único dispositivo, são veiculadas *três* normas distintas, cada uma delas disciplinando a matéria relativa ao diploma que será primeiramente utilizado em caso de lacuna das legislações relativas aos três tipos de processos mencionados – eleitorais, trabalhistas e administrativos.

Por aí se vê, da mesma forma, que no que diz com os processos trabalhistas, o art. 15 mencionado veicula norma que disciplina, exaurientemente, a matéria disciplinada pela norma veiculada no art. 769 da CLT. Sendo assim, a primeira revoga a segunda, na medida em que trouxer critérios diversos, como de fato trouxe, no sentido de eliminar a necessária "compatibilidade" com o subsistema constituído pelas normas processuais que integram a CLT. Tanto o art. 15, como o art. 769, mencionados, são normas de idêntica função, portanto: são normas de sobre-direito, ou metanormas. Assim, nem o art. 769 da CLT é uma "norma disciplinadora de processo trabalhista", nem o art. 15 do CPC/2015 é uma "norma disciplinadora de processo civil": ambas são, igualmente, normas de sobre-direito, mais precisamente, normas "sobre o direito processual do trabalho" (embora do art. 15 se extraia mais duas normas de sobre-direito: uma sobre direito processual eleitoral e outra sobre direito processual administrativo).

Advirta-se que a relação "lei geral – lei especial" existe, realmente, tanto entre o art. 769 da CLT e o art. 889 da CLT, como entre o art. 15 do CPC/2015 e o mesmo art. 889. Também este último dispositivo veicula norma de sobre-direito, disciplinando a mesma matéria disciplinada, igualmente, pelo art. 769 da CLT e pelo art. 15 do CPC/2015. Contudo, o âmbito de incidência do art. 889 consolidado é mais restrito, uma vez que estabelece critério para o preenchimento de lacuna apenas das normas consolidadas relativas à execução trabalhista. Dessa forma, pela mesma razão que o art. 15 do CPC/2015 revoga o art. 769 da CLT, por força do disposto no § 1º do art. 2º da Lei de Introdução às Normas de Direito Brasileiro, ele *não revoga* o art. 889 da CLT, por força do disposto no § 2º do mesmo art. 2º mencionado.

De qualquer maneira, repita-se que essa revogação é normativamente irrelevante, quando se incorpora o paradigma da primazia e da aplicabilidade imediata das normas que integram o modelo constitucional do processo, em particular as V-normas que consagram os valores constitucionais do processo. Como se disse, entre os efeitos que se pode esperar da aplicação reiterada, íntegra e coerente deste modelo é, de um lado, a "uniformização pelo alto" dos diferentes tipos de processos jurisdicionais disciplinados infraconstitucionalmente, como uma maior especificação destes mesmos processos, mesmo quando se leva em consideração apenas um tipo geral de processo jurisdicional – por exemplo, o processo de conhecimento do CPC/2015, a reclamação trabalhista, a execução fiscal etc. – no sentido de se buscar uma prestação de tutela jurisdicional que melhor se adeque às circunstâncias peculiares do direito subjetivo (material) a ser tutelado.

Além disso, já são várias as opiniões no mesmo sentido, as quais se baseiam em interpretações insustentáveis do § 1º do art. 2º da Lei. A displicência argumentativa com que tais posicionamentos são assumidos, denotam um nítido preconceito, por parte de um setor da doutrina laboral, em admitir a aplicação das "normas do processo comum", em razão do que os argumentos apresentados, nitidamente equivocados, mais se apresentam como tentativas *ad hoc* de conferir uma "aparência de justificativa" a um ponto de vista que já se tem como absolutamente certo.

Como quer que seja, numa perspectiva ideal, que leva em consideração apenas o ordenamento jurídico e não os seus usuários, a questão sobre a revogação ou não do art. 769 da CLT pelo art. 15 do CPC/2015 é de escassa relevância. Com efeito, quando a legislação processual infraconstitucional é pensada e analisada da perspectiva do modelo constitucional de processo, tal legislação deixa de ocupar o "centro gravitacional" do universo normativo, no qual se encontram as V-normas que integram o referido modelo, isto é, os valores processuais constitucionalmente assegurados. Como já se observou, embora importantes as inovações contidas no CPC/2015, há de se reconhecer que a relevância delas é muito mais "cognitiva" e "pedagógica", do que propriamente "normativa". É que toda e qualquer norma processual posta por legislação infraconstitucional, se e na medida em que servir a promover algum dos valores processuais consagrados no modelo constitucional de processo, já pode ser considerada como existente no ordenamento jurídico, mesmo que só implicitamente e com validade *prima facie* e ainda que a limitação da cognição humana tenha impedido a compreensão e a identificação dessa norma por um número significativo de pessoas.

Compreendida a relação entre a legislação processual infraconstitucional, em geral, nesses termos, as próprias normas contidas no CPC/2015 deixam de ter aquela relevância típica de um direito centrado na lei (infraconstitucional) e não na Constituição, mais precisamente, nos valores nela consagrados. Aliás, é apenas com base no recurso ao modelo constitucional de processo e à aplicabilidade imediata das V-normas que o integram, que se revela justificável a aplicação de normas do CPC/2015 no processo do trabalho, mesmo para afastar normas da CLT, ou seja, ignorando tanto o art. 769 – por aqueles que compreendem como não tendo sido revogado – como também o art. 15 do CPC/2015: seja norma do CPC/2015, seja norma que sequer consta do CPC/2015, deverá o juiz, no processo do trabalho ou em qualquer outro, aplicar a norma que melhor realize, no caso concreto, o modelo constitucional do processo.

Isso, todavia, está longe de ser uma tarefa fácil e se mostra mesmo como uma afirmação "guarda-chuva", da qual nada se infere quanto à aplicabilidade desta ou daquela norma. Ao contrário, este radical empoderamento do juiz implica, convém insistir, uma genuína revolução no paradigma da atuação jurisdicional e dos intérpretes em geral, inclusive da doutrina jurídica, impondo-lhes um dever (deontológico, para a doutrina, normativo, para os magistrados) de fundamentação muito mais atenta aos fatos relevantes da situação concreta, tanto no que diz com a aptidão de normas promoverem certos valores, como no que diz com a capacidade delas em restringirem outros valores, todos em jogo numa situação concreta.

8. UM EXEMPLO PARADIGMÁTICO: A NEGATIVA DE APLICABILIDADE AO PROCESSO DO TRABALHO DO INCIDENTE DE DESCONSIDERAÇÃO DA PERSONALIDADE JURÍDICA SUSTENTADA POR CARLOS HENRIQUE BEZERRA LEITE

Para concluir essas breves considerações sobre a importância e as implicações epistemológicas que o modelo constitucional do processo oferece tanto para compreender o CPC/2015, como para avaliar o seu impacto sobre outros tipos de processos, como o trabalhista, convém tomar um exemplo paradigmático de discussão doutrinária sobre uma questão específica de aplicação das novas normas do "processo comum" ao processo do trabalho. Trata-se do entendimento sustentado por CARLOS HENRIQUE BEZERRA LEITE[18] sobre a inaplicabilidade, no processo do trabalho, da disciplina do incidente de desconsideração da personalidade jurídica trazida pelo CPC/2015. O que há de emblemático e paradigmático neste caso, é que ele exemplifica de forma verdadeiramente didática *como não se deve tratar questões como essa*, ou seja, é um exemplo de como se desconsidera tudo de mais importante que se extrai do modelo constitucional de processo como fonte normativa primeira na compreensão da legislação processual infraconstitucional e na solução de problemas específicos que suscitam a aplicação das normas que integram esta última. Sem desconsiderar a considerável contribuição que este autor já prestou à doutrina laboral – material e processual – impõe-se reconhecer que o modo como ele enfrenta essa questão é não apenas equivocado, mas um exemplo claro de uma maneira geral de se doutrinar sobre processo do trabalho que deve ser, radicalmente, superado.

LEITE inicia com a demonstração, correta, diga-se de passagem, que a desconsideração da personalidade jurídica, no direito do trabalho, encontra fundamento na própria lei (material) do trabalho, na despersonalização do empregador. Contudo, não faz ele a devida distinção entre o plano do direito material, do plano do direito processual. Essa confusão se revela já antes mesmo do autor se posicionar sobre a aplicabilidade do incidente da desconsideração da personalidade jurídica, previsto no CPC/2015. Com efeito, LEITE informa o mero *fato* que a desconsideração da personalidade já vinha sendo "praticada em larga escala na Justiça do Trabalho"[19], prestando essa informação de modo que ela parece ser uma conclusão natural e inevitável da possibilidade da desconsideração da personalidade jurídica da empresa decorrente da despersonalização do empregador, com fundamento no art. 2º da CLT.

Trata-se, no entanto, de um salto lógico inadmissível. Da circunstância de ser defensável, à luz das normas de direito material, responsabilizar os sócios e atingir seus respectivos patrimônios por dívidas na empresa, não se pode inferir, legitimamente, nada sobre o *procedimento* e as *garantias processuais a serem observadas* na implementação dessa possibilidade, assegurada pelo direito material. Na verdade, as normas que o CPC/2015 trazem sobre precisamente isso, ou seja, o *tratamento processual* a ser

---

(18) LEITE, Carlos H. B. O incidente de desconsideração da personalidade jurídica no novo CPC e a sua (in)aplicabilidade no processo do trabalho, cit.
(19) LEITE, Carlos H. B. O incidente de desconsideração da personalidade jurídica no novo CPC e a sua (in)aplicabilidade no processo do trabalho, cit., p. 390.

dado à desconsideração da personalidade jurídica, consagrada legislativamente em diferentes normas de direito material – pois é neste plano, o da responsabilidade jurídica, propriamente dita, que o instituto se situa – permitem e quase constrangem a que se faça uma avaliação crítica da reiterada prática, típica da Justiça do Trabalho, de mero "redirecionamento da execução" para passar a expropriar o patrimônio dos sócios, sem que lhes seja assegurada a mínima oportunidade de contraditório e de defesa, uma vez que eles não participaram do processo de formação do título exequendo.

Ainda nessa etapa, LEITE comete outro erro lógico manifesto, ao inferir, da possibilidade assegurada ao juiz do trabalho para iniciar de ofício a execução, a possibilidade não apenas dele decretar de ofício a desconsideração da personalidade jurídica da empresa executada para atingir o patrimônio dos respectivos sócios, como também a possibilidade de que isto seja feito *sem a mínima observância do contraditório e da ampla defesa*. Trata-se de inferência manifestamente não autorizada, pois do poder de iniciar de ofício a execução, poder-se-ia até extrair o poder de instaurar de ofício algum procedimento incidental de "redirecionamento da execução" para a pessoa dos sócios, procedimento este em que seriam minimamente assegurados o contraditório e a ampla defesa, previamente a qualquer ato de expropriação propriamente dita.

Como quer que seja, as deficiências mais graves da análise de LEITE estão quando ele, finalmente, enfrenta o tema da aplicação ao processo do trabalho das normas do CPC/2015 relativas ao incidente de desconsideração da personalidade jurídica (arts. 133 a 137). Inicia o autor manifestando-se sobre dois Enunciados aprovados no IV Fórum Permanente dos Processualistas Civis, realizado nos dias 5, 6 e 7 de dezembro de 2014, em Belo Horizonte (de onde o nome do documento ser "Carta de Belo Horizonte"), os quais admitem o instituto no processo trabalhista e que, a respectiva decisão, em sede de execução, é atacável mediante agravo de petição. Os mencionados Enunciados são os seguintes:

> **Enunciado 124.** (Art. 133; art. 15) A desconsideração da personalidade jurídica no processo do trabalho deve ser processada na forma dos arts. 133 a 137, podendo o incidente ser resolvido em decisão interlocutória ou na sentença (Grupo: Impacto do CPC no Processo do Trabalho).
>
> **Enunciado 125.** (Art. 134; art. 15) No processo do trabalho, da decisão que resolve incidente de desconsideração de personalidade jurídica na fase de execução cabe agravo de petição, dispensado o preparo.

Sobre tais enunciados, assim se manifesta LEITE[20]:

> são incompatíveis com a principiologia do direito constitucional processual do trabalho, em especial os princípios constitucionais da dignidade da pessoa humana, do valor social do trabalho, da função socioambiental da empresa, da solidariedade, da correção das desigualdades sociais, da proteção do trabalhador (sujeito vulnerável da relação jurídica processual), da relação de emprego protegida, da finalidade e efetividade social do processo, da simplicidade, da celeridade, da instrumentalidade das formas, da efetividade, celeridade e eticidade processuais.

Contudo, o autor não produz sequer um argumento justificando sua afirmação no sentido de as normas relativas ao incidente de desconsideração da personalidade jurídica, trazidas pelo CPC/2015 são contrárias aos princípios mencionados. Trata-se, portanto, de afirmação não apenas despida de qualquer valor epistêmico, como constituindo um exemplo paradigmático de como não se deve fazer doutrina, atualmente, como se comentará ao final deste trabalho.

Além disso, LEITE ainda tenta oferecer um argumento para a sua recusa, argumento este que não mais invoca a "principiologia do direito processual constitucional do trabalho". O argumento chega a ser pueril e pode ser assim reconstituído:

A L. n. 9.099/95 foi inspirada no processo do trabalho.

Em razão de ter sido a L. n. 9.099/95 inspirada no processo do trabalho, suas disposições aplicam-se ao processo do trabalho.

A L. n. 9.099/95 veda a intervenção de terceiros.

No CPC/2015 o incidente de desconsideração de personalidade jurídica está situado como modalidade de intervenção de terceiros.

Logo, a desconsideração de personalidade jurídica não cabe no processo do trabalho.

Como se vê, trata-se da conjugação de dois argumentos: o que infere (2) de (1) e o que infere (5) da conjunção de (2), (3) e (4). Ora, trata-se de argumentos inteiramente falaciosos, como se vai demonstrar. Em primeiro lugar, mesmo sendo verdadeira a afirmação (1) de que a estrutura geral da reclamação trabalhista tenha servido de inspiração para os Juizados Especiais, o que chega a ser inteiramente irrelevante para a presente questão, o certo é que a reclamação trabalhista não é módulo processual destinado a preparar, tão somente, a prestação de tutela jurisdicional em casos de menor complexidade, *como é o caso específico dos Juizados Especiais*. Por exemplo, pense-se na distinção entre o rito ordinário e o rito sumaríssimo. Se alguma razão CARLOS HENRIQUE LEITE teria, seria exclusivamente quanto a, por exemplo, o procedimento sumaríssimo, mas não já quanto ao procedimento ordinário. Portanto, a afirmação (2) se revela como não

---

(20) LEITE, Carlos H. B. O incidente de desconsideração da personalidade jurídica no novo CPC e a sua (in)aplicabilidade no processo do trabalho, cit., p. 397.

justificada, o que, só por isso, já invalida a conclusão (5), da qual (2) é premissa.

Ademais, a complexidade que a denunciação da lide, o chamamento ao processo, a nomeação à autoria e a oposição (que, à época de criação do art. 10 da L. n. 9.099/95 eram, todas elas, formas de intervenção de terceiros) trazem a um processo é de ordem inteiramente diversa daquela relativa ao incidente de desconsideração de personalidade jurídica. Ora, a denunciação da lide e o chamamento são formas de deduzir uma demanda (eventual) contra um terceiro em relação a uma determinada demanda (dita principal). A principal razão pela qual elas não são compatíveis com o processo trabalhista, o que já era válido antes mesmo e independentemente da L. n. 9.09995, dizia respeito à competência. Mesmo assim, a prática jurisprudencial foi flexibilizada para "incluir no polo passivo" terceiros, o que foi feito, inclusive, em nome da economia processual e da efetividade da tutela jurisdicional a ser prestada. Neste ponto, portanto, a natureza sofística do argumento de LEITE revela-se plenamente.

Aliás, o mesmo se pode dizer com relação à oposição e ao chamamento ao processo. Mesmo assim, não se pode ignorar – especialmente para quem, como LEITE, utiliza-se o mero *fato* de haver uma prática judicial, como *fundamento normativo* para essa prática em si, com o que não se concorda – que há uma prática reiterada, no processo trabalhista, de "incluir no polo passivo" terceiros, mesmo em hipóteses não previstas nas normas processuais civis. Numa argumentação racional, esse dado não poderia ter sido, simplesmente, deixado de lado como foi.

Como quer que seja, já a disciplina que o CPC/2015 traz ao incidente de desconsideração de pessoa jurídica deve ser vista como a correção legislativa de maneira abusiva como, do ponto de vista processual, esse instituto vinha sendo, por vezes, empregado, especialmente no âmbito da justiça do trabalho. Trata-se, portanto, de uma complexidade *essencial* para assegurar o devido processo legal, nomeadamente no que diz com o direito fundamental ao contraditório e da ampla defesa, não estando fundada em mera opção procedimental para se permitir, dentro do mesmo módulo processual, o ajuizamento de uma demanda que poderia ser ajuizada independentemente. Portanto, ele não está inspirado apenas na efetividade da tutela jurisdicional da tutela de créditos contra empresas, mas se impõe, como sequência de atos com estrutura dialética, para harmonizar a promoção deste valor, com a promoção do outro valor, consistente no contraditório. Por tudo isso, portanto, revela-se inteiramente falacioso o argumento de LEITE, não apenas por se valer de uma premissa injustificada – a afirmação (2) – como também por fazer uma indevida e injustificável equiparação ao incidente de desconsideração de personalidade jurídica com a denunciação da lide, o chamamento ao processo, a oposição e a nomeação à autoria, o que se evidenciou ser errado.

Nesse sentido, o que mais chama a atenção, no argumento de LEITE e na perspectiva que aqui interessa, é o fato de ele não ter sequer analisado a óbvia contribuição que a disciplina do incidente de desconsideração de personalidade jurídica traz à promoção do valor consistente no contraditório e a ampla defesa. É tão manifesta esta vinculação entre as regras desse instituto e a realização do contraditório e da ampla defesa, que a negligência em reconhecê-las, por parte de um autor com a capacidade de LEITE, só pode ser indício da adoção, por ele, de um paradigma assaz deficiente de argumentação jurídica e construção de teses doutrinárias.

Passando agora a uma análise da aplicabilidade deste instituto do CPC/2015 ao processo do trabalho, tendo como paradigma o modelo constitucional de processo, a solução que se impõe vai além de um mero "sim" ou "não". Embora aqui não se possa desenvolver uma plena argumentação nesse sentido, é possível expor as linhas gerais de uma tal argumentação, ao menos a título de exemplificação do tipo de pensamento complexo que o modelo constitucional impõe:

A prática trabalhista que "redireciona a execução" da pessoa jurídica para o patrimônio de seus sócios, embora com fundamento no instituto de direito material da desconsideração da personalidade jurídica, é uma manifesta violação da garantia do contraditório e da ampla defesa (valores consagrados na V-norma veiculada no inc. LX do art. 5º da CF).

Tal prática, por sua vez, é uma forma de promoção do valor da efetividade da tutela jurisdicional (consagrado pela V-norma veiculada no inc. XXXV do art. da CF).

As regras do CPC/2015 asseguram a promoção da efetividade da tutela jurisdicional – a qual é instrumentalizada já no plano do direito material pelo instituto da desconsideração – de forma a atender, igualmente, ao valor do contraditório e da ampla defesa.

O equilíbrio entre efetividade e contraditório e ampla defesa que pode ser atribuído à disciplina do instituto mencionado, tal qual desenhada no CPC/2015 é, como não poderia deixar de ser, valida para uma generalidade de casos, não cobrindo circunstâncias peculiares.

Para combater circunstâncias peculiares, o sistema oferece, como ferramentas eficazes, medidas de urgência – cautelares ou antecipatórias.

No caso específico do processo do trabalho, o poder reconhecido aos juízes para iniciar de ofício a execução, serve de fundamento (forte, mas não absoluto: deixa-se a questão, aqui, em aberto) para se defender a não aplicabilidade da norma veiculada no *caput* art. 133 do CPC, quanto à exigência de iniciativa da parte para a instauração do incidente de desconsideração.

Por coerência e para assegurar a efetividade em casos excepcionais, impõe-se reconhecer que o mesmo poder reconhecido aos juízes para iniciar de ofício a execução, serve como fundamento para se defender o uso de ofício, pelo juiz, de medidas de urgência, destinadas a assegurar a plena e futura (e eventual) tutela executiva dos direitos a serem tutelados *in executivis* no processo do trabalho.

9. CONSIDERAÇÕES CONCLUSIVAS

À guisa de conclusão deste breve escrito, cumpre fazer algumas breves considerações de outra ordem sobre os equívocos apontados acima. Parte-se do dado que os autores, sendo LEITE um exemplo também paradigmático dessa qualidade, são doutrinadores sérios, de boa fé, estudiosos e comprometidos com o estudo das matérias sobre as quais escrevem. O que levaria pensadores com esses atributos a cometer erros assim fáceis de serem apontados e argumentos assim fáceis de serem refutados? Uma resposta plena a esta questão ultrapassa em muito os limites do processo estudo, pois exige uma incursão em disciplina ainda recente, a saber, a sociologia do conhecimento.

Contudo, parece razoável considerar ao menos o que tornaria mais fácil evitar que equívocos dessa ordem fossem cometidos: a adoção do paradigma do pensamento especificamente constitucional, na compreensão e aplicação do direito infraconstitucional. No caso específico do direito processual, utilizar sempre o modelo constitucional de processo como referência maior, como critérios últimos a guiarem tanto a construção de conjecturas, como a realização dos devidos "testes", os quais serão, inevitavelmente, não "experimentais", porém "argumentativos".

Numa síntese muito apertada, mas ainda assim ilustrativa o bastante, pode-se dizer que entre as principais implicações que a adoção do uso paradigmático do modelo constitucional de processo na interpretação e aplicação de normas processuais infraconstitucionais, vale destacar os seguintes:

Cada norma processual infraconstitucional, mais precisamente, aquelas que admitem ser caracterizadas como C-normas, deve ser vista, em primeiro lugar, como um meio de promover algum dos valores consagrados em V--normas do modelo constitucional de processo.

Cada norma processual infraconstitucional, mais precisamente, aquelas que admitem ser caracterizadas como C-normas, também deve ser vista como capazes de restringir algum outro dos valores consagrados em V-normas do modelo constitucional de processo.

Na medida em que esse mesmo valor pode ser promovido de diferentes maneiras e com diferentes graus de eficácia, a depender de diferentes circunstâncias concretas, impõe-se indagar se haverá C-normas alternativas à C-norma processual sob análise e se essas eventuais alternativas seriam (a) modos mais eficazes de realizar o mesmo valor, ou (b) modos ainda eficazes de promover esse valor, mas causadoras de menor restrição a outro dos valores consagrados pelas V-normas do modelo constitucional de processo.

Em situações extremas, impõe-se examinar se é o caso de, simplesmente, deixar de aplicar uma norma processual infraconstitucional (e aplicar norma deonticamente inversa), tendo em vista que, pelo afunilamento de alternativas, se faça necessário realizar uma ponderação de valores para saber qual se mostra mais relevante na situação concreta de aplicação da norma em questão: aquele promovido pela norma ou aquele promovido pela sua inversa.

O resultado de todas essas indagações, além de ser dotado de uma alta carga valorativa, sempre deve ser amparado numa análise complexa de fatos (reais ou hipotetizados), a exigir um empenho redobrado do intérprete/aplicador da norma na fundamentação racional de suas conclusões.

Como bem e vê, a argumentação de LEITE acima analisada não atende, minimamente, a tais requisitos. Antes, ela se afasta do modelo geral de abordagem e tratamento de problemas como o que ele enfrentou, dentro de um paradigma constitucional, em pontos verdadeiramente sintomáticos:

Não considerou a possibilidade das normas que ele considerou como restritivas de valores processuais, também realizar outros valores igualmente constitucionalmente consagrados.

Não apresentou nenhum argumento para a complexa questão, por ele enfrentada de modo inaceitavelmente lacônico, sobre a restrição que uma norma legislativamente posta traga a algum valor constitucionalmente assegurado.

Não buscou soluções "holísticas", no sentido de buscar a máxima realização possível de todos os valores constitucionais envolvidos.

Enfim, não se empenhou, (auto)criticamente, em realizar justificações bem construídas de suas conclusões.

Importa ainda advertir que esse modo de fazer doutrina, além de ser insatisfatório, na perspectiva aqui examinada, é extremamente comprometedor, na perspectiva da necessária construção de uma cultura de complexidade e racionalidade que exige o compromisso pleno com normas constitucionais que consagram valores e o pleno reconhecimento de sua força normativa. Ao mesmo tempo em que se reconhece um inegável aumento de poderes do aplicador das normas, sobretudo das normas constitucionais, aumenta na mesma medida a sua responsabilidade pela busca da máxima racionalidade possível no exercício desses poderes. Da mesma forma, redobra o dever deontológico de quem se manifeste, na condição de doutrinador, de cultivar este apreço pela racionalidade, cuidando de defender opiniões jurídicas devidamente fundadas, até porque o doutrinador, pressupõe-se, tem a liberdade de produzir seus escritos sem a limitação temporal inerente à função de juiz. Sua responsabilidade ética com a produção de ideias fundamentadas na maior medida possível, inclusive com a antecipação de possíveis críticas e as respectivas refutações, já antecipadamente oferecidas, é muito maior do que aquela que é legítimo (e legal) exigir do juiz na fundamentação de suas decisões.

Alguns aspectos do Novo CPC e sua incidência sobre o Processo do Trabalho

Marcos Neves Fava (*)

1. INTRODUÇÃO

Embaça o quente verão do décimo sexto ano do século vinte e um, e o Brasil conta os meses para o início da vigência do Novo Código de Processo Civil, quando este texto em homenagem ao aniversário do Tribunal Regional do Trabalho da 13ª Região é escrito.

Um horizonte de expectativas trêmulas, como se mostram trêmulas as linhas do horizonte nos dias de sol mais intenso exibe-se ofuscante. Da terra, olhando a linha do mar, em lugares lindos como a cidade-sede do TRT-13, a bela João Pessoa, em dias como esses, fica difícil divisar onde termina o mar, onde começa o céu, ou onde há algo que nem céu seja, ou nem mais mar haja.

Encontram-se os intérpretes do direito processual, em particular, os do direito processual do trabalho e, dentre estes, os juízes do trabalho, a observar um horizonte trêmulo, em que as linhas não se definem, ou mal se enxergam. Por mais que se force a vista, não há divisar. Não há identificar traços firmes. Um embaçamento que se agrava, a partir das cores novas das expressões aplicação *subsidiária x supletiva*[1], contidas logo no início do novo código de processo civil. Onde termina o mar do processo do trabalho, em que parte inicia-se o céu do processo civil, onde estará o inferno da interpretação, e o purgatório da fundamentação?

As questões, que seriam divertidas e instigantes, se fossem apenas cerebrinas e acadêmicas, impõem falta de sono àqueles que, em poucos dias, haverão de decidir sobre a incidência das novas regras ao exercício da jurisdição. Eis a gravidade! Haverão de decidir se essas tais novas regras de procedimento influenciarão a vida dos cidadãos, cujos pedidos invadem os protocolos – físicos e eletrônicos – da Justiça do Trabalho, à razão de dois milhões por ano[2].

Há inovações e retrocessos, nos 1072 artigos da Lei n. 13.105. A ansiedade que provoca a grandeza da mudança de um diploma legislativo com um código tão importante como aquele que regula as relações procedimentais civis provavelmente causou desapontamento, em particular porque os estudiosos e operadores envolvidos no projeto anunciavam, desde o início, que construiriam um mapa de efetividade, com a redução de recursos e o abreviamento da tramitação dos processos. Isso, diga-se claramente, não foi atingido. Daí uma frustração antecedente à vigência do código. A ampliação do rol de recursos e a contagem dos prazos em dias úteis, apenas para tomar dois exemplos, afogam o ânimo dos leitores mais otimistas da nova Lei.

As regras de procedimento, que são, ao fim e ao cabo, de que cuida um Código de Processo Civil, avultam importância, na medida em que constituem ferramenta imediata de concretização das garantias constitucionais de acesso à ordem jurídica justa. Seja da perspectiva do acesso ao Judiciário, ou da inafastabilidade da jurisdição, seja da ótica do exercício do contraditório e da ampla defesa. Os passos do procedimento revelam a verdade das promessas constitucionais. Vem daí que as escolhas de aplicação, ou, de outra, as opções por restringi-las partem e chegam da própria Constituição. Com os pés e os olhos fincados no Texto Maior, o intérprete seleciona, como os colhedores de morango, as regras produtivas, boas, aproveitáveis. E as recolhe, para o cesto do procedimento trabalhista, com vistas a dar efetividade ao extenso rol de direitos endereçados pelo sistema jurídico aos trabalhadores, em especial aos subordinados.

Os conflitos, os debates, as inquietações, as reflexões e, de longe, as conclusões sobre os limites de aplicação do novo CPC ao processo do trabalho estão em seu início,

---

(*) Juiz titular da 89ª Vara do Trabalho de São Paulo. Mestre e Doutor em direito do trabalho pela Universidade de São Paulo. Membro do Instituto Brasileiro de Direito Processual – IBDP.

(1) É o texto literal do art. 15, do novo CPC: "Na ausência de normas que regulem processos eleitorais, trabalhistas ou administrativos, as disposições deste Código lhes serão aplicadas supletiva e subsidiariamente".

(2) Os números oficiais disponíveis da Justiça do Trabalho indicam mais de um milhão e novecentos mil processos, de janeiro a setembro de 2015, conforme se lê em <http://www.tst.jus.br/documents/10157/12037371/Relat%C3%B3rio+Mensal+-+Janeiro+a+Junho+de+2015+-+1%C2%BA%20Grau.pdf>. Acesso em janeiro de 2016.

distantes, portanto, de qualquer parada segura. Isso não se resolve mediante imposição, nem com abreviamentos. Democraticamente, a voz da justiça, ouvida com atenção, construirá a resposta aos questionamentos. Não por outra, chama-se ao resultado desse (democrático) construir jurisprudência, não jurisciência. O prudente avanço da reflexão do conjunto dos juízes haverá de erigir o arcabouço sistemático da aplicação supletória, complementar ou subsidiária do novo CPC ao processo do trabalho.

Deste ponto de que miro, vislumbro alguns elementos alvissareiros, a abonar aplicação à sistemática do já avançado e efetivo processo do trabalho, em prol do avanço da jurisdição. As linhas que se seguem perseguirão demonstrá-los.

2. FUNDAMENTAÇÃO EXAURIENTE – DOIS LADOS DA MOEDA

Ao desenhar o modelo de sentença, o novo Código de Processo Civil estabeleceu um extenso rol de mandamentos que, não atendidos, importarão nulidade da decisão, por ausência de fundamentos. Cuida-se do multifalado art. 489, notadamente seus §§ 1º, 2º e 3º[3]. Além da tradicional tríade, *relatório, fundamentação, dispositivo*, a sentença, para valer, haverá de preencher outras tantas exigências, segundo o novel diploma.

Antes mesmo de vigorar, a medida causou já bastante balbúrdia e confusão, angariando inimigos e adoradores, como se ninguém soubesse, nesta quadra da vida, que um texto de Lei nada fará, sozinho, por ninguém, nem mesmo pela efetividade do processo.

Afastados os apaixonamentos, parece fácil ver que a Lei não traz absurdos, em tese. Dizer que a sentença há de ser fundamentada, não é mais do que já diz a Constituição. Integra-se, tal premissa, à ideia de democracia. O Poder Judiciário não se legitima, reiteradamente, com os demais, por meio do sufrágio, mas o faz, e só o faz, mediante o assentamento de suas decisões, públicas e fundamentadas. O crivo dos olhos do povo verifica a validade – e o valor do Judiciário – a partir da qualidade da fundamentação do que decidem seus juízes.

A expressão, consagrada pela jurisprudência, segundo a qual o juiz não está obrigado a manifestar-se sobre todos os fundamentos apresentados pelas partes[4] não goza de prestígio, *data venia*, no ambiente verdadeiramente democrático. Impõe-se ao juiz, ao contrário, enfrentar os argumentos trazidos pelas partes, ainda que vá, ao cabo, adotar outro, diverso, o que fará, como sempre, de modo fundamentado.

A receita da sentença exaurientemente fundamentada, do novo CPC, inclui os seguintes aspectos, sinteticamente:

a) a citação de textos legais deve referir-se ao caso concreto e não se apresentar aleatória, sem conexão com o tema em debate;

b) os conceitos jurídicos abertos, quando utilizados, precisam ser "fechados" para o caso concreto;

c) os motivos da sentença não podem parecer formulários, ou seja, que sirvam para, em abstrato, fundamentar a decisão de quaisquer outros casos;

d) a decisão deve enfrentar todos os argumentos que, em tese, pudessem resultar em conclusão diversa à que foi tomada;

e) ao convocar a jurisprudência, o julgado deverá demonstrar sua ligação com o caso concreto;

f) ao deixar de aplicar jurisprudência estabilizada, a sentença indicará se o fez por superação (*overruling*) ou distinção (*distinghishig*);

Tudo salutar, não pendam dúvidas. Mas muito do que propõe o legislador encontra-se **dissociado da realidade do foro** e exigirá uma revolução cultural, para que se torne possível o manejo dessa **sentença *exaurientemente fundamentada***, que prestigiará, certamente, a democracia. É que a sentença não constitui muito mais do que o resultado da manifestação das partes no processo. E, como tal, depende delas, para ser melhor ou pior. Nesse sentido, difícil encontrar, hoje, nas lides forenses – e aqui testemunho a leitura das quinze ou dezesseis iniciais que faço diariamente, quando exerço jurisdição em primeiro grau: (1) petição que não seja formular (resultado de um formulário utilizado para todo e qualquer pedido, como se todos fossem iguais), (2) narrativa que não sirva para descrever qualquer outro caso, e, às vezes, não descreve o do reclamante, *in concreto*, (3) menção a inúmeros

---

(3) Eis a redação dos parágrafos: § 1º Não se considera fundamentada qualquer decisão judicial, seja ela interlocutória, sentença ou acórdão, que: I – se limitar à indicação, à reprodução ou à paráfrase de ato normativo, sem explicar sua relação com a causa ou a questão decidida; II – empregar conceitos jurídicos indeterminados, sem explicar o motivo concreto de sua incidência no caso; III – invocar motivos que se prestariam a justificar qualquer outra decisão; IV – não enfrentar todos os argumentos deduzidos no processo capazes de, em tese, infirmar a conclusão adotada pelo julgador; V – se limitar a invocar precedente ou enunciado de súmula, sem identificar seus fundamentos determinantes nem demonstrar que o caso sob julgamento se ajusta àqueles fundamentos; VI – deixar de seguir enunciado de súmula, jurisprudência ou precedente invocado pela parte, sem demonstrar a existência de distinção no caso em julgamento ou a superação do entendimento. § 2º No caso de colisão entre normas, o juiz deve justificar o objeto e os critérios gerais da ponderação efetuada, enunciando as razões que autorizam a interferência na norma afastada e as premissas fáticas que fundamentam a conclusão. § 3º A decisão judicial deve ser interpretada a partir da conjugação de todos os seus elementos e em conformidade com o princípio da boa-fé.

(4) Repetida, dentre muitos, no AI 598430-RJ, de Relatoria da Ministra Carmen Lúcia, 13.12.2010.

textos de lei, sem qualquer apontamento ou justificativa para aproximá-los dos pedidos formulados, (4) uma larga quantidade de argumentos inúteis, (5) fundamentos já ultrapassados pela jurisprudência estabilizada em súmulas e (6) citações de volumosa jurisprudência desatualizada.

Nas contestações, então, o problema não diminui. Pelo contrário. Evocação de prescrição inexistente, insistência em preliminares já consideradas inconstitucionais pelo STF, como a da comissão de conciliação prévia, *verbi gratia*, rol infinito de artigos de Leis e da Constituição – que, depois, repetem-se em Embargos, para desafiar, no futuro, frágeis e inconsistentes Recursos "extraordinários" (o próprio e o de Revista), narrativas fáticas contraditórias, como, por exemplo, "o reclamante nunca laborou para a reclamada, mas, se o fez, foi eventual e acabou demitido por justa causa". E segue o desrespeito com o caso concreto, de que as peças processuais, muitas vezes passam ao largo.

O quadro em segundo grau, também evoco testemunho pessoal, dos períodos em que exerço, como substituto convocado, jurisdição nessa instância, não difere disso em muito. Tantos são os recursos que sequer tangenciam a sentença, de tamanho caráter genérico, que o Tribunal Superior do Trabalho acabou por bem limitar, reformulando a Súmula n. 422, as hipóteses de não conhecimento por violação ao art. 514, do CPC. Os Regionais veem-se, quotidianamente, às voltas com Ordinários que não se relacionam, simplesmente, com o título condenatório. Colagens de esquemas de *prequestionamentos*, que já são verdadeiros rascunhos de Recursos de Revista, em vez de argumentação dialética com o comando sentencial.

Não é, no entanto, somente do caso concreto que se olvidam os esgrimadores processuais. Descuram, também, da jurisprudência estabilizada, como logo mais se demonstrará.

Se a sentença há de mirar exclusivamente o caso concreto, sem abranger, como se um formulário mais amplo fosse, qualquer outro caso, mister que a petição inicial e a contestação, de igual modo, o façam.

O novo CPC, nos primeiros artigos, convoca as partes para um compromisso que não deve ser lido como se programático fosse. Textualmente, o artigo sexto:

> "**Todos** os sujeitos do processo devem cooperar entre si para que se obtenha, em tempo razoável, decisão de mérito justa e efetiva".

Desdobramento do princípio constitucional da *duração razoável do processo*, ou, como preferível, da *duração socialmente suportável* do processo, a medida impõe-se a **todos que tomam parte no processo** e, veja-se com clareza, o dever é de buscarem decisão **de mérito**, justa e efetiva. Ora, quem peticiona, quer em inicial, quer em defesa, mediante formulários abrangentes e não aplicáveis, precisamente, ao caso concreto, menciona jurisprudência desatualizada e não contextualiza a evocação de súmulas ou de artigos de Lei descumpre o mandamento do art. 6º, a toda evidência.

O mais grave, no entanto, está por vir: a aplicação da jurisprudência estabilizada. O CPC adota algo muito próximo ao modelo do direito consuetudinário anglo-saxão, em que os precedentes jurisdicionais assumem força vinculante. A principal bandeira dessa opção emerge clara no art. 927, que tem esta dicção:

> "*Os juízes e os tribunais observarão: I – as decisões do Supremo Tribunal Federal em controle concentrado de constitucionalidade; II – os enunciados de súmula vinculante; III – os acórdãos em incidente de assunção de competência ou de resolução de demandas repetitivas e em julgamento de recursos extraordinário e especial repetitivos; IV – os enunciados das súmulas do Supremo Tribunal Federal em matéria constitucional e do Superior Tribunal de Justiça em matéria infraconstitucional; V – a orientação do plenário ou do órgão especial aos quais estiverem vinculados*".

Deixo de lado a concreta e sustentável crítica à constitucionalidade da opção, erigida da premissa de que a Constituição refere a poder vinculante, tão-somente, às súmulas assim concebidas, no âmbito do Supremo Tribunal Federal[5]. Ao que a este texto interessa, adote-se, por ora, apenas a constatação de que a nova Lei estabelece o **dever de atenção e obediência** à jurisprudência estabilizada.

De tão grande expoência é a magnitude dessa nova perspectiva, que o cumprimento de sentença provisória, quando a decisão basear-se em jurisprudência estabilizada, pode abreviar-se, com a expropriação antecipada de bens, antes do trânsito em julgado do *decisum*, conforme se lê no art. 521, IV, do NCPC.

Tem-se, em síntese, que (1) das partes exige-se cooperação em prol de uma decisão **célere, efetiva, de mérito e justa**, (2) de todos, exige-se **obediência à jurisprudência** estabilizada e (3) da sentença, que **explicite razões** para adotar ou rejeitar a aplicação de súmulas, orientações jurisprudenciais ou outras formas de jurisprudência pacificada. **Conclui-se**, sem muita dificuldade, que, de igual modo, as manifestações das partes – inicial e defesa – deverão, quando manejarem argumentos com base na aplicação ou na não aplicação de jurisprudência estabilizada, demonstrarem **as razões pelas quais sua incidência**

---

(5) Dentre todos, o magistério autorizado de Nélson Nery Jr. vem proferindo restrições severas à modificação legislativa em comento, com fundamentos do porte do comentarista.

é evocada ou afastada do caso concreto. E, diga-se mais, para afastá-las, assim como sobrou aos magistrados, há apenas dois caminhos: a **distinção** ou a **superação**. Ou o caso não se amolda ao perfil da jurisprudência em questão ou ela já se encontra superada.

Ultrapassa-se, pois, no tempo, o uso de petições a solicitar a não aplicação de jurisprudência estabilizada, com base em argumentos *já superados* pela própria jurisprudência ou, pior, com **insatisfação lacunosa, frágil e oca**, com expressões tais como "injusta" ou "incoerente". O sistema jurisdicional atribui a cada órgão, de cada instância, funções específicas. Se o STF assentar, por meio dos mecanismos legalmente estabelecidos, que tal dispositivo é constitucional, nem às partes, nem aos juízes de outros graus será mais dado dizer que isso **parece inconstitucional**. Menos ainda, no caso dos magistrados, mostrar-se-á possível deixar de aplicar a decisão daquele Tribunal. Por idênticos motivos, no caso de interpretação infraconstitucional, valem as decisões estabilizadas pelo TST, em matéria trabalhista. Não se aplica, em grau inferior, uma súmula, ou porque a ela o caso concreto não se amolda, ou porque o tempo demonstrou sua superação. Não, e nunca, porque com ela o juiz sentenciante não concorda.

A parte que evocar direito contrário à jurisprudência estabilizada haverá, no novo cenário procedimental, de demonstrar fundamentos de *overruling* ou *distinghishing*, para que o juiz os pondere. Mas não poderá, como ao juiz está vedado pelo artigo em estudo, simplesmente pedir o que o sistema já recusou, reiteradamente. Insistência desse teor representa violação dos deveres de lealmente litigar e, portanto, atos procedimentais passíveis de punição pecuniária.

Por fim, diz o falado artigo que o juiz deve responder a todos os argumentos da parte. Há aí duas restrições importantes, *data venia*, que diminuem o aparente impacto dessa ampliada previsão.

A primeira: **argumentos**, não a tudo que a parte escreva em suas manifestações. O que não se mostrar objetivamente articulado, que permita intelecção e, portanto, resposta, não precisa ser respondido.

A segunda: apenas serão respondidos aqueles que, em tese, se acolhidos, pudessem mudar o rumo da decisão.

Com essas duas aparadas, não há sinais de que as sentenças tornar-se-ão impossíveis, como já se andou proclamando por aí. O que se espera é, muito mais, o amadurecimento de uma **nova cultura na litigância judiciária**, para que as postulações levem em conta, tanto na defesa, quanto nos pedidos, os mesmos parâmetros a que estará, sob o novo Código, vinculado o juiz.

Reitere-se, para finalizar: todos os envolvidos no processo devem buscar sentença de mérito, justa e efetiva, em tempo socialmente aceitável, o que tende a enxugar os excessos das manifestações dos litigantes, hoje patrocinados pelas facilidades tecnológicas de colagem infinita e indiscriminada de textos.

3. ANTECIPAÇÃO DOS EFEITOS DA TUTELA POR EVIDÊNCIA

A nova lei institui a figura da tutela de evidência, no rol das tutelas de urgência, normatizando-a no art. 311.

Cuida-se de medida que antecipa a entrega do direito postulado, em franca proteção da parte, e não da viabilidade do processo[6], independentemente de risco de dano irreparável ou de difícil reparação, bem como de perecimento da utilidade do processo, na demora da tramitação do feito. Três, das quatro hipóteses legais de aplicação do novel instituto, têm incidência viável sobre o processo do trabalho.

A primeira, que não é desconhecida, corresponde à constatação de abuso no direito de defesa, constatando-se intuito meramente procrastinatório, por parte daquele que a juízo veio para escusar-se do atendimento à postulação adversa. Claro deve ficar que o direito vindicado necessita externar-se evidente, ao lado do reconhecimento da prática de abuso pelo reclamado.

A segunda, prestigiando a já mencionada opção de fortalecimento da jurisprudência estabilizada com força de Lei, decorre da possibilidade de prova exclusivamente documental, sobre tema já pacificado por julgamento "de casos repetitivos ou súmula vinculante". Observe-se que, nesta vertente, não se cuida, sequer, de perquirir eventual abuso ou intuito de postergação por parte do litigante passivo, bastando a soma da prova documental à estabilização da tese que sustenta o pleito inicial.

A última das hipóteses decorre da ideia de *dúvida razoável*. Formado o contraditório, após a apresentação das provas documentais pelas partes, não remanescendo na análise judicial, atenta aos argumentos das partes, *dúvida razoável* quanto à prevalência do direito vindicado, sua antecipação será medida impositiva.

Frise-se, ainda, que a dicção legal utiliza-se de construção imperativa, "a tutela de evidência será concedida", o que, *venia concessa*, não transfere ao âmbito de ponderação do magistrado a *opção pela concessão*. Presentes os elementos, defere-se a antecipação da tutela, cujo direito mostrar-se evidente. Antevê-se, aqui, uma ferramenta interessante de abreviação das lides trabalhistas. Em que pese a ordinária cumulação de pedidos, característica das petições iniciais da Justiça do Trabalho, cai acentua-

---

(6) Dicotomia que distingue, classicamente, as medidas cautelares das antecipações da tutela diz respeito ao objeto de proteção: as primeiras tutelam a utilidade do processo, enquanto as últimas, o interesse do autor.

damente o interesse procrastinatório do mau litigante, quando o juiz concede parcelas do direito da parte contrária, porque a eventual economia com a delonga tem sua eficácia ameaçada. A experiência quotidiana com a antecipação dos efeitos da tutela, do vigente art. 273, do CPC, quanto a títulos rescisórios, por exemplo, sugere que a antecipação de tutela de evidência, com o cumprimento imediato da obrigação, desestimule o prolongamento infrutífero e inútil do litígio.

Assinale-se, por término, que o cumprimento da tutela antecipada por evidência deve assumir ares de definitividade, sem os quais nenhum sentido faria sua existência. Se a parte que tem o direito reconhecido, em tese, pelo sistema – por súmula vinculante ou julgamento de casos repetitivos –, consegue comprovar os fatos correlatos por meio de documentos, sem deixar ao juiz *dúvida razoável*, obtém a antecipação do acesso ao direito, nada terá atingido, se, para usufruir dele, houver de aguardar o trânsito em julgado da decisão definitiva e confirmatória. É dizer, processa-se o cumprimento da parcela da sentença concedida por antecipação de evidência, como se de sentença definitiva se cuidasse.

4. FORMA MENOS GRAVOSA AO EXECUTADO – SUPERAÇÃO DA SÚMULA N. 417, III, DO TST

Um dos mais notáveis avanços do novo CPC, no plano da execução, ou cumprimento da sentença, diz respeito à superação da fórmula do texto do vigente art. 620, da lei adjetiva comum. Esse fantasma ameaçador da paz das execuções, que surge, inesperado, quando os passos expropriatórios parecem firmar-se, afugentando os atos efetivos, precisava expurgar-se. E o foi.

Duas normativas convivem, nesse tema, em aparente contradição. A execução processa-se no interesse do credor e, havendo mais de uma forma, deve ser observada a menos gravosa ao executado. É dizer, no interesse do exequente, mas, também, no interesse do executado.

Não se está a ressuscitar, aqui, debate sobre o caráter punitivo das execuções, já superado, desde a longínqua Idade Média. Os atos dessa fase processual não guardam viés, e não devem guardar, punitivo. Objetivam o cumprimento da sentença – ou do título extrajudicial a que a Lei deu força semelhante – o que prestigia, antes de tudo a democracia. O que não pode escapar à leitura atenta do observador é que a colisão entre esses dois aspectos, sob o vigente texto de Lei, tendia a prejudicar o exequente, beneficiando o executado.

O avanço tecnológico que representou a penhora de depósitos bancários eletronicamente (Bacenjud) tornou facilmente acessível o dinheiro do devedor, antes escondido em contas bancárias, que se afundavam por trás dos guichês dos bancos, das mesas dos gerentes, do prestígio dos próprios correntistas. Quem militou no foro antes da penhora *on line* pode atestar a dificuldade de apanhar dinheiro em conta corrente, com mandado de papel. Ora, com esse avanço, sempre que se atinge o *dinheiro*, sai da parede o fantasma do art. 620, do vigente CPC, a berrar ensurdecedoramente: "a forma menos gravosa, a forma menos gravosa".

A jurisprudência abraçou essa ideia equivocada, *data venia*, que se baseia em comparar elementos insuscetíveis de comparação. Penhora de imóvel não tem mesma natureza de penhora em dinheiro, portanto elas não podem comparar-se, para aquilatação da *forma menos gravosa*. Penhora de bem imóvel operacional da empresa e penhora de bem imóvel adquirido para investimento, isso sim configura aproximação de elementos de mesma natureza, que podem e devem ser comparados, para que o juiz, podendo optar, escolha a forma menos gravosa. Na hipótese, parece fácil antever que a penhora do imóvel comprado apenas para investimento fira menos o executado do que aquele em que se situam os elementos da produção.

A nova redação do dispositivo, que agora se encontra no art. 805, do NCPC, não se altera, quanto ao *caput*, significativamente, mas traz a seguinte expressiva restrição no parágrafo único:

"*Ao executado que alegar ser a medida executiva mais gravosa incumbe indicar outros meios mais eficazes e menos onerosos, sob pena de manutenção dos atos executivos já determinados*".

Equilibram-se, pois, os elementos, a prestigiar o interesse do exequente (797, NCPC) e a proteção das garantias mínimas do executado. Existindo, *de fato*, forma de execução, a um tempo, *menos gravosa* e *mais eficaz*, o juiz deve adotá-la, sob pena de punir, ilegalmente, o devedor. Agora, imperativo que seja *mais eficaz*, e não apenas *menos gravosa*.

Eis a superação de uma barreira imensa à efetividade da execução trabalhista, que não será a última, nem, talvez, a mais alta, mas uma das que mina insidiosamente a agilidade do cumprimento da sentença. Com ela, cai, por superação (*overruling*) a jurisprudência estabilizada pela Súmula n. 417, III, do Tribunal Superior do Trabalho. Como se recorda, o verbete em questão, depois de reconhecer que não há direito líquido e certo do executado em não ter haveres penhorados em conta corrente, na fase definitiva da execução, proclama ilegal a penhora em dinheiro, na fase de cumprimento da sentença provisória. Eis o texto, nesta parte:

"*III – Em se tratando de execução provisória, fere direito líquido e certo do impetrante a determinação de penhora em dinheiro, quando nomeados outros bens à penhora, pois o executado tem direito a que a execução se processe da forma que lhe seja menos gravosa, nos termos do art. 620 do CPC*".

O texto prestigia seus precedentes e a *ratio decidendi* que o patrocina. Penhorar dinheiro, a partir da fórmula amplíssima do vigente art. 620, do CPC, sempre será modo mais gravoso do que qualquer outra medida expropriatória. Com a modificação legislativa em vias de viger, supera-se o texto do verbete, eis que, como já dito, ao executado incumbirá demonstrar a existência de modo *mais eficaz* e *menos gravoso* do que o adotado pelo juiz, para escusar-se de sua incidência. Exemplo didático de *overruling*, forma de exceção à incidência da jurisprudência estabilizada, por superação. Irrelevante o tempo que demore o TST para, administrativamente, cancelar o verbete, ou reconhecer a superação, eis que essa liberdade encontra-se preservada para o âmbito de atuação dos magistrados de todas as instâncias.

Doravante, *menos gravosa* será locução sempre acompanhada de *mais eficaz*, em obséquio à ideia fundante de execução, que é a de que *a execução se processa no interesse do credor*.

5. CUMPRIMENTO DE SENTENÇA PROVISÓRIA

A CLT não dispõe de um sistema, ou capítulo, de execução de sentença provisória. Explica-se, talvez, historicamente, isso, porque o processo judiciário trabalhista, quando criado, já representava um inominável avanço em relação ao processo autônomo de execução de *título judicial*, presente no contemporâneo CPC de 1939 e as execuções forçadas correspondiam, por certo, às expectativas sociais então estabelecidas.

Um único artigo, isolado e inserido no capítulo dos recursos, estatui que "Os recursos serão interpostos por simples petição e terão efeito meramente devolutivo, salvo as exceções previstas neste Título, permitida a execução provisória até a penhora" (art. 899). Nota-se, em comparação com o processo civil de então, facilmente, a superioridade. Enquanto para o sistema adjetivo comum inexistia a possibilidade de início de qualquer providência executória, antes do trânsito em julgado da sentença, que constitui o *título executivo judicial*, indispensável à propositura da *ação de execução*, a Consolidação já admitia a tomada dos primeiros passos, antes da definição do título, estancando-se, no entanto, na penhora.

Inexiste, portanto, um *sistema de execução provisória*, ou, mais acertadamente, um sistema de execução de sentença provisória, já que a execução é sempre definitiva, embora o título ainda não o seja.

Difícil não parece ser que, não existindo um orgânico sistema de execução de sentença provisória, evoque-se, por ordem dos arts. 769, da CLT, e 15, do NCPC, a supletoriedade ou subsidiariedade do Código de Processo Civil, para colmar-se a lacuna. A jurisprudência que o Tribunal Superior do Trabalho desenhava à luz do vigente Código, no entanto, assim não aponta:

"Execução provisória. Inaplicabilidade do art. 475-O do CPC. Incompatibilidade do levantamento do depósito recursal com o Processo do Trabalho. Existência de norma específica. Art. 899, *caput*, e § 1º, da CLT. A execução provisória de sentença trabalhista somente é permitida até a penhora, conforme o art. 899, *caput* e § 1º, da CLT, de modo que a autorização judicial para o levantamento dos valores depositados, nos termos do art. 475-O do CPC, é incompatível com o Processo do Trabalho. Havendo regramento específico, a aplicação subsidiária da norma de processo civil não é admitida. Com esse entendimento, a SBDI-II, por unanimidade, conheceu do recurso ordinário e, no mérito, deu-lhe provimento para conceder a segurança pleiteada e determinar que a execução provisória seja processada nos moldes do art. 899 da CLT. TST-RO-7284-66.2013.5.15.0000, SBDI-II, rel. Min. Douglas Alencar Rodrigues, 14.04.2015".

Ao menos pelo viés da *supletoriedade*, inovação do Código em vias de viger, a posição do Tribunal Superior avançaria em sentido à efetividade, se revista fosse. É que a delonga da tramitação do processo, nesta quadra da história, não mais admite que se aguarde o trânsito em julgado, apenas com a "penhora" de bens. Demonstra-o, metaforicamente, o próprio processo suso citado, que é de 2013 e foi julgado pelo Tribunal apenas em 2015. Cuida-se, rememore-se, de um mandado de segurança, que tem tramitação preferencial e o TST funciona como órgão de revisão ordinária, na espécie, ante a competência originária do TRT (15ª Região) Ainda assim, dois anos consumiram-se no aguardo da decisão. Não são raras esperas, ali em terceiro grau, de três, quatro ou cinco anos, considerando-se a data da prolação da sentença. Já houve época, na transição para o processo "digitalizado", que o tempo consumido com essa atividade braçal e burocrática ultrapassava a casa de doze meses, na Segunda Região. A espera impõe prejuízo, sempre, ao credor. A parte que tem direito padece com a distribuição desproporcional dos efeitos do tempo no processo judiciário.

Abrandar-se-á, sensivelmente, essa deletéria consequência, quando se adote um sistema de execução de sentença provisória, como o que propõe o novo Código.

Em regra, acentua o art. 520, IV (NCPC), os atos que importem expropriação dependem de caução idônea e prévia, prestada nos autos pela parte exequente. Existem, no entanto, exceções, que reduzem injustiças e prestigiam a efetividade do processo, como instrumento de distribuição de cidadania, não como ferramenta de empacotamento de fases burocráticas.

Do rol dessas exceções, emerge, em primeiro lugar, a cobrança das dívidas de origem alimentar "independentemente de sua origem", como se lê no inciso I, do art. 521 (NCPC). Observe-se que não há, sequer, necessidade de muita ilação interpretativa para aí incluir os créditos trabalhistas, eis que a própria Lei indica "independentemente de sua origem". A Constituição reconhece o caráter alimentar dos créditos dessa natureza e todo o ordenamento jurídico presta tributo a eles, ao inquiná-los de superprivilegiados. Tempo é de ultrapassar-se a barreira da ironia e assumir-se o valor verdadeiramente alimentar do crédito trabalhista, aplicando-se a exceção do art. 521, I, do NCPC, para antecipar, sem caução, os atos expropriatórios em execução de título judicial provisório.

Impende gizar dois aspectos: (1) a Lei atribui ao juiz o dever de não aplicar as exceções, liberando-se a caução, se da "dispensa possa resultar manifesto risco de grave dano de difícil ou incerta reparação" (art. 521, parágrafo único); e (2) sentença não é rascunho de justiça, para valer apenas depois de passada a limpo pelos demais graus de jurisdição. A enorme maioria das matérias apreciadas em primeiro grau, na Justiça do Trabalho, encontra-se pacificada pela jurisprudência estabilizada e não apresenta inovação capaz de acender a chama dos recursos viáveis. A prática, no entanto, caminha para que se aguarde, depois da 'penhora', até que o último agravo regimental, em agravo de instrumento, em recurso de revista seja denegado – ainda que com multa – para prosseguimento dos atos expropriatórios, em franco demérito à efetividade

A primeira exceção, diga-se, ainda, que autoriza a dispensa da caução, não refere a estado de necessidade, eis que a Lei o *presume,* a partir da natureza alimentar do crédito, "independentemente de sua origem". Não se fala, aqui, portanto, em comprovação da necessidade ou desproporção entre o crédito e a suposta urgência pelo exequente. A regra anterior previa, além da demonstração da urgência, também o limite de sessenta salários mínimos, elementos abandonados pela nova Lei.

A caução pode dispensar-se, ainda, prevê o inciso II, do art. 521, se o credor encontrar-se em *estado de necessidade*. Aqui, sim, o credor deve *demonstrar* sua situação de dependência dos valores da execução, para valer-se da antecipação dos atos expropriatórios, sem prestar caução nos autos. Diante da utilização do vocábulo *demonstrar,* que não se confunde com *declarar,* estima-se presente o ônus da demonstração, pesando sobre os ombros do exequente.

A terceira hipótese de dispensa da caução repete a hoje vigente e se traduz na pendência de agravo de instrumento, para destrancar recurso extraordinário, em gênero, a saber, o próprio, o especial e o de revista. A análise quantitativa das reformas substanciais nos agravos de instrumento em situação desse jaez estimularam o legislador a considerar menos arriscado ao equilíbrio da justiça o prosseguimento dos atos executórios, do que a longa espera pelo julgamento, quase sempre, de improcedência do pedido do devedor.

Finalmente, a última hipótese de liberação da caução para atos expropriatórios na execução de sentença provisória diz respeito à adoção, pelo novo Código, da jurisprudência estabilizada com força vinculante. O já citado art. 927 impõe a observância, pelos juízes, das súmulas e decisões estáveis dos Tribunais, com força de vinculação. Providência desse tine tende a tornar a prestação jurisdicional mais célere, porque menos acidentada e menos acidental. Mais uniforme e prenhe de segurança jurídica. O prêmio aparece na antecipação do cumprimento definitivo da sentença, ainda que penda recurso, até o fim dos atos expropriatórios, quando a decisão exequenda encontrar-se em "consonância com súmula da jurisprudência do Supremo Tribunal Federal ou do Superior Tribunal de Justiça ou em conformidade com acórdão proferido no julgamento de casos repetitivos".

A adoção da posição estabilizada pela jurisprudência tem o condão prático, objetivo e efetivo de antecipar o final do processo, com a abreviação, em termos concretos, da delonga da expectativa pela decisão final nos (quase) infinitos recursos.

6. COERÇÃO PARA PAGAMENTO

Dois elementos novos e de aplicação subsidiária ao processo do trabalho vêm criados pelo NCPC e enriquecerão a efetividade da execução, no que toca ao cumprimento das sentenças.

Ambos guardam origem na mesma ideia fundante, qual seja a de que a parte obrigada deve ser a que maior estímulo tenha em cumprir a sentença, não o contrário. A sentença deve incomodar, não acarinhar o devedor. Deve conturbar sua paz, atrapalhar sua vida, preocupá-lo, inibir a prática de outros atos, até que cumpra a ordem judicial e, com isso, além de contemplar a parte adversa com o direito que o sistema já lhe reconheceu, prestigie, também e principalmente, o Estado Democrático.

O primeiro encontra-se no art. 517 e trata do "protesto do título judicial". Superam-se, com a regulação, debates que surgiram no âmbito da Justiça do Trabalho, quanto à legalidade da medida. Em passado recente, após os Tribunais Regionais adotarem convênios com os serviços de proteção ao crédito para que o protesto de sentenças ocorresse mediante comunicação eletrônica e, portanto, com maior fluidez e menores custos, o então Corregedor-Geral da Justiça do Trabalho[7] recomendou, em correições ordinárias, o cancelamento da referida

---

(7) As atas das correições ordinárias, com referida recomendação, encontram-se disponíveis em: <http://www.tst.jus.br/correicoes-realizadas/-/asset_publisher/4b6B/content/2011-2013-correicoes-da-gestao-do-ministro-antonio-jose-de-barros-levenhagen?redirect=http%3A%2F%2Fwww.tst.jus.br%2Fcorreicoes-realizadas%3Fp_p_id%3D101_INSTANCE_4b6B%26p_p_lifecycle%3D0%26p_p_state%3Dnormal%26p_p_mode%3Dview%26p_p_col_id%3Dcolumn-2%26p_p_col_count%3D>. Acesso em: 31 jan. 2016.

providência, por considerá-la ilegal, à míngua de previsão normativa expressa.

O capital não opera com base em premissas ou valores que não se traduzam no binômio *lucro-prejuízo*. Logo, se o empreendedor tiver sobre sua mesa uma sentença e uma duplicata de fornecedor, ambas com vencimento em mesma data, pagará a segunda, deixando a sentença sem cumprimento. Não porque seja um mau caráter, mas porque a omissão no adimplemento oportuno da duplicata gerará *prejuízos* imediatos, a saber, a incidência de juros, de multa de mora e, sobre todos, o protesto do título vencido, o que inviabiliza, em termos práticos, sua atuação no mercado.

A sentença levada a protesto notarial incomodará o devedor, a ponto de tornar prioritária a regularização e incontinenti o cumprimento de seu conteúdo, na medida em que essa prática fala a língua compreendida pelo capital.

Quiçá os revogados convênios ressurjam com força e rapidamente, para que a providência burocrática encurte-se pelas trilhas céleres e baratas da infovia, com o apertar de um botão.

A segunda diz respeito à ampliação das medidas coercitivas, inclusive a imposição de multa pecuniária, para cumprimento de obrigação de pagar. A evolução legislativa do processo civil, por todos reconhecida, caminhou rumo à tutela *específica*, que se atinge com a imposição, mediante instrumentos coercitivos, da obrigação diretamente ao devedor. O cume atingiu-se, na legislação hoje vigente, com a redação do art. 461, do CPC. Ocorre que tal providência limitou-se às obrigações de fazer.

O NCPC estende a todas as obrigações previstas em sentença, o dever de o juiz tomar as medidas disponíveis a impor ao obrigado o cumprimento da ordem judicial, inclusive as que tenham por objeto prestação pecuniária. É a multa para pagamento, como se lê no art. 139, inciso IV:

> "139. O juiz dirigirá o processo conforme as disposições deste Código, incumbindo-lhe:
>
> (...) IV. determinar todas as medidas indutivas, coercitivas, mandamentais ou sub-rogatórias necessárias para assegurar o cumprimento de ordem judicial, inclusive nas ações que tenham por objeto prestação pecuniária;"

Abrem-se caminhos alvissareiros, por meio de instrumentos inquestionavelmente aplicáveis ao processo do trabalho, em prestígio da efetividade da execução.

7. À ESPERA DO INÍCIO

Os debates apenas aquecem-se, pois que somente a jurisprudência estabelecerá, em alguns anos, o uso, os limites de incidência e o sentido da aplicação supletiva do novo CPC ao processo do trabalho.

Não haja ilusão de que o objetivo propalado pela comissão de jurisconsultos nomeada para apresentar o anteprojeto inicial do código, de torná-lo um instrumento de efetividade, tenha sido atingido. Não. Em alguns aspectos, a legislação patina e retroage. A contagem de prazo em dias úteis e a ampliação do número de recursos constituem exemplos que contrariam qualquer intenção de aprimoramento da ferramenta legal de efetividade da distribuição da justiça.

A hermenêutica, no entanto, permitirá, no exercício legítimo da jurisdição, a construção de estradas e atalhos, para que, a partir do substrato que, democraticamente, o Legislativo trouxe a lume, o Judiciário cumpra seu dever de auxílio na construção de uma sociedade mais justa, livre e solidária.

A TUTELA PROVISÓRIA DE URGÊNCIA NO NOVO CPC E O PROCESSO DO TRABALHO

Ana Francisca Rodrigues (*)
Marcelo Terra Reis (**)
Mariângela Guerreiro Milhoranza (***)

1. INTRODUÇÃO

Consoante ensina Didier[1], a tutela provisória é a tutela que se pretende definitiva concedida após cognição sumária. Isto quer dizer que a *tutela provisória* nada mais é que o próprio motivo que leva os requerentes a acessar a justiça, vez que pretendem, finalmente, que o bem na vida buscado, seja concedido de forma definitiva. Antes de adentrar nos aspectos que concedem provisoriedade ao direito tutelado, passa-se à análise de quais são os tipos de tutelas e a que elas servem.

Assim, parte-se do pressuposto da existência de *dois tipos* de tutela para alcançar o fim proposto: a *tutela definitiva* e a *tutela provisória*. Deixando a análise da tutela provisória para mais adiante, aduz-se que a *tutela definitiva é aquela concedida após a ampla cognição do processo.* É exauriente e as decisões que a autorizam são, após esgotadas as possibilidades de recurso, imutáveis.

A *tutela definitiva*, também, se subdivide em dois tipos: tutela *satisfativa* e *cautelar (não satisfativa)*.

A tutela satisfativa é, ainda conforme Didier[2], aquela que visa certificar e /ou efetivar o direito material. Predispõe-se à satisfação de um direito material com a entrega do bem da vida almejado. É na busca pela tutela satisfativa que encontramos os maiores problemas causados pelo tempo decorrido entre a proposição do pedido e a finalização do processo, e é daí que também decorre o perigo na demora na efetivação do direito.

A tutela satisfativa pode ser de *certificação de direitos* ou *de efetivação de direitos*. A tutela satisfativa de certificação é aquela encontrada em decisões com efeitos declaratórios, constitutivos e condenatórios, já a tutela definitiva de efetivação de direitos é aquela encontrada em decisões com efeitos executórios.

Ainda quando da vigência do CPC de 1973, a tutela definitiva satisfativa foi compreendida como uma tutela demorada, sendo vista como a tutela que necessitava de um período razoável para que todas fases do devido processo legal fossem cumpridas a fim de que as decisões fossem levadas ao rigor da lei e aos graus de jurisdição existentes para que enfim pudessem se tornar imutáveis, sendo merecedoras da moldura que a segurança jurídica proporcionava. Sendo demoradas, necessitavam de um instrumento que pudesse solucionar as urgências trazidas para apreciação do Poder Judiciário e assim foi concebida a ideia da antecipação dos efeitos da tutela, preconizada no art. 273 do CPC de 1973.

Ocorre que a tutela antecipada, como hoje conhecemos, foi por muitos confundida com a tutela cautelar em sua generalidade (a qual logo falaremos), o que certamente perdura até hoje através de uma corrente que entende que com o advento da tutela antecipada as cautelares definitivas também deixaram de existir ou perderam sua razão de ser, e, portanto, diante deste entendimento (que ao nosso ver é equivocado) é que deve ser, de uma vez por todas, assimilada, sob pena de o Novo Diploma Processual não ser compreendido e ter a celeridade que proporciona, criticada.

(*) *Especialista em Direito Público pela UFRGS, Advogada e Graduada em Direito pela PUCRS.*
(**) *Mestre em Desenvolvimento Regional pela FACCAT, Especialista em Direito do Estado pela UFRGS, Coordenador do Curso de Direito da FACOS – Faculdade Cenecista de Osório e Coordenador de Relações Comunitárias da CNEC Osório e Advogado e Osório/RS.*
(***) *Pós Doutora em Direito pela PUCRS, Doutora em Direito pela PUCRS, Mestre em Direito pela PUCRS, Especialista em Direito Processual Civil pela PUCRS, Professora da Pós Graduação em Direito e Processo do Trabalho da PUCRS, Professora da Pós Graduação em Direito Previdenciário da UNISC, Professora da Pós Graduação em Direito Tributário da Unisinos (Contribuições Previdenciárias), Professora da Graduação e Coordenadora da Pós Graduação em Direito Previdenciário e Direito do Trabalho da FACOS – Faculdade Cenecista de Osório, Professora da Graduação da São Judas Tadeu em Porto Alegre/RS, Professora da Pós Graduação em Direito Previdenciário da UNISC, Professora da Pós Graduação em Direito Tributário da Unisinos (Contribuições Previdenciárias) e Advogada em Porto Alegre/RS.*
(1) JR., Fredie Didier; BRAGA, Paula Sarno; OLIVEIRA, Rafael Alexandria. p. 561.
(2) Ibid. p. 562.

Vejamos, portanto, a que se referem as *tutelas cautelares* e porque elas se diferenciam tanto da tutela antecipada como conhecemos hoje.

A tutela cautelar se encaixa no rol das tutelas definitivas. Não se pode confundir o termo *cautelar* com a ideia de que esta cautela seja provisória, pois isto certamente está equivocado.

A *tutela definitiva cautelar* é uma tutela não satisfativa, isto porque ela não serve para satisfazer a concessão do bem da vida almejado, mas sim, para conceder os *meios que asseguram* a satisfação deste bem.

Didier[3] ensina que a tutela cautelar tem cunho assecuratório e que serve para conservar o direito afirmado, neutralizando os efeitos maléficos do tempo. A tutela cautelar não visa à satisfação de um direito (ressalvando, obviamente, o próprio direito à cautela), mas, sim, a assegurar a sua futura satisfação, protegendo-o.

Quanto à tutela cautelar, imprescindível que façamos sua distinção não apenas por seus objetos, mas também quanto suas características: a referibilidade e a temporariedade.

Marinoni[4] leciona que para que seja possível a realização da tutela satisfativa do direito, pode ser necessário alçar-se mão da tutela cautelar – que visa a assegurar que a tutela satisfativa possa futura e eventualmente ocorrer. Existe direito à satisfação dos direitos e existe direito à sua asseguração – que é um direito referível àquele. Didier, de forma extremamente didática, ao tratar da referibilidade diz que "A tutela cautelar é meio de preservação de outro direito, o direito acautelado, objeto da tutela satisfativa. A tutela cautelar é, necessariamente, uma tutela que se refere a outro direito, distinto do direito à própria cautela. Há o direito à cautela e o direito que se acautela. O direito à cautela é o direito à tutela cautelar; o direito que se acautela, ou direito acautelado, é o direito sobre o qual recai a tutela cautelar. Essa referibilidade é fundamental."

No que refere à temporariedade da tutela cautelar, pode-se dizer que leva este nome em razão de sua eficácia ser temporária, ou seja, limitada no tempo. A tutela cautelar, como já dito, serve para proteger o direito acautelado, serve para garantir que o direito maior e principal seja futuramente garantido, e, portanto, quando tal é satisfeito, a eficácia da cautela perde o efeito. Não se pode, contudo, acreditar que por ter como uma de suas características a temporariedade, a tutela cautelar deixe de ser por isto, definitiva. Em seu curso de Direito Processual Civil, Didier[5] cita o mestre Ovídio Baptista da Silva o qual ensina com muita propriedade a respeito desta diferenciação, vejamos "O provisório é sempre preordenado a ser trocado pelo definitivo que goza de mesma natureza – ex.: "flat" provisório em que se instala o casal a ser substituído pela habitação definitiva (apartamento de edifício em construção). Já o temporário é definitivo, nada virá em seu lugar (de mesma natureza), mas seus efeitos são limitados no tempo, e predispostos à cessação – ex.: andaimes colocados para a pintura do edifício em que residirá o casal lá ficarão o tempo necessário para a conclusão do serviço (e feito o serviço, de lá sairão, mas nada os substituirá)."

A tutela cautelar, portanto, quando tratada como espécie do gênero das tutelas definitivas, será *definitiva*, eis que, para o direito que ela visa acautelar, a decisão não poderá ser modificada. E não poderá sofrer modificação pois teve cognição exauriente do mérito cautelar, onde certamente o direito à segurança restou comprovado. Didier[6] lembra que a cognição do direito material acautelado é que é sumária, bastando que se revele provável para o julgador, ou seja, "A probabilidade do direito (tradicionalmente chamada "fumus boni iuris") é elemento do suporte fático do direito à cautela. Ou seja: para que seja reconhecido o direito à tutela cautelar de outro direito, é necessário mostrar que este *outro direito*, ou direito acautelado, é provável. Uma vez concretizado esse suporte fático (probabilidade do direito acautelado), o direito à cautela pode ser certificado com definitividade.[7]

Sendo assim, ainda conforme Didier[8] qualquer tutela definitiva, e somente a tutela definitiva, pode ser concedida provisoriamente, e, portanto, as espécies de tutela definitiva são as espécies de tutela provisória. A tutela provisória, por sua vez, engloba a tutela satisfativa e a tutela cautelar.

O legislador pretérito resolveu chamar de *Tutela Antecipada* a tutela provisória satisfativa, a qual antecipa os efeitos da tutela definitiva. Contudo, ao fixar tal nomenclatura, acabou por misturar os conceitos (tutela provisória satisfativa e tutela provisória não satisfativa – ou cautelar), fazendo com que dois tipos de tutelas provisórias fossem compreendidas como uma só. No entanto, há que se lembrar que a tutela cautelar, além de ser definitiva, também pode provisória, e isto acontece quando ela concede eficácia imediata à tutela definitiva não satisfativa. Temos enfim, corretamente, a seguinte classificação:

1) Tutelas jurisdicionais que se dividem em: 1.1) tutela definitiva e 1.2) tutela provisória.

---

(3) JR., Fredie Didier; BRAGA, Paula Sarno; OLIVEIRA, Rafael Alexandria. p. 562.
(4) MARINONI, Luiz Guilherme; ARENHART, Sergio Cruz; MITIDIERO, Daniel, p. 197.
(5) BAPTISTA, Ovidio apud JR., Fredie Didier; BRAGA, Paula Sarno; OLIVEIRA, Rafael Alexandria. p. 563.
(6) Ibid. p. 564.
(7) Ibid. p. 564.
(8) Ibid. p. 569.

2) As tutelas definitivas se dividem em 1.1.1) tutelas definitivas satisfativas e 1.1.2) tutelas definitivas não satisfativas (cautelares).

3) As tutelas provisórias se dividem em 1.2.1) tutelas provisórias satisfativas e 1.2.2) tutelas provisórias não.

1. DA ANTECIPAÇÃO PROVISÓRIA DOS EFEITOS DA TUTELA DEFINITIVA

Para o processo, o tempo é um mal necessário. Precisamos de tempo razoável para que o julgador possa conhecer do caso e de suas peculiaridades, bem como possa promover o contraditório. Porém, em situações de urgência, quando o titular do direito não pode esperar, sob pena de grave risco e de perigo irreparável (ou de incerta reparação), o legislador nos alcança no Novo CPC o instrumento da *antecipação provisória da tutela* (conhecida anteriormente apenas por tutela antecipada), a qual irá antecipar provisoriamente a própria tutela definitiva.

Uma figura também nova, no Novo CPC, é a chamada *evidência*, a qual, segundo Didier[9], aparece em situações sem urgência mas que, em se tratando de direito evidente (ou seja, aquele de fato comprovado por prova nos autos) é merecedor de tutela por não ser justo nem adequado que o titular do direito suporte a árdua tarefa de aguardar pelo tempo adequado à cognição, julgamento e cumprimento da sentença.

Há que se deixar claro que o legislador, na edição do Novo CPC, quis tornar o efeito do tempo, pra quem aguarda, mais brando à medida em que fique demonstrada a evidência do seu direito ou mesmo a urgência.

2. AS TUTELAS DE URGÊNCIA NO NOVO CPC

Aprioristicamente, assevera-se que o Livro de Cautelares que estava presente no Código de Processo Civil de 1973 e que trazia um rol de nomenclaturas, foi totalmente extinto. O Novo CPC realocou as Cautelares direcionando-as para o Livro V que trata das Tutelas Provisórias como um todo. Sendo assim, pelo que dispõe o art. 294, a tutela provisória poderá ser de *urgência* ou de *evidência*.

Segundo Moraes[10] cabe salientar, desde logo, que o novo Código de Processo estabelece como tutelas de urgência tanto a satisfativa (tutela antecipada), como a cautelar, sendo que a tutela da evidência, que constitui novidade em termos de Direito Positivo, não é considerada tutela de urgência. Todas elas, contudo, são consideradas tutelas provisórias.

A tutela de urgência poderá ser *satisfativa* e *cautelar* (não satisfativa), sendo que nos dois casos o deferimento tem como requisito a demonstração da probabilidade do direito (*fumus boni iuris*) e, ainda, a demonstração do perigo de dano ou de ilícito bem como do comprometimento da utilidade do resultado final que a demora do processo representa. (*periculum in mora*). Vejamos o art. 300 do Novo CPC, o qual informa sob quais aspecto tais tutelas deverão ser concedidas:

> Art. 300. A tutela de urgência será concedida quando houver elementos que evidenciem a probabilidade do direito e o perigo de dano ou o risco ao resultado útil do processo.
>
> § 1º Para a concessão da tutela de urgência, o juiz pode, conforme o caso, exigir caução real ou fidejussória idônea para ressarcir os danos que a outra parte possa vir a sofrer, podendo a caução ser dispensada se a parte economicamente hipossuficiente não puder oferecê-la.
>
> § 2º A tutela de urgência pode ser concedida liminarmente ou após justificação prévia.
>
> § 3º A tutela de urgência de natureza antecipada não será concedida quando houver perigo de irreversibilidade dos efeitos da decisão.

O art. 296 autoriza a revogação ou a modificação, a qualquer tempo, da tutela concedida (satisfativa ou cautelar), portanto, a urgência não será concedida quando houver perigo de irreversibilidade dos efeitos da decisão (art. 300 § 3º).

Há novidades também quanto à necessidade de caução para que haja a concessão da tutela de urgência. O juiz, nos casos em que a caução couber, deverá requerê-la para garantir o ressarcimento de danos da parte contrária se ela vier a existir. Vejamos o que diz Moraes[11] a respeito da prestação de caução:

> Agora, pelo novo CPC, a necessidade de caução, como condição para que seja efetivada a tutela de urgência concedida, é estendida às duas modalidades de tutelas de urgência: a satisfativa e a cautelar, como regra, sendo que somente em caso de a parte-demandante ser beneficiária de gratuidade da justiça ou de assistência judiciária é que não estará obrigada a prestá-la, caso em que o juiz poderá conceder essa tutela, dispensando a caução (art. 300, § 1º). Mas, para isso, deverá o postulante da tutela de urgência, já na petição inicial, solicitar esse benefício da gratuidade, exceto se estiver sendo defendido pela Defensoria Pública, caso em que, de

---

(9) JR., Fredie Didier; BRAGA, Paula Sarno; OLIVEIRA, Rafael Alexandria, p. 567.
(10) MORAES, Voltaire de Lima, p. 239.
(11) MORAES, Voltaire de Lima, p. 240.

antemão, por óbvio, a hipossuficiência econômica se presume, dispensando postulação específica a esse respeito. Não se está com isso a dizer que, impondo o juiz a prestação de caução, não possa a parte pedir a sua dispensa depois dessa decisão. Contudo, em obediência ao princípio da razoável duração do processo (art. 5º, LXXVIII, da CF), é recomendável que, aquele que pede a tutela, e por ser de urgência, já o faça na petição inicial, evitando a postulação de dispensa de caução depois de já imposta, pois com isso estará retardando o cumprimento dessa tutela provisória deferida e dando causa, quiçá, a incidentes processuais desnecessários.

No que refere ao procedimento e ao momento de concessão da tutela de urgência, a tutela provisória de urgência (satisfativa ou cautelar) pode ser requerida de forma antecedente ou incidental. Nota-se que apenas a tutela de urgência pode ser requerida de forma antecedente. Quanto a este ponto, leciona Didier[12]:

> Essa classificação considera o momento em que o pedido de tutela provisória é feito, comparando-o com o momento em que se formula o pedido de tutela definitiva. Em ambos os casos, a tutela provisória é requerida dentro do processo em que se pede ou se pretende pedir a tutela definitiva.

Também vale a leitura da tese de Didier[13] no que tange à diferenciação entre a tutela provisória incidental e a tutela provisória antecedente. Vejamos:

> A tutela provisória incidental é aquela requerida dentro do processo em que se pede ou já se pediu a tutela definitiva, no intuito de adiantar seus efeitos (satisfação ou acautelamento) independentemente do pagamento de custas (art. 295 do CPC). É requerimento contemporâneo ou posterior à formulação do pedido de tutela definitiva: o interessado ingressa com um processo pleiteando, desde o início, tutelas provisória e definitiva e, no seu curso, pede a tutela provisória.
> [...]
> A tutela provisória antecedente é aquela que deflagra o processo em que se pretende, *no futuro*, pedir a tutela definitiva. É requerimento anterior à formulação do pedido de tutela definitiva e tem por objetivo adiantar seus efeitos (satisfação ou acautelamento). Primeiro, pede-se a tutela provisória; só depois, pede-se a tutela definitiva.
> A situação de urgência já existente no momento da propositura da ação, justifica que o autor, na petição inicial, limite-se a requerer a tutela provisória de urgência.

Já no que refere ao momento de concessão da urgência, ensina Moraes[14] que:

> Quanto ao momento de concessão da tutela de urgência, levando em conta o iter processual, embora o novo CPC fale que ela poderá ser concedida liminarmente ou após a audiência de justificação (art. 300, § 2º), não significa que o juiz não possa concedê-la após esses dois marcos cronológicos, mais adiante, ou até mesmo em sentença, consoante se infere do que dispõe o art. 1.012, § 1º, V, desse Código, que, ao tratar dos casos em que a apelação será recebida no efeito devolutivo, está a hipótese em que a sentença confirma, concede ou revoga a tutela provisória. Logo, a tutela de urgência pode ser concedida também em sentença. A jurisprudência já vinha sufragando essa linha de entendimento trazida pelo novo CPC, a despeito de o CPC de 1973, dizer que a apelação será recebida somente no efeito devolutivo, quando confirmar a antecipação dos efeitos da tutela (art. 520, VII), ignorando as situações em que ela é concedida ou revogada nesse provimento final. O novo Estatuto processual estabelece um comando normativo somente aplicável à tutela antecipada, que não se aplica à cautelar, no sentido de que ela não será concedida quando houver perigo de irreversibilidade dos efeitos da decisão (art. 300, § 3º). Essa disposição não constitui novidade, pois semelhante regramento consta do CPC de 1973, em seu art. 273, § 2º, que estatui: "não se concederá a antecipação da tutela quando houver perigo de irreversibilidade do provimento antecipado". De outro lado, na medida em que o legislador preferiu não mais fazer constar a tutela cautelar de Livro autônomo, como o fez o CPC de 1973, inserindo-a no Livro que trata da Tutela Provisória, e com isso eliminando as chamadas cautelares nominadas, torna-se incompreensível que essas medidas agora sejam referidas no art. 301 do CPC, como v.g., arresto, sequestro, arrolamento de bens, sem que esse novo Estatuto particularize os requisitos próprios que cada uma delas deve reunir para a sua concessão, gerando com isso dúvidas e incertezas, ou seja, onde buscar os conceitos e requisitos dessas cautelares aí mencionadas, se o de 2015 não as disciplina mais exaustivamente como o faz o CPC ainda em vigor? Para evitar tais incertezas e dúvidas, é melhor seguir uma interpretação no sentido que essa enumeração é meramente

---

(12) MORAES, Voltaire de Lima, p. 570.
(13) *Ibidem*, p. 571.
(14) MORAES, Voltaire de Lima, p. 239 e ss.

exemplificativa e adotar um entendimento de que, havendo necessidade de ser postulada uma medida cautelar, não vai importar o *nomen juris*, mas sim verificar se os requisitos estabelecidos pelo novo CPC para concessão delas estão ou não presentes: juízo de probabilidade e o perigo de dano ou o risco ao resultado útil do processo.

Em que pese ser tudo ainda muito novo, entende-se após a análise dos requisitos das tutelas no NCPC, as mesmas podem ser aplicadas ao processo do trabalho consoante veremos no tópico a a seguir.

3. AS TUTELAS PROVISÓRIAS NA JUSTIÇA DO TRABALHO

Estêvão Mallet assevera que "A ausência de norma disciplinando a antecipação da tutela em demandas trabalhistas, bem como a perfeita compatibilidade de semelhante instrumento com as normas pertinentes a tais demandas, compõem, com perfeição, o suporte para a incidência do art. 769, da CLT."

No âmbito do Processo do Trabalho, a antecipação da tutela de mérito poderá ser concedida tanto nas obrigações de dar como naquelas de fazer e não fazer, e, com o advento da Lei n. 10.444/2002, nas obrigações de entrega de coisa.

Partindo-se dos ensinamentos de Sergio Pinto Martins, entende-se que a tutela antecipada genérica prevista no art. 330, do CPC, terá cabimento nos seguintes casos, sem prejuízo de outros verificados na situação concreta: "quando o empregado provar que recebe menos do que o salário mínimo, ou menos do que o piso normativo ou profissional; para cobrança de diferenças salariais; no caso de empresa que está para falir ou que está em estado de concordata e não paga salários aos empregados, sendo o fato notório, hipótese em que haveria o perigo de demora da prestação jurisdicional no futuro, pois poderiam não mais ser encontrados bens para a garantia da execução; na hipótese de não pagamento de salários ao empregado por período igual ou superior a três meses, sem motivo grave ou relevante, importando a mora contumaz salarial de que trata o § 1º do art. 2º do Decreto-lei n. 368/68, desde que depois da defesa do empregador, pois este poderá provar, neste ato, que o empregado faltou ou ficou afastado por doença ou outro motivo."

Afirma, ainda, ser impossível a concessão da tutela antecipada, por invocação subsidiária ao CPC, para sustar transferência abusiva ou para reintegrar dirigente sindical, pois, para isso, há previsão específica nos incisos IX e X, do art. 659 da CLT.

Diz Sergio Pinto Martins que "no processo do trabalho, muitas vezes, o empregador é condenado a reintegrar o empregado e no dia seguinte este é impedido de trabalhar. Nem a força policial resolve o problema, pois o empregador é submetido a colocar o empregado em sua bancada de trabalho, mas, logo após a saída do oficial de justiça ou da polícia, o empregado é retirado do posto de trabalho. O cumprimento de obrigação de fazer ou não fazer, portanto, é muito difícil. A solução seria o pagamento de perdas e danos."

Há, ainda, vários outros exemplos de cabimento de tutela específica, nas obrigações de fazer e de não fazer, em que os casos mais concretos são os seguintes, conforme ensinamento de Sérgio Pinto Martins: "[...] gestante que trabalha em pé e precisa trabalhar sentada em razão da gravidez; empresa que exige serviços com pesos excessivos além de 20 quilos para o trabalho contínuo ou 25 quilos para o trabalho ocasional para a mulher (art. 390 da CLT) e o menor (§ 5º do art. 405 da CLT). Outros exemplos poderiam ser destacados, como de o empregador não estabelecer discriminações; de não rebaixar o trabalhador de função; de promover o obreiro nos casos de quadro organizado em carreira, por merecimento e antiguidade, etc.".

Destarte, no "no caso de falta ou recusa de anotação da CTPS do empregado, o reclamante não poderá pedir a fixação de multa pelo descumprimento da obrigação. Há expressa previsão nos §§ 1º e 2º do art. 39 da CLT (...), férias, art. 137 § 2º, atraso das verbas rescisórias § 8º do art. 477..."

Portanto, a aplicabilidade das tutelas provisórias do NCPC podem ser aplicadas ao processo do trabalho de acordo com o exame do caso concreto.

REFERÊNCIAS

JR., Fredie Didier; BRAGA, Paula Sarno; OLIVEIRA, Rafael Alexandria. *Curso de direito processual civil*. Salvador: JusPodivm. 10. ed.. 2015, V. II.

MORAES, Voltaire de Lima. *Novo Código de Processo Civil Anotado/OAB*. – Porto Alegre: OAB RS, 2015.

MARINONI, Luiz Guilherme; ARENHART, Sergio Cruz; MITIDIERO, Daniel. *Novo Curso de Processo Civil*: tutela dos direitos mediante procedimento comum. São Paulo: Revista dos Tribunais, 2015.

MARTINS, Sergio Pinto. *Direito processual do trabalho*. São Paulo: Atlas, 2015.

O GERENCIAMENTO DE LITÍGIOS A PARTIR DO NOVO CPC E A OTIMIZAÇÃO DA FASE DE CONHECIMENTO NO PROCESSO TRABALHISTA

Paulo Henrique Tavares da Silva (*)
Juliana Coelho Tavares da Silva (**)

1. INTRODUÇÃO

Pretendemos, de logo, demarcar a finalidade deste breve ensaio: explorar as possibilidades advindas com a vigência do novo Código de Processo Civil (doravante denominado por NCPC) acerca da fase conhecimento nos procedimentos típicos ocorrentes nas Varas do Trabalho, aqueles que a CLT denomina, singelamente, de reclamações.

Há muito que o juiz deixou de ser mero expectador da conduta das partes, para interferir nessa dinâmica processual, de maneira a otimizar o procedimento de adequação das normas ao caso concreto posto a conhecer. Por isso, assumimos aqui, claramente, que o magistrado, seja em que tipo de procedimento for, atua de forma estratégica, como um autêntico gestor. Pois assim não o fizer, o resultado esperado, a resolução do conflito, de forma célere e eficiente, poderá ficar comprometido.

Ocorre que o NCPC amplia a situação de protagonismo das partes e, naturalmente, como se trata de equação de poder, reduziu a participação do juiz na condução do feito. Tanto é assim que um dos seus pontos altos é o instituto dos "negócios processuais", deixando ao alvedrio dos contendores a possibilidade de estabelecer as premissas elementares do processo, tais como a dilação probatória, prazos e até mesmo a indicação de peritos.

No âmbito do processo trabalhista, a diretiva que reserva o comando da marcha procedimental nas mãos do juiz ainda persiste, não por mero apego aos poderes daí decorrentes, mas porque existe um imperativo principiológico ínsito nesse ramo especializado, atrelado ao objeto material a que serve o processo, qual seja a defesa do sistema protetivo que rege as relações de trabalho (em sentido ampliado ou estrito).

Por essa razão, uma vez que a norma processual comum ocupa posição de preeminência, muito embora com diretiva diversa daquela do procedimento especial que é o trabalhista, anima-nos enfrentar o desafio de adequar aquilo que existe na novel disciplina e que pode servir a otimizar as reclamações trabalhistas, sem que se perca, obviamente, a essência dos comandos maiores da Constituição Federal, referentes ao devido processo legal.

Nesse intento, o Tribunal Superior do Trabalho tomou a dianteira, cuidando de editar Instrução Normativa na qual dirime algumas dúvidas acerca do cabimento ou não de determinados institutos do NCPC ao processo do trabalho, disciplinamento que será também dissecado neste trabalho, embora com o viso focado na fase de conhecimento, especialmente na prática das audiências e naquilo mesmo que antecede a tais atos.

Portanto, inicia-se nossa jornada a partir da distinção que inspira o processo do trabalho em relação ao processo civil, ambos irmanados aos comandos constitucionais alusivos ao devido processo legal e acesso à jurisdição. Segue-se, também, uma análise acerca do papel do magistrado como gestor do processo, perspectiva que nem mesmo no NCPC deixou de ser olvidada, e é mesmo recebida como uma das grandes inovações daquele código recém-chegado. Esta aliás, é a primeira das perspectivas que nos ajudará na identificação de algumas ferramentas distintas daquelas residentes da CLT e capazes de impor a necessária agilização dos procedimentos, sem perder de vista a eficiência.

Mas não se resume o pensamento estratégico apenas no mapeamento daquilo pode ter serventia na seara trabalhista a partir do NCPC, igualmente faz-se necessário ajustar certas novidades ao espírito do procedimento especial, exercício que não é apenas de mão única, mas sim dialógico, até porque, o contraste do novo com o velho evidencia em alguns pontos a necessidade dessacralizar alguns cânones do processo do trabalho, a exemplo da oralidade.

(*) Doutor em Direitos Humanos e Desenvolvimento pela UFPB; Mestre em Direito Econômico pela UFPB; Professor da Unipê – Centro Universitário de João Pessoa; Juiz do Trabalho, titular da 5ª Vara do Trabalho de João Pessoa-PB; Vice-diretor da Escola Judicial do TRT da 13ª Região.
(**) Pós-graduanda em Direito Civil e Processo Civil pela ESA-OAB/PB, Pós-graduanda em Direito do Trabalho e Processo do Trabalho pela ESMAT13.

Feito isso, espera-se contribuir para o profícuo debate que se trava desde a publicação do NCPC e que ainda perdurará por um bom período, acerca do aproveitamento desse tão importante diploma como possibilidade de arejar um sistema que rapidamente se aproxima da condição de octogenário e, sem dúvida, carece de atualização constante, frente às novas perspectivas tecnológicas e teóricas que se abrem na pós-modernidade.

2. EIXOS PRINCIPIOLÓGICOS ESTRATÉGICOS

O NCPC, logo no primeiro artigo, proclama que o processo civil será ordenado, disciplinado e interpretado conforme os valores e as normas fundamentais contidas na Constituição Federal. Naturalmente, pode-se facilmente ir além, não sendo desarrazoado afirmar que o processo, seja ele de que ramo for, materializa-se a partir das perspectivas principiológicas e valorativas residentes inicialmente no texto constitucional.

Ali, na Constituição Federal, vamos encontrar o princípio da duração razoável do processo, assim enunciado: "a todos, no âmbito do processo judicial e administrativo, são assegurados a razoável duração do processo e os meios que garantam a celeridade de sua tramitação" (art. 5º, LXXVIII). Isto é, o **tempo** é um fator umbilicalmente atrelado à noção de eficiência que o ordenamento constitucional modela para o sistema processual. Isso não é de surpreender, uma vez que o conjunto normativo, como qualquer tecnologia, destinada ao controle social, busca sempre um funcionamento otimizado, congregando, valores como segurança, baixo custo e rapidez na composição dos conflitos.

Perseguindo aqueles escopos, o NCPC elege uma perspectiva inédita e paradoxal – que só o tempo dirá quanto à eficiência. Diz respeito ao compartilhamento de responsabilidades entre todos os atores processuais, a partir da dicção do seu art. 6º ("todos os sujeitos do processo devem cooperar entre si para que se obtenha, em tempo razoável, decisão de mérito justa e efetiva"). Essa nova visão "aponta para um modelo cooperativo em que as partes e o juiz participam e influenciam efetivamente na construção do provimento final, diferentemente do modelo adversarial, no qual o papel do juiz se resume ao expectator" (SANTANA, p. 53, 2016).

Extrai-se dali, a exemplo do mandamento constitucional, o fator "tempo" como elemento de destaque, apontando, corretamente, que somente se alcança uma resolução eficiente a partir do enfrentamento do mérito da demanda, que ação extinta de forma meramente terminativa é lide insepulta. E, embora não seja aqui o foro apropriado para tal discussão, entendemos por demais questionável encarnar essa resolução de mérito, necessariamente, a uma justiça (termo relativo, sendo justa a decisão para o vencedor, ao revés da percepção do sucumbente). Contudo, muitas vezes esse compartilhamento de responsabilidades esbarra no jogo dialético entre autor e réu, sendo a percepção do tempo tantas vezes distinta, e cuja passagem somente beneficia aquele que não tem direito à vitória, daí porque, tudo fará para retardar (seja seguindo às regras do jogo; ou mesmo não), a marcha dos atos procedimentais.

Esse compartilhamento é revelado no novo código de ritos a partir da figura dos chamados *negócios processuais*, descritos da seguinte forma:

> Art. 190. Versando o processo sobre direitos que admitam autocomposição, é lícito às partes plenamente capazes estipular mudanças no procedimento para ajustá-lo às especificidades da causa e convencionar sobre os seus ônus, poderes, faculdades e deveres processuais, antes ou durante o processo.
>
> Parágrafo único. De ofício ou a requerimento, o juiz controlará a validade das convenções previstas neste artigo, recusando-lhes aplicação somente nos casos de nulidade ou de inserção abusiva em contrato de adesão ou em que alguma parte se encontre em manifesta situação de vulnerabilidade.
>
> Art. 191. De comum acordo, o juiz e as partes podem fixar calendário para a prática dos atos processuais, quando for o caso.
>
> § 1º O calendário vincula as partes e o juiz, e os prazos nele previstos somente serão modificados em casos excepcionais, devidamente justificados.
>
> § 1º Dispensa-se a intimação das partes para a prática de ato processual ou a realização de audiência cujas datas tiverem sido designadas no calendário.

Conforme dissemos na parte antecedente, o Tribunal Superior do Trabalho, através da Instrução Normativa n. 39/2016, publicada no DOU de 16.03.2016, tomou a dianteira visando disciplinar os pontos que aquela Corte Superior entende aplicáveis (ou não) ao procedimento trabalhista, excluindo, taxativamente, o art. 190 acima citado, *in totum*, do seu âmbito de aplicação (art. 2º, item III da IN n. 39/16), mas nada dizendo acerca do artigo seguinte. E o instituto do calendário processual compartilhado não deve ser de todo excluído do processo trabalhista, desde que otimize o rito, haja vista que o art. 15 do NCPC, regra geral pertinente à aplicação supletiva e subsidiária do sistema geral aos subsistemas especiais, somente encontra encaixe graças à compatibilização específica *teleológica* destes e não no sentido contrário.

Neste particular, acerca do tempo no processo, na seara trabalhista, a regra de ouro reside no art. 765 da CLT, ao ditar "que os Juízos e Tribunais do Trabalho **terão ampla liberdade na direção do processo e velarão pelo andamento rápido das causas, podendo determinar qualquer diligência necessária ao esclarecimento delas**". Essa maneabilidade na condução do feito, vetusta na CLT, hoje é incorporada ao NCPC, onde se lê, no seu art. 139, acerca dos poderes do juiz, que a ele incumbe "dilatar os prazos processuais e alterar a ordem de produção dos meios de prova, adequando-os às necessidades do conflito de modo a conferir maior efetividade nos conflitos" (item VI). Aliás, neste item, segundo o TST, há plena compatibilidade com o processo do trabalho (art. 3º, III, da IN n. 39/16), algo, consoante vimos, nem necessidade de tal declinação haveria, frente a clareza do comando celetista.

Em sequência, faz-se uma breve incursão no papel do juiz como gestor do processo.

3. O GERENCIAMENTO DE LITÍGIOS: JUSTIÇA, CUSTO E TEMPO

A fim de ilustrar a mudança do papel do julgador na gestão de casos, imaginemos, inicialmente, a figura do juiz como árbitro, em pé, no meio do campo, esperando os times para apitar e arbitrar o jogo. Ao revés, hodiernamente, o magistrado pode e deve ser visto como aquele que entra em ambos os vestiários antes da partida, adverte os jogadores sobre possíveis faltas e impedimentos e alerta que vai ficar de olho neles. Por fim, guia as equipes para o campo e as controla durante todo o tempo (BELL, 2009, p. 77).

Paulo Eduardo Alves da Silva (2010, p. 21, 35), define o gerenciamento de processos judiciais como conjunto de práticas de condução processual e organização judiciária em direção à resolução mais adequada do conflito, no menor tempo possível e com o menor custo. Para tanto, depende de uma postura ativa do juiz no controle dos feitos, não se reduzindo a um conjunto de técnicas determinadas em lei, como são as regras processuais. Assim, pode-se afirmar que o gerenciamento do conflito combina justiça, custo e tempo na resolução do caso submetido ao Judiciário. A ideia é que fique sob a responsabilidade do Estado-juiz o controle do litígio.

De pronto, é importante pontuar que muito embora no Brasil o *judicial case management* tenha ficado conhecido como gerenciamento de processos judiciais, compartilhamos do posicionamento de Humberto Theodoro Jr. et al (2015, p. 253), no sentido de que a noção geral da expressão é de *gerenciamento de litígios*. Pois, são os litígios e não os processos, que dentro de um quadro de diversidade de tipos e graus de complexidade, merecem ser geridos e direcionados para a via processual adequada para seu dimensionamento.

Informa Bell (2009, p. 86), que as ferramentas que podem ser utilizadas pelo julgador para gerenciar conflitos são diversas e podem ser divididas em objetivas e subjetivas. Podem variar: (i) com a natureza do caso, ou seja, devem ser proporcionais ao bem que está em disputa e a complexidade da questão, diferenciando-se entre litigiosidade individual, coletiva e em massa, cotejadas com a eficácia da gestão dos litígios pelas partes envolvidas; (ii) com a disponibilidade de ferramentas fornecidas na jurisdição, já que o enquadramento legal e as regras processuais mudam de um lugar para outro; (iii) com a disposição dos juízes singulares para exercer os poderes de gestão de litígios, já que alguns juízes estão mais dispostos que outros a exercer uma postura diretiva ativa.

Para uma melhor compreensão do instituto, traz-se como exemplos, duas experiências já consolidadas de *case management*: o modelo norte-americano e o modelo inglês. Quanto ao primeiro, diante dos clamores da sociedade de maior eficiência para o aparelho estatal de justiça, na década de 90, o governo norte-americano apresentou 4 medidas integradas: O *Civil Justice Reform Act* (CJRA, 1990); as *Federal Rules of Civil Procedure* foram modificadas com vistas a redução do tempo de tramitação dos processos; a Casa Branca reformulou seus órgãos administrativos e os distritos organizaram grupos de trabalho para auxiliar as cortes no planejamento de outras medidas. O *case management* norte-americano é descentralizado. A lei limita-se a dar recomendações gerais e a partir delas, os tribunais criam programas de gerenciamento conforme suas peculiaridades (ALVES DA SILVA, 2010, p. 38).

O processo, de forma geral, inicia-se com a triagem: determinação do juiz de um encontro entre os advogados e as partes (*screening process*). Ali será possível ter-se um panorama do litígio, ao identificar os pontos controvertidos e explorar possíveis resoluções do caso fora e dentro da máquina Judiciária. Em seguida, uma petição contendo um resumo do resultado dessa discussão é enviado para a Corte, é possível inclusive, sugerir uma decisão e elaborar a respectiva minuta. (TAYLOR, 2003).

A chave do gerenciamento de processos norte americanos, no entanto, é a audiência preliminar (*pretrial proceedings*), momento em que o juiz se envolve com o caso logo no início do feito (*early judicial involvement*), em conjunto com os advogados e as partes, para planejar seus caminhos e controlar seus custos; envolvendo-se, inclusive, na atividade probatória, além de elaborar planos e cronogramas dos atos procedimentais específicos para cada caso, entre outros. O sistema visa encorajar acordos extrajudiciais. Todavia, caso isto não seja possível, as técnicas judiciais de gerenciamento do litígio possibilitam o Judiciário delimitar eficazmente os aspectos controvertidos do caso, de forma que o procedimento seja o mais efetivo e pouco custoso possível (TAYLOR, 2003).

Logo, pode-se dizer que é uma audiência que concentra postulação, instrução e julgamento. É possível notar que o processo ganha em concentração, oralidade e imediatidade e, com isso, em celeridade e economia processual, viabilizando, assim, o exercício de um contraditório substancial (ALVES DA SILVA, 2010, p. 39).

Por fim, registra-se a importância da estrutura judiciária norte-americana. Muito embora haja diferenciação entre ramos do Judiciário e entre Estados, em suma, temos o *magistrate judge,* um juiz leigo que auxilia o juiz togado, os *active judges, senior judges of the court* e *judges from outside the court.* Destaque-se também que "os servidores auxiliares do Judiciário não se limitam às funções cartoriais e de oficial de justiça" (ALVES DA SILVA, 2010, p. 41). Há ainda o *staff attorney,* "corpo de profissionais qualificados para auxílio jurisdicional aos juízes, composto majoritariamente por advogados, por voluntários encaminhados pela associação de advogados e juízes aposentados" (ALVES DA SILVA, 2010, p. 42).

O modelo inglês difere do norte americano pois foi instituído por uma ampla reforma legislativa que culminou nas *Civil Procedure Rules* (CPR,1999), um código de processo civil em que o aumento dos poderes de direção do juiz para o exercício do *case management* é um dos eixos, em verdade, pode-se falar em um dever dos juízes de promover o gerenciamento de litígios. Foi elaborado um relatório pelo Lord Woolf onde restou consignado que aos órgãos judiciais caberia promover a resolução consensual de conflitos, exercer um juízo de adaptação procedimental, fixar prazos razoáveis e assegurar o cumprimento do processo (ALVES DA SILVA, 2010, p. 42-43).

As CPR fixaram uma lista de objetivos gerais (*overriding objectives*) e listam técnicas para o juiz gerenciar o processo, entre elas: assegurar a igualdade das partes; economizar custos; tratar os casos de forma proporcional aos valores, importância, complexidade e posição financeira das partes; assegurar o processamento rápido e justo do caso; distribuir recursos ao caso considerando a existência de outras demandas; estimular a cooperação entre as partes nos procedimentos; identificar os pontos controvertidos; separar questões de investigação profunda e aquelas que podem ser decididas de forma sumária; estimular as soluções alternativas de conflito; fixar cronogramas de prazos e controle de andamento do processo; analisar o caso sem que as partes precisem comparecer a juízo; fazer o uso da tecnologia; julgar o maior número possível de questões numa mesma ocasião; direcionar o processo para assegurar que o caso seja julgado de forma rápida e eficaz.

O mesmo autor (2010, p.45) ressalta que a indisponibilidade do procedimento no sistema inglês é parcial, pois, não havendo vedação legal e desde que atingidos os *overriding objectives,* pode haver disposição de procedimento, prazos e ritos (*small claim track, fast track* e *multi track*).

Finalmente, faz-se necessário sublinhar dois aspectos do *case management* inglês: a estrutura das cortes da Inglaterra e o uso da tecnologia. Quanto ao primeiro, temos diferenças notórias em relação ao sistema norte-americano, já que os juízes são classificados em *district judge, master, judge e procedural judge,* e são distribuídos em centros com funções específicas (julgamentos, coletas de provas, processamento de demandas, alocação procedimental e fixação de cronograma etc.).

O uso da tecnologia, por outro lado, é peça-chave, já que há solicitações de esclarecimentos aos advogados por telefone, petições e documentos devem ser apresentados de forma *online,* a prova oral pode ser feita por meio de videoconferência e as audiências podem ocorrer por telefone, entre outros (ALVES DA SILVA, 2010, p. 46).

Foi elaborado, no ano de 2005 um relatório, pelos Professores John Peysner e Mary Seneviratne, visando reportar os impactos da mudança do gerenciamento processual implementada por via legislativa. Chegou-se à conclusão que: houve uma melhora da cultura de litígios, de forma que a reforma atingiu seu objetivo por meio de uma maior cooperação entre as partes e a corte; aumentou o número de acordos e poucos casos eram levados a julgamento; houve uma redução da demora, o que resultou em processos mais previsíveis e na mudança do controle do caso das partes para o órgão julgador. Contudo, apesar do aumento da qualidade da prestação jurisdicional, houve um incremento dos custos processuais. (PEYSNER; SENEVIRATNE, 2005, p. 1-3).

Steven Gensler (2010, p. 743-744), ao analisar as práticas de gerenciamento de litígios, tece diversas críticas, entre as quais destacamos a possibilidade de abuso do poder do magistrado, em uma postura arbitrária, ultra ativista e ideologicamente comprometida. Podem ser criados procedimentos *ad hoc,* customizados para cada caso, bem como as decisões são proferidas mais informalmente, com maior carga de discricionariedade, e, na maioria das vezes, as partes não podem recorrer para instâncias superiores.

É importante notar que os modelos de gerenciamento de litígios acima explicitados (experiência norte americana e inglesa) são todos provenientes de culturas de *common law.* Assim, poderia ser questionado, qual a aplicabilidade de todo o exposto no sistema processual brasileiro?

Não é ocioso destacar que a divisão doutrinária entre sistemas processuais inquisitorial (ou de *civil law*), em que o órgão jurisdicional é o protagonista do processo, e adversarial (ou de *common law*), em que o processo assume forma de competição e ao Estado-juiz cabe apenas uma postura passiva diante do litígio, é ultrapassada. Todavia, para fins didáticos, é possível dizer que no Brasil há um certo equilíbrio entre os dois sistemas, sendo misto, ou nas palavras de Fredie Didier Jr. (2015, p. 122), um sistema cooperativo. Para reforçar tal assertiva, basta perceber que a instauração do processo e fixação do objeto litigioso são atribuições da parte (arts. 2.141 e 492 CPC-2015), já em relação à investigação probatória, há possibilidade de produção *ex officio* (art. 370 CPC-2015).

No sistema processual brasileiro, muito antes da edição do CPC -2015, já existiam práticas de gerenciamento processual, ainda que não regulamentas pelo Estado.

Aponta Paulo Eduardo Alves da Silva (2010, p. 54-87) que elas podem ser divididas em dois grandes grupos: i) práticas de condução do processo propriamente (saneamento do processo, flexibilização do procedimento, tentativas de acordo, sessão prévia de conciliação ou audiência preliminar, condução do processo sem pausas – evitar proferir decisões agraváveis, concentrar publicação de decisões em um único momento, designar audiência de conciliação apenas quando necessário) e ii) as de organização dos serviços cartoriais (triagem, aspectos motivacionais, investimentos em estrutura, organização do fluxo de trabalho).

O Código de Processo Civil de 2015, com norte no sistema multiportas ou de técnicas integradas para dimensionamento do litígio, traz consigo a implementação definitiva de algumas práticas de gerenciamento processual. Vislumbra-se, inclusive, como sublinha Theodoro Jr. et al (2015, p. 253-256), o delineamento de um modelo próprio de *screening process*: i) possibilidade inaugural de julgamento imediato de causas em hipóteses que já exista direito jurisprudencial estabilizado (art. 332 CPC-2015); ii) audiência inaugural de conciliação ou mediação (art. 334 CPC-2015); iii) remessa imediata aos centros judiciários de solução consensual de conflitos, para buscar dimensionamento do conflito. Some-se a isso a possibilidade de todos os sujeitos processuais, caso a caso, definirem um cronograma detalhado do procedimento (calendarização prevista no art. 191 CPC-2015) e a cláusula geral de negócios jurídicos processuais (art. 190 CPC-2015).

Dessa forma, podemos concluir que o juiz brasileiro, atualmente, deve se preocupar com o tempo, custo e outras particularidades da causa, e ainda controlar a prática das tarefas processuais, em conjunto com as partes e seus advogados.

No entanto, como veremos a seguir, o TST, ao definir aquilo que incide e o que não repercute no processo do trabalho, acabou por mutilar elementos essenciais do novo modelo, o que pode prejudicar a eficiência máxima do sistema.

4. A DESSACRALIZAÇÃO DA AUDIÊNCIA TRABALHISTA

Ontologicamente, o procedimento trabalhista é centrado na técnica da oralidade, representando a audiência seu momento áureo, através do qual se dá o contato direto do juiz com as partes, objetivando extrair daí a conciliação. No dizer de Mauro Schiavi, oralidade é a razão de ser do processo do trabalho, "nitidamente, um procedimento de audiência e partes" (p. 110, 2015). Tanto é assim que no texto da CLT não se vê bipartição ou tripartição da audiência, esta que deve ser sempre una (nesse sentido, ver o artigo 843 e ss. daquele diploma). A passagem do tempo e a evolução do ordenamento jurídico material, com o consequente incremento da complexidade das questões postas em mesa, levaram à necessidade da prática de atos jurisdicionais antecedentes à audiência, a exemplo da concessão de liminares (seja em caráter cautelar ou antecipatório) e à introdução de ritos de natureza cautelar e especial que, a princípio, desnecessitavam de audiência, tais como as ações cautelares, possessórias, mandados de segurança, monitórias, dentre outras. Mas tudo isso encontrava justificativa na gradual interpenetração do rito processual comum nas ações trabalhistas, derivada da falta de remédios específicos capazes de enfrentar as novas demandas que aportavam nas Varas do Trabalho, à época, Juntas de Conciliação e Julgamento.

Mesmo com tudo isso, alguns juízes do trabalho teimavam em submeter tais demandas às audiências inaugurais, trasmudando ritos tradicionalmente desenvolvidos nos gabinetes para os ambientes das salas de audiências. Isso talvez motivado por uma cultura desenvolvida no âmbito dos magistrados do trabalho voltada ao conhecimento da causa apenas no momento em que se manteria contato com as partes em mesa, onde poderiam ser colhidos esclarecimentos complementares à causa.

A verdade é que o advento do NCPC somente fez confirmar um fato: a técnica da oralidade deixou de ocupar aquele destaque de décadas passadas. Impõe-se ao juiz do trabalho, na condição de gestor processual, adotar posturas estratégicas bem antes do encontro das partes.

Por outro lado, até em relação aqueles magistrados que se utilizam da técnica da bipartição da audiência, no rito ordinário, entre inicial e instrução[1], tal ato não significará apenas um rito de passagem mecânico para uma nova etapa procedimental, muitas vezes pré-fabricado e durante uns poucos minutos. Tornou-se imperioso que o juiz tome conhecimento do feito antes das audiências, como forma de aumentar o grau de eficácia procedimental, eliminando contratempos com a devida antecedência.

Justamente por isso, resolvemos dividir nossa abordagem em dois momentos: a) atos judiciais estratégicos preparatórios; b) atos judiciais estratégicos de otimização da audiência. O termo estratégico liga-se aquilo que foi dito até então, considerando o juiz como um reitor do processo, articulador dos meios existentes almejando o atingimento de objetivos específicos, estes representados pela obtenção de julgamentos que tendem à imunização pela coisa julgada ou estabilização, no menor tempo

---

(1) Isso por um imperativo decorrente do volume desmesurado de serviço, com o crescente número de ações trabalhistas ajuizadas, dotadas cada vez mais de temas complexos, demandando das partes um momento posterior de reflexão e atuação visando cotejar as alegações e provas acostadas pelo adversário.

possível, sem vulnerar os cânones do devido processo legal (contraditório e ampla defesa).

4.1. Atos judiciais estratégicos de preparatórios

Conforme dito acima, o alvo a ser atingindo diz respeito à prolação de uma sentença de mérito. Nesse sentido, há que se fazer uma triagem inicial não apenas meramente formal, mas enfrentando o conteúdo da petição inicial, evitando-se atrasos indevidos e audiências desnecessárias. Embora já existisse tal disciplinamento no CPC de 1973 (art. 13), o TST, por meio da instrução normativa acima referida, reiterou a aplicação do disposto no art. 76, §§ 1º e 2º, do NCPC, destinado à prática de atos corretivos quanto à legitimidade ou defeito de representação da parte, apontando-se prazo razoável para tanto.

Quanto ao valor da causa, situação que na sistemática anterior, particularmente no processo do trabalho, em seu rito ordinário, emprestava-se um tratamento no mais das vezes frouxo, o NCPC dedica um detalhamento importante, incorporando à lei situações que já eram praticadas nas instâncias judiciais, quando se tratava de promover a correção *ex officio* da expressão econômica da causa. Isso impacta, decerto, na própria fixação do rito, considerando que o enquadramento ao sumaríssimo é resultante de uma soma de pedidos cujo valor não ultrapasse o patamar de 40 salários mínimos. Nesse sentido, a obrigatoriedade de se atribuir um valor a ação indenizatória (material ou moral) representa passo importante à delimitação da causa de pedir e da pretensão mediata (ver art. 292, V, NCPC).

Noutro lado, ainda prescreve o art. 292 em tela que:

> § 3º. O juiz corrigirá, de ofício e por arbitramento, o valor da causa quando verificar que não corresponde ao conteúdo patrimonial em discussão ou ao proveito econômico perseguido pelo autor, caso em que se procederá ao recolhimento das custas correspondentes.

Essa correção pode acarretar em mudança de rito (de sumaríssimo para ordinário e vice-versa), conduta que corretiva preventiva de todo salutar, ajustando os atos processuais subsequentes em função da nova realidade procedimental porventura advinda desses ajustes. É ato não passível de recurso, mas poderá ser atacado pela via do mandado de segurança, embora não vislumbremos, a princípio, direito líquido e certo a determinar rito processual, ainda mais quando em descompasso com a projeção econômica real da causa.

Indo mais além, a necessidade de uma aferição prévia é reafirmada por meio da admissão pelo TST da prática da rejeição liminar dos pedidos, inserta no art. 332 do CPC, com as seguintes nuances, previstas no art. 7º da IN n. 39/16:

> Art. 7º. Aplicam-se ao Processo do Trabalho as normas do art. 332 do CPC, com as necessárias adaptações à legislação processual trabalhista, cumprindo ao juiz do trabalho julgar liminarmente improcedente o pedido que contrariar:

I – enunciado de súmula do Supremo Tribunal Federal ou do Tribunal Superior do Trabalho (CPC, art. 927, inciso V);

II – acórdão proferido pelo Supremo Tribunal Federal ou pelo Tribunal Superior do Trabalho em julgamento de recursos repetitivos (CLT, art. 896-B; CPC, art. 1046, § 4º);

III – entendimento firmado em incidente de resolução de demandas repetitivas ou de assunção de competência;

IV – enunciado de súmula de Tribunal Regional do Trabalho sobre direito local, convenção coletiva de trabalho, acordo coletivo de trabalho, sentença normativa ou regulamento empresarial de observância obrigatória em área territorial que não exceda à jurisdição do respectivo Tribunal (CLT, art. 896, b, a *contrario sensu*).

Neste particular, cuidou o TST de excepcionar a possibilidade de julgamento liminar no caso patente de prescrição, mantendo a situação de reconhecimento prévio da decadência (algo de difícil materialização prática, convenhamos), entendimento que discordamos veementemente, haja vista que desde a sistemática processual anterior que a prescrição poderia ser reconhecida de ofício, atitude que eliminaria da pauta feitos sem viabilidade material. Ademais, como a decisão que julga liminarmente está sempre sujeita a juízo de retração, não se antevê prejuízos ao postulante, que poderá informar no feito a interrupção do prazo fatal por algum motivo legal.

A admissão processual da desconsideração da personalidade jurídica representa um dos pontos altos do NCPC. A IN N. 39/16 incorpora ao processo do trabalho essa novidade (art. 6º). Mas quando se trata da fase de conhecimento, o incidente já vem incorporado à petição inicial (NCPC, art. 134, § 2º), hipótese em que ordenará a citação do sócio. No entanto, a ordem para o sócio integrar à lide, por ser tal fato excepcional em decorrência da independência formal da empresa frente a seus sócios, não decorre de forma automática, como haveria de ser contra a empregadora formalmente indicada na peça de ingresso. Tal pedido deverá ser devidamente fundamentado e submetido à cognição judicial, isto porque o "requerimento deve **demonstrar** o preenchimento dos **pressupostos legais específicos para desconsideração da personalidade jurídica**" (§ 4º, art. 134, NCPC).

Como o tema da desconsideração da personalidade jurídica da empresa irá formar capítulo específico na decisão final, o requerimento de citação do sócio, além de acompanhado da narrativa fática que lhe suporta, haverá de ter residência numa das cláusulas legais existentes no Código Civil Brasileiro, Código Tributário Nacional ou Código de Defesa do Consumidor, diplomas que tratam da matéria e podem dar abrigo legal à postulação. Do contrário, impõe-se ao juiz determinar a emenda da inicial, nos termos do art. 321 do NCPC, ou, não sendo matéria sujeita à apuração fática, indeferirá a pretensão, por decisão terminativa, nos termos do art. 332 daquele diploma.

Enfim, afigura-se necessário o enfrentamento de eventual pedido liminar, seja de caráter cautelar ou antecipatório. Tal circunstância, a princípio, não desafiaria maiores comentários, mesmo porque raras são as ações trabalhistas que não contenham pedidos dessa natureza (liberação de depósitos do FGTS ou de cotas do seguro-desemprego, baixa na CTPS, reintegração, custeio de despesas médicas, dentre tantas outras). E decerto esta é a única situação que, sob a dicção ultrapassada da CLT, seria aquela a desafiar pronunciamento prévio do magistrado (CLT, art. 659, IX, referindo-se aqui à transferência abusiva). Não por outra razão que o TST aceitou, sem maiores problemas, a aplicação das tutelas de urgência ao processo do trabalho, insertas a partir do art. 294 e seguintes do CPC de 2015 (ver item VI, art. 3º, da IN n. 39/16).

Mas há na recém-chegada sistemática uma novidade que, no nosso entender, detém alto grau de resolução de conflitos de menor potencialidade, representada pela tutela antecipada requerida em caráter antecedente. Seus lineamentos estão contidos em dois artigos, a seguir transcritos:

> Art. 303. Nos casos em que a urgência for contemporânea à propositura da ação, a petição inicial pode limitar-se ao requerimento da tutela antecipada e **à indicação do pedido de tutela final**, com a exposição da lide, do direito que se busca realizar e do perigo de dano ou do risco ao resultado útil do processo.
>
> § 1º Concedida a tutela antecipada a que se refere o *caput* deste artigo:
>
> I – o autor deverá aditar a petição inicial, **com a complementação de sua argumentação, a juntada de novos documentos e a confirmação do pedido de tutela final, em 15 (quinze) dias ou em outro prazo maior que o juiz fixar;**
>
> II – o réu será citado e intimado para a audiência de conciliação ou de mediação na forma do art. 334;
>
> III – não havendo autocomposição, o prazo para contestação será contado na forma do art. 335.
>
> § 2º Não realizado o aditamento a que se refere o inciso I do § 1º deste artigo, o processo será extinto sem resolução do mérito.
>
> § 3º O aditamento a que se refere o inciso I do § 1º deste artigo dar-se-á nos mesmos autos, sem incidência de novas custas processuais.
>
> § 4º Na petição inicial a que se refere o caput deste artigo, **o autor terá de indicar o valor da causa**, que deve levar em consideração o pedido de tutela final.
>
> § 5º **O autor indicará na petição inicial, ainda, que pretende valer-se do benefício previsto no *caput* deste artigo.**
>
> § 6º Caso entenda que não há elementos para a concessão de tutela antecipada, o órgão jurisdicional determinará a emenda da petição inicial em até 5 (cinco) dias, sob pena de ser indeferida e de o processo ser extinto sem resolução de mérito.
>
> Art. 304. **A tutela antecipada, concedida nos termos do art. 303, torna-se estável se da decisão que a conceder não for interposto o respectivo recurso.**
>
> § 1º **No caso previsto no *caput*, o processo será extinto.**
>
> § 2º Qualquer das partes poderá demandar a outra com o intuito de rever, reformar ou invalidar a tutela antecipada estabilizada nos termos do caput.
>
> § 3º A tutela antecipada conservará seus efeitos enquanto não revista, reformada ou invalidada por decisão de mérito proferida na ação de que trata o § 2º.
>
> § 4º Qualquer das partes poderá requerer o desarquivamento dos autos em que foi concedida a medida, para instruir a petição inicial da ação a que se refere o § 2º, prevento o juízo em que a tutela antecipada foi concedida.
>
> § 5º **O direito de rever, reformar ou invalidar a tutela antecipada, previsto no § 2º deste artigo, extingue-se após 2 (dois) anos, contados da ciência da decisão que extinguiu o processo, nos termos do § 1º.**
>
> § 6º A decisão que concede a tutela não fará coisa julgada, mas a estabilidade dos respectivos efeitos só será afastada por decisão que a revir, reformar ou invalidar, proferida em ação ajuizada por uma das partes, nos termos do § 2º deste artigo.

Note-se que o desenho do instituto, primordialmente, não leva à coisa julgada. Tal fenômeno é eventual. Ele é vocacionado à resolução de pedidos que poderíamos chamar de "consumo imediato" e, no caso do NCPC, tem como elemento central a audiência de conciliação e mediação, oportunidade onde o juiz poderia exercer, em sua plenitude, os poderes de gestor da demanda. No âmbito comum, o recurso contra a decisão que defere tal tutela seria o agravo, na forma instrumentalizada, muito embora a doutrina aponte que qualquer forma de manifestação do réu que implique em irresignação quanto à concessão liminar já seria entendida como apta à conversão do rito para o ordinário, impondo o aditamento por parte do reclamante "com a complementação de sua argumentação, a juntada de novos documentos e a confirmação do pedido de tutela final, em 15 (quinze) dias ou em outro prazo maior que o juiz fixar". Tudo isso antes da audiência prévia.

Acontece que o TST excepcionou a prática da audiência de conciliação e mediação, bem assim da contagem de prazo para defesa após a prática de tal ato (IN n. 39/16, art. 2º, itens IV e V). Naturalmente, em nosso território, a audiência a ser designada é aquela prevista na CLT, seja em caráter "inicial" ou "una". Portanto, no caso do processo do trabalho, requerida uma tutela nos termos dos artigos em tela (cujo requerimento deverá ser expresso na petição inicial), concedida ou não a tutela, o aditamento deve ser imposto pela mesma decisão. Ausente o réu na audiência, dá-se o desencadeamento dos efeitos da revelia, com julgamento antecipado do feito. Ausentes as partes, o processo será arquivado, no entanto, se não houver pronunciamento específico do juiz acerca da tutela eventualmente deferida, ela se estabilizará, nos termos do art. 304, *caput*, acima citado. Presente apenas o reclamado, o feito será arquivado, mas igualmente deverá o juiz, ante os termos da defesa, manter ou revogar a medida deferida.

Haverá, assim, um arquivamento (leia-se, extinção do feito precoce) com efeitos diversos. Acerca do tema, lembra-nos Jaqueline Mielke Silva que "não é demasiado referir que não há nenhuma contradição em afirmar-se que a inexistência de coisa julgada da sentença que estabiliza a tutela antecipada com a circunstância da mesma ser de mérito. E isto por um simples e incontestável razão: o julgamento é prolatado com juízo de verossimilhança" (p. 123, 2015).

Note-se que isso não representa novidade no processo do trabalho, o que o NCPC fez foi apenas aclarar um fenômeno que já ocorria frequentemente em algumas Varas do Trabalho, em especial quando se trata de ações propostas em massa contra empresas de terceirização insolventes, onde se postulava, a título de antecipação de tutela, alvarás para obtenção do FGTS e do seguro-desemprego e, quando da primeira audiência, por uma razão qualquer, o reclamante faltava a audiência, arquivando o feito. Nesses casos, o autor já tinha usufruído dos benefícios iniciais da ação e pouco importava, naquele momento, a extinção precoce do feito ou não, valendo destacar que não se adotava qualquer medida no sentido de cassar a ordem liberatória anteriormente expedida ou mesmo determinar a devolução daquilo fora sacado.

Do exposto, bem se vê a quantidade de hipótese que ensejam a atuação prévia do juiz preparando o feito para a próxima etapa ou mesmo não permitindo que demandas defeituosas possam prosseguir, com o potencial de causar problemas futuros. Vejamos agora o que pode ser feito para otimizar os trabalhos por ocasião das audiências.

4.2. Atos judiciais estratégicos de otimização da audiência

Em geral, os juízes do trabalho não se preocupavam em destinar um momento específico na audiência para promover o saneamento do processo, considerando que tal atividade se dava de natureza contínua, ao longo de todo aquele evento, além do que, a CLT não reservava qualquer atenção especial acerca desse proceder.

A esse respeito, o TST, curiosamente, por meio da Instrução Normativa tantas vezes já mencionada, entendeu ser cabível no âmbito do processo do trabalho a chamada distribuição dinâmica do ônus da prova (art. 3º, VII, IN n. 39/16), inserta no NCPC no art. 373, §§ 1º e 2º, adiante transcrito:

> Art. 373. O ônus da prova incumbe:
>
> I – ao autor, quanto ao fato constitutivo de seu direito;
>
> II – ao réu, quanto à existência de fato impeditivo, modificativo ou extintivo do direito do autor.
>
> § 1º Nos casos previstos em lei ou diante de peculiaridades da causa relacionadas à impossibilidade ou à excessiva dificuldade de cumprir o encargo nos termos do *caput* ou à maior facilidade de obtenção da prova do fato contrário, **poderá o** juiz atribuir o ônus da prova de modo diverso, desde que o faça por decisão fundamentada, caso em que deverá dar à parte a oportunidade de se desincumbir do ônus que lhe foi atribuído.
>
> § 2º A decisão prevista no § 1º deste artigo não pode gerar situação em que a desincumbência do encargo pela parte seja impossível ou excessivamente difícil.

Mantendo a linha de limitar a cooperação entre os agentes processuais, empoderando o juiz na condução do processo, o que não deixa de encarnar um certo viés autoritário, o TST, simplesmente excluiu a hipótese prevista no § 3º daquele dispositivo, que dizia respeito à possibilidade de convenção entre as partes ser capaz de disciplinar o ônus probatório.

Mesmo considerando apenas aquilo que TST entende aplicável, o caminho mais acertado a seguir passa pela adoção de um momento específico, após a apresentação da defesa, a fim de que o juiz possa preparar o processo para a atividade probatória que seguirá (ou não). Nesse sentido, há que se aplicar ao processo do trabalho a figura inserta no art. 357 do NCPC, qual seja a prolação de decisão destinada ao saneamento e, quiçá mais importante, a organização do litígio, nestes termos:

> Art. 357. Não ocorrendo nenhuma das hipóteses deste Capítulo, deverá o juiz, em decisão de saneamento e de organização do processo:
>
> I – resolver as questões processuais pendentes, se houver;
>
> II – delimitar as questões de fato sobre as quais recairá a atividade probatória, especificando os meios de prova admitidos;
>
> III – definir a distribuição do ônus da prova, observado o art. 373;
>
> IV – delimitar as questões de direito relevantes para a decisão do mérito;
>
> V – designar, se necessário, audiência de instrução e julgamento.
>
> § 1º Realizado o saneamento, as partes têm o direito de pedir esclarecimentos ou solicitar ajustes, no prazo comum de 5 (cinco) dias, findo o qual a decisão se torna estável.
>
> [...]

Eis aqui o momento oportuno para se resolver questões preliminares importantes atinentes ao valor da causa ou à competência material, por exemplo, bem como, se for o caso, para se manejar o julgamento antecipado parcial do mérito da causa, previsto no art. 356 do NCPC, ou mesmo utilizar-se da tutela de evidência inserta no art. 311 daquele álbum. Aliás, o primeiro já tem afiançada aplicação ao processo do trabalho junto ao TST (art. 5º, da IN n. 39/16).

Destaque-se, mais uma vez, que, seguindo o espírito traçado pelo TST, as disposições acerca da participação dos demais atores processuais nesta fase, contidas nos § 2º e seguintes do art. 357, foram suprimidas do âmbito de aplicação no processo do trabalho. Todavia, se estamos em audiência, tanto melhor, pois ali o debate com as partes poderá ser profícuo no sentido de melhor acertar-se aspectos quanto à prova e etapas posteriores da audiência, inclusive uma proposta de calendário processual, hipótese esta não excluída pelo TST.

Ainda acerca da produção das provas, há importante disposição no NCPC, capaz de acelerar as instruções, aplicável às lides repetitivas, fruto, inclusive da cooperação judicial, outra vertente importante realçada daquele código, consistente no compartilhamento de termos de instrução. Assim, a prova oral colhida num juízo similar é de fácil aceitação, desde que oportunizado o contraditório, desaparecendo a polêmica já tradicional quanto à admissibilidade da prova emprestada no processo do trabalho. Nesse sentido, dita o art. 372 do CPC 2015: "O juiz poderá admitir a utilização de prova produzida em outro processo, atribuindo-lhe o valor que considerar adequado, observado o contraditório". Mais uma vez, quando do saneamento do processo, é a hora de resolver sobre a admissibilidade ou não da prova emprestada, abreviando-se, se for o caso, a audiência de instrução.

5. CONCLUSÃO

O leitor que nos honrou até agora com sua preciosa atenção, pode observar que procuramos neste breve ensaio tratar do impacto do NCPC no processo do trabalho adotando uma conduta de afastamento acerca de problemas que envolvem altas indagações jurídicas. Por isso, no mais das vezes, deixamos de questionar o posicionamento do Tribunal Superior do Trabalho de, deliberadamente, tolher a iniciativa das partes, em inúmeros momentos que a nova legislação assim o permite, maltratando o princípio da colaboração. Esse ajuste do novo ao antigo, uma vez que a CLT carrega historicamente um ranço autoritário, sem dúvida, merece uma análise mais aprofundada. A transição do modelo de *screening process* contido no NCPC foi transposto de forma mutilada para o procedimento trabalhista. No entanto, mesmo considerando aquilo que a Corte Superior do Trabalho considera aplicável, já podemos extrair algumas ferramentas objetivando otimizar o tráfego das demandas, isso, sem perder de vista os ditames maiores do devido processo legal (contraditório e ampla defesa).

Assim, poderíamos resumir nossa posição a partir da assunção de que audiência, até então rainha quando se trata do momento decisivo da cognição no processo do trabalho, necessita dividir espaço com um momento que lhe antecede, de gabinete, no qual será moldada a demanda antes da citação e outro, já em audiência, onde, sem prejuízo da participação dos atores processuais, fato inevitável, mesmo que não queira o TST, proceder-se-á aos ajustes finos necessários à continuidade da marcha procedimental.

O mais importante de tudo isso não reside apenas no novo modelo que se impôs ao processo do trabalho, graças ao contato dessas novas tendências com nossas práticas de mais meio século. É preciso que a mentalidade dos juízes e advogados se transforme. Nesse sentido, o princípio da gestão processual compartilhada, a partir da postura assumida pelo magistrado, representa um momento riquíssimo para que, gradualmente, haja essa transformação. O momento é mais de diálogo, acertamento, ajuste, do que suprimir alternativas, fechar portas.

Os princípios da concentração e da oralidade ainda continuam muito fortes no processo do trabalho, fazem parte da sua essência, mas têm de abrir espaço às alternativas que preparam a demanda para esse momento, pois a complexidade das relações de trabalho e das alternativas construídas pela própria legislação (material e processual), assim passaram a exigir.

Por isso falamos aqui em dessacralização da audiência e na atitude do juiz de ter um ativo contato com o litígio nos momentos que antecedem o encontro com as partes, rompendo a cultura de um certo automatismo que havia no processo do trabalho, onde a Secretaria da Vara preparava tudo até o advento da audiência.

Temos que reconhecer que o mundo mudou e a adaptação aos novos tempos é inevitável e salutar. O juiz é um estratego e tem que perceber que seu alvo maior é a aplicação da norma trabalhista aos casos concretos como um elemento necessário à pacificação social e ao desenvolvimento socioeconômico, priorizando a celeridade e a economia de tempo e de recursos.

REFERÊNCIAS BIBLIOGRÁFICAS

ALVES DA SILVA, Paulo Eduardo. *Gerenciamento de processos judiciais*. São Paulo: Saraiva, 2010.

BELL, Evan. Judicial case management. *Judicial Studies Institute Journal*. Irlanda, n. 2, v. 9, p. 76-121, 2009. Disponível em: <http://www.jsijournal.ie/html/Volume_9_No._2/9[2]_Bell_Case_management.pdf>. Acesso em: 13 mar. 2016.

DIDIER JR. Fredie. *Curso de Direito Processual Civil*: introdução ao direito processual civil, parte geral e processo de conhecimento. Salvador: JusPodivm, 2015. v. 1, 17. ed.

GENSLER, Steven S. Judicial case management: caught in the crossfire. *Duke Law Journal*. Durham, n.60, p. 670-744, 2010. Disponível em: <http://scholarship.law.duke.edu/cgi/viewcontent.cgi?article=1484&context=dlj>. Acesso em: 01 mar. 2016.

KAKALIK et al. Just, *Speedy and Inexpensive? An evaluation of judicial case management under the Civil Justice Reform Act. The institute for Civil Justice*. Santa Monica, CA: RAND, 1996.

PEYSNER, John; SENEVIRATNE Mary. *The management of civil cases: the courts and post-Woolf landscape*. London: Department for Constitutional Affairs, 2005. Disponível em: http://webarchive.nationalarchives.gov.uk/+/http:/www.dca.gov.uk/research/2005/9_2005_full.pdf. Acesso em: 19 mar. 2016.

SANTANA, Alexandre Ávalo. Os preceitos constucionais e as normas fundamentais do novo CPC. In: SANTANA, A.A.; NETO, J.A. *Novo CPC*: análise doutrinária sobre o novo direito processual brasileiro. 1. ed., v. 1. Campo Grande: Contemplar, 2016.

SCHIAVI, Mauro. *Manual de Direito Processual do Trabalho*. 9. ed. São Paulo: LTr, 2015.

SILVA, Jaqueline Mielke Silva. *A tutela provisória no novo Código de Processo Civil*: tutela de urgência e tutela de evidencia. Porto Alegre: Verbo Jurídico, 2015.

TAYLOR, Stephen E. *Case management in the federal courts of the United States of America*. Papers Presented in International Conference on ADR and Case Management May 3 – 4, 2003 New Delhi. Disponível em: <http://lawcommissionofindia.nic.in/adr_conf/adr_index.htm>. Acesso em: 19 mar. 2016.

THEODORO JR, Humberto et al. *Novo CPC*: fundamentos e sistematização, 2. ed. Rio de Janeiro: Forense, 2015.

UNITED KINGDOM. Ministry of Justice. *Procedure Rules*. Disponível em: <https://www.justice.gov.uk/courts/procedure-rules/civil/rules/part01>. Acesso em: 19 mar. 2016.

Pressupostos processuais e condições da ação no Novo CPC: uma aplicação ao processo do trabalho

Rennan Faria Krüger Thamay (*)

1. ASPECTOS INICIAIS

Uma das questões que merece, desde logo, afirmação para que não penda dúvida, em nossa teoria de pressupostos e nulidades, construída para evitar ao máximo o reconhecimento de nulidades e, dentro do possível aproveitar os atos processuais, comporta uma indagação estratégica e relevante em face da estruturação normativa do CPC/2015.

Assim, indaga-se, como alguns, desapareceram as condições da ação?

Para resolver esse questionamento de sublime importância, que poderia mudar por completo a forma de compreender o processo, utilizaremos o próximo subitem, certos de que, realmente, esse corte metodológico e substância deve ser feito nesse momento para que, então, não se comprometa toda a construção teórico-argumentativa desta obra.

2. SUMIRAM AS CONDIÇÕES DA AÇÃO NO NOVO CPC?

A expressão "condições da ação" não aparece no texto do novo Código de Processo Civil, que, todavia, exige interesse e legitimidade para a postulação em juízo (art. 17).

Indaga-se, então, se permanece a categoria das condições da ação, imaginando-se, por exemplo, que o interesse e a legitimidade possam agora ser considerados "pressupostos processuais".

Devagar com o andor.

A doutrina processual estuda três grandes temas: a jurisdição, o processo e a ação, variando, conforme a época, a importância dada a um ou outro desses temas. O certo, porém, é que conceitualmente processo é uma coisa, ação é outra coisa e jurisdição uma terceira. São conceitos complementares, mas que não se confundem.

Ora, se há condições relativas ao processo, desde Bülow estudadas sob o nome de "pressupostos processuais", é natural que também haja pressupostos da ação, as chamadas "condições da ação". Se o autor postula em juízo sem ter interesse nem legitimidade, há processo, mas não há ação apta a ser efetivamente eficaz.

Enquadrar a legitimidade e o interesse, entre os pressupostos processuais implica confundir ação com processo e não se pode pura e simplesmente negar a existência de condições da ação, por implicar negação do que a lei afirma: a necessidade de interesse e legitimidade para a postulação em juízo.

Isso deriva da observação sistêmica do CPC/2015, visto que segundo o art. 485, o juiz não resolverá o mérito quando: a) verificar a ausência de pressupostos de constituição e de desenvolvimento válido e regular do processo (inc. IV); b) verificar ausência de legitimidade ou de interesse processual (inc. VI).

Evidentemente, merece destaque que os pressupostos processuais estão tratados no inciso IV enquanto, de outro lado, as condições da ação estão trabalhadas no inciso VI.

Fica evidente, assim, que se tratam de temas, institutos e instrumentos diversos que, com destaque próprio, são tratados de forma estruturalmente pontual, pois os pressupostos estão para com o processo assim como as condições da ação (legitimidade e interesse) estão para a ação. São, realmente, instrumentos prévios de controle para que o exercício do direito de ação e processo não sejam confundidos e banalizados.

De outro lado, certo é que desapareceu a "possibilidade jurídica do pedido" como condição da ação, e com razão, porque a doutrina veio a concluir que ela não era senão uma hipótese de improcedência manifesta, tratando-se, pois, de uma questão de mérito.

(*) Pós-Doutorado pela Universidade de Lisboa. Doutor em Direito pela PUC/RS e Università degli Studi di Pavia. Mestre em Direito pela UNISINOS e pela PUC Minas. Especialista em Direito pela UFRGS. É Professor do programa de graduação e pós-graduação (Doutorado, Mestrado e Especialização) da FADISP. Foi Professor assistente (visitante) do programa de graduação da USP, Professor do programa de graduação e pós-graduação (lato sensu) da PUC/RS. Membro do IAPL (International Association of Procedural Law), do IIDP (Instituto Iberoamericano de Derecho Procesal), do IBDP (Instituto Brasileiro de Direito Processual), IASP (Instituto dos Advogados de São Paulo), da ABDPC (Academia Brasileira de Direito Processual Civil). Advogado, consultor jurídico e parecerista.

Com referencia à legitimação para a causa, também tem-se afirmado tratar-se de uma questão de mérito, mas aqui é preciso distinguir, porque há casos em que isso ocorre e casos em que não ocorre.

No âmbito das ações individuais, em que de regra só pode postular em nome próprio o titular do direito subjetivo invocado e somente em face do devedor ou obrigado, realmente a questão da legitimação para a causa envolve o mérito, porque o juiz, ao dizer que o autor não tem legitimidade ativa, por estar indevidamente a postular direito alheio, declara que o autor não tem direito subjetivo contra ou em face do réu.

Já, no âmbito das ações coletivas, salta aos olhos que a legitimação para a causa nada tem a ver com o mérito. Assim, por exemplo, a decisão que nega a legitimidade do Ministério Público para ação civil pública em prol de pessoa maior e capaz, nada diz sobre o mérito da causa.

Reafirmamos, pois, que ação é uma coisa e processo, outra coisa.

Permanece a categoria das condições da ação[1], porque permanece a exigência de interesse e legitimidade para a propositura de ação.

Em sentido contrário, sustentando o enquadramento da legitimidade e o interesse entre os pressupostos processuais, pronuncia-se Fredie Didier Jr. dizendo[2] que "... se apenas há dois tipos de juízo que podem ser feitos pelo órgão jurisdicional (juízo de admissibilidade e juízo de mérito), só há duas espécies de questão que o mesmo órgão jurisdicional pode examinar. Não há sentido lógico na criação de uma terceira espécie de questão: ou a questão é de mérito ou é de admissibilidade. A doutrina alemã, por exemplo, divide as questões em admissibilidade e mérito, simplesmente. Cândido Dinamarco, por exemplo, um dos principais autores brasileiros a adotar a categoria "condição da ação", já defende a transformação deste trinômio em um binômio de questões: admissibilidade e mérito".

Mas acrescenta Didier o seguinte esclarecimento: "Ao adotar o binômio, as condições da ação não desapareceriam. É o conceito "condição da ação" que seria eliminado. Aquilo que por meio dele se buscava identificar permaneceria existente, obviamente. O órgão jurisdicional ainda teria de examinar a legitimidade, o interesse e a possibilidade jurídica do pedido. Tais questões seriam examinadas ou como questões de mérito (possibilidade jurídica do pedido e legitimação *ad causam* ordinária) ou como pressupostos processuais (interesse de agir e legitimação extraordinária)"[3].

Conflui Didier Jr. com um elogio ao novo Código de Processo Civil, por omitir a referência às condições da ação, mas perguntamos: por quê elogiar, se, ainda que sem esse nome, as condições da ação permanecem, tendo-se, assim, uma mudança que ao fim e ao cabo deixa tudo igual?

Finalizando nesse ponto, sem ser exaustivos, veja-se como Galeno Lacerda afirma: "certos autores, adeptos dessa teoria, continuam a tratar as condições da ação em termos chiovendianos. Não se aperceberam da contradição entre considerar o direito de agir como simples direito à sentença e definir-lhes as condições de exercício como necessárias à obtenção de sentença *favorável*. Deve manter-se a distinção entre requisitos da ação e do processo, porque uma coisa é o direito subjetivo; outra, as relações jurídicas que dele brotam. Diferem como conceitos de termo e nexo. O primeiro, parte integrante do segundo, pressupõe exigências singulares; o último as requer plurais. Conceitos relativos, embora distintos, compreendem-se, contudo, mutuamente"[4].

Exatamente nesses termos compreendemos. Assim, "dentro da concepção abstrata do direito de ação, não se justifica, assim, o tratamento separado e oposto das condições da ação e do processo, pois junta-as um vínculo de conteúdo a continente"[5].

3. CONDIÇÕES DA AÇÃO

São condições da ação[6], conforme a doutrina de Liebman, "a possibilidade jurídica do pedido, o interesse de agir (necessidade e adequação do pedido formulado) e a legitimação para a causa"[7].

---

(1) Relevante destacar que o Supremo Tribunal Federal já firmou entendimento sobre a constitucionalidade das condições da ação no RE 631.240MG, rel. Min. Roberto Barroso, *DJe* 10.11.2014.
(2) DIDIER JR, Fredie. *Curso de direito processual civil*: introdução ao direito processual civil, parte geral e processo de conhecimento. 17. ed., Salvador: JusPodivm, 2015. p. 304-307.
(3) <http://www.frediedidier.com.br/wp-content/uploads/2012/06/Condições-da-ação-e-o-projeto-de-novo-CPC.pdf>.
(4) LACERDA, Galeno. *Despacho saneador*. Porto Alegre: Sérgio Antonio Fabris, 1985. p. 58.
(5) LACERDA, Galeno. *Despacho saneador*. Porto Alegre: Sérgio Antonio Fabris, 1985. p. 59.
(6) Segundo o STJ "os temas que gravitam em torno das condições da ação e dos pressupostos processuais podem ser conhecidos *ex officio* no âmbito deste egrégio STJ, desde que o apelo nobre supere o óbice da admissibilidade recursal, no afã de aplicar o direito à espécie, nos termos do art. 257 do RISTJ e Súmula n. 456 do STF (Precedentes: REsp 698.061 - MG, Relatora Ministra ELIANA CALMON), Segunda Turma, DJ de 27 de junho de 2005; REsp 869.534 - SP, Relator Ministro TEORI ALBINO ZAVASCKI, Primeira Turma, DJ de 10 de dezembro de 2007; REsp 36.663 - RS, Relator Ministro ANTÔNIO DE PÁDUA RIBEIRO, Segunda Turma, DJ de 08 de novembro de 1993". STJ - REsp: 864362 RJ 2006/0142749-7, Relator: Ministro LUIZ FUX, Data de Julgamento: 26/08/2008, T1 - PRIMEIRA TURMA, Data de Publicação: DJe 15.09.2008.
(7) TESHEINER, José Maria Rosa. THAMAY, Rennan Faria Kruger. *Teoria Geral do Processo*: em conformidade com o Novo CPC. Rio de Janeiro: Forense, 2015. p. 154.

A ação pode ser considerada: a) como direito a uma sentença qualquer, ainda que meramente processual (teoria do direito abstrato e incondicionado); b) como direito a uma sentença de mérito (teoria de Liebman, a ação como direito abstrato, porém condicionado); c) como direito a uma sentença de mérito favorável (teoria do direito concreto).

Em geral não se duvida que seja de mérito a sentença que, em processo de conhecimento, acolhe o pedido do autor. A dúvida surge quando a sentença não o acolhe, o que pode ocorrer em três situações diversas: a) o juiz extingue o processo por motivo meramente processual, sem examinar o pedido do autor; b) o juiz examina o pedido do autor e o afirma infundado (sentença de mérito). Portanto, a sentença de carência de ação somente pode ser definida (c) como aquela que extingue o processo, e não por motivo processual e, contudo, sem o exame do mérito, isto é, como a sentença que examina o pedido do autor e não o acolhe, embora sem afirmálo infundado (uma espécie de *non liquet* moderno). E porque não examina o mérito (não diz e nem nega razão ao autor) tal sentença não produz coisa julgada, como coerentemente dispõe o CPC/1973, assim como o CPC/2015, que adotou a teoria de Liebman de forma variada.

Afirmar-se, pois, que o exame das condições da ação envolve o mérito é um absurdo (autor carecedor de ação e com ação; entrega de uma sentença de mérito a quem não tem direito à prestação jurisdicional de mérito). Contudo, com frequência encontrase a afirmação de que o exame de tal ou qual condição da ação envolve o mérito. É que se pensa, então, em um conceito de mérito que não é o do CPC, nem o de Liebman, pois nem um nem outro elaboraram sistema com tal contradição interna.

O pronunciamento judicial que não resolve o mérito não obsta a que a parte proponha de novo a ação. Pelo contrário, a sentença de mérito produz coisa julgada material.

Assim, no que respeita ao processo de conhecimento, há um vínculo entre as ideias de mérito e de coisa julgada: se há exame do mérito, há produção de coisa julgada; não havendo exame do mérito, coisa julgada não o há.

Tal já era o pensamento do autor do anteprojeto, na vigência do Código de 1939: "O Código de Processo adotou, segundo Liebman, um conceito geral de mérito, que se encontra expresso no art. 287, quando dispõe que a sentença que decidir total ou parcialmente a lide tem força de lei nos limites das questões decididas". Lide é o fundo da questão, o que equivale dizer: o mérito da causa.[8]

Nessa linha de pensamento, Humberto Theodoro Júnior chegou a negar a existência de sentença de mérito, em processo cautelar, em face da inexistência de coisa julgada: "Como a ação cautelar é puramente instrumental e não cuida da lide, a sentença nela proferida nunca é de mérito, e, consequentemente, não faz coisa julgada, no sentido técnico".[9]

Embora reconhecendo o vínculo que, no processo de conhecimento, existe entre as ideias de mérito e de coisa julgada, assim que as condições da ação igualmente são condições para uma sentença com força de coisa julgada material, afirmamos que há mérito em ação cautelar.

No caso de sucumbência do autor, alguma dúvida pode surgir, porque ela tanto pode ser determinada por motivo de mérito (improcedência) quanto por falta de condição da ação ou de outro pressuposto processual. No caso, porém, de acolhimento, nenhuma dúvida pode haver: a decisão é de mérito, pois resolve o mérito. Ora, há casos de acolhimento do pedido de autor em ação cautelar. Logo, há casos de julgamento de mérito em ação cautelar. Se não houvesse mérito em ação cautelar, o juízo seria apenas quanto aos pressupostos processuais e as condições da ação.

Para o acolhimento de pedido cautelar, não basta que o pedido seja possível juridicamente, que as partes sejam legítimas e que esteja presente o interesse de agir, revelado pela prova do *periculum in mora*. É preciso mais: é preciso o *fumus boni juris*, que, não sendo pressuposto processual nem condição da ação, não pode ser senão o mérito da ação cautelar.

A afirmação do *fumus boni iuris* é de mérito, quer em processo de conhecimento, quer em processo cautelar. A diferença é que, naquele, ele não basta para a procedência da ação.

Embora de mérito a sentença proferida em ação cautelar, dela não decorre a imutabilidade característica da coisa julgada material, porquanto se trata, por definição, de regulação provisória.

Observe-se, então, que coisa julgada material supõe decisão de mérito, mas a recíproca não é verdadeira: nem toda decisão de mérito produz coisa julgada material.

Há quem afirme que o exame de qualquer das condições da ação deve ser feito à luz das alegações do autor tão somente. Não, a final, com base nas provas produzidas: "... a legitimidade para agir é estabelecida em função da situação jurídica afirmada no processo e não da situação jurídica concreta, real, existente, coisa que só pode aparecer na sentença. (...). O interesse de agir, da mesma forma como a legitimidade para agir, é avaliado com base nas afirmações do autor. E dizemos isto justamente porque a afirmação do autor de que a situação jurídica foi violada

---

(8) BUZAID, Alfredo. *Do agravo de petição no sistema do Código de Processo Civil*. São Paulo: Saraiva, 1956. p. 103.
(9) THEODORO JÚNIOR, Humberto. *Processo cautelar*. 5. ed. São Paulo: Ed. Universitária de Direito, 1983. p. 156.

ou está ameaçada de violação é a realidade objetiva de que o juiz dispõe para verificar, desde logo, se há ou não interesse de agir e, em consequência, admitir ou não a ação. De maneira que, se o autor afirma que a situação jurídica foi violada ou está ameaçada de violação, justificado está o seu interesse de agir, ou seja, justificada está a necessidade de proteção jurisdicional do Estado, vez que não poderá, com as suas próprias forças, tutelar essa situação jurídica proibida, como é a justiça privada".[10]

Ada Pellegrini Grinover discorda: "não é possível rotular a mesma circunstância, ora como condição de admissibilidade da ação, ora como mérito, qualificando as decisões de uma ou de outra forma, consoante o momento procedimental em que forem proferidas. Não acolhemos a teoria da 'prospettazione': as condições da ação não resultam da simples alegação do autor, mas da verdadeira situação trazida a julgamento".[11]

Temos que, de regra, a presença ou ausência das condições da ação deve ser afirmada ou negada considerando-se a verdade dos autos, com a ressalva, contudo, que não chega a ser verdadeiramente uma exceção, de que, havendo alegação de direito subjetivo, a lei atribui legitimidade ativa a quem alega sua existência ou inexistência e legitimidade passiva àquele em virtude do qual a existência é afirmada ou negada.

Humberto Theodoro Júnior, talvez para abrir uma brecha na concepção de que a carência de ação permite que se renove a ação, afirma que a parte não estará impedida de voltar a propor a ação, mas depois de preenchido o requisito que faltou na primeira oportunidade (Condições da ação, RF, 259:39). É inadmissível, todavia, essa "meia coisa julgada", que admite a renovação da ação, mas somente se implementada a condição que faltava. A ausência de coisa julgada permite, em outro processo, interpretação jurídica diversa. Afirmouse, por exemplo, na primeira sentença, a impossibilidade jurídica da demanda contra o Poder Público, por não exaurida a via administrativa. Nada impede a prolação de segunda decisão, em outro processo, em sentido oposto, com a afirmação da desnecessidade da prévia exaustão da via administrativa, quiçá por inconstitucionalidade de tal requisito.

3.1. Sobre a possibilidade jurídica do pedido: uma "relíquia" do museu dos institutos processuais extintos

A ideia da possibilidade jurídica como condição da ação se deve a Liebman que, entretanto, na terceira edição de seu Manual a abandonou, subsumindoa no interesse de agir. Ele conceituara a possibilidade jurídica como admissibilidade em abstrato do provimento solicitado, isto é, ser este um dentre os que a autoridade judiciária pode emitir, não sendo expressamente vedado.

A impossibilidade jurídica do pedido pode ser afirmada em duas situações: a) inexistência, no ordenamento jurídico, do provimento solicitado (impossibilidade absoluta, como no exemplo clássico do pedido de divórcio, ao tempo em que não se o admitia); b) inexistência de nexo jurídico entre o pedido e a causa de pedir (impossibilidade relativa, como no caso de pedido de prisão por dívida cambial).

Com apoio em Moniz de Aragão e Galeno Lacerda, Ada Pellegrini Grinover que considera caso de impossibilidade jurídica a ação proposta com falta de ato prévio, exigido para o exercício da ação, como o depósito preparatório; a representação do ofendido ou requisição do ministro da Justiça em ação penal pública condicionada; a autorização da Câmara de Deputados para a instauração de processo contra o presidente e o vicepresidente da República e os ministros de Estado (CF, art. 51, I).

Observa José de Albuquerque Rocha "que a expressão *possibilidade jurídica do pedido* não deve ser entendida em sentido estrito, ou seja, não deve ser entendida como se referindo só ao objeto que se pede em juízo, mas no sentido amplo da possibilidade jurídica da situação armada pelo autor cujo significado, por ser mais compreensivo, envolve não só a ideia do objeto que se pede em juízo como também a da causa ou origem jurídica do objeto e até seu sujeito. A dívida de jogo, por exemplo, tem como objeto a cobrança de uma dívida que, em si mesma considerada, é digna de proteção do direito. No entanto, dada a sua origem ou causa, o jogo, o direito retiralhe a proteção. Se aplicássemos a expressão possibilidade jurídica do pedido em sentido restrito, não explicaríamos a hipótese da dívida de jogo, cuja impossibilidade jurídica não decorre do pedido, mas da sua causa. Dessa forma, a expressa possibilidade jurídica do pedido deve ser entendida como uma noção de síntese ou um instrumento conceitual com que designamos todas aquelas situações para as quais o ordenamento jurídico dispensa, em tese, a sua proteção".[12]

Após apontar numerosos casos de impossibilidade jurídica do pedido, Cezar Peluso concluiu: "Muito embora sejam heterogêneas as causas político-legislativas da proibição legal, segundo as espécies consideradas, o substrato comum e genérico, que permite sistematizálas sob a categoria da impossibilidade jurídica do pedido, é o elemento de vedação ao exercício de atividades jurisdicionais, conducentes à sentença que possa, em tese, acolher

---

(10) ROCHA, José de Albuquerque. *Teoria geral do processo*. São Paulo: Saraiva, 1986. p. 146 e 148.
(11) As condições... cit., p. 126.
(12) ROCHA, José de Albuquerque. *Teoria geral do processo*. São Paulo: Saraiva, 1986. p. 143.

as respectivas pretensões. Com maior rigor, dir-se-ia que o ordenamento jurídico interdita a própria dedutibilidade daquelas noções (*rectius*, demandas). Tal contexto é que induz à asserção corrente de que inexiste o direito a uma sentença de mérito, por ausência de possibilidade jurídica do pedido".

"Essa qualificação", prossegue Cezar Peluso, "dissimula a verdadeira natureza do fenômeno, coisa em que já atinou a doutrina. 'A impossibilidade jurídica é também uma das formas de improcedência *prima facie*' (Calmon de Passos, Donaldo Annelin). Na verdade, dizer que determinado pedido não pode ser objeto de decisão jurisdicional de mérito, ou que não pode ser conhecido por força de expressa vedação do ordenamento jurídico, significa reconhecer que não pode ser acolhido, por clara inexistência do direito subjetivo material que pretenda tutelar. Mas isto em nada difere dos juízos ordinários, de improcedência da ação, em que se rejeita o pedido por inexistência do direito substancial), que se não irradia porque não há regra jurídica que, incidindo sobre os fatos provados, produza o efeito pretendido, ou porque não se prova suporte fático sobre o qual incida regra jurídica existente" (*JTACSP*, 81:283).

Assim, a possibilidade jurídica como condição da ação, apresentada por Liebman, parece destinada ao museu dos institutos processuais extintos.

3.2. Interesse de agir

Necessidade e *adequação* do provimento solicitado são as expressões que traduzem o que hoje se entende por "interesse de agir".

"De modo geral", dizia Chiovenda, "é possível afirmar que o interesse de agir consiste nisso, que, sem a intervenção dos órgãos jurisdicionais, o autor sofreria um dano injusto".[13]

Observa Barbi que "a legislação anterior, no art. 2º do Código de Processo Civil, dizia que o interesse pode ser econômico ou moral. Essa conceituação estava ainda imbuída do conceito da doutrina civilista (...). Realmente, enquanto se considerava que o interesse de agir é o mesmo interesse nuclear do direito subjetivo de ser protegido, havia justificativa para essas qualificações, pois o direito subjetivo tem sempre um interesse econômico ou moral. Mas, reconhecido que o interesse de agir é a necessidade ou a utilidade que disto advém não mais se justificam aqueles qualificativos, que só cabem quanto ao interesse contido no direito a ser protegido".[14]

Ada Pellegrini Grinover ensina que, embora nem sempre claramente apontado, outro requisito exsurge para a configuração do interesse de agir: a adequação do provimento e do procedimento. O Estado nega-se a desempenhar sua atividade jurisdicional até o final, quando o provimento pedido não é adequado para atingir o escopo, no caso concreto.

José de Albuquerque Rocha esclarece não ser suficiente afirmar-se a violação ou ameaça de violação da situação jurídica para configurar-se o interesse de agir. "É, igualmente, indispensável que o autor peça o remédio adequado à situação afirmada, ou seja, peça a prestação jurisdicional adequada à realização da situação jurídica afirmada e, bem assim, escolha o processo e o procedimento idôneos à obtenção da proteção jurisdicional pedida. Assim, o interesse de agir compreende não só a necessidade da prestação jurisdicional, mas também a sua adequação à realização dessa situação jurídica afirmada e, bem assim, a idoneidade do processo e do procedimento escolhidos para obter a prestação jurisdicional. De sorte que, se o autor não escolhe a prestação jurisdicional adequada à situação afirmada no processo nem o processo e o procedimento idôneo para a sua obtenção, deve o juiz rejeitar, liminarmente, a sua pretensão por falta de interesse de agir".[15]

Guardemo-nos, contudo, de considerar condição da ação a adequação do procedimento. Tratar a impropriedade de ação como carência de ação constitui, no dizer de Ernane Fidelis dos Santos, erro palmar.[16]

É de Liebman a seguinte lição sobre o interesse de agir:

"Para propor uma demanda em juízo é necessário ter interesse. O interesse de agir é o elemento material do direito de ação e consiste no interesse de obter o provimento demandado.

Ele se distingue do interesse substancial, para cuja proteção se intenta a ação, assim como se distinguem os dois correspondentes direitos, o substancial, que se afirma caber ao autor, e o processual, que se exercita para a tutela do primeiro.

O interesse de agir é, pois, um interesse processual, secundário e instrumental em relação ao interesse substancial primário, e tem por objeto o provimento que se pede ao magistrado, como meio para obter a satisfação do interesse primário, prejudicado pelo comportamento da contraparte, ou, mais genericamente, da situação de fato objetivamente existente. Por exemplo,

---

(13) *Instituições...* cit., v. 1, p. 181.
(14) BARBI, Celso Agrícola. *Comentários ao Código de Processo Civil*. Rio de Janeiro: Forense, 1975. t. 1, v. 1, p. 4950.
(15) ROCHA, José de Albuquerque. *Teoria geral do processo*. São Paulo: Saraiva, 1986. 149.
(16) SANTOS, Ernane Fidelis dos. *Introdução...* cit., p. 160.

o interesse primário de quem se afirma credor de 100 é de obter o pagamento desta soma; o interesse de agir surgirá se o suposto devedor não pagar no vencimento, e tem por objeto a condenação do devedor e sucessivamente a execução forçada sobre seu patrimônio.

O interesse de agir surge da necessidade de obter por meio do processo a proteção do interesse substancial; pressupõe, portanto a lesão deste interesse e a idoneidade do provimento solicitado, para protegê-lo e satisfazê-lo. Seria de fato inútil examinar a demanda para conceder (ou negar) o provimento solicitado se a situação de fato descrita não constitui uma hipotética lesão do direito, ou interesse, ou se os efeitos jurídicos que se esperam do provimento já foram obtidos, ou enfim se o provimento é inadequado ou inidôneo para remover a lesão. Naturalmente o reconhecimento da subsistência do interesse de agir ainda não significa que o autor tenha razão: quer dizer apenas que a sua demanda se apresenta merecedora de ser tomada em consideração; e ao mérito, não ao interesse de agir, pertence toda questão de fato e de direito relativa à procedência da demanda, isto é, à conformidade ao direito da proteção jurídica que se pretende pelo interesse substancial.

Em conclusão, o interesse de agir decorre da relação entre a situação antijurídica denunciada e o provimento que se pede para remediá-la através da aplicação do direito, e esta relação deve consistir na utilidade do provimento, como meio para outorgar ao interesse ferido a proteção do direito. (...)

O interesse é um requisito não só da ação, mas de todos os direitos processuais: direito de contradizer, de se defender, de impugnar uma sentença desfavorável etc."[17]

Às vezes não é tanto a *necessidade* quanto a *utilidade* que se encontra na base do interesse de agir. Pode ocorrer, por exemplo, que o Poder Executivo, embora podendo emitir e executar ato administrativo, prefira, por motivos políticos, solicitar provimento jurisdicional, como um mandado de reintegração de posse em terras públicas invadidas. Não há necessidade, mas utilidade, e esta base para que se componha o requisito do interesse de agir.

O interesse de agir frequentemente decorre do inadimplemento, o que o vincula à ação de direito material.

Nas ações preventivas e cautelares, o interesse de agir relaciona-se com a ameaça ou perigo de dano. Pode-se, a partir daí, sustentar que o interesse de agir integra o mérito. Trata-se, porém, de parcela do mérito que dele se destaca para a atribuição de tratamento jurídico diferenciado (inexistência de coisa julgada).

Pode decretar-se a carência de ação por falta superveniente do interesse de agir. Por exemplo, julga-se prejudicado o pedido de *habeas corpus* quando, ao tempo do julgamento, já cessou a coação ilegal. "A opinião geralmente admitida", diz Celso Barbi, "é a de que o interesse deve existir no momento em que a sentença for proferida. Portanto, se ele existiu no início da causa, mas desapareceu naquela face, a ação deve ser rejeitada por falta de interesse".[18]

3.3. Legitimação para a causa

Esta condição da ação tem suscitado muitas dúvidas e controvérsias, às vezes por não se haver atentado para a circunstância de que se trata de expressão com duplo significado. É que tanto os partidários da teoria do direito concreto quanto Liebman apontam para a legitimação[19] para a causa como condição da ação, mas, para os primeiros, trata-se de condição para uma sentença de procedência e, para o segundo, apenas condição para uma sentença de mérito.

Chiovenda e Barbi definem a legitimação para a causa como "a identidade da pessoa do autor com a pessoa favorecida pela lei, e da pessoa do réu com a pessoa obrigada".[20] Supõe-se, aí, a existência de um credor e de um devedor, segundo o direito material. A definição serve, pois, à teoria do direito concreto de agir, mas não a Liebman, para quem legitimação para a causa é a titularidade (ativa e passiva) da ação. O problema da legitimação consiste na individuação da pessoa que tem o interesse de agir (e portanto a ação) e a pessoa com quem se defronta; em outras palavras, ela surge da distinção entre o *quesito* sobre a existência objetiva do interesse de agir e o *quesito* atinente à sua pertinência subjetiva. A legitimação, como requisito da ação, indica, portanto, para cada processo, as justas partes, as partes legítimas, isto é, as pessoas que devem estar presentes, a fim de que o juiz possa decidir a respeito de um dado objeto.[21]

---

(17) LIEBMAN, Enrico Tullio. *Manual...* cit., p. 4042.
(18) BARBI, Celso Agrícola. *Comentários...* cit., t. 1, v. 1, p. 62; SAOUZA, Gelson Amaro. *Revista Brasileira de Direito Processual*, 49:138.
(19) Sobre a legitimidade como condição da ação vale conferir que "allo stesso modo è condizione della tutela giurisdizionale che questa non possa essere concessa se non nei confronti di chi è per legge il destinatario dell'effeto o degli effeti in cui la tutela si concreta (legittimazione a contraddire)". ARIETA, Giovanni. SANTIS, Francesco de. MONTESANO, Luigi. *Corso base di diritto processuale civile*. 5. ed. Padova: CEDAM, 2013, p. 161. Segundo o STJ, a luz do CPC/73, "a circunstância de o magistrado concluir pelo atendimento das condições da ação - entre elas, a legitimidade da parte – no momento da análise da petição inicial, quando ainda não há exame de todos os elementos probatórios necessários ao deslinde da controvérsia, não enseja violação do disposto no art. 267, VI, do CPC". STJ - REsp: 1128102 RS 2009/0138452-9, Relator: Ministro JOÃO OTÁVIO DE NORONHA, Data de Julgamento: 11.06.2013, T3 - TERCEIRA TURMA.
(20) BARBI, Celso Agrícola. *Comentários...* cit., t. 1, v. 1.

Ao elaborar a sua teoria, Liebman tinha presente as condições da ação apontadas por Chiovenda (condição, relembrese, para uma sentença de procedência): a existência do direito subjetivo afirmado pelo autor (ou a inexistência de direito subjetivo do réu, no caso de ação declaratória negativa), a legitimação para a causa e o interesse. Na transposição de uma teoria, concreta, para outra, abstrata, a existência do direito se transformou em mera "possibilidade jurídica do pedido", o interesse de agir se antevê inalterado, e a legitimação mudou de sentido, pois Chiovenda a entendia como a identidade da pessoa do autor com a pessoa favorecida pela lei e da pessoa do réu com o obrigado, e, para Liebman, passou a significar simplesmente "as pessoas que devem estar presentes, a fim de que o juiz possa decidir a respeito de um dado objeto".

Essa mudança de sentido nem sempre tem sido percebida e apontada.

Ernane Fidelis dos Santos já observara: "... bastante estranho que um dos maiores processualistas brasileiros, Prof. Celso Agrícola Barbi, em que pese a superabundância de normas esclarecendo a matéria, se mantenha apegado à doutrina de Chiovenda, quando textualmente afirma sobre o interesse: 'O Código veio incluir no texto legal um princípio que era aceito pacificamente pela doutrina e jurisprudência, isto é, o princípio que só pode propor uma ação em juízo o titular do direito que vai ser discutido'. Com este princípio, o ilustre mestre mineiro prossegue em crítica descabida ao Código, admitindo ter ele dado a titularidade da ação ao titular do direito discutido, mas insistindo ter havido erro de técnica no trato da titularidade do réu, porquanto entende que o direito de defesa independe de ser parte o sujeito passivo da relação deduzida. Mas, na verdade, o Código jamais afirmou ou pretendeu afirmar a validade desta conclusão, pois a titularidade é vista em face do conflito de interesses e não do direito que se pretende reconhecer".

Prossegue Ernane Fidelis dos Santos, transcrevendo, para criticar, a seguinte observação de Barbi: "Parece que houve uma confusão do legislador, porque o problema da legitimação se coloca em termos de legitimação do autor e réu, no sentido de que o autor deve ser o titular do direito e deve propor a ação contra o outro sujeito desse direito. Há, pois, a legitimação ativa e a passiva. A legitimação para contestar, essa não tem a característica que o legislador pareceu lhe dar. Para contestar tem legitimação qualquer pessoa que tenha sido citada como réu numa demanda. Basta que a pessoa tenha sido citada, tenha sido convocada a Juízo, ainda que nada tenha a ver com a questão em discussão, quer dizer, mesmo que não tenha a legitimação passiva, ainda assim tem legitimação para contestar. Quer dizer, os doutrinadores, nesse ponto, não chamam a isso legitimação: é pura e simplesmente um direito de defesa que tem qualquer pessoa que está sendo atacada por uma ação judicial. Naturalmente, isto será interpretado dentro dos termos tradicionais. Todo réu tem direito de se defender, não importando seja ele ou não o sujeito do direito que se ajuizou".

"Data vênia", prossegue Ernane Fidélis, "a confusão não está onde se interpreta, mas na própria interpretação. Sabemos da preferência do ilustre mestre pela doutrina de Chiovenda. Correta ou não, entretanto, o Código não a adotou. Nada se pode fazer. Titularidade do autor não é a mesma do titular do direito, nem o réu titular da obrigação correspectiva. A questão gira em torno de 'lide': um conflito de interesses qualificado pela pretensão de um e resistência de outro. E a titularidade da ação é vista frente a tal conflito e não a questão de direito material que se contém na lide".[22]

Essa distinção entre sujeitos da lide e sujeitos da relação jurídica controvertida é impugnada por Adroaldo Furtado Fabrício:

> "não logramos ver modificação significativa no quadro com essa alteração de nomenclatura. Os figurantes da lide são, por hipótese, alguém que se afirma titular de um direito subjetivo material e outrem que opõe resistência à pretensão que lhe é conexa. As pessoas são necessariamente as mesmas. Continua verdadeira, seja que se examine a legitimação pelo prisma do direito material afirmado, seja que se analise pelo ângulo da lide, uma antiga ação.
>
> 'O juiz terá negado o pedido, pela inexistência da relação jurídica, pretendida entre o autor e réu. E isso é mérito.
>
> Se o juiz decide que o réu não deve ao autor, terá negado a existência da relação ajuizada, ter-se-á manifestado sobre o pedido de condenação do réu a pagar. Terá julgado improcedente a ação' (Lopes da Costa)".[23]

Em consequência, conclui o autor citado, mesmo *contra legem*, que a legitimação para a causa envolve o mérito e que a decisão a respeito produz coisa julgada material.

Na verdade, nos casos da chamada legitimação ordinária, em que se exige a presença em juízo do próprio titular do direito, assim como do sujeito passivo, a legitimação para a causa não pode nunca ser negada, porque tal importa em negação liminar da existência do próprio direito, o que implica exame do mérito.

A legitimação, porém, pode ser negada quando o autor vai a juízo e afirma que outrem é o titular do direito que pretende ver tutelado, ou quando move ação contra Tício, afirmando ter direito em face de Caio. É então exato

---

(21) LIEBMAN, Enrico Tullio. *Manuale*... cit., p. 40.
(22) SANTOS, Ernane Fidelis dos. *Introdução*... cit., p. 156158.
(23) FABRÍCIO, Adroaldo Furtado. Extinção do processo e mérito da causa. In: OLIVEIRA et al. Saneamento... cit., p. 41.

que, ao negar a ação, o juiz não afirma nem nega o direito alegado pelo autor, podendo-se, pois, dizer que o autor não tem ação (1º caso) ou que não tem ação contra Caio (2º caso). Nos termos do Código de Processo Civil de 73, não há, nesses casos, exame do mérito, assim como se pode depreender do CPC/2015. Não há coisa julgada. A ação pode ser renovada, ainda que nos mesmos termos. É preciso, porém, chamar-se a atenção para o fato de que, ao contrário do que parece resultar da leitura dos repertórios de jurisprudência, são relativamente raros os casos de ilegitimidade produtores de verdadeira carência de ação. Frequentemente, o que se nega é a legitimidade no sentido chiovendiano, em uma indevida transposição de um conceito próprio de uma teoria concreta para outra, abstrata, propiciada pela identidade de expressão, o que facilmente gera equívocos. Temos, pois, que a carência de ação por ilegitimidade pode ser afirmada quando o autor comparece em juízo, descrevendo lide entre terceiro e réu ou entre ele próprio e terceiro, ou seja, nos casos em que o autor, expressa ou implicitamente, invoca o instituto da substituição processual ou a legitimação extraordinária.

Nas ações individuais, ressalvadas as poucas hipóteses de substituição processual, a legitimação para a causa é inseparável do mérito, porque basta que o autor se diga credor do réu para que um e outro tenham legitimidade para a causa.

Nas ações coletivas, a legitimação para a causa distingue-se nitidamente do mérito, restando claro que ele não é examinado, quando o juiz extingue o processo por não haver a ação sido proposta por órgão ou pessoa arrolada no art. 82 do Código do Consumidor.

Certo é que, de regra (e nisso não há senão que concordar com Adroaldo Fabrício), o que se tem é exame do mérito. Assim:

– se o autor se diz credor do réu, por sucessão *inter vivos* ou *mortis causa*, a ação será improcedente, quer o autor não prove a dívida, quer não prove a sucessão. Não há razão processual para distinguir as relações condicionante e condicionada de direito material;[24]

– aquele que se diz esbulhado tem legitimidade para a ação de reintegração de posse. Não provada a posse ou o esbulho, a ação é improcedente;

– legitimado ativo para a ação reivindicatória é quem se afirma proprietário. Não provada a propriedade, a ação é improcedente;

– legitimado ativo para o mandado de segurança é quem se afirma titular de direito líquido e certo. Declarada a inexistência do direito, a denegação do mandado importa em exame do mérito;

– legitimado passivo na ação de prestação de contas é aquele a quem o autor aponta como lhe devendo contas. É de mérito a sentença que afirma que o réu não as deve;

– legitimado passivo na ação penal é aquele a quem o autor aponta como autor do delito. A negativa da autoria é defesa de mérito.

4. DA APLICAÇÃO AO PROCESSO DO TRABALHO

Efetivamente já se aplicavam as regras do Processo Civil ao Processo do Trabalho, pois segundo o art. 769 da CLT, nos casos omissos, o direito processual comum será fonte subsidiária do direito processual do trabalho, exceto naquilo em que for incompatível com as normas da própria CLT.

Em sentido bastante parecido veio o CPC/2015, pois segundo o disposto no art. 15, na ausência de normas que regulem processos eleitorais, trabalhistas ou administrativos, as disposições deste Código lhes serão aplicadas supletiva e subsidiariamente.

Deve-se alertar que ao prever somente os casos em que há uma lacuna legal, sem falar de compatibilidade entre as regras, a noticiada norma pode permitir a criação de três possíveis cenários. Primeiro: do juiz do Trabalho não aplicar o CPC/2015; segundo: do juiz somente empregar o CPC/2015, deixando de lado a CLT; terceiro: cada vara do Trabalho aplicar, de seu modo, as regras do CPC/2015 e da CLT em conjunto, gerando insegurança jurídica.

Fatalmente, parece-nos que deva manter-se, como dantes, aplicação principal e inicial da própria CLT e, faltando normas, portanto, aplicar subsidiariamente o CPC/2015, assim como antes se fazia[25], fazendo com que se possa estruturar, de forma mais ajustada, a nova norma ao mundo forense.

Igualmente, para finalizar, assim como observado na estrutura do CPC/2015, parece-nos que, para o Processo do Trabalho, persistem as condições da ação, assim como os pressupostos, como elementos distintos e indispensáveis à ajustada apreciação das questões antecedentes ao mérito.

---

(24) SANTOS, Ernane Fidelis dos. *Introdução*... cit., p. 155.
(25) RECURSO DE REVISTA. 1. PRELIMINAR DE NULIDADE DO ACÓRDÃO REGIONAL POR NEGATIVA DE PRESTAÇÃO JURISDICIONAL. Nos termos do § 2º do art. 249 do CPC, aplicado subsidiariamente no processo do Trabalho (CLT, art. 769), quando o juiz decide o mérito a favor da parte a quem aproveita a eventual declaração de nulidade, esta não será analisada em atenção aos princípios da celeridade e economia processuais. 2. PRESCRIÇÃO. DIFERENÇAS DE COMPLEMENTAÇÃO DE APOSENTADORIA. INTEGRAÇÃO DE PARCELAS RECONHECIDAS EM PROCESSO ANTERIOR. Não se discute nos autos o direito a diferenças de complementação de aposentadoria decorrentes de parcelas nunca recebidas no curso da relação de emprego. Trata-se, na espécie, de pedido de recálculo da complementação de aposentadoria, em razão de parcelas salariais deferidas em reclamação trabalhista diversa. A pretensão deduzida não se volta, portanto, para a percepção de complementação de aposentadoria jamais paga, motivo pelo qual a prescrição aplicável é a parcial, à luz da Súmula 327 do TST. Recurso de revista conhecido e provido. (TST - RR:1232008020095020088, Relator: Douglas Alencar Rodrigues, Data de Julgamento: 22.04.2015, 7ª Turma, Data de Publicação: DEJT 24/04/2015)

Intercâmbios entre o processo do trabalho e o processo comum: exigências à tomada de decisões judiciais fundadas em princípios

Ricardo Lourenço Filho (*)

1. INTRODUÇÃO

O art. 15 da Lei n. 13.105, de 16.3.2015, que institui o novo Código de Processo Civil – CPC, prevê que as disposições desse Código serão aplicadas de forma supletiva e subsidiária na ausência de normas que regulem processos trabalhistas.[1] O preceito não parece destoar da regra contida na própria Consolidação das Leis do Trabalho – CLT, em seu art. 769: "nos casos omissos, o direito processual comum será fonte subsidiária do direito processual do trabalho, exceto naquilo em que for incompatível com as normas deste Título".[2] Mas as alterações promovidas pela Lei n. 13.105/2015 trazem à tona uma questão que não é nova: a aplicação das normas do direito processual comum ao processo do trabalho.

É o terceiro Código de Processo Civil que convive com a Consolidação das Leis do Trabalho. Quando a Consolidação foi editada, em 1º de maio de 1943, estava em vigor o Código Processual de 1939 (Decreto-Lei n. 1.608, de 18.9.1939). Em 1973 veio outro Código (pela Lei n. 5.869, de 11.01.1973). E agora tem-se a Lei n. 13.105/2015. O problema da utilização das normas do processo comum no processo do trabalho tem sempre passado pela interpretação do mencionado art. 769 da CLT.

Uma demonstração elucidativa da questão é o debate gerado pelas modificações realizadas no CPC de 1973 pelas Leis n. 11.232, de 22.12.2005, e n. 11.382, de 6.12.2006, sobre o cumprimento de sentença e o processo de execução. As alterações tiveram por intuito aprimorar o sistema de cumprimento das decisões judiciais, favorecendo a efetividade do processo. Esse teria sido o objetivo, por exemplo, da unificação dos processos de conhecimento e de execução e da mudança quanto à execução de sentença provisória, permitindo-se, em determinas hipóteses, o recebimento de valores pelo credor antes do trânsito em julgado.[3] A doutrina e a jurisprudência trabalhistas têm discutido com frequência a aplicação dessas alterações ao processo do trabalho.

O Tribunal Superior do Trabalho, órgão de cúpula da Justiça do Trabalho, tem rejeitado, na maioria dos casos, a aplicação das mencionadas normas do processo civil, ao argumento de que a CLT não seria omissa sobre a matéria, contendo, pelo contrário, regras próprias. O entendimento da Corte passa justamente pela interpretação do art. 769 da CLT. Os seguintes precedentes são ilustrativos:

> RECURSO DE REVISTA. LEVANTAMENTO DE DEPÓSITOS. ART. 475-O DO CPC. APLICABILIDADE AO PROCESSO DO TRABALHO. I. Na sistemática processual trabalhista, cabe a aplicação de norma processual de caráter supletivo somente quando duas condições simultâneas se apresentam: a) há omissão na CLT quanto à matéria em questão; e b) há compatibilidade entre a norma aplicada e os princípios

---

(*) Juiz do Trabalho do Tribunal Regional do Trabalho da 10ª Região. Doutor e Mestre em Direito, Estado e Constituição pela Universidade de Brasília – UnB. Professor do Instituto Brasiliense de Direito Público – IDP. Integrante dos grupos de pesquisa "Trabalho, Constituição e Cidadania" e "Percursos, Narrativas e Fragmentos: História do Direito e do Constitucionalismo" (CNPq/UnB).

(1) O inteiro teor é o seguinte: "na ausência de normas que regulem processos eleitorais, trabalhistas ou administrativos, as disposições deste Código lhes serão aplicadas supletiva e subsidiariamente" (Diário Oficial da União: 17.3.2015).

(2) Diário Oficial da União: 9.8.1943.

(3) Tem-se em vista aqui, em especial, os arts. 475-J ("caso o devedor, condenado ao pagamento de quantia certa ou já fixada em liquidação, não o efetue no prazo de quinze dias, o montante da condenação será acrescido de multa no percentual de dez por cento e, a requerimento do credor e observado o disposto no art. 614, inciso II, desta Lei, expedir-se-á mandado de penhora e avaliação. (...)") e 475-O ("a execução provisória da sentença far-se-á, no que couber, do mesmo modo que a definitiva, observadas as seguintes normas: (...) III – o levantamento de depósito em dinheiro e a prática de atos que importem alienação de propriedade ou dos quais possa resultar grave dano ao executado dependem de caução suficiente e idônea, arbitrada de plano pelo juiz e prestada nos próprios autos. (...) § 2º A caução a que se refere o inciso III do caput deste artigo poderá ser dispensada: I – quando, nos casos de crédito de natureza alimentar ou decorrente de ato ilícito, até o limite de sessenta vezes o valor do salário-mínimo, o exeqüente demonstrar situação de necessidade; II – nos casos de execução provisória em que penda agravo perante o Supremo Tribunal Federal ou o Superior Tribunal de Justiça (art. 544), salvo quando da dispensa possa manifestamente resultar risco de grave dano, de difícil ou incerta reparação"). Cf. Diário Oficial da União: 17.1.1973.

do Direito do Trabalho. II. Nos termos do § 1º do art. 899 da CLT, transitada em julgado a decisão recorrida, ordenar-se-á o levantamento imediato da importância de depósito, em favor da parte vencedora, por simples despacho do juiz. O depósito recursal tem por finalidade a garantia do juízo, para assegurar o futuro cumprimento da decisão definitiva proferida na reclamação trabalhista e somente poderá ser liberado em favor da parte vencedora no momento em que houver o seu trânsito em julgado. Portanto, não faz parte da execução provisória a liberação dos valores correspondentes ao depósito recursal antes do trânsito em julgado da decisão condenatória. Assim, a matéria disciplinada no art. 475-O do CPC possui regra própria no processo do trabalho (art. 899 da CLT), o que impede a sua aplicação subsidiária ao caso em debate, nos termos do art. 769 da CLT. III. Recurso de revista de que se conhece, por violação do art. 899, § 1º, da CLT, e a que se dá provimento.[4]

RECURSO DE REVISTA. (...) 6. ART. 475-O DO CPC. DIREITO PROCESSUAL DO TRABALHO. INAPLICABILIDADE. PROVIMENTO. Segundo previsão da CLT (art. 769), bem como entendimento doutrinário, a aplicação subsidiária das normas de direito processual comum ao direito processual do trabalho é possível quando houver omissão nas normas celetistas e compatibilidade das normas supletivas com o direito do trabalho e também nos casos em que a aplicação da norma de direito processual comum seja mais compatível com os princípios constitucionais – interpretação conforme a Constituição – (subsidiariedade axiológica ou teleológica). Tendo o direito processual do trabalho regramento específico para execução provisória, nos termos do art. 899 da CLT, não se justifica a aplicação subsidiária de regra do direito processual comum, cuja sistemática revela-se incompatível com aquela aplicável na execução trabalhista. Isso porque, de acordo com esse dispositivo celetista, os recursos possuem efeito meramente devolutivo, permitida a execução provisória até a penhora, não sendo, assim, permitidos, além da referida penhora, atos de expropriação do patrimônio do devedor, como a liberação de eventual depósito em dinheiro, exceto em hipóteses em que estiverem em risco os princípios constitucionais, como a dignidade da pessoa humana, o que não é o caso. Assim, na espécie, inaplicável o art. 475-O, III e § 2º, I, do CPC. Precedentes. Recurso de revista de que se conhece e a que se dá provimento.[5]

Uma parcela da chamada doutrina trabalhista critica esse entendimento, defendendo a tese de que a CLT teria lacunas decorrentes da passagem do tempo, devendo o intérprete adotar uma postura crítica em relação às próprias normas do processo do trabalho, com base nos princípios constitucionais do processo (como o da duração razoável) e das novas técnicas da legislação processual comum.[6]

A proposta deste artigo é enfrentar o problema da aplicação das normas processuais comuns ao processo do trabalho em uma perspectiva diferente. Num primeiro momento, são analisadas algumas ideias presentes na construção do processo do trabalho e de sua relação com o processo comum. Em seguida, realiza-se o exame de precedentes do Tribunal Superior do Trabalho, de maneira a identificar o tratamento que a Corte tem conferido a essa relação entre o processo do trabalho e o processo comum. Ao final, busca-se apontar certas premissas para o desenvolvimento de uma interpretação principiológica do art. 769 da CLT, considerando-se a demanda de racionalidade própria do direito moderno e, por conseguinte, a exigência de segurança jurídica e de correção normativa das decisões judiciais.

2. AS ORIGENS E A CONSTRUÇÃO DA DISTINÇÃO ENTRE PROCESSO DO TRABALHO E PROCESSO COMUM

Em 1939, já no Estado Novo, o governo de Getúlio Vargas editou o Decreto-Lei n. 1.237, de 2 de maio daquele ano, para organizar a Justiça do Trabalho, cuja instituição já havia sido prevista nas Constituições de 1934 e de 1937. O art. 39 daquele decreto-lei contém redação similar ao que veio a ser o art. 769 da CLT: "O direito processual comum será fonte subsidiária do direito processual do trabalho, salvo naquilo em que for incompatível com as normas deste decreto-lei".[7]

No projeto da Lei Orgânica da Justiça do Trabalho, de que resultou o Decreto-Lei n. 1.237/1939, o art. 104 preceituava: "O direito processual comum será fonte subsidiária do direito processual do trabalho, salvo naquilo que for incompatível com os princípios gerais deste ou com a justiça social".[8] Fazia-se referência, portanto, aos princípios gerais do direito processual do trabalho e à justiça social, sendo esses os parâmetros para aferição da compatibilidade das normas do processo comum.

Examinando a Exposição de Motivos elaborada pela Comissão encarregada do projeto, é possível identificar a preocupação em diferenciar o processo do trabalho do processo comum, a partir dos princípios àquele aplicáveis. Eram destacados o formalismo, a lentidão e a complexidade do processo ordinário, em oposição à simplicidade e à celeridade conferidas ao processo trabalhista. A Comissão indica também os princípios que caracterizavam esse último:

---

(4) *Diário Eletrônico da Justiça do Trabalho*: 26.6.2015.
(5) *Diário Eletrônico da Justiça do Trabalho*: 14.08.2015.
(6) Cf., entre outros, CHAVES, 2007.
(7) *Coleção de Leis do Brasil*: 31.12.1939.
(8) VIANA, 1983a, p. 229.

Em relação propriamente ao rito processual, o projeto ficou, tanto quanto possível, dentro dos princípios que caracterizam o processo e o diferenciam do processo ordinário.

O processo do trabalho constitui-se, como é sabido, justamente como uma reação contra a lentidão, a complexidade e o formalismo do processo comum. Neste ponto, filia-se a mesma corrente de ideias, que estão promovendo a generalização dos "tribunais administrativos" nos países da mais alta organização política. Daí, no rito adotado pelo projeto, o predomínio daqueles princípios que são essenciais e diferenciais do processo do trabalho: o princípio da oralidade, o da unidade do juiz, o da concentração do processo, o da prova e do julgamento imediatos, o da irrecorribilidade das decisões interlocutórias, o da revocabilidade das decisões definitivas (...)

Esses princípios foram obedecidos. Tudo fizemos para dar ao processo dos conflitos individuais e coletivos a simplicidade e a celeridade possíveis, sem sacrifício da segurança dos interesses em jogo.[9]

A distinção entre o processo do trabalho e o processo comum tem sua origem nas ideias que justificaram a criação da Justiça do Trabalho. Essas ideias foram acompanhadas de uma alteração no tratamento legislativo e judiciário destinado às relações laborais.

Ainda no período do império, a Lei de 13 de setembro de 1830 e a Lei n. 108 de 11.10.1837 regulavam, respectivamente, o contrato de prestação de serviços feitos por brasileiros ou estrangeiros e o contrato de locação dos serviços dos colonos. Ambos os diplomas atribuíam a solução de eventuais conflitos aos juízes de paz.[10] Já o Decreto n. 2.827, de 15.3.1879, revogando os preceitos anteriores, cuidava do contrato de locação de serviços no âmbito da agricultura e estabelecia, em seu art. 84, que o processo civil observaria o rito sumário previsto no art. 237 e seguintes do Regulamento (Decreto) n. 737, de 25.11.1850.[11]

As relações de trabalho estavam inseridas no campo ou da simples prestação de serviços ou no da locação de serviços. Os conflitos daí surgidos seriam processados de acordo com as regras do processo comum.

Uma primeira mudança no que toca ao tratamento judiciário desses litígios foi buscada em São Paulo, com a criação dos Tribunais Rurais por Washington Luís, então Presidente do estado. A Lei n. 1.869, de 10.10.1922, previu a criação ("Fica creado..."), em cada comarca, de um Tribunal Rural, para conhecer e julgar questões oriundas da interpretação e execução dos contratos de locação de serviços agrícolas, até o valor de 500$000 (quinhentos mil réis).[12]

O procedimento perante os Tribunais Rurais continha características que, mais à frente, seriam previstas também no processo do trabalho. O Tribunal Rural seria composto de um juiz de direito e de dois outros membros, um designado pelo locador dos serviços, outro pelo locatário (art. 2º). O procedimento seria marcado pela oralidade: na audiência, as partes fariam a exposição oral da questão e as alegações e provas seriam reduzidas a termo (art. 4º). As partes poderiam comparecer pessoalmente ou por procurador (ou seja, era dispensável a representação por advogado) e levariam, independentemente de intimação judicial, o juiz de sua escolha e as testemunhas que tivessem (art. 8º). A decisão – também oral – seria proferida na mesma audiência.[13]

Na prática, porém, os Tribunais Rurais não funcionaram. E apenas após a Revolução de 1930 as relações trabalhistas efetivamente receberam novo tratamento.

Em 1932, por meio do Decreto n. 22.132, de 25 de novembro, foram instituídas as Juntas de Conciliação e Julgamento, "para dirimirem os litígios oriundos de questões de trabalho em que sejam partes empregados sindicalizados e que não afetem as coletividades a que pertencerem os litigantes".[14]

A norma continha regras sobre comunicações às partes, comparecimento à audiência e registro dos debates,

---

(9) VIANA: 1983b, p. 252/253. A comissão era liderada por Oliveira Viana e composta, ainda, por Luiz Augusto do Rego Monteiro, Deodato Maia, Oscar Saraiva, Geraldo Augusto de Faria Baptista e Helvécio Xavier Lopes.

(10) O art. 14 da Lei n. 108/1837 dispunha que: "O conhecimento de todas as acções derivadas de contractos de locação de serviços, celebrados na conformidade da presente Lei, será da privativa competencia dos Juizes de Paz do foro do locatario, que as decidirão summariamente em audiencia geral, ou particular para o caso, sem outra fórma regular de processo, que não seja a indispensavelmente necessaria para que as partes possão allegar, e provar em termo breve o seu direito; admittindo a decisão por arbitros na sua presença, quando alguma das partes a requerer, ou elles a julgarem necessaria por não serem liquidas as provas" (*Coleção de Leis do Império do Brasil* – 1837, p. 76, Vol. 1 pt I).

(11) De acordo com o art. 1º do Decreto n. 2.827/1879, "Esta Lei só comprehende: § 1º A locação dos serviços applicados á agricultura. § 2º As empreitadas e trabalhos concernentes a obras e fabricas respectivas á agricultura, que serão regulados pelas disposições dos arts. 226 e seguintes do Codigo do Commercio quando fôr omissa a presente Lei", e o art. 2º, "As demais locações de serviços continuarão a regular-se pela Ordenação, liv. 4º, tits. 29a 35, arts. 226 e seguintes do Codigo do Commercio" (*Coleção de Leis do Império do Brasil* – 1879, Página 11 Vol. 1, pt. I).

(12) *Diário Oficial do Estado de São Paulo*: 18.10.1922.

(13) Após as alegações das partes e as provas, os juízes de locador e locatário proferiram sua decisão, se estivesse de acordo; do contrário, o juiz de direito decidiria, de forma fundamentada (arts. 5º e 6º). A execução da sentença se daria perante o juiz de direito, observando-se o art. 63, § 7º, do Decreto n. 4.824, de 22.11.1871.

(14) *Diário Oficial da União*: 26.11.1932.

critérios de julgamento e cumprimento das decisões. A preocupação com a oralidade e a celeridade perpassava o procedimento.[15] Não havia referência à aplicação do direito processual comum. Talvez essa ausência decorresse do caráter diferenciado desses órgãos. Na criação das Juntas de Conciliação e Julgamento, estava o objetivo de conferir soluções satisfatórias aos conflitos entre empregados e empregadores, adotando-se a premissa de que não havia resposta efetiva no âmbito dos órgãos judiciários então existentes. A Exposição de Motivos do Decreto n. 22.132/1932 indicava o seguinte:

> a criação de uma Justiça do trabalho, para dirimir litigios de natureza individual que, de momento a momento, surgem do contato diario de empregadores e empregados, vem dar solução satisfatoria a êses litigios, que até agora não encontram, tanto na organização judiciaria federal como na dos Estados, amparo efetivo pelo custo e morosidade dos processos.[16]

A Exposição de Motivos do então Ministro do Trabalho, Joaquim Pedro Salgado Filho, apontava também que a distribuição da justiça, com relação aos trabalhadores, recebera, até então, pouca atenção dos legisladores. À exceção dos Juízos Privados de Acidentes de Trabalho[17], específicos para essa matéria, "nenhum outro existia que facultasse ao trabalhador o reconhecimento de seus direitos". Segundo o texto, ainda que algumas leis tenham buscado facilitar os processos de valores reduzidos, o fato de se tratar de processos "do conhecimento exclusivo de bacharéis ou provisionados", associado, em especial, ao elevado custo dos atos processuais, constituiriam fatores que contribuíam para "afastar de lides e pleitos aquêles que têm de defender interesses de pequena monta".[18]

A Exposição de Motivos, em reforço a essas considerações, referia que o recurso dos empregados à justiça, "em sua quase totalidade", se dava para "garantir os meios de subsistência quotidiana" e, em razão disso, os empregados não poderiam arcar com as despesas de advogado nem suportar a demora frequente nesses processos. Em seguida, traçava-se a diferença entre o período em que os conflitos entre "empregados e empregadores" eram tratados como "casos de polícia", sendo resolvidos de maneira arbitrária pelas autoridades policiais ("que procuravam, da melhor maneira, harmonizar os litigantes, no intuito de prevenir possíveis desfechos violentos, a que eram arrastados os operários falhos de direitos e de garantias, desde que a proteção interesseira de algum político não se fazia sentir"), e o momento em que houve a instituição do Ministério do Trabalho, quando as reclamações passaram a ser-lhe dirigidas:

> Creado o Ministério do Trabalho, para ele convergiram, numa verdadeira avalanche, queixas de todos os recantos do Brasil, partidas de trabalhadores que reclamavam justiça. Essas queixas eram atendidas pelo próprio ministro, pelo seu gabinete e também pelo departamento Nacional do trabalho; mas essas deliberações, sem base legal, repousam apenas no terreno da bôa vontade e não podem passar da simples conciliação, por faltar a essas autoridades força coerciva para proferir decisões obrigatórias. Além disso, a marcha dos casos afetos ao Departamento, onde agora têm dado entrada, diariamente, processos em cifra superior a 300, impossibilita esta repartição de movimentar, em tempo hábil, o elevado número de papeis que afluem ás suas dependencias, pela insuficiência absoluta de funcionários.[19]

Continuava a Exposição no sentido de que o Decreto n. 21.396, de 12 de maio de 1932, criara as Comissões Mistas de Conciliação para os conflitos coletivos do trabalho, faltando, entretanto, uma solução para as disputas individuais. O Brasil, nesse aspecto, estaria em "manifesta inferioridade ante a maioria das nações cultas", que já mantinham justiças especializadas em trabalho, "dotadas dos três requisitos essenciais ao preenchimento dos fins a que se destinam: economia, rapidez e constituição partidária". Esses requisitos estavam assim atendidos:

---

(15) O art. 20 é significativo: "Aceita a conciliação, será fixado prazo para seu cumprimento, de conformidade com o acordado. Si fôr proferido julgamento, a parte condenada será intimada na propria audiencia a cumpri-lo, no prazo maximo de 5 dias" (*Diário Oficial da União*: 26.11.1932). Se houvesse aplicação de multas nas decisões das Juntas de Conciliação e Julgamento, a parte poderia interpor recurso, cujo processamento seria regulado pelo Decreto n. 22.131, de 23.11.1932. Esse último Decreto continha inúmeras regras que foram incorporadas ao Processo de Execução na Consolidação das Leis do Trabalho, como a previsão de que o processo e demais disposições relativas à cobrança de multas e outras penalidades obedeceria ao disposto para a cobrança de dívida ativa da União (art. 6; comparar com o art. 889 da CLT), ou a de que matéria de defesa não poderia consistir senão na prova de quitação, da nulidade do processo ou da prescrição da dívida (art. 7º, parágrafo único; comparar com o art. 884, § 1º, da CLT). Cf. *Diário Oficial da União*: 24.12.1932.

(16) A Exposição de Motivos, assinada pelo então Ministro do Trabalho, Joaquim Pedro Salgado Filho, está disponível em: <http://www2.camara.leg.br/legin/fed/decret/1930-1939/decreto-22132-25-novembro-1932-526777-exposicaodemotivos-pe.pdf>. Acesso em: 22.8.2015.

(17) A ação judicial sobre acidentes de trabalho era de competência da Justiça Comum, observando "curso summario" e prescrição no prazo de dois anos, segundo o art. 22 do Decreto n. 3.724, de 15.1.1919. Cf. *Diário Oficial da União*: 18.1.1919.

(18) <http://www2.camara.leg.br/legin/fed/decret/1930-1939/decreto-22132-25-novembro-1932-526777-exposicaodemotivos-pe.pdf>. Acesso em: 22.08.2015.

(19) <http://www2.camara.leg.br/legin/fed/decret/1930-1939/decreto-22132-25-novembro-1932-526777-exposicaodemotivos-pe.pdf>. Acesso em: 22.08.2015.

A forma do processo adotada, pela sua simplicidade e por ser oral, é acessível aos próprios analfabetos e dispensa o patrocínio de terceiros, sendo, por assim dizer, gratuita, pois a taxa cobrada do vencido é muito reduzida. Também o cumprimento das decisões das Juntas é rápido, dada a sua natureza executiva, e sem ônus para o empregado, sendo de notar que a multa, estabelecida para a hipótese de recusa desse cumprimento, autoriza a prever sejam muito raros os casos de tais recusas. Atendidos os requisitos de rapidez e economia, verifica-se igualmente a observância do terceiro, a constituição paritária da Junta, formada por dois vogais, um empregador e outro empregado, sob a presidência de terceiro, inteiramente estranho aos interesses em jogo.[20]

Examinando os dois textos – i.e., a Exposição de Motivos ao projeto da Lei Orgânica da Justiça do Trabalho e a Exposição de Motivos ao Decreto n. 22.132/1932 –, é possível identificar importantes pontos de convergência. Era um aspecto crucial a instituição de um órgão com feição judiciária para o tratamento dos conflitos entre empregados e empregadores, e esse órgão deveria se diferenciar dos já existentes. Seu caráter distintivo estaria relacionado às despesas processuais para as partes (em especial o empregado), à rapidez da tramitação e à sua composição paritária. Essas premissas serviram de parâmetro no desenvolvimento dos princípios típicos do que no Decreto-Lei n. 1.237/1939 foi referido como "direito processual do trabalho", em oposição ao "direito processual comum".

Alguns elementos da relação entre o processo do trabalho e o processo civil podem ser encontrados no importante debate travado à época entre o então Consultor Jurídico do Ministério do Trabalho, Oliveira Viana, e o Deputado Federal Waldemar Martins Ferreira, então Presidente da Comissão de Constituição e Justiça.

No final de 1936, o Presidente da República, Getúlio Vargas, encaminhou ao Poder Legislativo o projeto de Lei Orgânica da Justiça do Trabalho. Na Comissão de Constituição e Justiça, o projeto foi distribuído a Waldemar Ferreira, conhecido civilista e Professor de Direito da Universidade de São Paulo. Waldemar Ferreira elaborou um importante parecer, analisando e criticando diversos aspectos do projeto.[21] Em resposta, Oliveira Viana publicou uma série de artigos, rebatendo as críticas de Waldemar Ferreira.[22] A discussão entre os dois revela muito do que estava em jogo naquele momento; entre outras coisas, uma disputa sobre parâmetros interpretativos do novo direito do trabalho (e também do processo do trabalho).

Escaparia aos propósitos deste artigo um aprofundamento sobre esse debate. Não obstante, como indicado, podemos retirar dele certas ideias sobre a relação entre o processo do trabalho e o processo civil.

Waldemar Ferreira construiu seu parecer com os olhos na Constituição de 1934,[23] criticando sobretudo o poder normativo conferido aos tribunais trabalhistas. Entretanto, o professor da USP reconhecia o caráter especial da Justiça do Trabalho, cujas características, de acordo com o próprio texto constitucional, seriam: "a especial constituição dos órgãos judiciários", "a especialidade da matéria", "a qualidade profissional das pessoas: empregados e empregadores" e "a especialidade do processo, com adoção do procedimento oral". Em sua opinião, "não existe, nem pode existir, em tais condições, justiça mais especial que a Justiça do Trabalho".[24]

Para Waldemar Ferreira, o anteprojeto era um código de processo do trabalho (ele reafirmou isso nos comentários ao Decreto-Lei n. 1.237/1939). Em suas palavras, "a parte mais complexa e, por isso mesmo, a que exige atenção maior, do projeto a ser elaborado, é a referente ao processo do trabalho, no seu duplo aspecto: o individual e o coletivo".[25] Haveria a necessidade de elaborar fórmulas especiais para certos casos, como "os processos das controvérsias individuais que possam resultar das convenções coletivas de trabalho por efeito das violações de obrigações privadas acessoriamente adjetas a aquelas". E era preciso definir a trilha para um novo código processual do trabalho. De acordo com Waldemar Ferreira "as leis processuais têm que ser minuciosas e claras, pois as suas omissões provocam distúrbios muito sérios à marcha dos

---

(20) <http://www2.camara.leg.br/legin/fed/decret/1930-1939/decreto-22132-25-novembro-1932-526777-exposicaodemotivos-pe.pdf>. Acesso em: 22.08.2015 – destaques no original).

(21) O parecer foi publicado em livro com dois volumes. O primeiro, de 1938, contém propriamente o parecer, e o segundo, de 1939, traz um exame do Decreto-Lei n. 1.237/1939. Cf. FERREIRA, 1938 e 1939.

(22) Os artigos de Viana foram publicados no *Jornal do Commercio*, em 1937, e depois reunidos no livro *Problemas de Direito Corporativo*. Ver VIANA: 1983c.

(23) A Constituição de 1934 foi a primeira a prever a instituição da Justiça do Trabalho, ainda que fora do âmbito do Poder Judiciário, para "dirimir questões entre empregados e empregadores, regidas pela legislação social" (art. 122). O dispositivo constitucional estabelecia também que "a constituição dos Tribunais do Trabalho e das Comissões de Conciliação obedecerá sempre ao princípio da eleição de membros, metade pelas associações representativas dos empregados, e metade pelas dos empregadores, sendo o presidente de livre nomeação do Governo, escolhido entre pessoas de experiência e notória capacidade moral e intelectual" (*Constituição da República dos Estados Unidos do Brasil*: 16.7.1934).

(24) FERREIRA, 1938. p. 125.

(25) FERREIRA, 1938. p. 233.

feitos, por não poderem ser supridas pelas partes e, no mais das vezes, nem pelos próprios juízes".[26]

O principal incômodo de Waldemar Ferreira estava relacionado ao processo coletivo e às disposições que cuidavam do poder normativo da Justiça do Trabalho. Para o civilista de São Paulo, era inconstitucional o preceito do anteprojeto que tratava do poder normativo, na medida em que o Poder Legislativo não poderia delegar à Justiça Especializada a competência privativa de legislar. E suas críticas eram construídas a partir de modelos e exemplos estrangeiros. Em mais de uma passagem, há referências à doutrina e ao processo do trabalho italiano, ainda que para indicar diferenças, acentuando que, no Brasil, a Justiça do Trabalho teria feição "nitidamente jurisdicional", de maneira que não poderia alterar contratos de trabalho, individuais ou coletivos.[27]

Mas o que a crítica de Waldemar Ferreira sobre o poder normativo da Justiça do Trabalho tem a ver com o direito processual do trabalho? Uma das chaves para a aproximação a essas observações é justamente identificar a disputa sobre a compreensão do direito do trabalho como um todo, incluindo o direito processual do trabalho.

Para Oliveira Viana, as alegações do professor Waldemar Ferreira revelavam um conflito entre duas concepções do direito: a concepção individualista, de um lado, e a nova concepção, resultante da então crescente socialização da vida jurídica, de outro. O direito saído da Revolução de 1930 não era compatível com as regras, os princípios e o sistema do direito privado.[28] Segundo Oliveira Viana, os críticos fizeram uma interpretação do art. 122 da Constituição de 1934 sem considerar os aspectos sociais e políticos da Justiça do Trabalho: "ora, nem o conteúdo político do texto, nem a novidade das instituições criadas e admitidas pela primeira vez, nada disto foi considerado".[29]

Utilizando exemplos estrangeiros – inclusive dos Estados Unidos da América –[30], o então Consultor Jurídico do Ministério do Trabalho criticava de forma veemente "a velha dogmática do Estado Liberal" (de que teria feito uso Waldemar Ferreira), como incapaz de apreender o sentido de novidade da instituição da Justiça do Trabalho.[31] Oliveira Viana buscava demonstrar sua tese sobre as atribuições da Justiça do Trabalho adotando como parâmetro, entre outros, as corporações administrativas norte-americanas, que teriam passado a regular importantes aspectos da vida social e econômica dos Estados Unidos, como serviços públicos, circulação de veículos, comércio bancário e, entre outros, conflitos de trabalho, individuais e coletivos. O fundamento dessas instituições seria a eficiência do serviço público.[32] Na observação de Oliveira Viana: "daí este movimento, que vemos se processar na vida das administrações americanas, federais e estaduais, no sentido de libertar a solução destas questões das complicadas e morosas formalidades processualísticas dos tribunais propriamente judiciários".[33]

A função normativa seria, então, compatível com a judiciária. A alegação contrária – também presente no parecer de Waldemar Ferreira – decorreria da utilização, para os órgãos da Justiça do Trabalho, de regras e princípios do direito judiciário e processual típicos dos tribunais de direito comum. Entretanto, para Oliveira Viana, "enquadrar a Justiça do Trabalho na metodologia processual dos tribunais de direito comum é, pois, uma contradição substancial, que importaria em anular a própria razão de ser da sua instituição".[34]

Segundo Oliveira Viana, portanto, o direito do trabalho, incluindo as regras de processo do trabalho, não deveriam ser interpretadas a partir de critérios, regras ou princípios civilistas ou próprios dos tribunais de direito comum. E nem do direito processual comum.[35]

---

(26) FERREIRA, 1938. p. 234/236.
(27) FERREIRA, 1938. p. 175/179, 201/202 e 220.
(28) VIANA, 1983c., p. 21/22.
(29) VIANA, 1983c. p. 38.
(30) Sobre o papel muitas vezes instrumental das referências a autores estrangeiros nos estudos de Oliveira Viana, cf. CARVALHO, 1991. p. 85.
(31) VIANA, 1983c. p. 55.
(32) Segundo o autor, "tratava-se de prover com instrumentos administrativos adequados os serviços públicos ou de interesse público, cujas questões, pela sua natureza especialíssima: a) ou necessitavam de uma solução rápida e pronta, de que era incapaz a marcha lenta da administração ordinária; ou b) eram demasiado técnicas para que pudessem ser resolvidas pela dialética sutil e abstrata dos legistas, assentados nos tribunais judiciários" (VIANA, 1983c, p. 56).
(33) VIANA, 1983c, p. 56. Em outra passagem, Oliveira Viana afirma que: "nas sociedades modernas, todas elas atravessando uma fase de desequilíbrios e desajustamentos profundos, principalmente no campo econômico, a administração da justiça, isto é, a solução jurisdicional dos conflitos suscitados por estes mesmos desajustamentos tem que se fazer por processos fora dos ritos rígidos e complexos dos tribunais de direito comum. Ora, somente os tribunais administrativos, justamente por estarem libertos deste formalismo e da aplicação mecânica das regras de direito (*mechanical jurisprudence*), têm plasticidade e adaptabilidade para realizar estes objetivos" (VIANA, 1983c, p. 58).
(34) VIANA, 1983c. p. 72.
(35) A crítica de Oliveira se volta, em especial, à interpretação dos arts. 121 e 122 da Constituição de 1934, feita por Waldemar Ferreira Martins e outros parlamentares. Na sua opinião, "é o pleno regime do civilismo, do comercialismo, do processualismo, do praxismo, do formalismo jurídico – da 'Pandectologia mumificada', de ironia de Wilhem Sauer. É o império soberano da *Praxe Forense*, de Ramalho, e da *Hermenêutica*, de Paula Baptista. Puro jogo de silogismos abstratos. Um texto constitucional – túmido, até quase a rebentar, de significado político e social – reduzido aos termos de uma pura equação algébrica (...)" (VIANA, 1983c, p. 37).

Nas notas que teceu ao parecer de Waldemar Ferreira, Oliveira Viana rebateu a observação do professor da USP quanto à necessidade de organização de um Código de Processo do Trabalho. O anteprojeto de organização da Justiça do Trabalho deveria apenas elaborar normas específicas, sem minúcias, abrindo margem para a aplicação do sistema processual comum, mas de acordo com o "espírito do processo do trabalho".[36] Além disso, ficava estabelecido que o Tribunal Nacional do Trabalho teria competência para elaborar normas complementares ao processo.[37] Isso se justificava porque a regulamentação processual deveria ser adaptável à realidade nacional do país. Havia, ainda, o inconveniente da dificuldade de uma alteração legislativa.

Estas observações de Oliveira Viana são importantes para compreender a dinâmica da relação entre o processo do trabalho e o processo comum:

> (...) estamos em face de uma legislação de experiência, lavrando em terreno virgem, onde não há nada feito, nenhuma tradição estabelecida – e tudo está aconselhando a não regular esta matéria por via legislativa e, sim, regulamentar, esta permitindo uma maior flexibilidade na adaptação do processo do trabalho às condições e às exigências da nossa realidade nacional, às condições de distribuição demográfica e social da população trabalhadora, nos campos e nas cidades. Todas estas condições se refletem no funcionamento do mecanismo processual e seria gravemente inconveniente estabelecer, por meio da lei, uma regulamentação desta natureza, minuciosa e precisa. O trabalho legislativo é lento, difícil e demorado, e um sistema processual, que viesse a se revelar inadequado, não teria, assim, facilidade em ser alterado. Armando a mais alta corporação jurisdicional do trabalho da faculdade de regulamentar a matéria processual, embora dentro das normas gerais estabelecidas pela lei, teríamos feito obra de sabedoria e prudência.[38]

Sabemos que os pontos de vista de Oliveira Viana acabaram prevalecendo, ante a efetiva instituição do poder normativo da Justiça do Trabalho e, no que toca ao tema deste artigo, à previsão de que o processo comum seria fonte subsidiária do processo do trabalho (art. 39 do Decreto-Lei n. 1.237/1939). As regras do processo do trabalho teriam, assim, uma plasticidade diferenciada, de maneira a se adaptarem às necessidades da "realidade nacional". Mas o desafio lançado por Oliveira Viana ainda percorreria toda a história da Justiça do Trabalho: os parâmetros civilistas, individualistas e liberais de interpretação dariam lugar a novos critérios, regras e princípios de aplicação e compreensão próprios do direito do trabalho, incluindo o processo do trabalho?

Associada a isso estava a ideia, bastante difundida à época, como vimos acima, de que o processo do trabalho deveria se destacar do processo civil, pois (aquele) seria dotado de maior rapidez, menos custos, menos formalidades, além da composição paritária dos órgãos da Justiça do Trabalho. Esta premissa fornece a perspectiva da aplicação subsidiária do processo comum ao processo do trabalho: o processo comum era encarado como mais dispendioso, demorado e envolvia conhecimentos técnicos dominados apenas pelos advogados, não sendo adequado para conferir uma resposta satisfatória às demandas dos trabalhadores, as quais, em sua maioria, diziam respeito ao pagamento de salários. Essa era a visão, a imagem que circulava sobre o processo civil e que servia de referência à construção do processo do trabalho.

A edição da Consolidação das Leis do Trabalho, em 1943, não constituiu uma inovação significativa na relação entre o processo do trabalho e o processo comum. E, de fato, não era esse o propósito. O objetivo da Consolidação era, em geral, proceder a uma "coordenação sistematizada" das leis existentes, produzidas a partir de uma compreensão diferenciada da vida pública e social do país. De acordo com a Exposição de Motivos do Ministro do Trabalho, Alexandre Marcondes Filho, [a Consolidação]

> É o diploma do idealismo excepcional do Brasil, orientado pela clarividência genial de V. Exa., reajustando o imenso e fundamental processo de sua dinâmica econômica, nas suas relações com o trabalho, aos padrões mais altos de dignidade e de humanidade da justiça social. É incontestavelmente a síntese das instituições políticas estabelecidas por V. Ex. desde o início de seu governo.
> (...)

---

(36) Em suas palavras, "ora, em primeiro lugar, nas legislações conhecidas, o processo do trabalho nunca é regulado com as minúcias e detalhes do processo civil ou comercial. O legislador limita-se a estabelecer apenas aquelas normas que diferenciam o processo do trabalho do sistema processual ordinário, deixando o resto a ser regulado pelas regras e princípios deste. Com esta diferença apenas: que os preceitos do processo ordinário, ao serem aplicados ao processo do trabalho, devem ser interpretados, não segundo o espírito do processo comum, mas segundo o espírito do processo do trabalho" (VIANA, 1983d, p. 185).

(37) O art. 97 do anteprojeto, cujo texto foi debatido na Câmara dos Deputados, previa que "os casos omissos do processo, perante a Justiça do Trabalho, serão supridos por instruções expedidas pelo Presidente do Tribunal Nacional do Trabalho" (VIANA, 1983e, p. 174). Como visto, no texto do Projeto de Lei Orgânica da Justiça do Trabalho, foi adotada redação diferente, estipulando-se que o direito processual comum seria fonte subsidiária do direito processual do trabalho, exceto no que fosse incompatível com os princípios gerais deste ou com a justiça social (art. 104).

(38) VIANA, 1983d. p. 185/186.

A Consolidação representa, portanto, em sua substância normativa e em seu título, neste ano de 1943, não um ponto de partida, nem uma adesão recente a uma doutrina, mas a maturidade de uma ordem social há mais de um decênio instituída, que já se consagrou pelos benefícios distribuídos, como também pelo julgamento da opinião pública consciente, e sob cujo espírito de equidade confraternizaram as classes na vida econômica, instaurando nesse ambiente, antes instável e incerto, os mesmos sentimentos de humanismo cristão que encheram de generosidade e de nobreza os anais da nossa vida pública e social.[39]

Analisadas as bases da relação entre o processo do trabalho e o processo comum, é chegada a hora de examinar alguns aspectos dessa relação hoje. O foco de observação será a jurisprudência do Tribunal Superior do Trabalho, por se tratar do órgão de cúpula da Justiça do Trabalho.

3. A JURISPRUDÊNCIA DO TST SOBRE A RELAÇÃO ENTRE O PROCESSO DO TRABALHO E O PROCESSO COMUM

Ao longo de cerca de setenta anos de história, a jurisprudência do Tribunal Superior do Trabalho estabeleceu vários entendimentos sobre a aplicabilidade de dispositivos do processo comum ao processo do trabalho. A previsão da CLT sobre ônus da prova (art. 818), por exemplo, é, com frequência, interpretada de forma conjunta aos preceitos respectivos do CPC (art. 333, segundo o Código de 1973, e art. 373 do NCPC).[40] Já com relação aos requisitos da petição inicial, confere-se ênfase à regra da CLT (art. 840, § 1º) em comparação à sua correspondente do CPC (art. 282 da Lei de 1973 – art. 319 do NCPC), em atenção a princípios como o da simplicidade.[41] A norma do processo comum quanto ao prazo em dobro nas situações em que os litisconsortes têm procuradores distintos (art. 191 do CPC de 1973 – art. 229 do NCPC) é considerada inaplicável ao processo do trabalho, por contrariar o princípio da celeridade.[42]

A discussão sobre a aplicação subsidiária do Processo Comum ao Processo do Trabalho ganhou fôlego especial com a edição das Leis ns. 11.232, de 22.12.2005 e 11.382, de 06.12.2006, que alteraram várias normas do Código de Processo Civil sobre o cumprimento de sentença e o processo de execução. Como indicado no início deste artigo, as modificações legislativas objetivaram aprimorar o sistema de cumprimento das decisões judiciais, buscando conferir maior efetividade ao processo. E como a Justiça do Trabalhou reagiu a essas alterações no processo comum?

Por uma questão metodológica, vamos concentrar a observação nos entendimentos firmados pelo Tribunal Superior do Trabalho sobre a aplicabilidade dessas alterações do processo comum ao processo do trabalho – há boas razões para supor que os argumentos até agora utilizados pela Corte também serão adotados quanto ao Novo Código de Processo Civil.[43]

O art. 475-J do CPC de 1973 previa multa de 10% para o devedor que não efetuasse o pagamento da dívida (de quantia certa ou já fixada em liquidação) no prazo de quinze dias. O CPC de 2015 mantém regra similar.[44] A penalidade tem por finalidade forçar o devedor a efetuar a quitação da obrigação. A preocupação é com a celeridade e a efetividade do processo.

A jurisprudência do Tribunal Superior do Trabalho, contudo, não tem admitido a utilização do preceito do CPC de 1973. A ementa a seguir é significativa:

RECURSO DE EMBARGOS INTERPOSTO NA VIGÊNCIA DA LEI N. 11.496/2007. MULTADO ART. 475-J DO CPC. INAPLICABILIDADE NO PROCESSO DO TRABALHO. A aplicação subsidiária do Código de Processo Civil ao Direito

---

(39) A exposição de motivos da Consolidação das Leis do Trabalho está disponível em: <http://aplicacao.tst.jus.br/dspace/bitstream/handle/1939/29280/1943_clt_exposicao_motivo.pdf?sequence=1>. Acesso em: 22 ago. 2015.
(40) Por exemplo, o acórdão com a seguinte ementa: "RECURSO DE REVISTA. (...) PRÊMIOS. ÔNUS DA PROVA. DISTRIBUIÇÃO. OFENSA. NÃO CONFIGURAÇÃO. O egrégio Tribunal Regional, soberano no exame dos fatos e provas da lide, registrou que cabia à reclamada em decorrência do seu poder/dever de documentar o contrato de trabalho, apresentar os elementos da prova indispensáveis à elucidação do pleito de diferenças no pagamento de prêmios, ônus do qual não se desincumbiu a contento, sendo devidas as diferenças na forma indicada na petição inicial. Nesse contexto, não se verifica ofensa aos arts. 818 da CLT e 333, I, do CPC, pois a partir do momento que reclamada alegou o correto pagamento da parcela, atraiu para si o ônus probatório e, como visto, dele não se desvencilhou, o que permite concluir que foi respeitada a regra de distribuição do ônus da prova prevista nos referidos preceitos de lei. Recurso de revista de que não se conhece." (*Diário Eletrônico da Justiça do Trabalho*: 28.08.2015).
(41) "INÉPCIA DA PETIÇÃO INICIAL. NÃO OCORRÊNCIA. EXISTÊNCIA DE CAUSA DE PEDIR. O processo do trabalho é marcado por princípios que abrandam o rigor formal das regras processuais, tais como o princípio da simplicidade e da instrumentalidade das formas. A existência de breve exposição dos fatos de que resultou o litígio na reclamação trabalhista, nos termos do art. 840, § 1º, da CLT, é suficiente a demonstrar a existência de causa de pedir. Recurso de Revista não conhecido." (*Diário Eletrônico da Justiça do Trabalho*: 10.04.2015).
(42) Eis o teor da Orientação Jurisprudencial n. 310 da SBDI-1 do TST: "A regra contida no art. 191 do CPC é inaplicável ao processo do trabalho, em decorrência da sua incompatibilidade com o princípio da celeridade inerente ao processo trabalhista".
(43) A Instrução Normativa n. 39/2016 do TST, tratando da aplicação de normas do CPC de 2015 ao processo do trabalho, considerou que as questões relativas à imposição de multa pecuniária ao executado e à liberação de depósito ao exequente, em execução provisória, estão *sub iudice* no âmbito da Corte, razão pela qual não houve posicionamento a respeito.
(44) O preceito e sua guarda correspondência no NCPC é o art. 523, que contém redação aprimorada.

Processual do Trabalho, de acordo com a doutrina e com a jurisprudência unânimes, exige dois requisitos para permitir a aplicação da norma processual comum ao Processo do Trabalho: a ausência de disposição na CLT e a compatibilidade da norma supletiva com os princípios do Processo do Trabalho. Observa-se que o fato preconizado pelo art. 475-J do CPC possui disciplina própria no âmbito do Processo do Trabalho, pelos arts. 880, 882 e 883 da CLT, que preveem o prazo e a garantia da dívida por depósito ou a penhora de bens quantos bastem ao pagamento da importância da condenação, acrescido das despesas processuais, custas e juros de mora. Embargos conhecidos e providos.[45]

E em outra decisão:

MULTA DO ART. 475-J DO CPC. PROCESSO DO TRABALHO. INCOMPATIBILIDADE 1. Conquanto recomendável, de lege ferenda, a aplicação da multa do art. 475-J do CPC no Processo do Trabalho encontra óbice intransponível em normas específicas por que se rege a execução trabalhista. 2. Se, de um lado, o art. 475-J do CPC determina ao devedor o depósito obrigatório do valor devido, o art. 882 da CLT abre para o executado a faculdade de garantia do juízo com outro tipo de bem. Manifesto que, se a CLT assegura ao executado o direito à nomeação de bens à penhora, isso logicamente exclui a ordem para imediato pagamento da dívida, sob pena de incidência da multa de 10%. 3. A aplicação à risca do procedimento do art. 475-J do CPC igualmente conflita com a CLT no tocante à exigência de citação, visto que, pela atual sistemática do Processo Civil, não há mais citação do executado em execução de sentença condenatória para pagamento de dívida, tampouco citação para pagar ou nomear bens à penhora, como se dava outrora. No entanto, esse ainda é o modelo ou o rito abraçado pela CLT para a execução trabalhista (art. 880 da CLT). 4. Outro contraste manifesto entre o procedimento do art. 475-J do CPC e o da CLT repousa nos embargos do devedor: garantido o juízo pela penhora, o art. 884 da CLT assegura ao executado o prazo de cinco dias para opor embargos à execução, ao passo que o § 1º do art. 475-J do CPC faculta ao executado apenas impugnar o título judicial, querendo, no prazo de quinze dias. Ao substituir os embargos à execução, verdadeira ação conexa de cognição, pela impugnação, mero incidente processual desprovido de efeito suspensivo, o CPC introduziu uma inovação sumamente relevante e que ainda mais evidencia o descompasso de procedimentos em cotejo com o Processo do Trabalho. 5. Na prática, a insistência em aplicar-se no âmbito da execução trabalhista o art. 475-J do CPC, não obstante inspirada nos melhores propósitos, apenas retarda a satisfação do crédito exequendo. A desarmonia doutrinária e jurisprudencial multiplica recursos, amplia a sensação de insegurança jurídica, em descompasso com o princípio do devido processo legal, insculpido no art. 5º, LIV, da Constituição Federal. Precedentes da SBDI-1 do TST. 6. Embargos de que se conhece, por divergência jurisprudencial, e a que se dá provimento.[46]

Aponta-se, nesses precedentes, que a comunicação ao devedor, o prazo e a forma de pagamento (ou garantia) da dívida trabalhista são regulados por dispositivos da CLT. Afasta-se, de maneira analítica, a ideia de que o processo do trabalho contenha omissão a esse respeito. A norma do processo comum seria, portanto, incompatível com a regra da CLT. É interessante notar que as regras da CLT são tratadas como garantias ao executado, quando a lógica da execução – e isso inspirou as reformas no processo comum – é, ao contrário, privilegiar o cumprimento da obrigação e, assim, garantir o crédito do exequente, comumente revestido de natureza alimentar no processo do trabalho.[47]

Num importante *leading case*, a SBDI-1 firmou o seguinte entendimento:

ART. 475-J DO CPC. INAPLICABILIDADE AO PROCESSO DO TRABALHO. EXISTÊNCIA DE NORMA PROCESSUAL SOBRE EXECUÇÃO TRABALHISTA. PRAZO REDUZIDO. INCOMPATIBILIDADE DA NORMA DE PROCESSO COMUM COM A DO PROCESSO DO TRABALHO 1. A regra do art. 475-J do CPC não se ajusta ao processo do trabalho atualmente, visto que a matéria possui disciplina específica na CLT, objeto do seu art. 879, §§ 1º-B e 2º. Assim, a aplicação subsidiária do art. 475-J do CPC contraria os arts. 769 e 889 da CLT, que não autoriza a utilização da regra, com o consequente desprezo da norma de regência do processo do trabalho. 2. A novidade não encontra abrigo no processo do trabalho, em primeiro lugar, porque neste não há previsão de multa para a hipótese de o executado não pagar a dívida ao receber a conta líquida; em segundo, porque a via estreita do art. 769 da CLT somente cogita da aplicação supletiva das normas do Direito processual Civil se o processo se encontrar na fase de conhecimento e se presentes a omissão e a compatibilidade; e, em terceiro lugar, porque para a fase de execução, o art. 889 indica como norma subsidiária a Lei n. 6.830/1980, que disciplina os executivos fiscais. Fora dessas duas hipóteses, ou seja, a omissão e a compatibilidade, estar-se-ia diante de indesejada substituição dos dispositivos da CLT por aqueles do CPC que se pretende adotar. 3. A inobservância das normas inscritas nos arts. 769 e 889 da CLT, com a mera substituição das normas de regência da execução trabalhista por outras de execução no processo comum, enfraquece a autonomia do Direito Processual do Trabalho. Recurso de Embargos de que se conhece e a que se dá provimento.[48]

---

(45) *Diário Eletrônico da Justiça do Trabalho*: 04.02.2011 (destaque acrescentado).
(46) *Diário Eletrônico da Justiça do Trabalho*: 18.10.2013 (destaques acrescentados).
(47) Aliás, o art. 797 do NCPC, com redação semelhante à do art. 612 do CPC de 1973, estabelece que a execução é realizada no interesse do exequente. Com muito mais razão essa orientação mostra-se aplicável ao processo do trabalho.
(48) *Diário Eletrônico da Justiça do Trabalho*: 17.06.2011. A decisão da SBDI-1, nesse precedente, foi proferida para reformar acórdão da 3ª Turma do TST, que entendera aplicável o art. 475-J do CPC, aos seguintes fundamentos: "(...) MULTA DO ART. 475-J DO CPC – APLICAÇÃO SUPLETIVA AO PROCESSO EXECUTIVO DO TRABALHO A aplicação dos preceitos da legislação processual comum ao direito processual do trabalho depende

Aqui, além dos argumentos de incompatibilidade da multa, aparece a ideia da preservação da autonomia do direito processual do trabalho. Mas até que ponto essa autonomia seria prejudicada pela utilização de normas do processo comum ante o texto aberto do art. 769 da CLT? E em que medida essa suposta autonomia faz sentido quando o processo comum se revela, em potencial, mais eficiente que o processo do trabalho?

Com relação ao art. 475-O, § 2º, do CPC de 1973, que permitia a liberação de valores ao exequente em execução provisória[49], a jurisprudência do Tribunal Superior do Trabalho tem afirmado sua inaplicabilidade ao processo trabalhista, pois a matéria seria regulada pelos arts. 897 e 899 da CLT. As duas ementas a seguir são ilustrativas:

> LEVANTAMENTO DE VALORES DEPOSITADOS ATÉ O LIMITE DE 60 SALÁRIOS MÍNIMOS – INAPLICABILIDADE DO ART. 475-0 DO CPC AO PROCESSO DO TRABALHO.
>
> 1. Consoante dispõe o art. 769 da CLT, o Direito Processual Comum será fonte subsidiária do Direito Processual do Trabalho apenas nos casos de omissão e quando houver compatibilidade da regra comum com o sistema do Processo do Trabalho.
>
> 2. A CLT dispõe expressamente sobre execução provisória nos arts. 897 e 899, não existindo razão para a aplicação subsidiária do art. 475-O do CPC ao Processo do Trabalho.
>
> 3. Assim sendo, a decisão proferida pela Corte de origem que autorizou, de ofício, ao Reclamante o levantamento do depósito existente nos autos, até a quantia de 60 salários mínimos, entendendo ser aplicáveis à execução provisória trabalhista as regras do art. 475-O do CPC, merece reforma.
>
> Recurso de revista parcialmente conhecido e provido.[50]
>
> (...) 9. LEVANTAMENTO DE DEPÓSITO RECURSAL. APLICABILIDADE. ART. 475-0 DO CPC. OFENSA AO ART. 5º, LIV, DA CONSTITUIÇÃO FEDERAL. CARACTERIZAÇÃO. PROVIMENTO. Segundo previsão da CLT (art. 769), bem como entendimento doutrinário, a aplicação subsidiária das normas de direito processual comum ao direito processual do trabalho é possível quando houver omissão nas normas celetistas e compatibilidade das normas supletivas com o direito do trabalho e também nos casos em que a aplicação da norma de direito processual comum seja mais compatível com os princípios constitucionais – interpretação conforme a Constituição – (subsidiariedade axiológica ou teleológica). Tendo o direito processual do trabalho regramento específico para execução provisória, nos termos do art. 899 da CLT, não se justifica a aplicação subsidiária de regra do direito processual comum, cuja sistemática revela-se incompatível com aquela aplicável na execução trabalhista. Isso porque, de acordo com esse dispositivo celetista, os recursos possuem efeito meramente devolutivo, permitida a execução provisória até a penhora, não sendo, assim, permitidos, além da referida penhora, atos de expropriação do patrimônio do devedor, como a liberação de eventual depósito em dinheiro, exceto em hipóteses em que estiverem em risco os princípios constitucionais, como a dignidade da pessoa humana, o que não é o caso. Assim, na espécie, inaplicável o art. 475-O, III, § 2º, I, do CPC. Precedentes desta Corte. Recurso de revista conhecido e provido.[51]

É certo que o art. 899 da CLT prevê que a execução provisória é possível até a penhora e seu § 1º estabelece que o valor do depósito recursal será liberado após o trânsito em julgado. Mas não seria o caso de considerar que, à época da edição da CLT, essa era a compreensão existente sobre os limites da execução provisória? A nova regra do processo comum não seria, por outro lado, compatível com os princípios do processo do trabalho? E, de novo, não estaria sendo adotada aqui uma lógica de proteção ao executado, invertendo-se o escopo da fase de cumprimento da sentença?[52]

---

da existência de omissão e de compatibilidade com as demais regras e princípios que informam a atuação da jurisdição especializada (CLT, art. 769). Mas o exame em torno da importação de regra processual, nos parâmetros indicados, deve considerar não a literalidade dos dispositivos considerados, mas os postulados axiológicos – ou finalidades sociais (LICC, art. 5º) – por eles tutelados. Nesse sentido, considerado o significado contemporâneo da garantia de acesso à Justiça (Constituição Federal, art. 5º, XXXV e LXXVIII) e a essencialidade do crédito trabalhista para a subsistência do trabalhador, nada obsta a plena aplicação da regra inscrita no art. 475-J do CPC ao rito executivo trabalhista, impondo-se ao devedor a multa de 10% sobre o valor da execução, na hipótese de, regularmente intimado, não promover o depósito ou pagamento da respectiva importância. Recurso de revista conhecido e não provido" (*Diário Eletrônico da Justiça do Trabalho*: 04.09.2009).

(49) O dispositivo tem correspondência nos arts. 520 e 521 do NCPC.

(50) *Diário Eletrônico da Justiça do Trabalho*: 30.11.2012.

(51) *Diário Eletrônico da Justiça do Trabalho*: 06.03.2015.

(52) É importante registrar que os entendimentos expressos nas ementas transcritas não revelam a compreensão unânime dos ministros do Tribunal Superior do Trabalho sobre o tema. Isso fica evidente com a ementa a seguir, relativa a acórdão lavrado em 2011: "AGRAVO DE INSTRUMENTO. RECURSO DE REVISTA. EXECUÇÃO PROVISÓRIA. DEPÓSITO RECURSAL. LIBERAÇÃO. ART. 475-O DO CPC. COMPATIBILIDADE COM O PROCESSO DO TRABALHO. DECISÃO DENEGATÓRIA. MANUTENÇÃO. A regra e o princípio constitucionais da razoável duração do processo e da efetividade da jurisdição (art. 5º, LXXVIII, CF) tornam compatíveis com o processo do trabalho os novos dispositivos processuais civis favorecedores da célere, eficiente e efetiva prestação jurisdicional, tal como o recente art. 475-O do CPC reformado. Em par com essa fonte constitucional, inovadora e heurística (por si só bastante), o art. 475-O do CPC é de aplicabilidade no processo do trabalho em face do permissivo contido no art. 769 da CLT e também porque a natureza do crédito trabalhista se compatibiliza com normas de índole protetiva que busquem o aperfeiçoamento dos procedimentos executivos, com o objetivo de se alcançar de forma efetiva a satisfação dos créditos reconhecidos judicialmente. Inconteste, segundo o acórdão regional, o estado de necessidade do empregado, o deferimento do levantamento de depósitos recursais inferiores ao valor-limite de sessenta vezes o valor do salário mínimo está em perfeita sintonia com o objetivo das normas trabalhistas. A absorção, pelo processo do trabalho, das regras

Em alguns desses precedentes – tanto relativos ao art. 475-J quanto ao art. 475-O do CPC de 1973 –, o Tribunal Superior do Trabalho entendeu se tratar de hipóteses de violação aos princípios constitucionais da legalidade e do devido processo legal (art. 5º, II e LIV), razão pela qual deu provimento aos recursos de revista para afastar a aplicação dos dispositivos do processo comum. Podemos, então, indagar: qual é o sentido dos princípios da legalidade e do devido processo legal nesses casos? O que esses princípios asseguram? Como compreender esses princípios diante da regra dinâmica e plástica do art. 769 da CLT? O que significa, nesse cenário, a preocupação com segurança jurídica?

Há, ainda, outra regra do processo comum que já ensejou manifestação do Tribunal Superior do Trabalho. O art. 475-P do CPC de 1973 permitia ao exequente optar pelo juízo do local onde se encontram bens sujeitos à expropriação ou pelo do atual domicílio do executado.[53] O TST, porém, analisando conflitos de competência, tem afirmado que o preceito é incompatível com o processo do trabalho, diante do art. 877 da CLT, que cuida da competência na fase de execução. Eis um precedente significativo:

CONFLITO NEGATIVO DE COMPETÊNCIA EM RAZÃO DO LUGAR. EXECUÇÃO TRABALHISTA. LOCAL DOS BENS E DOMICÍLIO DO DEVEDOR. PARÁGRAFO ÚNICO DO ART. 475-P DO CÓDIGO DE PROCESSO CIVIL. INAPLICABILIDADE. EXISTÊNCIA DE REGRAMENTO ESPECÍFICO. O Juízo suscitado acolheu o pedido formulado pelo exequente, para que a execução se processe no local onde se encontra o bem penhorado e onde atualmente residem as partes, e remeteu os autos da reclamação trabalhista ao Juízo suscitante, com fundamento no parágrafo único do art. 475-P do Código de Processo Civil. Todavia, a legislação processual civil só é aplicada de forma subsidiária ao processo do trabalho. O art. 877 da Consolidação das Leis do Trabalho dispõe que a execução das decisões compete ao Juiz ou Presidente do Tribunal que tiver conciliado ou julgado originariamente o dissídio. Conflito de competência acolhido, para declarar competente o Juízo suscitado.[54]

Aqui também se invocou como fundamento, no sentido da inaplicabilidade do preceito do processo comum, os princípios constitucionais da legalidade e do devido processo legal. Mas qual(is) é(são) o(s) sentido(s) desses princípios? Eles também não poderiam ser interpretados de maneira a fundamentar a aplicação do dispositivo do processo comum, tendo em vista a previsão do art. 769 da CLT?

O Novo Código de Processo Civil recoloca essas questões para a Justiça do Trabalho. E acrescenta outras. Alguns exemplos podem ser elucidativos.

O art. 76 do NCPC estabelece que, uma vez constatada a incapacidade processual ou a irregularidade da representação da parte, o juiz deverá suspender o processo e designar prazo razoável para que o vício seja sanado. O dispositivo prevê sanções distintas para o descumprimento da determinação judicial, conforme o processo esteja na instância originária ou em fase recursal (§§ 1º e 2º). Ou seja, a possibilidade de corrigir o vício de representação é aplicável também perante os tribunais. Trata-se de importante inovação em relação ao art. 13 do CPC de 1973, sobretudo porque esse preceito vinha sendo interpretado como inaplicável na fase recursal.[55]

Outra novidade é o art. 385, § 3º, que, atento às inovações tecnológicas e à implementação do Processo Judicial Eletrônico, permite que o depoimento da parte que resida em outra localidade seja colhido mediante videoconferência ou outro recurso de transmissão de sons e imagens em tempo real. Como conciliar esse preceito com a obrigatoriedade da presença das partes à audiência, contida no art. 843, caput, da CLT?

No processo do trabalho, a regra é o comparecimento espontâneo das testemunhas, que acompanharão reclamante e reclamado à audiência (arts. 825 e 845 da CLT). Apenas as testemunhas que não comparecerem serão intimadas (art. 825, parágrafo único, da CLT), sendo necessária a prova do convite quando se tratar de procedimento sumaríssimo (art. 852-H, §§ 2 e 3º, da CLT). Nessa matéria, o processo comum parece ter se inspirado no processo do trabalho (talvez para superá-lo). Tal como no CPC de 1973, o NCPC mantém a obrigação das partes de apresentar em juízo o rol de testemunhas. Contudo, incumbe ao advogado da parte informar ou intimar a testemunha por ele arrolada do dia, hora e do local da audiência designada, dispensando-se a intimação do juízo (art. 455 do NCPC). A intimação será realizada por carta com aviso de recebimento, que deverá ser juntada aos autos com ante-

---

processuais civis, naquilo que tornam a execução mais rápida e eficaz, tem respaldo ainda em outro texto constitucional que, no art. 100, § 1º-A, reconhece expressamente a natureza alimentar dos créditos trabalhistas. Nesse sentido, é nítida a harmonia entre a norma contida no art. 475-O do CPC e o sistema processual trabalhista especializado. Sendo assim, não há como assegurar o processamento do recurso de revista quando o agravo de instrumento interposto não desconstitui as razões expendidas na decisão denegatória que, assim, subsiste pelos seus próprios fundamentos. Agravo de instrumento desprovido." (*Diário Eletrônico da Justiça do Trabalho*: 06.05.2011).

(53) A correspondência se dá com o art. 516 do NCPC.

(54) *Diário Eletrônico da Justiça do Trabalho*: 05.02.010.

(55) A Súmula n. 383 do TST, em seu item II, enuncia: "inadmissível na fase recursal a regularização da representação processual, na forma do art. 13 do CPC, cuja aplicação se restringe ao Juízo de 1º grau". A Instrução Normativa n. 39/2016 do TST, em contrapartida, reconheceu a aplicação do art. 76 do NCPC ao processo do trabalho (art. 3º, I), o que, na prática, significa estar prejudicado o entendimento daquele verbete.

cedência mínima de 3 dias da data da audiência. A parte pode, porém, se comprometer a levar a testemunha, independentemente de intimação, e caso a testemunha não compareça, presume-se que a parte desistiu de sua inquirição (art. 455, §§ 1º e 2º, do NCPC).[56] O simples fato de a CLT conter uma norma específica é suficiente para afastar a utilização, no processo do trabalho, do sistema do Novo CPC?

Ainda com relação à prova testemunhal, o Novo Código de Processo Civil rompe com o sistema presidencialista de produção probatória. O art. 459 prevê que as perguntas serão formuladas pelas partes diretamente à testemunha, a começar pela que a arrolou – mantida a prerrogativa do magistrado de admitir ou não as perguntas da parte. O dispositivo conflita com o modelo adotado no processo do trabalho, em que as testemunhas são inquiridas pelo juiz, consoante a disposição do art. 820 da CLT. Diante disso, o preceito do processo comum é ou não aplicável ao processo do trabalho?[57]

Os exemplos acima, entre outros, vão tensionar a relação entre o processo do trabalho e o processo comum. Esse último vem se aprimorando, tornando-se mais célere em alguns aspectos e, por conseguinte, também mais eficiente. Como a Justiça do Trabalho vai reagir a essas novas normas do processo comum? A questão será vista como um simples conflito entre regras, uma oposição entre proposições lógicas abstratas, ou como um problema de natureza principiológica?

4. CONSIDERAÇÕES FINAIS: A NECESSIDADE DE CONSTRUÇÃO DE UMA INTERPRETAÇÃO FUNDADA EM PRINCÍPIOS PARA O TRATAMENTO DA RELAÇÃO ENTRE O PROCESSO DO TRABALHO E O PROCESSO COMUM

Nos precedentes do Tribunal Superior do Trabalho indicados acima, foi possível identificar construções argumentativas, que afastaram a aplicação de dispositivos do processo comum ao processo do trabalho, fundadas seja na existência de regras próprias e específicas da CLT, seja nos princípios da legalidade e do devido processo legal, além da preocupação com a segurança jurídica. Em nenhum dos precedentes, contudo, fica claro o sentido conferido a esses princípios – que muitas vezes são aplicados como se tivessem um conteúdo inequívoco –, ou mesmo porque tais princípios seriam suficientes para informar a aplicação, no caso concreto, do preceito da CLT e não do CPC. Como falar, então, em segurança jurídica, se o sentido dos princípios não é explicitado na decisão judicial? Como falar em atendimento à legalidade ou ao devido processo? É significativa também a ausência de menção a princípios próprios do direito processual do trabalho, como o da celeridade.[58]

A proposta aqui é justamente indicar a necessidade de construção de uma interpretação fundada, antes de tudo, em princípios para a compreensão adequada da relação entre o processo do trabalho e o processo comum. Para tanto, algumas premissas hermenêuticas são indispensáveis.

O sistema jurídico é um subsistema parcial da sociedade moderna e tem por função específica a garantia de expectativas normativas, isto é, direitos. O sistema lida com expectativas estabilizadas em termos normativos (como regras e princípios). Como sistema comunicativo – assim como os demais subsistemas sociais – o direito opera a partir de comunicações, voltadas, no seu caso, para o código direito/não direito. A operatividade do sistema é conferida a partir da reprodução de comunicações, vale dizer, decisões, que alocam, de acordo com as expectativas apresentadas, os valores direito ou não direito.[59] É na tomada dessas decisões que tem importância os tribunais.

Os tribunais são subsistemas de tipo organizacional do sistema jurídico – ou seja, são também sistemas parciais. O que os distingue das demais instituições do sistema é o imperativo de decidir, ou seja, a proibição da denegação de justiça (*non liquet*). Essa regra – de dupla negação – tem várias consequências importantes. Entre elas, o reconhecimento de que os tribunais, sobretudo diante de hard cases, inventam o direito. A necessidade de decidir é transformada em liberdade (decisória) – o que não quer dizer ausência de compromisso quanto ao direito vigente, ao texto jurídico.[60] Esse é o ponto de

---

(56) Há exceções a esse procedimento, previstas no § 4º do art. 455 do NCPC.
(57) A Instrução Normativa n. 39/2016 do TST, em seu art. 11, enuncia que "não se aplica ao Processo do Trabalho a norma do art. 459 do CPC no que permite a inquirição direta das testemunhas pela parte (CLT, art. 820)". Não obstante, a possibilidade de inquirição da testemunha diretamente pelas partes visa a modificar uma formalidade das audiências de instrução, qual seja, a prática de a parte (em regra, por seu advogado) encaminhar a pergunta ao juiz, que, então, deferindo-a, dirige a pergunta à testemunha. Essa mera formalidade é retirada do processo civil. A sua manutenção pela Justiça do Trabalho representaria um contrassenso, uma inversão de princípios: a adoção, no processo do trabalho, de procedimento mais formal, do que no processo civil, quando é sabido que um dos princípios mais importantes ao processo trabalhista é justamente o da informalidade. Vale notar, ainda, que o art. 459 do NCPC não acarreta nenhuma diminuição nos poderes do juiz quanto à condução da audiência e da produção probatória.
(58) Claro que eventual menção a esses princípios também demandaria a explicitação de seus sentidos.
(59) LUHMANN: 2005.
(60) Niklas Luhmann chama isso de o "paradoxo da transformação da coerção em liberdade". Em suas palavras: "quem se vê coagido à decisão e, adicionalmente, à fundamentação de decisões, deve reivindicar para tal fim uma liberdade imprescindível de construção do direito. Somente por isso não existem 'lacunas no direito'. Somente por isso a função interpretativa não pode ser separada da função judicativa. E somente por isso o sistema jurídico pode reivindicar a sua competência universal para todos os problemas formulados no esquema 'direito ou não-direito'" (LUHMANN: 1990. p. 163)

partida para a construção do universo jurídico, do pensamento jurídico e da argumentação jurídica. Por isso, o direito deve compreender-se como um sistema fechado em si mesmo, onde se pode utilizar uma "argumentação puramente jurídica" – de modo que importam apenas os valores do código (direito/não direito) com relação ao que será julgado.[61]

Para explicar a posição dos tribunais no sistema jurídico, Niklas Luhmann recorre à distinção centro/periferia. Para o sociólogo alemão, os tribunais ocupam o centro do sistema, de maneira que todos os demais espaços de trabalho (vale dizer: comunicação jurídica) pertencem à periferia – como a conclusão de contratos ou a legislação. A periferia atua como zona de contato do sistema jurídico com os demais sistemas parciais da sociedade (economia e política, por exemplo). É na periferia que as irritações desses demais sistemas sociais são (ou não) formalizadas em termos jurídicos (isto é, traduzidas no código direito/não direito).[62] A autonomia do sistema é garantida, também na periferia, na medida em que ele não está obrigado a decidir (por essa razão, o sistema não opera como uma simples extensão, sem vontade, de operações que são externas ao direito). Os tribunais, por sua vez, trabalham sob um isolamento cognitivo mais acentuado, e é apenas no centro do sistema onde há coação à decisão.[63]

A atividade interpretativa, atribuída aos tribunais, consiste na "revisão" da consistência de decisões (operações) jurídicas. Trata-se de uma observação de segunda ordem, isto é, de observação de decisões jurídicas (por exemplo, contratos, leis, outras decisões judiciais) que, por sua vez, já observaram o direito. No caso dos tribunais, a especificidade da interpretação é o fato de que os tribunais o fazem em um sentido argumentativo, de maneira a demonstrar a racionalidade presente em sua própria decisão.[64]

E como essa demanda de racionalidade da decisão judicial se apresenta para o sistema do direito no exercício de sua função específica na sociedade?

Mediante a garantia da implementação de expectativas normativas (ou seja, comportamentos esperados sancionados pelo Estado), o direito atende ao princípio da segurança jurídica, compreendido como a tomada consistente de decisões judiciais. De outra parte, os processos racionais de normatização e aplicação do direito conferem legitimidade ao próprio ordenamento jurídico e às expectativas estabilizadas. Percebe-se, então, que os pronunciamentos do sistema jurídico devem cumprir ao mesmo tempo as exigências de aceitabilidade racional e de consistência decisória. Como esclarece Jürgen Habermas:

> De um lado, o princípio da segurança jurídica exige decisões tomadas consistentemente, no quadro da ordem jurídica estabelecida. E aí o direito vigente aparece como um emaranhado intransparente de decisões pretéritas do legislador e da justiça ou de tradições do direito consuetudinário. E essa história institucional do direito forma o pano de fundo de toda a prática de decisão atual. Na positividade do direito refletem-se também as contingências desse contexto de surgimento. De outro lado, a pretensão à legitimidade da ordem jurídica implica decisões, as quais não podem limitar-se a concordar com o tratamento de casos semelhantes no passado e com o sistema jurídico vigente, pois devem ser fundamentadas racionalmente, a fim de que possam ser aceitas como decisões racionais pelos membros do direito. Os julgamentos dos juízes, que decidem um caso atual, levando em conta também o horizonte de um futuro presente, pretendem validade à luz de regras e princípios legítimos. Nesta medida, as fundamentações têm que emancipar-se das contingências do contexto de surgimento. E a passagem da perspectiva histórica para a sistemática acontece explicitamente, quando a justificação interna de um juízo, apoiada em premissas dadas preliminarmente, cede o lugar à justificação externa das próprias premissas.[65]

O problema da racionalidade da decisão judicial diz respeito à aplicação do direito e à fundamentação desse processo, bem como à garantia simultânea de segurança jurídica e correção normativa, isto é, a "(única) decisão correta" para o caso.

É necessário recolocar o problema da segurança jurídica e proceder à importante distinção entre regras e princípios.

Para o positivismo de Hans Kelsen, o direito é compreendido como um sistema autossuficiente e autônomo de regras[66], cuja legitimidade está relacionada à sua

---

(61) Cf. LUHMANN: 2005, p. 367/381.
(62) O pertencimento de uma operação a um ou outro sistema social é definido em termos comunicativos – até porque a sociedade é constituída de comunicação. Assim, se determinada comunicação é voltada ao código direito/não direito, será uma operação do sistema jurídico; se tiver por base o código poder/não-poder, pertencerá ao sistema político, e assim por diante. Por isso, na teoria da diferenciação social, a legislação ocupa um lugar – na periferia, é verdade – do sistema jurídico: na medida em que uma lei define um direito (ou um não direito), essa operação, i.e., essa comunicação passa a pertencer ao sistema jurídico. Ver, a respeito, LUHMANN: 1983; LUHMANN: 2005; PAIXÃO: 2002; e CAMPILONGO: 2002.
(63) Cf. LUHMANN: 2005. p. 382/384.
(64) LUHMANN: 2005. p. 389.
(65) HABERMAS: 1997. p. 246.
(66) "Sistema" aqui em sentido diferente do desenvolvido por Niklas Luhmann.

formação, isto é, à sua instituição pela autoridade competente, independentemente de seu conteúdo ou de sua racionalidade. A ordem jurídica deve ser assimilada de forma fática como uma questão de costume supostamente válido. A noção de segurança jurídica (no estilo "lei e ordem") adquire, nesse contexto, precedência à de correção normativa.[67]

É nesse ponto que vai ficar evidente o caráter decisionista do positivismo jurídico (de Hans Kelsen e também de H.L.A. Hart). Afinal, como se dá a interpretação da regra jurídica aplicável a determinado caso concreto? A resposta do positivismo: pela decisão do juiz, de acordo com seu próprio arbítrio.[68] Esvai-se, assim, não apenas a pretensão de correção normativa da decisão judicial, mas também a de segurança jurídica. Em outras palavras, "o sentido do texto normativo, ou seja, a norma, será aquele que a autoridade afirma ser. A segurança jurídica termina por não ser crível, nem mesmo no âmbito do regulado pelas regras jurídicas expressamente positivadas".[69]

A noção de que o direito encerra um sistema autossuficiente e autônomo de regras não atende, de forma satisfatória, o problema da racionalidade das decisões judiciais. Não há regra nem texto que seja imparcial. O risco de arbitrariedade é inerente à atividade interpretativa. E só é possível lidar com esse risco pelo reconhecimento de que qualquer texto, qualquer norma jurídica, possui uma natureza aberta e indeterminada. O que confere o caráter de imparcialidade é apenas a situação concreta, única e irrepetível de aplicação do direito, nunca o texto em si.[70]

O sistema de regras contribuiu para o desenvolvimento da crença na imparcialidade do aplicador do direito, ao suposto de que tais regras seriam capazes de regular por si sós as situações concretas individuais e irrepetíveis, sendo desnecessária a mediação do aplicador. Entretanto, a norma per se nada regula. A atuação – melhor seria dizer "intermediação" – do intérprete ou do aplicador é indispensável.[71]

Na tentativa de superação desses problemas do positivismo jurídico, Ronald Dworkin desenvolve sua teoria dos direitos, a partir de uma compreensão deontológica das regras e princípios jurídicos. Para Dworkin, o que caracteriza o discurso do direito – em oposição ao discurso político – é a utilização de argumentos de princípios.[72] Dworkin recorre à distinção entre "regra" e "princípio". As regras constituem normas concretas, determinadas para uma situação específica de aplicação, enquanto os princípios são gerais e demandam interpretação. Ambos possuem validade deontológica, exprimindo o sentido de uma obrigação – por conseguinte, não têm natureza teleológica.[73] Regras e princípios também são importantes, em termos argumentativos, na fundamentação de decisões judiciais, embora tratados com lógicas diferentes. Isso porque as regras são aplicadas no estilo "tudo ou nada", elas têm um componente "se" que define suas condições de aplicação. Já os princípios detêm uma pretensão de validade não-determinada ou são limitados em seu campo de aplicação mediante condições gerais carentes de interpretação. Diferentemente do que ocorre com as regras, colisões de princípios exigem uma solução diferente – não cabe uma decisão no estilo indicado, "tudo ou nada". De acordo com a decisão a ser tomada, um princípio passa à frente de outro, mas não a ponto de anular esse último.[74]

O direito moderno, pós-tradicional, tem como característica fundamental, não um sistema autossuficiente de regras, mas, sim, uma estrutura principiológica. A análise do caso concreto, sempre único e irrepetível, impõe um tratamento na aplicação das regras diferente do proposto pelo positivismo jurídico, reconhecendo-se, inclusive, que regras podem ser afastadas em razão dos princípios jurídicos que demandam densificação por parte do intérprete, segundo a história institucional e a sistematicidade do conjunto de princípios do ordenamento jurídico. Assim,

> a leitura positivista do direito como sistema autossuficiente de regras, que pretendem regular com alto

---

(67) HABERMAS: 1997. p. 251.
(68) HABERMAS: 1997. p. 251.
(69) CARVALHO NETTO, SCOTTI: 2011, p. 53.
(70) Como afirmam Menelick de Carvalho Netto e Guilherme Scotti, "(...) a questão só pode ganhar um enfrentamento mais consistente, possibilitando a criação de um instrumental de outro tipo para o controle do risco da arbitrariedade inerente à atividade interpretativa, quando se passou a assumir a natureza incontornavelmente aberta, indeterminada, de qualquer texto. É a unicidade, a irrepetibilidade da situação de aplicação que pode assegurar a imparcialidade e nunca o texto em si, ainda que apoiado em outros textos supostamente neutros, como se esses últimos, por alguma mágica, pudessem escapar do turbilhão incessante da vida e das formas de vida que marcam a nossa leitura do mundo" (2011, p. 51).
(71) CARVALHO NETTO, SCOTTI: 2011. p. 64 e 66.
(72) A legitimidade do direito não está relacionada, assim, à legalidade do procedimento de sua instituição. Há uma ruptura com a noção positivista de que argumentos morais ou políticos, ou de outra origem extralegal, não são admitidos pelo direito. Segundo Dworkin, argumentos de tipo pragmático, ético e moral, são admitidos na medida em que traduzidos como argumentos jurídicos, isto é, na medida em que são traduzidos para a linguagem do direito. De toda forma, os argumentos jurídicos têm precedência sobre argumentos teleológicos próprios da política, por exemplo. Cf. HABERMAS: 1997. p. 257.
(73) Daí porque não podem ser compreendidos como "mandados de otimização", o que esvaziaria seu sentido deontológico.
(74) Cf. DWORKIN: 2002 e HABERMAS: 1997. p. 258/259.

grau de determinação suas situações de aplicação, deixa escapar a dimensão central de qualquer ordenamento jurídico pós-convencional: sua estrutura principiológica, necessariamente indeterminada em abstrato, embora determinável em concreto, aberta hermeneuticamente à construção intersubjetiva dos sentidos das normas universalistas positivadas enquanto direitos fundamentais. (...) num sistema principiológico mesmo as regras, que especificam com maior detalhe as suas hipóteses de aplicação, não são capazes de esgotá-las; podem, portanto, ter sua aplicação afastada diante de princípios, sempre com base na análise e no cotejo das reconstruções fáticas e das pretensões a direito levantadas pelas partes na reconstrução das especificidades próprias daquele determinado caso concreto.

A perspectiva decisionista a que chega o positivismo em face da reconhecida indeterminação das regras é rechaçada assim pelo caráter normativo dos princípios jurídicos que, embora muito gerais e abstratos, exigem do intérprete densificação, com especial atenção à história institucional e à sistematicidade do conjunto de princípios reciprocamente vinculados do direito.[75]

No processo de decisão judicial, sobretudo nos chamados *hard cases*[76], Dworkin refere-se à "única decisão correta". Sua preocupação é com a postura do aplicador do direito, que deve buscar a densificação dos sentidos abstratos dos princípios compartilhados por determinada comunidade jurídica (isto é, uma "comunidade de princípios"). Essa densificação ocorre justamente nas situações concretas de aplicação, segundo sua adequação às peculiaridades do caso, considerando-se também os demais princípios jurídicos. Dworkin lança mão de sua teoria construtiva do direito, segundo a qual o intérprete deve buscar reconstruir de forma racional a ordem jurídica de maneira a que o direito vigente possa ser apresentado e justificado de acordo com uma série ordenada de princípios[77], mostrando, então, o direito em sua melhor luz.[78] Tem relevância, nesse ponto, o princípio, desenvolvido por Dworkin, da integridade no direito.[79]

Essas premissas indicam que a demanda de racionalidade do direito e, por conseguinte, da decisão judicial está relacionada à densificação dos princípios jurídicos diante das situações individuais de aplicação. A ideia de segurança jurídica e de tomada de decisões racionalmente consistentes vincula-se a construções argumentativas dos princípios de direito, de acordo com as particularidades do caso concreto. Isso significa que segurança jurídica não tem nada a ver com previsibilidade da decisão judicial, nem com certeza do conteúdo do texto normativo.

Podemos observar em determinados precedentes do Tribunal Superior do Trabalho a falta de decisões racionalmente consistentes e fundadas em princípios. Em alguns casos, como visto, princípios são invocados como argumentos decisórios mas sem densificação de seu sentido, que é sempre abstrato e carente de interpretação.

Resquícios de positivismo jurídico e do sistema de regras – e dos problemas acima identificados, como a crença em uma suposta imparcialidade do texto – também estão presentes nas premissas de decisão da Corte, com todos os riscos aí implicados. Sem argumentações coerentes em termos de princípios, cai-se numa postura decisionista, de maneira que a questão da aplicação ou não de regras do processo comum ao processo do trabalho é solucionada, em última análise, segundo o arbítrio do julgador. O resultado é justamente aquilo que se pretendia evitar: insegurança jurídica.

O resgate da consolidação do processo do trabalho e de sua relação com o processo civil, no começo deste artigo, teve por finalidade mostrar este caráter peculiar do processo do trabalho: sua construção a partir de compromissos com princípios. Não se trata de buscar a intenção original dos "criadores" das normas do processo do trabalho – como Oliveira Viana. O objetivo, na verdade, é enfatizar o caráter dinâmico e principiológico da relação entre o processo do trabalho e o processo comum.

Entretanto, a crítica de Oliveira Viana, acerca da utilização de premissas individualistas e liberais – e de matriz positivista – na interpretação e aplicação dos institutos do direito do trabalho, mostra-se aqui bastante atual.[80]

---

(75) CARVALHO NETTO, SCOTTI: 2011, p. 59/60. A superação e o distanciamento de contextos metafísicos e sagrados exigem do direito moderno uma fundamentação pós-tradicional. O direito se torna indisponível, inclusive com relação ao poder político. Segundo Jürgen Habermas, "o momento da indisponibilidade, que se afirma no sentido de validade deontológica dos direitos, aponta, ao invés disso, para uma averiguação racional – orientada por princípios – das 'únicas decisões corretas'" (HABERMAS: 1997, p. 259).
(76) Mas também nos casos fáceis. Cf. DWORKIN: 1999. p. 423.
(77) Ver HABERMAS: 1997. p. 261.
(78) Cf. DWORKIN: 1999, cap. 6 e 7; e DWORKIN: 2001, cap. 6.
(79) Em suas palavras, "o princípio judiciário de integridade instrui os juízes a identificar direitos e deveres legais, até onde for possível, a partir do pressuposto de que foram todos criados por um único autor – a comunidade personificada –, expressando uma concepção coerente de justiça e equidade. (...) Segundo o direito como integridade, as proposições jurídicas são verdadeiras se constam, ou se derivam, dos princípios de justiça, equidade e devido processo legal que oferecem a melhor interpretação construtiva da prática jurídica da comunidade" (DWORKIN: 1999, p. 271/272).
(80) Em uma passagem significativa, Oliveira Viana faz referência ao próprio Hans Kelsen e à sua teoria pura do direito: "ora, nas doutrinas alemãs mais recentes do Direito Público, ao contrário da concepção de Kelsen, domina (...) o pensamento quase unânime de que a construção lógico-formal dos conceitos jurídicos não é possível por meio do emprego *exclusivo* de proposições lógicas; mas, que se faz preciso apelar para os dados de natureza *política*, principalmente quando se trata de conceitos ou preceitos de Direito Constitucional e Administrativo" (VIANA: 1983c, p. 34).

E o desafio por ele lançado também permanece: o desenvolvimento de critérios, regras e princípios de aplicação e compreensão próprios do direito do trabalho e do processo do trabalho. Trata-se de uma exigência de racionalidade do direito que deve ser contemplada, sobretudo, na decisão judicial.

O art. 769 da CLT não pode ser interpretado de acordo com um sistema positivista de regras, até porque a norma não é autoevidente, nem inequívoca, nem esgota em si mesma todas as hipóteses de aplicação. É necessário construir uma interpretação desse dispositivo fundada nos princípios do processo do trabalho e de acordo com as especificidades de cada caso concreto, o que conduz até mesmo à possibilidade de afastar normas expressas da CLT em prol de regras do processo comum. Afinal, é necessário deixar explícito: qual é o compromisso da Justiça do Trabalho com os princípios que informam o direito do trabalho e o processo do trabalho?

5. REFERÊNCIAS BIBLIOGRÁFICAS

Livros e artigos:

CAMPILONGO, Celso. *Política, sistema jurídico e decisão judicial*. São Paulo: Max Limonad, 2002.

CARVALHO, José Murilo de. "A utopia de Oliveira Viana". In: *Estudos históricos*. vol. 4, n. 7. Rio de Janeiro, 1991. p. 82-99.

CARVALHO NETTO, Menelick de, SCOTTI, Guilherme. *Os direitos fundamentais e a (in)certeza do direito*: a produtividade das tensões principiológicas e a superação do sistema de regras. Belo Horizonte: Fórum, 2011.

CHAVES, Luciano Athayde. "As lacunas no Direito Processual do Trabalho". In: ____ (org.). *Direito Processual do Trabalho*: reforma e efetividade. São Paulo: LTr, 2007. pp. 52/96.

DWORKIN, Ronald. *O império do direito*. Trad. Jefferson Luiz Camargo. São Paulo: Martins Fontes, 1999.

_____. *Uma questão de princípio*. Trad. Luís Carlos Borges. São Paulo: Martins Fontes, 2001.

_____. *Levando os direitos a sério*. Trad. Nelson Boeira. São Paulo: Martins Fontes, 2002.

FERREIRA, Waldemar Martins. *Princípios de Legislação Social e Direito Judiciário do Trabalho*. Vol. I. São Paulo: Editora Limitada, 1938.

_____. *Princípios de Legislação Social e Direito Judiciário do Trabalho*. Vol. II. São Paulo: Freitas Bastos, 1939.

HABERMAS, Jürgen. *Direito e Democracia – entre facticidade e validade*. Vol. 1. Trad. Flávio Beno Siebeneichler. Rio de Janeiro: Tempo Brasileiro, 1997.

LUHMANN, Niklas. *Sociologia do Direito*. Vol. I. Trad. de Gustavo Bayer. Rio de Janeiro: Tempo Brasileiro, 1983.

_____. "A posição dos tribunais no sistema jurídico". In: *Revista da Ajuris*. n. 49, trad. de Peter Naumann. Porto Alegre: Ajuris, julho de 1990.

_____. *El derecho de la sociedad*. 2. ed. Trad. de Javier Torres Nafarrate, con la colaboración de Brunhilde Erker, Silvia Pappe y Luis Felipe Segura. México: Herder, 2005.

PAIXÃO, Cristiano. *Modernidade, Tempo e Direito*. Belo Horizonte: Del Rey, 2002;

VIANA, Oliveira. "Projeto de Lei Orgânica da Justiça do Trabalho, apresentado ao Ministro Waldemar Falcão". In: *Problemas de Direito Corporativo*. 2. ed. Brasília: Câmara dos Deputados, 1983a.

_____. "Exposição de Motivos da Comissão Elaboradora do Projeto de Organização da Justiça do Trabalho". In: *Problemas de Direito Corporativo*. 2. ed. Brasília: Câmara dos Deputados, 1983b.

_____. *Problemas de Direito Corporativo*. 2. ed. Brasília: Câmara dos Deputados, 1983c.

_____. "Notas à margem do parecer do Professor Waldemar Ferreira". In: *Problemas de Direito Corporativo*. 2. ed. Brasília: Câmara dos Deputados, 1983d.

_____. "Anteprojeto de Organização da Justiça do Trabalho". In: *Problemas de Direito Corporativo*. 2. ed. Brasília: Câmara dos Deputados, 1983e.

Legislação:

BRASIL. Império. Lei n. 108, de 11 de outubro de 1837. Dando varias providencias sobre os Contractos de locação de serviços dos Colonos. Coleção de Leis do Império do Brasil – 1837, Página 76, Vol. 1 pt I.

BRASIL. Império. Decreto n. 2.827, de 15 de março de 1879. Dispondo o modo como deve ser feito o contrato de locação de serviços. Coleção de Leis do Império do Brasil – 1879, Página 11 Vol. 1, pt. I.

BRASIL. Poder Executivo. Decreto n. 3.724, de 15 de janeiro de 1919. Regula as obrigações resultantes dos accidentes no trabalho. Diário Oficial da União. Rio de Janeiro, DF, 18.1.1919.

BRASIL. Estado de São Paulo. Lei n. 1.869, de 10 de outubro de 1922. Cria tribunaes ruraes no Estado. Diário Oficial do Estado de São Paulo. São Paulo, SP, 18.10.1922.

BRASIL. Poder Executivo. Decreto n. 22.131, de 23 de novembro de 1932. Dispõe sobre o processo das multas impostas por infração das leis reguladoras do trabalho e sobre a respectiva cobrança. Diário Oficial da União. Rio de Janeiro, DF, 24.12.1932.

BRASIL. Poder Executivo. "Exposição de Motivos". Decreto n. 22.132, de 25 de novembro de 1932. Rio de Janeiro, DF, 23.11.1932. Disponível em: <http://www2.camara.leg.br/legin/fed/decret/1930-1939/decreto-22132-25-novembro-1932-526777-exposicaodemotivos-pe.pdf>. Acesso em: 22.08.2015.

BRASIL. Poder Executivo. Decreto n. 22.132, de 25 de novembro de 1932. Institui Juntas de Conciliação e Julgamento e regulamenta as suas funções. Diário Oficial da União. Rio de Janeiro, DF, 26.11.1932.

BRASIL. Constituição (1934). Constituição da República dos Estados Unidos do Brasil. Diário Oficial da União, Rio de Janeiro, 16.7.1934.

BRASIL. Poder Executivo. Decreto-Lei n. 1.237, de 2 de maio de 1939. Organiza a Justiça do Trabalho. Coleção de Leis do Brasil. Rio de Janeiro, DF, 31.12.1939.

BRASIL. Poder Executivo. Exposição de Motivos. Decreto-Lei n. 5.452, de 1º de maio de 1943 (Consolidação das Leis do Trabalho).

Rio de Janeiro, DF, 19.4.1943. Disponível em: <http://aplicacao.tst.jus.br/dspace/bitstream/handle/1939/29280/1943_clt_exposicao_motivo.pdf?sequence=1>. Acesso em: 22.08.2015.

BRASIL. Poder Executivo. Decreto-Lei n. 5.452, de 1º de maio de 1943. Aprova a Consolidação das Leis do Trabalho. Diário Oficial da União. Rio de Janeiro, DF, 9.8.1943.

BRASIL. Lei n. 5.869, de 11 de janeiro de 1973. Institui o Código de Processo Civil. Diário Oficial da União. Brasília, DF, 17.1.1973.

BRASIL. Lei n. 13.105, de 16 de março de 2015. Código de Processo Civil. Diário Oficial da União. Brasília, DF, 17.3.2015.

Decisões judiciais:

BRASIL. Tribunal Superior do Trabalho. 3ª Turma. Recurso de Revista n. 38300-47.2005.5.01.0052. Desembargador Convocado Douglas Alencar Rodrigues. Diário Eletrônico da Justiça do Trabalho, Brasília, DF, 04.09.2009.

BRASIL. Tribunal Superior do Trabalho. Subseção Especializada em Dissídios Individuais 2. Conflito de Competência n. 2165046-70.2009.5.00.0000. Relator Ministro Pedro Paulo Manus. Diário Eletrônico da Justiça do Trabalho, Brasília, DF, 05.02.2010.

BRASIL. Tribunal Superior do Trabalho. Subseção de Dissídios Individuais 1. Embargos em Recurso de Revista n. 64100-83.2008.5.13.0005. Relatora Ministra Maria de Assis Calsing. Diário Eletrônico da Justiça do Trabalho, Brasília, DF, 04.02.2011.

BRASIL. Tribunal Superior do Trabalho. 6ª Turma. Agravo de Instrumento em Recurso de Revista n. 4406-28.2010.5.06.0000. Relator Ministro Mauricio Godinho Delgado. Diário Eletrônico da Justiça do Trabalho, Brasília, DF, 06.05.2011.

BRASIL. Tribunal Superior do Trabalho. Subseção de Dissídios Individuais 1. Embargos em Recurso de Revista n. 38300-47.2005.5.01.0052. Relator Ministro João Batista Brito Pereira. Diário Eletrônico da Justiça do Trabalho, Brasília, DF, 17.06.2011.

BRASIL. Tribunal Superior do Trabalho. 7ª Turma. Recurso de Revista n. 125100-51.2009.5.03.0030. Relator Ministro Ives Gandra Martins Filho. Diário Eletrônico da Justiça do Trabalho, Brasília, DF, 30.11.2012.

BRASIL. Tribunal Superior do Trabalho. Subseção de Dissídios Individuais 1. Embargos em Recurso de Revista n. 130300-55.2007.5.15.0101. Relator Ministro João Oreste Dalazen. Diário Eletrônico da Justiça do Trabalho, Brasília, DF, 18.10.2013.

BRASIL. Tribunal Superior do Trabalho. 2ª Turma. Recurso de Revista n. 113400-45.2007.5.13.0006. Relator Ministro Renato de Lacerda Paiva. Diário Eletrônico da Justiça do Trabalho, Brasília, DF, 15.08.2014.

BRASIL. Tribunal Superior do Trabalho. 5ª Turma. Recurso de Revista n. 63400-21.2009.5.03.0080. Relator Ministro Guilherme Augusto Caputo Bastos. Diário Eletrônico da Justiça do Trabalho, Brasília, DF, 06.03.2015.

BRASIL. Tribunal Superior do Trabalho. 8ª Turma. Recurso de Revista n. 24900-70.2011.5.13.0003. Relator Ministro Márcio Eurico Vitral Amaro. Diário Eletrônico da Justiça do Trabalho, Brasília, DF, 10.04.2015.

BRASIL. Tribunal Superior do Trabalho. 4ª Turma. Recurso de Revista n. 75000-66.2009.5.03.0071. Relator Ministro Fernando Eizo Ono. Diário Eletrônico da Justiça do Trabalho, Brasília, DF, 26.06.2015;

BRASIL. Tribunal Superior do Trabalho. 5ª Turma. Recurso de Revista n. 1132-17.2010.5.03.0040. Relator Ministro Guilherme Augusto Caputo Bastos. Diário Eletrônico da Justiça do Trabalho, Brasília, DF, 14.08.2015;

BRASIL. Tribunal Superior do Trabalho. 5ª Turma. Recurso de Revista n. 121800-39.2008.5.04.0014. Relator Ministro Guilherme Augusto Caputo Bastos. Diário Eletrônico da Justiça do Trabalho, Brasília, DF, 28.08.2015.

Aspectos polêmicos da estabilização da tutela antecipada: em que situações fático-jurídicas este instituto revela-se cabível?

Sérgio Cabral dos Reis (*)

1. INTRODUÇÃO

O presente artigo tem como finalidade geral abordar alguns aspectos acerca do instituto da estabilização da tutela antecipada prevista no art. 304 do CPC/2015. De modo mais específico, objetiva-se fixar as hipóteses fático-jurídicas do seu cabimento. Nessa perspectiva, diversas indagações devem ser formuladas. Por exemplo, o que significa a chamada "tutela antecipada antecedente"? Quais são os pressupostos da estabilização da tutela antecipada? As tutelas de urgência cautelar e fundadas na evidência autorizaram a estabilização? E a tutela de urgência incidental admite estabilização? A prévia oitiva do réu é pressuposto para a estabilização da tutela antecipada? O que significa "satisfatividade", para fins de estabilização da tutela antecipada? Quais são os remédios jurídicos aptos a impedir a estabilização da tutela antecipada? Qual é a diferença entre "estabilização" e "coisa julgada"? Por que se diz que, na estabilização da tutela antecipada, utiliza-se a técnica monitória? Quem pode ajuizar a eventual ação de cognição exauriente em dois anos? Por que se deve considerar a estabilização da tutela antecipada um instituto revestido de constitucionalidade? E, se a parte interessada não interpõe, dentro do prazo de dois anos, a demanda de cognição exauriente de que trata o art. 304, quais são as consequências jurídicas? Deferida ou não a tutela antecipada antecedente, quando se inicia o prazo para aditamento da petição inicial? A estabilização da tutela antecipada é cabível diante de capítulos de sentença? O réu tem alguma vantagem jurídica diante da estabilização? É cabível a estabilização nas ações meramente declaratórias e nas constitutivas? Cabe nas ações coletivas? E se a parte ré for a Fazenda Pública? E na Justiça do Trabalho? Eis algumas das questões a que se pretende responder neste modesto artigo.

2. DA TUTELA ANTECIPADA ANTECEDENTE

Um dos objetivos do CPC/2015 é a resolução de problemas por intermédio de um processo descomplicado e, ao mesmo tempo, concretizador de valores constitucionais[1]. As tutelas jurisdicionais fundamentadas na urgência possuem fundamento constitucional (art. 5º, XXXV) e são diferenciadas em virtude da situação periclitante do direito material, que não seria adequadamente protegido pelo rito padrão ordinário, marcado pela neutralidade em relação àquele[2]. Nesse aspecto, pode-se dizer que o direito brasileiro avançou bastante, pois, diante do atual contexto de globalização de informações acerca de experiências jurisprudenciais, procura se alinhar aos modernos ordenamentos processuais, na tentativa de buscar técnicas processuais eficientes, para tutelar o direito material, sem perder de vista as garantias inerentes ao direito de defesa.

Inicialmente, criou-se o instituto da "tutela antecipada antecedente" (art. 303). De acordo com a sua disciplina legislativa, nos casos em que a urgência for contemporânea à propositura da ação, a petição inicial pode limitar-se ao requerimento da tutela antecipada e à indicação do pedido de tutela final, com a exposição da lide, do direito que se busca realizar e do perigo de dano ou do risco ao resultado útil do processo. Na petição, além de indicar que pretende valer-se do instituto mencionado, o autor terá de indicar o valor da causa, que deve levar em consideração o pedido de tutela final.

Concedida a tutela antecipada, o autor deverá aditar a petição inicial, com a complementação de sua argumentação, a juntada de novos documentos e a confirmação do

---

(*) Doutorando em Direito pela UFSC. Máster em Teoria Crítica en Derechos Humanos y Globalización pela Universidad Pablo de Olavide (Sevilla, Espanha). Mestre em Direito Processual e Cidadania pela UNIPAR. Professor de Direito Processual Civil e Direito Processual do Trabalho da UEPB. Professor de Direito Processual Civil do Unipê. Vice-diretor e professor da Escola Superior da Magistratura Trabalhista da Paraíba (ESMAT XIII). Professor convidado de cursos de pós-graduação lato sensu em algumas instituições (ESA-PB, UNIPÊ, FACISA, ESMATRA VI, AMATRA IX, FESP). Membro da ABDPro (Associação Brasileira de Direito Processual). Ex-juiz do trabalho no Paraná e em Sergipe. Juiz do Trabalho na Paraíba. (E-mail: sergio.juiz@gmail.com).

(1) NUNES, Camila. "Do Código Buzaid ao novo Código de Processo Civil: uma análise das influências culturais sofridas por ambas as codificações". Revista de Processo, São Paulo, RT, ano 40, n. 246, ago. 2015. p. 497-508.

(2) MARINONI, Luiz Guilherme. A antecipação da tutela. – 8. ed. rev. e ampl. – São Paulo: Malheiros, 2004. p. 155-166.

pedido de tutela final, em 15 (quinze) dias ou em outro prazo maior que o juiz fixar. De igual modo, o réu será citado e intimado para a audiência de conciliação ou de mediação. Não havendo autocomposição, iniciar-se-á o prazo para a eventual resposta do réu.

Observe-se que, não realizado o aditamento pelo autor, o processo será extinto sem resolução do mérito. Esse adiamento à petição inicial dar-se-á nos mesmos autos, sem incidência de novas custas processuais. Impõe-se perceber, todavia, que, em sentido contrário ao que foi exposto até agora, caso entenda que não há elementos para a concessão de tutela antecipada, o órgão jurisdicional determinará a emenda da petição inicial em até 5 (cinco) dias, sob pena de ser indeferida e de o processo ser extinto sem resolução de mérito.

Como se percebe, a tutela antecipada antecedente caracteriza-se por ser aquela a requerida e concedida antes da apresentação da "lide" em sua totalidade[3]. A busca pela concessão da liminar, ou seja, pelo provimento de tutela antecipada antecedente, tem dupla finalidade: em primeiro lugar, permitir que o autor desenvolva, com maior zelo, o pedido de tutela antecipada satisfativa naquelas situações em que a urgência impõe a propositura imediata da ação, na medida em que poderá aprofundar as questões que versam sobre o pedido principal após ter formulado pedido de tutela antecipada; em segundo lugar, permitir a eventual "estabilização dos efeitos" da tutela antecipada antecedente. A estabilização deve ser pensada como um benefício do autor, que, diante da inércia do réu, não precisará mais controverter a "lide principal" naquele mesmo processo, pois já obteve, com base em juízo de cognição sumária, os efeitos pretendidos com a tutela final definitiva. Trata-se de uma absoluta novidade no sistema processual brasileiro, marcada pela autonomia da tutela antecipada satisfativa[4], a qual, certamente, tem inspiração na mencionada ordem de *référé* francesa.

3. DA ESTABILIZAÇÃO DA TUTELA ANTECIPADA: PRESSUPOSTOS DE CABIMENTO

Nos termos do art. 304 do CPC/2015, a tutela antecipada antecedente torna-se estável, se da decisão que a conceder não for interposto o respectivo recurso. Ou seja, se não for interposto o agravo de instrumento contra o provimento liminar, o processo será extinto, estabilizando-se os efeitos da tutela jurisdicional concedida. Qualquer das partes, todavia, poderá demandar a outra, no prazo de dois anos, com o intuito de rever, reformar ou invalidar a tutela antecipada estabilizada, mas, enquanto não for proposta essa demanda revisional, os efeitos do provimento serão conservados na prática.

Qualquer das partes, portanto, poderá requerer o desarquivamento dos autos em que foi concedida a medida, para instruir a petição inicial da "ação" que pretende questionar os efeitos da tutela antecipada antecedente, prevento o juízo em que a tutela antecipada foi concedida. Observe-se que a decisão que concede a tutela não fará coisa julgada, mas a estabilidade dos respectivos efeitos só será afastada por decisão que a revir, reformar ou invalidar, proferida na mencionada "ação revisional" (ação inversa).

Para a estabilização da tutela antecipada, devem ser preenchidos alguns pressupostos[5]. Exige-se, como primeiro pressuposto, que o autor formule requerimento da tutela antecipada "satisfativa" em caráter "antecedente", demonstrando a urgência da sua situação, e a liminar deve ser concedida sem prévia oitiva do réu. Apesar de ter avançado em direção à autonomia das tutelas sumárias, "faltou ao novo Código de Processo Civil conceder estabilidade à tutela antecipada quando não requerida em caráter antecedente ou mesmo nos casos de tutela de evidência, se da decisão concessiva não for interposto recurso"[6].

Assim, a estabilização não é cabível em relação à técnica antecipatória da tutela cautelar, diante da sua natureza temporária e do seu vínculo de referibilidade a outro direito material. A tutela antecipada requerida em caráter incidental, igualmente, não enseja estabilização, o que demonstra que o instituto também não pode ser utilizado em favor do réu[7]. A tutela fundada apenas na evidência do direito também não enseja a estabilização. No particular, trata-se de um equívoco do legislador[8], pois o instituto

---

(3) RAATZ, Igor; ANCHIETA, Natascha. "Tutela antecipada, tutela cautelar e tutela da evidência como espécies de tutela provisória no novo código de processo civil". *Revista Eletrônica de Direito Processual*, vol. 15, jan.-jun. 2015, p. 289.

(4) MITIDIERO, Daniel. "Autonomização e estabilização da antecipação da tutela no novo código de processo civil". *Revista Magister de Direito Civil e Processual Civil*, ano XI, n. 63, nov./dez. 2014. p. 24-25.

(5) DIDIER JR., Fredie; BRAGA, Paula Sarno; OLIVEIRA, Rafael Alexandria de. *Curso de direito processual civil*. – 10. ed. rev., atual. e ampl. – Salvador: *Jus*PODIVM, 2015, vol. 2, p. 606-611.

(6) LUCON, Paulo Henrique dos Santos. "Tutela provisória e julgamento parcial no CPC de 2015: avanços e perspectivas". *O novo código de processo civil: questões controvertidas*. São Paulo: Atlas, 2015. p. 339.

(7) SICA, Heitor Vitor Mendonça. "Doze problemas e onze soluções quanto à chamada ´estabilização da tutela antecipada´". *Procedimentos especiais, tutela provisória e direito transitório (Coleção Novo CPC – doutrina selecionada, v. 4 – Coordenador geral Fredie Didier JR.)*. Organizadores Lucas Buril de Macêdo, Ravi Peixoto e Alexandre Freire. Salvador: *Jus*PODIVM, 2015. p. 183 e 190-191.

(8) TALAMINI, Eduardo. "Tutela de urgência no projeto do novo código de processo civil: a estabilização da medida urgente e a ´monitorização´ do processo civil brasileiro". *Revista de Processo*, São Paulo, RT, ano 37, n. 209, jul. 2012. p. 31-34.

poderia ser mais bem aproveitado[9], conforme demonstra a experiência francesa em relação ao *référé provision* (*Article 809 du Code de Procédure Civile*).

"Satisfatividade", como observa José Miguel Garcia Medina[10], é um termo que pode ter vários significados, todos eles abrangendo hipóteses de cabimento do procedimento previsto no art. 304 do CPC/2015. O primeiro sentido diz respeito à "irreversibilidade dos efeitos" da medida, como no caso da liminar que autoriza a transfusão de sangue. Um outro sentido está relacionado à "autossuficiência" da medida, a exemplo de uma liminar concedida em demanda de busca e apreensão de filho menor, ajuizada por um dos cônjuges ou por um dos companheiros contra o outro, em decorrência do término do tempo de visita. O terceiro sentido relaciona-se com a coincidência entre aquilo que se concede liminarmente e aquilo que se pede em caráter principal, como na liminar de reintegração de posse. Os provimentos concedidos nos dois primeiros sentidos de satisfatividade são naturalmente vocacionados a tornarem-se "tutelas satisfativas autônomas", ao passo que os concedidos no terceiro sentido, ainda que, como regra, interinos, podem ser disciplinados pela ordem jurídica, de modo a que seja "estimulada sua autonomização".

O segundo pressuposto da estabilização da tutela antecipada é de caráter negativo, pois não pode haver manifestação do autor, na petição inicial, no sentido de ter o desejo de seguir adiante com o processo, após a obtenção da pretendida tutela antecipada. É correto o entendimento de que, para a estabilização da tutela antecipada, o réu precisa saber de antemão deste objetivo do autor[11], sob pena de violação aos princípios processuais da boa-fé e da confiança legítima. Se o autor declara, de forma expressa, que pretende valer-se da técnica prevista no art. 303 do CPC/2015, presume-se, salvo declaração inequívoca em sentido diverso, que ele estará satisfeito com a estabilização, na hipótese de a tutela antecipada ser deferida. Cria-se, neste caso, assim como ocorre no rito societário italiano, a possibilidade de criação de negócio jurídico processual[12], sendo a convenção decorrente da opção inicial do autor e da aceitação tácita do réu.

Em terceiro lugar, para que seja possível a estabilização, o réu, provavelmente se convencendo de que a decisão — pelo menos no instante do proferimento — foi acertada, deve permanecer inerte, não interpondo o devido agravo de instrumento. Se este for protocolado, mesmo que não seja conhecido, terá o efeito de impedir a estabilização. Na realidade, demonstrando a autonomia procedimental da tutela antecipada satisfativa, observa-se que o processo somente caminhará rumo à audiência de conciliação e mediação, se o réu recorrer, porque, do contrário, os efeitos do provimento interino serão estabilizados, e o processo deve ser extinto[13].

Embora uma parte da doutrina já sinalize em favor de uma interpretação ampliativa, admitindo o cabimento de outros remédios apto a "impugnar" a decisão concessiva da liminar satisfativa (reclamação, incidente de suspensão de liminar, contestação etc.)[14], é certo que o histórico do processo legislativo do CPC/2015 demonstra que a "intenção do legislador" realmente foi a utilização do termo "recurso" em seu técnico e restrito[15]. Entende-se que, se o réu não recorrer, mas apresentar contestação, o juiz deve extinguir o módulo processual de conhecimento.

4. DA ESTABILIZAÇÃO DA TUTELA ANTECIPADA E A TÉCNICA MONITÓRIA

O art. 304 do CPC/2015, indubitavelmente, é um dos mais polêmicos da nova legislação processual. De todo

---

(9) Para Leonardo Ferres da Silva Ribeiro, "a técnica da estabilização, para surtir os efeitos desejados, deve ser interpretada de forma ampla, apta a incidir sobre todas as formas de *tutela*, tanto na forma antecedente quanto na incidental, e ainda na tutela de evidência antecipada. Somente a tutela cautelar deve ficar excluída da técnica da estabilização" (*Tutela provisória: tutela de urgência e tutela a evidência (do CPC/1973 ao CPC/2015)*. São Paulo: RT, 2015, p. 220).

(10) MEDINA, José Miguel Garcia. *Direito processual civil moderno*. São Paulo: RT, 2015. p. 481-482.

(11) SILVA, Jaqueline Mielke. *A tutela provisória no novo código de processo civil (tutela de urgência e tutela de evidência)*. Porto Alegre: Verbo Jurídico, 2015. p. 125-126.

(12) CHIARLONI, Sergio. "*Il rito societario a cognizione piena: un modelo processuale da sopprimere*". *Rivista Trimestrale di Diritto e Procedura Civile*, Milano, Giuffrè, anno LX, n. 3, set. 2006. p. 872.

(13) MITIDIERO, Daniel. "Autonomização e estabilização da antecipação da tutela no novo código de processo civil". *Revista Magister de Direito Civil e Processual Civil*, ano XI, n. 63, nov./dez. 2014. p. 26.

(14) Nesse sentido: SICA, Heitor Vitor Mendonça. "Doze problemas e onze soluções quanto à chamada ´estabilização da tutela antecipada´". *Procedimentos especiais, tutela provisória e direito transitório (Coleção Novo CPC – doutrina selecionada, v. 4 – Coordenador geral Fredie Didier JR.)*. Organizadores Lucas Buril de Macêdo, Ravi Peixoto e Alexandre Freire. Salvador: *Jus*PODVIM, 2015. p. 184 e 188-189.

(15) Na versão original do projeto, aprovada no Senado da República (PL n. 166/2010), estabelecia-se que, "concedida a medida em caráter liminar e não havendo impugnação, após sua efetivação integral, o juiz extinguirá o processo, conservando sua eficácia" (art. 281, § 2º). Posteriormente, na Câmara dos Deputados (PL n. 8.046/2010), o instituto passou a ser regulamentado, genericamente, da seguinte forma: "A tutela antecipada satisfativa, concedida nos termos do art. 304, torna-se estável se da decisão que a conceder não for interposto o respectivo recurso" (art. 305). Para comentários sobre a primeira versão do Senado, Cf. TALAMINI, Eduardo. "Tutela de urgência no projeto do novo código de processo civil: a estabilização da medida urgente e a ´monitorização´ do processo civil brasileiro". *Revista de Processo*, São Paulo, RT, ano 37, n. 209, jul. 2012. p. 29.

modo, podem ser estabelecidas algumas premissas conceituais acerca do instituto da estabilização da tutela antecipada. Inicialmente, registre-se que o instituto adota a chamada "técnica monitória", que possui os seguintes traços essenciais: (a) tutela mediante cognição sumária, buscando-se acelerar a produção de resultados práticos; (b) atribuição de força preclusiva intensa à inércia do réu; (c) transferência ao réu do ônus da instauração o processo de cognição exauriente; (d) ausência de produção de coisa julgada material.[16]

De logo, não é demais registrar que a estilização da tutela antecipada satisfativa antecedente não se confunde com o instituto da coisa julgada, pois não há julgamento com carga declaratória suficiente, para tornar indiscutível a norma resultante da decisão. Mesmo com o transcurso do biênio para a interposição da demanda para reformar, rever ou invalidar a decisão que concedeu a tutela provisória, apenas os "efeitos" práticos do provimento são estabilizados. Não se atinge, portanto, o conteúdo declaratório, que dá essência à coisa julgada. Demais disso, como não houve reconhecimento definitivo do direito do autor, este não poderá invocar em outro processo, por exemplo, com base no provimento cujos efeitos estão estabilizados, uma espécie de eficácia positiva da coisa julgada[17]. Não há dúvidas, dessa forma, de que se trata de institutos distintos.[18]

Na estabilização da tutela antecipada, assim como ocorre na ação monitória (arts. 700-702 do CPC/2015), há uma inversão do contraditório, que será eventual. Há cognição sumária para resolver o conflito sem resposta do réu, atribuindo a este um ônus processual perfeito, cuja consequência negativa não só fatalmente virá, como também ocorrerá imediatamente a seguir. Para Eduardo Talamini[19], "a rigor, o contraditório não é nem ´eventual´, nem ´invertido´. Simplesmente, não há contraditório, de início. O contraditório é postergado, porque se emite um provimento sem, antes, ouvir-se a parte contrária". Observe-se que, neste ponto, a solução brasileira é diversa da adotada pelo sistema francês, pois, na França, mesmo com a contestação, desde que destituída de seriedade (destituída de fundamentação razoável), admite-se a concessão da ordem de *refere*[20].

Adota-se, na estabilização da tutela antecipada satisfativa, a técnica monitória, no sentido de acelerar o surgimento da autorização para executar, mediante a concessão de uma liminar, que só não terá eficácia, se o réu obtiver sucesso no seu eventual recurso. Em outros termos, a oportunidade de instaurar o processo de cognição exauriente e plena é remetido ao comportamento do réu[21], seja pelo ajuizamento de uma ação inversa ou, de forma mais imediata, pela interposição de um recurso contra a liminar. Se este não for interposto, o conflito restará resolvido, estabilizando-se os efeitos da medida, que, por outro lado, repita-se, poderá ser questionada pela mencionada ação inversa. Estruturalmente, portanto, tal como no procedimento monitório, a eficácia da liminar depende da inércia do réu. Neste ponto, vale acrescentar, há similitude e divergência com os interditos do direito romano. A proximidade resta evidenciada pela capacidade de solução do conflito mediante a concessão de uma liminar fundada em juízo de verossimilhança. Ao contrário do que ocorria com os interditos, contudo, se o réu não cumprir a liminar cujos efeitos restaram estabilizados, a decisão tem força executiva para forçadamente satisfazer o direito.[22]

Ainda que a tendência de democratização do processo seja direcionada à mitigação do seu caráter publicístico[23], é certo que a prestação jurisdicional, para que seja efetiva e legítima, deve ocorrer na forma específica, restaurando a situação jurídica violada, e tempestivamente, sem prejuízo do respeito às demais garantias do devido processo legal[24]. Este, no caso das tutelas jurisdicionais diferenciadas, como é o caso da estabilização da tutela antecipada, deve ser devidamente compreendido, para que, de um lado, não seja um argumento teórico viabilizador de arbitrariedades procedimentais e, de outro, não impeça

---

(16) TALAMINI, Eduardo. "Tutela de urgência no projeto do novo código de processo civil: a estabilização da medida urgente e a ´monitorização´ do processo civil brasileiro". *Revista de Processo*, São Paulo, RT, ano 37, n. 209, jul. 2012. p. 24.
(17) SICA, Heitor Vitor Mendonça. "Doze problemas e onze soluções quanto à chamada ´estabilização da tutela antecipada´". *Procedimentos especiais, tutela provisória e direito transitório (Coleção Novo CPC – doutrina selecionada, v. 4 – Coordenador geral Fredie Didier JR.).* Organizadores Lucas Buril de Macêdo, Ravi Peixoto e Alexandre Freire. Salvador: JusPODVIM, 2015. p. 187-188.
(18) DIDIER JR., Fredie; BRAGA, Paula Sarno; OLIVEIRA, Rafael Alexandria de. *Curso de direito processual civil.* – 10. ed. rev., atual. e ampl. – Salvador: JusPODIVM, 2015, vol. 2, p. 612-613.
(19) TALAMINI, Eduardo. "Tutela de urgência no projeto do novo código de processo civil: a estabilização da medida urgente e a ´monitorização´ do processo civil brasileiro". *Revista de Processo*, São Paulo, RT, ano 37, n. 209, jul. 2012. p. 23.
(20) VUITTON, Jacques; VUITTON, Xavier. *Les référés.* 3. ed. Paris: LexisNexis-Litec, 2012. p. 25-48.
(21) PISANI, Andrea Proto. *Lezioni di diritto processuale civile.* 3. ed. Napole: Jovene, 1999. p. 586.
(22) TALAMINI, Eduardo. *Tutela monitória.* 2. ed. rev., atual. e ampl. São Paulo: RT, 2001. p. 28-30 e 36-37.
(23) AROCA, Juan Montero. "El proceso civil llamado ´social´ como instrumento de ´justicia´ autoritaria. *Proceso civil e ideología.* Juan Montero Aroca Coordinador. 2. ed. Valencia: Tirant lo Blanch, 2011. p. 152-155.
(24) MANDRIOLI, Crisanto. *L´esecuzione forzata in forma specifica.* Milano: Giuffrè, 1953. p. 15.

a efetiva tutela dos direitos em uma sociedade dinâmica e complexa como esta em que se vive atualmente. No que tange às tutelas jurisdicionais diferenciadas, deve-se perceber que a celeridade é, ao mesmo tempo, um objetivo e uma característica, assim como a inversão do contraditório, como também, em alguns casos, o ônus da iniciativa para sua instauração, fato que acarreta uma lógica diferente da regra geral dos processos judiciais: "o legislador carreia ao demandado os ônus da instauração do contraditório efetivo e do tempo decorrente da duração do processo, inclusive privando-o, desde logo, do gozo do bem da vida disputado"[25].

Observe-se que, no sistema brasileiro, mais do que inverter-se o contraditório, inverte-se o ônus da instauração de um processo de cognição exauriente. Observe-se que, no procedimento processual comum, caberia ao interessado, na obtenção da tutela de seu pretenso direito, instaurar processo de cognição exauriente em que haveria de demonstrar a efetiva existência de seus direitos. Na técnica monitória, permite-se a esse sujeito submeter sua pretensão ao mero crivo da cognição sumária: sendo positivo o juízo de verossimilhança, transfere-se ao adversário o encargo de promover processo comum de conhecimento, com cognição exauriente. É o caso, repita-se, do instituto de que trata o art. 304 do CPC.

5. DA ESTABILIZAÇÃO DA TUTELA ANTECIPADA COMO ESPÉCIE DE TUTELA SUMÁRIA DE DIREITOS

O CPC/2015, confirmando o que já foi dito neste trabalho, apresenta nítida tentativa de romper com o paradigma da ordinariedade, que sempre marcou a doutrina brasileira. Na sistemática da nova legislação processual, consolida-se a tendência de abolir a chamada "ditadura da coisa julgada"[26] como forma de tutela dos direitos[27]. Esta, a proteção do direito material, pode ocorrer por intermédio de juízo de cognição sumária e, mais, com a possibilidade de extinção do processo. Ou seja, não se deve duvidar de que, atualmente, uma decisão proferida mediante juízo de cognição superficial pode solucionar o litígio e dar fim às expectativas dos jurisdicionados, atingindo a finalidade do processo[28]. Quem ditará é a peculiaridade do direito material, pois nem sempre este, para ser protegido, necessitará da indiscutibilidade decorrente da coisa julgada. Esta é a chave da questão: a tutela do direito material, em alguns casos marcados por "urgência fática" (proteção ambiental, por exemplo), especialmente nos que tenham por objeto direitos indisponíveis ou de personalidade, prescindem de declaração voltada à indiscutibilidade[29]. O que importa, pois, é a tutela momentânea, tendo-se em vista que o transcurso do tempo impedirá qualquer gozo do direito.

É certo que o processo, como método de resolução de conflitos, é regido pelo publicismo, "mas, se as partes podem optar por valer-se ou não dele, ingressando em juízo, podem também dele dispor, contentando-se com soluções adotadas *in limine litis*"[30]. Enfim, como preleciona Ada Pellegrini Grinover[31], o procedimento ordinário declaratório, a sentença e a coisa julgada não podem mais ser considerados como técnicas universais de solução de conflitos, sendo necessário substituí-los, na medida do possível e observados determinados pressupostos, por outras estruturas procedimentais, mais adequadas à espécie de direito material a ser tutelado e capazes de fazer face à situação de urgência.

Naturalmente, neste contexto, se, por um lado, a ampliação dos poderes do juiz corresponde a uma efetiva necessidade decorrente da transformação por que passa o Direito nas últimas décadas, por outro, essa possibilidade de decidir sumariamente sobre a vida dos jurisdicionados deve ser acompanhada proporcionalmente ao crescimento de sua responsabilidade decisória e das exigências quanto à sua qualificação[32]. Deve-se encontrar o equilíbrio entre as garantias do contraditório e da eficiência do sistema jurídico[33], porque é exatamente na perspectiva de se utilizar adequadamente a técnica antecipatória que residirá, similarmente ao que ocorre com o *référé* francês, o sucesso da estabilização da tutela antecipada.

Uma das questões fundamentais da estabilização consiste no fato de o autor, após obtê-la, não precisar dar continuidade ao processo, o que somente ocorrerá, se o réu não re-

---

(25) LEONEL, Ricardo de Barros. *Tutela jurisdicional diferenciada*. São Paulo: RT, 2010. p. 87.
(26) TESSER, André Luiz Bäuml. *Tutela cautelar e antecipação de tutela: perigo de dano e perigo de demora*. São Paulo: RT, 2014. p. 167 e 177.
(27) Por todos, confira-se: NIEVA-FENOLL, Jordi. "La cosa giudicata: la fine di un mito". *Rivista Trimestrale di Diritto e Procedura Civile*, Milano, Giuffrè, anno LXVIII, n. 4, dicembre 2014. p. 1.369-1.385.
(28) GAJARDONI, Fernando da Fonseca. *Técnicas de aceleração do processo*. São Paulo: Lemos & Cruz, 2003. p. 64.
(29) GRAZIOSI, Andrea. "La cognizione sommaria del giudice civile nella prospettiva dele garanzie costituzionali". *Rivista Trimestrale di Diritto e Procedura Civile*, Milano, Giuffrè, anno LXIII, n. 1, marzo 2009. p. 174.
(30) LEONEL, Ricardo de Barros. *Tutela jurisdicional diferenciada*. São Paulo: RT, 2010. p. 173.
(31) GRINOVER, Ada Pellegrini. *O processo: estudos & pareceres*. 2. ed. rev. e ampl. São Paulo: DPJ, 2009. p. 103-107.
(32) FABRÍCIO, Adroaldo Furtado. *Ensaios de direito processual*. Rio de Janeiro: Forense, 2003. p. 408-411.
(33) GRAZIOSI, Andrea. "La cognizione sommaria del giudice civile nella prospettiva dele garanzie costituzionali". *Rivista Trimestrale di Diritto e Procedura Civile*, Milano, Giuffrè, anno LXIII, n. 1, marzo 2009. p. 167.

correr. Observe-se, e esta é uma informação procedimental relevante, que, estabilizada a tutela antecipada com a consequente conservação dos seus efeitos, o autor não necessitará, em princípio, aditar a petição inicial, na medida em que o processo será extinto (art. 304, § 1º). Do contrário, ou seja, prosseguindo o curso do procedimento, poder-se-ia criar uma situação sistematicamente paradoxal, pois, caso o pedido do autor seja julgado improcedente, mediante posterior sentença prolatada com base em cognição exauriente, ou mesmo uma mudança no plano dos fatos, não poderia ser levada em consideração para a revogação ou modificação da tutela, tendo em vista a ausência de manejo da ação prevista no art. 304, § 2º, do CPC/2015[34].

Nessa hipótese, poderia haver, inclusive, um conflito entre esta ação, que deve ser processada em primeiro grau de jurisdição, e a eventual ação rescisória, cuja competência funcional para julgá-la pertence aos tribunais. Para evitar situação como esta, pode-se concluir que, aditada a petição inicial, e citado o réu, não é possível aplicar o rito da estabilização, motivo pelo qual se seguirá o padrão ordinário na sequência dos atos procedimentais, sendo irrelevante, para essa conclusão, o oferecimento ou não de defesa.

Percebe-se, assim, que, a partir dessa nova sistemática, a cognição sumária não estará mais à espera de confirmação pela decisão definitiva a ser proferida no mesmo processo, pois a amplitude da cognição, uma vez deferida a tutela antecipada, dependerá de ato positivo do réu, qual seja, a interposição do respectivo recurso contra a decisão. Nesse contexto, repita-se, a estabilização da tutela antecedente apresenta-se como ônus processual perfeito, é uma "sanção" pela inércia do réu.

6. DA CONSTITUCIONALIDADE DA ESTABILIZAÇÃO DA TUTELA ANTECIPADA

Embora uma parte da doutrina tenha como foco a "manifestação de vontade" do réu contra a estabilização[35], o ônus processual a que este se submete diz respeito à interposição do recurso, e essa previsão legal deve ser fielmente observada, para que se tenha segurança jurídica na aplicação do instituto da estabilização. Não se trata de afronta ao formalismo-valorativo; pelo contrário, busca-se prestigiar o valor "previsibilidade", que também é inerente ao Estado Democrático de Direito. Assim, recai sobre o réu, caso não interponha o cabível agravo de instrumento[36], o ônus de submeter-se à estabilização dos efeitos da tutela concedida antecipadamente, ou, se for o caso, de ajuizar, no prazo de dois anos, a ação inversa de que trata o art. 304, § 2º, do CPC/2015.

O CPC/2015, como se percebe e já foi informado neste trabalho, tornou autônoma e estabilizou a tutela de cognição sumária em relação à cognição plena e exauriente, com a possibilidade de a tutela sumária resolver a crise de direito material, constituindo-se em nova forma de solução jurisdicional de conflitos ao lado da forma tradicional realizada nos processos de cognição plena. Implementou-se a tutela sumária internamente no procedimento de cognição plena e exauriente, pois, uma vez proferido o provimento sumário, este é hábil a encerrar o processo como um todo. A fase de cognição plena só se segue, se alguma das partes a requerer expressamente e de forma adequada, mesmo que se trate de apenas um eventual litisconsorte. Se não houver tal pleito, o provimento sumário é hábil a encerrar todo o processo, com a solução da crise de direito material, sem, entretanto, fazer coisa julgada, técnica utilizada também no procedimento possessório italiano.[37]

Observe-se que é exatamente essa possibilidade de continuidade ou apresentação posterior do processo de mérito, de cognição exauriente, que afasta, como destaca a doutrina italiana[38], qualquer consideração de inconstitucionalidade[39], com base em violação da garantia de defesa ou do acesso à jurisdição[40]. É que o direito de defesa, sobretudo nos provimentos fundamentados em situação

---

(34) CIANCI, Mirna. "A estabilização da tutela antecipada como forma de desaceleração do processo". *Revista de Processo*, São Paulo, RT, ano 40, n. 247, set. 2015. p. 255.

(35) MITIDIERO, Daniel. "Autonomização e estabilização da antecipação da tutela no novo código de processo civil". *Revista Magister de Direito Civil e Processual Civil*, ano XI, n. 63, nov./dez. 2014. p. 26.

(36) NUNES, Dierle; ANDRADE, Érico. "Os contornos da estabilização da tutela provisória de urgência antecipada no novo CPC e o mistério da ausência de formação da coisa julgada". *Procedimentos especiais, tutela provisória e direito transitório (Coleção Novo CPC – doutrina selecionada, v. 4 – Coordenador geral Fredie Didier JR.)*. Organizadores Lucas Buril de Macêdo, Ravi Peixoto e Alexandre Freire. Salvador: JusPODVIM, 2015. p. 75-76.

(37) THEODORO JÚNIOR, Humberto; ANDRADE, Érico. "A autonomização e a estabilização da tutela de urgência no projeto de CPC". *Revista de Processo*, São Paulo, RT, ano 37, n. 206, abr. 2012. p. 25-27.

(38) QUERZOLA, Lea. *La tutela anticipatoria fra procedimento cautelare e giudizio di merito*. Bologna: Bononia University Press, 2006. p. 178.

(39) CIANCI, Mirna. "A estabilização da tutela antecipada como forma de desaceleração do processo". *Revista de Processo*, São Paulo, RT, ano 40, n. 247, set. 2015. p. 253.

(40) NUNES, Dierle; ANDRADE, Érico. "Os contornos da estabilização da tutela provisória de urgência antecipada no novo CPC e o mistério da ausência de formação da coisa julgada". *Procedimentos especiais, tutela provisória e direito transitório (Coleção Novo CPC – doutrina selecionada, v. 4 – Coordenador geral Fredie Didier JR.)*. Organizadores Lucas Buril de Macêdo, Ravi Peixoto e Alexandre Freire. Salvador: JusPODVIM, 2015, p. 78. No mesmo sentido: THEODORO JÚNIOR, Humberto; ANDRADE, Érico. "A autonomização e a estabilização da tutela de urgência no projeto de CPC". *Revista de Processo*, São Paulo, RT, ano 37, n. 206, abr. 2012. p. 42.

de urgência, deve ser adaptado — jamais suprido — à eficiência do sistema jurídico.

Questão interessante diz respeito à seguinte indagação: se a parte interessada não interpõe, dentro do prazo de dois anos, a demanda de cognição exauriente de que trata o art. 304, quais seriam as consequências jurídicas? Três correntes doutrinárias já se destacam: (a) encerrado o prazo bienal, deixa de caber qualquer ação, seja a ação rescisória, seja uma demanda autônoma destinada a debater o mérito[41]; (b) inexiste coisa julgada material, e, por essa razão, não cabe ação rescisória, sendo possível, porém, a propositura de uma ação destinada a debater o mérito, dentro do prazo prescricional ou decadencial do direito material[42]; (c) há formação de coisa julgada material[43] e, por consequência, o cabimento exclusivo de ação rescisória, e não de ação objetivando discutir o mérito. Parece que a melhor opção seja a segunda, pois a estabilização da medida urgente não susta os prazos prescricionais e decadenciais[44], apenas impede, caso seja ultrapassado o biênio previsto no art. 304 do CPC/2015, o ajuizamento de demanda destinada exclusivamente a questionar aspectos fático-jurídicos decorrentes da concessão da liminar.

Nas modalidades de tutela sumária, "o contraditório poderá ser diferido, o direito à prova ajustado à realidade dos fatos, os recursos e as vias de impugnação limitados"[45], mas a essência do devido processo legal deve ser respeitada. E é exatamente na busca deste equilíbrio entre as garantias processuais e a eficiência que a jurisdição vai se consolidando como uma atividade democraticamente legítima, pois, respeitando a plenitude substancial da cláusula geral do devido processo, conseguirá produzir, satisfatoriamente, resultados concretos na vida dos jurisdicionados.[46]

Se é certo que, em alguns casos, "uma justiça rápida pode ser uma má justiça"[47], em outros, a solução deve ser exatamente em sentido contrário, pois uma questão fundamentada em situação de urgência, por exemplo, justifica a sumarização processual[48]. Uma parte da doutrina, todavia, critica a sumarização do procedimento e da cognição, sob o argumento de que a justiça da decisão está diretamente relacionada à profundidade da investigação das questões potencialmente debatidas no processo, de modo que as tutelas sumárias, mesmo fundamentadas em situações de urgência, ferem as garantias processuais constitucionais, por limitarem a participação democrática dos interessados[49].

Acontece que, no instituto da estabilização da tutela antecipada a parte atingida manifesta a sua vontade, ainda que omissivamente, em relação ao acerto da liminar. O fato de não recorrer, recaindo no efeito negativo do seu ônus processual, traduz-se em manifestação de vontade no sentido de que concorda com a solução dada pelo Judiciário no respectivo momento. Ora, essa manifestação de vontade deve ser respeitada em modelo processual que, preocupado com a efetiva tutela de direitos, pretenda caracterizar-se como democrático. Ou seja, o réu poderia impugnar a decisão imediatamente, por intermédio do agravo de instrumento, mas, se não o fizer, ainda terá a oportunidade de aprofundar o debate em sede de cognição exauriente a ser desenvolvida no âmbito da ação prevista no art. 304, § 2º, do CPC/2015. Ao réu, dessa forma, assegura-se a possibilidade de exercer o contraditório como influência reflexiva[50]. Reafirma-se, desse modo, que não há inconstitucionalidade material que possa macular o instituto em apreço.

7. ALGUMAS QUESTÕES PROCEDIMENTAIS ENVOLVENDO O CABIMENTO DA ESTABILIZAÇÃO DA TUTELA ANTECIPADA

Definida essa questão, alguns problemas procedimentais merecem reflexão. Destaca-se, neste momento,

---

(41) Defendendo a incidência do instituto da "perempção", Cf. MACEDO, Elaine Harzheim. "Prestação jurisdicional em sede de tutela antecedente: procedimento, estabilização da decisão e decurso do prazo de 2 (dois) anos: um novo caso de perempção?". *Revista de Processo*, São Paulo, RT, ano 40, n. 250, dez. 2015. p. 209-210.
(42) NUNES, Dierle; ANDRADE, Érico. "Os contornos da estabilização da tutela provisória de urgência antecipada no novo CPC e o mistério da ausência de formação da coisa julgada". *Procedimentos especiais, tutela provisória e direito transitório (Coleção Novo CPC – doutrina selecionada, v. 4 – Coordenador geral Fredie Didier JR.)*. Organizadores Lucas Buril de Macêdo, Ravi Peixoto e Alexandre Freire. Salvador: JusPODVIM, 2015. p. 81-82.
(43) GRECO, Leonardo. "A tutela da urgência e a tutela da evidência no código de processo civil de 2014/2015". *Revista Eletrônica de Direito Processual*, vol. 14, jul.-dez. 2014. p. 305.
(44) TALAMINI, Eduardo. "Tutela de urgência no projeto do novo código de processo civil: a estabilização da medida urgente e a ´monitorização´ do processo civil brasileiro". *Revista de Processo*, São Paulo, RT, ano 37, n. 209, jul. 2012, p. 28. MITIDIERO, Daniel. "Autonomização e estabilização da antecipação da tutela no novo código de processo civil". *Revista Magister de Direito Civil e Processual Civil*, ano XI, n. 63, nov./dez. 2014. p. 28-29.
(45) GRINOVER, Ada Pellegrini. *O processo: estudos & pareceres*. 2. ed. rev. e ampl. São Paulo: DPJ, 2009. p. 103.
(46) CIPRIANI, Franco. *Il processo civile nello stato democratico: saggi*. Napole: Edizioni Scientifiche Italiane, 2006. p. 70.
(47) SANTOS, Boaventura de Sousa. *Para uma revolução democrática da justiça*. 3. ed. São Paulo: Cortez, 2011. p. 44.
(48) MANCUSO, Rodolfo de Camargo. *Acesso à justiça: condicionantes legítimas e ilegítimas*. São Paulo: RT, 2011. p. 282-284.
(49) TAVARES, Fernando Horta; DUTRA, Elder Gomes. "Técnicas diferenciadas de sumarização procedimental e cognição exauriente: das providências preliminares, julgamento ´antecipado´ do processo e do procedimento monitório". *Revista de Processo*, São Paulo: RT, ano 35, n. 181, mar. 2010. p. 59-89.
(50) CABRAL, Antonio do Passo. *Coisa julgada e preclusões dinâmicas: entre continuidade, mudança e transição de posições processuais estáveis*. 2. ed. Salvador: JusPODIVM, 2014. p. 340-342.

a questão relativa ao prazo de aditamento da petição inicial. O ideal, para não gerar insegurança jurídica, é que o juiz fixe um prazo maior do que os 15 (quinze) dias contados da concessão da tutela de urgência (art. 303, § 1º, I), ou até mesmo outro termo inicial, a exemplo de determinados dias contados da comunicação de que o réu recorreu contra a liminar, inviabilizando a estabilização[51]. Um marco interessante seria a contagem do prazo de aditamento a partir da intimação para a apresentação de contrarrazões ao agravo, pois estariam eliminadas quaisquer eventuais dúvidas acerca da inocorrência da estabilização.

Nessa perspectiva, o réu deverá ser, primeiramente, intimado da decisão que concede a tutela antecipada antecedente, e, somente depois de expirado o prazo para o recurso, ocorrerá a intimação do autor para o aditamento da petição inicial (art. 303, § 1º, I), caso pretenda, no mesmo processo, obter provimento fundado em cognição exauriente. Se o autor não tiver esse interesse, buscando apenas a concessão da liminar, e o réu deixe de recorrer, o processo será extinto; porém, se o réu recorrer, será determinada a sua citação e intimação para a audiência do art. 334 do CPC/2015 (art. 303, § 1º, II) ou, se for o caso, somente para contestar. O recurso interposto pelo réu, nesse contexto, terá dupla função: por intermédio dele, o réu manifestará seu interesse na causa, afastando a possiblidade de estabilização da tutela antecipada, ao mesmo tempo em que se insurgirá contra a própria decisão que a concedeu. E se o recurso não for provido, haverá estabilização? Indubitavelmente, a resposta revela-se negativa, pois o que importa é a manifestação do réu, por intermédio do recurso, contra a concessão do provimento.

É possível, por outro lado, imaginar-se a aplicação do instituto parcialmente, na perspectiva da teoria dos capítulos de sentença, que constituem unidades autônomas do processo[52]. Caso seja apenas um pedido, haverá extinção "do processo", quando não é interposto o agravo de instrumento. A questão que, oportunamente, impõe-se é a seguinte: se o módulo processual – de conhecimento ou de execução, não importa — é extinto por sentença (art. 203, § 1º, do CPC/2015), não caberia apelação contra a decisão que entende que os efeitos da tutela antecipada estão estabilizados? Nesse caso, o debate de mérito recursal a ser desenvolvido no tribunal restringe-se ao preenchimento dos pressupostos para a estabilização ou não.

De todo modo, extinto o módulo processual, entende-se que o réu, não obstante o posicionamento contrário de uma parte da doutrina[53], deve ter alguma vantagem também com a estabilização, a qual, por analogia, refere-se à aplicação diferenciada do regime jurídico da ação monitória (art. 701 do CPC/2015) em relação ao pagamento de despesas processuais[54].

Outra questão que se impõe: há a possibilidade de ocorrer estabilização dos efeitos da tutela nas demandas meramente declaratórias e preponderantemente constitutivas? A resposta revela-se positiva. Naturalmente que, em regra, deseja-se a imutabilidade da coisa julgada nesses casos, mas nem sempre esse fato se verifica. Imagine-se uma ação declaratória de inexistência contratual, em que o autor pleiteia a retirada de seu nome do órgão de restrição ao crédito e a ordem de vedação de qualquer comportamento compatível com a existência de débito. Em princípio, não há necessidade da busca pela coisa julgada, pois a liminar já tem aptidão para resolver o problema do autor. Se a empresa não efetuar qualquer cobrança, cumprindo integralmente o provimento antecipatório, revela-se prescindível a obtenção da coisa julgada, pois o autor não será incomodado em sua esfera jurídica. Idêntico raciocínio, aliás, pode ser desenvolvido para uma hipotética ação de anulação contratual, que tem natureza constitutiva. Imagine-se, igualmente, uma ação de anulação de cláusula de convenção coletiva ajuizada pelo MPT, por suposta violação a direito fundamental de trabalhadores (permissão indiscriminada de revista invasiva ou vexatória, por exemplo, como forma de controle do patrimônio empresarial), em que pede, liminarmente, a inaplicabilidade da hipotética cláusula aos contratos individuais de trabalho.

Ainda com exemplos trabalhistas[55], pode-se ilustrar uma ação civil pública que, liminarmente, pleiteia a vedação de determinado comportamento de trabalhadores durante o exercício do direito de greve. Esse exemplo, inclusive, além de ilustrar o cabimento das ações coletivas passivas (*defendent class actions*) no Direito pátrio, demonstra que o instituto da estabilização da tutela antecipada pode ser aplicado às causas que versam sobre direitos metaindividuais[56].

---

(51) MEDINA, José Miguel Garcia. *Direito processual civil moderno*. São Paulo: RT, 2015. p. 478.
(52) Nesse sentido: DIDIER JR., Fredie; BRAGA, Paula Sarno; OLIVEIRA, Rafael Alexandria de. *Curso de direito processual civil*. 10. ed. rev., atual. e ampl. Salvador: *Jus*PODIVM, 2015, vol. 2, p. 608.
(53) SICA, Heitor Vitor Mendonça. "Doze problemas e onze soluções quanto à chamada ´estabilização da tutela antecipada´". *Procedimentos especiais, tutela provisória e direito transitório* (Coleção Novo CPC – doutrina selecionada, v. 4 – Coordenador geral Fredie Didier JR.). Organizadores Lucas Buril de Macêdo, Ravi Peixoto e Alexandre Freire. Salvador: *Jus*PODVIM, 2015. p. 191.
(54) Nesse sentido: DIDIER JR., Fredie; BRAGA, Paula Sarno; OLIVEIRA, Rafael Alexandria de. *Curso de direito processual civil*. 10. ed. rev., atual. e ampl. Salvador: *Jus*PODIVM, 2015, vol. 2, p. 605.
(55) Para se evitar a estabilização, na Justiça do Trabalho, deve-se manejar adequadamente o recurso ordinário contra a liminar. Esse parece ser o entendimento do TST, conforme se observa nos arts. 3º, VI, e 5º da IN n. 39/2016 do TST.
(56) Em sentido diverso, alegando que as ações coletivas passivas não encontram respaldo no microssistema de tutela coletiva brasileiro: SICA, Heitor Vitor Mendonça. "Doze problemas e onze soluções quanto à chamada ´estabilização da tutela antecipada´". *Procedimentos especiais, tutela provisória*

Nessas questões, assim como nas lides individuais, não custa insistir, nem sempre a coisa julgada revela-se necessária. É possível proteger o direito material diante de uma situação fática de urgência. Impõe-se observar que a estabilização, mesmo nas lides que tratam de direitos indisponíveis, apresenta-se como uma relevante técnica de tutela de direitos diante de determinadas situações fáticas, a exemplo do fornecimento de certo medicamento ou mesmo a realização de uma cirurgia, nas lides envolvendo a judicialização da saúde pública, em que, inclusive, por força de estado de extrema urgência, qualificam-se como situações de irreversibilidade recíproca quanto aos efeitos do provimento.

Observe-se, a partir desse exemplo e para finalizar, que a estabilização da tutela antecipada antecedente pode ser aplicada em face da Fazenda Pública. Afinal, o art. 700, § 6º, do CPC/2015, que pode ser aplicado por analogia, consagrou o entendimento de que cabe ação monitória contra a Fazenda Pública (Súmula n. 339 do STJ), e, não havendo formação imediata de coisa julgada material, esta pode propor a ação inversa em até dois anos. Revela-se imprescindível, todavia, que se submeta a decisão à remessa necessária, pois, até que a decisão seja reapreciada e confirmada pelo tribunal, embora se produzam efeitos concretos de imediato, não haverá eficácia de estabilização[57]. Nessa hipótese, parece claro que o prazo bienal da ação inversa somente começará a se desenvolver após a decisão da remessa necessária.

Finalmente, cumpre alertar que o legislador deve ficar atento aos debates doutrinários e jurisprudenciais a respeito dessas polêmicas envolvendo a aplicação do instituto da estabilização, para, em um futuro não tão distante, dirimi-las pela via legislativa, evitando a perpetuação de incertezas.

8. CONSIDERAÇÕES FINAIS

O CPC/2015, indiscutivelmente, rompeu paradigmas em relação à tutela sumária dos direitos. O principal deles, certamente, diz respeito à possibilidade de a parte ter o seu litígio resolvido mediante mero juízo de probabilidade, com a extinção do processo, inclusive. A complexidade social, acentuada pelo elevado nível de evolução tecnológica e a sua capacidade para lesionar direitos fundamentais, demonstra que a exigência da formação da coisa julgada material não constitui mais uma premissa dogmática para a efetiva tutela dos direitos. Nesse contexto, a estabilização dos efeitos tutela antecipada, apesar de não tão festejada pela doutrina, apresenta-se como uma alternativa técnica de solução de litígios, notadamente diante de questões fáticas urgentes. Não será, certamente, a ferramenta essencial que irá colocar o processo civil brasileiro nos trilhos da tão almejada efetividade. Não se trata, por óbvio, do instituto que solucionará todos os problemas da justiça brasileira. Seu objetivo é bem mais modesto, no sentido de ser apenas, e não mais do que isto, um meio de tutela de direitos colocado à disposição dos jurisdicionados para as situações fáticas que reclamam soluções urgentes. Se a mesma será bem aproveitada pela sociedade e incorporada à cultura brasileira, só o tempo dirá. Por enquanto, não custa boa vontade e certa dose de otimismo.

9. REFERÊNCIAS BIBLIOGRÁFICAS

AROCA, Juan Montero. "El proceso civil llamado ´social´ como instrumento de ´justicia´ autoritaria. *Proceso civil e ideología*. Juan Montero Aroca Coordinador. 2. ed. Valencia: Tirant lo Blanch, 2011.

CABRAL, Antonio do Passo. *Coisa julgada e preclusões dinâmicas: entre continuidade, mudança e transição de posições processuais estáveis*. 2. ed. Salvador: JusPODIVM, 2014.

CHIARLONI, Sergio. "Il rito societario a cognizione piena: un modelo processuale da sopprimere". *Rivista Trimestrale di Diritto e Procedura Civile*, Milano, Giuffrè, anno LX, n. 3, sett. 2006. p. 865-874.

CIANCI, Mirna. "A estabilização da tutela antecipada como forma de desaceleração do processo". *Revista de Processo*, São Paulo, RT, ano 40, n. 247, set. 2015. p. 249-261.

CIPRIANI, Franco. *Il processo civile nello stato democratico: saggi*. Napole: Edizioni Scientifiche Italiane, 2006.

DIDIER JR., Fredie; BRAGA, Paula Sarno; OLIVEIRA, Rafael Alexandria de. *Curso de direito processual civil*. 10. ed. rev., atual. e ampl. Salvador: JusPODIVM, 2015, vol. 2.

FABRÍCIO, Adroaldo Furtado. *Ensaios de direito processual*. Rio de Janeiro: Forense, 2003.

GAJARDONI, Fernando da Fonseca. *Técnicas de aceleração do processo*. São Paulo: Lemos & Cruz, 2003.

GRAZIOSI, Andrea. "La cognizione sommaria del giudice civile nella prospettiva dele garanzie costituzionali". *Rivista Trimestrale di Diritto e Procedura Civile*, Milano, Giuffrè, anno LXIII, n. 1, marzo 2009. p. 137-174.

GRECO, Leonardo. "A tutela da urgência e a tutela da evidência no código de processo civil de 2014/2015". *Revista Eletrônica de Direito Processual*, vol. 14, jul.-dez. 2014. p. 296-330.

GRINOVER, Ada Pellegrini. *O processo: estudos & pareceres*. 2. ed. rev. e ampl. São Paulo: DPJ, 2009.

LEONEL, Ricardo de Barros. *Tutela jurisdicional diferenciada*. São Paulo: RT, 2010.

---

e direito transitório (Coleção Novo CPC – doutrina selecionada, v. 4 – Coordenador geral Fredie Didier JR.). Organizadores Lucas Buril de Macêdo, Ravi Peixoto e Alexandre Freire. Salvador: *Jus*PODIVM, 2015. p. 192-193.

(57) Ilustrativamente, no sentido do cabimento do reexame necessário: CIANCI, Mirna. "A estabilização da tutela antecipada como forma de desaceleração do processo". *Revista de Processo*, São Paulo, RT, ano 40, n. 247, set. 2015. p. 256.

LUCON, Paulo Henrique dos Santos. "Tutela provisória e julgamento parcial no CPC de 2015: avanços e perspectivas". *O novo código de processo civil: questões controvertidas.* São Paulo: Atlas, 2015.

MANCUSO, Rodolfo de Camargo. *Acesso à justiça: condicionantes legítimas e ilegítimas.* São Paulo: RT, 2011.

MANDRIOLI, Crisanto. *L'esecuzione forzata in forma specifica.* Milano: Giuffrè, 1953.

MARINONI, Luiz Guilherme. *A antecipação da tutela.* 8. ed. rev. e ampl. São Paulo: Malheiros, 2004.

MEDINA, José Miguel Garcia. *Direito processual civil moderno.* São Paulo: RT, 2015.

MITIDIERO, Daniel. "Autonomização e estabilização da antecipação da tutela no novo código de processo civil". *Revista Magister de Direito Civil e Processual Civil,* ano XI, n. 63, nov./dez. 2014. p. 24-29.

NIEVA-FENOLL, Jordi. "La cosa giudicata: la fine di un mito". *Rivista Trimestrale di Diritto e Procedura Civile,* Milano, Giuffrè, anno LXVIII, n. 4, dicembre 2014. p. 1.369-1.385.

NUNES, Camila. "Do Código Buzaid ao novo Código de Processo Civil: uma análise das influências culturais sofridas por ambas as codificações". *Revista de Processo,* São Paulo, RT, ano 40, n. 246, ago. 2015. p. 485-510.

NUNES, Dierle; ANDRADE, Érico. "Os contornos da estabilização da tutela provisória de urgência antecipada no novo CPC e o mistério da ausência de formação da coisa julgada". *Procedimentos especiais, tutela provisória e direito transitório (Coleção Novo CPC – doutrina selecionada, v. 4 – Coordenador geral Fredie Didier JR.).* Organizadores Lucas Buril de Macêdo, Ravi Peixoto e Alexandre Freire. Salvador: JusPODVIM, 2015.

PISANI, Andrea Proto. *Lezioni di diritto processuale civile.* 3. ed. Napole: Jovene, 1999.

QUERZOLA, Lea. *La tutela antecipatoria fra procedimento cautelare e giudizio di mérito.* Bologna: Bononia University Press, 2006.

RAATZ, Igor; ANCHIETA, Natascha. "Tutela antecipada, tutela cautelar e tutela da evidência como espécies de tutela provisória no novo código de processo civil". *Revista Eletrônica de Direito Processual,* vol. 15, jan.-jun. 2015. p. 268-298.

RIBEIRO, Leonardo Ferres da Silva. *Tutela provisória: tutela de urgência e tutela da evidência (do CPC/1973 ao CPC/2015).* São Paulo: RT, 2015.

SANTOS, Boaventura de Sousa. *Para uma revolução democrática da justiça.* 3. ed. São Paulo: Cortez, 2011.

SICA, Heitor Vitor Mendonça. "Doze problemas e onze soluções quanto à chamada 'estabilização da tutela antecipada'". *Procedimentos especiais, tutela provisória e direito transitório (Coleção Novo CPC – doutrina selecionada, v. 4 – Coordenador geral Fredie Didier JR.).* Organizadores Lucas Buril de Macêdo, Ravi Peixoto e Alexandre Freire. Salvador: JusPODVIM, 2015.

SILVA, Jaqueline Mielke. *A tutela provisória no novo código de processo civil (tutela de urgência e tutela de evidência).* Porto Alegre: Verbo Jurídico, 2015.

TALAMINI, Eduardo. "Tutela de urgência no projeto do novo código de processo civil: a estabilização da medida urgente e a 'monitorização' do processo civil brasileiro". *Revista de Processo,* São Paulo, RT, ano 37, n. 209, jul. 2012. p. 13-34.

_____. *Tutela monitória.* 2. ed. rev., atual. e ampl. – São Paulo: RT, 2001.

TAVARES, Fernando Horta; DUTRA, Elder Gomes. "Técnicas diferenciadas de sumarização procedimental e cognição exauriente: das providências preliminares, julgamento 'antecipado' do processo e do procedimento monitório". *Revista de Processo,* São Paulo, RT, ano 35, n. 181, mar. 2010. p. 59-89.

TESSER, André Luiz Bäuml. *Tutela cautelar e antecipação de tutela: perigo de dano e perigo de demora.* São Paulo: RT, 2014.

THEODORO JÚNIOR, Humberto; ANDRADE, Érico. "A autonomização e a estabilização da tutela de urgência no projeto de CPC". *Revista de Processo,* São Paulo, RT, ano 37, n. 206, abr. 2012. p. 13-59.

VUITTON, Jacques; VUITTON, Xavier. *Les référés.* 3. ed. Paris: LexisNexis-Litec, 2012.

Precisamos da cooperação processual e seu viés ideológico? Os perigos da positivação da cooperação processual no CPC de 2015

Sérgio Luiz de Almeida Ribeiro (*)

INTRODUÇÃO

Certo dia, numa rede social postei uma pesada crítica acerca de alguns enunciados interpretativos, que um Tribunal Regional do Trabalho (do qual não me lembro a região) fez sobre o novo Código de Processo Civil, sancionado pela Presidente da República no último dia 16 de março de 2015.

Tais enunciados não eram doutrina, mas sim, subterfúgio para burlar alguns dispositivos do ordenamento infraconstitucional processual, que entrará em vigor em março de 2016, como também impor uma espécie de "norma" interna a ser seguida pelos magistrados integrantes do referido tribunal, eis as razões de minhas críticas.

Tempestivamente, fui interpelado pelo professor Sérgio Cabral dos Reis, que me convidou para transformar em artigo aquele *post* de rede social, pois só assim, poderia contribuir para o aperfeiçoamento hermenêutico processual da Justiça Trabalhista, que indiscutivelmente, impede que o trabalhador sofra quaisquer tipos de ameaças ou danos à direitos laborais, e dentre outros assegura a subsistência do cidadão trabalhador.

Sobre a importância do trabalho para o ser humano é digno de nota os dizeres de Josémaria Escrivá:

"Viemos chamar de novo a atenção para o exemplo de Jesus que, durante trinta anos, permaneceu em Nazaré trabalhando, desempenhando um ofício. Nas mãos de Jesus, o trabalho, e um trabalho profissional semelhante àquele que desenvolvem milhões de homens no mundo, converte-se em tarefa divina, em trabalho redentor, em caminho de salvação"[(1)].

Pois bem, a princípio hesitei em aceitar o honroso convite, por não estar familiarizado com a doutrina e jurisprudência que envolve o direito laboral. Por outro lado, o desafio de expor meus pensamentos numa coletânea comemorativa dos 30 anos do TRT da 13ª Região não poderia ser recusado, pois a missão de um acadêmico é romper horizontes e levar suas ideias para todos.

Diferentemente da Justiça Comum, a Justiça do Trabalho, por razões óbvias, tem um viés paternalista em favor do trabalhador, vulnerável economicamente em relação ao empregador, para manter um equilíbrio jurídico entre as partes. Entretanto, ainda que o trabalhador seja a parte mais fraca na relação de trabalho conflituosa, mesmo assim, há que se ter limites para esta proteção, haja vista que na atividade jurisdicional nenhum direito pode se sobrepor as garantias constitucionais de cunho processual, sob pena de atentar contra o Estado Democrático de Direito.

Este pequeno ensaio busca promover uma reflexão na comunidade jurídica laboral sobre a desnecessidade de ter inserido a cooperação processual como norma fundamental do processo civil, ante paradigma constitucional insculpido em diversos incisos do art. 5º da Constituição Federal de 1988. Porém, uma vez que tal modelo foi positivado no novo CPC, torna-se imperioso afastar o viés ideológico que a cooperação processual carrega na sua essência, a fim de evitar que tal dispositivo seja o combustível da barbárie em detrimento do processo democrático e justo.

Só assim, penso que poderei contribuir, modestamente, com o direito processual laboral, além de render as devidas homenagens ao trigésimo aniversário do TRT da 13ª Região, que ao longo dos anos tem se destacado como um dos tribunais mais importantes da Justiça Especializada.

(*) Doutorando em Direito Processual Civil pela PUC/SP. Mestre em Direito Processual Civil na PUC/SP. Mestrando direito processual na Universidade Nacional de Rosario (UNR – Argentina). Especialista em direito Civil, Direito Contratual Empresarial pela Escola Paulista de Direito (EPD). Professor substituto da Universidade Federal do Rio de Janeiro – UFRJ. Professor da Faculdade Santa Rita de Cassia. Professor Convidado da CorporaciónUniversitariaRemington – MedellinColombia. Professor Convidado no curso de Pós Graduação da Faculdade de Direito Damásio de Jesus. Professor Assistente na graduação do Curso de Direito da PUCSP. Professor Convidado no curso de Pós Graduação da Escola Superior da Procuradoria Geral da União e da Escola Superior da Procuradoria Geral do Estado de São Paulo. Membro do Instituto Panamericano de Direito Processual. Membro do CEAPRO e do Centro Latinoamericano de Investigaciones de DerechoProcesal – CLIDEPRO. Advogado em São Paulo.

(1) Novena do Trabalho – 2º dia. Disponível em <http://www.josemariaescriva.org.br/opus_dei/novenatrabalho.pdf>. Acesso em: 17 out. 2015.

2. O PARADIGMA CONSTITUCIONAL QUE REGE O FUNCIONAMENTO DO PROCESSO CIVIL PÁTRIO

O devido processo legal e seus subprincípios (formados pelo contraditório, ampla defesa, juiz natural, imparcialidade e dever de fundamentação) estabelecem o modelo padrão de atuação do Estado-juiz para entrega da tutela jurisdicional através do qual, juntamente com o princípio da duração razoável, se obtém uma prestação jurisdicional eficiente, com o menor dispêndio de tempo e dinheiro.

O conjunto de princípios que formam o paradigma constitucional do processo estabelece o padrão de gestão para que o Estado possa desenvolver meios adequados para solução de conflitos, impondo a vontade concreta da lei e entregar a tutela jurisdicional, a quem dela faz jus, em pleno diálogo com os sujeitos processuais.

Este paradigma constitucional do processo, além de ser uma garantia fundamental de qualquer cidadão, é um dever a ser observado pelo Estado-juiz, como ainda, constitui na sua base gerencial de desenvolvimento da atividade jurisdicional de modo adequado, com destaque a duração razoável do processo, do contraditório e dever de fundamentação.

2.1. Da duração razoável do processo

Não há dúvidas que o princípio da duração razoável do processo é extensão do princípio do acesso à justiça, na medida em que assegura o direito de se obter a tutela jurisdicional adequada[2].

Entende-se como tutela jurisdicional adequada aquela obtida mediante um processo desenvolvido no tempo necessário, sem atropelos a outras garantias constitucionais processuais fundamentais e que também não tolerem abusos perpetrados pelas partes (autor, réu, juiz e terceiros interessados).

Não se trata de uma missão das mais fáceis, haja vista que, na vida prática, fatores internos e externos constituem-se no tormento para entrega da tutela jurisdicional em tempo razoável, como por exemplo, a falta de infraestrutura dos tribunais, contratação de serventuários, magistrados e etc.

A questão metajurídica, indubitavelmente, é uma realidade que se constitui num óbice para a efetivação tempestiva da tutela jurisdicional, mas que não justifica a ofensa ao princípio em comento[3], uma vez que se trata de uma garantia fundamental de eficácia imediata – art. 5º, § 1º da CF. –, logo, é dever dos Poderes da União dar todo o suporte para que o sistema jurisdicional atinja o escopo insculpido no art. 5º, LXXVIII, da Lei Maior.

Veja, o dever de prestar tutela jurisdicional em tempo razoável é do Estado-juiz e não dos jurisdicionados, que são os destinatários da jurisdição estatal.

No âmbito judicial, para que o Estado-juiz possa garantir um processo efetivo e tempestivo, objetivamente, é preciso considerar o seguinte: i) natureza e complexibilidade da causa; ii) o comportamento das partes e de seus procuradores; iii) a atividade e o comportamento das autoridades judiciárias e administrativas competentes; iv) a fixação legal de prazos para a prática de atos processuais que assegurem efetivamente o direito ao contraditório e ampla defesa.

Quanto à complexibilidade da causa não é preciso muito esforço para entender que, em determinados processos, a causa de pedir e pedido ensejam diversas controvérsias para solução do litígio, consequentemente, há uma necessidade de um tempo maior para que o Estado-juiz possa desenvolver sua atividade jurisdicional até um pronunciamento definitivo sobre o conflito.

"A complexibilidade do caso; na verdade, talvez o mais importante entre os três critérios, porquanto qualquer especificidade que demande a causa será motivo a justificar uma maior demora. Um caso que tenha matéria fática extremamente complexa e que dependa de um determinado conhecimento específico, uma perícia mais trabalhosa e detalhada, ou que demande amplo debate e tempo para compreensão, poderá levar a que um processo demore mais tempo para ser resolvido, sem que isto, em absoluto possa significar que não tenha terminado em prazo razoável."[4]

Destarte, das premissas constitucionais do processo *equo e giusto* não se admite que a formação da decisão final seja precedida com atropelos às garantias constitucionais, afinal, tutela jurisdicional tempestiva não significa pressa, mas dispor de todos os meios e técnicas para assegurar um processo que disponibilize para as partes todas as garantias constitucionais para que a entrega do bem da vida seja feita de maneira coerente com aquilo que se espera de um Estado Democrático de Direito.

Em tempos hodiernos, equacionar o lapso temporal do processo para entrega da tutela jurisdicional é função

---

(2) NERY JR., Nelson. *Princípios do processo civil na Constituição Federal*. São Paulo: Editora Revista dos Tribunais, 2010. p. 316.

(3) "O excesso de trabalho, no numero excessivo de processos, o número insuficiente de juízes ou de servidores, são justificativas plausíveis e aceitáveis para a duração exagerada do processo, desde que causas de crise passageira. Quando se trata de crise estrutural do Poder Judiciário ou da Administração, esses motivos não justificam a duração exagerada do processo e caracterizam-se ofensa ao princípio estatuído na CF 5º LXXVIII." (ob. cit. p. 321).

(4) Ob. cit. p. 321.

essencial do Estado-juiz, de modo que não incida(m) o(s) perigo(o)[5] de danos pelos quais as partes ficarão expostas desde o acionamento da atividade jurisdicional até a entrega definitiva do bem da vida.

Por outro lado, a garantia constitucional da duração razoável deve ser observada e aplicada para que um processo de menor complexibilidade se desenvolva num tempo menor, mas com a mesma qualidade, em relação a um processo mais abrangente.

A atividade jurisdicional estatal deve ensejar um aproveitamento máximo dos atos processuais praticados na sua constância, com dispêndio mínimo de tempo e dinheiro, tal como prevê o paradigma constitucional do processo.

2.1. Do contraditório participativo e dever de fundamentação

O subprincípio do contraditório garante aos cidadãos não só o direito de serem informados, mas, principalmente, assegura-lhes participação plena no processo. É por meio do contraditório que se praticam ações recíprocas entre os sujeitos do processo, de modo que desta participação ampla ofereça para o juiz subsídios para prolação da sentença.

Cassio Scarpinella Bueno afirma que "em função desta nova compreensão dos elementos "ciência" e "informação" é que o princípio do contraditório relaciona-se, intimamente, com a ideia de participação, com a possibilidade de participação na decisão do Estado, viabilizando-se assim, mesmo que no processo, a realização de um dos valores mais caros para um Estado Democrático de Direito. O que se deve destacar, a este respeito, é que o princípio do contraditório deve ser entendido como a possibilidade de o destinatário da atuação do Estado influenciar – ou, quando menos, ter condições reais, efetivas de influenciar –, em alguma medida, na decisão a ser proferida."[6].

Trata-se de um diálogo constante desenvolvido ao longo de todo o processo, que afasta o arbítrio e exerce um controle recíproco contra prática de atos processuais infrutíferos.

A arte do contraditório é dialogar, sem distinção, com todos que participam do processo judicial, sendo, portanto, a essência do processo justo, na medida em que a sentença proferida pelo juiz decorre dos argumentos colacionados pelas partes, que o auxilia na sua convicção para que a lei seja aplicada ao caso concreto a contento.

A formação da sentença final é interesse comum dos sujeitos processuais, que irão interagir entre si e com o órgão jurisdicional, expondo os fatos de maneira clara, objetiva e o resultado final deve indicar com precisão onde se encontra determinada prova que corrobora com os argumentos.

Por outro lado, a fundamentação é o mecanismo que o órgão jurisdicional tem para se comunicar com as partes, a fim de eliminar quaisquer tipos de dúvidas sobre aquilo que tinha que deliberar em determinado momento processual[7].

O processo democrático proporciona um ambiente que despertar nas partes a capacidade de criar algo em comum, que surge da dialética e ações mutuas. Aproveita-se o que cada um dos sujeitos processuais tem a oferecer na formação da sentença.

A atividade de subsunção dos fatos ao texto normativo é resultante da dialética realizada no curso do processo, que tem na fundamentação o alicerce de controle interno e externo da decisão final, que possibilita uma análise crítica da atuação jurisdicional do Estado-juiz. "*Un elemento puntual en el proceso de adjudicación judicial es el atinente a la debida argumentación de las decisiones judiciales, carga constitucional que el Estado garantista impone al juez, en protección del derecho fundamental al debido proceso; su omisión arrastra la deslegitimación de la función y del funcionario en el medio social. El órgano jurisdicional del poder público no se legitima ante el ciudadano porque cumpla o no con un programa de gobierno, o porque cumpla o no con una promesa electoral. Ello no es posible, debido a que por esencia los jueces no son elegidos por voto popular, con algunas excepciones en cierto países y para algunos cargos jurisdiccionales. Así las cosas, el juez solo se legitima por la forma cómo ejerza su función, soportada en el ordenamiento, en los principios y valores vigentes y en la protección ciudadana ante los desmanes de poder y la vulneración de los derechos fundamentales y sociales. El control sobre éste deber ser en el ejercicio de la función, y solo es posible hacerlo a través del análisis de la argumentación de las providencias del funcionario*"[8]. (grifos originais)

---

(5) Serve aqui um causo do tempo do império, em que D. Pedro I, quando ia se encontrar, as escondidas, com a Marquesa de Santos, ao perceber a velocidade empregada pelo cocheiro ele o advertia dizendo: "Não tenha pressa, pois quero chegar no destino final sem acidentes".

(6) Curso Sistematizado de Direito Processual Civil: teoria geral do direito processual civil, vol. 1. São Paulo: Editora Saraiva, 2008. p. 108/109.

(7) Sobre fundamentação dos provimentos jurisdicionais recomenda-se: SILVA, Beclaute Oliveira. Fundamentação Da Sentença Como Cláusula Pétrea E Seu Reflexo Na Sentença Cível. Dissertação de mestrado. Universidade Federal de Alagoas, 2006.

(8) VÁSQUEZ POSADA, Socorro. El garantismo en el ejercicio de la función judicial. In: Garantismo y crisis de la justicia. Medellin, Colombia, Universidad de Medellin, Cra 87, n. 30-65, p. 107-126.

É na fundamentação o momento em que o juiz exterioriza seu raciocínio, aquilo que o levou a encontrar a solução que melhor se adequa ao caso concreto trazido à baila, expondo as razões e as causas para a decisão. Destarte, a fundamentação há que ser completa, consistente e clara.

A fundamentação dá autenticidade ao modo como o Estado administra a Justiça.

O arcabouço normativo (constitucional e infraconstitucional) para o funcionamento da atividade jurisdicional carrega na sua essência um modelo gerencial que tem no contraditório o fomento para amplo diálogo entre os sujeitos processuais, cujos argumentos repercutirão substancialmente na formação da decisão final e que tem na fundamentação o controle e as explicações que levaram o Estado-juiz dirimir o conflito em torno do direito material.

A própria estrutura do processo estabelecida pelo paradigma constitucional enseja uma prestação jurisdicional pautada no esclarecimento, diálogo, prevenção e auxílio, como também, impõe um *fair play* àqueles que acionam a jurisdição estatal, na medida em que existem liames entre as partes que o compõe (autor e réu) e que faz surgir direitos, deveres, poderes, faculdades, obrigações, sujeições e ônus recíprocos.

> "Neste contexto, o processo deve ser entendido como técnica que busca garantir que o equilíbrio entre fins (os escopos do processo) e meios (o modelo constitucional do processo civil) seja adequadamente alcançado. É ele, como método, como técnica, de manifestação do Estado, que garante o indispensável equilíbrio entre autoridade e liberdade e bem realiza, por isto mesmo, o modelo de Estado Democrático de Direito que, para voltar ao ponto de partida, justifica-o e, mais do que isto, o impõe."[9]

Enfim, o paradigma processual adota um modelo dialético e esclarecedor suficientes para o Estado-juiz gerenciar a prestação da tutela jurisdicional em tempo razoável de maneira *equo e giusta*, sem dizer que se constitui numa garantia fundamental do jurisdicionado.

3. DISCUSSÃO EM DETRIMENTO DO DIÁLOGO NA FORMAÇÃO DO PROVIMENTO FINAL

No tópico anterior, ficou claro que para que o Estado possa desenvolver sua jurisdição, torna-se imperioso o exercício do contraditório, que impõe um diálogo entre os sujeitos processuais, como também estabelece um padrão de conduta e controle recíprocos[10], a ser observado durante todo seu trâmite até a decisão final.

É bem verdade que, nos últimos anos, a dialética processual foi perdendo espaço para um contraditório restrito à simples manifestação sucessiva das partes, distante do diálogo almejado pelo modelo constitucional. Isso gerou um efeito colateral pernicioso ao processo democrático, na medida em que há um descontentamento de ambas as partes com o resultado final do processo, a ponto de se dizer que não houve uma aceitação, mas sim uma obediência inconformada, na medida em que a sentença final não resultou de um diálogo.

Hodiernamente, o provimento jurisdicional decorre da faina isolada do magistrado, o solipsismo judicial, sem qualquer participação das partes na sua construção. Isso se dá, primeiramente, ante o enrijecimento dos poderes do magistrado ocorridos durante as reformas impingidas no CPC de 1973 que esvaziou a dialética do contraditório, limitando-o numa mera discussão.

Como afirma David Bohm, "a discussão é quase como um jogo de pingue-pongue, em que as pessoas estão "raquetando" as ideias para lá e para cá e o objetivo do jogo é ganhar ou somar pontos para cada participante. É possível que você aproveite as ideias dos outros para nelas basear as suas – você pode concordar com um e discordar de outros –, mas o ponto fundamental é ganhar o jogo. Esse é, com frequência, o caso das discussões"[11].

Percebe-se então, que a obediência inconformada não é um problema da estrutura constitucional do processo em si, mas da ausência de diálogo efetivo do órgão jurisdicional com as partes que compõe a relação jurídica processual. A mera discussão resulta num provimento jurisdicional em torno somente da opinião do magistrado, na medida em que falta entre os sujeitos um contraditório verdadeiro.

---

(9) BUENO, Cassio Scarpinella. Curso Sistemático de Direito Processual Civil: teoria geral do direito processual civil. São Paulo: Saraiva, 2008. p. 381.

(10) O contraditório serve para as partes controlar qualquer tipo de atividade desleal perpetrada pelas partes. Outrossim, é um meio de controlar a atividade jurisdicional, vejamos: "O contraditório também assume outra função: controlar a atividade jurisdicional e os resultados dela oriundos e, deste modo, colaborar para o designio, igualmente democrático legitimador, de obstar arbítrios provenientes do órgão jurisdicional. Afinal, se o diálogo travado processualmente é pelo juiz considerado na formulação dos provimentos jurisdicionais é evidente que o contraditório presta-se ao controle do poder estatal jurisdicional, legitimando-o mediante uma atuação balizada pelo devido processo legal, em deferência às expectativas alimentadas pelas partes ao longo do procedimento". (DELFINO, Lucio; ROSSI, Fernando F. Juiz Contraditor. In: FREIRE, Alexandre; DELFINO, Lucio; OLIVIEIRA, Pedro Miranda de; RIBEIRO, Sérgio Luiz de Almeida (coordenadores). Processo Civil nas tradições brasileiras e ibero-americana. Florianópolis/SC: Conceito Editorial, 2014. p. 279-292).

(11) BOHM, David. Diálogo. *Comunicação e redes de convivência*. São Paulo: Palas Athena, 2005. p. 34.

Numa discussão, inconscientemente, todos os sujeitos vão para o processo com suas opiniões, que diferem uma das outras, o que implica num confronto de pontos de vista, consequentemente, a decisão final que vem a ser proferida neste ambiente será do sujeito mais forte, o juiz.

Nesse caso, o contraditório ficou relegado a um meio formal que assegura às partes o direito de ser informado, ouvido; porém, seus argumentos nem sempre são efetivamente considerados na formação da sentença, pois se tornou comum nos diversos tribunais do país, inclusive nos superiores, o entendimento de que o juiz não está obrigado a rebater os argumentos trazidos pelas partes, como se o ordenamento pátrio admitisse a formação da sentença, mediante num diálogo solo do juiz, desconsiderando as argumentações (opiniões) trazidas pelas partes e sem decidir sobre as mesmas. Nas matérias referentes às de ordem pública, o contraditório praticamente é descartado, na medida em que os magistrados decidem de ofício sem possibilitar que as partes se manifestem sobre àquela matéria. Não obstante a isso, temos as "decisões surpresas", bastante comum no dia a dia forense.

No que tange à fundamentação, criou-se o ciclo vicioso de se admitir como argumentação sucinta os seguintes dizeres: "presente os requisitos autorizadores previstos na lei, defiro a tutela antecipada", ou àquelas que se limitam a reproduzir o texto legal, aplicação de princípios abertos sem qualquer pertinência com o caso em questão. É comum também deixar de aplicar julgados colacionados pelas partes para corroborar suas teses, pelo simples mantra de que o juiz julga de acordo com suas convicções. Em outras palavras, o magistrado dialoga consigo mesmo, ignorando os argumentos dos outros sujeitos do processo.

Tal situação decorre da cultura do litígio, em que os sujeitos do processo não estão preparados para um diálogo, mas sim para um embate, que descamba para uma discussão, tal como preconizada por David Bohm, que só fortalece a concepção do juiz solipsista em detrimento do contraditório dialético.

Tais exemplos, podem incutir a falsa ideia de que o paradigma constitucional é deficitário em neutralizar o solipsismo judicial, o que não é verdade. Diz-se falsa, pois o processo democrático, oriundo da Constituição Federal de 1988, sempre prestigiou a confluência do órgão jurisdicional com os outros sujeitos processuais na formação do provimento final.

A predominância do solipsismo judicial é fruto da herança do autoritarismo que emerge do discurso processual pautado em argumentos como busca da verdade real, transformação social e etc., que, inconscientemente ou não, cria e dá legitimidade ao decisionismo que elimina a ideia de processo como método dialético, com predomínio do subjetivista daquele que detém o poder judicial, que passa ser investigador aniquilando as conquistas constitucionais da modernidade.

"Com isso, fica claro que o mais importante nessa concepção não é a tutela dos direitos da pessoa em si considerada. O mais importante é converter o processo num meio a serviço de determinados fins estatais, fins esses de caráter político a ser cumprido pela atividade jurisdicional"[12].

Esse modelo ativista de processo fragiliza o contraditório participativo e danifica a própria fundamentação do provimento jurisdicional. Tira do jurisdicionado a possibilidade de exercer um controle na prestação jurisdicional, pois o provimento acaba sendo constituído por parâmetros intimistas, desprovido de normatividade e ausência de legitimidade pelo devido processo legal.

O discurso de que o magistrado tem a incumbência de tratar o processo como objeto social, somado com o enrijecimento de seus poderes, seduz e impulsiona o sentimento de poder livremente dispor do sentido e aplicação da lei, bem como buscar aquilo que ele entende por justiça, a ponto de negligenciar a dialética processual e o dever de fundamentação.

Em suma, ainda que o paradigma constitucional estabeleça o contrário, o que se tem visto na atuação jurisdicional é o juízo moral se sobrepondo ao diálogo e acaba servindo de instrumento de atuação do magistrado.

O legislador infraconstitucional, preocupado com o desvirtuamento da dialética processual procurou inserir no ordenamento infraconstitucional processual, ferramentas para reestabelecer àquele paradigma.

Dentre as inovações do CPC de 2015, temos o instituto da cooperação processual, que para parte considerável da doutrina é o restabelecimento do contraditório participativo reforçado pela boa-fé objetiva, sem se ater do viés nefasto por traz deste instituto, no qual iremos abortar no próximo tópico.

4. A COOPERAÇÃO PROCESSUAL

O Capítulo do CPC de 2015 que cuida das normas fundamentais do processo civil (Parte Geral, art. 1º ao 12 do CPC de 2015), constitui-se nas linhas mestras da nova lei processual por um impor uma estrutura hermenêutica a ser impingida na aplicação do novo CPC, bem como, um dever de conduta na atividade jurisdicional do Estado-juiz.

---

(12) AROCA, Juan Montero. Prova e verdade no processo civil: contributo para o esclarecimento da base ideológica de certas posições pretensamente técnicas. In: FREIRE, Alexandre; DELFINO, Lucio; OLIVIEIRA, Pedro Miranda de; RIBEIRO, Sérgio Luiz de Almeida (coordenadores). Processo Civil nas tradições brasileiras e ibero-americana. Florianópolis/SC: Conceito Editorial, 2014. p. 413-426).

Antes de adentrar no assunto, importante dizer que o art. 1º da Instrução Normativa n. 39 do Tribunal Superior do Trabalho reconhece a compatibilidade prevista no art. 15 do CPC de 2015, para que este seja aplicado subsidiariamente.

Conforme se verifica na exposição de motivos da referida instrução[13], o TST destacou três categorias para incidência ou não da nova lei processual que entrou em vigor no último dia 17 de março de 2016[14]:

> Nesta perspectiva, a Instrução Normativa identificou e apontou três categorias de normas do NCPC, com vistas à invocação, ou não, no processo do trabalho: a) as não aplicáveis (art. 2º); b) as aplicáveis (art. 3º); c) as aplicáveis em termos, isto é, com as necessárias adaptações (as demais referidas na IN a partir do art. 4º).

Embora não mencionada na IN n. 39, a cooperação processual aplica-se subsidiariamente nos processos trabalhistas.

Dentre os deveres que deverão ser observados por todos os sujeitos processuais, está o da cooperação, conforme dispõe o art. 6º do CPC/2015:

> Todos os sujeitos do processo devem cooperar entre si para que se obtenha, em tempo razoável, decisão de mérito justa e efetiva.

A cooperação processual preconizada pelo legislador infraconstitucional tem sua gênese na evolução histórica da probidade processual no processo civil português[15] e induz uma cooperação entre os sujeitos processuais.

Como dito anteriormente, para a maioria da doutrina que escreve sobre o tema da cooperação processual, referido modelo tem por escopo promover uma interação entre as partes, delas com o juiz e vice-versa[16]. A cooperação processual, também está atrelada ao dever de lealdade ou *fair play* processual, a fim de afastar condutas nocivas ao bom desenvolvimento da atividade jurisdicional.

A cooperação processual também é compreendida como se todos os agentes processuais estivessem num diálogo constante para encontrar a melhor forma da atividade jurisdicional se desenvolver e solucionar o conflito relacionado a um direito material. A este diálogo promovido pela cooperação, Dierle Nunes, denomina como comparticipação:

> "Nem mesmo de uma visão romântica que induziria a crença de que as pessoas no processo querem, por vínculos de solidariedade, chegar ao resultado mais correto para o ordenamento jurídico. Esta utópica solidariedade processual não existe (nem nunca existiu): as partes querem ganhar e o juiz quer dar vazão à sua pesada carga de trabalho. O problema são os custos desta atividade não cooperativa.
>
> Em caráter contrafático (inibidor dos referidos comportamentos) se trata de uma releitura democrática normativa da cooperação em perfil comparticipativo, que leva a sério o contraditório como influência e não surpresa, de modo a garantir a influência de todos na formação e satisfação das decisões e inibir aqueles atos praticadso em má-fé processual.
>
> A correção normativa que se extrai da compartipação (ou cooperação, desde que relida em perspectiva democrática), afasta as visões estatalistas e tenta primar por um comportamento objetivamente vinculado à boa-fé"[17].

Em suma, verifica-se que o entendimento que predomina em relação ao supracitado instituto está atrelado à boa-fé e ao contraditório participativo, no sentido de que todos os sujeitos da relação processual ajam com *fair play* e que possam influenciar efetivamente na construção do provimento jurisdicional final a ser emitido pelo magistrado.

---

(13) Disponível em: <http://www.tst.jus.br/documents/10157/429ac88e-9b78-41e5-ae28-2a5f8a27f1fe>. Acesso em: 31 mar. 2016.

(14) Apesar do pleno do STJ, por meio de decisão administrativa ter deliberado que a Lei 13.105/2015 entrará em vigor no dia 18.03.2015, conforme noticiado em sua pagina eletrônica (<http://www.stj.jus.br/sites/STJ/default/pt_BR/Comunica%C3%A7%C3%A3o/Not%C3%ADcias/Not%C3%ADcias/Pleno-do-STJ-define-que-o-novo-CPC-entra-em-vigor-no-dia-18-de-mar%C3%A7o>. Acesso em: 05 mar. 2016) este autor considera o dia 17.03.2015 como sendo, tecnicamente, a data correta para vigência da lei supra, conforme as orientações do art. 8º da Lei Complementar n. 95/1998 faz para o computo do prazo de *vacatio legis*.

(15) Ver in: GOUVEIA, Lucio Grassi. Raízes históricas da boa-fé e da cooperação intersubjetiva na evolução do processo civil português. In: FREIRE, Alexandre; DELFINO, Lucio; OLIVIEIRA, Pedro Miranda de; RIBEIRO, Sérgio Luiz de Almeida (coordenadores). Processo Civil nas tradições brasileiras e ibero-americana. Florianópolis/SC: Conceito Editorial, 2014. p. 465-476.

(16) Renata Ferrari, em palestra proferida no I Forum Liberal Paranense da PUC/PR, ocorrido em meados de outubro de 2015, ao abortar o contexto histórico da cooperação processual disse que "historicamente, é mitigado em duas vertentes: a *austro-alemã* e a *franco-inglesa*. Na primeira, a cooperação refere-se à colaboração do juiz para com as partes, na condução processo; na segunda, a cooperação afeiçoa-se à necessidade de colaboração também entre as partes. Como a própria redação do art. 6º sugere, a segunda vertente é a base axiológica sobre a qual se estrutura o paradigma da cooperação adotado pelo novo Código".

(17) THEODORO JÚNIOR, Humberto; NUNES, Dierle; BAHIA, Alexandre Melo Franco; PEDRON, Flavio Quinaud. Novo CPC: fundamentação e sistematização. Rio de Janeiro: Forense, 2015. p. 60.

4.1. O viés ideológico da cooperação processual e o perigo do ativismo judicial.

Ficou consignado que a sentença definitiva há que ser formada do diálogo entre as partes com o órgão jurisdicional, tendo as normas fundamentais do CPC de 2015 o elo para tal mister.

No entanto, há que se tomar cuidado com o viés ideológico[18] que está por trás da cooperação e, que em conjunto com a produção probatória *ex oficio*, cargas dinâmicas da prova, relativização da coisa julgada material, flexibilização procedimental, eliminação da preclusão processual e outras ferramentas, compõe o artefato do socialismo processual para que o juiz preste assistência a uma das partes, ou aquela que melhor representa a realidade social, a fim de que ele possa, por meio do processo, promover a transformação social.

Destarte, a dialética processual nunca foi, tampouco será, os fins ideológicos da cooperação processual, que carrega na sua essência meios, não para composição dos conflitos intersubjetivos hauridos entre as partes, para implantação da justiça social.

Nesta linha ideológica, entende-se que o magistrado atua como um ente capaz de resolver, por meio do processo, os problemas sociais subjacentes em torno do conflito trazido pelas partes. Por tal ferramenta – cooperação processual –, o juiz poderá combater a força dominante, atuando como um protetor dos fracos e oprimidos, mesmo que para isso faça do contraditório uma mera formalidade, já que de modo inconsciente, não tem somente o dever de aplicar o direito, mas provocar uma transformação social por meio das decisões judiciais.

Também o *fair play* processual é propagado no viés ideológico da cooperação processual como reprimenda para afastar comportamentos desleais, perpetrado pelas partes, como por exemplo, punir aquele que deixar de colaborar com seu *ex adverso*, não por impedir a construção do provimento jurisdicional em contraditório e em tempo razoável, mas para que a realidade social – pela atividade jurisdicional – se transforme de modo célere.

A cooperação processual nada tem de diálogo com o órgão jurisdicional, até porque, se valerá deste instrumento para impor sua vontade, sob o auspício de cooperar para obtenção da tutela jurisdicional efetiva e tempestiva, mas que na verdade carrega no seu âmago um autoritarismo nefasto que rechaça o paradigma constitucional do processo civil.

Sobre a colaboração processual Montero Aroca disserta que:

> "Uma das diretrizes constantes na doutrina comunista sobre o processo civil é a ideia relativa a que o respectivo processo não se apresenta como uma sorte de contenda entre as partes, não é uma 'luta' entre elas, de modo que a busca da verdade material se resolve em um princípio que se pode denominar de colaboração entre todos os que intervém no processo, e assim se fala de uma colaboração de confiança entre o juiz e as partes".
>
> Desse modo se destacam: (i) o dever do juiz de assessorar as partes sobre os direitos e obrigações que lhes correspondem, o que supõe também a necessidade de estimular a atividade processual das partes e, a rigor, de todos os demais sujeitos que intervêm no processo, chegando-se a falar de uma sorte de funções assistenciais encomendadas ao juiz para que possa operar mesmo que as partes comparecem assistidas por seus advogados, e (ii) correlativamente o dever das partes não é aportar os fatos ao processo informando-os ao juiz, mas sim fazê-lo de modo a não esconder fato algum, fazendo-o sempre de maneira veraz, de modo que há de chegar ao processo tudo aquilo sobre o que as partes têm de conhecimento. Trata-se de um dever de veracidade e integridade, de muito maior alcance que o dever de lealdade e probidade"[19]. (grifos nossos)

A cooperação, inconscientemente, fomenta a neutralidade do juiz em detrimento da imparcialidade. Nesse aspecto, o juiz despertará seu viés ideológico, passando a persegui-lo e utilizando-o de tal modo que as partes se submeterão ao resultado final, não oriundo da dialética impingida pelo paradigma constitucional, mas sim daquilo que o magistrado idealizou, na sua psique, por justiça.

À guisa do socialismo processual, a cooperação se constitui numa ferramenta à disposição do juiz, para que ele promova a justiça social em favor do mais necessitado.

A cooperação nunca deveria ser positivada em nosso ordenamento ou em qualquer outro sistema legislativo de ideologia democrática, ante sua carga ideológica intrínseca e que destoa de nosso modelo constitucional[20] ou,

---

(18) Sobre o assunto recomenda: COSTA, Eduardo José da Fonseca. Uma espectrografia ideologica do debate entre garantismo e ativismo. In: FREIRE, Alexandre; DELFINO, Lucio; OLIVIEIRA, Pedro Miranda de; RIBEIRO, Sérgio Luiz de Almeida (coordenadores). Processo Civil nas tradições brasileiras e ibero-americana. Florianópolis/SC: Conceito Editorial, 2014. p. 173-181.

(19) AROCA, Juan Montero. Prova e verdade no processo civil: contributo para o esclarecimento da base ideológica de certas posições pretensamente técnicas. In: FREIRE, Alexandre; DELFINO, Lucio; OLIVIEIRA, Pedro Miranda de; RIBEIRO, Sérgio Luiz de Almeida (coordenadores). Processo Civil nas tradições brasileiras e ibero-americana. Florianópolis/SC: Conceito Editorial, 2014. p. 413-426).

(20) O princípio da cooperação que serviu de modelo para o direito tupiniquim provém do Código de Processo Civil português de 1939, com viés ideológico extremamente autoritário, que rechaçava o contraditório dialético e/ou participativo, consequentemente, elimina o processo como meio

como entende Montero Aroca, "já que determinou a ortodoxia da cultura processualística dos países socialistas e hoje não merece nada mais do que ser mencionada por razões apenas historiográficas"[21].

Algumas esferas do Poder Judiciário lidam diuturnamente com as correntes de inspiração socialista, tais como as lides previdenciárias, ações trabalhistas e os juizados especiais cíveis.

No campo da justiça laboral, a cooperação processual corre o risco de incutir no magistrado um dever de assistencialista maior do que a própria natureza daquela justiça especializada já incutiu. Ou seja, infunde no âmago do juiz ativista e autoritário, a possibilidade de auxiliar a parte mais necessitada e fazer, que o *ex adverso*, o faça também.

Diz-se isso, pois a CLT foi desenhada, no governo de Getúlio Vargas, sob o auspício de uma atuação política marcada pela defesa de um plano de transformação social a fim de promover a proteção dos menos favorecidos, com base numa legislação social.

Com o advento do art. 6º do CPC de 2015, não soará estranho alguns magistrados da justiça laborativa promoverem um resgate da herança histórica da CLT, a fim de combater a perversidade do modelo econômico liberal em defesa do trabalhador e implantar pelo processo a revolução proletária, pois o art. 6º do CPC de 2015 seria a lei processual com este cunho social.

Ou seja, a cooperação processual, ao invés de restabelecer formalmente o equilibro jurídico pelo diálogo frente as desigualdades na relação existente entre empregador e trabalhador, passará a ser o combustível para o arbítrio.

Em outras palavras, o viés ideológico da cooperação não só afastará o processo dialético, como também incutirá a ideia de que o juiz deva prestar auxílio para quaisquer das partes que ele julgar ser a mais vulnerável, impondo sanções àquele que não "ajudou" o *ex adverso*, a ponto de, por exemplo, desconstituir o patrono do empregador por não orientar seu cliente a "colaborar", por exemplo, com o reclamante.

Num linguajar popular, no caso de magistrados autoritários e ativistas que empregam na sua atuação jurisdicional o desejo de transformação social pelo processo, ter positivado a cooperação processual é o mesmo que oferecer drogas para dependente químico.

Na medida em que o princípio da cooperação foi inserido como norma fundamental do processo civil, deve ser interpretado consoante o paradigma processual estabelecido na Constituição Federal de 1988, como não poderia deixar de ser, afastando qualquer tipo de interpretação à luz do viés ideológico socialista.

4.2. Balizamento para conter o viés ideológico da cooperação

O paradigma constitucional do processo civil por si só é apto para promover o franco diálogo entre os sujeitos processuais, bem como impor entre eles um padrão de conduta na obtenção da tutela jurisdicional tempestiva.

O CPC de 2015, como desdobramento do referido paradigma, também dispõe de ferramentas com o condão de promover a dialética processual, art. 9º e 10, por exemplo, além de outros dispositivos que afastam o decisionismo judicial, tal como o art. 489, § 1º, inciso I do Códex supra.

Não há dúvidas que os arts. 9º, 10 e 489, § 1º, inciso I, todos do CPC de 2015, tem na sua essência a ideologia do processo democrático, diferentemente da cooperação processual preconizada pelos socialistas, conforme exposto.

Infelizmente, o legislador infraconstitucional positivou a cooperação processual e, portanto, compete à doutrina e jurisprudência rechaçar sua essência arbitrária, tal como já vem fazendo seus defensores[22], esvaziando sua natureza autoritária.

A cooperação processual deve ser compreendida como forma de gestão da atividade processual, em que todos os sujeitos atuem e concentrem seus esforços para a tempestiva formação do provimento jurisdicional.

No momento que o autor rompe a inércia jurisdicional e a relação jurídica processual venha se completar, com a citação válida do Réu, os sujeitos processuais assumem o compromisso constitucional de conduzir bem o processo até a entrega da tutela jurisdicional a quem dela faz jus, sem o dispêndio de tempo e dinheiro além do necessário.

---

de debate. Consequentemente, o princípio da cooperação carrega na sua essência o solidarismo e abre margem para que o juiz decida conforme sua exclusiva vontade, a fim de que o conflito intersubjetivo seja acessório frente a justiça distributiva.

(21) Ob. cit. p. 421.
(22) Predomina na doutrina que a cooperação processual como boa-fé objetiva e fomento a dialética processual. Recomenda-se: MITIDIERO, Daniel. Colaboração no processo civil: pressupostos sociais, lógicos e éticos. São Paulo: Editora Revista dos Tribunais, 2011. Do mesmo autor ver também: A Colaboração como Modelo e como Princípio no Processo Civil. Do mesmo autor ver também, A colaboração como norma fundamental do novo processo civil brasileiro. Disponível em https://ufrgs.academia.edu/DanielMitidiero ambos Acesso em: 19.11.2015. Temos ainda: RODRIGUES, Daniel Gustavo de Oliveira Colnago. Poderes e deveres do juiz na condução do processo: análise à luz do modelo cooperativo. In: Pensamiento y poder: un espaço para reflexiones jurídicas, filosóficas y politicas. Vol 2, n. 1, enero-junio, 2013, Medellin – Colombia. Por fim, ver: CUNHA, Leonardo José Carneiro da. O princípio contraditório e a cooperação no processo. <http://www.leonardocarneirodacunha.com.br/artigos/o-principio-contraditorio--e-a-cooperacao-no-processo/>. Acesso em: 13 nov. 2015

O fim comum dos sujeitos processuais, na tramitação do processo, é formar o provimento jurisdicional definitivo tempestivamente, para tanto, cada um haverá de considerar os interesses da outra parte e respeitar suas expectativas legítimas.

Trata-se de um trabalho conjunto entre os sujeitos processuais, em que as pretensões das partes, em relação ao resultado final da atividade jurisdicional, são distintas. No entanto, a execução das tarefas é dialética e deve convergir para formação do provimento jurisdicional.

Nesse aspecto é que a cooperação processual, insculpida no art. 6º do CPC de 2015 deve ser observada, como também, promover o diálogo entre os sujeitos sem evocar a ideia de dominação do órgão jurisdicional sobre as partes, a fim de alcançar o bem social.

5. CONCLUSÃO

A ideologia política incide consideravelmente no atuar jurisdicional, especialmente no que tange à interpretação do processo civil, e por mais que a rica doutrina brasileira tenha autores que dão à cooperação interpretação coerente com o modelo constitucional, ainda assim as ideias nefastas que ela tende a despertar são sempre um grande risco, especialmente por aqueles que detêm o Poder.

Num cenário com déficits sociais de grande monta, não causará estranheza a adoção da cooperação processual como ferramenta do ativismo judicial e seu ideal de transformação social pelo processo, modelo incompatível com nosso sistema constitucional de direito processual civil.

Entender a cooperação processual desta forma é flertar com o autoritarismo e com a inconstitucionalidade, por declínio da imparcialidade, do devido processo legal, do contraditório, em suma, do regime republicano. Se, em nome da cooperação, o juiz aconselhar determinada parte, ou até mesmo exigir, que no âmbito probatório uma delas coopere com a outra, isso fugirá totalmente da ideia do paradigma constitucional.

As ideias do socialismo processual são tentadoras, ainda mais num pais como nosso, em que o Judiciário goza de maior credibilidade entre os demais Poderes, tendo em vista as mazelas morais e administrativas enfrentadas pelo Executivo e Legislativo nos últimos tempos.

No entanto, o modelo constitucional pátrio, no que tange a prestação da tutela jurisdicional, rechaça qualquer tipo de assistencialismo.

Interpretar a cooperação processual como um dever do magistrado em ajudar significativamente a parte mais vulnerável, ou impor que a parte contrária o faça, é antidemocrático.

O contraditório participativo é capaz de induzir os sujeitos processuais a pensarem juntos na formação da sentença final, que tem na fundamentação o controle sobre este pensar, na medida em que seus argumentos foram edificados naquilo que foi trazido no processo por eles.

A colaboração processual insculpida no art. 6º do CPC de 2015 deve replicar a vontade ideológica do processo democrático sedimentado na Constituição Federal de 1988.

Desconsideração da personalidade jurídica da empresa

Sergio Pinto Martins (*)

1. INTRODUÇÃO

A desconsideração da personalidade jurídica tem sido usada no processo do trabalho quando não há bens na sociedade para pagar dívidas desta e os bens são transferidos para o sócio da empresa.

Tem havido muitos abusos na empresa e ilicitudes praticadas, razão pela qual os tribunais têm se utilizado da desconsideração da personalidade jurídica para atingir os bens dos sócios.

A desconsideração da personalidade jurídica vem sendo usada pelos tribunais de diversos modos, pois não há um regramento legal tratando do tema.

Neste artigo vou tratar da desconsideração da personalidade jurídica da empresa e sua aplicação no processo do trabalho, inclusive a desconsideração da personalidade jurídica inversa.

Ao final, serão feitas algumas considerações sobre o incidente de desconsideração da personalidade jurídica prevista no novo CPC.

2. PESSOA JURÍDICA

A personalidade jurídica é uma abstração, uma criação da lei.

Os homens se unem numa empresa para poder praticar atos de comércio. Fábio Konder Comparato afirma que "a função geral da personalização de coletividades consiste na criação de um centro de interesses autônomo, relativamente às vicissitudes que afetam a existência das pessoas físicas que lhe deram origem, ou que atuam em sua área: fundadores, sócios, administradores".[1]

A pessoa jurídica visa fazer com que os esforços das pessoas e o emprego de recursos econômicos sejam direcionados para a realização das atividades produtivas. As pessoas isoladamente não têm condições normais de se inserir sozinhas no mercado. Daí porque a lei estabelece personalidade jurídica às empresas para que elas possam realizar suas atividades.

Previa o art. 20 do Código Civil de 1916 que a pessoa jurídica tem existência jurídica distinta da de seus membros. Esse dispositivo não foi repetido no Código Civil de 2002, mas na prática é a realidade. A pessoa jurídica é titular de seus direitos e de suas obrigações, inclusive no que diz respeito à sua responsabilidade patrimonial.

Em regra, observa-se a autonomia patrimonial, a separação patrimonial entre a sociedade e seus sócios, em que os sócios não respondem pelas dívidas da sociedade.

3. DESCONSIDERAÇÃO DA PERSONALIDADE JURÍDICA

3.1. Denominação

A desconsideração da personalidade jurídica também é chamada de *disregard doctrine*, em que se busca levantar o véu que encobre a corporação (*to lift the corporate veil*) para atingir os bens dos sócios.

Fala-se ainda em *piercing the corporate veil*, *cracking open the corporate shell*, nos Direitos inglês e americano; *superamento della personalità giuridica*, no Direito italiano; *Durchgriff der juristichen Person*, no Direito alemão; *teoria de la penetración ou desestimación de la personalidad*, no Direito argentino; *mise à l'écart de la personnalité morale* ou *abus de la notion de personalité sociale*, no Direito francês.

3.2. Distinção

Será feita a desconsideração da personalidade jurídica no caso em concreto para, desconsiderando a personalidade jurídica da empresa, atingir os bens do sócio.

A despersonalização ou despersonificação tem por objetivo a anulação definitiva da personalidade jurídica. Seria melhor falar em desconstituição ou anulação da personalidade jurídica, pois ela não tem condições legais de continuar existindo.

3.3. Histórico

No caso Bank of United States vs. Deveaux, em 1809, que foi levantado o véu que encobre a corporação para

---

(*) Desembargador do TRT da 2ª Região. Professor titular de Direito do Trabalho da Faculdade de Direito da USP.
(1) COMPARATO, Fabio Konder. SALOMÃO, Calixto. O poder de controle das sociedades anônimas. 4. ed. Rio de Janeiro: Forense, 2005. p. 356.

considerar as características individuais do sócio. Essa decisão foi repudiada veementemente pela doutrina da época.[2]

No caso Salomon vs. Salomon, em 1897, Aaron Salomon, constituiu uma empresa, Salomon e Co., com mais seis membros da sua própria família. Cada um deles tinha apenas uma ação da sociedade. Salomon ficou com vinte mil ações do capital social, que foram pagas com a transferência do fundo de comércio, do qual, até aquele momento, era detentor único. A sociedade ficou insolvente. Aaron emitiu títulos privilegiados, nos quais tinha preferência em relação a todos os demais credores quirografários. Recebeu o patrimônio da empresa, isentando-se de pagar as dívidas e prejudicando os credores quirografários. Foi constatado o ato fraudulento de Aaron e foi feita a desconsideração da personalidade jurídica. A empresa era uma entidade fiduciária de Salomon ou um agente ou *trustee*. A Casa dos Lordes reformou a decisão de primeiro grau, que tinha deferido a desconsideração da personalidade jurídica, considerando que a companhia tinha sido devidamente constituída. Isso levou ao estudo da desconsideração da personalidade jurídica da empresa.[3]

No caso State vs. Standard Oil Co, a Corte Suprema do Estado de Ohio, em 1892, entendeu por desconsiderar a autonomia de quatro pessoas jurídicas para verificar a dominação do mercado. Os acionistas da Standar Oil Co celebraram um *trust agreement* com os acionistas de outras sociedades petrolíferas, que transmitiram suas ações a um *trust* da Standar Oil Co, formado por nove fiduciários (*trustee*), tendo recebido certificados do referido trust. Os nove fiduciários passaram a dominar integralmente as empresas, como se fosse um monopólio. Houve, portanto, concentração do poder de controle de nove empresas de petróleo nas mãos de acionistas da Standard Oil Co.

Outro caso foi o do julgamento Fisrt National Bank of Chicago vs F. C. Trebein Company. Trebein, um devedor insolvente, criou uma pessoa jurídica com sua esposa, filha, genro e cunhado. Integrou todo o patrimônio nessa empresa. Somente quatro ações não eram dele, das seiscentas existentes. Foi feita a desconsideração da personalidade jurídica para que os credores recebessem seus direitos.

No direito inglês, o Companies Act, de 1929, estabelecia, na seção 279: "se no curso da liquidação de sociedade constata-se que um seu negócio foi concluído com o objetivo de perpetrar uma fraude contra credores, dela ou de terceiros, ou mesmo uma fraude de outra natureza, a Corte, a pedido do liquidante, credor ou interessado, pode declarar, se considerar cabível, que toda pessoa que participou, de forma consciente, da referida operação fraudulenta será direta e ilimitadamente responsável pela obrigação, ou mesmo pela totalidade do passivo da sociedade".

Rolf Serick apresentou tese de doutorado sobre o assunto à Universidade de Tubingen, em 1953, considerada um dos trabalhos pioneiros sobre o tema. Ele analisou a jurisprudência alemã e norte-americana sobre o tema. Se for verificado no caso concreto o abuso de forma, com o objetivo de causar danos a terceiros, o juiz pode desconsiderar a personalidade jurídica da empresa e atingir os sócios.[4] Em se tratando de situações lícitas, a autonomia da pessoa jurídica deve ser observada. Não é possível desconsiderar a autonomia subjetiva da pessoa jurídica apenas porque o objetivo de uma norma ou a causa de um negócio não foram atendidos". Calixto Salomão, ao analisar o trabalho de Serick, esclarece que "O autor adota um conceito unitário de desconsideração, ligado a uma visão unitária da pessoa jurídica como ente dotado de essência pré-jurídica, que se contrapõe e eventualmente se sobrepõe ao valor específico de cada norma".[5]

Piero Verrucoli, estudando o direito anglo-saxão, ampliou a aplicação da teoria da desconsideração da personalidade jurídica do abuso do direito para a fraude e a violação da lei.[6]

No Brasil, o primeiro a tratar do tema foi Rubens Requião, em conferência proferida na Faculdade de Direito da Universidade Federal do Paraná, no fim da década de 60, intitulada "Abuso de Direito e Fraude Através da Personalidade Jurídica: *Disregard Doctrine*". Afirma que o juiz deve indagar se há de se consagrar a fraude ou o abuso de direito ou se deve desconsiderar a personalidade jurídica da empresa para penetrar em seu âmago e alcançar os bens do sócio. Entende que a teoria deve ser aplicada pelos juízes, independentemente de previsão legal específica. Mesmo não havendo dispositivo jurídico específico, entender de forma contrária, seria amparar a fraude.[7]

O Código Civil de 1916 não tratava do tema.

No âmbito trabalhista, o art. 2º da CLT consagra a responsabilidade objetiva do empregador, pois ele é a empre-

---

(2) KOURY, Suzy Elizabeth Cavalcante. *A desconsideração da personalidade jurídica (disregard doctrine) e os grupos de empresas*. 2. ed. Rio de Janeiro: Forense, 1997. p. 64.
(3) REQUIÃO, Rubens. *Curso de direito comercial*. 22. ed. São Paulo:Saraiva, 1995. pp. 277-278.
(4) SERICK, Rolf. *Superamento della personalità giuridica*. Milano: Giuffrè, 1966. p. 276.
(5) SALOMÃO, Calixto. *O novo direito societário*. 3. ed. São Paulo: Malheiros, 2006. p. 210.
(6) VERRUCOLI, Piero. *Il superamento della personalità giuridica della società di capitalli nella common law e nella civil Law*. Milano: Giuffrè, 1964.
(7) REQUIÃO, Rubens. *Abuso de direito e fraude através da personalidade jurídica*. Revista dos Tribunais, v. 410, p. 14, dezembro, 1969; Aspectos modernos do direito comercial I, São Paulo: Saraiva, 1977. p. 275/95.

sa. É a aplicação da teoria da instituição. Leciona Arnaldo Süssekind que "não pretendeu a Consolidação, na solução realista que adotou, inovar o sistema legal alusivo aos sujeitos de direito das relações jurídicas, para classificar a empresa como pessoa jurídica, independentemente da pessoa do seu proprietário (subjetivação da empresa)".[8] Afirma que "o entendimento foi unânime no sentido de reconhecer que os direitos e obrigações trabalhistas nascem, persistem e extinguem-se em razão do funcionamento da empresa. Daí a decisão de consagrar-se a despersonalização do empregador, motivador da continuidade do contrato de trabalho. E a redação do art. 2º da CLT acabou refletindo, em parte, a mencionada e inconciliável controvérsia".[9]

Mostra o § 2º do art. 2º da CLT que o empregador pode ser o grupo de empresas, inclusive de fato, mediante a desconsideração da personalidade jurídica para saber quem é o empregador.

Reza o art. 10 da CLT que "qualquer alteração na estrutura jurídica da empresa não afetará os direitos adquiridos por seus empregados". Dispõe o art. 448 da CLT que "a mudança na propriedade ou na estrutura jurídica da empresa não afetará os contratos de trabalho dos respectivos empregados.

Determina o art. 596 do CPC de 1973 que "os bens particulares dos sócios não respondem pelas dívidas da sociedade senão nos casos previstos em lei".

A desconsideração da personalidade jurídica tem de ser considerada para obter justiça e evitar fraudes aos credores da empresa, nos casos em que forem empregados artifícios ilícitos para burlar os direitos dos credores.

A teoria maior entende que deve ser desconsiderada a pessoa jurídica para atingir os bens dos sócios em casos de desvio de função da sociedade, em razão de fraude e abusos.[10]

O elemento subjetivo se caracteriza com a intenção de fraude ou a utilização abusiva da pessoa jurídica com o fim de lesar credores.

O instituto tem de ser entendido como exceção, nos casos em que houver ilícito, em razão de que não existe outra solução apta a proporcionar justiça, e não como regra, pois, do contrário, haveria insegurança das relações jurídicas.

A teoria menor considera que basta o credor mostrar prejuízo para se falar na desconsideração da personalidade jurídica, o que não pode ser admitido, principalmente diante do art. 50 do Código Civil.

3.4. Código de Defesa do Consumidor

O Código de Defesa do Consumidor (Lei n. 8.078/90) foi o primeiro dispositivo que tratou da desconsideração da personalidade jurídica. Dispõe o art. 28:

"Art. 28. O juiz poderá desconsiderar a personalidade jurídica da sociedade quando, em detrimento do consumidor, houver abuso de direito, excesso de poder, infração da lei, fato ou ato ilícito ou violação dos estatutos ou contrato social. A desconsideração também será efetivada quando houver falência, estado de insolvência, encerramento ou inatividade da pessoa jurídica provocados por má administração.

§ 1º (Vetado).

§ 2º As sociedades integrantes dos grupos societários e as sociedades controladas, são subsidiariamente responsáveis pelas obrigações decorrentes deste código.

§ 3º As sociedades consorciadas são solidariamente responsáveis pelas obrigações decorrentes deste código.

§ 4º As sociedades coligadas só responderão por culpa.

§ 5º Também poderá ser desconsiderada a pessoa jurídica sempre que sua personalidade for, de alguma forma, obstáculo ao ressarcimento de prejuízos causados aos consumidores".

No Código de Defesa do Consumidor são requisitos para a desconsideração da personalidade jurídica da sociedade:

a) abuso de direito;
b) excesso de poder;
c) infração à lei;
d) fato ou ato ilícito;
e) violação dos estatutos da sociedade anônima ou do contrato social;
f) falência, estado de insolvência, encerramento ou inatividade da pessoa jurídica provocados por má administração. A responsabilidade é estabelecida em decorrência de má-administração feita pelos sócios.

Poderá, ainda, ser feita a desconsideração da pessoa jurídica sempre que sua personalidade for, de alguma forma, obstáculo ao ressarcimento de prejuízos causados aos consumidores (§ 5º do art. 28 do CDC). Esse dispositivo adota a teoria menor.

3.5. Código Civil de 2002

O Código Civil de 2002 tratou da matéria no art. 50:

"Art. 50. Em caso de abuso da personalidade jurídica, caracterizado pelo desvio de finalidade, ou pela confusão patrimonial,

---

(8) SÜSSEKIND, Arnaldo. *A consolidação das leis do trabalho histórica*. In: Santos, /Aloysio (org.). Rio de Janeiro: SENAI, SESI, 1993. p. 20.
(9) SÜSSEKIND, Arnaldo. *Curso de direito do trabalho*. Rio de Janeiro: Renovar, 2002. p. 186-187.
(10) COELHO, Fábio Ulhoa. *Curso de direito comercial*. 4. ed. São Paulo: Saraiva, 2001. p. 35.

pode o juiz decidir, a requerimento da parte, ou do Ministério Público quando lhe couber intervir no processo, que os efeitos de certas e determinadas relações de obrigações sejam estendidos aos bens particulares dos administradores ou sócios da pessoa jurídica".

Filiou-se o Código Civil à teoria subjetivista, pois exige abuso da personalidade jurídica, caracterizado pelo desvio de finalidade da sociedade ou então por confusão patrimonial.

O desvio de finalidade da sociedade é caracterizado quando os sócios praticam atos contrários aos fins sociais previstos na lei ou no contrato social, fazendo uso irregular da empresa. Na jurisprudência, já se utilizou desse fundamento para dívida trabalhista:

> Desconsideração da Personalidade Jurídica da Executada. Responsabilidade Pessoal do Sócio. O descumprimento dos direitos trabalhistas configura o "desvio de finalidade", conceito legal indeterminado presente no art. 50 do Código Civil Brasileiro, que permite a desconsideração da pessoa jurídica. Logo, exauridas as tentativas de execução contra a pessoa jurídica, cabe deferir o redirecionamento da execução aos sócios da executada. Apelo a que se nega provimento (TRT 4ª R, AP 0156100-55.1997.5.04.0291, j. 9.6.2011, Relatora Desembargadora Ana Rosa Pereira Zago Sagrilo).

A confusão patrimonial ocorre quando o patrimônio do sócio e da sociedade é um só. É o que ocorre em pequenas empresas em que a conta corrente do sócio é usada para a empresa e vice-versa. A escrituração contábil não distingue um patrimônio de outro. O patrimônio é um só. Não existem dois patrimônios distintos. Em casos como esses, o sócio ora alega que o patrimônio é seu, ora da sociedade, de acordo com os seus interesses. A confusão patrimonial caracteriza a desconsideração da personalidade jurídica sob o ponto de vista objetivo. Não há necessidade de se fazer prova do elemento subjetivo.

Segundo o Código Civil, o juiz não pode determinar de ofício a desconsideração da personalidade jurídica, pois exige requerimento da parte ou do Ministério Público. O juiz não prestará a atividade jurisdicional a não ser quando provocado (art. 2º do CPC). A matéria não é de ordem pública para o juiz agir de ofício.

Uma posição entende que devem ser respeitados os princípios do devido processo legal, do contraditório e da ampla defesa.

Alexandre do Couto e Silva afirma que "O processo não pode perder sua função de instrumento para a aplicação do direito material, pois é o resultado de vários atos que se exteriorizam e se ordenam por meio do procedimento, com sentido finalístico, para estabilizar direitos conflitantes".[11]

Entretanto, não há violação ao devido processo legal, pois este depende da previsão da lei ordinária, que não trata do tema.

A outra posição afirma que pode haver apenas a desconsideração por despacho do juiz no curso da execução, em razão da constatação de fraude. Não há necessidade de propositura de ação autônoma.

O STJ já entendeu que não há necessidade de procedimento autônomo:

> AGRAVO REGIMENTAL NOS EMBARGOS DE DIVERGÊNCIA EM RECURSO ESPECIAL. COMERCIAL E PROCESSUAL CIVIL. FALÊNCIA. FRAUDE E CONFUSÃO PATRIMONIAL ENTRE A EMPRESA FALIDA E A AGRAVANTE VERIFICADAS PELAS INSTÂNCIAS ORIGINÁRIAS. DESCONSIDERAÇÃO DA PERSONALIDADE JURÍDICA: DESNECESSIDADE DE PROCEDIMENTO AUTÔNOMO PARA SUA DECRETAÇÃO. AGRAVO REGIMENTAL NÃO PROVIDO.
>
> 1. Tendo as instâncias ordinárias detectado a fraude e a confusão patrimonial entre as empresa falida e a empresa desconsiderada, ora agravante (cujas sócias são filhas do excontrolador da primeira), pode ser desconsiderada a personalidade jurídica como medida incidental, independentemente de ação autônoma (revocatória).
>
> Precedentes.
>
> 2. Impossibilidade de revisão dos aspectos fáticos-probatórios que levaram à conclusão da fraude, ante o óbice da Súmula n. 7 do Superior Tribunal de Justiça.
>
> 3. Não há falar em ofensa ao devido processo legal, pois a agravante interpôs a tempo e modo devidos o recurso cabível perante o Tribunal de origem, o qual, todavia, não foi acolhido.
>
> 4. Agravo regimental não provido (2ª Seção, REsp 418.385/SP, Rel. Min. Ricardo Villas Bôas Cueva, j. 14.3.12, DJU 16 mar. 2012).
>
> PROCESSUAL CIVIL E CIVIL. AGRAVO NO AGRAVO EM RECURSO ESPECIAL.
>
> DESCONSIDERAÇÃO DA PERSONALIDADE JURÍDICA. AÇÃO AUTÔNOMA.
>
> DESNECESSIDADE.
>
> – A aplicação da teoria da desconsideração da personalidade jurídica dispensa a propositura de ação autônoma para esse fim.
>
> – Agravo no agravo em recurso especial não provido (3ª T., REsp. 9.925/MG, Relator: Ministra Nancy Andrighi. j. 8.11.2011, DJU 17 nov. 2011).

Geralmente, o empregado não sabe na fase de conhecimento que houve fraude ou confusão patrimonial. Isso só se verifica na execução. Assim, a desconsideração da personalidade jurídica vai se verificar na fase de execução. Não exige a jurisprudência que seja proposta ação autônoma pelo autor, mas mero incidente processual no

---

(11) SILVA, Alexandre Couto. A aplicação da desconsideração da personalidade jurídica no Direito brasileiro. 2. ed. Rio de Janeiro: Forense, 2009. p. 204.

curso da execução. O contraditório e a ampla defesa serão exercidos na execução.

Passa o sócio a responder pela dívida da sociedade, principalmente quando se beneficiou do trabalho do empregado, por estar na empresa na época de prestação de serviços do trabalhador.

O sócio não é parte na execução. Parte é a pessoa jurídica, a empresa. A coisa julgada se dá em relação à parte e não a terceiros. Assim, o remédio cabível para discutir a desconsideração da personalidade jurídica é o de embargos de terceiro[12] e não de embargos à execução.

Tem direito o sócio ao benefício de ordem, de serem executados antes os bens da sociedade e depois os dele. Dispõe o art. 1.024 do Código Civil: "Os bens particulares dos sócios não podem ser executados por dívidas da sociedade, senão depois de executados os bens sociais". No mesmo sentido o art. 596 do CPC: "Os bens particulares dos sócios não respondem pelas dívidas da sociedade senão nos casos previstos em lei; o sócio, demandado pelo pagamento da dívida, tem direito a exigir que sejam primeiro excutidos os bens da sociedade".

3.6. Infração à ordem econômica

A Lei Antitruste (Lei n. 8.884/94) previa no art. 18 que "a personalidade jurídica do responsável por infração da ordem econômica poderá ser desconsiderada quando houver da parte deste abuso de direito, excesso de poder, infração da lei, fato ou ato ilícito ou violação dos estatutos ou contrato social. A desconsideração também será efetivada quando houver falência, estado de insolvência, encerramento ou inatividade da pessoa jurídica provocados por má administração". O dispositivo era semelhante ao do art. 28 do Código de Defesa do Consumidor. A Lei n. 8.884/94 foi revogada pela Lei n. 12.529/11.

Dispõe o art. 34 da Lei n. 12.529, de 30 de novembro de 2011, que "a personalidade jurídica do responsável por infração da ordem econômica poderá ser desconsiderada quando houver da parte deste abuso de direito, excesso de poder, infração da lei, fato ou ato ilícito ou violação dos estatutos ou contrato social. Parágrafo único. A desconsideração também será efetivada quando houver falência, estado de insolvência, encerramento ou inatividade da pessoa jurídica provocados por má administração". A Lei n. 12.529/2011 estrutura o Sistema Brasileiro de Defesa da Concorrência.

Presume-se dissolvida irregularmente a empresa que deixar de funcionar no seu domicílio sem comunicação aos órgãos competentes, legitimando o redirecionamento da execução fiscal para o sócio-gerente (S. n. 435 do STJ).

Recentemente a 3ª Turma do STJ entendeu que a dissolução irregular da empresa, por si só, não é suficiente para a desconsideração da personalidade jurídica. Havendo meros indícios de encerramento irregular da sociedade conjugados com a inexistência de bens para cobrir a execução não são motivos suficientes para a desconsideração da personalidade jurídica. O ministro relator, Villas Bôas Cueva, entendeu que a desconsideração da personalidade jurídica tem de ser entendida como medida excepcional, com o objetivo de reprimir atos fraudulentos. O tribunal de origem entendeu que era possível desconsiderar a personalidade jurídica de uma concessionária de veículos, a pedido de uma montadora de veículos. Restaram infrutíferas as tentativas de penhora *on-line* em relação à concessionária. Esta estava registrada perante a Secretaria da Receita Federal, mas não vem apresentando declarações de imposto de renda. O simples fato de que a sociedade não exerce mais suas atividades no endereço em que estava sediada e de não haver bens capazes para satisfazer o crédito da montadora não importa em se determinar a desconsideração da personalidade jurídica.

3.7. Meio ambiente

Reza o art. 4º da Lei n. 9.605/98 que "poderá ser desconsiderada a pessoa jurídica sempre que sua personalidade for obstáculo ao ressarcimento de prejuízos causados à qualidade do meio ambiente". A Lei n. 9.695/98 versa sobre as sanções penais e administrativas derivadas de condutas e atividades lesivas ao meio ambiente.

A Lei n. 9.605/98 não faz referência à necessidade do ato ser praticado com dolo ou culpa, mas apenas que tenha sido constatado prejuízo ao meio ambiente.

3.8. Desconsideração da personalidade jurídica inversa

A desconsideração da personalidade jurídica inversa surge no direito de família, em que os bens do sócio eram escondidos na sociedade. Assim, se o sócio não tinha bens, era desconsiderada a personalidade jurídica para atingir os bens da sociedade em virtude de dívidas do sócio.

No direito alemão, a doutrina e a jurisprudência usam a teoria apenas nas sociedades unipessoais.

Na jurisprudência verifica-se também a utilização da desconsideração inversa:

> DESCONSIDERAÇÃO DA PERSONALIDADE JURÍDICA INVERSA – Admissibilidade – Hipótese em que configurada a transferência de bens particulares do sócio – executado em favor da pessoa jurídica, com retirada posterior da sociedade – Decisão reformada para autorizar a desconsideração

---

(12) BRUSCHI, Gilberto Gomes. Aspectos processuais da desconsideração da personalidade jurídica. 2. ed. São Paulo: Saraiva, 2009. p. 97-99.

da personalidade jurídica inversa para permitir a penhora de bens da sociedade – Recurso provido para tal fim (TJ SP, AI 6722557220118260000-SP).

Agravo de Instrumento. Desconsideração da Personalidade Jurídica. Possibilidade. Assim, diante das inúmeras e infrutíferas tentativas de localizar bens em nome dos executados capazes de garantir o juízo executório, bem como da confusão havida entre o patrimônio de seu sócio majoritário, ao lado de sua esposa, e da sociedade que o mesmo integra, possível afigura-se a desconsideração inversa da personalidade jurídica determinada na origem. Em decisão monocrática, dou provimento ao agravo de instrumento (TJRS – Vigésima Câmara Cível/Agravo de Instrumento N. 70041914102, j. em 4.4.2011, Rel. Desembargador Glênio José Wasserstein Hekman).

EXECUÇÃO. SÓCIO INSOLVENTE QUE INTEGRA SEU PATRIMÔNIO AO DE OUTRA EMPRESA. TEORIA DA DESCONSIDERAÇÃO INVERSA DA PERSONALIDADE JURÍDICA. RESPONSABILIDADE DA EMPRESA. Aplica-se ao caso a teoria da desconsideração inversa da personalidade jurídica da empresa, por se tratar de hipótese de sócio que se tornou insolvente e incorporou seu patrimônio a outra sociedade empresária, prejudicando o credor, caso em que se deve adentrar ao patrimônio da empresa a fim de que esta responda pela obrigação do sócio. Trata-se de técnica que visa a impedir que o devedor utilize o ente jurídico para, por meio da confusão patrimonial, burlar a lei, escondendo seu patrimônio (TRT 3ª R, 2ª T., 0001200691998501006, Rel. Luiz Ronan Neves Koury, publ. 10.9.2010).

EXECUÇÃO. DESCONSIDERAÇÃO INVERSA DA PESSOA JURÍDICA. CABIMENTO. ART. 28, DO CDC. E. 283 CJF/STJ. RESPONSABILIDADE. CONFIGURAÇÃO. 1) O direito do trabalho adota a teoria menor da desconsideração da personalidade jurídica das empresas, sendo aplicável o art. 28, do CDC, e não o art. 50, do CC. 2) O mero prejuízo do trabalhador autoriza a desconsideração direta da personalidade jurídica da empresa executada, a fim de que o véu societário seja afastado e os bens dos sócios respondam pelas dívidas. 3) Cabível também a desconsideração inversa da pessoa jurídica, a fim de que os bens de uma terceira sociedade empresária, também integrada pelo sócio da empresa empregadora, respondam pela dívida por esta contraída, bastando que se verifique o prejuízo do credor trabalhista e o controle acionário pelo sócio, situações estas detectadas nos presentes autos, sendo caso de aplicação do E. 283 do CJF/STJ. (TRT 3ª R., 7ª T., AP 0012006919985010063, Rel. Rogério Lucas Martins, publ. 12.12.2014).

A desconsideração da personalidade jurídica inversa pode ser usada para atingir a sociedade em razão de dívida do sócio, que transferiu bens para sociedade, como num caso de empregador doméstico que transferiu seus bens para a sociedade, causando prejuízo ao recebimento dos direitos do empregado doméstico.

No caso abaixo, o TRT da 2ª Região não determinou a desconsideração da personalidade jurídica inversa:

PERSONALIDADE JURÍDICA. CONSÓRCIO DE EMPRESAS. EMPREGADO QUE NÃO PERTENCEU A SEU PRÓPRIO QUADRO DE PESSOAL. AUSÊNCIA DE RESPONSABILIDADE POR DÉBITOS TRABALHISTAS. A desconsideração da personalidade jurídica inversa – que consiste na responsabilização da sociedade por obrigação do sócio – somente se justifica em situação de comprovada prática fraudulenta do devedor que transfere seus bens pessoais para a sociedade com o fim de ocultá-los e preservá-los de possível constrição judicial. Assim, somente é possível quando verificado o esvaziamento do patrimônio pessoal do sócio por meio da transferência de bens para a pessoa jurídica sobre a qual o devedor detém controle, com a única finalidade de ocultá-los de terceiros. Nesse particular, a responsabilidade ocorre no sentido oposto, ou seja, os bens da sociedade respondem por atos praticados pelos sócios. Na hipótese vertente, não se vislumbra o quadro delineado, já que o consórcio de empresas tem previsão no art. 278, da Lei n. 6.404/1976, sendo, pois, uma associação de recursos, não exigindo a lei que exista qualquer participação societária entre as participantes e as empresas componentes mantêm total autonomia, exercendo seus atos comuns mediante mandato outorgado pelas consorciadas a uma delas. A independência entre as sociedades consorciadas decorre do contrato e a legislação é clara no sentido de que as consorciadas se obrigam apenas nas condições previstas no contrato, respondendo cada uma por suas obrigações individuais. A única possibilidade de responsabilização limita-se aos atos praticados em consórcio que guardem relação com o objeto do próprio contrato (art. 33, V, Lei n. 8.666/1993), não havendo se cogitar em ampliação desta responsabilidade de forma a atingir as consorciadas por débitos trabalhistas a que não deram causa; vale dizer, de empregado que não pertenceu a seu próprio quadro de pessoal. Agravo de Petição a que se dá provimento. Agravo de Petição da embargante, pelas razões de fls. 49/61, pretendendo a reforma da r. sentença de fls. 47 e verso, que julgou improcedentes os pedidos dos Embargos de Terceiro. Irresignação fundada, em síntese, no seguinte ponto: desconstituição de penhora – ausência de responsabilidade do consórcio de empresas (8ª T., AP 00018005420145020402-SP, Ac. n. 20150436178, j. 20.5.2015, Rel. Sidnei Alves Teixeira, publ. 25.5.2015).

3.9. CPC de 2015

A desconsideração da personalidade jurídica da empresa já era feita na prática na execução trabalhista sem que houvesse um procedimento a seguir.

Prescreve o art. 769 da CLT que na omissão da CLT e havendo compatibilidade, aplica-se o CPC.

Determina o art. 15 do CPC de 2015 que "na ausência de normas que regulem processos eleitorais, trabalhistas, administrativos, as disposições deste Código lhes serão aplicadas supletiva e subsidiariamente". Supletivo significa completar, servir de complemento, suprir, suplementar. Subsidiário é o que auxilia, que ajuda, que socorre, que apoia ou reforça.

O art. 15 do CPC/15 não revogou o art. 769 da CLT. São dispositivos que se complementam. O art. 769 da CLT manda aplicar o Direito Processual Comum. Este diz respeito não só o direito processual civil, mas ao direito processual penal. O Código de Processo Penal é aplicado nos casos de coisa julgada criminal, como dos arts. 65 a 67 do CPP.

Há autores entendendo pela aplicação subsidiariamente do CPC em relação à desconsideração da personalidade jurídica.[13]

O CPC de 2015 passou a tratar do incidente de desconsideração da personalidade jurídica nos arts. 133 a 137.

Não vejo incompatibilidade na aplicação do CPC de 2015 ao processo do trabalho, pois serão observados o contraditório e a ampla defesa.

A desconsideração de ofício fere o contraditório e a ampla defesa. O art. 878 da CLT dispõe que a execução poderá ser promovida de ofício pelo juiz e não que deverá ser promovida de ofício pelo juiz. A regra maior do inciso LV do art. 5º da Constituição, do contraditório e da ampla defesa, tem de ser observada, não só por se tratar de uma norma que tem hierarquia superior à CLT, mas também por tratar de um direito fundamental da pessoa.

Não estão previstas as hipóteses em que será feita a desconsideração da pessoa jurídica que fica a cargo da lei.[14]

A desconsideração da personalidade jurídica tem natureza de incidente, que ocorrerá, principalmente, no processo do trabalho na execução. Tem mais característica de incidente no curso do processo do que de intervenção de terceiros. A partir do momento em que o terceiro é citado, passa a ser parte no processo.

Para que pessoa estranha ao processo faça parte dele e sobre ele produzam consequências, é necessário que seja citado e lhe proporcione contraditório e defesa.

O incidente de desconsideração da personalidade jurídica será instaurado a pedido da parte ou do Ministério Público, quando lhe couber intervir no processo (art. 133 do CPC).

O pedido de desconsideração da personalidade jurídica observará os pressupostos previstos em lei (§ 1º do art. 133 do CPC). Deve atender requisitos de petição inicial.

O incidente de desconsideração é cabível em todas as fases do processo de conhecimento, no cumprimento de sentença e na execução fundada em título executivo extrajudicial (art. 134 do CPC).

A instauração do incidente será imediatamente comunicada ao distribuidor para as anotações devidas.

Dispensa-se a instauração do incidente se a desconsideração da personalidade jurídica for requerida na petição inicial, hipótese em que será citado o sócio ou a pessoa jurídica (§ 2º do art. 134 do CPC). Requerida a desconsideração da personalidade jurídica na inicial, a hipótese é de litisconsórcio passivo facultativo.

A instauração do incidente suspenderá o processo, salvo na hipótese da alegação ser feita na petição inicial.

O requerimento deve demonstrar o preenchimento dos pressupostos legais específicos para desconsideração da personalidade jurídica.

Instaurado o incidente, o sócio ou a pessoa jurídica será citado para manifestar-se e requerer as provas cabíveis no prazo de 15 dias (art. 135 do CPC). Haverá citação para que a parte possa exercer o seu direito de contraditório e de ampla defesa. Não se poderá fazer penhora de imediato, mas a lei exige citação para que a parte contrária se defenda.

Na instrução poderá haver necessidade de tomar depoimentos pessoais e testemunhais. Poderá ainda ser necessária ser feita perícia para a verificação da desconsideração da personalidade jurídica.

Concluída a instrução, se necessária, o incidente será resolvido por decisão interlocutória (art. 136 do CPC). Sendo a decisão interlocutória, no processo do trabalho dela não cabe recurso (§ 2º do art. 799 da CLT, § 1º do art. 893 da CLT, S. 214 do TST).

Se a decisão for proferida pelo relator, cabe agravo regimental.

Acolhido o pedido de desconsideração, a alienação ou a oneração de bens, havida em fraude de execução, será ineficaz em relação ao requerente (art. 137 do CPC).

Nos casos de desconsideração da personalidade jurídica, a fraude à execução verifica-se a partir da citação da parte cuja personalidade se pretende desconsiderar (§ 3º do art. 792 do CPC).

Antes de declarar a fraude à execução, o juiz deverá intimar o terceiro adquirente, que, se quiser, poderá opor embargos de terceiro, no prazo de 15 dias (§ 4º do art. 792 da CPC).

---

(13) ALMEIDA, Amador Paes. Teoria da desconsideração da personalidade jurídica (disregard docrtine) e a responsabilidade dos sócios no CPC/15. Estudos em homenagem ao Min. Walmir Oliveira da Costa, coord. Sergio Pinto Martins. São Paulo: Gen/Atlas, 2015, p. 377-385; TESHEINER, José Maria Rosa. MILHORANZA, Mariângela Guerreiro. RODRIGUES, Ana Francisca Rodrigues. A aplicabilidade da desconsideração da personalidade jurídica da empresa ao processo do trabalho e o novo CPC. Estudos em homenagem ao Min. Walmir Oliveira da Costa, coord. Sergio Pinto Martins, São Paulo: Gen/Atlas, 2015. p. 420-423.

(14) MARTINS, Sergio Pinto. Direito processual do trabalho. 37. ed. São Paulo: Atlas, 2015. p. 781.

4. CONCLUSÃO

A defesa do sócio, na desconsideração da personalidade jurídica, será feita por meio de embargos de terceiro.

A utilização da desconsideração da personalidade jurídica contida no CPC de 2015 importa a aplicação da certeza e da segurança jurídica ao terceiro, que poderá exercer melhor o contraditório e a ampla defesa.

Primeiras reflexões sobre a advocacia pública na Justiça do Trabalho pós Novo CPC

Suiá Fernandes de Azevedo Souza (*)

1. NOTAS INTRODUTORIAS

"O progresso é impossível sem mudança; e aqueles que não conseguem mudar as suas mentes não conseguem mudar nada." George Bernard Shaw viveu até 1950 mas, como dramaturgo inglês, conseguiu ele traduzir em poucas palavras exata dimensão das transformações do Novo Código de Processo Civil sobre a advocacia pública neste ano de 2015.

O mais novo diploma normativo brasileiro, o NCPC, nos ares de um Estado Democrático de Direito, sob os olhares da Constituição Federal de 1988, inovou a ordem jurídica brasileira ao trazer capítulos específicos para a Defensoria Pública, para os Advogados Públicos e adaptar o texto de 1973 – atinente ao Ministério Público – à Carta de 1988.

Com isso, as duas primeiras instituições alcançaram uma importante meta: desabrocharam para o mundo jurídico, consolidando em papel mudanças nas mentes de inúmeros juristas, e tomou as rédeas da proteção dos valores democráticos insculpidos na Magna Carta Brasileira. Por isso, para colaborar com os debates iniciais do Novo Código, trabalhar-se-á com o novel capítulo que obrigará os advogados públicos a mudarem suas mentes para o progresso que se anuncia.

A partir da análise da disciplina dos advogados públicos ao longo do Código, viu-se que as inovações do NCPC além de trazer mudanças para a advocacia pública também vieram para oxigenar outros ramos do direito processual, dentre eles, o processo do trabalho. Com o seu clássico art. 769 CLT, vê-se que há uma porta de entrada de institutos democráticos na ordem processual da Consolidação de 1943, o que vem gerando debates salutares: o direito processual comum é fonte subsidiária do direito processual do trabalho naquilo que não lhe for incompatível[1]? Como definir os critérios de compatibilidade entre NCPC e CLT? O título que prevê a atuação da Advocacia Pública em juízo é compatível com o processo do trabalho?

Em assim sendo, eis tentativas de respostas:

2. A COMPATIBILIDADE ENTRE O ART. 15 NCPC E O ART. 769 CLT

Como é de sapiência geral, o processo do trabalho, previsto em sua grande parte na Consolidação das Leis do Trabalho, se abebera da fonte emanada pelo Código de Processo Civil Brasileiro, haja vista previsão nos arts. 769 e 889, ambos da CLT.

Pensando neste papel nos demais ramos processuais, o legislador do Novo Código trouxe um dispositivo expresso para fins de completude no sistema processual brasileiro. A interrogação inicial para qualquer justrabalhista é saber exatamente como coordenar desde já os critérios de completude do texto Consolidado com as normas do NCPC[2], haja vista conterem termos distintos, a ver:

(*) Procuradora do Município de Volta Redonda/RJ – Procuradoria de Pessoal. Mestre em Direito pela UFRJ. Bacharel pela UFF/RJ. E-mail: suiafernandesasouza@gmail.com.

(1) Sobre o histórico da Justiça do Trabalho, numa viés sociológico, vide o excelente trabalho de Valéria Marques Lobo, em *A Justiça do Trabalho como vetor de Justiça Social*. In REIS, Daniela Muradas et. All. *Trabalho e Justiça social: um tributo a Mauricio Godinho Delgado*. São Paulo: LTr, 2013. pp. 437-449.

(2) E no ponto, um pouco dessa interessante história está contada por José Carlos Arouca:

"A 'velha' CLT de 1943, como anotou Evaristo de Moraes Filho, não foi uma simples codificação da legislação trabalhista esparsa produzida a partir da "Era Pré-Vargas", mas autêntica lei, tendo os consolidadores, Arnaldo Lopes Sussekind, Segadas Vianna e Dorval Lacerda recebido poderes para criar novos textos, suprimir e modificar os existentes, sendo afinal aprovada através de decreto-lei na vigência da carta constitucional outorgada pela ditadura instalada em 1937. O Código Civil já completara vinte e sete anos de existência e sua aplicação regia-se pelo Código de Processo Civil de 1939. A Justiça do Trabalho ainda situava-se à margem do Poder Judiciário, com o vício de origem, ou seja, vinculação ao Ministério do Trabalho, que exercia tutela repressiva e controle dos sindicatos.

(...)

Art. 769 – Nos casos omissos, o direito processual comum será fonte subsidiária do direito processual do trabalho, exceto naquilo em que for incompatível com as normas deste Título.

Art. 15. Na ausência de normas que regulem processos eleitorais, trabalhistas ou administrativos, as disposições deste Código lhes serão aplicadas supletiva e subsidiariamente.

Como se percebe da leitura da CLT, há a previsão de aplicação subsidiária do direito processual comum (leia-se CPC/NCPC) em caso de omissão, exceto naquilo que não for incompatível.

Sem prejuízo, pode-se pensar tal como José Humberto Cesário, que lembrou que o tema da compatibilidade do art. 15 do NCPC com o art. 769 da CLT pode ser sim analisado sob a ótica do chamado diálogo das fontes. A esse respeito, indaga o autor:

> Abre-se lugar contemporaneamente ao método do diálogo das fontes, que ao rechaçar o monólogo legislativo propicia a aplicação conjunta de duas ou mais normas que se ressignificam mutuamente à luz dos direitos humanos, sem que isso necessariamente subtraia a coerência jurídica sistêmica e a integridade do direito[3].

E como não poderia faltar, Claudia Lima Marques completa:

> Erik James ensina que, face a um complexo Direito, com princípios e fontes legislativas plúrimas e aparentemente antinômicas, ressurge a necessidade maior de coordenação entre as leis no mesmo ordenamento jurídico, como exigência para um sistema jurídico justo e para uma hermenêutica coerente, que se visualize a não-superação dos paradigmas, mas sim a convivência destes no Direito atual[4].

O que se quer aqui não é um debate de críticas ou defesa do uso ou afastamento do novo texto, ao contrário, um dispositivo assaz provocativo que talvez tenha tirado o sono de muitos juristas veio incrementar os debates no âmbito juslaboral.

Com o Código de 1973, a doutrina e a jurisprudência trabalhista viam esse artigo como o norte de aplicação das normas processuais civis no processo laboral[5]. Contu-

---

Em 1973 o Ministro da Justiça Alfredo Buzaid conduziu a elaboração de um novo Código de Processo Civil que seguiu o liberalismo burguês, prestigiando o individualismo conforme o enunciado do art. 6º que repele a coletivização do processo e viu as pessoas em absoluta igualdade de posições. A Justiça do Trabalho tardiamente integrara-se ao Poder Judiciário com a Constituição de 1946 e experimentava um crescimento anormal."
Maiores detalhes em: AROUCA, José Carlos, et al. *Novo Processo Civil e o Velho Processo Trabalhista*. Revista LTr, 71.5, 2007.
(3) CESARIO, José Humberto. *O processo do trabalho e o Novo Código de Processo Civil: critérios para uma leitura dialogada dos arts. 769 da CLT e 15 do CPC/15*. Unisul de fato e de direito: revista jurídica da Universidade do Sul de Santa Catarina – vol. 1, ano VI, n. 11, jul./dez. 2015. p. 59.
(4) MARQUES, Claudia Lima. *Direito do Consumidor entre Direito Nacional e o Internacional*. In NEVES, Marcelo. *Transnacionalidade do direito*. São Paulo: Quartier Latin, 2011. p. 349.
(5) Na atual jurisprudência consolidada do TST encontram-se alguns exemplos:
OJ-SDI1-392 PRESCRIÇÃO. INTERRUPÇÃO. AJUIZAMENTO DE PROTESTO JUDICIAL. MARCO INICIAL. (DEJT divulgado em 09, 10 e 11.06.2010)
O protesto judicial é medida aplicável no processo do trabalho, por força do art. 769 da CLT, sendo que o seu ajuizamento, por si só, interrompe o prazo prescricional, em razão da inaplicabilidade do § 2º do art. 219 do CPC, que impõe ao autor da ação o ônus de promover a citação do réu, por ser ele incompatível com o disposto no art. 841 da CLT.
SUM-74 CONFISSÃO (nova redação do item I e inserido o item III à redação em decorrência do julgamento do processo TST-IUJEEDRR 801385-77.2001.5.02.0017) – Res. n. 174/2011, DEJT divulgado em 27, 30 e 31.05.2011
(...) II – A prova pré-constituída nos autos pode ser levada em conta para confronto com a confissão ficta (art. 400, I, CPC), não implicando cerceamento de defesa o indeferimento de provas posteriores. (ex-OJ n. 184 da SBDI-1 – inserida em 08.11.2000)
SUM-192 AÇÃO RESCISÓRIA. COMPETÊNCIA E POSSIBILIDADE JURÍDICA DO PEDIDO (inciso III alterado) – Res. n. 153/2008, DEJT divulgado em 20, 21 e 24.11.2008
(...) III – Em face do disposto no art. 512 do CPC, é juridicamente impossível o pedido explícito de desconstituição de sentença quando substituída por acórdão do Tribunal Regional ou superveniente sentença homologatória de acordo que puser fim ao litígio.
IV – É manifesta a impossibilidade jurídica do pedido de rescisão de julgado proferido em agravo de instrumento que, limitando-se a aferir o eventual desacerto do juízo negativo de admissibilidade do recurso de revista, não substitui o acórdão regional, na forma do art. 512 do CPC. (ex-OJ n. 105 da SBDI-2 – DJ 29.04.2003)
SUM-263 PETIÇÃO INICIAL. INDEFERIMENTO. INSTRUÇÃO OBRIGATÓRIA DEFICIENTE (nova redação) – Res. n. 121/2003, DJ 19, 20 e 21.11.2003.
Salvo nas hipóteses do art. 295 do CPC, o indeferimento da petição inicial, por encontrar-se desacompanhada de documento indispensável à propositura da ação ou não preencher outro requisito legal, somente é cabível se, após intimada para suprir a irregularidade em 10 (dez) dias, a parte não o fizer.
SUM-353 EMBARGOS. AGRAVO. CABIMENTO (nova redação da letra "f" em decorrência do julgamento do processo TST-IUJ-28000-95.2007.5.02.0062) – Res. 189/2013, DEJT divulgado em 13, 14 e 15.03.2013
Não cabem embargos para a Seção de Dissídios Individuais de decisão de Turma proferida em agravo, salvo:
(...) e) para impugnar a imposição de multas previstas no art. 538, parágrafo único, do CPC, ou no art. 557, § 2º, do CPC.
SUM-383 MANDATO. ARTS. 13 E 37 DO CPC. FASE RECURSAL. INAPLICABILIDADE (conversão das Orientações Jurisprudenciais no149 e 311 da SBDI-1) – Res. n. 129/2005, DJ 20, 22 e 25.04.2005

do, o novel diploma mexeu exatamente na ordem alheia trazendo outro critério de aplicação. E é assim que o art. 15 do NCPC torna-se polêmico: na ausência de normas trabalhistas, as disposições do NCPC serão aplicadas supletiva e subsidiariamente.

Então, pelo que se lê da lei nova, ao revés da norma especial, supletiva e subsidiariamente não mais abarcaria a ideia de incompatibilidade? Eis a questão.

Bem, há quem diga que ambas seriam aplicáveis, conforme critérios de incompatibilidade axiológica, ontológica ou normativa. Neste aspecto, ganha relevo memorar as lições de Maria Helena Diniz para enfrentar a questão. No ponto, ensina ela:

> Três são as principais espécies de lacunas: 1ª) normativa, quando se tiver a ausência de norma sobre determinado caso; 2ª) ontológica, se houver norma, mas ela não corresponder aos fatos sociais, quando, p. ex., o grande desenvolvimento das relações sociais, o progresso técnico acarretaram o ancilosamento da norma positiva; axiológica, ausência de norma justa, isto é, existe um preceito normativo, mas, se for aplicado, sua solução será insatisfatória ou injusta.[6]

Em palavras precisas, haveria a omissão axiológica na CLT, conduzindo a aplicação do democrático NCPC, na hipótese de o texto consolidado ser injusto aos dias de hoje. *Grosso modo,* na hipótese de omissão ontológica, haveria sua desatualização, haja vista confortar um texto de 1943 com um Código criado à luz da Constituição Cidadã de 1988. No mais, se houver omissão normativa da CLT, como, por exemplo, encontra-se o capítulo da Defensoria Pública e da Advocacia Pública, aplicar-se-ia o NCPC em sua inteireza[7].

Por isso, refletindo sobre o assunto, num primeiro olhar, concorda-se com o alinhamento primeiro feito por Mauro Schiavi em artigo recente. O referido autor juslaboral assim elencou:

> a) supletivamente: significa aplicar a CPC quando, apesar da lei processual trabalhista disciplinar o instituto processual, não for completa. Nesta situação, o Código de Processo Civil será aplicado de forma complementar, aperfeiçoando e propiciando maior efetividade e justiça ao processo do trabalho. Como exemplos: hipóteses de impedimento e suspeição do Juiz que são mais completas no CPC, mesmo estando disciplinada na CLT (art. 802, da CLT), ônus da prova previsto no CPC, pois o art. 818, da CLT é muito enxuto e não resolve questões cruciais como as hipóteses de ausência de prova e prova dividida; o depoimento pessoal previsto no CPC, pois a CLT disciplina apenas o interrogatório (art. 848, da CLT), sendo os institutos são afins e propiciam implementação do contraditório substancial no processo trabalhista etc.
>
> b) subsidiariamente: (...) Pode-se se argumentar que houve revogação dos arts. 769 e 889, da CLT, uma vez que o Código de Processo Civil, cronologicamente, é mais recente que CLT. Também pode-se argumentar que, diante do referido dispositivo legal, o processo do trabalho perdeu sua autonomia científica, ficando, doravante, mais dependente do processo civil. (...)O art. 15 do novel CPC não contraria os art. 769 e 889, da CLT. Ao contrário, com eles se harmoniza.
>
> Desse modo, conjugando-se o art. 15 do CPC com os arts. 769 e 889, da CLT, temos que o CPC se aplica ao processo do trabalho da seguinte forma: supletiva e subsidiariamente, nas omissões da legislação processual trabalhista, desde que compatível com os princípios e singularidades do processo trabalhista[8].

I – É inadmissível, em instância recursal, o oferecimento tardio de procuração, nos termos do art. 37 do CPC, ainda que mediante protesto por posterior juntada, já que a interposição de recurso não pode ser reputada ato urgente. (ex-OJ n. 311 da SBDI-1 – DJ 11.08.2003)

II – Inadmissível na fase recursal a regularização da representação processual, na forma do art. 13 do CPC, cuja aplicação se restringe ao Juízo de 1º grau. (ex-OJ n. 149 da SBDI-1 – inserida em 27.11.1998)

(6) DINIZ, Maria Helena. *Compêndio de introdução à ciência do direito.* São Paulo: Saraiva, 1995. p. 401.

(7) Refletindo sobre o tema estão as palavras de Jorge Luiz Souto Maior: Ora, se o princípio é o da melhoria contínua da prestação jurisdicional, não se pode utilizar o argumento de que há previsão a respeito na CLT, como forma de rechaçar algum avanço que tenha havido neste sentido no processo civil, sob pena de se negar a própria intenção do legislador ao fixar os critérios da aplicação subsidiária do processo civil. Notoriamente, o que se pretendeu (daí o aspecto teleológico da questão) foi impedir que a irrefletida e irrestrita aplicação das normas do processo civil evitasse a maior efetividade da prestação jurisdicional trabalhista que se buscava com a criação de um procedimento próprio na CLT (mais célere, mais simples, mais acessível). Trata-se, portanto, de uma regra de proteção, que se justifica historicamente. Não se pode, por óbvio, usar a regra de proteção do sistema como óbice ao seu avanço. Do contrário, pode-se ter por efeito um processo civil mais efetivo que o processo do trabalho, o que é inconcebível, já que o crédito trabalhista merece tratamento privilegiado no ordenamento jurídico como um todo. MAIOR, Jorge Luiz Souto. *Reflexos das alterações do Código de Processo Civil no Processo do Trabalho.* Revista LTr, v. 70, n. 8, 2006.

(8) SCHIAVI, Mauro. Novo código de processo civil: A aplicação supletiva e subsidiária ao Processo do Trabalho. Disponível em: <http://www.trt7.jus.br/escolajudicial/arquivos/files/busca/2015/NOVO_CODIGO_DE_PROCESSO_CIVIL-_APLICACAO_SUPLETIVA_E_SUBSIDIARIA.pdf> . Acesso em: 03 nov. 2015.

Apesar de parecer simples e resumida as ideias de omissão, supletividade e subsidiariedade, o tema não é pacífico no processo laboral. Operadores do direito processual do trabalho já se uniram para tentar apresentar respostas aos questionamentos surgidos nesse ponto. Em julho de 2015, formou-se o Fórum Permanente de Processualistas do Trabalho, inaugurado em reunião no Rio de Janeiro[9], para debater e propor enunciados de súmulas sobre os impactos no Processo do Trabalho do NCPC. E, deste primeiro encontro, consolidou-se entendimento a respeito da interpretação dos dispositivos de forma a caminhar para um avanço nas instituições trabalhistas à luz de institutos democráticos[10].

E nem tudo está perdido. O que se vê desde antigamente é:

O art. 769 da CLT prevê que o processo comum será fonte subsidiária do processo do trabalho. Na prática, diante de inovações ocorridas no processo civil, recorre-se ao art. 769 da CLT, para atrair essas inovações ao processo do trabalho. Esquece-se, no entanto, que o procedimento trabalhista, inscrito na CLT, tem uma lógica e que primeiro esta deva ser entendida, para somente depois vislumbrar a aplicação subsidiária em questão, o que requer, também, uma contextualização histórica.

O procedimento adotado na CLT é o procedimento oral, cujas bases foram formadas a partir da necessidade de corrigir os defeitos do procedimento escrito que imperava na Idade Média. Na Idade Média o processo era sigiloso; complicado (a cada escrito correspondia um contra-escrito); formalista ("o que não está nos autos não está no mundo"); coisa das partes (só se desenvolvia por iniciativa das partes); e fragmentado (toda decisão era recorrível, e as provas eram colhidas por um juiz instrutor). Além disso, a atuação do juiz era limitada, imperando o sistema da prova legal (cada tipo de prova tinha um valor prévio determinado e o resultado da lide era baseado na quantificação das provas produzidas pelas partes). (...)

Assim, muitas das lacunas apontadas do procedimento trabalhista não são propriamente lacunas, mas um reflexo natural do fato de ser este oral. Em outras palavras, por que o procedimento oral prescinde de certas formalidades, visto que os incidentes processuais devem ser resolvidos em audiência de forma imediata, seguidos dos necessários esclarecimentos das partes, presentes à audiência, o procedimento trabalhista não apresenta formas específicas para solução de certos incidentes processuais, que devem ser, por isso, como regra, resolvidos informalmente em audiência e por isto a lei processual trabalhista transparece incorrer em lacunas, o que, muitas vezes, de fato não se dá[11].

Deve-se lembrar sempre: para todos os ramos do Direito há a Constituição Federal como paradigma. Em especial no direito do trabalho e no processual do trabalho, deve-se ter como corolário o seguinte:

"É preciso assimilar de uma vez por todas que é fundamento do Estado Democrático de Direito, segundo o art. 1º, IV, da Constituição Federal, o prestígio tanto **ao trabalho** como à livre iniciativa. Ambos colocamos no mesmo inciso quarto do primeiro artigo do texto constitucional, sem qualquer indício de predileção de um valor sobre o outro. Assim, a reinvenção do processo do trabalho e da operacionalidade da Justiça do Trabalho, constitucionalizados e maduros, deverão efetivar a Justiça Social, objetivada pelo Estado brasileiro."[12] [grifos no original]

Por isso repete-se à exaustão: o que une todos são os mesmos critérios de validade. No caso da Justiça do Trabalho, a coordenação entre os valores constitucionais do trabalho e da livre iniciativa, que compõem o que se chama de "núcleo duro"[13]. Desses pratos da balança, há

---

(9) E para quem tiver interesse em acrescer o grupo e trazer novas ideias, a próxima reunião dar-se-á em Salvador/BA, dias 4 e 5 de março de 2016. O local ainda será definido. Maiores informações: fpdpt2015@gmail.com

(10) Infelizmente até o fechamento deste trabalho os enunciados interpretativos aprovados não tinham sido divulgados. No mesmo e-mail acima será possível ter acesso aos mesmos, quando sua redação final estiver ajustada.

(11) MAIOR, Jorge Luiz Souto. *Reflexos das alterações do Código de Processo Civil no Processo do Trabalho*. Revista LTr, v. 70, n. 8, 2006.

(12) TUPINAMBA, Carolina. *Premissas teóricas para a constitucionalização do processo do trabalho*. In FUX, Luiz (org.). *Processo Constitucional*, São Paulo: Saraiva, 2013. p. 49.

(13) A precisao do termo vem do trabalho de João Humberto Cesário, ao proferir:

"O Processo do Trabalho possui um núcleo duro, composto por protecionismo, inquisitividade, concentração dos atos processuais, imediação, oralidade, simplicidade procedimental e celeridade processual, que não pode ser corrompido na colmatação das suas lacunas, sob pena do comprometimento da sua autonomia científica;

– No preenchimento das lacunas do Processo do Trabalho podem ser usadas disposições do Processo Civil, do Processo Penal, de leis processuais extravagantes e outros microssistemas processuais, como os dos Juizados Especiais e o da tutela transindividual de direitos;

– No plano das lacunas normativas totais o CPC/2015 deve ser usa- do supletivamente no Processo do Trabalho, ao passo que no plano das lacunas normativas parciais, ontológicas e axiológicas o CPC/2015 deve ser aplicado subsidiariamente ao Processo do Trabalho." CESARIO, José Humberto. *O processo do trabalho e o Novo Código de Processo Civil: critérios para uma leitura dialogada dos arts. 769 da CLT e 15 do CPC/15*. Unisul de fato e de direito: revista juridica da Universidade do Sul de Santa Catarina – vol. 1, ano VI, n. 11, jul./dez. 2015. p. 79.

agora que reforçar esse suporte procedimental com as normas processuais trabalhistas e os institutos do Novo Código.

Outro ponto a ser levado em consideração quando o art. 15 do NCPC faz referência ao processo do trabalho é a velha discussão sobre sua posição enciclopédica. Apesar de na prática o operador conseguir enxergar em sua maioria os elementos faltantes na CLT e normas esparsas procedimentos trazidos do processo civil de 1973, o que se discute hoje em dia é a aplicação de novos institutos trazidos para os tribunais em março de 2016 na justiça do trabalho, à luz das lacunas ontológicas, normativas e/ou axiológicas.

A partir desta indagação, Mauro Schiavi esclarece:

> Há duas vertentes de interpretação sobre o alcance do art. 769 da CLT. São elas:
>
> a) *restritiva*: somente é permitida a aplicação subsidiária das normas do processo civil quando houver omissão da legislação processual trabalhista. Desse modo, somente se admite a aplicação do Código de Processo Civil quando houver a chamada lacuna normativa. Essa vertente de entendimento sustenta a observância do princípio do devido processo legal, no sentido de não surpreender o jurisdicionado com outras regras processuais, bem como na necessidade de preservação do princípio da segurança jurídica. Argumenta que o processo deve dar segurança e previsibilidade ao jurisdicionado;
>
> b) *evolutiva* (também denominada sistemática ou ampliativa): permite a aplicação subsidiária do Código de Processo Civil ao processo do trabalho quando houver as lacunas ontológicas e axiológicas da legislação processual trabalhista. Além disso, defende aplicação da legislação processual civil ao processo do trabalho quando houver maior efetividade da jurisdição trabalhista. Essa vertente tem suporte nos princípios constitucionais da efetividade, duração razoável do processo e acesso real e efetivo do trabalhador à Justiça do Trabalho, bem como no caráter instrumental do processo.[14]

De tudo o que foi exposto, entende-se que a corrente evolutiva seja a que melhor se adequa à ideia aqui defendida de ampla aplicação do NCPC ao processo do trabalho, pois ultrapassa não só a necessidade de interpretação conforme a Constituição estabelecida pelos justrabalhistas feita a partir de 1988, mas, além disso, ter o Novo *Codex* consolidar em texto legal procedimentos parametrizados pela Magna Carta Brasileira. Respeitadas, sempre, as peculiaridades deste ramo especializado[15].

No entanto, aposta-se no que já tem sido corriqueiro na Justiça Obreira: a solução virá pela interpretação do Tribunal Superior do Trabalho, consolidada por meio da jurisprudência, tal como ensina Mauricio Godinho Delgado, e defendido neste trabalho:

> Em sua relação com a dinâmica social, o Direito tende a atuar, essencialmente, de duas maneiras (que podem, obviamente, combinar-se): ou antecipa fórmulas de organização e conduta para serem seguidas na comunidade ou absorve práticas organizacionais e de conduta já existentes na convivência social, adequando-as às regras e princípios fundamentais do sistema jurídico circundante. Enquanto a primeira maneira é cumprida, em geral, pelo legislador, ao editar novos diplomas normativos, a segunda tende a ser cumprida, em geral, pela jurisprudência, ao interpretar a ordem jurídica e encontrar nela soluções normativas para situações aparentemente não tratadas pelos diplomas legais disponíveis.[16]

E como é papel da doutrina nessa construção do pensamento, questiona-se: até que ponto a identidade dos capítulos finais da CLT estariam preservados com a autorização do art. 15, do NCPC? Não seria hora de pensar numa Consolidação ou em um Novo Código de Processo do Trabalho à luz da Constituição e assim preservar a inteireza de suas normas?

Pensa-se que o NCPC é um instrumento essencial para os processualistas laborais democratizarem o processo. E isso se fará no dia a dia das Varas e TRT`s, a partir de 2016. É um trabalho cujo resultado levará tempo para

---

(14) SCHIAVI, Mauro. *Idem*.

(15) No ponto, ganham relevo as palavras de Jorge Luiz Souto Maior: O direito processual trabalhista, diante do seu caráter instrumental, está voltado à aplicação de um direito material, o direito do trabalho, que é permeado de questões de ordem pública, que exigem da prestação jurisdicional muito mais que celeridade; exigem que a noção de efetividade seja levada às últimas consequências. O processo precisa ser rápido, mas, ao mesmo tempo, eficiente para conferir o que é de cada um por direito, buscando corrigir os abusos e obtenções de vantagens econômicas que se procura com o desrespeito à ordem jurídica.
Pensando no aspecto instrumental do processo, vale lembrar que o direito material trabalhista é um direito social por excelência, cuja ineficácia pode gerar graves distúrbios tanto de natureza econômica quanto social.
Assim, é preciso muito cuidado com a aplicação de normas do processo civil, que muitas vezes são pensadas para a solução de conflitos estabelecidos na ótica do interesse puramente individual. MAIOR, Jorge Luiz Souto. *Reflexos das alterações do Código de Processo Civil no Processo do Trabalho*. Revista LTr, v. 70, n. 8, 2006. p. 920.

(16) DELGADO, Mauricio Godinho. *Os princípios na estrutura do Direito*. Rev. TST, Brasília, vol. 75, n. 3, jul./set. 2009. p. 17.

definir arestas, mas é necessário e fundamental para o desenvolvimento da nossa ciência[17].

É uma provação externa, sim, mas, se nesses 27 anos de Constituição não foi possível dispor de um Código de Processo do Trabalho Democrático, que seja pela influência do NCPC sobre a CLT. Não há o que temer, salvo melhor juízo. Apenas ponderar o que significa manutenção da identidade do Processo do Trabalho e democratização de suas normas pelo NCPC[18].

Exemplo muito debatido é a ideia de proibição de decisão não surpresa (art. 10 NCPC[19]). Apesar da resistência e dos debates intermináveis entre os operadores juslaborais, não há diferença entre a expectativa do jurisdicionado e seu advogado no processo civil, no processo tributário, no processo do trabalho, etc. *Data máxima vênia*, se coaduna com o ideal de Estado Democrático de Direito a proibição de decisão surpresa no âmbito de aplicação Código de Processo Civil, e a permissão em outros ramos do processo. É corolário direto das garantias do contraditório, leia-se, o participativo, onde as partes podem influir nas decisões; e da ampla defesa[20].

De tudo o que foi dito a respeito da compatibilidade entre os referidos dispositivos, pode-se ter como ponto de partida para a reflexão – sim, ponto de partida e não conclusão, tendo em vista que o amadurecimento, por sua própria natureza, demanda tempo – as palavras de Mauro Schiavi sobre a incidência do art. 15 do NCPC no processo do trabalho, com o complemento na ideia de parametricidade da Constituição Federal e o "núcleo duro" do Direito Obreiro sobre ambos:

(a) omissão da Consolidação das Leis do Trabalho (lacunas normativas, ontológicas e axiológicas); compatibilidade das normas do processo civil com os princípios e singularidades do Direito Processual do Trabalho;

(b) a aplicação supletiva e subsidiária do CPC, conforme disciplinadas no art. 15 do CPC, são compatíveis com os arts. 769 e 889, da CLT;

(c) a aplicação subsidiária do Processo Civil pressupõe a adaptação da norma civilista às singularidades do processo trabalhista;

(d) ainda que não omissa a Consolidação das Leis do Trabalho, quando as normas do processo civil forem mais efetivas que as da Consolidação das Leis do Trabalho e compatíveis com os princípios do processo do trabalho.

A partir desse ensaio a respeito da viabilidade do uso das inovações do NCPC ao processo do trabalho, em respeito ao seu núcleo duro e o parâmetro constitucional, o próximo passo é debruçar sobre os novos artigos sobre a Advocacia Pública.

---

(17) Por óbvio, em tudo na vida há de se ter razoabilidade. A abertura ao exterior com perda de identidade é assaz prejudicial ao processo do trabalho. Por outro lado, o seu fechamento hermético poderia traduzir uma paralisação do tempo. Para reflexão, Adalberto Cardoso, assim explica sinteticamente:

"O processo judicial trabalhista foi originariamente desenhado para ser acessível ao operário industrial urbano, numa época de crescimento da economia e de pleno emprego. Guiada pelos princípios da celeridade, informalidade, conciliação e eficiência, a Justiça do Trabalho deveria receber e decidir a reclamação trabalhista em audiência única, obedecendo a procedimentos mais informais. Com o tempo, porém, a faculdade de estar em juízo sem advogado entrou em desuso, sendo raro hoje em dia. (...) Em segundo lugar, pela 'contaminação' do processo trabalhista por institutos que migram do processo civil, vedando a leigos o trâmite processual. CARDOSO, Adalberto. *Normas e fatos: a Justiça do trabalho em ação*. In REIS, Daniela Muradas et. All. [org.] *Trabalho e Justiça social: um tributo a Mauricio Godinho Delgado*. São Paulo: LTr, 2013. pp. 450-451.

Pensemos nas origens e deixemos nos contaminar por aquilo que democratiza o processo laboral, já que ambos têm em comum, hoje, o paradigma da Constituição de 1988.

(18) Em consonância com este pensamento de democratização do país e o papel do processo do trabalho, não se pode esquecer o mister da disciplina. Com isso, Mauro Schiavi – e concordando com ele – já bem delineou o papel do processo do trabalho no país, através da seguinte passagem: "de nossa parte, entendemos que o processo do trabalho tem característica protetiva ao litigante mais fraco que é o trabalhador, mas sob o aspecto da relação jurídica processual (instrumental) a fim de assegurar-lhe algumas prerrogativas processuais para compensar eventuais entraves que enfrenta ao procurar a justiça do trabalho, devido à sua hipossuficiência econômica e, muitas vezes, da dificuldade em provar suas alegações, porque, em regra, os documentos da relação de emprego ficam em posse do empregador". SCHIAVI, Mauro. *O processo do trabalho e o princípio protetor*. In REIS, Daniela Muradas et. All. [org.] *Trabalho e Justiça social: um tributo a Mauricio Godinho Delgado*. São Paulo: LTr, 2013. p. 475.

(19) Art. 10. O juiz não pode decidir, em grau algum de jurisdição, com base em fundamento a respeito do qual não se tenha dado às partes oportunidade de se manifestar, ainda que se trate de matéria sobre a qual deva decidir de ofício.

(20) De forma sucinta, aduz Heitor Sica, ao tratar das novidades do Novo Código de Processo Civil: "8. Redimensionamento da garantia ao contraditório. Há muitos anos, a doutrina processual brasileira reconhece que a garantia ao contraditório – insculpida no art. 5º, LV, da Constituição Federal de 1988 – deve ser encarada como um poder de influir eficazmente na formação do convencimento do julgador, e não simplesmente o direito ao binômio "informação – reação", decorrente da bilateralidade da audiência. Uma das decorrências mais evidentes dessa mais ampla dimensão do contraditório está na exigência de que é dever do juiz propor à prévia discussão das partes a solução de questões cognoscíveis de ofício. O CPC de 2015, fazendo coro à doutrina e espelhando-se em disposições expressas contidas em legislações estrangeiras, passou a prever de maneira textual que "O juiz não pode decidir, em grau algum de jurisdição, com base em fundamento a respeito do qual não se tenha dado às partes oportunidade de se manifestar, ainda que se trate de matéria sobre a qual deva decidir de ofício" (art. 10). Trata-se de postulado que já poderia ser extraído de uma interpretação do CPC de 1973 à luz da Constituição Federal, mas que evidentemente ganha força uma vez positivado no CPC de 2015." SICA, Heitor Vitor Mendonça. *Linhas Fundamentais do Novo Código de Processo Civil Brasileiro*. Disponível em: <https://www.academia.edu/17569978/2015_-_Linhas_fundamentais_do_novo_CPC_brasileiro>. Acesso em: 03 nov. 2015.

Como dito alhures, o legislador contemporâneo trouxe novas fórmulas de organização – no caso, para a atuação da Advocacia Pública em juízo – e cabe, então, futuramente, à jurisprudência (talvez com o auxílio da doutrina) encontrar soluções normativas de concatenação de institutos.

Do que foi dito a respeito das ideias de omissão axiológica, ontológica e normativa, intui-se fácil que os novos capítulos atinentes à Defensoria Pública e à Advocacia Pública podem incluir-se dentre omissões normativas da CLT, sendo certo que deverão ser interpretadas com fulcro no desenvolvimento do processo do trabalho e na democratização do direito brasileiro.

Sendo assim, eis a análise do texto:

3. APROFUNDANDO A REFLEXÃO: COMO A FAZENDA PÚBLICA VAI ATUAR NA JUSTIÇA DO TRABALHO?

Inerente à Advocacia Pública está o conceito de "Fazenda Pública", que, segundo Leonardo Carneiro da Cunha é aquela que "identifica-se com as pessoas jurídicas de direito público, é curial que somente estão nela abrangidos a União, os Estados, os Municípios, o Distrito Federal e suas respectivas autarquias e fundações públicas."[21]

Atendendo aos ideais de legalidade, impessoalidade, moralidade, economicidade e eficiência; e concatenados com a ideia de concurso público, novos procuradores oxigenaram o ambiente jurídico de suas Fazendas Públicas, dando mais segurança na navegação nos novos mares da democracia.

O país viu crescer um grupo que visa a proteção do erário, veem a necessidade do cumprimento das leis por suas administrações públicas, trabalhando no dia-a-dia com sua promoção, fazendo o possível para que o destinatário final – leia-se, cada administrado, eu, você e o país como um todo – seja beneficiado com um Poder Executivo mais consciente e comprometido com suas atitudes[22].

Desse movimento, surgiu a Emenda Constitucional n. 18/1998, que assim fez prever na CF/1988:

Seção II DA ADVOCACIA PÚBLICA

(Redação dada pela Emenda Constitucional n. 19, de 1998)

Art. 131. A Advocacia-Geral da União é a instituição que, diretamente ou através de órgão vinculado, representa a União, judicial e extrajudicialmente, cabendo-lhe, nos termos da lei complementar que dispuser sobre sua organização e funcionamento, as atividades de consultoria e assessoramento jurídico do Poder Executivo.

§ 1º A Advocacia-Geral da União tem por chefe o Advogado-Geral da União, de livre nomeação pelo Presidente da República dentre cidadãos maiores de trinta e cinco anos, de notável saber jurídico e reputação ilibada.

§ 2º O ingresso nas classes iniciais das carreiras da instituição de que trata este artigo far-se-á mediante concurso público de provas e títulos.

§ 3º Na execução da dívida ativa de natureza tributária, a representação da União cabe à Procuradoria-Geral da Fazenda Nacional, observado o disposto em lei.

Art. 132. Os Procuradores dos Estados e do Distrito Federal, organizados em carreira, na qual o ingresso dependerá de concurso público de provas e títulos, com a participação da Ordem dos Advogados do Brasil em todas as suas fases, exercerão a representação judicial e a consultoria jurídica das respectivas unidades federadas. (Redação dada pela Emenda Constitucional n. 19, de 1998)

Parágrafo único. Aos procuradores referidos neste artigo é assegurada estabilidade após três anos de efetivo exercício, mediante avaliação de desempenho perante os órgãos próprios, após relatório circunstanciado das corregedorias. (Redação dada pela Emenda Constitucional n. 19, de 1998)

Mesmo com essa atividade-meio árdua, vê-se uma evolução nesse caminho. E nesta progressão, com resultados diretos para suas Administrações Públicas, atendendo a Constituição Federal, os arts. 182 a 184 do NCPC trazem disposições que se enquadram no processo civil, por óbvio, mas também ao processo do trabalho, naquilo que não possui norma própria[23].

---

(21) CUNHA, Leonardo Carneiro. *A Fazenda Pública em Juízo*. São Paulo: Dialética, 2011. p. 16.

(22) E note que este não é um desafio só da Advocacia Pública, pois não é agente solitário na promoção dos direitos sociais. É uma peça de todo um quebra-cabeça que se encaixa para ver o resultado do trabalho diretamente sobre o jurisdicionado, no caso da Justiça do Trabalho. Sobre o tema, interessante passagem diz o seguinte:

"A judicialização é um fato que decorre do arranjo institucional existente na opção política feita pelo constituinte, que constitucionalizou muitas matérias e converteu todos os juristas e juízes em intérpretes e aplicadores da Constituição. Ressalte-se que, em uma via comparativa, a observância e o cumprimento da Constituição na implementação das políticas públicas em uma combinação de conveniência e oportunidade com respeito às metas constitucionais." MOREIRA, Eduardo e GARCIA, Ivan Simões. *Judicialização e justificação na concretização dos direitos fundamentais sociais*. In GARCIA, Ivan Simões [org.] *Direito do Trabalho nos 25 anos da Constituição*. Rio de Janeiro: Lumen Juris, 2014. p. 134.

(23) Estes dispositivos, ao nosso sentir, são espécies de um gênero chamado "prerrogativas da Fazenda Pública". Neste aspecto, Marco Antonio dos Santos Rodrigues justifica: "note-se que a própria Constituição da República foi sensível ao fato de que é necessário regular de forma especial a atuação da Fazenda Pública em juízo, inclusive como forma de proteção à coletividade. (...)

Vê-se, portanto, que o próprio constituinte procurou estabelecer regras próprias em favor das pessoas jurídicas de direito público, o que também é realizado pelo legislador infraconstitucional." RODRIGUES, Marco Antonio. *Processo Público e Constituição*. In FUX, Luiz (org.). *Processo Constitucional*, São Paulo: Saraiva, 2013. p. 104.

No âmbito trabalhista e nas relações com servidores/litigantes em processos judiciais, tem-se em mente que a "trabalhadores e tomadores de serviços, em uma perspectiva macro, são os responsáveis pelo atual estágio social em que nos encontramos, assim como foco atento de nossas esperanças em um mundo mais digno."[24]

Senão vejamos:

> Art. 182. Incumbe à Advocacia Pública, na forma da lei, defender e promover os interesses públicos da União, dos Estados, do Distrito Federal e dos Municípios, por meio da representação judicial, em todos os âmbitos federativos, das pessoas jurídicas de direito público que integram a administração direta e indireta.

Aqui entende-se representação judicial de maneira ampla, abrangendo a justiça federal, a estadual e a trabalhista. Mas afinal, quem são os advogados públicos atuantes na Justiça do Trabalho?

Como o próprio nome diz, Advogados Públicos são os que trabalham na defesa e aconselhamento das pessoas jurídicas de direito público, judicial e extrajudicialmente, e ingressam mediante concurso público, na forma do art. 37, II da Constituição Federal[25].

No âmbito da União e sua atuação na Justiça do Trabalho, como se viu, há a AGU, prevista no art. 131 da Constituição Federal. Quanto aos Estados e Distrito Federal, há os procuradores do Estado e no Distrito Federal, conforme art. 132 da Carta de 1988.

E para os Municípios, estão os Procuradores dos Municípios, que ainda não possuem previsão constitucional. Isso significa que, para os 5.561 Municípios Brasileiros, não há obrigatoriedade de formação de um corpo de procuradores ingressantes por concurso público, de forma impessoal. E para corrigir essa distorção e unificar a ideia de Advogado Público no Brasil, a Proposta de Emenda n. 17/2012 altera a redação do referido art. 132 para inserir os Procuradores Municipais no texto constitucional, que hoje diz apenas:

> Art. 132. Os Procuradores dos Estados e do Distrito Federal, organizados em carreira, na qual o ingresso dependerá de concurso público de provas e títulos, com a participação da Ordem dos Advogados do Brasil em todas as suas fases, exercerão a representação judicial e a consultoria jurídica das respectivas unidades federadas. (Redação dada pela Emenda Constitucional n. 19, de 1998)

Desta feita, já se pode dizer que os arts. 182 a 184 do NCPC, no âmbito do processo *lato sensu*, tem sua aplicação parcial, haja vista o vazio constitucional sobre a presença de Advogados Públicos no âmbito dos Municípios Brasileiros, conforme os ditames do art. 37, II da Constituição Federal. Aos Municípios que não possuem procuradores não se aplicaria os artigos do NCPC em comento.

No caso, faz-se mister ter um movimento de incorporação da Constituição dos ditames do NCPC, a fim de dar plena eficácia aos dispositivos *supra*-aludidos.

Demais disso, quando se fala de representação judicial, o NCPC e o TST estabelecem a obrigatoriedade de apresentação de procuração dos advogados que representam pessoas jurídicas privadas. Contudo, há exceção quando se tratarem dos advogados públicos, haja vista que são nomeados pelo Diário Oficial, com publicidade ampla.

Neste contexto, para os Advogados Públicos que ingressam por concurso, não se aplica o art. 791, § 3º, da CLT, sendo certo o que diz a Súmula n. 436, do c. TST, respectivamente:

> Art. 791, § 3º A constituição de procurador com poderes para o foro em geral poderá ser efetivada, mediante simples registro em ata de audiência, a requerimento verbal do advogado interessado, com anuência da parte representada. (Incluído pela Lei n. 12.437, de 2011)
>
> SUM-436, TST: I – A União, Estados, Municípios e Distrito Federal, suas autarquias e fundações públicas, quando representadas em juízo, ativa e passivamente, por seus procuradores, estão dispensadas da juntada de instrumento de mandato e de comprovação do ato de nomeação.
>
> II – Para os efeitos do item anterior, é essencial que o signatário ao menos declare-se exercente do cargo de procurador, não bastando a indicação do número de inscrição na Ordem dos Advogados do Brasil.

Por isso, os Advogados Públicos na Justiça do Trabalho não precisam de procuração nos autos. Para os Municípios que não possuem um corpo de procuradores, aplicam-se as regras da Advocacia Privada. No caso, há uma atuação híbrida: a defesa de interesses públicos em juízo por advogados que seguem os requisitos da advocacia privados[26].

---

(24) TUPINAMBA, Carolina. *Premissas teóricas para a constitucionalização do processo do trabalho*. In FUX, Luiz (org.). *Processo Constitucional*, São Paulo: Saraiva, 2013. p. 46.

(25) E como servidores estatutários, os procuradores têm direito a férias remuneradas anualmente. Por isso, o NCPC, em seu art. 220, § 1º, os excluiu da regra da suspensão dos prazos do dia 20/12 a 20/01, período considerado de férias aos advogados privados. Neste sentido, eis o texto legal:
Art. 220. Suspende-se o curso do prazo processual nos dias compreendidos entre 20 de dezembro e 20 de janeiro, inclusive. § 1º Ressalvadas as férias individuais e os feriados instituídos por lei, os juízes, os membros do Ministério Público, da Defensoria Pública e da Advocacia Pública e os auxiliares da Justiça exercerão suas atribuições durante o período previsto no *caput*.
Com isso, resta saber se os TRT`s adirão à regra em seus provimentos de final de ano, quando estabelecem o período de recesso do Judiciário local.

(26) Apesar de vozes contrárias entenderem que se trata de dinheiro público, o art. 85, *caput* e seu §19 é claro ao prever o pagamento pela parte vencida, leia-se, o particular, ao advogado da parte vencedora, ou seja, o procurador. Por óbvio, tal sistemática não envolve o pagamento direto ao

Nesta toada, pode-se extrair a seguinte lição de Leonardo Carneiro da Cunha:

> Na verdade, a Procuradoria Judicial e seus procuradores constituem um órgão da Fazenda Pública. Então, o advogado público quando atua perante os órgãos do Poder Judiciário é a Fazenda Pública *presente* em juízo. Em outras palavras, a Fazenda Pública se faz *presente* em juízo por seus procuradores. Segundo clássica distinção feita por Pontes de Miranda, os advogados públicos *presentam* a Fazenda Pública em juízo, não sendo correto aludir-se à *re-presentação*[27].

Além disso, há uma outra peculiaridade na justiça do trabalho a respeito dos prepostos das pessoas jurídicas de direito publico. Como regra, é obrigatória a presença de um preposto representante de pessoa jurídica na audiência (art. 843, § 1º da CLT), havendo exceção quando aos empregadores domésticos e micro ou pequeno empresário, conforme a Súmula n. 377, do TST, *verbis*:

> SUM-377, TST: Exceto quanto à reclamação de empregado doméstico, ou contra micro ou pequeno empresário, o preposto deve ser necessariamente empregado do reclamado. Inteligência do art. 843, § 1º, da CLT e do art. 54 da Lei Complementar n. 123, de 14 de dezembro de 2006.

Mas não é só: muitos tribunais regionais do trabalho estão dispensando a presença de preposto, funcionário da pessoa jurídica de direito público, nas audiências trabalhistas. Como disse, são normas de cada regional, o que deve ser objeto de pesquisa para saber se se faz presente o funcionário público, ou não, juntamente com o procurador.

E como alcance de novos horizontes, foi inserido no texto do NCPC, a previsão de pagamento de honorários advocatícios aos advogados públicos de todas as esferas, desde que cumpram o requisito de ingresso na carreira, haja vista que, segundo o Estatuto da Ordem, advogados privados têm embasamento legal para o recebimento dos honorários de sucumbência da parte vencida, quando vencedores de suas causas.

Seguindo em frente, o art. 183 do NCPC assim prevê:

> Art. 183. A União, os Estados, o Distrito Federal, os Municípios e suas respectivas autarquias e fundações de direito público gozarão de prazo em dobro para todas as suas manifestações processuais, cuja contagem terá início a partir da intimação pessoal.

Bom, como já se disse antes, aplica-se o NCPC naquilo que não for incompatível com o Processo do Trabalho. O art. 183 acima seria uma hipótese de não aplicação, s.m.j: ele diz prazo em dobro para todas as manifestações da Fazenda Pública.

No entanto, o Decreto-Lei n. 779/69, que trata da Fazenda Pública na Justiça do Trabalho, traz como regra especifica:

> Art. 1º, II – o quádruplo do prazo fixado no art. 841, *in fine*, da Consolidação das Leis do Trabalho;
>
> III – o prazo em dobro para recurso;

Combinando este dispositivo com o art. 841, da CLT, recebida e protocolizada a reclamação trabalhista, sendo reclamado a Fazenda Pública, será ela notificada para comparecer a audiência de julgamento, no prazo em quádruplo, ou seja, vinte dias.

Tal possibilidade extrai-se do art. 183, §2º NCPC, que é claro ao prever:

> § 2º Não se aplica o benefício da contagem em dobro quando a lei estabelecer, de forma expressa, prazo próprio para o ente público.

No âmbito juslaboral, pode-se interpretar esse §2º como um indicador de aplicação do DL n. 779/69 ao invés do prazo em dobro previsto no NCPC.

Portanto, na justiça do trabalho a Fazenda Pública tem prazo em quadruplo para a fixação da audiência inaugural e consequente apresentação da defesa, e o prazo em dobro para os recursos. Restando as demais manifestações com prazos simples.

Ainda sobre as prerrogativas processuais da Fazenda Pública em juízo trabalhista, acredita-se que a partir da entrada em vigor do NCPC, *data máxima vênia* a vozes contrárias, seria aplicável o previsto no art. 242, *caput* e § 3º e § 3º do art. 269:

> Art. 242. A citação será pessoal, podendo, no entanto, ser feita na pessoa do representante legal ou do procurador do réu, do executado ou do interessado.
>
> § 3º A citação da União, dos Estados, do Distrito Federal, dos Municípios e de suas respectivas autarquias e fundações de direito público será realizada perante o órgão de Advocacia Pública responsável por sua representação judicial.
>
> Art. 269. Intimação é o ato pelo qual se dá ciência a alguém dos atos e dos termos do processo.

---

procurador do feito. Como há uma equipe de advogados públicos envolvidos, os depósitos efetuados pelas partes vão, geralmente, para um Fundo da Procuradoria, onde apenas uma percentagem é distribuída equanimemente aos procuradores e com periodicidade a ser estabelecida na Lei que estabelece o Fundo. A quantia restante, em regra, vai para a estruturação da procuradoria, com investimentos que poupam o gestor público. Isso representa nada mais, nada menos que a consolidação do princípio constitucional da eficiência. Eis o dispositivo legal em comento:

Art. 85. A sentença condenará o vencido a pagar honorários ao advogado do vencedor.

§ 19. Os advogados públicos perceberão honorários de sucumbência, nos termos da lei.

(27) CUNHA, Leonardo Carneiro. *A Fazenda Pública em Juízo*. São Paulo: Dialética, 2011, p. 21.

§ 3º A intimação da União, dos Estados, do Distrito Federal, dos Municípios e de suas respectivas autarquias e fundações de direito público será realizada perante o órgão de Advocacia Pública responsável por sua representação judicial.

A uma, porque não há previsão expressa e específica nem no DL n. 779/69, nem no texto Consolidado[28]. O texto do Novo *Codex* não traz prejuízo algum quando redige "citação", bastando ler "notificação", nas eventuais varas que processam seus feitos em autos físicos.

A duas, que, na prática, cria-se um pequeno caos entre os órgãos públicos quando há notificação com prazo para cumprimento de liminares (e citação) nos órgãos que sequer lidam com processos judiciais. É comum citações e notificações irem para órgãos despersonalizados que não os que representam judicialmente a Fazenda Pública ré. Por isso, este §3º é de fundamental importância para TODAS as justiças especializadas, pois não só economiza o tempo do processo e faz da decisão um provimento mais eficaz, pois já direcionado para o órgão correto.

O mesmo se diga para as intimações, previstas no art. 269, § 3º, acima-transcrito[29].

Ainda nesse aspecto, vale salientar que o NCPC traz outra regra não aplicável à prática trabalhista, haja vista previsões nos arts. 774 a 776, da CLT[30], com sua peculiaridade a respeito do inicio do prazo e do inicio da contagem do prazo. Assim, apenas para completude da ideia, eis o texto do art. 230 NCPC:

Art. 230. O prazo para a parte, o procurador, a Advocacia Pública, a Defensoria Pública e o Ministério Público será contado da citação, da intimação ou da notificação.

E para encerrar esta curta análise, o NCPC traz o art. 184 com a previsão de responsabilidade pessoal do Advogado Público. Diz ele:

Art. 184. O membro da Advocacia Pública será civil e regressivamente responsável quando agir com dolo ou fraude no exercício de suas funções.

Este dispositivo é uma inovação e traduz os ditames constitucionais a respeito da responsabilidade civil do Estado. E como consectário, deve ser combinado com o art. 37, § 6º da Constituição[31].

Pela leitura da doutrina, essa responsabilidade é objetiva dos Entes Públicos, sendo subjetiva quando da

---

(28) Ainda resta um suspiro de polêmica no tocante à intimação pessoal da Fazenda Pública, pois a previsão do art. 841, § 1º, da CLT, é genérica e o TST já vinha decidindo sobre a inaplicabilidade do art. 215 CPC/73 (hoje art. 242 NCPC) à Justiça do Trabalho. No entanto, com o crescimento do PJe-JT desde a primeira instância e a previsão expressa no art. 23, § 1º – uma diferença das varas cíveis de comarcas do interior, que ainda se processam em autos físicos –, cai por terra tal discussão. Sobre os dispositivos legais em comento, leia-se:
Art. 841 – Recebida e protocolada a reclamação, o escrivão ou secretário, dentro de 48 (quarenta e oito) horas, remeterá a segunda via da petição, ou do termo, ao reclamado, notificando-o ao mesmo tempo, para comparecer à audiência do julgamento, que será a primeira desimpedida, depois de 5 (cinco) dias.
§ 1º – A notificação será feita em registro postal com franquia. Se o reclamado criar embaraços ao seu recebimento ou não for encontrado, far-se-á a notificação por edital, inserto no jornal oficial ou no que publicar o expediente forense, ou, na falta, afixado na sede da Junta ou Juízo.
§ 2º – O reclamante será notificado no ato da apresentação da reclamação ou na forma do parágrafo anterior.
Art. 21, § 1º As citações, intimações, notificações e remessas que viabilizem o acesso à íntegra do processo correspondente serão consideradas vista pessoal do interessado para todos os efeitos legais.
TST: I – AGRAVO DE INSTRUMENTO EM RECURSO DE REVISTA. PROCESSO ELETRÔNICO – NULIDADE DE CITAÇÃO. ENTE PÚBLICO. CITAÇÃO VIA POSTAL. Caracterizada a divergência jurisprudencial válida e específica, nos moldes estabelecidos no art. 896, a, da CLT e na Súmula n. 296, I, do TST, merece provimento o Agravo de Instrumento para determinar o processamento do Recurso de Revista. Agravo de Instrumento a que se dá provimento. II – RECURSO DE REVISTA. PROCESSO ELETRÔNICO – NULIDADE DE CITAÇÃO. ENTE PÚBLICO. CITAÇÃO VIA POSTAL. O disposto no art. 841, § 1º, da CLT, que disciplina como regra geral a notificação via postal na Justiça do Trabalho, não tem o condão de afastar previsão específica inserta nos arts. 222 e 224 do CPC, que, expressamente, determinam a citação pessoal, na pessoa de seu representante legal, do réu pessoa jurídica de direito público. Recurso de Revista conhecido e provido. (TST, RR 374004920075210016, Relator: Márcio Eurico Vitral Amaro, Data de Julgamento: 28.08.2013, 8ª Turma)
(29) Sobre as intimações da Fazenda Pública na pessoa dos seus procuradores, agora por remessa, carga ou meio eletrônico (este, o mais comum daqui em diante), um dispositivo do CPC/73 que já vinha sendo aplicado no Processo do Trabalho e foi aprimorado é o disposto no art. 535 NCPC, ao tratar sobre o "cumprimento de sentença que reconheça a exigibilidade de obrigação de pagar quantia pela Fazenda Pública", que diz:
Art. 535. <u>A Fazenda Pública será intimada na pessoa de seu representante judicial</u>, por carga, remessa ou meio eletrônico, para, querendo, no prazo de 30 (trinta) dias e nos próprios autos, impugnar a execução, podendo arguir:
I – falta ou nulidade da citação se, na fase de conhecimento, o processo correu à revelia;
II – ilegitimidade de parte;
III – inexequibilidade do título ou inexigibilidade da obrigação;
IV – excesso de execução ou cumulação indevida de execuções;
V – incompetência absoluta ou relativa do juízo da execução;
VI – qualquer causa modificativa ou extintiva da obrigação, como pagamento, novação, compensação, transação ou prescrição, desde que supervenientes ao trânsito em julgado da sentença.[grifo nosso]
(30) Art. 774 – Salvo disposição em contrário, os prazos previstos neste Título contam-se, conforme o caso, a partir da data em que for feita pessoalmente, ou recebida a notificação, daquela em que for publicado o edital no jornal oficial ou no que publicar o expediente da Justiça do Trabalho, ou, ainda, daquela em que for afixado o edital na sede da Junta, Juízo ou Tribunal. (Redação dada pela Lei n. 2.244, de 23.06.1954)

relação desta com o servidor, e feita por ação regressiva do ente que o procurador representa, quando este causar prejuízo. No caso, quando o Procurador agir com dolo ou fraude no exercício das suas funções.

E mais: pela teoria da aparência formulada no direito administrativo, pode-se fazer interpretação extensiva e permitir a responsabilização do advogado privado que defende os Municípios em juízo e que porventura venham a causar prejuízo.

Como se percebe, este art. 184 NCPC é perfeitamente aplicável à Justiça do Trabalho, por ter ele seu fundamento de validade direto a Constituição Federal.

Indo além, este dispositivo pode ser combinado com o art. 37, § 6º NCPC elenca os deveres das partes e procuradores, incluindo os advogados públicos, a Defensoria Pública e o Ministério Público, haja vista que eventual responsabilidade disciplinar deverá ser apurada pelo próprio órgão de classe ou, no caso dos procuradores, pela corregedoria, ao qual o juiz oficiará[32].

E para fechar, a título de exemplo, leia-se o art. 234, § 4º NCPC, *verbis*:

> Art. 234. Os advogados públicos ou privados, o defensor público e o membro do Ministério Público devem restituir os autos no prazo do ato a ser praticado.
> (...)
> § 4º Se a situação envolver membro do Ministério Público, da Defensoria Pública ou da Advocacia Pública, a multa, se for o caso, será aplicada ao agente público responsável pelo ato.

Do que foi dito a respeito das ideias de omissão axiológica, ontológica e normativa, intui-se fácil que talvez a Advocacia Pública não esteja tão imbricada no aparente conflito entre o art. 15 do NCPC e o art. 769 da CLT. Com uma reflexão relativamente simples, a atuação mais coerente dos procuradores na Justiça do Trabalho com o Novo Código de Processo Civil dependerá não só das orientações jurisprudenciais vindouras, mas de outros atores e de outras instituições brasileiras nesse projeto mudanças das mentes rumo ao progresso do Direito Brasileiro.

3. CONCLUSÃO? NÃO. APENAS O FECHAMENTO DO TEXTO

Para fechar esse texto, poder-se-ia rememorar o pensamento primevo a respeito da impossibilidade de progresso sem mudanças, feitas essas apenas com a transformação dentro das mentes dos homens. Do que se viu, o NCPC transpareceu bem essas mudanças no plano legal. E o resto?

Sabe-se apenas que muito trabalho virá por aí, no tocante à compatibilidade entre o art. 15 do NCPC e o art. 769 da CLT. O que une todos dois são os mesmos critérios de validade. No caso da Justiça do Trabalho, a coordenação entre os valores constitucionais do trabalho e da livre iniciativa compõe o que se chama de "núcleo duro" do direito do trabalho. Isso é inafastável por aplicação do NCPC. O legislador contemporâneo trouxe novas fórmulas de organização – como a participação inaugural da Advocacia Pública em juízo – e cabe, então, futuramente, à jurisprudência trabalhista (com o auxílio da doutrina, sempre!) encontrar soluções normativas de concatenação de institutos. Acredita-se que isso é possível.

Mas como dito no próprio título do texto, estas são as primeiras reflexões sobre o relacionamento entre NCPC & CLT e sobre a Advocacia Pública atuante na Justiça

---

Parágrafo único – Tratando-se de notificação postal, no caso de não ser encontrado o destinatário ou no de recusa de recebimento, o Correio ficará obrigado, sob pena de responsabilidade do servidor, a devolvê-la, no prazo de 48 (quarenta e oito) horas, ao Tribunal de origem. (Incluído pelo Decreto-lei n. 8.737, de 19.01.1946)

Art. 775 – Os prazos estabelecidos neste Título contam-se com exclusão do dia do começo e inclusão do dia do vencimento, e são contínuos e irreleváveis, podendo, entretanto, ser prorrogados pelo tempo estritamente necessário pelo juiz ou tribunal, ou em virtude de força maior, devidamente comprovada. (Redação dada pelo Decreto-lei n. 8.737, de 19.01.1946)

Parágrafo único – Os prazos que se vencerem em sábado, domingo ou dia feriado, terminarão no primeiro dia útil seguinte.(Redação dada pelo Decreto-lei n. 8.737, de 19.01.1946)

Art. 776 – O vencimento dos prazos será certificado nos processos pelos escrivães ou secretários. (Vide Leis n.s 409, de 1943 e 6.563, de 1978)

(31) § 6º As pessoas jurídicas de direito público e as de direito privado prestadoras de serviços públicos responderão pelos danos que seus agentes, nessa qualidade, causarem a terceiros, assegurado o direito de regresso contra o responsável nos casos de dolo ou culpa.

(32) Art. 77. Além de outros previstos neste Código, são deveres das partes, de seus procuradores e de todos aqueles que de qualquer forma participem do processo:

§ 6º Aos advogados públicos ou privados e aos membros da Defensoria Pública e do Ministério Público não se aplica o disposto nos §§ 2º a 5º, devendo eventual responsabilidade disciplinar ser apurada pelo respectivo órgão de classe ou corregedoria, ao qual o juiz oficiará.

§ 2ª A violação ao disposto nos incisos IV e VI [cumprir com exatidão decisões judiciais e não praticar inovação legal no estado de fato] constitui ato atentatório à dignidade da justiça, devendo o juiz, sem prejuízo das sanções criminais, civis e processuais cabíveis, aplicar ao responsável multa de até vinte por cento do valor da causa, de acordo com a gravidade da conduta.

§ 3º Não sendo paga no prazo a ser fixado pelo juiz, a multa prevista no § 2º será inscrita como dívida ativa da União ou do Estado após o trânsito em julgado da decisão que a fixou, e sua execução observará o procedimento da execução fiscal, revertendo-se aos fundos previstos no art. 97.

§ 4º A multa estabelecida no § 2º poderá ser fixada independentemente da incidência das previstas nos arts. 523, § 1º, e 536, § 1º.

§ 5º Quando o valor da causa for irrisório ou inestimável, a multa prevista no § 2º poderá ser fixada em até 10 (dez) vezes o valor do salário-mínimo.

do Trabalho, no momento que ainda nem se implementou na prática o Novo Código de Processo Civil. Por isso, não caberia aqui estabelecer conclusões e certezas sobre o amanhã.

Sabe-se apenas que o texto em *vacatio legis* criou um debate salutar na doutrina juslaboral e permitiu com que toda a Advocacia Pública desabrochasse para o mundo jurídico, consolidando em papel mudanças nas mentes de inúmeros juristas.

Por isso, nesse fechamento de ano e de código, resta apenas desejar a todos um:

Feliz Ano Novo!

4. REFERÊNCIAS BIBLIOGRÁFICAS

AROUCA, José Carlos, et al. *Novo Processo Civil e o Velho Processo Trabalhista*. Revista LTr, 71.5, 2007.

BRASIL. Conselho Superior da Justiça do Trabalho. RESOLUÇÃO CSJT N. 136, DE 25 DE ABRIL DE 2014.

_____. DECRETO-LEI N. 5.452, DE 1º DE MAIO DE 1943. Consolidação das Leis do Trabalho.

_____. DECRETO-LEI N. 779, DE 21 DE AGOSTO DE 1969.

_____. LEI N. 13.105, DE 16 DE MARÇO DE 2015. Código de Processo Civil.

_____. Tribunal Superior do Trabalho, RR 374004920075210016, Relator: Márcio Eurico Vitral Amaro, Data de Julgamento: 28.08.2013, 8ª Turma.

CARDOSO, Adalberto. *Normas e fatos: a Justiça do trabalho em ação*. In REIS, Daniela Muradas et. All. [org.] *Trabalho e Justiça social: um tributo a Mauricio Godinho Delgado*. São Paulo: LTr, 2013.

CESARIO, José Humberto. *O processo do trabalho e o Novo Código de Processo Civil: critérios para uma leitura dialogada dos arts. 769 da CLT e 15 do CPC/15*. Unisul de fato e de direito: revista juridica da Universidade do Sul de Santa Catarina – vol. 1, ano VI, n. 11, jul./dez. 2015.

CUNHA, Leonardo Carneiro. *A Fazenda Pública em Juízo*. São Paulo: Dialética, 2011.

DELGADO, Mauricio Godinho. *Os princípios na estrutura do Direito*. Rev. TST, Brasília, vol. 75, n. 3, jul./set. 2009.

DINIZ, Maria Helena. *Compêndio de introdução à ciência do direito*. São Paulo: Saraiva, 1995.

MAIOR, Jorge Luiz Souto. *Reflexos das alterações do Código de Processo Civil no Processo do Trabalho*. Revista LTr, v. 70, n. 8, 2006.

MARQUES, Claudia Lima. *Direito do Consumidor entre Direito Nacional e o Internacional*. In NEVES, Marcelo. *Transnacionalidade do direito*. São Paulo: Quartier Latin, 2011.

MOREIRA, Eduardo e GARCIA, Ivan Simões. *Judicialização e justificação na concretização dos direitos fundamentais sociais*. In GARCIA, Ivan Simões [org.] *Direito do Trabalho nos 25 anos da Constituição*. Rio de Janeiro: Lumen Juris, 2014.

REIS, Daniela Muradas et. All. *Trabalho e Justiça social: um tributo a Mauricio Godinho Delgado*. São Paulo: LTr, 2013.

RODRIGUES, Marco Antonio. *Processo Público e Constituição*. In FUX, Luiz (org.). *Processo Constitucional*, São Paulo: Saraiva, 2013.

SCHIAVI, Mauro. SCHIAVI, Mauro. *Novo código de processo civil: A aplicação supletiva e subsidiária ao Processo do Trabalho*. Disponível em: <http://www.trt7.jus.br/escolajudicial/arquivos/files/busca/2015/NOVO_CODIGO_DE_PROCESSO_CIVIL-_APLICACAO_SUPLETIVA_E_SUBSIDIARIA.pdf> . Acesso em: 03 nov. 2015.

_____. *O processo do trabalho e o princípio protetor*. In REIS, Daniela Muradas et. All. [org.] *Trabalho e Justiça social: um tributo a Mauricio Godinho Delgado*. São Paulo: LTr, 2013.

SICA, Heitor Vitor Mendonça. *Linhas Fundamentais do Novo Código de Processo Civil Brasileiro*. Disponível em: <https://www.academia.edu/17569978/2015_-_Linhas_fundamentais_do_novo_CPC_brasileiro>. Acesso em: 03 nov. 2015.

TUPINAMBÁ, Carolina. *Premissas teóricas para a constitucionalização do processo do trabalho*. In FUX, Luiz (org.). *Processo Constitucional*, São Paulo: Saraiva, 2013.

Jurisdição e judicação trabalhista: um estudo à luz do Novo CPC

Vitor Salino de Moura Eça (*)

1. INTRODUÇÃO

Oferecer a algum instituto jurídico o *status* de essencial não é tarefa simples, mas também é impossível atribuir outra categoria ao tema nuclear do direito processual. A jurisdição encanta aos processualistas, exatamente por causa de sua natureza estrutural. Ainda assim, nem sempre é bem compreendida pelos técnicos que dela necessitam.

Sua dimensão é tamanha que o código que se despede lhe afirma em seu primeiro artigo, reservando aos juízes, com exclusividade, a possibilidade de sua atuação.

O novo código, instituído pela Lei n. 13.105/15, doravante tratado por "NCPC", traz sistematização mais evoluída, principiando pelas normas fundamentais do processo, dispondo sobre o modo de aplicação do novo diploma. Entretanto, sequencialmente, já dirige seu melhor cuidado para a função jurisdicional.

A jurisdição e a ação localizar-se-ão, doravante, nos arts. 16 a 20, com especificação de seu manejo no âmbito interno e da cooperação internacional nos dispositivos subsequentes.

Importante destacar que o TST ocupou-se de oferecer subsídios na aplicação do NCPC, no espaço processual da Justiça do Trabalho, e o fez por intermédio da IN n. 39/2016, dispondo sobre as normas que entende aplicáveis e inaplicáveis ao Direito Processual do Trabalho, no seu dizer, de forma não exaustiva, em caso de omissão e desde que haja compatibilidade com as normas e princípios do Direito Processual do Trabalho, segundo os parâmetros dos arts. 769 e 889/CLT e do art. 15/NCPC.

Sem embargo do referido ato normativo ser de constitucionalidade duvidosa, em virtude do princípio da reserva legal da União Federal para legislar sobre processo e da ampla liberdade que a Carta Magna confere aos magistrados para atuação em concreto da norma, reconhece-se uma certa boa vontade da instância maior trabalhista no tocante à uniformização de entendimentos, de modo a agilizar a prestação jurisdicional.

Convém esclarecer que, a despeito de estarmos abordando a jurisdição positivada no NCPC, cientificamente o assunto se circunscreve no campo da *Teoria Geral do Processo*, razão pela qual a vertente processual civil não pode jamais se apropriar do tema da jurisdição. Pontue-se que a CLT também dela se ocupa, com disciplina legal nos arts. 650-A, na notável alínea *f*, do art. 653, 680, 690, entre outras referências.

Ao ensejo, impõe-se fazer justiça à formidável CLT, sempre na vanguarda no espaço processual. Isso porque o art. 16/NCPC estende aos tribunais a jurisdição, e por isso é apresentado à sociedade como se inovação fosse, quando a vetusta CLT já assim dispunha em seu art. 674.

Em vista disso, vamos sedimentar a jurisdição como instituto processual atinente à sua organização central, exibir sua conceituação e operacionalidade sob as luzes emanadas no NCPC. Nada obstante, é preciso aclarar que nos interessa, decididamente, construir uma Teoria Geral para o Direito Processual do Trabalho, onde a jurisdição deve ser compreendida e exercida segundo os princípios e regras ligados à atuação de acervo normativo trabalhista, e em especial, no espectro da Justiça do Trabalho.

A jurisdição, para ser eficiente, há de incorporar os valores do direito material que lhe é correlato, o que torna a jurisdição trabalhista única. Isso exige do intérprete acendrado senso, de modo a recepcionar do direito processual comum somente o regramento que bem se acomodar com os parâmetros.

2. JURISDIÇÃO DEMOCRÁTICA E JUDICAÇÃO

Antes de investigarmos a jurisdição propriamente, mister se faz considerar o universo onde ela exercerá os seus efeitos, porquanto deverá, indissoluvelmente, lastrar-se nos regramentos estabelecidos pela sociedade instituinte e destinatária de seus serviços.

A tarefa de julgar era originalmente divina. Por delegação declarada pelos próprios interessados, líderes políticos e religiosos dela se assenhoraram e, assim, ficaram imbuí-

---

(*) Pós-doutor em Direito Processual Comparado. Doutor em Direito Processual. Mestre em Direito do Trabalho. Especialista em Direito Empresarial. Professor Permanente do Mestrado e Doutorado em Direito da PUC-Minas e de diversas Escolas Judiciais. Juiz do Trabalho no TRT/3. Membro da Academia Brasileira de Direito do Trabalho.

dos dos julgamentos no plano terreno. Ocorre que, para de isso se proceda de modo válido, o regramento estabelecido no seio da comunidade precisa ser fielmente observado.

A nossa Constituição da República enumera diversos preceitos para que os julgamentos havidos no Brasil possam ser reputados válidos, notadamente por meio da estrita observância do princípio do juiz natural, do devido processo legal, do contraditório (ampla defesa) e da assistência jurídica e judiciária. Mas não é só. O nosso país se proclama como um Estado Democrático de Direito, o que significa que o processo de criação e aplicação de leis há de estar sintonizado com o seu conteúdo programático.

Nessa ordem de ideias, os criadores das leis devem ser eleitos pelo povo. Precisam conceber leis compatíveis com o ideal republicano, votadas e aprovadas pelo Congresso Nacional. Os juízes, seus aplicadores, devem ter sido aprovados em concursos públicos de provas e títulos e passar por formação inicial e continuada de magistrados.

A Constituição da República irradia os seus efeitos sobre as ações humanas, e direciona a legislação infraconstitucional, sendo que esta somente se estabelece validamente se pautada consoante as garantias constitucionais, que consagram a afirmação do direito processual constitucionalizado.

Segundo nossa matriz constitucional e o estado da arte da ciência processual, a construção do provimento precisa observar atentamente os valores e as regras constitucionais, de modo a que o magistrado possa construir o provimento, coadjuvado pelas partes e seus patronos. Os atos processuais sujeitos à validação e fiscalidade permanentes, que inclusive se materializam por meio do duplo grau, consagram o exercício democrático da jurisdição. E esta aplicação programática passa a ser contemplada no NCPC, garantindo a integridade sistêmica do direito processual filosofado e constitucionalizado, em linha com a justificação teleológica da sociedade brasileira.

Sendo assim, a justiça como instituição democrática exige a aplicação do direito construído soberanamente pelo povo, diretamente ou por intermédio de seus representantes no Congresso Nacional, e atuados pelos magistrados integrantes do Poder Judiciário. E é esta jurisdição democrática que qualificamos como judicação, consubstanciada no ato de se exercer a jurisdição segundo os valores democraticamente estabelecidos. Não basta que haja lei, e que os juízes estejam a serviço do povo, é preciso que as instituições públicas garantam o exercício jurisdicional comprometido com a cidadania plena.

O direito processual se afirma como concreto garantidor do Estado Democrático de Direito. Logo, assume a responsabilidade de orientar suas próprias decisões segundo a bússola constitucional e a fundamentalidade normativa. O processo contemporâneo é elemento de fiscalidade permanente desde a concepção de direitos, cabendo-lhe ainda garantir que esses mesmos direitos possam ser dispostos livremente, sob pena de revisão judicial. E ainda assim, orientado pela jurisdição democrática ou judicação efetiva, por meio do devido processo legal, com as garantias constitucionais reservadas aos cidadãos, notadamente quando categorizados como partes no processo judicial.

Registre-se que como exige a sociedade, tais valores e tendências irradiam os seus efeitos no ambiente do Direito Processual do Trabalho, jurisdicionalizado pelos Juízes do Trabalho e materializados por jurisprudência exclusiva juslaboral.

Nessa ordem de ideias, jamais poderemos deixar de considerar que a atuação jurisdicional hígida pressupõe o exercício adequado da função do juiz, ou seja, o escorreito exercício da judicação. Isso significa que, ao magistrado cabe, a partir de agora, não mais simplesmente *dizer* o direito – *jurisdição*, mas sim a judicação, ou seja, atuar a jurisdição considerando a efetiva participação de todos os atores sociais envolvidos na construção do provimento.

3. O SIGNO DE UM NOVO CÓDIGO

A Constituição da República de 1988 consagra a institucionalização processo, bem como das garantias constitucionais-processuais dos cidadãos, nos planos de acessibilidade e efetividade. Entretanto, o instrumental à disposição das pessoas ainda estava pleno de compreensões anacrônicas em vários aspectos.

O NCPC está constitucionalizado e filosofado. O sistema que agora se instaura socializa o processo, exige um diálogo intenso entre todos os atores processuais, alicerça-se no mais amplo contraditório e ainda redefine o instituto da persuasão racional. Espera-se que doravante o processo seja um espaço de discursividade, cujo aprofundamento dos debates possa ensejar a própria legitimação dos provimentos judiciais, porquanto estes passam a contar com a participação ativa de todos os interessados e não apenas do magistrado.

Na nova concepção, a decidibilidade se reafirma por meio de um magistrado garantidor do sistema constitucional-processual, e, por conseguinte, dos direitos fundamentais dos cidadãos[1] enquanto partes. Destarte, não só

---

(1) Nossa Constituição lista vários direitos e garantias fundamentais: inafastabilidade do controle judicia, juízo natural, devido processo legal, contraditório, ampla defesa, duração razoável do processo, etc...

os direitos requeridos pelos litigantes devem ser considerados e aplicados, mas o conjunto de proteção e preservação de direitos inerentes à cidadania expressos na Constituição da República, ainda que implicitamente.

O princípio constitucional-processual do contraditório assume dimensão inimaginável. Não basta que haja simétrica paridade, mas sim que se garanta a dialeticidade concreta, onde o argumento lançado precisa ser efetivamente enfrentado pelo julgador. Naturalmente que isso comparta algum risco, que é o abuso de direito de defesa, mas que o próprio sistema já criou suas salvaguardas, punindo rigorosamente os litigantes de má-fé. A sociedade e o processo clamam por mais ética nas relações.

Nesta linha de raciocínio, a também novíssima IN n. 39/TST, de 2016, reafirmando em seu art. 4º que se aplicam-se ao Direito Processual do Trabalho as normas do NCPC que regulam o princípio do contraditório, em especial os arts. 9º e 10, no que vedam a decisão surpresa, sendo esta a que, no julgamento final do mérito da causa, em qualquer grau de jurisdição, aplicar fundamento jurídico ou embasar-se em fato não submetido à audiência prévia de uma ou de ambas as partes.

Também os advogados passam a ser mais exigidos, cabendo-lhes trazer para o processo os fatos havidos. A história precisar ser narrada analiticamente, a fim de ensejar a individualização do feito sob apreciação judicial, em todos os seus pormenores. Os precedentes definitivamente estarão a balizar os provimentos, daí porque os elementos caracterizadores de cada situação devem ser requintadamente explorados, para que a sentença possa ser adequada à solução do litígio particularmente considerado.

As bases argumentativas precisarão ser exploradas por todos. Se por um lado o juiz precisará envolver-se de modo ainda mais minucioso com o processo, não menos certo é que os advogados e partes precisarão apontar escorreitamente os fatos que querem ver articulados, pois o novo sistema é comparticipativo. Naturalmente que se espera um processo mais preciso, entretanto, para que isso seja uma realidade, o esforço de todos há de ser maior. Enganam-se os que pensam que a carga maior restará para o magistrado, pois a atuação compartilhada exigirá responsabilidade geral na solução jurisdicional.

O direito material há se exsurgir mais límpido no processo, o que é extremamente positivo para o Direito Processual do Trabalho, especialmente porque tão rico em fatos e garantido por incontáveis mecanismos. Nesta ordem de ideias, numa visão profética e de grande sensibilidade, ao discorrer sobre a subsunção, Aroldo Plínio Gonçalves já aduzia a mais de vinte anos que o direito material deve ser construído e reconstruído pelas partes em contraditório ao longo de todo o procedimento, que é aplicado pelo juiz ao caso concreto submetido à sua apreciação (GONÇALVES, p. 188, 1992).

O caminho para democratização do processo está francamente aberto. O NCPC ajusta-se com simetria aos valores constitucionais-processuais. Sua implementação, no entanto, carece de profundo realinhamento da política judiciária brasileira, bem como de urgentíssima ressignificação ética em nossa sociedade.

O espaço de discursividade idealizado no NCPC pressupõe um julgador focado nas particularidades de cada caso sob sua apreciação. Ocorre que o Poder Judiciário estrutura sua política judiciária para a resolução de teses, e não de casos. As diretrizes estabelecidas pelas altas Cortes, bem como pelo CNJ, indicam, com clareza, uma crescente aproximação com o sistema anglo-saxão de precedentes judiciais, situação que se materializa com muita objetividade no campo do Direito Processual do Trabalho pela recente Lei n. 13.015/14.

Esse dissenso exigirá muitas pesquisas e profunda reflexão doutrinária, a fim de o campo acadêmico poder oferecer subsídios para que os tribunais estabeleçam critérios para ponderação de tão significativos valores, na medida em que se afiguram antagônicos.

Há mais. Em se falando de políticas públicas, também é evidente que os poderes Legislativo e Executivo não têm conseguido assegurar à sociedade o total de direitos consagrados. E isso tem conduzido à judicialização da política, redundando num crescente número de demandas judiciais. Este excesso exige do juiz pronunciada ativação de ciência de gestão, em busca de eficiência. Tal situação milita em proveito da construção de provimentos padronizados, consoantes teses previamente debatidas, em contraposição ao signo idealizado no NCPC. Outra aporia que será posta em intensos debates, exigindo do Poder Judiciário, notadamente de sua cúpula, a definição de quais valores constitucionais devem efetivamente estar destaque.

Some-se a isso a ampla acessibilidade que as últimas reformas processuais permitiram, e à crônica falta de ética de parte expressiva de nossa sociedade, podemos perceber sem a necessidade de números e gráficos, que neste país onde há uma demanda para cada dois habitantes, o signo que o novo código quer inaugurar encontrará significativos entraves para se tornar operacionalmente viável.

Além do plano público-filosófico, o NCPC traz também uma nova concepção no tocante à inspiração principiológica, deixando evidenciar o quanto a doutrina impressionou o novo diploma processual. Este signo, aliás, foi inaugurado desde a Constituição da República de 1988. Naturalmente que num processo sob sua marcante influência, os princípios fossem emergir de forma vigorosa.

A nova lei agrega os princípios às regras que proclama, formando um conjunto normativo, de modo a que se possa aplicar a lei considerando-se a interpretação mais adequada, consoante um sistema normativo amplo, onde os princípios se inserem, de modo a equilibrá-lo. Destarte, onde a lei não indicar exatamente o caminho a seguir, o julgador precisará buscar suporte em amplo acervo normativo, mas fazendo sua seleção segundo a organicidade sistêmica.

A função do juiz torna-se mais complexa, pois não mais se insere apenas na positivação. A normatividade está composta de princípios e regras, refinando a teoria da decisão judicial, chancelando a monumental obra de Ronald Dworkin, *Levando os direitos a sério*, editada no Brasil pela Martins Fontes, de São Paulo, em 2002. Para este importante autor, cabe ao intérprete eleger a norma aplicável a partir de argumentação lógico-normativa, ou seja, partindo de um ideal de justiça consagrado em determinado sistema normativo, o julgador busca no sistema positivado aquela mais apropriada. E se não a encontrar, volta sua pesquisa ao conjunto normativo, ficando autorizado a decidir segundo a principiologia axiológica.

Não é por outra razão que o art. 926/NCPC afirma que os tribunais devem uniformizar sua jurisprudência, mantendo-a estável, íntegra e coerente[2]. Esta orientação é destinada aos tribunais, porquanto sintetizam o posicionamento da Corte, entretanto, deve ser muito considerada por todos os julgadores. Não é possível de segregar as decisões de primeiro grau das de segundo, sob pena de contaminar a integridade do sistema e fomentar a proliferação de recursos sem chance real de êxito, comprometendo a eficiência do Poder Judiciário.

Em síntese, os juízes para atuar bem o novo código terão de considerar com sensibilidade e muito critério o método de proporcionalidade preconizado por Alexy, para quem a interpretação (para nós a decisão judicial) deve sopesar a adequação, a necessidade e a proporcionalidade, a fim de identificar a norma aplicável ao caso concreto (ALEXY, p. 86, 1989).

Naturalmente que além de sofisticar a aplicação do direito, a estrita observância dos princípios ampliará significativamente as possibilidades de interpretação, portanto de poder do magistrado.

4. INTELECTIVIDADE HODIERNA DA JURISDIÇÃO

No escólio de Fredie Didier Jr., a jurisdição é a função atribuída a terceiro imparcial de realizar o direito de modo imperativo e crítico, reconhecendo/efetivando/protegendo situações jurídicas concretamente deduzidas, em decisão insuscetível de controle externo e com aptidão para tornar-se indiscutível (DIDIER Jr., 2015, p. 153).

Esta funcionalidade é um dos pilares do novo código, e sua incorporação pelo Direito Processual do Trabalho pode ser muito benéfico, na medida em que permite a incorporação dos valores extra-autos na atuação de uma parte mais sensível do direito, qual seja a que se ocupa da afirmação de direitos existenciais.

Um dos principais papéis da jurisdição trabalhista é o controle social, especialmente em quando se ocupa do processo coletivo do trabalho, do qual o *dissídio coletivo* é o principal expoente, destinando-se com esmero a acomodar os conflitos sociais no seio das categorias, restaurando o equilíbrio entre as partes. Note-se que mais do que se definir quem tem razão, a função do direito é acomodar os conflitos de interesses. E a essa altura já compreendemos que a decisão judicial nem sempre gerar essa almejada pacificação, pelo que o processo contemporâneo para a coadjuvar essa essencial função do direito.

O direito processual de nossos dias não pode mais se contentar em impor ao vencido a solução que parecer mais justa ao juiz, depois de distribuídos os ônus probatórios e produzida a prova possível. A coparticipação dos interessados, mediante o debate incessante, robustecido pelo contraditório exauriente, conduz o destino do processo ao que mais se aproxima da vontade das partes para a solução do litígio. O juiz, as partes e seus patronos, uníssonos, hão de considerar os elementos trazidos aos autos, de modo particularizado, porquanto isso significa afirmação do princípio da legalidade, mas também mostrar outras possibilidades de solução do problema antecedente, muitas vezes não percebidas por algum dos interessados, ou por nenhum deles, servindo o contraditório como instrumento de validação da atividade jurisdicional.

É bem verdade que a jurisprudência vê com alguma reserva a negociação processual, acreditando que se esta advier para o campo do Direito Processual do Trabalho alguns trabalhadores podem ser ludibriados, ou se verem forçados pelas circunstâncias a aceitar algo além do ordinariamente exigível. Naturalmente que a preocupação se justifica, em parte, sob esta estreita angulação (apenas no tocante às chances processuais), entretanto, quando o NCPC propõe a intensa participação das partes não é para que estas, isoladamente, encontrem as soluções, ficando os demais atores processuais como meros expectadores. Ao contrário, as soluções conciliatórias são de nossa tradição e devem ser prestigiadas de modo crescente, até porque, no âmbito de atuação da jurisdição trabalhista o

---

(2) Não é o caso de se ampliar aqui a explanação em torno das opções válidas para o intérprete em caso de colusão, mas fica o indicativo, a partir das teorias de Dworkin e Alexy, de que se deve dar mais valor ao princípio que, diante do caso concreto, apresente maior peso relativo, pois o direito contemporâneo é um conjunto de regras e princípios. E o novo código se assentou marcantemente sobre tais doutrinas. Para melhor compreensão se remete o leitor para as seguintes obras: Derecho y razón practica e Teoria da Argumentação Jurídica de Robert Alexy, e Levando os direitos a sério e Uma questão de princípios, estes de Ronald Dworkin.

envolvimento direto e consciente do Juiz do Trabalho é um fator de promoção de direitos.

5. CENTRALIDADE PROCESSUAL E O COOPERATIVISMO

O Brasil fez uma opção política estabelecendo-se como um Estado Democrático de Direito, razão pela qual todo o direito que vier a ser construído precisa ser legitimamente concebido e direcionar-se para promoção da dignidade da pessoa, por meio de afirmação dos direitos sociais, o que se perfaz através da igualdade de oportunidades.

O processo precisa ser um ambiente em que as partes possam, proveitosamente, encontrar a solução para os seus litígios. Cabe ao Poder Judiciário criar as situações favoráveis para isso, e especificamente ao juiz o ambiente receptivo, ameno e pacificador para superação de dificuldades sistêmicas. O NCPC marca o início de um novo signo processual, onde todos tem de se esforçar para que haja satisfação comunitária, ou seja, cada um desempenhado o seu papel tem de encontrar ao fim do processo, a realização naquilo em que é sua função se ativar na construção do provimento[3].

O espaço do processo é, naturalmente, um ambiente de antagonismo, pois os interesses das partes se contrapõem. O juiz, por sua vez, apesar de não ter interesse direto no objeto do litígio, pode também ter a intenção de solucionar o feito de determinada forma, segundo a forma pela qual tem o seu entendimento consubstanciado no padrão jurisprudencial. Outros atores processuais têm, igualmente, em justa medida os seus interesses processuais, razão pela qual a conflituosidade acaba elastecimento pelos mais diversos fatores.

Talvez seja um exagero querer que as partes se auxiliem mutuamente, ou mesmo que se solidarizem com juiz, mas é absolutamente racional que todos tenham um só sentido, um só compromisso, que é a solução mais adequada do litígio, da maneira mais célere e menos custosa, seja no aspecto econômico ou de pacificação social.

O processo tem sido visto como um jogo de estratégias, nem sempre muito ortodoxas, e, às vezes, até mesmo pouco éticas. E isso vai desde a resistência injustificada à pretensão do oponente, até ao esgotamento das chances processuais, ainda que sem qualquer possibilidade de êxito ao fim da contenda.

Os deveres de lealdade e boa fé são ancestrais, porém o novo código os coloca em acentuada evidência, compromissando todos os atores processuais verdadeiramente. A repressão aos comportamentos inúteis ou meramente protelatórios há de merecer a maior atenção, não apenas do juiz, portanto o comprometimento plural exige a fiscalidade por parte de todos os envolvidos. E também enérgica censura em todas as fases do processo.

Nesta ordem de ideias, a boa fé ganha outra dimensão. Ela passa a interessar não apenas que tem legítimo interesse na pretensão deduzida – autor que supostamente tem o melhor direito, mas igualmente envolve a todos os que participam direta ou indiretamente da situação processual. E, a contrário senso, há de punir severamente também o autor de formula pedidos desconexos com o direito ou a realidade fática.

O NCPC instaura, na ciência processual o dever ética. Este tema suplanta o processo comum. É um tema que se circunscreve na própria Teoria do Processo e, destarte, se irradia em todas as direções e, portanto, também exercerá seus efeitos no campo do Direito Processual do Trabalho.

O papel reservado ao juiz ganha tônus revigorado também aqui. Urge reforçar a crescente participação das Escolas Judiciais na formação inicial e continuada

---

(3) Algumas passagens do NCPC ilustram bem isso, e ainda firmam o compromisso plural na solução dos processos. Convém destacar as seguintes normas: Art. 369. As partes têm o direito de empregar todos os meios legais, bem como os moralmente legítimos, ainda que não especificados neste Código, para provar a verdade dos fatos em que se funda o pedido ou a defesa e influir eficazmente na convicção do juiz. Art. 370. Caberá ao juiz, de ofício ou a requerimento da parte, determinar as provas necessárias ao julgamento do mérito. Parágrafo único. O juiz indeferirá, em decisão fundamentada, as diligências inúteis ou meramente protelatórias. Art. 371. O juiz apreciará a prova constante dos autos, independentemente do sujeito que a tiver promovido, e indicará na decisão as razões da formação de seu convencimento. Art. 372. O juiz poderá admitir a utilização de prova produzida em outro processo, atribuindo-lhe o valor que considerar adequado, observado o contraditório. Art. 373. O ônus da prova incumbe: I - ao autor, quanto ao fato constitutivo de seu direito; II - ao réu, quanto à existência de fato impeditivo, modificativo ou extintivo do direito do autor. § 1º Nos casos previstos em lei ou diante de peculiaridades da causa relacionadas à impossibilidade ou à excessiva dificuldade de cumprir o encargo nos termos do *caput* ou à maior facilidade de obtenção da prova do fato contrário, poderá o juiz atribuir o ônus da prova de modo diverso, desde que o faça por decisão fundamentada, caso em que deverá dar à parte a oportunidade de se desincumbir do ônus que lhe foi atribuído. § 2º A decisão prevista no § 1º deste artigo não pode gerar situação em que a desincumbência do encargo pela parte seja impossível ou excessivamente difícil. § 3º A distribuição diversa do ônus da prova também pode ocorrer por convenção das partes, salvo quando: I - recair sobre direito indisponível da parte; II - tornar excessivamente difícil a uma parte o exercício do direito. § 4º A convenção de que trata o § 3º pode ser celebrada antes ou durante o processo. [...] Art. 375. O juiz aplicará as regras de experiência comum subministradas pela observação do que ordinariamente acontece e, ainda, as regras de experiência técnica, ressalvado, quanto a estas, o exame pericial. [...] Art. 378. Ninguém se exime do dever de colaborar com o Poder Judiciário para o descobrimento da verdade. Art. 379. Preservado o direito de não produzir prova contra si própria, incumbe à parte: I - comparecer em juízo, respondendo ao que lhe for interrogado; II - colaborar com o juízo na realização de inspeção judicial que for considerada necessária; III - praticar o ato que lhe for determinado. Art. 380. Incumbe ao terceiro, em relação a qualquer causa: I - informar ao juiz os fatos e as circunstâncias de que tenha conhecimento; II - exibir coisa ou documento que esteja em seu poder. Parágrafo único. Poderá o juiz, em caso de descumprimento, determinar, além da imposição de multa, outras medidas indutivas, coercitivas, mandamentais ou sub-rogatórias.

de magistrados, porquanto o olhar para além do aspecto processual torna-se real. A compreensão metajurídica é exigência das partes, mas também do próprio sistema processual. O magistrado daqui em diante precisará estar capacitado para a solução de questões periféricas, porém intimamente entrelaçadas com o direito posto em juízo, tais como a percepção do aspecto econômico, social e político de suas decisões.

Diante disso, a formação amplamente humanística se insere no espaço de todos aqueles que se ocupam da aplicação do direito democrático. A ética plasmada na filosofia, a compreensão sociológica e antropológica ao homem inserido em determinada sociedade, com verificação de tempo e espaço ensejarão a entrega de prestação jurisdicional sistemicamente coerente e democraticamente inserida nos valores sociais.

Engana-se quem pensa que este comprometimento está reservado apenas aos juízes. As partes, seus advogados, e ainda os servidores judiciários terão de buscar constante atualização no tocante aos valores metajurídicos, a fim de poderem contribuir efetivamente para a atuação democratizada e participativa na entrega da prestação jurisdicional contemporânea.

A filosofia e os valores democraticamente assentados hão de fazer parte da formação das pessoas. O ensino fundamental, médio e o superior precisarão reprogramar os conteúdos apresentados aos alunos. As faculdades de direito, o exame da OAB e o concurso para a seleção de servidores judiciários também vão precisar de reorientação, bem como constante atualização.

O novo perfil democrático do processo, com o envolvimento de todos participantes trará um ganho substancial. Não mais haverá espaço para estratégias nem sempre ortodoxas para a aceleração ou o retardamento de determinado processo. Todos terão o dever e a oportunidade de contribuir com a fiscalidade permanente, de modo a quem as soluções sejam boas e adequadas para todos os participantes. É a socialização do direito e do processo, construído com colaboração plural.

6. CONCLUSÃO

A doutrina e a jurisprudência hão de assinalar a melhor interpretação para o NCPC, mas em realidade ele foi concebido para ser um instrumento democrático de aplicação do direito. A matriz constitucional mais do que inspira, alerta legisladores, julgadores e demais intérpretes que o direito processual é garantia do cidadão, e que assim deve ser aplicado.

O Estado Democrático de Direito não pode significar apenas um ideal, e tampouco ter enunciação sem a correspondente atuação em concreto. A propalada democracia deve estar representada em todos os aspectos: na eleição dos legisladores que vão elaborar a norma, na seleção dos magistrados que vão aplicar a norma, mas especialmente na consciência de todos de irão dela dispor e com as quais devem pautar suas relações interpessoais.

Não é demasiado relembrar que a Constituição da República não consagra apenas garantias processuais. As regras de direito material do trabalho estão também nela estampadas e exigindo aplicação afirmadora dos direitos trabalhistas, vez que a nossa república se assenta sobre o valor social do trabalho.

Considerando-se que doravante todos os atores processuais precisam se imbuir de seu destacado papel no espaço democrático representado no processo, sob a marcante gestão processual do magistrado, os fatos da vida trabalhista dos cidadãos precisam vir para o mundo da Justiça do Trabalho de modo bem circunstanciado, a fim de ensejar um retrato fiel de determinada passagem do trabalhador. E ali chegando, o julgador envidará o seu maior esforço para permitir a mais intensa dialeticidade, com amplo e exauriente contraditório, para que possa aplicar direito democrático.

O problema é que o desejado direito democrático não se viabilizada apenas por meio da atuação do Poder Judiciário. Exige solução plural e com o comprometimento da sociedade. A fim de tornar efetivamente aplicável o NCPC, temos de elaborar uma política judiciária capaz de atender às expectativas que o plano concreto está a reclamar. A compatibilização do extraordinário número de demandas judiciais do Brasil, decorrentes de inércia legislativa e executiva, aliada à amplitude de acesso à justiça conduziu a um gigantesco volume processual.

O Poder Judiciário pra fazer frente a isso optou por métodos de gestão judiciária, onde a eficiência é o maior referencial, e a estatística o principal meio de quantificação. Em sendo assim, a solução encontrada foi a construção de teses prevalentes, condutoras dos julgamentos em bloco, onde os precedentes têm função preponderante na condução dos julgamentos. O problema é que, paradoxalmente, o NCPC busca uma atuação individualizada do magistrado, ampliando as chances de investigação, com a contemplação dos pormenores indicados pelas partes.

Será um enorme desafio conceber teorias para amalgamar posições tão antagônicas. À doutrina está reservado o protagonismo inspirador. À cúpula judiciária e ao CNJ a geração de políticas eficazes, mas, como de costume, aos juízes de primeiro grau, os verdadeiros guardiões da Constituição, o compromisso de aplicar o direito democraticamente, e ainda olhar no olho as pessoas desejosas de justiça ágil, eficiente e com o mais profundo respeito às garantias constitucionais processualizadas.

7. REFERÊNCIAS BIBLIOGRÁFICAS

ADAMOVICH, Eduardo Henrique. *Comentário à CLT*. Rio de Janeiro: Forense, 2009.

ALEXY, Robert. *Teoría de la argumentación jurídica: la teoría del discurso racional como teoría de la fundamentación jurídica.* Madrid: CEC, 1989.

ANDOLINA, Ítalo; VIGNERA, Giuseppe. *Il modelo constituzionale del processo civile italiano.* Giappichelli. Torino. 1990.

CHAVES, Luciano Athayde. Org. *Interpretação, aplicação e integração do direito processual do trabalho. In Curso de Processo do Trabalho.* São Paulo: LTr, 2009.

DIDIER JR., Fredie. *Curso de direito processual civil.* Vol. I. 17. ed. Salvador: JusPodivm, 2015.

DIDIER JR., Fredie et alli. *Curso de Direito Processual Civil.* Vol. 2. 9. ed. Salvador: JusPodivm, 2014.

EÇA, Vitor Salino de Moura; MAGALHÃES, Aline Carneiro. Coord. *Atuação principiológica no processo do trabalho: estudos em homenagem ao Professor Carlos Henrique Bezerra Leite.* RTM. Belo Horizonte. 2012.

FUX, Luiz. *O novo processo civil. In:* FUX, *et alli.* Coord. O novo processo civil brasileiro: direito em perspectiva: reflexões acerca do projeto do novo Código de Processo Civil. Rio de Janeiro: GEN-Forense, 2011.

GONÇALVES, Aroldo Plínio. *Técnica processual e teoria do processo.* Rio de Janeiro: Aide, 1992.

LEITE, Carlos Henrique Bezerra. *Curso de Direito Processual do Trabalho.* 12. ed. São Paulo: LTr, 2014.

MARINONI, Luiz Guilherme. *Curso de Processo Civil: teoria geral do processo.* V. 1. São Paulo: RT, 2011.

O NOVO CÓDIGO DE PROCESSO CIVIL E OS REFLEXOS NA EXECUÇÃO TRABALHISTA: UMA INTRODUÇÃO À TÉCNICA DE SUPLETIVIDADE EM MATÉRIA EXECUTÓRIA LABORAL

WOLNEY DE MACEDO CORDEIRO (*)

1. NOTAS INTRODUTÓRIAS

A vigência do novo Código de Processo Civil (Lei n. 13.105, de 16 de março de 2015) possibilitou a assimilação de inéditas estruturas procedimentais e a inserção de novos paradigmas no direito processual civil. O direito processual do trabalho não passará incólume desse momento de efervescência dogmática, especialmente em face da resistência do parlamento brasileiro em promover alterações contundentes na nossa estrutura procedimental[1]. Não se pode deixar de mencionar, por outro lado, a existência de posições doutrinárias comprometidas na preservação da norma processual trabalhista na sua concepção originária, blindando-a contra maiores influências da norma processual cível. Mesmo buscando a preservação das bases ideológicas do processo do trabalho, não é possível advogar a tese de ausência de influência do NCPC nos limites da disciplina laboral, mormente diante da inserção do emblemático art. 15[2] no novo Código.

Trata-se de uma nova realidade trazida pela legislação processual civil que agora, de forma explícita, estabelece a necessidade de aplicação ao processo do trabalho do direito comum de forma **subsidiária** e **supletiva**. Ora, antes da publicação do NCPC as regras de subsidiariedade estavam todos preconizadas na própria Consolidação das Leis do Trabalho (arts. 8º, 769 e 889). Essas regras, entretanto, foram transportadas para os próprios limites da legislação processual comum e ainda com o acréscimo de um novo referencial baseado na **supletividade**.

Lega-se ao intérprete a hercúlea tarefa de estabelecer o alcance e a significação do termo **supletivo** constante do núcleo normativo do art. 15 do NCPC. Certamente não podemos cair na armadilha simplificadora no sentido de que não há nenhuma discrepância em relação à amplitude da regra de subsidiariedade preconizada nos limites da CLT. A situação que se apresenta é nova e inconciliável com os referenciais anteriores, pois cria um sistema diferenciado de predominância do processo civil em relação aos demais subsistemas da regulação processual.

No presente trabalho incursionaremos na investigação da tessitura da supletividade imposta pelo NCPC, art. 15 e como essa nova técnica deve ser assimilada sem prejuízo do conteúdo ideológico fundamental do direito processual do trabalho. A ação mais incisiva do processo comum em face da norma procedimental laboral deve ser dosada a partir da perspectiva tuitiva desta disciplina, a fim de evitar sua descaracterização. Por outro lado, a inserção supletiva da norma processual pauta-se pelo respeito ao devido processo legal no seu sentido substancial e não meramente formal. Significa dizer que a absorção da norma de processo civil deve ser guiada pela necessidade de serem aprimorados os institutos de processo do trabalho, a partir de uma perspectiva de efetividade da jurisdição.

Para fins do presente trabalho limitaremos nossa análise ao âmbito da tutela executiva, que se apresenta como o compartimento processual que mais sofreu modificações na última década[3]. Abordaremos, em primei-

---

(*) O autor é Desembargador do Tribunal Regional do Trabalho da 13ª Região, mestre e doutor em Direito, Professor Titular do UNIPÊ – Centro Universitário de João Pessoa e da ESMAT-13 – Escola Superior da Magistratura Trabalhista da Paraíba. Diretor da Escola Judicial do TRT da 13ª Região no biênio 2015-2017.

(1) Não se pode deixar de mencionar, por outro lado, a recente modificação legislativa promovida no âmbito do sistema recursal, especialmente no que concerne ao trâmite do recurso de revista e das técnicas de uniformização procedimental, nos termos da Lei n. 13.015, de 21 de julho de 2014. Nos demais assuntos, entretanto, a norma processual trabalhista passa por um processo crônico de letargia, mantendo uma estrutura procedimental moldada na década de 1940.

(2) "NCPC, art. 15. Na ausência de normas que regulem processos eleitorais, trabalhistas ou administrativos, as disposições deste Código lhes serão aplicadas supletiva e subsidiariamente."

(3) As modificações ocorridas sobre o texto do CPC anterior, especialmente por intermédio das Leis 11.232/2005 e 11.382/2006 significaram uma ruptura drástica no sistema da execução cível. Houve significativas modificações nos institutos de efetivação da execução cível, que deveriam ser assimilados de forma mais contundente ao processo do trabalho. A jurisprudência trabalhista, no entanto, revelou-se tímida na absorção desses avanços, ainda sobre o argumento de completude do sistema normativo processual trabalhista. Sobre este tema ver o nosso **Manual de execução trabalhista – Aplicação ao processo do trabalho das Leis n. 11.232/2005 (Cumprimento da sentença) e 11.382/2006 (Execução de títulos extrajudiciais). 2. ed. Rio de Janeiro: Forense, 2010.

ro lugar, a ideia geral de supletividade, com os possíveis contornos que poderá assumir ao longo da aplicação do NCPC. Após essa abordagem propedêutica, elegeremos alguns dos institutos relacionados à tutela de execução para fins de análise de sua compatibilidade ao processo do trabalho.

2. A SUPLETIVIDADE ORGÂNICA NO NCPC E SEUS LIMITES PERANTE O DIREITO PROCESSUAL DO TRABALHO

O tema da aplicação do direito processual comum ao processo do trabalho ganha uma nova dimensão com a vigência do NCPC, em especial a partir da redação do seu art. 15. Pela primeira vez na história do direito processual brasileiro, um código passa a ser, de forma explícita e incontestável, a fonte prioritária do processo não criminal. Obviamente essa situação de preponderância dogmática do direito processual civil já era implicitamente reconhecida no plano doutrinário. Sempre se teve em mente que a norma de processo civil era o fundamento lógico para os demais ramos da processualística, sendo adotada como fonte subsidiária pelo direito processual do trabalho (CLT, arts. 769 e 889), direito processual consumerista (CDC, art. 90), processo coletivo em geral (Lei n. 7.347/1985, art. 19) e direito processual da infância e juventude (ECA, art. 152).

Do ponto de vista ideológico, a questão assume novos contornos, na medida em que, após a vigência do NCPC, a própria codificação processual civil passou a assumir seu papel de regulador geral dos procedimentos não criminais, impondo sua aplicação de caráter subsidiário e supletivo. A grande novidade está na inserção de um novo instituto, até então não reconhecido de forma explícita: a **supletividade**.

Sendo o NCPC supletivo em relação ao direito processual do trabalho, sua atuação não é de mero coadjuvante na regulação das questões procedimentais, mas sim de verdadeiro provedor de uma consistência dogmática inexistente na CLT. O caráter supletivo da estrutura processual civil visa a conferir coerência sistêmica ao conjunto normativo de regulação do processo do trabalho que não é capaz de satisfazer integralmente as demandas contemporâneas dos conflitos trabalhistas.

Essa acepção da supletividade fica bem delineada quando se verifica que o alvo de atuação do NCPC, art. 15 foi, além do processo do trabalho, o processo eleitoral e o administrativo. Esses dois últimos têm seus próprios princípios, todavia se ressentem de uma normatização sistemicamente estruturada. Não perdem sua autonomia, mas, diante da ausência de uma adequada sistematização para seus procedimentos, são supletivamente estruturados pela norma processual civil codificada.

Observe-se que **supletivo** não significa exclusivo ou impositivo[4], mas sim adjetivo capaz de indicar algo que complementa, agrega ou destaca. Ou seja, o caráter supletivo do NCPC funciona como uma ferramenta de adequação das estruturas procedimentais lacônicas e minimalistas às demandas sociais complexas não integralmente reguladas pela norma original. Pela atuação supletiva do NCPC em relação à execução trabalhista, aplicar-se-ão as normas do processo comum a fim de implementar o correto significado dos institutos de processo do trabalho que não mais se adequam às estruturas procedimentais vigentes.

A aplicação supletória não significa, conforme afirmamos anteriormente, o afastamento integral da norma processual trabalhista, mas sim sua modelação às necessidades contemporâneas. Como não se trata de uma substituição, são preservadas as estruturas ideológicas do sistema processual trabalhista, que remanescem dosando, mitigando e contendo a aplicação do processo comum[5]. O processo de aplicação supletória deve ser conduzido com bastante prudência, a fim de que algumas características do processo comum, naturalmente desarmônicas com as do processo do trabalho, não sejam absorvidas. A atuação do intérprete consiste em preservar a base ideológica do processo do trabalho e complementar a norma laboral deficiente.

Não é possível partir-se de premissa simplista de que a previsão de aplicação supletiva preconizada pelo NCPC, art. 15 não apresenta nenhuma significação para a construção de tessitura procedimental do processo do trabalho. Há um claro comando normativo no sentido de estabelecer dois procedimentos autônomos de complementação do sistema processual trabalhista. Ao contrário do que alguns argumentam, a absorção dos institutos de direito processual civil não pode significar *a priori* uma descaracterização ideológica do processo laboral, mas sim o aprimoramento dos seus institutos diante das profundas modificações so-

---

(4) Segundo o Dicionário Houaiss, supletivo é adjetivo masculino que significa "[...] que completa ou que serve de suplemento; supletório.".

(5) Em artigo recente, publicado antes mesmo da promulgação do NCPC, Ílina Cordeiro de Macedo Pontes já estabelecia as diretrizes de relacionamento entre a CLT e o NCPC, sob a égide a supletividade: "Cabe ressaltar que ambos permanecem com suas respectivas peculiaridades e individualidades, mesmo havendo uma troca maior de normas. Essas foram respeitadas pelo fato de que o próprio sistema, representado por seus doutrinadores, admitiram essa coexistência. A válvula de entrada da CLT foi claramente ampliada, mas por elementos internos ao sistema, permitindo, assim, que este permaneça evoluindo, em contato com aquilo que lhe permita apenas o seu crescimento. Essas trocas entre as legislações tendem, por outro lado, a mudar severamente caso seja aprovado o Novo Código de Processo Civil com a redação que possui atualmente." (*In*: **Da autofagia à heterofagia do processo laboral: possíveis consequências da redação do novo CPC sobre a interpretação processual na esfera Trabalhista**. João Pessoa: Tribunal Regional do Trabalho da 13ª Região, 2014. p. 449).

ciais das últimas décadas. O núcleo principiológico do processo laboral apresenta bases sólidas e perenes, não sendo passível de uma dissolução apenas por causa da inserção de alguns institutos do processo civil de forma supletiva.

Não é apenas a influência do direito material do trabalho que viabiliza a edificação de uma principiologia própria e específica do processo laboral, mas sim o reconhecimento de seus institutos a partir de necessidades específicas do fenômeno processual. É equivocada a repulsa na aplicação do direito processual civil apenas porque sua finalidade precípua é efetivar os institutos de direito civil[6], pois inegável é a natureza instrumental do processo laboral na composição dos conflitos envolvendo trabalhadores. A lide trabalhista apresenta contornos bem próximos da lide cível. O elemento substancialmente díspar entre os dois conflitos reside na necessidade de serem reconhecidos institutos de proteção do trabalhador na relação processual, sem abrir mão das estruturas procedimentais edificadas nos limites do direito processual civil. A convivência entre os dois subsistemas é viável e não descaracteriza a natureza tuitiva do processo laboral[7].

A maturação do conceito de supletividade levará algum tempo, especialmente porque a dogmática do processo do trabalho ainda não dispõe de elementos suficientes para assimilar os institutos de direito processual civil respeitando o conteúdo ideológico laboral. Há uma série de ferramentas processuais do processo civil que, caso usadas com razoabilidade, podem permitir a construção de uma estrutura procedimental trabalhista mais lógica e racional. No campo da tutela de execução a aplicação **supletiva** do direito processual comum pode render excelentes frutos, afastando a repulsa natural da jurisprudência laboral em face do tema. Por conta de postura de recusa apriorística, deixamos de absorver no processo laboral uma série de inovações trazidas pelas Leis n. 11.232/2005 e 11.382/2006 que poderiam aprimorar de maneira contundente os mecanismos de efetividade da execução laboral.

Com a possibilidade de ampliação da inserção das normas de processo comum, mediante a aplicação da técnica da supletividade, poderemos reiniciar o debate, reavaliando a reconstrução da execução trabalhista. A observância de um novo paradigma permitirá a construção de uma discussão mais ampla e profícua sobre o tema. Para essa finalidade escolhemos alguns institutos da tutela executiva, a fim de analisar a possibilidade de aplicação do processo do trabalho, com as devidas adaptações.

3. A DECISÃO NO ÂMBITO DE TUTELAS PROVISÓRIAS E SEU CUMPRIMENTO PERANTE O PROCESSO DO TRABALHO

A legislação processual trabalhista é totalmente omissa em relação à possibilidade geral de antecipar os efeitos da tutela jurisdicional[8]. No entanto, nunca houve qualquer dúvida quanto à aplicação ao direito processual do trabalho da normatização contida no anterior CPC, art. 273, consistente na possibilidade de se anteciparem os efeitos da tutela jurisdicional pugnada.

O NCPC, além de consolidar a ideia das decisões antecipatórias, procedeu a uma maior abrangência, envolvendo as chamadas **tutelas provisórias**, divididas em duas modalidades distintas: tutela de urgência (NCPC, art. 298 e segs.[9]) e a tutela de evidência (NCPC, art. 311 e segs.[10]).

---

(6) Nessa perspectiva, Jorge Luiz Souto Maior revela uma posição absolutamente defensiva em face da absorção das normas de direito processual civil ao afirmar que existe: "[...] um enorme equívoco histórico e de metodologia em buscar compreender o processo do trabalho a partir do processo civil [...] mesmo com tais pressupostos extremamente reduzidos do alcance atual da fase do Direito o processo do trabalho seria derivado do direito do trabalho e não do processo civil." (sic) (*In*: **Relação entre o processo civil e o processo do trabalho**. Salvador: JusPodivm, 2015, p. 161). A premissa usada pelo autor é absolutamente equivocada e conduziria o intérprete à falsa conclusão de absoluta incompatibilidade entre o processo civil e o processo do trabalho. Ora, a origem dos regramentos processuais é a mesma, sendo ao processo do trabalho atribuída uma postura tuitiva em relação ao trabalhador que consta na relação processual. O reconhecimento desse caráter tuitivo da norma processual trabalhista não lhe retira a natureza de ramo da disciplina processual e seu compromisso com a solução dos conflitos de natureza laboral que emergem no meio social. O direito processual do trabalho não **nasce** do direito do trabalho, mas é instrumento deste. Assim sendo, a atuação supletória do processo comum não é um desvirtuamento das finalidades do processo do trabalho.

(7) Nesse particular, merece destaque a referência de João Humberto Cesário *verbis*: "Não há como negar, neste contexto, que a combinação dialógica dos arts. 769 da CLT e 15 do CPC/2015 [...], pensados ao encontro e não de encontro, realizada com cuidado e método científico, pode potencializar a instrumentalidade do Processo do Trabalho, sem nem de longe desnaturar sua essência. " (*In*: **O processo do trabalho e o novo Código de Processo Civil: critérios para uma leitura dialogada dos arts. 769 da CLT e 15 do CPC/2015**. São Paulo: LTr, 2015, p. 137)

(8) Devemos destacar, no entanto, que a Consolidação das Leis do Trabalho estabelece duas modalidades de decisões de caráter satisfativo, conforme se observa dos incisos IX e X do art. 659. É fato que boa parte da doutrina, talvez impressionada pela utilização do termo *liminar*, tipifica os referidos provimentos como de natureza cautelar (vide GIGLIO, Wagner. Direito processual do trabalho, 13. ed. São Paulo: Saraiva, 2003, p. 357. **Em sentido contrário**, LEITE, Carlos Henrique. Curso de direito processual do trabalho, 3. ed. São Paulo: LTr, 2003, p. 914).

(9) "Art. 300. A tutela de urgência será concedida quando houver elementos que evidenciem a probabilidade do direito e o perigo de dano ou o risco ao resultado útil do processo. § 1º Para a concessão da tutela de urgência, o juiz pode, conforme o caso, exigir caução real ou fidejussória idônea para ressarcir os danos que a outra parte possa vir a sofrer; a caução pode ser dispensada se a parte economicamente hipossuficiente não puder oferecê-la. § 2º A tutela de urgência pode ser concedida liminarmente ou após justificação prévia quando houver perigo de irreversibilidade dos efeitos da decisão. Art. 301. A tutela urgente de natureza cautelar pode ser efetivada mediante arresto, sequestro, arrolamento de bens, registro de protesto contra alienação de bem e qualquer outra medida idônea para asseguração do direito. Art. 302. Independentemente da reparação por dano processual, a parte

Não há maiores dificuldades em se reconhecer a possibilidade de aplicação ao processo do trabalho da sistemática das tutelas provisórias trazidas pelo NCPC[11]. A medida não apresenta qualquer regramento no processo laboral e é de fundamental importância para que se obtenha a concretude da prestação jurisdicional.

Ao se aplicar à sistemática do direito processual do trabalho o instituto das tutelas provisórias, também se transfere a este ramo da processualística a possibilidade de se "efetivarem" as obrigações constantes dessas decisões, nos termos do NCPC, art. 297, parágrafo único. Contemplando a decisão obrigação de fazer ou de não fazer, deverá o Juiz lançar mão da tutela específica preconizada pelo NCPC, art. 537[12], e induvidosamente aplicada subsidiariamente ao processo trabalhista.

Em relação às obrigações de pagar, eventualmente contempladas na decisão antecipatória, a concretização do comando jurisdicional dar-se-á pela aplicação, no que couber, do disposto no NCPC, art. 520 e segs. Nesse caso, estaremos diante de uma tutela de cunho executivo, dotada dos meios necessários para concretizar a quitação da obrigação reconhecida na decisão interlocutória. Sabendo-se que a atividade executiva pressupõe a existência de título executivo, é óbvio que o título em questão é a própria decisão interlocutória.

Não era pacífica a posição no âmbito do direito processual civil quanto à caracterização da decisão antecipatória como título executivo. Sustentavam a natureza de título executivo das decisões de antecipação dos efeitos da tutela jurisdicional, entre outros, Teori Albino Zavascki[13] e Araken de Assis[14]. É certo que entre os processualistas não existia unanimidade em relação ao tema[15], no entanto o nosso direito processual fixou como paradigma para o desencadeamento da tutela executiva a existência de um título e dessa condição não se pode fugir. Mesmo que a tutela de execução se desse de forma incidental ou sincrética, conforme disposições previstas tanto na CLT, art. 878 como no antigo CPC, art. 475-I, não se podia abolir a existência de um marco que permite a atividade executiva do poder jurisdicional. Logicamente a noção tradicional de título executivo não autorizava reconhecer essa característica em decisões não definitivas, entretanto houve uma sensível ampliação do conceito de título. Não se pode, no entanto, afastar a obrigatoriedade de pronunciamento jurisdicional ou documento legalmente reconhecido que permita a atuação direta da tutela executiva.

Muito embora a discussão doutrinária seja absolutamente rica, as disposições do NCPC, pelo menos em sede de reconhecimento da tutela provisória como título executivo, resolveram o tema. O NCPC, abandonando a remissão ao instituto da **sentença**, elasteceu o conteúdo do título executivo para consignar enquadrado nessa qualidade qualquer **decisão** que contempla comando conde-

---

responde pelo prejuízo que a efetivação da tutela de urgência causar à parte adversa, se: I – a sentença lhe for desfavorável; II – obtida liminarmente a tutela em caráter antecedente, não fornecer os meios necessários para a citação do requerido no prazo de cinco dias; III – ocorrer a cessação da eficácia da medida em qualquer hipótese legal; IV – o juiz acolher a alegação de decadência ou prescrição da pretensão do autor. Parágrafo único. A indenização será liquidada nos autos em que a medida tiver sido concedida, sempre que possível."

(10) Art. 311. A tutela da evidência será concedida, independentemente da demonstração de perigo de dano ou de risco ao resultado útil do processo, quando: I – ficar caracterizado o abuso do direito de defesa ou o manifesto propósito protelatório da parte; II – as alegações de fato puderem ser comprovadas apenas documentalmente e houver tese firmada em julgamento de casos repetitivos ou em súmula vinculante; III – se tratar de pedido reipersecutório fundado em prova documental adequada do contrato de depósito, caso em que será decretada a ordem de entrega do objeto custodiado, sob cominação de multa; IV – a petição inicial for instruída com prova documental suficiente dos fatos constitutivos do direito do autor, a que o réu não oponha prova capaz de gerar dúvida razoável. Parágrafo único. Nas hipóteses dos incisos II e III, o juiz poderá decidir liminarmente."

(11) Conforme preconizado pela Instrução Normativa TST n. 39/2016: "Art. 3º. Sem prejuízo de outros, aplicam-se ao Processo do Trabalho, em face de omissão e compatibilidade, os preceitos do Código de Processo Civil que regulam os seguintes temas: [...] VI – arts. 294 a 311 (tutela provisória);"

(12) "Art. 537. A multa independe de requerimento da parte e poderá ser concedida na fase de conhecimento, em tutela provisória ou na sentença, ou na execução, desde que seja suficiente e compatível com a obrigação e que se determine prazo razoável para cumprimento do preceito."

(13) "Caso típico é o de medida antecipatória determinando o pagamento de quantia em dinheiro. Se não houver atendimento espontâneo de imposição, outro meio não terá o autor senão o de promover a ação de execução por quantia certa, hipótese em que o título executivo será a decisão deferitória da antecipação. O caráter provisório da execução decorre da natureza precária da decisão, que define e impõe ao demandado o atendimento da prestação objeto do pedido, mas o faz a base de juízo de verossimilhança, sujeito à confirmação ou revogação pela sentença. (*In*: **Processo de execução – parte geral**, 3. ed. São Paulo: Revista dos Tribunais, 2004, p. 318).

(14) "Assim, o gênero 'decisão' abrangerá dois tipos de atos decisórios, proferidos pelo juiz singular de primeiro grau: a sentença (art. 162, § 1º) e a interlocutória (art. 162, § 2º). Ao contrário do que usualmente se sustenta conforme a força da ação, a decisão constitui título executivo e autoriza execução (art. 475-J) ou cumprimento (art. 475-I, *caput*, c/c arts. 461 e 461-A). É mais uma razão para interpretar extensivamente o art. 475-N, I)." (*In*: **Cumprimento da sentença**. Rio de Janeiro: Forense, 2006, p. 23).

(15) Interessante é o ponto de vista exarado por José Miguel Garcia Medina: "Conclui-se que a decisão que antecipa efeitos da tutela, embora autorize a execução imediata, não é título. Não se aplica à execução baseada em tal pronunciamento judicial o princípio *nulla executio sine titulo*, mas o princípio da execução sem título permitida. Infere-se, daí, a falsidade da máxima *ubi executio, ibi titulo*, já que nem toda a execução tem por base um título executivo." (*In*: **Execução civil – teoria geral e princípios fundamentais**, 2. ed. São Paulo: Revista dos Tribunais, 2004. p. 133).

natório (art. 515, I[16]). Logo, qualquer decisão jurisdicional que contemple o cumprimento de obrigação de pagar, fazer, não fazer e entregar coisa é um título executivo judicial.

As decisões proferidas no âmbito das tutelas provisórias assumem o caráter de verdadeiro título judicial, dotado de plenitude dos atos executivos aptos a autorizarem a prática de atos de força contra o devedor. Esse reconhecimento expresso, promovido pela nova legislação processual, deixa claro que a tutela de execução não se exaure na sentença transitada em julgado, mas envolve as decisões das tutelas de evidência ou de urgência. O comando jurisdicional deve ser efetivado igualmente no âmbito de tutelas jurisdicionais precárias.

A absorção pelo processo do trabalho dessa perspectiva conceitual, objetivamente delimitada pelo novo direito processual civil, não apresenta maiores dificuldades. Há um laconismo crônico do processo laboral em face das tutelas provisórias, muito embora essa técnica jurisdicional seja fundamental para a efetivação dos direitos de índole trabalhista. A concepção de um sistema de efetivação de decisões de tutelas provisórias é plenamente compatível com a teleologia laboral. Não se trata aqui de manejar a técnica da supletividade, mas sim reconhecer a completa ausência de norma trabalhista sobre o tema.

4. AMPLIAÇÃO DOS LIMITES DA EXECUÇÃO PROVISÓRIA

O atual regramento da execução provisória trabalhista é marcado por inúmeras restrições. Amparada por uma normatização minimalista (CLT, art. 899, *in fine*), a jurisprudência construída sobre o tema limita intensamente a atuação jurisdicional executiva[17]. Muito embora a ideia de ser cumprirem de forma antecipada as sentenças condenatórias antes do trânsito em julgado esteja em perfeita sintonia com a teleologia do processo do trabalho, não é fácil romper as barreiras concernentes à aplicação do regramento do processo civil. O manejo da técnica da supletividade apresenta-se como uma solução adequada para implementar um procedimento executório provisório abrangente para o direito processual do trabalho.

É relevante mencionar que, mesmo antes da edição do NCPC, verificou-se uma evolução significativa do instituto da execução provisória no processo civil. A partir da edição da Lei n. 10.444, de 07 de maio de 2002[18], a regulação da execução provisória no âmbito do processo civil modificou de maneira contundente os impedimentos outrora expostos, trazendo: a) a possibilidade de desencadeamento da execução provisória sem a necessidade de caucionamento; b) a exigência do caucionamento apenas para a prática de atos de transferência de domínio; c) a possibilidade de dispensa da prestação de caução quando a obrigação, objeto da execução, fosse inferior a sessenta salários mínimos e o exequente demonstrasse se encontrar em "estado de necessidade".

As mudanças, no entanto, não pararam por aí. O direito processual civil, continuando no ritmo frenético de mudanças, foi novamente alterado pela Lei n. 11.232, de 22 de dezembro de 2005. Tratou-se de norma emblemática que instituiu uma nova sistemática de condução da tutela executiva referente aos títulos judiciais, eliminando a formação de uma nova relação processual. As alterações promovidas pela mencionada lei foram de grande profundidade em relação à tutela executiva, principalmente quanto aos títulos executivos representados pelas sentenças ou acórdãos. O arcabouço normativo trazido pela Lei n. 11.232/2005, no que concerne à execução provisória, trouxe alterações bem modestas e pontuais, sendo apenas digna de destaque a possibilidade de dispensa de prestação de caução para a prática de atos de transferência de domínio na pendência de agravo de instrumento em face de recurso extraordinário ou especial (CPC, art. 475-O, § 2º, II).

O NCPC manteve a estrutura da execução provisória legada pelo Código anterior, apenas modificado, de forma bem coerente, a nomenclatura do instituto para o **cumprimento provisório** da sentença, bem como procedendo a ajustes pontuais no procedimento (art. 517 e segs.[19]).

---

(16) "Art. 515. São títulos executivos judiciais, cujo cumprimento dar-se-á de acordo com os artigos previstos neste Título: I – as decisões proferidas no processo civil que reconheçam a exigibilidade de obrigação de pagar quantia, de fazer, de não fazer ou de entregar coisa;".

(17) É assim a Súmula n. 417, III do Tribunal Superior do Trabalho que não reconhece a possibilidade de penhora de direito no âmbito da execução provisória: "Em se tratando de execução provisória, fere direito líquido e certo do impetrante a determinação de penhora em dinheiro, quando nomeados outros bens à penhora, pois o executado tem direito a que a execução se processe da forma que lhe seja menos gravosa, nos termos do art. 620 do CPC."

(18) Com a edição da mencionada lei, o art. 588 do CPC passou a ter a seguinte redação: "Art. 588. A execução provisória da sentença far-se-á do mesmo modo que a definitiva, observadas as seguintes normas: I – corre por conta e responsabilidade do exeqüente, que se obriga, se a sentença for reformada, a reparar os prejuízos que o executado venha a sofrer; II – o levantamento de depósito em dinheiro, e a prática de atos que importem alienação de domínio ou dos quais possa resultar grave dano ao executado, dependem de caução idônea, requerida e prestada nos próprios autos da execução; III – fica sem efeito, sobrevindo acórdão que modifique ou anule a sentença objeto da execução, restituindo-se as partes ao estado anterior; IV – eventuais prejuízos serão liquidados no mesmo processo. § 1º No caso do inciso III, se a sentença provisoriamente executada for modificada ou anulada apenas em parte, somente nessa parte ficará sem efeito a execução. § 2º A caução pode ser dispensada nos casos de crédito de natureza alimentar, até o limite de 60 (sessenta) vezes o salário mínimo, quando o exequente se encontrar em estado de necessidade. "

(19) "Art. 520. O cumprimento provisório da sentença impugnada por recurso desprovido de efeito suspensivo será realizado da mesma forma que o cumprimento definitivo, sujeitando-se ao seguinte regime: I – corre por iniciativa e responsabilidade do exequente, que se obriga, se a sentença

O nosso problema inicial quanto à execução provisória trabalhista consiste na adequação procedimental da execução provisória laboral, especialmente em relação à sua profundidade. A sistemática da execução provisória vigente difere substancialmente daquela em curso quando do advento da consolidação de 1943. Não é aceitável, portanto, partir-se da premissa de que o diploma consolidado é autossuficiente quanto à regulação da execução provisória. De fato, o contido no art. 899 da CLT resume-se a identificar no âmbito do direito processual do trabalho a possibilidade de manejo do instituto da execução provisória. Ao se reportar à locução *"até a penhora"*, não se estabelece um limite instransponível para a continuidade do procedimento executório. O texto restringiu-se a adotar a sistemática vigente quando de sua edição, não sendo possível visualizar, no nosso entender, a fixação de qualquer elemento normativo definidor ou limitador da prática dos atos relativos à execução provisória.

Não se argumente que, em se tratando de atos executivos, a regra de subsidiariedade é aquela preconizada pelo art. 889 da CLT, que prevê a aplicação da lei dos executivos fiscal (hoje em dia a Lei n. 6.830, de 22 de setembro de 1980). A premissa é absolutamente equivocada tendo em vista que a execução fiscal é baseada em título extrajudicial e essa modalidade de título é incompatível com o instituto da execução provisória. Logo é inócua qualquer pretensão de se buscar no art. 889 da CLT a resposta para a flagrante incompletude do sistema normativo trabalhista em relação à matéria atinente à execução provisória.

Sabe-se, por outro lado, que a matéria não é pacífica entre os doutrinadores que insistem em reconhecer que a CLT, em seu art. 899, apresenta uma limitação para a execução provisória trabalhista, mesmo após as alterações promovidas no âmbito da legislação processual civil[20]. Não vislumbro, no entanto, como conceber qualquer tipo de autonomia reguladora ao referido dispositivo legal.

Não se deve deixar de perceber que a inserção do mencionado dispositivo se operou no âmbito da descrição dos efeitos atribuídos aos recursos trabalhistas, sem se vislumbrar qualquer objetivo do legislador em regulamentar a questão de fundo. Ora, a CLT não dedicou um único dispositivo legal ao regramento procedimental da execução provisória, permanecendo inerte quanto aos requisitos e ao rito do ato processual respectivo. Note-se que essa espécie de normatização referencial está presente em várias passagens do texto consolidado, como é o caso das liquidações por arbitramento e por artigos (art. 879, *caput*) e da penhora (art. 883). Nessas situações o texto legal trabalhista se reporta expressamente aos referidos institutos, todavia não apresenta qualquer tipo de regramento específico, relegando-se à legislação processual comum o detalhamento da questão. Trata-se, portanto, de situação própria para a aplicação da supletividade preconizada pelo NCPC, art. 15.

A normatização processual da CLT é escassa e dessa realidade não podemos nos afastar. Essa escassez de regramentos, no entanto, não retira a importância e a autonomia do direito processual do trabalho que, a despeito do laconismo e da imprecisão de suas normas, permanece avançada em relação ao direito processual civil. A autonomia do direito processual do trabalho, no entanto, não pode servir de empecilho para que o intérprete direcione o sentido da norma jurídica à realidade vigente. É, por conseguinte, ilusório o argumento de que a consolidação apresenta regramentos e limites para a execução provisória. A postura do legislador é absolutamente omissa em

---

for reformada, a reparar os danos que o executado haja sofrido; II – fica sem efeito, sobrevindo decisão que modifique ou anule a sentença objeto da execução, restituindo-se as partes ao estado anterior e liquidados eventuais prejuízos nos mesmos autos; III – se a sentença objeto de cumprimento provisório for modificada ou anulada apenas em parte, somente nesta ficará sem efeito a execução; IV – o levantamento de depósito em dinheiro, a prática de atos que importem transferência de posse ou alienação de propriedade ou de outro direito real, ou dos quais possa resultar grave dano ao executado dependem de caução suficiente e idônea, arbitrada de plano pelo juiz e prestada nos próprios autos. § 1º No cumprimento provisório da sentença, o executado será intimado para apresentar impugnação, se quiser, nos termos do art. 525. § 2º A multa a que se refere o § 1º do art. 523 é devida no cumprimento provisório de sentença condenatória ao pagamento de quantia certa. § 3º Se o executado comparecer tempestivamente e depositar o valor, com a finalidade de isentar-se da multa, o ato não será havido como incompatível com o recurso por ele interposto. § 4º O retorno ao estado anterior, a que se refere o inciso II, não implica o desfazimento da transferência de posse ou da alienação de propriedade, ou de outro direito real, eventualmente já realizada, ressalvado, sempre, o direito à reparação dos prejuízos causados ao executado. § 5º Ao cumprimento provisório de sentença que reconheça obrigação de fazer, não fazer ou dar coisa aplica-se, no que couber, o disposto neste Capítulo. Art. 521. A caução prevista no inciso IV do art. 520 poderá ser dispensada nos casos em que: I – o crédito for de natureza alimentar, independentemente de sua origem; II – o credor demonstrar situação de necessidade; III – pender o agravo do art. 1.042; IV – a sentença a ser provisoriamente cumprida estiver em consonância com súmula da jurisprudência do Supremo Tribunal Federal ou do Superior Tribunal de Justiça ou em conformidade com acórdão proferido no julgamento de casos repetitivos. Parágrafo único. A exigência de caução será mantida quando da dispensa possa resultar manifesto risco de grave dano de difícil ou incerta reparação. Art. 522. O cumprimento provisório da sentença será requerido por petição dirigida ao juízo competente. Não sendo eletrônicos os autos, será acompanhada de cópias das seguintes peças do processo, cuja autenticidade poderá ser certificada pelo próprio advogado, sob sua responsabilidade pessoal: I – decisão exequenda; II – certidão de interposição do recurso não dotado de efeito suspensivo; III – procurações outorgadas pelas partes; IV – decisão de habilitação, se for o caso; V – facultativamente, outras peças processuais consideradas necessárias para demonstrar a existência do crédito."

(20) Vide GILGIO, Wagner. Direito processual do trabalho, 15. ed. São Paulo: Saraiva, 2005, p. 534; TEIXEIRA FILHO, Manoel Antônio. Execução no processo do trabalho, 7. ed. São Paulo: LTr, 2001, p. 207/210; MALLET, Estêvão. O processo do trabalho e as recentes modificações do código de processo civil. *In:* Revista LTr, v. 70, n. 06, p. 668-675. São Paulo: LTr, 2006, p. 670.

relação à regulação do instituto e, repito, limitou-se a fazer uma breve remissão ao texto processual civil vigente à época. É importante observar que não se trata de opinião recente ou isolada, pois se identifica, no âmbito doutrinário, pronunciamento de renomados juslaboralistas defendendo a integral aplicação do processo civil em matéria de execução provisória[21].

A expressão "*até a penhora*" teve apenas a finalidade de esclarecer o conteúdo da execução provisória e a impossibilidade, na época, de permitir a prática de atos de transferência patrimonial. O marco normativo a ser observado é aquele presente na legislação processual civil, fonte subsidiária do processo do trabalho. É lógico que a observância desse marco normativo não afasta as peculiaridades do direito processual do trabalho, o que significa dizer que o disposto no NCPC, art. 520 e segs. é plena e totalmente aplicável ao direito processual do trabalho[22].

No âmbito do direito processual civil, a execução provisória tem início pela provocação da parte interessada, não sendo possível a provocação de ofício pelo juiz (NCPC, art. 520, I). Esse viés procedimental, no entanto, não pode ser transmitido automaticamente ao direito processual do trabalho. É característica marcante e indelével do processo do trabalho a postura inquisitorial do Juiz do Trabalho, podendo adotar as medidas que entenda necessárias para a concretização da tutela jurisdicional (CLT, art. 765). O caráter dinâmico e proativo da prestação jurisdicional trabalhista apresenta-se de maneira ainda mais contundente quando nos deparamos com a tutela executiva. É que, em se tratando de desencadeamento dessa fase procedimental, há previsão expressa de atuação de ofício do Juiz, não só para iniciar o procedimento de liquidação (CLT, art. 879), como também da própria prática dos atos executivos (CLT, 878)[23].

Vê-se, pois, que a atividade jurisdicional, nos limites da tutela executiva, não se exaure no simples desencadeamento dos atos de concretização do comando constante no título executivo. Envolve igualmente a prática de todos os atos executórios necessários à integral prestação da tutela jurisdicional.

Não é demais mencionar que o impulso oficial para a prestação da tutela jurisdicional de cunho executivo consagrou-se como característica intrínseca do direito processual do trabalho, quando da previsão da possibilidade de execução de ofício das contribuições previdenciárias decorrentes das sentenças proferidas pela Justiça

---

(21) Nesse particular, merece destaque a lição do juslaboralista baiano José Augusto Rodrigues Pinto, *verbis*: "[...] sustentamos que, por aplicação subsidiária da lei formal comum, inteiramente compatível com a índole da trabalhista, também na execução provisória de sentenças proferidas em dissídios individuais se deve ir até o último dos atos de constrição, a sentença que julga a execução, vedada apenas a prática de atos processuais de alienação do patrimônio do devedor." *In*: **Execução trabalhista, 11. ed.** São Paulo: LTr, 2006, p. 72.

(22) A jurisprudência do Tribunal Superior do Trabalho não tem se mostrado receptiva a essa forma visão ampliativa da execução provisória, conforme se vê da seguinte ementa: AGRAVO. AGRAVO DE INSTRUMENTO. [...]. ART. 475-O DO CPC. INCOMPATIBILIDADE COM O PROCESSO DO TRABALHO. DEMONSTRADO NO AGRAVO DE INSTRUMENTO QUE O RECURSO DE REVISTA PREENCHIA OS REQUISITOS DO ART. 896 DA CLT, DÁ-SE PROVIMENTO AO AGRAVO DE INSTRUMENTO, PARA MELHOR ANÁLISE DE VIOLAÇÃO DO ART. 475-O DO CPC, SUSCITADA NO RECURSO DE REVISTA. AGRAVO DE INSTRUMENTO PROVIDO. RECURSO DE REVISTA. [...] 3. Levantamento de depósito recursal. Art. 475-O do CPC. Incompatibilidade com o processo do trabalho. A dt. 3ª turma desta corte superior compreende que, por existir previsão expressa na CLT acerca da execução provisória até a penhora, não se admite a aplicação subsidiária do art. 475-O do CPC. Ressalva de entendimento do relator. Recurso de revista conhecido e provido, no aspecto. (TST; RR 0002440-86.2009.5.03.0149; Terceira Turma; Rel. Min. Mauricio Godinho Delgado; DEJT 04/04/2014; p. 776)".

A questão, entretanto, ganha contornos diferenciadas quando é apreciada pelo Tribunais Regionais do Trabalho, conforme seguintes julgados: "EXECUÇÃO PROVISÓRIA. LIBERAÇÃO DE CRÉDITO AO EXEQUENTE. O art. 899 da CLT, ao permitir a execução provisória até a penhora, harmoniza-se com a previsão da Lei n. 11.232/2005, que introduziu o art. 475-O ao CPC, aplicado subsidiariamente ao processo trabalhista, por força do art. 769 da CLT. Aliás, este Regional já manifestou posicionamento favorável à liberação de valores em sede de execução provisória, ao editar a Súmula n. 10, fazendo referência ao art. 588, II, § 2º, do CPC, o qual permitia o levantamento de depósito em dinheiro, sem caução, nos casos de crédito de natureza alimentar, até o limite de 60 (sessenta) vezes o salário mínimo, quando o exequente se encontrar em estado de necessidade. (TRT 6ª R.; AP 0110400-43.2009.5.06.0012; Quarta Turma; Relª Desª Gisane Barbosa de Araújo; Julg. 27.06.2013; DOEPE 08.07.2013)"

"RECURSO DA RECLAMANTE. LEVANTAMENTO DE DINHEIRO EM EXECUÇÃO PROVISÓRIA ATÉ O VALOR DE 60 SALÁRIOS MÍNIMOS. ART. 475-O DO CPC. POSSIBILIDADE DE APLICAÇÃO NO PROCESSO TRABALHISTA. É perfeitamente compatível com o processo do trabalho o disposto nos incisos do § 2º do art. 475-O do CPC em razão da relevante função social da execução trabalhista e do indiscutível caráter alimentar do crédito vindicado. Além disso, o art. 899, § 1º, da CLT, ao prever a hipótese de levantamento de dinheiro em execução provisória, abre espaço para aplicação do CPC, com vistas ao preenchimento de lacunas, complementando a execução provisória na seara trabalhista. Agravo de petição a que se dá provimento parcial. Recurso da reclamada: contribuições previdenciárias. Multa e juros de mora. Incidência. A teor da Súmula n. 14 deste regional, considera-se como fato gerador da contribuição previdenciária a prestação dos serviços, pelo que sobre ela devem incidir os juros de mora e a multa prevista no art. 35 da Lei n. 8.212/91 c/c o art. 61 da Lei n. 9.430/96. Agravo de petição a que se nega provimento. (TRT 13ª R.; AP 0054000-51.2008.5.13.0011; Segunda Turma; Rel. Des. Edvaldo de Andrade; Julg. 04/02/2014; DEJTPB 07/02/2014; Pág. 19)

(23) Segundo preleciona Manoel Antônio Teixeira Filho, "[...] quando a norma processual trabalhista (CLT, art. 878, caput) atribui ao juiz o poder-faculdade de promover a execução, não se deve pensar que essa iniciativa judicial se esgota no ato de dar início a esse processo, se não se estende ao conjunto dos atos integrantes do procedimento executivo – exceto se , em dado momento, a atuação da parte for indispensável." *In*: Execução no processo do trabalho, 7. ed. São Paulo: LTr, 2001. p. 141-142.

do Trabalho. A instituição dessa providência executória *ex officio* deu-se, inicialmente, por intermédio da Emenda Constitucional n. 20, de 15 de dezembro de 1998, que acresceu o parágrafo terceiro ao antigo art. 114 do texto constitucional. A Emenda Constitucional n. 45, de 08 de dezembro de 2004 manteve a mesma redação do dispositivo apenas procedendo ao deslocamento para o atual inciso VIII do art. 114.

A autoprovocação da tutela executiva é, portanto, procedimento típico e específico do direito processual do trabalho. Trata-se de característica absolutamente ausente no direito processual civil que, mesmo eliminando com maestria a necessidade de um procedimento autônomo para a execução de títulos judiciais, manteve a exigência de provocação do devedor (NCPC, art. 523, *caput*[24]) como requisito para a concretização da tutela executiva. Essa particularidade prevista no âmbito do processo laboral não se esvai pela simples aplicação subsidiária das normas de direito processual comum, que deverá preservar as características essenciais do regramento trabalhista (CLT, art. 765). Esse fato, por si só, já afasta a infundada preocupação externada por alguns juristas quanto ao pretenso desvirtuamento do direito processual do trabalho pela aplicação ostensiva do direito processual civil. Alguns caracteres são elementares ao processo do trabalho e sempre serão preservados, a despeito da profunda evolução ocorrida nos fundamentos do processo civil brasileiro.

Ora, se a autoprovocação da tutela é admissível no âmbito da execução dita definitiva, qual é a razão de não ser possível em sede de execução provisória? Frise-se que, do ponto de vista ontológico, não há qualquer distinção entre as execuções provisória e definitiva. Ambas implicam a prática de atos sub-rogatórios buscando a satisfação da pretensão reconhecida em juízo. Apenas a possibilidade de suspensão dos atos executórios e de reversibilidade do conteúdo do título executivo estabelecem o marco divisório entre as espécies de execução acima citadas. Se não existem distinções essenciais nas modalidades executivas, não há fundamento lógico para se vedar a autoprovocação da tutela executiva provisória.

Não se argumente que essa possibilidade não é contemplada pelo direito processual civil, conforme preceitua o NCPC, art. 520, I. Esse não é o argumento essencial para se afastar a provocação de ofício da execução provisória, posto que, conforme já afirmamos, no ambiente do direito processual do trabalho a autoprovocação da tutela executiva ostenta a qualidade de característica essencial. Não se vislumbra, por conseguinte, qualquer óbice para que seja aplicado à sistemática da execução provisória trabalhista o contido na CLT, art. 878, tendo início o procedimento executivo precário por determinação do Juízo.

Além de postergar a exigência da caução para a concretização das fases finais da liquidação, a normatização vigente da execução provisória cível preconiza quatro hipóteses de dispensa da prestação de garantia por parte do exequente (NCPC, art. 521). A legislação processual civil descreve as situações em que, a despeito da provisoriedade da execução, é possível concretizarem-se integralmente os atos executórios, mesmo sem garantia dada pelo credor.

Trata-se de medida extremamente lúcida e sintonizada com uma realidade processual que necessita se apresentar dinâmica e efetiva. Ao se impedir a implementação integral dos atos executórios com a finalidade de se aguardar o pleno exaurimento das instâncias recursais, estar-se-ia atribuindo exclusivamente ao credor o ônus pelo retardo processual. O direito processual contemporâneo busca, de certa forma, ratear entre o autor e o réu os contratempos pela demora na prestação jurisdicional que, na maioria das vezes, ocorre pelo manejo desnecessário de medidas defensivas.

Assim, ao se tornar relativa a exigência de garantia para a continuidade da execução provisória, o direito processual faz com que o retardo na obtenção da coisa julgada não seja situação beneficiadora apenas do executado. Distribuem-se, de forma equânime, entre credor e devedor os resultados indesejados da manipulação excessiva e irracional dos meios recursais. Generalizar essa possibilidade é, portanto, medida que visa a integralizar o ideal de efetividade da prestação jurisdicional em relação a todos os envolvidos na relação processual. Essa constatação ganha ainda mais pujança quando nos defrontamos com a tutela executiva decorrente de título judicial, já devidamente referendado pelo poder judiciário. Permitir que apenas venham a ser prevenidos os danos causados ao devedor é, no mínimo, solapador do princípio da isonomia tão eloquentemente descrito no *caput* do art. 5º da CF.

A legislação processual civil permite que sejam praticados todos os atos executivos de desapossamento e de conversão quando o devedor prestar caução (NCPC, art. 520, III). No entanto, admite a legislação processual civil que, mesmo sem a garantia oferecida pelo exequente, os atos executivos possam envolver ações relativas à alienação do patrimônio penhorado, bem como o próprio levantamento, por parte do exequente, dos valores depositados. Essa dispensa do caucionamento só poderá ser observada em quatro situações bem delimitadas pelo legislador (NCPC, art. 521).

---

(24) "Art. 523. No caso de condenação em quantia certa, ou já fixada em liquidação, e no caso de decisão sobre parcela incontroversa, o cumprimento definitivo da sentença far-se-á a requerimento do exequente, sendo o executado intimado para pagar o débito, no prazo de quinze dias, acrescido de custas, se houver."

A primeira hipótese diz respeito à própria natureza do crédito objeto da condenação. Tratando-se de obrigações de caráter alimentar, **de qualquer natureza**, é dispensada a prestação da caução para continuidade da execução provisória (NCPC, art. 521, I). Nesse caso, o legislador foi enfático e genérico ao permitir a possibilidade de continuidade da execução provisória quando o crédito se revestir de caráter, independentemente da situação específica do credor. A norma é eloquente ao informar que a inexigibilidade de caução se refere a todo crédito de natureza alimentar, cujo conceito, por óbvio, inclui os créditos trabalhistas.

Há uma profunda modificação na abordagem procedida pelo NCPC, na medida em que, ao contrário do que se estabelecia desde a implementação da Lei n. 10.444/2002, não é preciso ao devedor demonstrar a existência de **estado de necessidade**. Tal condição, com a vigência do NCPC, ostenta um inciso autônomo (NCPC, art. 521, II) que, como veremos adiante, permite a dispensa da caução, independentemente da natureza do crédito.

A aplicação dessa hipótese ao processo do trabalho deveria ser entendida como uma consequência natural do caráter tuitivo da execução laboral. Tendo o crédito trabalhista uma natureza essencialmente alimentar, a possibilidade de execução provisória plena, sem a exigência de caucionamento, não seria exceção, mas regra geral no nosso direito processual. Ressalve-se que as restrições e jurisprudenciais, quanto à aplicação do mencionado dispositivo legal ao processo do trabalho, exaurem-se nas alegações de que a matéria é tratada pela legislação trabalhista, não podendo a execução ultrapassar a fase da penhora, conforme dicção da CLT, art. 899[25], tese essa refutada anteriormente. Ultrapassada essa objeção, vê-se que o dispositivo em questão se apresenta em plena sintonia com o direito processual do trabalho, tendo em vista não existir nada mais *alimentar* do que o crédito trabalhista. Proveniente da alienação da força de trabalho, as condenações trabalhistas enquadram-se perfeitamente no perfil do crédito judicial de caráter alimentar.

Finalmente, o NCPC promoveu um significativo avanço em relação ao tema, pois expurgou qualquer limitação do valor do crédito alimentar exequendo. Na sistemática anterior, limitava-se a dispensa de caucionamento às execuções de até sessenta salários mínimos (CPC, art. 475-O, § 2º, I). Hoje esse limite não mais existe, tendo em vista a necessidade de evolução da sistemática de execuções de créditos de natureza alimentar. Mesmo assim, permanece o direito processual do trabalho, de linha mais ortodoxa, no firme propósito de excluir da sistemática laboral esses substanciais avanços.

Não visualizamos qualquer impedimento quanto à aplicação da mencionada excludente ao direito processual do trabalho. Constatado o enquadramento do crédito trabalhista na hipótese preconizada pela legislação processual, a execução provisória concretiza-se, com a ampla possibilidade de serem praticados atos de alienação patrimonial e de levantamento de numerário. Observe-se, entretanto, que a ausência de liquidez do provimento jurisdicional não é óbice para que se inicie a prática dos atos de índole executória. Nesse caso, a efetivação dos atos iniciais de execução provisória será precedida da liquidação do julgado, nos precisos termos da CLT, art. 879, tendo em vista que tais atos não dependem de prestação de caução para a sua realização. Após a liquidação do feito, diante do valor encontrado, deliberará o Juiz se a execução provisória continuará em relação aos atos de disposição patrimonial, mesmo sem a prestação de caução.

---

(25) Assim têm sido os julgados do TST em relação ao tema:
"RECURSO DE REVISTA. RESPONSABILIDADE SUBSIDIÁRIA. RECURSO DE REVISTA. RESPONSABILIDADE SUBSIDIÁRIA. O inadimplemento das obrigações trabalhistas, por parte do empregador, implica a responsabilidade subsidiária do tomador dos serviços quanto àquelas obrigações, desde que haja participado da relação processual e conste também do título executivo judicial. (Súmula n. 331, IV, desta corte). Recurso de revista não conhecido. Liberação dos valores dos depósitos recursais execução provisória. Inaplicabilidade do art. 475-O do CPC. Esta corte superior já firmou o entendimento de que o art. 475-O do CPC é inaplicável subsidiariamente ao processo do trabalho, ante a expressa disposição do art. 899, *caput* e § 1º da CLT, que, além de limitar a execução provisória até a penhora, regula as circunstâncias (tempo e modo) em que se dará o levantamento do depósito recursal mediante simples despacho do juiz, após o trânsito em julgado da decisão. Sendo assim, o dispositivo celetário dispõe expressamente sobre a execução provisória, não havendo margem para o prosseguimento de atos que envolvam a liberação de eventual depósito em dinheiro de forma do art. 475-O do CPC. Precedentes. [...] Recurso de revista conhecido e provido. (TST; RR 0175700-76.2009.5.03.0030; Segunda Turma; Rel. Min. Renato de Lacerda Paiva; DEJT 05.12.2014)"
"ANÁLISE CONJUNTA DOS RECURSOS DE REVISTA INTERPOSTOS PELAS RECLAMADAS (SPAL INDÚSTRIA BRASILEIRA DE BEBIDAS S. A. E REFRIGERANTES MINAS GERAIS LTDA.). APLICABILIDADE DO ART. 475-O DO CPC AO PROCESSO DO TRABALHO. I. Na sistemática processual trabalhista, cabe a aplicação de norma processual de caráter supletivo somente quando duas condições simultâneas se apresentam: a) há omissão na CLT quanto à matéria em questão; e b) há compatibilidade entre a norma aplicada e os princípios do direito do trabalho. II. Nos termos do § 1º do art. 899 da CLT, transitada em julgado a decisão recorrida, ordenar-se-á o levantamento imediato da importância de depósito, em favor da parte vencedora, por simples despacho do juiz. O depósito recursal tem por finalidade a garantia do juízo, para assegurar o futuro cumprimento da decisão definitiva proferida na reclamação trabalhista e somente poderá ser liberado em favor da parte vencedora no momento em que houver o seu trânsito em julgado. Portanto, não faz parte da execução provisória a liberação dos valores correspondentes ao depósito recursal antes do trânsito em julgado da decisão condenatória. Assim, a matéria disciplinada no art. 475-O do CPC possui regra própria no processo do trabalho (art. 899 da CLT), o que impede a sua aplicação subsidiária ao caso em debate, nos termos do art. 769 da CLT. III. Recursos de revista de que se conhece e a que se dá provimento. [...]." (TST; RR 0140200-64.2009.5.03.0024; Rel. Min. Fernando Eizo Ono; DEJT 14.11.2014.

O NCPC procedeu a uma modificação substancial no seu texto, no que concerne ao reconhecimento da dispensa de caução para os créditos alimentares, pois exclui a obrigatoriedade de demonstração do **estado de necessidade** do credor. Na redação atual, a existência da mencionada condição consubstancia-se em hipótese autônoma de dispensa de caução e não mais se vincula à natureza do crédito exequendo.

O termo manejado pelo legislador, no entanto, não se apresenta unívoco. Expressão idêntica já constava do texto do CPC anterior Lei n. 11.232/2005, tendo a mencionada norma modificado-a para **situação de necessidade** (CPC, art. 475-O, § 2º, I, *in fine*). Estado ou situação, o certo é que o legislador não foi feliz ao estabelecer a obrigatoriedade, na época, de o credor demonstrar que passa por privações para poder exigir do devedor a satisfação de seu crédito alimentar. Tratava-se realmente de uma situação paradoxal, posto que, mesmo reconhecendo a necessidade de rapidez na concretização do crédito de índole alimentar, se exigia do credor a demonstração inequívoca de que esteja passando por privações. A necessidade premente é decorrência da própria natureza do crédito e o fato de eventualmente o devedor não depender daqueles recursos para o atendimento de suas necessidades básicas não tem o condão de retirar a essencialidade dos créditos guerreados.

Em se tratando de créditos alimentares reconhecidos no âmbito da Justiça do Trabalho, a ocorrência da *situação de necessidade* é praticamente inerente aos demandantes. A realidade social espelhada pela Justiça do Trabalho demonstra que aqueles que esperam anos pela integralização de seus *créditos alimentares* normalmente estão desempregados ou, quando muito, submetidos a subempregos, tendo em vista a pouca expectativa de retornarem ao mercado de trabalho formal. A existência de *estado de necessidade* é uma característica indelével do exequente da Justiça do Trabalho, sendo exceção a plenitude da capacidade econômica em tais situações. É sob essa ótica que se deve debruçar o magistrado, presumindo a existência da necessidade premente do exequente e indeferindo a postulação de continuidade da execução provisória apenas naquelas hipóteses nas quais se escancara a higidez econômica do postulante.

Acontece que, no regime atual do NCPC, o reconhecimento do estado de necessidade enseja, por si só, hipótese de dispensa de caução para continuidade da execução provisória. Dentro de uma interpretação sistêmica, conclui-se que a demonstração do estado de necessidade será feita em face dos créditos exequendos **não dotados de natureza alimentar**. Esse fato, por si só, já demonstra o pouquíssimo uso do instituto no processo do trabalho.

A Lei n. 11.232/2005 trouxe uma salutar modificação na sistemática da execução provisória civil, ao admitir a dispensa de caucionamento quando o recurso que torna a execução provisória seja agravo de instrumento manejado contra despacho denegatório de subida de recurso especial ou extraordinário (CPC, art. 475-O, § 2º, II). O NCPC assimilou as mesmas diretrizes do revogado CPC, no entanto estipulou as hipóteses de dispensa de caucionamento a partir do novo sistema adotado para o sistema recursal cível.

Nessa perspectiva, dispensa-se a prestação de caução quando pender agravo de instrumento na hipótese elencadas no NCPC, art. 1.042[26]. A situação anteriormente prevista no CPC também dizia respeito à pendência de agravo de instrumento perante o STF e o STJ, porque, de acordo com aquela norma processual, da mesma forma como ocorre hoje em dia[27], há pleno exercício da admissibilidade pelo tribunal *a quo*. O regramento do NCPC não apresenta qualquer problema de adequação da norma trabalhista, pois, existe, no processo do trabalho, a possibilidade de incidente de recursos repetitivos (CLT, art. 896-B e o exercício do juízo de admissibilidade pelo presidente do Tribunal Regional do Trabalho (CLT, art. 896, § 1º). Assim, quando o juízo de admissibilidade do recurso de revista for negativo, cabe a interposição do agravo de instrumento (CLT, art. 897, *b*).

O uso excessivo de recursos de natureza extraordinária perante os nossos tribunais superiores é uma das causas principais para o congestionamento do poder judiciário. Essa verdadeira banalização dos recursos certamente representou a principal motivação para que se procedessem às modificações legislativas acima descritas, pois torna menos atrativo o retardo na tramitação dos feitos, tendo em vista a possibilidade de o devedor impulsionar a execução até seus últimos atos.

Nesta hipótese de dispensa do caucionamento, não é necessário pesquisar a natureza ou o montante da execução, bastando a pendência de agravo de instrumento onde se discuta a decisão que trancou o recurso de natureza extraordinária. É imperioso destacar que a tessitura da execução provisória na pendência de recurso extraordinário não é diferente daquela processada na pendência

---

(26) "Art. 1.042. Cabe agravo contra decisão do presidente ou do vice-presidente do tribunal recorrido que inadmitir recurso extraordinário ou recurso especial, salvo quando fundada na aplicação de entendimento firmado em regime de repercussão geral ou em julgamento de recursos repetitivos."

(27) A redação original do NCPC, promulgada primitivamente pela Lei n. 13.105, de 16 de março de 2015, estabelecia o fim o exercício do juízo de admissibilidade nos tribunais de origem, na hipótese de **recursos especial e extraordinário**. Antes mesmo da entrada em vigor do NCPC, o tema foi modificado pela Lei n. 13.256, de 04 de fevereiro de 2016 que reestabeleceu a admissibilidade pelo juízo *a quo* nos recursos cíveis de natureza extraordinária.

dos outros recursos. A falta de pronunciamento definitivo nos recursos endereçados aos tribunais superiores impede o trânsito em julgado da decisão e a consequente definitividade da tutela executiva. O que preconiza a legislação processual civil é, tão somente, a dispensa do caucionamento quando a parte, diante da negativa de seguimento recurso, intenta agravo de instrumento.

Configurando-se a hipótese apresentada, a atividade executiva, mesmo sendo de caráter provisório, implica a autorização da prática de atos de alienação ou levantamento de numerário.

Essa salutar inovação é plenamente aplicável à sistemática do direito processual, inclusive com alargamento de seu cabimento, tendo em vista não contrariar qualquer tipo de garantia ou característica basilar deste ramo da processualística. Não se argumente que o texto do NCPC, art. 520, III se reporta expressamente a modalidades recursais alheias ao direito processual do trabalho. Na verdade, o legislador procedeu à indicação de recursos de natureza extraordinária manejáveis perante o direito processual civil. É certo que, no âmbito do direito processual do trabalho, não é possível o manejo do recurso especial, no entanto este ramo da processualística também ostenta um meio recursal de natureza extraordinária, ou seja, o recurso de revista (CLT, art. 896). Ressalte-se que a função exercida pelo recurso de revista no âmbito do processo do trabalho é até mais ampla do que aquela exercida pelo recurso especial na sistemática do processo civil. As hipóteses de cabimento do recurso de revista envolvem a divergência jurisprudencial (CLT, art. 896, *a* e *b*), a violação de lei federal (CLT, art. 896, *c*) e a afronta ao texto constitucional (CLT, art. 896, *c*). Já no âmbito do recurso especial, as hipóteses de cabimento limitam-se à divergência jurisprudencial (CF, art. 105, III, *c*) e à validade de legislação federal e de tratado internacional (CF, art. 105, III, *a* e *b*).

A única distinção entre as modalidades recursais reside no fato de que, no âmbito do recurso especial, não é possível a discussão da matéria constitucional, enquanto que, no recurso de revista, o maltrato do texto constitucional faz parte de seu conteúdo. Essas diferenças pontuais não são capazes de afastar a aplicação subsidiária do processo civil.

O mencionado problema, no entanto, não existe em relação ao recurso extraordinário, tendo em vista que esta modalidade recursal exerce no âmbito da justiça do trabalho as mesmas funções desempenhadas nos limites dos demais ramos do poder judiciário (CF, art. 102, III, *a* e *b*).

Além do mais, sob a ótica do direito processual do trabalho, a única função exercida pelo agravo de instrumento é exatamente atacar a decisão interlocutória que nega seguimento a recurso (CLT, art. 897, *b*). Vê-se, portanto, que não há qualquer tipo de incompatibilidade para a absorção deste procedimento ao direito processual do trabalho.

Do ponto de vista estritamente prático, a condução da execução provisória na pendência do agravo de instrumento é procedimento amplamente facilitado pela desnecessidade de formação de autos suplementares. A execução processar-se-á no âmbito dos autos principais, que permanecem perante o órgão competente para a prática dos atos processuais de cunho executório.

Nessa situação, existe a possibilidade de reforma do julgado e, consequentemente, evidencia-se o risco de modificação do título lastreador da execução, o que tornaria o provável desfazimento da execução um argumento relevante para a sustação dos atos executórios de caráter provisório. Observe-se, por outro lado, que a situação acima relatada não é corriqueira no âmbito da Justiça do Trabalho. A maioria esmagadora dos recursos submetidos à análise do Tribunal Superior do Trabalho não consegue a reforma das decisões proferidas pelas instâncias inferiores.

Da mesma forma, o mero temor de o credor beneficiado pela execução provisória não poder ressarcir os valores recebidos após a reforma da decisão não justifica o indeferimento da dispensa do caucionamento. A possibilidade de não existir patrimônio capaz de garantir a obrigação é risco inerente à própria atividade executiva. Ora, o credor, no âmbito da atividade executiva, não tem certeza quanto ao recebimento do seu crédito, tendo em vista que a insolvência do devedor torna inócua a tutela executiva. Mesma situação enfrentará o devedor que, diante da reforma do julgado lastreador da execução, busque a devolução dos valores recebidos pelo credor em sede de execução provisória. Caso não exista patrimônio para a satisfação do crédito revertido, há de se conformar com a impossibilidade de concretização da execução. Infelizmente será mais uma ação adicionada na triste estatística dos créditos não adimplidos perante a Justiça do Trabalho.

A análise da possibilidade de ocorrência de dano deve ser aferida *in concreto* pelo magistrado, em função da matéria debatida em sede de recurso de natureza extraordinária. O perigo da irreversibilidade da situação criada pela execução provisória deverá ser avaliado do ponto de vista processual e não levando em consideração a pujança econômica do devedor e a possibilidade de um eventual ressarcimento dos valores, porventura, recebidos. A irreversibilidade não deve ser, nesse caso, avaliada nos mesmo termos dos provimentos provisórios, nos quais se pontifica a própria instabilidade e a provisoriedade da medida[28].

---

(28) Como bem acentua José Roberto Bedaque, "Não tem caráter provisório e não guarda relação de instrumentalidade com outra tutela [...] Também inexiste nexo entre a execução provisória e eventual risco de inutilidade da tutela futura. O *periculum in mora*, embora possa justificar medidas de

O NCPC alargou as hipóteses de dispensa de caucionamento para a continuidade da execução provisória, pois a admitiu na situação de sentença proferida em conformidade com súmula do Supremo Tribunal Federal ou do Superior Tribunal de Justiça (art. 521, IV). Nesse caso, independentemente da fase recursal que se encontra o trâmite da ação, a execução provisória poderá continuar até seus atos finais de alienação ou liberação de dinheiro se o conteúdo da sentença for harmônico em relação à jurisprudência sumulada do STF ou STJ.

Não existe qualquer impedimento para se aplicar tal dispositivo ao processo do trabalho, devendo ser feito apenas um mero ajuste pontual. Sendo o órgão de *terceiro grau de jurisdição* da Justiça do Trabalho o TST e não o STJ, são as súmulas daquele órgão jurisdicional que autorizaram o prosseguimento da execução provisória. No entanto, a continuidade da execução provisória só poderá ser determinada em função **das matérias explicitamente abordadas pela súmula**. De toda forma, o reconhecimento da aplicação da hipótese do NCPC, art. 521, I certamente esvaziaria a situação do inciso IV, salvo se tratando de execuções previdenciárias ou de débitos fiscais de competência da Justiça do Trabalho.

Como já afirmamos anteriormente, a pendência do agravo de instrumento autoriza, de forma genérica, a plenitude dos atos executivos, sem a prestação de caução. Apenas se restar demonstrada a possibilidade de ocorrência de grave dano, cuja reparação seja improvável, o juízo obstará a continuidade da execução até seus trâmites finais. Esse prejuízo ou gravame deve ser demonstrado de maneira clara e inequívoca, pelo que a simples possibilidade de reforma dos julgados proferidos pelos órgãos jurisdicionais de primeiro e segundo graus não é suficiente para afastar a incidência do dispositivo legal em questão.

Ora, se pela análise do tema debatido no recurso manejado verificar-se a reduzida probabilidade de êxito no recurso de revista ou extraordinário, não se afigura o risco de se causar gravame ao devedor. Nesse mesmo sentido, caso a decisão proferida no âmbito da instância ordinária contrariar a jurisprudência dominante nos Tribunais Superiores, a probabilidade de êxito afigura-se palpável, sendo recomendável o indeferimento da continuidade da execução.

Não sendo a execução provisória uma **tutela provisória**, a irreversibilidade dos atos jurisdicionais não pode ser aferida nos mesmos moldes desse instituto. Ou seja, não há de se mensurar a irreversibilidade no seu plano fático, mas sim estritamente processual. Logo, quando a legislação processual se reporta à incerteza e à dificuldade da reparação do dano proveniente da reversão do julgado (NCPC, 521, parágrafo único), ela não se refere à viabilidade econômica da reposição pecuniária por parte do devedor, mas sim à probabilidade de tal modificação ocorrer.

5. INSTRUMENTOS DE PRESERVAÇÃO DO INTERESSE DE TERCEIROS DIANTE DA FRAUDE DE EXECUÇÃO (NCPC, ART. 792, § 4º[29])

Há uma nítida preocupação do novo Código em preservar o interesse do terceiro adquirente de boa-fé diante da fraude de execução. Essa postura pode ter sido exacerbada, pois há um claro desvirtuamento da fraude de execução, mediante a revelação da tendência de se atribuir ao exequente o ônus de demonstrar a má-fé do terceiro adquirente.

Por outro lado, a nova codificação apresenta uma solução absolutamente interessante ao permitir a concretização do contraditório em face do terceiro adquirente. Nos termos do NCPC, art. 792, § 4º, a decretação da fraude de execução tem como pressuposto básico a prévia intimação do terceiro adquirente, a fim de que possa manejar os embargos de terceiro (NCPC, art. 674, § 2º, II[30]).

Não surtirá a fraude de execução os seus efeitos antes da intimação do terceiro adquirente, para que possa manejar os seus instrumentos de defesa, especialmente os embargos de terceiro. A ausência de notificação do terceiro implicará a nulidade absoluta da declaração de fraude de execução, pois, pela imperatividade do dispositivo legal em análise, trata-se de pressuposto de validade da decretação de ineficácia do negócio jurídico impugnado pelo credor.

Observe-se que o mencionado pressuposto é aplicável a qualquer das hipóteses de cabimento da fraude de execução, mesmo quando houver a devida averbação da execução ou da hipoteca judiciária. A norma não fez qualquer distinção, pois o seu objetivo fundamental é a garantia do contraditório para o adquirente.

Não vislumbramos qualquer incompatibilidade do novo dispositivo legal com o processo do trabalho. Mesmo

---

natureza não cautelar, é requisito inafastável dessa modalidade de tutela urgente [...] Para explicar-se a execução provisória não se leva em consideração esse elemento. Pensa tão-somente na eficácia imediata da sentença ainda sujeita a recurso, o que se deve a mera opção político-legislativa, e na conveniência de não permitir que ela gere efeitos no plano material enquanto não se tornar definitiva." *In*: **Tutela cautelar e tutela antecipada: tutelas sumárias e de urgência (tentativa de sistematização)**, 3. ed. São Paulo: Malheiros, 2003. p. 403.

(29) "Art. 792. § 4º Antes de declarar a fraude à execução, o juiz deverá intimar o terceiro adquirente, que, se quiser, poderá opor embargos de terceiro, no prazo de quinze dias."

(30) "Art. 674. Quem, não sendo parte no processo, sofrer ameaça de constrição ou constrição sobre bens que possua ou sobre os quais tenha direito incompatível com o ato constritivo, poderá requerer sua inibição ou seu desfazimento por meio de embargos de terceiro. [...] § 2º [...] II – o adquirente de bens que foram constritos em razão de decisão que declara a ineficácia da alienação em fraude à execução;".

reconhecendo a necessidade de se instituírem ferramentas garantidoras da solvabilidade do crédito trabalhista, não é viável ignorar que a decretação da fraude de execução pode ocasionar severos prejuízos a terceiros. A garantia de um contraditório prévio, da forma idealizada pelo novo Código, é medida salutar e conveniente, inclusive para a dinâmica do direito processual do trabalho.

6. DA APLICAÇÃO DE MEDIDAS COERCITIVAS PARA O CUMPRIMENTO DAS OBRIGAÇÕES DE PAGAR PREVISTAS EM TÍTULOS JUDICIAIS

O manejo das medidas coercitivas destinadas ao cumprimento de obrigação de pagar é um dos temas mais enfrentados pela jurisprudência do Tribunal Superior do Trabalho em matéria de execução. Firmou-se a tese de que é inviável a aplicação do instituto preconizado pelo atual art. 475-J do CPC[31]. À luz da técnica da supletividade a questão merece um novo olhar[32].

Transcorrido o prazo para o cumprimento voluntário da obrigação preconizada no título judicial, o devedor, na forma do NCPC, art. 523, § 1º, incorrerá em uma multa de dez por cento sobre o valor executado, independentemente de prévia cominação na sentença. Essa alteração, isoladamente, não garante o sucesso das execuções[33], no entanto significa um rompimento importante de uma tradição no âmbito da tutela executiva. Normalmente, as execuções de obrigações de pagar eram baseadas em atos sub-rogatórios, tendo em vista única e precipuamente o patrimônio do devedor. Essa modalidade executória sempre se operou por intermédio de meios diretos de ataque ao conjunto patrimonial de devedor. Os meios indiretos de execução buscando o cumprimento das obrigações por parte do devedor, sempre foram utilizados para a efetivação de obrigações de fazer, não fazer e de entregar coisa[34].

A diferença entre a execução direta e a indireta repousa apenas na possibilidade ou não de responsabilização do patrimônio do devedor. No entanto, o direito brasileiro, no regime anterior ao da Lei n. 11.232/2005, optou pela adoção quase que exclusiva dos meios sub-rogatórios para a concretização das execuções de obrigação de pagar. Essa opção do legislador, por outro lado, não significa a exclusão a priori dos meios indiretos para a concretização dos comandos jurisdicionais consistente em obrigações de pagar. Trata-se apenas de opção do sistema normativo e não incompatibilidade dogmática dos institutos.

O que se busca da tutela executiva em relação às sentenças condenatórias é a obtenção de um resultado prático capaz de concretizar a determinação contida no título judicial. A natureza da obrigação executada não é elemento determinante da tipologia das medidas a serem adotadas pelo Poder Judiciário para a concretização de seus comandos[35].

O sistema normativo vigente é que colocará à disposição do magistrado e dos credores os meios executórios destinados à obtenção do resultado prático e objetivo da tutela executiva. A atividade jurisdicional, portanto, deverá ser operada no âmbito da autorização legal para a prática das medidas de força, sejam elas de caráter coercitivo ou sub-rogatório. Existe, por conseguinte, uma postura finalística da atividade executiva que só será exaurida mediante a entrega ao credor do bem reconhecido no plano material[36].

---

(31) Em relação ao tema a jurisprudência atual do Tribunal Superior do Trabalho é uníssona, conforme se vê do seguinte julgado: "[...] 2. Multa do art. 475-J do CPC. Inaplicabilidade ao processo do trabalho. A jurisprudência desta corte firmou entendimento no sentido de que o processo do trabalho deve seguir as normas específicas contidas na CLT quanto à execução de suas decisões, sendo, portanto, inaplicável ao processo do trabalho a multa do art. 475-J do CPC. Nesse sentido, em 26.6.2010, a SBDI-1 do TST se pronunciou, ao julgar o processo E-RR-38300-47.2005.5.01.0052, pela inaplicabilidade do art. 475-J. Ressalva-se, no entanto, o posicionamento do relator. Recurso de revista conhecido e provido no aspecto. (TST; RR 0002300-62.2007.5.01.0057; Terceira Turma; Rel. Min. Mauricio Godinho Delgado; DEJT 02.07.2015; p. 192)."

(32) Conforme, inclusive, já preleciona a Instrução Normativa TST n. 39/2016 na sua fundamentação: "[...] considerando que está sub judice no Tribunal Superior do Trabalho a possibilidade de imposição de multa pecuniária ao executado e de liberação de depósito em favor do exequente, na pendência de recurso, o que obsta, de momento, qualquer manifestação da Corte sobre a incidência no Processo do Trabalho das normas dos arts. 520 a 522 e § 1º do art. 523 do CPC de 2015,"

(33) O quotidiano forense tem demonstrado que não é o aumento do montante da execução que garante a efetividade dos atos executórios. O devedor contumaz e inescrupuloso lança mão de atitudes ardilosas para descumprir as obrigações, pouco importando o montante da dívida. A alternativa implementada pelo atual art. 523 § 1º do CPC é apenas mais uma medida em busca da efetividade da execução.

(34) Conforme lição de Araken de Assis: "Os meios que abstraem a participação do executado, genericamente designados de 'sub-rogatórios', e a execução em que atuam, chamada de direta, ostentam, todavia determinadas diferenças no modo de penetração na esfera patrimonial do devedor." (In: **Manual do processo de execução**, 5.ed. São Paulo: Revista dos Tribunais, 1998. p. 111).

(35) "[...]a execução por coerção é modalidade de tutela jurisdicional executiva, nada impedindo que esta modalidade de execução ocorra em decorrência da sentença condenatória. Não é a modalidade de sentença que permite distinguir a medida executiva que será realizada, mas sim, o bem devido que se pretenda obter com tal atividade jurisdicional." (MEDINA, José Miguel Garcia. **Execução civil – teoria geral e princípios fundamentais**, 2. ed. São Paulo: Revista dos Tribunais, 2004. p. 403).

(36) Segundo Teori Zavascki: "A atividade jurisdicional executiva consiste, assim, em efetivar, coativamente, no plano dos fatos, o resultado previsto no ordenamento jurídico, exigível em razão do fenômeno da incidência, que deveria ter sido alcançado, mas não foi, pelo atendimento espontâneo por parte do sujeito obrigado." (In: **Processo de execução – parte geral**, 3. ed. São Paulo, Revista dos Tribunais, 2004. p. 29).

As medidas destinadas a concretizar a prestação jurisdicional, portanto, representam, tão somente, o caminho e não a finalidade da tutela executiva. Desde que referendadas pelo ordenamento jurídico, revelam-se aptas para a concretização das obrigações reconhecidas jurisdicionalmente. Essa mudança de enfoque pode muito bem ser detectada no âmbito da previsão da multa de dez por cento preconizada pelo art. 523, § 1º do NCPC. É, induvidosamente, o meio de pressão indireto infligido ao devedor, com o escopo de cumprir voluntariamente a obrigação. Serve como instrumento cominatório e sancionatório pelo descumprimento, sem integrar, por outro lado, o núcleo da obrigação executada.

Nesse caso, o legislador modificou a postura habitualmente ostentada para a execução de obrigação de pagar e atribuiu ao juiz uma forma adicional de pressão para o seu cumprimento. A medida, portanto, não pode ser taxada de ilegal, inconstitucional ou incongruente do ponto de vista dogmático, mas sim uma salutar inovação legislativa que amplia o espectro de instrumentos de pressão à disposição do Poder Judiciário. Revela-se, por conseguinte, um meio adicional de pressão em face do devedor, a fim de tornar não atraente o descumprimento das obrigações reconhecidas no título judicial[37].

O caráter instrumental da multa preconizada pelo NCPC, art. 523, § 1º facilita sobremaneira a sua aplicabilidade ao direito processual do trabalho. Embora a vetusta legislação processual trabalhista não traga nenhuma disposição acerca do tema, não se pode afastar sua aplicabilidade. A penalidade em análise visa a pressionar o cumprimento das obrigações reconhecidas pelo órgão jurisdicional. Não se trata da imposição de qualquer tipo de conduta ao devedor, mas sim da utilização de um instrumento de pressão adicional para a concretização da tutela jurisdicional.

A utilização dessas medidas coercitivas por parte do direito processual do trabalho sempre foi assimilada de maneira unânime pela doutrina e pela jurisprudência. Nunca se questionou a aplicação das penas pecuniárias diárias (*astreintes*) para o descumprimento das obrigações de fazer e não fazer, conforme preceituado pelo art. 461 do antigo CPC. No caso das obrigações de fazer e de não fazer, assimilou-se integralmente todo o conjunto normativo concernente aos instrumentos de pressão do devedor. Não se impôs ao devedor trabalhista de obrigação de fazer ou não fazer nenhum tipo de dever não previsto em lei, mas apenas municiou-se o judiciário trabalhista de mais um instrumento de pressão para o cumprimento de tais obrigações.

Atualmente, vamos nos deparar com situação análoga àquela motivada pela assimilação das *astreintes* no âmbito do direito processual do trabalho. Ou seja, o direito processual civil criou novos mecanismos de pressão em face do devedor, objetivando o cumprimento das obrigações. Quebrou-se, como já foi afirmado anteriormente, o monopólio das medidas sub-rogatórias como meios executivos das obrigações de pagar. Inexiste, por conseguinte, qualquer óbice legal ou dogmático para absorção de tais medidas no âmbito do direito processual do trabalho.

É certo que a doutrina trabalhista não se apresentou muito receptiva à assimilação da multa preconizada pelo atual art. 523, § 1º do NCPC. O argumento basilar dos opositores da assimilação dessa regra ao direito processual do trabalho reside no fato de inexistir previsão legal de multa na nossa legislação, sendo, portanto, inviável sua oposição sob pena de ferimento do princípio da legalidade. Na verdade, é necessário que seja estabelecida a natureza jurídica do instrumento imposto pela norma processual civil, para só assim ser avaliada a compatibilidade ao direito processual do trabalho. Tratando-se de simples medida de coerção, proveniente da atividade executiva do juiz, não se pode dar ao referido instituto a pecha de verdadeira "pena" a ser prevista de forma expressa pela legislação.

Entendemos que o debate não mereceria tantas polêmicas. A assimilação das normas de direito processual comum ao processo do trabalho revela-se em função, principalmente, do seu grau de concretização de uma prestação jurisdicional rápida e flexível. Não há dúvidas de que esta medida de pressão estatuída pela legislação processual civil cumpre nobremente esta finalidade, sendo plenamente possível sua aplicação ao direito processual do trabalho.

Admitida a aplicação da multa preconizada no art. 523, § 1º do NCPC, algumas questões de ordem dogmática ainda devem ser resolvidas. Verifica-se, inicialmente, que a aplicação da multa em questão é feita *ope legis*, não

---

(37) Como preleciona Athos Gusmão Carneiro, referindo-se ao antigo art. 475-J do CPC: "A multa de dez por cento, prevista no texto legal, incide de modo automático caso o devedor não efetue o pagamento no prazo concedido em lei. Visa, evidentemente, compeli-lo ao pronto adimplemento de suas obrigações no plano de direito material, desestimulando as usuais demoras 'para ganhar tempo. Assim, o tardio cumprimento da sentença, ou eventuais posteriores cauções, não livram o devedor da multa já incidente [...]" *In*: Do **"cumprimento da sentença", conforme a Lei n. 11.232/2005. Parcial retorno ao medievalismo? Por que não?** São Paulo, Revista dos Tribunais, 2006, p. 69. De maneira mais explícita, quanto à teleologia das sanções aplicáveis ao cumprimento das obrigações de pagar, afirma Sidney Palharini Júnior: "Considerando que essa determinação legal se dá após percorrido todo o processo de conhecimento, com amplo debate sobre o direito em disputa, sob as vista do contraditório e ampla defesa, não nos resta dúvida de que com a multa em questão pretendeu o legislador reformista incentivar o devedor (coagindo-o) ao cumprimento da condenação que lhe foi imposta judicialmente, pois tal conduta é o que se espera do sucumbente de boa-fé." (*In*: **Algumas reflexões sobre a multa do art. 475-J do CPC.** São Paulo: Revista dos Tribunais, 2007. p. 269-270).

dependendo de deliberação jurisdicional para sua concretização. A cominação já é estabelecida de maneira genérica pela legislação e, ao contrário das *astreintes* típicas, incidirá uma única vez sobre o montante da condenação.

A incidência da multa de dez por cento, além de se operar uma única vez, não é relevada por força do pagamento ou garantia posterior da execução. Transcorrido o prazo legal de quinze dias sem que o devedor esboce qualquer reação no sentido de adimplir a obrigação, a incidência da multa dar-se-á de forma automática, passando a integrar a obrigação principal[38].

A incidência da multa operar-se-á sobre o total da condenação, inclusive em relação a honorários advocatícios, custas processuais, penas de litigância de má-fé e outros acessórios contemplados na sentença. O objetivo da cominação da multa é compelir o devedor ao cumprimento da obrigação de pagar, devendo a referida pena abranger todo o conjunto da condenação[39].

Nesse sentido, não apenas o núcleo obrigacional propugnado inicialmente pelo credor será a base de incidência da multa de dez por cento, mas sim todo e qualquer acréscimo efetuado na condenação. Nesse acréscimo devemos incluir os honorários periciais. Na sistemática de nosso direito processual, os honorários periciais integram o conteúdo da sentença, ocasião em que o juiz irá determinar a responsabilidade pelo respectivo pagamento (CLT, art. 790-B). Sendo assim, o pagamento dos honorários periciais integrará o montante da condenação, muito embora não faça parte do núcleo primitivo da obrigação.

Não há, portanto, qualquer motivo para que os honorários periciais sejam afastados do campo de incidência da multa do art. 523, § 1º do NCPC. Não podemos ignorar o fato de que, a necessidade da realização da prova pericial decorrerá da própria intransigência do devedor em reconhecer o referido débito. Nesse caso, a inadimplência dos honorários é, por via reflexa, a inadimplência da obrigação principal reconhecida em juízo. O fato de a condenação em honorários periciais ter outro beneficiário também não é motivo para refutar a aplicação da multa, tendo em vista que, conforme já exaustivamente expusemos, o objetivo da cominação é evitar o descaso e a inadimplência do devedor. Entretanto, como o sujeito ativo da obrigação representada pelos honorários periciais é o perito, o resultado financeiro da multa a este reverterá.

O mesmo raciocínio pode ser aplicado em relação aos créditos previdenciários, exigíveis na forma da CF, art. 114, VIII e CLT, 831, § 4º. O crédito previdenciário nasce da própria condenação trabalhista, mas ostenta devedor diverso. Muito embora, do ponto de vista teórico componha um novo título executivo, o cumprimento dar-se-á juntamente com o do respectivo crédito trabalhista. Assim, o devedor tem de cumprir, no prazo da lei, todas as obrigações descritas na sentença, inclusive aquelas de natureza previdenciária. A inadimplência, portanto, importará na aplicação da penalidade preconizada pelo NCPC, art. 523, § 1º. Da mesma forma como ocorre em relação aos honorários periciais, o resultado financeiro da aplicação da multa de dez por cento reverterá em favor da União e não do credor trabalhista.

Caso o devedor cumpra parcialmente a obrigação, a multa incidirá apenas sobre o montante da execução não adimplido, conforme expressamente estabelece o NCPC, art. 523, § 2º[40]. Esse cumprimento parcial da obrigação poderá acontecer pelo pagamento espontâneo realizado pelo devedor, situação certamente antevista pelos autores da alteração legislativa.

Entretanto, no âmbito do direito processual do trabalho, podem ocorrer situações em que existam nos autos depósitos recursais, realizados durante a tramitação da fase cognitiva, nos termos da CLT, art. 899, § 1º e segs. Esses depósitos realizados pelo réu da ação trabalhista obviamente representam uma antecipação do montante da condenação e, obrigatoriamente, devem ser abatidos do montante geral de incidência da multa de dez por cento. Aliás, não se deve nem cogitar a manutenção dos depósitos recursais após o trânsito em julgado da decisão, tendo em vista a determinação legal (muitas vezes não observada) de imediata liberação, tão logo exauridas as instâncias recursais (CLT, art. 899, § 1º, *in fine*).

---

(38) Não é demais citar que, parte da doutrina civilista advogada a tese de exoneração do devedor pelo pagamento da multa, quando provar tentativas de alienar patrimônio para a satisfação da obrigação. Nesse sentido, é a lição de Marcelo Abelha, *verbis*: "[...] em nosso sentir, não poderá o devedor sofrer a incidência da multa de 10% sobre o valor da condenação, se quando tiver sido intimado da sentença não tiver tempo suficiente para transformar bens de seu patrimônio em dinheiro suficiente para pagamento do débito." (*In*: **Manual de execução civil**, 3. ed. Rio de Janeiro: Forense Universitária, 2008, p. 319). A inserção de um elemento subjetivo da inadimplência do devedor, entretanto, não se apresenta viável no âmbito estrutural da tutela executiva. Trata-se do estabelecimento de um contraditório de incerta concretização e de resultados imprevisíveis. Nessa perspectiva é a relutância de Jorge Eustácio da Silva Frias: "É devida essa multa se não houver cumprimento voluntário nos 15 dias seguintes à intimação da parte quanto à condenação ao pagamento de quantia certa ou de quando a condenação genérica é liquidada, independentemente das razões pessoais por que o devedor deixa de cumprir tal obrigação. A lei não prevê sua dispensa em caso de dificuldades econômicas do devedor [...] (*In*: **A multa pelo descumprimento da condenação em quantia certa e o novo conceito de sentença**. São Paulo: Revista dos Tribunais, 2007. p. 161).

(39) Como adverte Cássio Scarpinella Bueno: "Acredito que a melhor forma de interpretar o dispositivo – até como forma de criar condições as mais objetivas possíveis para o cumprimento 'voluntário' da obrigação, mesmo depois de jurisdicionalmente chancelada – é entender como 'montante da condenação' tudo aquilo que deve ser pago pelo devedor, em função do proferimento da sentença em seu desfavor [...]" *In*: **Variações sobre a multa do caput do art. 475-J do CPC na redação da Lei 11.232/2005**. São Paulo: Revista dos Tribunais, 2006. p. 147-148.

(40) "Art. 523. § 2º Efetuado o pagamento parcial no prazo previsto no caput, a multa e os honorários previstos no § 1º incidirão sobre o restante."

A lei determina a incidência do procedimento preconizado pelo NCPC, art. 523, § 1º para todas as hipóteses de títulos executivos judiciais. Nesse sentido, a aplicação da multa de dez por cento tem repercussão na execução dos demais títulos judiciais admitidos pela processualística laboral. Essa incidência, por outro lado, merece uma maior atenção em relação à execução das sentenças homologatórias de acordos judiciais. Os acordos judiciais normalmente contemplam cláusulas penais, aplicáveis em face da inadimplência do devedor. Essa cláusula penal integra a obrigação primitiva e a ela se agrega, formando o valor total a ser executado. Nesse sentido, o fato de adicionar a essa condenação a multa de dez por cento preconizada pelo NCPC, art. 523, § 1º poderia representar um *bis in idem*?

Pensamos que não. Já vimos que a multa em análise é um instrumento de execução direta em face do devedor, buscando o cumprimento das obrigações reconhecidas jurisdicionalmente. Esses instrumentos de pressão, da mesma forma como ocorre com as *astreintes* típicas, não integram a obrigação principal, nem dele podem ser abatidos. Situam-se fora do âmbito obrigacional e representam apenas uma maneira de fortalecer a efetivação dos atos jurisdicionais de viés executivo[41].

Ora, se a natureza dos acréscimos se apresenta diferente, não há como se defender a tese da ocorrência do *bis in idem*. Este só poderia ser caracterizado caso ambas as parcelas integrassem a obrigação cobrada judicialmente. A cláusula penal constante do acordo judicial é objeto de ajuste entre os litigantes e não decorre de determinação legal ou jurisdicional. Muito embora não aconteça no quotidiano forense, não se afigura impossível a efetivação de transação judicial sem o estabelecimento de cláusula penal. Não sendo adimplida a obrigação de pagar prevista em acordo judicial, haverá a incidência da cláusula penal prevista no referido instrumento. Detectada a inadimplência, disporá o devedor ainda do prazo preconizado no NCPC, art. 523, §1º para cumprir voluntariamente o montante integral da obrigação. Transcorrido o mencionado prazo, operar-se-á a incidência da multa de dez por cento sobre o valor integral da obrigação inadimplida, sendo posteriormente adotadas as medidas executivas necessárias ao cumprimento do título.

Finalmente, nos restaria analisar o cabimento da multa de dez por cento em sede de execução provisória. O elemento diferenciador mais importante entre as duas questões reside apenas na extensão dos atos executivos a serem praticados. Em se tratando de execução provisória, nas hipóteses em que a lei autoriza a sua efetivação, os atos de disposição patrimonial ficam vinculados à concessão de caução ou da ocorrência das hipóteses previstas no NCPC, art. 521.

Ora, se a estrutura funcional da execução provisória é a mesma da execução definitiva, não existe argumento suficiente forte para afastar a incidência integral do contido no NCPC, art. 523, § 1º. A recalcitrância do devedor em cumprir a obrigação de pagar é a mesma, seja a execução provisória ou definitiva, sendo, portanto, passível de incidência da multa de dez por cento sobre o total da condenação[42].

Sendo a execução provisória portadora dos mesmos atributos da definitiva, é lógico que será aberta ao devedor a oportunidade de voluntariamente quitar a obrigação exigida judicialmente. Cientificado o devedor da pendência da execução provisória, caso não cumpra voluntariamente a obrigação de pagar no prazo legal, haverá a incidência da multa de dez por cento sobre o montante total da obrigação executada.

A sistemática vigente do NCPC resolveu toda a questão relacionada à aplicação da multa prevista no art. 523, § 1º na execução provisória, conforme disposição expressa contida no seu art. 520, § 2º[43].

7. IMPENHORABILIDADE DE SALÁRIO E DE CADERNETA DE POUPANÇA PERANTE A EXECUÇÃO TRABALHISTA

A regra geral estatuída no âmbito do nosso processo pressupõe a possibilidade de o patrimônio do devedor responder pela tutela de execução sem qualquer tipo de limite material ou temporal (NCPC, art. 789[44]). A mesma

---

(41) Como bem observa José Miguel Garcia Medina: "O valor da multa, deste modo, não é limitado ao valor da obrigação. A multa não tem por finalidade substituir a obrigação, mas pressionar o executado no sentido de que a satisfaça." (*In*: **Execução civil – teoria geral e princípios fundamentais**, 2. ed. São Paulo: Revista dos Tribunais, 2004, p. 447. Essa reflexão, embora dirigida às multas fixadas no âmbito do cumprimento das obrigações de fazer, revela-se pertinente à análise da teleologia da multa preconizada pelo NCPC, art. 523, § 1º.

(42) Como ressalta Cassio Scarpinella Bueno: "[...] a circunstância de a execução ser 'provisória' não significa que ela não seja uma verdadeira execução em todo o sentido da palavra. Está-se a falar, mesmo nestes casos, da necessidade de exercício da atividade jurisdicional substitutiva da vontade do devedor para realizar concretamente o direito tal qual reconhecido em prol do devedor."(*In*: **Variações sobre a multa do caput do art. 475-J do CPC na redação da Lei n. 11.232/2005**. São Paulo: Revista dos Tribunais, 2006, p. 128. p. 150).

(43) "Art. 520, § 2º. A multa a que se refere o § 1º do art. 520 é devida no cumprimento provisório de sentença condenatória ao pagamento de quantia certa."

(44) " Art. 789. O devedor responde com todos os seus bens presentes e futuros para o cumprimento de suas obrigações, salvo as restrições estabelecidas em lei.".

norma processual, no entanto, levando em conta fatores econômicos e sociais protege determinados bens específicos do devedor. Essa verdadeira *imunização patrimonial* tem por finalidade evitar que a concretização da tutela executiva conduza o devedor a uma situação de incapacidade de suprimir as suas próprias necessidades fundamentais.

De certa forma, as impenhorabilidades representam um conjunto de regras objetivando a harmonização de dois interesses antagônicos: a solvabilidade do crédito exequendo e a garantia de um mínimo necessário à sobrevivência do devedor[45]. Ao garantir a imunidade de uma parcela patrimonial do executado, assegura-se que a tutela jurisdicional não comprometa o necessário para uma sobrevivência digna do réu. Não se trata, por outro lado, de uma verdadeira renúncia à efetividade da execução, mas sim a inserção de conteúdo humanitário, capaz de evitar resultados inapropriados em desfavor dos sujeitos passivos das obrigações postas em juízo.

A norma processual civil, desde o CPC de 1939[46], regula a questão da impenhorabilidade de forma sistematizada, obviamente observando as particularidades de cada época. A nossa norma processual trabalhista, embora editada após a vigência do CPC de 1939 não apresenta qualquer regra acerca da impenhorabilidade. Essa lamentável omissão da CLT induz o aplicador da norma procedimental a se escudar integralmente no sistema preconizado pela norma processual civil.

Nesse ponto, os problemas de ordem dogmática afloram com maior intensidade, tendo em vista a diferença ontológica entre os perfis dos credores cíveis e trabalhistas.

A norma processual civil é edificada partindo-se de uma premissa incontestável: em regra, o credor da obrigação cível é *hiperssuficiente* e dotado de meios adequados para a promoção da tutela executiva. Essa premissa, obviamente, não pode ser simplesmente transposta para a realidade do processo do trabalho, na qual a execução tem como objeto créditos quase sempre alimentares e sujeitos ativos desprovidos de maiores ferramentas para a concretização da execução.

A aplicação do sistema processual cível de impenhorabilidade não é a resposta mais adequada para a demanda por uma jurisdição executiva célere e dotada de concretude. No entanto, diante da falta de um marco normativo especialmente construído para a realidade do processo do trabalho, não restam muitos espaços para construir uma estrutura de impenhorabilidade especificamente laboral[47].

Uma das questões mais controversas em matéria de impenhorabilidade diz respeito à possibilidade de constrição das retribuições pecuniárias do devedor. Essa temática ganha contornos bem mais amplos quando transposta para a realidade do processo do trabalho, na qual a tutela executiva baseia-se majoritariamente em créditos de natureza alimentar. Mesmo perante essa premissa, a nossa processualística nunca esboçou qualquer tipo de reação no sentido de regular tema de tanta relevância para a efetividade da jurisdição executiva.

Diante da ausência crônica de uma norma processual específica em relação ao tema, inevitavelmente, o aplicador laboral deve recorrer às prescrições cíveis respectivas. Tais prescrições, tradicionalmente, previam a impossibili-

---

(45) Segundo Araken de Assis: "[...] a impenhorabilidade foi franja, bem estreita é certo, que a luta de classes recortou e no fundo, é uma exigência da humanidade na execução." (*In*: **Comentários ao Código de Processo Civil – Do processo de execução – arts. 646 a 735**. São Paulo: Revista dos Tribunais, 2000, p. 74-75). Dentro da mesma perspectiva, pontifica Cândido Rangel Dinamarco: "O objetivo central que comanda todas as impenhorabilidades é o de preservar o mínimo patrimonial indispensável à existência decente do obrigado, sem privá-lo de bens sem os quais sua vida se degradaria a níveis insuportáveis." (*In*: Instituições de direito processual civil, v. 04. São Paulo: Malheiros, 2004, p. 340).

(46) A regulamentação do CPC de 1939 não discrepa de forma estrutural da promovida pelo NCPC, diferenciado-se apenas em relação aos bens protegidos pela impenhorabilidade, como se vê do vetusto art. 942: "Não poderão absolutamente ser penhorados: I – os bens inalienáveis por fôrça de lei; II – as provisões de comida e combustíveis necessários à manutenção do executado e de sua família durante um mês; III – o anel nupcial e os retratos de família; IV – uma vaca de leite e outros animais domésticos, à escolha do devedor, necessários à sua alimentação ou a suas atividades, em número que o juiz fixará de acordo com as circunstâncias; V – os objetos de uso doméstico, quando evidente que o produto da venda dos mesmos será ínfimo em relação ao valor de aquisição; VI – os socorros em dinheiro ou em natureza, concedidos ao executado por ocasião de calamidade pública; VII – os vencimentos dos magistrados, professores e funcionários públicos, o soldo e fardamento dos militares, os salários a soldadas, em geral, salvo para pagamento de alimentos à mulher ou aos filhos, quando o executado houver sido condenado a essa prestação; VIII – as pensões, tenças e montepios percebidos dos cofres públicos, de estabelecimento de previdência, ou provenientes da liberalidade de terceiro, e destinados ao sustento do executado ou da família ; IX – os livros, máquinas, utensílios e instrumentos necessários ou úteis ao exercício de qualquer profissão; X – o prédio rural lançado para efeitos fiscais por valor inferior ou igual a dois contos de réis (2:000$0), desde quo o devedor nele tenha a sua morada e o cultive com o trabalho próprio ou da família ; XI – os materiais necessários para obras em andamento, salvo se estas forem penhoradas; XII, os fundos sociais, pelas dívidas particulares do sócio, não compreendendo a isenção os lucros líquidos verificados em balanço; XIII – separadamente, os móveis, o material fixo e rodante das estradas de ferro, e os edifícios, maquinismos, animais e acessórios de estabelecimentos de indústria extrativa, fabril, agrícola outras, indispensáveis ao seu funncionamento; XIV, seguro de vida; XV o indispensável para a cama e vestuário do executado, ou de sua família, bem como os utensílios de cozinha.".

(47) Sendo tal premissa adotada pela Instrução Normativa TST n. 39/2016: "Art. 3º Sem prejuízo de outros, aplicam-se ao Processo do Trabalho, em face de omissão e compatibilidade, os preceitos do Código de Processo Civil que regulam os seguintes temas:[...] XV – art. 833, incisos e parágrafos (bens impenhoráveis);

dade de penhora das retribuições pecuniárias do devedor, salvo para a quitação de prestações alimentícias[48].

O texto originário da Lei n.11.382/2006 tentou modificar os referenciais de impenhorabilidade de salário promovendo um detalhamento das regras atinentes à impenhorabilidade das parcelas remuneratórias do executado (CPC, art. 649, IV[49]) e apresentando um valor máximo para usufruto da garantia. Ao texto original foram acrescentadas outras espécies remuneratórias não ligadas ao trabalho subordinado, como os valores recebidos por liberalidade de terceiro destinados ao sustento do devedor e de sua família, os ganhos do trabalhador autônomo e os honorários de profissional liberal. Na mesma linha de raciocínio, a norma em questão acrescentou a limitação da impenhorabilidade, no âmbito do §3º, aos valores acima de vinte salários mínimos e de 40% do total penhorável[50]. Essa salutar providência legislativa, no entanto, foi vetada pelo Presidente da República da época.

O NCPC assimilou as prescrições construídas pelo CPC anterior, apenas com algumas correções na enumeração das parcelas remuneratórias do devedor, bem como uma exceção mais ampla para a incidência da execução de parcelas alimentícias. Assim sendo, a normatização vigente estipula a impenhorabilidade das parcelas remuneratórias do devedor, auferidas por conta de seu trabalho subordinado ou autônomo; público ou privado.

A ressalva preconizada pelo texto vigente, em relação à impenhorabilidade das parcelas remuneratórias do devedor, diz respeito à execução de prestações alimentícias, bem como à constrição de verbas salariais acima de cinquenta salários mínimos mensais. Nessa situação, o texto do NCPC foi mais abrangente do que o anterior, posto que a redação atual § 2º do art. 833[51] permite a penhora de salário na execução de prestação alimentícia **independentemente de sua natureza**. No texto anterior, não havia essa abrangência, sendo pacífico o entendimento de que a possibilidade de penhora de salário limitava-se à execução de prestação alimentícia *stricto sensu*. O crédito trabalhista, nessa perspectiva, teria o caráter genericamente alimentício, mas não seria enquadrado na **espécie** de prestação alimentícia[52].

---

(48) Essa regra remonta ao vetusto CPC de 1939 que assim tratava do tema em seu art. 942, VII: "Art. 942. Não poderão absolutamente ser penhorados: [...] VII – os vencimentos dos magistrados, professores e funcionários públicos, o soldo e fardamento dos militares, os salários a soldadas, em geral, salvo para pagamento de alimentos à mulher ou aos filhos, quando o executado houver sido condenado a essa prestação;". O CPC de 1973 manteve a regra de impenhorabilidade, bem como sua exceção legal, apenas realizando alguns ajustes de nomenclatura.

(49) "Art. 649, IV – os vencimentos, subsídios, soldos, salários, remunerações, proventos de aposentadoria, pensões, pecúlios e montepios; as quantias recebidas por liberalidade de terceiro e destinadas ao sustento do devedor e sua família, os ganhos de trabalhador autônomo e os honorários de profissional liberal, observado o disposto no § 3º deste artigo;"

(50) "§ 3º Na hipótese do inciso IV do caput deste artigo, será considerado penhorável até 40% (quarenta por cento) do total recebido mensalmente acima de 20 (vinte) salários mínimos, calculados após efetuados os descontos de imposto de renda retido na fonte, contribuição previdenciária oficial e outros descontos compulsórios."

(51) "Art. 833. § 2º O disposto nos incisos IV e X do caput não se aplica à hipótese de penhora para pagamento de prestação alimentícia, independentemente de sua origem, bem como às importâncias excedentes a 50 (cinquenta) salários-mínimos mensais, devendo a constrição observar o disposto no art. 528, § 8º, e no art. 529, § 3º."

(52) A impenhorabilidade de salário para a garantia de crédito trabalhista era assegurada por meio da OJ n. 153 da Seção de Dissídios Individuais II, *verbis*:
"MANDADO DE SEGURANÇA. EXECUÇÃO. ORDEM DE PENHORA SOBRE VALORES EXISTENTES EM CONTA SALÁRIO. Art. 649, IV, do CPC. ILEGALIDADE. Ofende direito líquido e certo decisão que determina o bloqueio de numerário existente em conta salário, para satisfação de crédito trabalhista, ainda que seja limitado a determinado percentual dos valores recebidos ou a valor revertido para fundo de aplicação ou poupança, visto que o art. 649, IV, do CPC contém norma imperativa que não admite interpretação ampliativa, sendo a exceção prevista no art. 649, § 2º, do CPC espécie e não gênero de crédito de natureza alimentícia, não englobando o crédito trabalhista." O verbete em questão usava o argumento de que da exceção preconizada na legislação processual civil referia-se, explicitamente, a execução de prestação alimentícia em sentido estrito. Nesse sentido, a recente jurisprudência do próprio Tribunal Superior do Trabalho permaneceu sólida em função desta diretriz, conforme se vê dos seguintes julgados: RECURSO DE REVISTA. PENHORA DE SALÁRIO. ACÓRDÃO DO E. TRT NO QUAL SE AUTORIZA O BLOQUEIO NA CONTA DE 20% DOS SALÁRIOS E PROVENTOS DO EXECUTADO. VIOLAÇÃO DO ART. 7º, X, DA CF/1988. CARACTERIZAÇÃO. No V. Acórdão do e. TRT da 5ª região, foi determinado o bloqueio na conta corrente do executado, Edmundo Neris Pedreira, de 20% dos salários e proventos. Ocorre, porém, que o atual, iterativo e notório entendimento deste c. Tribunal a respeito da penhora de salário pacificou-se por meio da orientação jurisprudencial n. 153 da e. SBDI-II, segundo o qual ofende direito líquido e certo decisão que determina o bloqueio de numerário existente em conta salário, para satisfação de crédito trabalhista, ainda que seja limitado a determinado percentual dos valores recebidos ou a valor revertido para fundo de aplicação ou poupança, **visto que o art. 649, IV, do CPC contém norma imperativa que não admite interpretação ampliativa, sendo a exceção prevista no art. 649, § 2º, do CPC espécie e não gênero de crédito de natureza alimentícia, não englobando o crédito trabalhista**. Recurso de revista conhecido por violação do art. 7º, X, da Constituição Federal e provido. (TST; RR 0157400-23.2000.5.05.0193; Terceira Turma; Rel. Min. Alexandre de Souza Agra; DEJT 21.11.2014). RECURSO ORDINÁRIO. MANDADO DE SEGURANÇA. PENHORA PARCIAL DOS PROVENTOS DE APOSENTADORIA. ORIENTAÇÃO JURISPRUDENCIAL N. 153 DA SBDI-2. Nos termos da Orientação Jurisprudencial n. 153 da SBDI-2, ofende direito líquido e certo decisão que determina o bloqueio e numerário existente em conta salário, para satisfação de crédito trabalhista, ainda que seja limitado a determinado percentual dos valores recebidos ou a valor revertido para fundo de aplicação ou poupança, **visto que o art. 649, IV, do CPC contém norma imperativa que não admite interpretação ampliativa, sendo a exceção prevista no art. 649, § 2º, do CPC espécie e não gênero de crédito de natureza alimentícia, não englobando o crédito trabalhista**. No caso em exame, o ato impugnado consiste na decisão em que determinada a penhora de 20% sobre o valor bruto percebido

A vigente norma processual civil, de forma explícita, elimina a possibilidade de uma interpretação restritiva quanto à penhora de salário para a quitação de execução decorrente de crédito alimentar. Trata-se de uma grande evolução da norma processual brasileira, que há muito tempo se ressentia de uma ampliação das hipóteses de constrição do salário do devedor. O problema era ainda mais agudo quando nos deparávamos com situações nas quais o devedor apresentava um conjunto remuneratório acima da média da população, mesmo assim beneficiava-se da proteção que, induvidosamente, não lhe era destinada.

Não se argumente que tal modificação do processo civil não é aplicável ao sistema trabalhista. Conforme afirmamos acima, não existe qualquer tipo de regramento sobre a matéria no processo do trabalho, que sempre se escudou na norma processual civil para regular a questão da impenhorabilidade dos salários. No panorama vigente, a mudança paradigmática da norma processual civil, apresenta reflexos contundentes na órbita trabalhista. A partir da vigência do NCPC, podemos considerar plenamente possível a penhora da remuneração do devedor, com a finalidade de garantir crédito tipicamente trabalhista e, portanto, dotado de caráter alimentar.

É relevante destacar, embora sobre o tema aparentemente não pairem grandes indagações, que a possibilidade de penhora das contraprestações remuneratórias do devedor não envolve da execução de créditos não alimentares. Assim sendo, é impossível a mencionada constrição para a garantia de execuções previdenciárias ou fiscais inseridas na competência da Justiça do Trabalho (CF, art. 114, VII e VIII).

Mesmo em relação à execução dos créditos alimentares trabalhistas, alguns limites devem ser observados, de acordo com a regulação promovida pelo NCPC. Nessa perspectiva, em nenhuma hipótese, o comprometimento da remuneração do devedor poderá exceder o montante de 50%, nos termos do NCPC, art. 529, § 3º[53]. Observe-se que o mencionado dispositivo legal se insere no modelo de execução da prestação alimentícia *stricto sensu*, todavia, por força de disposição legal expressa, aplica-se ao procedimento de execução de **qualquer crédito de natureza alimentar**.

Também deve se destacar que o NCPC apresentou uma limitação objetiva para a impenhorabilidade, afastando a garantia legal para as contraprestações superiores a cinquenta salários mínimos mensais. Nesse caso, é irrelevante a natureza do crédito exequendo, sendo o montante excedente ao limite legal passível de penhora.

Finalmente, o rol de contraprestações remuneratórias protegidas pela garantia da impenhorabilidade foi ampliado ao longo do tempo, mas ainda não se apresenta de forma taxativa. Qualquer valor devido ao devedor **pessoa física**, decorrente de seu trabalho, enquadra-se na proteção legal, bem como em suas exceções.

A partir da edição da Lei n. 11.382/2006 estabeleceu-se uma nova regra de impenhorabilidade incidente sobre os depósitos em caderneta de poupança até o limite de quarenta salários mínimos[54]. Buscava o legislador proteger contra a tutela de execução um valor mínimo das reservas do devedor. Nesse caso, a regra de impenhorabilidade só tem incidência sobre as aplicações em **caderneta de poupança**, estando de logo excluídas as demais modalidades de aplicação financeira, mesmo que situadas no limite preconizado pelo dispositivo legal em questão. Além do mais, a impenhorabilidade só seria oponível em relação a uma única aplicação do devedor. Muito embora o legislador não faça essa limitação, não seria admissível estender essa impenhorabilidade para todas as aplicações em poupança do devedor, posto que poderia este diluir todos os seus recursos em dezenas de contas, fugindo assim da tutela de execução.

Sempre concebemos que a hipótese em questão deveria ser aplicada ao direito processual do trabalho. Mesmo se reconhecendo o caráter privilegiadíssimo do crédito trabalhista, não há fundamentos dogmáticos para afastar a incidência dessa norma de impenhorabilidade do processo laboral[55].

---

pelo executado junto ao órgão previdenciário, até a integralização do montante devido, sendo forçoso concluir pela incidência do referido verbete para liberar o valor ali constante. Recurso ordinário conhecido e provido. (TST; RO 0000572-39.2013.5.05.0000; Rel. Min. Emmanoel Pereira; DEJT 10.10.2014). (negrito nosso)

(53) "Art. 529. Quando o executado for funcionário público, militar, diretor ou gerente de empresa, bem como empregado sujeito à legislação do trabalho, o exequente poderá requerer o desconto em folha de pagamento da importância da prestação alimentícia. [...] § 3º Sem prejuízo do pagamento dos alimentos vincendos, o débito executado pode ser descontado dos rendimentos ou rendas do executado, de forma parcelada, nos termos do *caput* deste artigo, contanto que, somado à parcela devida, não ultrapasse cinquenta por cento de seus ganhos líquidos."

(54) Assim era redigido o inciso X do art. 649 do CPC anterior: "até o limite de 40 (quarenta) salários mínimos, a quantia depositada em caderneta de poupança".

(55) Em tal aspecto, acompanhado pela jurisprudência do Tribunal Superior do Trabalho: "RECURSO ORDINÁRIO EM MANDADO DE SEGURANÇA. IMPENHORABILIDADE DOS DEPÓSITOS VERTIDOS À CADERNETA DE POUPANÇA, ATÉ O LIMITE DE QUARENTA SALÁRIOS-MÍNIMOS. AUSÊNCIA DE FRAUDE NA MOVIMENTAÇÃO DA CONTA POUPANÇA. INCIDÊNCIA DA REGRA QUE ORIENTA O ART. 649, X, DO CPC. 1. Nos termos do art. 649, X, do CPC, é absolutamente impenhorável até o limite de 40 (quarenta) salários mínimos, a quantia depositada em caderneta de poupança. 2. A aplicação das regras de direito processual comum no âmbito do processo do trabalho pressupõe a omissão da CLT e a compatibilidade das respectivas normas com os princípios e dispositivos que regem este ramo do direito, a teor dos arts. 769 e 889 da CLT. 3. Indene de dúvidas

O NCPC assimilou a regra do código anterior no âmbito do art. 833, X, no entanto, promoveu uma regulamentação ligeiramente diversa da anterior, pois, por intermédio do disposto no art. 833, § 2º, excepcionou sua incidência na execução de prestação alimentícia **independentemente da origem**. Logo, seguindo os fundamentos acima desenvolvidos, a natureza alimentar do crédito trabalhista o imuniza da impenhorabilidade preconizada pelo NCPC, art. 833, X.

Dentro dessa linha de raciocínio, a presente impenhorabilidade é plenamente oponível na execução perante a Justiça do Trabalho de qualquer outro crédito não portador da natureza alimentar.

CONCLUSÕES

A inserção da técnica da supletividade, nos termos do NCPC, art. 15, significará uma severa ruptura nos paradigmas do direito processual. Ao lado da subsidiariedade, a supletividade possibilitará a reconstrução do direito processual do trabalho, obviamente mediante a preservação de suas bases ideológicas. Esse processo, entretanto, não é simples, pois implica a adaptação de procedimentos e a correção de algumas imprecisões do rito laboral.

No presente trabalho analisamos a questão exclusivamente sob ponto de vista da tutela de execução. Mesmo assim foram escolhidos apenas alguns institutos dessa fase procedimental que merecem uma atenção mais acurada do intérprete da norma trabalhista. Dessa análise tópica da relação da execução trabalhista, é possível concluir pela possibilidade de aplicação supletiva de grande parte das disposições do NCPC, sem que seja corrompida a essência da estrutura procedimental de cunho protetivo.

Os instrumentos processuais da execução cível, em grande medida, são refinados e possibilitam a solução de muitos entraves da tramitação da fase executória do processo laboral. A aversão apriorística à absorção do processo civil certamente não é a melhor solução, tão pouco oferece respostas adequadas para os grandes problemas procedimentais da execução.

REFERÊNCIAS BIBLIOGRÁFICAS

ABELHA, Marcelo. *Manual de execução civil*. 3.ed. Rio de Janeiro: Forense Universitária, 2008.

ASSIS, Araken. *Manual do processo de execução*. 5.ed. São Paulo: Revista dos Tribunais, 1998.

_____. *Comentários ao Código de Processo Civil – Do processo de execução – arts. 646 a 735*. São Paulo: Revista dos Tribunais, 2000.

_____. *Cumprimento da sentença*. Rio de Janeiro: Forense, 2006.

BEDAQUE, José Roberto. *Tutela cautelar e tutela antecipada: tutelas sumárias e de urgência (tentativa de sistematização)*. 3. ed. São Paulo: Malheiros, 2003.

BUENO, Cassio Scarpinella Bueno. Variações sobre a multa do caput do art. 475-J do CPC na redação da Lei 11.232/2005. *In*: Teresa Arruda Alvim Wambier (Org.) *Aspectos polêmicos da nova execução de título judiciais-3 – Lei 11.232/2005*. São Paulo: Revista dos Tribunais, 2006. p. 128-166.

CARNEIRO, Athos Gusmão. Do 'cumprimento da sentença', conforme a Lei 11.232/2005. Parcial retorno ao medievalismo? Por que não. *In*: Teresa Arruda Alvim Wambier (Org.) *Aspectos polêmicos da nova execução de título judiciais-3 – Lei 11.232/2005*. São Paulo: Revista dos Tribunais, 2006. p. 52-91.

CESÁRIO, João Humberto. O processo do trabalho e o novo Código de Processo Civil: critérios para uma leitura dialogada dos arts. 769 da CLT e 15 do CPC/2015. *In: Revista Trabalhista – Direito e Processo*. São Paulo: LTr, Ano 14, n. 53, 2015. p. 134-151

CORDEIRO, Wolney de Macedo. *Manual de execução trabalhista – Aplicação ao processo do trabalho das Leis n. 11.232/2005 (Cumprimento da sentença) e 11.382/2006 (Execução de títulos extrajudiciais)*. 2.ed. Rio de Janeiro: Forense, 2010.

DINAMARCO, Cândido Rangel. *Instituições de direito processual civil*. v. 04, 2. ed. São Paulo: Malheiros, 2004.

FRIAS, Jorge Eustácio da Silva. A multa pelo descumprimento da condenação em quantia certa e o novo conceito de sentença. *In*: Ernane Fidélis dos Santos et al (Orgs.) *Execução civil – Estudos em homenagem ao professor Humberto Theodoro Júnior*. São Paulo: Revista dos Tribunais, 2007. p. 148-172.

GILGIO, Wagner. *Direito processual do trabalho*. 15. ed. São Paulo: Saraiva, 2005.

MALLET, Estêvão. O processo do trabalho e as recentes modificações do código de processo civil. *In: Revista LTr*, v. 70, n. 06, São Paulo: LTr, 2006. p. 668-675.

MEDINA, José Miguel Garcia. *Execução civil – teoria geral e princípios fundamentais*. 2. ed. São Paulo: Revista dos Tribunais, 2004.

PALHARIM JÚNIOR, Sidney. Algumas reflexões sobre a multa do art. 475-J do CPC. *In*: Ernani Fidélis dos Santos et al.

---

que o texto da CLT é omisso quanto às regras processuais que cuidam da impenhorabilidade absoluta de bens. 4. Constatada a compatibilidade da norma processual comum com os princípios que orientam o processo do trabalho, de vez que o caráter protetivo do inciso X do art. 649 do CPC firma suas raízes no princípio da dignidade da pessoa humana (CF, art. 1º, III), impõe-se a aplicação subsidiária da norma em destaque. 5. O legislador, ao estabelecer o limite de quarenta salários-mínimos, enaltece a proteção do ser humano, seja em atenção à sobrevivência digna e com saúde do devedor e de sua família, seja sob o foco da segurança e da liberdade no conviver social dos homens (CF, arts. 5º, *caput*, e 6º). 6. Diante do comando do art. 649, X, do CPC, não se autoriza a penhora de quantia depositada em caderneta de poupança, até o limite de quarenta salários-mínimos, sob pena de ofensa a direito líquido e certo do devedor. 7. Não obstante, o inadimplemento de crédito trabalhista, em razão da movimentação fraudulenta de caderneta de poupança como se conta-corrente fosse, pode, desde que comprovada a fraude, hipótese não evidenciada nos autos, ensejar o afastamento da proteção legal. Recurso ordinário em mandado de segurança conhecido e provido. (TST; RO 9500-93.2009.5.13.0000; Segunda Subseção de Dissídios Individuais; Rel. Min. Alberto Luiz Bresciani de Fontan Pereira; DEJT 01.07.2011; p. 570)".

(Orgs.) *Execução Civil – Estudos em homenagem ao Professor Humberto Theodoro Júnior.* São Paulo: Revista dos Tribunais, 2007. p. 269-277.

PONTES, Ílina Cordeiro de Macedo. Da autofagia à heterofagia do processo laboral: possíveis consequências da redação do novo CPC sobre a interpretação processual na esfera Trabalhista. In: *Revista do TRT da 13ª Região*, v. 20, n.01, João Pessoa: Tribunal Regional do Trabalho da 13ª Região, 2014. p. 439-454.

PINTO, José Augusto Rodrigues. *Execução trabalhista.* 11. ed. São Paulo: LTr, 2006

SCHIAVI, Mauro. *Execução no processo do trabalho.* 7. ed. São Paulo: LTr, 2015.

SOUTO MAIOR, Jorge Luiz. Relação entre o processo civil e o processo do trabalho. *In*: Elisson Messia (Org.) *O novo Código de Processo Civil e seus reflexos no processo do trabalho.* Salvador: JusPodivm, 2015. p. 159-164.

TEIXEIRA FILHO, Manoel Antônio. *Execução no processo do trabalho.* 7. ed. São Paulo: LTr, 2001.

ZAVASCKI, Teori Albino *Processo de execução – parte geral.* 3. ed. São Paulo: Revista dos Tribunais, 2004.

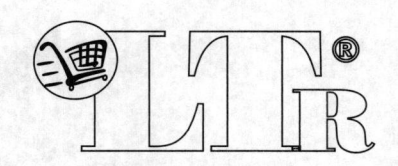

LOJA VIRTUAL
www.ltr.com.br

E-BOOKS
www.ltr.com.br